特別支援学校教育要領・学習指導要領解説

総則編（幼稚部・小学部・中学部）

平成30年3月

文部科学省

ま え が き

　文部科学省では，平成29年4月28日に学校教育法施行規則の一部改正と特別支援学校の幼稚部教育要領，小学部・中学部学習指導要領の改訂を行った。新特別支援学校学習指導要領等は，幼稚園，小学校，中学校の新学習指導要領等の実施時期に合わせて，幼稚部については平成30年度から，小学部については平成32年度から，中学部については平成33年度から，全面的に実施することとし，平成30年度から一部を移行措置として先行して実施することとしている。

　今回の改訂は，平成28年12月の中央教育審議会答申を踏まえ，

① 教育基本法，学校教育法などを踏まえ，これまでの我が国の学校教育の実績や蓄積を生かし，子供たちが未来社会を切り拓くための資質・能力を一層確実に育成することを目指すこと。その際，子供たちに求められる資質・能力とは何かを社会と共有し，連携する「社会に開かれた教育課程」を重視すること。

② 知識及び技能の習得と思考力，判断力，表現力等の育成のバランスを重視する平成20年改訂の学習指導要領等の枠組みや教育内容を維持した上で，知識の理解の質を更に高め，確かな学力を育成すること。

③ 先行する特別教科化など道徳教育の充実や体験活動の重視，体育・健康に関する指導の充実により，豊かな心や健やかな体を育成すること。

を基本的なねらいとして行った。

　本書は，大綱的な基準である学習指導要領等の記述の意味や解釈などの詳細について説明するために，文部科学省が作成するものであり，特別支援学校幼稚部教育要領，小学部・中学部学習指導要領の総則等について，その改善の趣旨や内容を解説している。

　各学校においては，本書を御活用いただき，学習指導要領等についての理解を深め，創意工夫を生かした特色ある教育課程を編成・実施されるようお願いしたい。

　本書は，編集協力者の協力を得て編集した。本書の作成に御協力くださった各位に対し，心から感謝の意を表する次第である。

　平成30年3月

文部科学省初等中等教育局長

髙　橋　道　和

目次

総則編

● 第1編　総説 …………………………………………… 1

　● 第1章　教育課程の基準の改善の趣旨 ………………… 2

　　● 第1節　改訂の経緯 …………………………………… 2
　　● 第2節　改訂の基本方針 ……………………………… 6
　　● 第3節　改訂の要点 …………………………………… 11
　　　　1　学校教育法施行規則改正の要点………… 11
　　　　2　幼稚部教育要領の改訂の要点…………… 12
　　　　3　小学部・中学部学習指導要領の改訂の要点
　　　　　 ………………………………………………… 15
　　　　4　道徳の特別の教科化に係る一部改正…… 19

● 第2編　幼稚部教育要領解説 ………………………………… 23

　● 第1章　幼稚部における教育の意義 …………………… 24

　　● 第1節　幼児期の特性と幼稚部における教育の役割
　　　　…………………………………………………… 24
　　　　1　幼児期の特性……………………………… 24
　　　　2　幼稚部における生活……………………… 29
　　　　3　幼稚部の役割……………………………… 31

　● 第2章　総説（教育課程の基準と編成） …………… 33

　　● 第1節　幼稚部における教育と幼稚部教育要領
　　　　…………………………………………………… 35
　　● 第2節　幼稚部における教育の基本 ………… 36
　　　　1　人格形成の基礎を培うこと……………… 36
　　　　2　環境を通して行う教育…………………… 37
　　　　3　幼稚部における教育の基本に関連して
　　　　　 重視する事項………………………………… 40
　　　　4　計画的な環境の構成……………………… 46
　　　　5　教師の役割………………………………… 49
　　● 第3節　幼稚部における教育の目標 ………… 54
　　● 第4節　幼稚部における教育において育みたい
　　　　資質・能力及び「幼児期の終わりまでに
　　　　育ってほしい姿」………………………… 57

- 第5節　教育課程の役割と編成等 …………… 70
  - 1　教育課程の役割………………………… 70
  - 2　各学校における教育の目標と教育課程の編成……………………………………… 73
  - 3　教育課程の編成上の基本事項………… 74
  - 4　教育課程の編成上の留意事項………… 79
  - 5　小学部又は小学校教育との接続に当たっての留意事項……………………………… 82
  - 6　全体的な計画の作成…………………… 85
- 第6節　指導計画の作成と幼児理解に基づいた評価……………………………………… 87
  - 1　指導計画の考え方……………………… 87
  - 2　指導計画の作成上の基本的事項……… 90
  - 3　指導計画の作成上の留意事項………… 95
  - 4　幼児理解に基づいた評価の実施……… 106
- 第7節　特に留意する事項 ………………… 109
  - 1　障害のある幼児の指導………………… 109
  - 2　複数の種類の障害を併せ有する幼児の指導…………………………………………… 109
  - 3　個別の教育支援計画の作成と他機関等との連携………………………………………… 110
  - 4　障害種別ごとに留意する事項………… 111
  - 5　海外から帰国した幼児等の幼稚部における生活への適応………………………………… 119
- 第8節　幼稚部の学校運営上の留意事項 …… 121
  - 1　教育課程の改善と学校評価等………… 121
  - 2　家庭や地域社会との連続性…………… 123
  - 3　学校医等との連携……………………… 125
  - 4　学校間の交流や交流及び共同学習…… 125
  - 5　特別支援教育のセンター的機能……… 126
- 第9節　教育課程に係る教育時間の終了後等に行う教育活動など………………………… 129

- 第3章　ねらい及び内容等 ……………………… 131
- 第1節　ねらい及び内容の考え方と領域の編成……………………………………………… 131
- 第2節　健康，人間関係，環境，言葉及び表現……………………………………………… 134
- 第3節　自立活動 ……………………………… 135
  - 1　自立活動の領域の性格………………… 136

2　自立活動のねらい及び内容……………… 136
　　　3　自立活動の個別の指導計画の作成と内容の
　　　　取扱い………………………………………… 137
　　　4　個別の指導計画作成上の留意事項……… 138
　　　5　評価の活用による指導の改善…………… 144
　　　6　他の領域との関連………………………… 146
　　　7　教師の協力体制…………………………… 146
　　　8　専門の医師等との連携協力……………… 147
　　　9　個別の教育支援計画等を活用した就学先
　　　　等との連携…………………………………… 148
　● 第4節　環境の構成と保育の展開 …………… 149
　　　1　環境の構成の意味………………………… 149
　　　2　保育の展開………………………………… 151
　　　3　留意事項…………………………………… 153

● 第3編　小学部・中学部学習指導要領解説 ………… 159

　● 第1章　教育課程の基準 ……………………… 160

　● 第1節　教育課程の意義 ……………………… 160
　● 第2節　教育課程に関する法制 ……………… 162
　　　1　教育課程とその基準……………………… 162
　　　2　教育課程に関する法令…………………… 163

　● 第2章　教育課程の編成及び実施 …………… 166

　● 第1節　教育目標 ……………………………… 166
　● 第2節　小学部及び中学部における教育の基本と
　　　　　　教育課程の役割……………………… 169
　　　1　教育課程の編成の原則…………………… 169
　　　2　生きる力を育む各学校の特色ある教育活動
　　　　の展開………………………………………… 174
　　　3　育成を目指す資質・能力………………… 189
　　　4　カリキュラム・マネジメントの充実…… 194
　● 第3節　教育課程の編成 ……………………… 203
　　　1　各学校の教育目標と教育課程の編成…… 203
　　　2　教科等横断的な視点に立った資質・
　　　　能力…………………………………………… 204
　　　3　教育課程の編成における共通的事項…… 210
　　　4　学部段階及び学校段階等間の接続……… 246
　● 第4節　教育課程の実施と学習評価 ………… 250
　　　1　主体的・対話的で深い学びの実現に向けた
　　　　授業改善……………………………………… 250

2　訪問教育の場合……………………………269
　　　3　学習評価の充実……………………………270
● 第5節　児童生徒の調和的な発達の支援 …… 275
　　　1　児童生徒の調和的な発達を支える指導の
　　　　充実……………………………………………275
　　　2　特別な配慮を必要とする児童生徒への
　　　　指導……………………………………………286
　　　3　学齢を経過した者への配慮………………289
● 第6節　学校運営上の留意事項 ………………292
　　　1　教育課程の改善と学校評価等，教育課程外の
　　　　活動との連携等………………………………292
　　　2　家庭や地域社会との連携並びに学校間の
　　　　連携や交流及び共同学習…………………299
　　　3　特別支援教育に関するセンターとしての
　　　　役割……………………………………………302
● 第7節　道徳教育推進上の配慮事項 …………305
　　　1　道徳教育の指導体制と全体計画…………305
　　　2　指導内容の重点化（小学部）……………317
　　　3　豊かな体験活動の充実といじめの防止
　　　　（小学部）……………………………………320
　　　4　指導内容の重点化（中学部）……………323
　　　5　豊かな体験活動の充実といじめの防止
　　　　（中学部）……………………………………326
　　　6　家庭や地域社会との連携…………………329
● 第8節　重複障害者等に関する教育課程の取扱い
　　　　　………………………331
　　　1　障害の状態により特に必要がある場合… 332
　　　2　知的障害者である児童生徒の場合………338
　　　3　重複障害者の場合…………………………339
　　　4　訪問教育の場合……………………………343
　　　5　重複障害者等に係る授業時数……………344
● 第9節　学校教育法施行規則に規定されている
　　　　教育課程等の取扱い………………………345
● 目標・内容の一覧　生活 ……………………… 350
●　　　　　　　　　　国語 ……………………… 354
●　　　　　　　　　　社会 ……………………… 360
●　　　　　　　　　　算数，数学 ……………… 364
●　　　　　　　　　　理科 ……………………… 384
●　　　　　　　　　　音楽 ……………………… 388
●　　　　　　　　　　図画工作，美術 ………… 394

- 体育，保健体育 ………… 398
- 職業・家庭 ……………… 404
- 外国語活動，外国語 …… 408
- 付録 …………………………………………………… 411
  - 付録1：参考法令
    - 教育基本法 …………………………………… 412
    - 学校教育法（抄）……………………………… 415
    - 学校教育法施行規則（抄）…………………… 417
    - 学校教育法施行規則の一部を改正する省令 …………………………………………… 421
    - 学校教育法施行規則の一部を改正する省令の一部を改正する省令 ………………… 424
  - 付録2：地方教育行政の組織及び運営に関する法律(抄)… 426
  - 付録3：特別支援学校幼稚部教育要領（総則）…… 429
  - 付録4：特別支援学校小学部・中学部学習指導要領… 436
  - 付録5：幼稚園教育要領，小学校学習指導要領，中学校学習指導要領における障害のある幼児児童生徒の指導に関する規定（抜粋）
    - 幼稚園教育要領解説の抜粋 ………………… 448
    - 小学校学習指導要領解説総則編の抜粋 … 451
    - 中学校学習指導要領解説総則編の抜粋 … 457

第1編 総説

第1章 教育課程の基準の改善の趣旨

第1節 改訂の経緯

　今の子供たちやこれから誕生する子供たちが，成人して社会で活躍する頃には，我が国は厳しい挑戦の時代を迎えていると予想される。生産年齢人口の減少，グローバル化の進展や絶え間ない技術革新等により，社会構造や雇用環境は大きく，また急速に変化しており，予測が困難な時代となっている。また，急激な少子高齢化が進む中で成熟社会を迎えた我が国にあっては，一人一人が持続可能な社会の担い手として，その多様性を原動力とし，質的な豊かさを伴った個人と社会の成長につながる新たな価値を生み出していくことが期待される。

　こうした変化の一つとして，人工知能（AI）の飛躍的な進化を挙げることができる。人工知能が自ら知識を概念的に理解し，思考し始めているとも言われ，雇用の在り方や学校において獲得する知識の意味にも大きな変化をもたらすのではないかとの予測も示されている。このことは同時に，人工知能がどれだけ進化し思考できるようになったとしても，その思考の目的を与えたり，目的のよさ・正しさ・美しさを判断したりできるのは人間の最も大きな強みであるということの再認識につながっている。

　このような時代にあって，学校教育には，子供たちが様々な変化に積極的に向き合い，他者と協働して課題を解決していくことや，様々な情報を見極め知識の概念的な理解を実現し情報を再構成するなどして新たな価値につなげていくこと，複雑な状況変化の中で目的を再構築することができるようにすることが求められている。

　このことは，本来，我が国の学校教育が大切にしてきたことであるものの，教師の世代交代が進むと同時に，学校内における教師の世代間のバランスが変化し，教育に関わる様々な経験や知見をどのように継承していくかが課題となり，また，子供たちを取り巻く環境の変化により学校が抱える課題も複雑化・困難化する中で，これまでどおり学校の工夫だけにその実現を委ねることは困難になってきている。

　また，障害のある子供たちをめぐる動向として，近年は特別支援学校だけではなく幼稚園や小学校，中学校及び高等学校等において発達障害を含めた障害のある子供が学んでおり，特別支援教育の対象となる子供の数は増加傾向にある。そのような中，我が国は，平成19年に「障害者の権利に関する条約（平成18年国連総会で採択）」に署名し，平成26年にこれを批准した。同条約では，人間の多様性の尊重等を強化し，障害のある者がその能力等を最大限に発達させ，社会に

効果的に参加することを可能とするため，障害のある者と障害のない者とが共に学ぶ仕組みとしての「インクルーシブ教育システム」の理念が提唱された。こうした状況に鑑み，同条約の署名から批准に至る過程においては，平成23年の障害者基本法の改正，平成25年の就学先決定に関する学校教育法施行令の改正，平成28年の障害を理由とする差別の解消の推進に関する法律の施行など，教育分野を含め，同条約の趣旨を踏まえた様々な大きな制度改正がなされたところである。

　特に，教育分野では，上述の学校教育法施行令の改正のほか，平成22年7月に中央教育審議会初等中等教育分科会の下に「特別支援教育の在り方に関する特別委員会」を設置し，同条約に示された教育の理念を実現するための特別支援教育の在り方について審議を行った。そして，平成24年7月に「共生社会の形成に向けたインクルーシブ教育システム構築のための特別支援教育の推進（報告）」が取りまとめられた。この報告では，インクルーシブ教育システムを構築するためには，最も本質的な視点として，「それぞれの子どもが，授業内容が分かり学習活動に参加している実感・達成感を持ちながら，充実した時間を過ごしつつ，生きる力を身に付けていけるかどうか」とした上で，障害のある者とない者とが同じ場で共に学ぶことを追求するとともに，個別の教育的ニーズのある子供に対し，自立と社会参加を見据え，その時々で教育的ニーズに最も的確に応える指導を提供できる，多様で柔軟な仕組みを整備することが重要であるとしている。その際，小・中学校等の通常の学級，通級による指導及び特別支援学級や，特別支援学校といった，子供たちの多様な教育的ニーズに対応できる連続性のある「多様な学びの場」において，子供一人一人の十分な学びを確保していくことが重要であると報告は指摘している。

　このように，障害者の権利に関する条約に掲げられたインクルーシブ教育システムの構築を目指し，特別支援教育をさらに推進していくために，大きな制度改正がなされたところである。

　こうした状況を踏まえ，平成26年11月には，文部科学大臣から新しい時代にふさわしい学習指導要領等の在り方について中央教育審議会に諮問を行った。中央教育審議会においては，2年1か月にわたる審議の末，平成28年12月21日に「幼稚園，小学校，中学校，高等学校及び特別支援学校の学習指導要領等の改善及び必要な方策等について（答申）」（以下「中央教育審議会答申」という。）

第1節
改訂の経緯

を示した。

中央教育審議会答申においては,"よりよい学校教育を通じてよりよい社会を創る"という目標を学校と社会が共有し,連携・協働しながら,新しい時代に求められる資質・能力を子供たちに育む「社会に開かれた教育課程」の実現を目指し,学習指導要領等が,学校,家庭,地域の関係者が幅広く共有し活用できる「学びの地図」としての役割を果たすことができるよう,次の6点にわたってその枠組みを改善するとともに,各学校において教育課程を軸に学校教育の改善・充実の好循環を生み出す「カリキュラム・マネジメント」の実現を目指すことなどが求められた。

① 「何ができるようになるか」(育成を目指す資質・能力)
② 「何を学ぶか」(教科等を学ぶ意義と,教科等間・学校段階間のつながりを踏まえた教育課程の編成)
③ 「どのように学ぶか」(各教科等の指導計画の作成と実施,学習・指導の改善・充実)
④ 「子供一人一人の発達をどのように支援するか」(子供の発達を踏まえた指導)
⑤ 「何が身に付いたか」(学習評価の充実)
⑥ 「実施するために何が必要か」(学習指導要領等の理念を実現するために必要な方策)

これらに加えて,特別支援教育に関しては,
① インクルーシブ教育システム構築のための特別支援教育の推進
② 子供の障害の重度・重複化,多様化
③ 社会の急速な変化と卒業後を見据えた教育課程の在り方

などに対応し,障害のある子供一人一人の教育的ニーズに対応した適切な指導や必要な支援を通して,自立と社会参加に向けて育成を目指す資質・能力を身に付けていくことができるようにする観点から,教育課程の基準の改善を図ることが示されている。

これを踏まえ,幼稚園,小学校,中学校に関しては,平成29年3月31日に学校教育法施行規則を改正するとともに,幼稚園教育要領,小学校学習指導要領及び中学校学習指導要領を公示した。

特別支援学校に関しては,平成29年4月28日に学校教育法施行規則を改正するとともに,特別支援学校幼稚部教育要領,特別支援学校小学部・中学部学習指導要領を公示した。

特別支援学校幼稚部教育要領及び小学部・中学部学習指導要領は,幼稚園教育要領,小学校学習指導要領及び中学校学習指導要領の実施時期に合わせて,幼稚部については平成30年4月1日から,小学部については平成30年4月1日から

第 3 学年及び第 4 学年において外国語活動を実施する等の円滑に移行するための措置(移行措置)を実施し,平成 32 年 4 月 1 日から,中学部については平成 30 年 4 月 1 日から移行措置を実施し,平成 33 年 4 月 1 日から,それぞれ全面実施することとしている。

第1節
改訂の経緯

第2節　改訂の基本方針

今回の改訂は中央教育審議会答申を踏まえ，次の基本方針に基づき行った。

1　次に示す①から⑤の基本方針に基づき，幼稚園，小学校及び中学校の教育課程の基準の改善に準じた改善を図る。

①　今回の改訂の基本的な考え方

ア　教育基本法，学校教育法などを踏まえ，これまでの我が国の学校教育の実践や蓄積を生かし，子供たちが未来社会を切り拓くための資質・能力を一層確実に育成することを目指す。その際，子供たちに求められる資質・能力とは何かを社会と共有し，連携する「社会に開かれた教育課程」を重視すること。

イ　知識及び技能の習得と思考力，判断力，表現力等の育成のバランスを重視する平成20年改訂の学習指導要領等の枠組みや教育内容を維持した上で，知識の理解の質を更に高め，確かな学力を育成すること。

ウ　先行する特別教科化など道徳教育の充実や体験活動の重視，体育・健康に関する指導の充実により，豊かな心や健やかな体を育成すること。

②　育成を目指す資質・能力の明確化

中央教育審議会答申においては，予測困難な社会の変化に主体的に関わり，感性を豊かに働かせながら，どのような未来を創っていくのか，どのように社会や人生をよりよいものにしていくのかという目的を自ら考え，自らの可能性を発揮し，よりよい社会と幸福な人生の創り手となる力を身に付けられるようにすることが重要であること，こうした力は全く新しい力ということではなく学校教育が長年その育成を目指してきた「生きる力」であることを改めて捉え直し，学校教育がしっかりとその強みを発揮できるようにしていくことが必要とされた。また，汎用的な能力の育成を重視する世界的な潮流を踏まえつつ，知識及び技能と思考力，判断力，表現力等をバランスよく育成してきた我が国の学校教育の蓄積を生かしていくことが重要とされた。

このため「生きる力」をより具体化し，教育課程全体を通して育成を目指す資質・能力を，ア「何を理解しているか，何ができるか（生きて働く「知識・技能」の習得）」，イ「理解していること・できることをどう使うか（未知の状況にも対応できる「思考力・判断力・表現力等」の育成）」，ウ「どのように社会・世界と関わり，よりよい人生を送るか（学びを人生や社会に生かそうとする「学びに向かう力・人間性等」の涵養）」の三つの柱に整理するとともに，各教科等の目標や内容についても，この三つの柱に基づく再整

理を図るよう提言がなされた。

　今回の改訂では，知・徳・体にわたる「生きる力」を子供たちに育むために「何のために学ぶのか」という各教科等を学ぶ意義を共有しながら，授業の創意工夫や教科書等の改善を引き出していくことができるようにするため，全ての教科等の目標及び内容を「知識及び技能」，「思考力，判断力，表現力等」，「学びに向かう力，人間性等」の三つの柱で再整理した。

③ 「主体的・対話的で深い学び」の実現に向けた授業改善の推進

　子供たちが，学習内容を人生や社会の在り方と結び付けて深く理解し，これからの時代に求められる資質・能力を身に付け，生涯にわたって能動的に学び続けることができるようにするためには，これまでの学校教育の蓄積を生かし，学習の質を一層高める授業改善の取組を活性化していくことが必要であり，我が国の優れた教育実践に見られる普遍的な視点である「主体的・対話的で深い学び」の実現に向けた授業改善（アクティブ・ラーニングの視点に立った授業改善）を推進することが求められる。

　今回の改訂では「主体的・対話的で深い学び」の実現に向けた授業改善を進める際の指導上の配慮事項を総則に記載するとともに，各教科等の「3 指導計画の作成と内容の取扱い」において，単元や題材など内容や時間のまとまりを見通して，その中で育む資質・能力の育成に向けて，「主体的・対話的で深い学び」の実現に向けた授業改善を進めることを示した。

　その際，以下の6点に留意して取り組むことが重要である。

ア　児童生徒に求められる資質・能力を育成することを目指した授業改善の取組は，既に小・中学校や特別支援学校を中心に多くの実践が積み重ねられており，特に義務教育段階はこれまで地道に取り組まれ蓄積されてきた実践を否定し，全く異なる指導方法を導入しなければならないと捉える必要はないこと。

イ　授業の方法や技術の改善のみを意図するものではなく，児童生徒に目指す資質・能力を育むために「主体的な学び」，「対話的な学び」，「深い学び」の視点で，授業改善を進めるものであること。

ウ　各教科等において通常行われている学習活動（言語活動，観察・実験，問題解決的な学習など）の質を向上させることを主眼とするものであること。

エ　1回1回の授業で全ての学びが実現されるものではなく，単元や題材など内容や時間のまとまりの中で，学習を見通し振り返る場面をどこに設定

第2節
改訂の基本方針

するか,グループなどで対話する場面をどこに設定するか,児童生徒が考える場面と教師が教える場面をどのように組み立てるかを考え,実現を図っていくものであること。

オ 深い学びの鍵として「見方・考え方」を働かせることが重要になること。各教科等の「見方・考え方」は,「どのような視点で物事を捉え,どのような考え方で思考していくのか」というその教科等ならではの物事を捉える視点や考え方である。各教科等を学ぶ本質的な意義の中核をなすものであり,教科等の学習と社会をつなぐものであることから,児童生徒が学習や人生において「見方・考え方」を自在に働かせることができるようにすることにこそ,教師の専門性が発揮されることが求められること。

カ 基礎的・基本的な知識及び技能の習得に課題がある場合には,その確実な習得を図ることを重視すること。

④ 各学校におけるカリキュラム・マネジメントの推進

各学校においては,教科等の目標や内容を見通し,特に学習の基盤となる資質・能力(言語能力,情報活用能力(情報モラルを含む。以下同じ。),問題発見・解決能力等)や現代的な諸課題に対応して求められる資質・能力の育成のためには,教科等横断的な学習を充実することや,「主体的・対話的で深い学び」の実現に向けた授業改善を,単元や題材など内容や時間のまとまりを見通して行うことが求められる。これらの取組の実現のためには,学校全体として,児童生徒や学校,地域の実態を適切に把握し,教育内容や時間の配分,必要な人的・物的体制の確保,教育課程の実施状況に基づく改善などを通して,教育活動の質を向上させ,学習の効果の最大化を図るカリキュラム・マネジメントに努めることが求められる。

このため総則において,「児童又は生徒や学校,地域の実態を適切に把握し,教育の目的や目標の実現に必要な教育の内容等を教科等横断的な視点で組み立てていくこと,教育課程の実施状況を評価してその改善を図っていくこと,教育課程の実施に必要な人的又は物的な体制を確保するとともにその改善を図っていくことなどを通して,教育課程に基づき組織的かつ計画的に各学校の教育活動の質の向上を図っていくこと(以下「カリキュラム・マネジメント」という。)に努める」こと。「その際,児童又は生徒に何が身に付いたかという学習の成果を的確に捉え,第3節の3の(3)のイに示す個別の指導計画の実施状況の評価と改善を,教育課程の評価と改善につなげていくよう工夫すること。」について新たに示した。

⑤ **教育内容の主な改善事項**

このほか,言語能力の確実な育成,理数教育の充実,伝統や文化に関する教育の充実,体験活動の充実,外国語教育の充実などについて総則や各教科等において,その特質に応じて内容やその取扱いの充実を図った。

2 インクルーシブ教育システムの推進により,障害のある子供たちの学びの場の柔軟な選択を踏まえ,幼稚園,小・中・高等学校の教育課程との連続性を重視

近年,時代の進展とともに特別支援教育は,障害のある子供の教育にとどまらず,障害の有無やその他の個々の違いを認め合いながら,誰もが生き生きと活躍できる社会を形成していく基礎となるものとして,我が国の現在及び将来の社会にとって重要な役割を担っていると言える。そうした特別支援教育の進展に伴い,例えば,近年は幼稚園,小・中・高等学校等において発達障害を含めた障害のある子供たちが多く学んでいる。また,特別支援学校においては,重複障害者である子供も多く在籍しており,多様な障害の種類や状態等に応じた指導や支援の必要性がより強く求められている。

このような状況の変化に適切に対応し,障害のある子供が自己のもつ能力や可能性を最大限に伸ばし,自立し社会参加するために必要な力を培うためには,一人一人の障害の状態等に応じたきめ細かな指導及び評価を一層充実することが重要である。

このため,以下のアからウの観点から,改善を図っている。

ア　学びの連続性を重視した対応

(ア)「第8節重複障害者等に関する教育課程の取扱い」について,子供たちの学びの連続性を確保する視点から,基本的な考え方を明確にした。

(イ) 知的障害者である子供のための各教科等の目標や内容について,育成を目指す資質・能力の三つの柱に基づき整理した。その際,各学部や各段階,幼稚園や小・中学校の各教科等とのつながりに留意し,次の点を充実した。

- 小・中学部の各段階に目標を設定した。
- 中学部に2段階を新設し,段階ごとの内容を充実した。
- 小学部の教育課程に外国語活動を設けることができることを規定した。
- 小学部の子供のうち小学部の3段階に示す各教科又は外国語活動の内容を習得し目標を達成している者,また,中学部の子供のうち中学部の2段階に示す各教科の内容を習得し目標を達成している者については,子供が就学する学部に相当する学校段階までの小学校学習指導要領又は中学校学習指導要領における各教科等の目標及び内容の一部を取り入れることができるよう規定した。

第2節
改訂の基本方針

イ 一人一人の障害の状態等に応じた指導の充実

(ｱ) 視覚障害者，聴覚障害者，肢体不自由者及び病弱者である子供に対する教育を行う特別支援学校における各教科の内容の取扱いについて，障害の特性等に応じた指導上の配慮事項を充実した。

(ｲ) 発達障害を含む多様な障害に応じた自立活動の指導を充実するため，その内容として，「障害の特性の理解と生活環境の調整に関すること」を示すなどの改善を図るとともに，個別の指導計画の作成に当たっての配慮事項を充実した。

ウ 自立と社会参加に向けた教育の充実

(ｱ) 卒業までに育成を目指す資質・能力を育む観点からカリキュラム・マネジメントを計画的・組織的に行うことを規定した。

(ｲ) 幼稚部，小学部，中学部段階からのキャリア教育の充実を図ることを規定した。

(ｳ) 生涯を通して主体的に学んだり，スポーツや文化に親しんだりして，自らの人生をよりよくしていく態度を育成することを規定した。

(ｴ) 日常生活に必要な国語の特徴や使い方〔国語〕，数学の生活や学習への活用〔算数，数学〕，社会参加ときまり，公共施設と制度〔社会〕，働くことの意義，家庭生活における消費と環境〔職業・家庭〕など，知的障害者である子供のための各教科の目標及び内容について，育成を目指す資質・能力の視点から充実した。

第3節 改訂の要点

1 学校教育法施行規則改正の要点

　学校教育法施行規則では，教育課程編成の基本的な要素である各教科等の種類や授業時数，合科的な指導等について規定している。今回は，これらの規定について次のような改正を行った。

(1) 視覚障害者，聴覚障害者，肢体不自由者又は病弱者である児童に対する教育を行う特別支援学校において，児童が将来どのような職業に就くとしても，外国語で多様な人々とコミュニケーションを図ることができる能力は，生涯にわたる様々な場面で必要とされることが想定され，その基礎的な力を育成するために小学部第3・4学年に「外国語活動」を，第5・6学年に「外国語科」を新設することとした。このため，学校教育法施行規則第126条第1項においては，「特別支援学校の小学部の教育課程は，国語，社会，算数，理科，生活，音楽，図画工作，家庭，体育及び外国語の各教科，特別の教科である道徳，外国語活動，総合的な学習の時間，特別活動並びに自立活動によって教育課程を編成するものとする。」と規定することとした。

　また，知的障害者である児童に対する教育を行う特別支援学校の小学部において，児童の実態等を考慮の上，外国語に親しんだり，外国の言語や文化について体験的に理解や関心を深めたりするため，第3学年以上の児童に「外国語活動」を設けることができることとし，同条第2項において，「知的障害者である児童を教育する場合は，生活，国語，算数，音楽，図画工作及び体育の各教科，特別の教科である道徳，特別活動並びに自立活動によって教育課程を編成するものとする。ただし，必要がある場合には，外国語活動を加えて教育課程を編成することができる。」とした。

　なお，特別の教科である道徳を位置付ける改正は，平成27年3月に行い，平成30年4月1日から施行することとなっており，今回の学校教育法施行規則の改正はそれを踏まえた上で，平成32年4月1日から施行することとなる。

(2) 授業時数については，視覚障害者，聴覚障害者，肢体不自由者又は病弱者である児童に対する教育を行う特別支援学校の小学部において，第3・4学年で新設する外国語活動に年間35単位時間，第5・6学年で新設する外国語科に年間70単位時間を充てることとし（第5・6学年の外国語活動は廃止），それに伴い各学年の年間総授業時数は，従来よりも，第3学年から第6学年で年間35単位時間増加することとした。

(3) 知的障害者である児童に対する教育を行う特別支援学校の小学部におい

て，必要がある場合に加えることができる外国語活動についても，特に必要があるときは，各教科等の一部又は全部と合わせて授業を行うことができることとした。

● 2　幼稚部教育要領の改訂の要点

(1) 前文の趣旨及び要点

学習指導要領等は，時代の変化や子供たちの状況，社会の要請等を踏まえ，これまでおおよそ10年ごとに改訂してきた。今回の改訂は，本解説第1編総説の第1章第2節で述べた基本方針の下に改訂を行っているが，その理念を明確にし，社会で広く共有されるよう新たに前文を設け，次の事項を示した。

① 教育基本法に規定する教育の目的や目標の明記とこれからの学校に求められること

幼稚部教育要領は，教育基本法に定める教育の目的や目標の達成のため，学校教育法に基づき国が定める教育課程の基準であり，平成18年に改正された教育基本法における教育の目的及び目標を明記した。

また，これからの学校に求められることを明記した。

② 「社会に開かれた教育課程」の実現を目指すこと

教育課程を通して，これからの時代に求められる教育を実現していくためには，よりよい学校教育を通してよりよい社会を創るという理念を学校と社会とが共有することが求められる。

そのため，それぞれの学校において，幼児期にふさわしい生活をどのように展開し，どのような資質・能力を育むようにするのかを教育課程において明確にしながら，社会との連携及び協働によりその実現を図っていく，「社会に開かれた教育課程」の実現が重要となることを示した。

③ 幼稚部教育要領を踏まえた創意工夫に基づく教育活動の充実

幼稚部教育要領は，公の性質を有する学校における教育水準を全国的に確保することを目的に，教育課程の基準を大綱的に定めるものであり，それぞれの学校は，幼稚部教育要領を踏まえ，各学校の特色を生かして創意工夫を重ね，長年にわたり積み重ねられてきた教育実践や学術研究の蓄積を生かしながら，幼児や地域の現状や課題を捉え，家庭や地域社会と協力して，教育活動の更なる充実を図っていくことが重要であることを示した。

(2)「総則」の改訂の要点

第1章総則については，幼稚部，家庭，関係機関，地域の関係者で幅広く共有し活用できる「学びの地図」としての役割が果たすことができるよう，構成を抜本的に改善するとともに，以下のような改訂を行った。

① 幼稚部における教育の基本

幼児期の教育における見方・考え方を新たに示すとともに，計画的な環境の構成に関連して教材を工夫することを新たに示した。

② 幼稚部における教育において育みたい資質・能力及び「幼児期の終わりまでに育ってほしい姿」

幼稚部における教育において育みたい資質・能力と「幼児期の終わりまでに育ってほしい姿」を新たに示すとともに，これらと第2章の「ねらい及び内容」との関係について新たに示した。

③ 教育課程の役割と編成等

次のことを新たに示した。

- 各学校においてカリキュラム・マネジメントの充実に努めること
- 各学校の教育目標を明確にし，教育課程の編成についての基本的な方針が家庭や地域とも共有されるよう努めること
- 満3歳児が安心して学校生活を過ごすことができるよう配慮すること
- 学校生活が安全なものとなるよう，教職員による協力体制の下，校庭や校舎などの環境の配慮や指導の工夫を行うこと
- 「幼児期の終わりまでに育ってほしい姿」を共有するなど連携を図り，幼稚部における教育と小学部又は小学校教育との円滑な接続を図るよう努めること
- 教育課程を中心に，学校の様々な計画を関連させ，一体的に教育活動が展開されるよう全体的な計画を作成すること

④ 指導計画の作成と幼児理解に基づいた評価

次のことを新たに示した。

- 多様な体験に関連して，幼児の発達に即して主体的・対話的で深い学びが実現するようにすること
- 幼児の障害の状態や特性及び発達の程度等を踏まえた言語環境を整え，言語活動の充実を図ること
- 幼児の実態を踏まえながら，教師や他の幼児と共に遊びや生活の中で見通しをもったり，振り返ったりするよう工夫すること
- 幼児期は直接的な体験が重要であることを踏まえ，視聴覚教材やコンピュータなど情報機器を活用する際には，幼稚部における生活では得難い体験を補完するなど，幼児の体験との関連を考慮すること

- 幼児理解に基づいた評価の実施に当たっては，指導の過程を振り返りながら幼児の理解を進め，幼児一人一人のよさや可能性などを把握し，指導の改善に生かすようにすることに留意すること，また，評価の妥当性や信頼性が高められるよう創意工夫を行うこと

⑤ 特別な配慮を必要とする幼児の指導

次のことを新たに示した。

- 海外から帰国した幼児や生活に必要な日本語の習得に困難のある幼児については，個々の幼児の実態に応じ，指導内容等の工夫を組織的かつ計画的に行うこと

⑥ 幼稚部に係る学校運営上の留意事項

次のことを新たに示した。

- 校長の方針の下に，教職員が適切に役割を分担，連携しつつ，教育課程や指導の改善を図るとともに，学校評価については，カリキュラム・マネジメントと関連付けながら実施するよう留意すること
- 特別支援学校間に加え，小学校等との間の連携や交流を図るとともに，障害のない幼児児童生徒との交流及び共同学習の機会を設け，協働して生活していく態度を育むよう努めること

(3)「ねらい及び内容」の改訂の要点

第2章では，「ねらい」を幼稚部における教育において育みたい資質・能力を幼児の生活する姿から捉えたもの，「内容の取扱い」を幼児の発達を踏まえた指導を行うに当たって留意すべき事項として新たに示すとともに，幼児の障害の状態や特性及び発達の程度等に応じて指導を行う際に「幼児期の終わりまでに育ってほしい姿」を考慮することを新たに示した。

① 領域「健康」

見通しをもって行動することを「ねらい」に新たに示した。また，食べ物への興味や関心をもつことを「内容」に示すとともに，「幼児期運動指針」（平成24年3月文部科学省）などを踏まえ，多様な動きを経験する中で，体の動きを調整するようにすることを「内容の取扱い」に新たに示した。さらに，これまで，指導計画の作成に当たっての留意事項に示されていた安全に関する記述を，安全に関する指導の重要性の観点等から「内容の取扱い」に位置付けた。

② 領域「人間関係」

工夫したり，協力したりして一緒に活動する楽しさを味わうことを「ねらい」に新たに示した。また，諦めずにやり遂げることの達成感や，前向きな見通しをもつことなどを「内容の取扱い」に新たに示した。

③ 領域「環境」

日常生活の中で，我が国や地域社会における様々な文化や伝統に親しむことなどを「内容」に新たに示した。また，文化や伝統に親しむ際には，正月や節句など我が国の伝統的な行事，国歌，唱歌，わらべうたや伝統的な遊びに親しんだり，異なる文化に触れる活動に親しんだりすることを通じて，社会とのつながりの意識や国際理解の意識の芽生えなどが養われるようにすることなどを「内容の取扱い」に新たに示した。

④ 領域「言葉」

言葉に対する感覚を豊かにすることを「ねらい」に新たに示した。また，生活の中で，言葉の響きやリズム，新しい言葉や表現などに触れ，これらを使う楽しさを味わえるようにすることを「内容の取扱い」に新たに示した。

⑤ 領域「表現」

豊かな感性を養う際に，風の音や雨の音，身近にある草や花の形や色など自然の中にある音，形，色などに気付くようにすることを「内容の取扱い」に新たに示した。

⑥ 自立活動

幼児の多様な障害の状態や特性及び発達の程度等に応じた指導を一層充実するため，内容及び個別の指導計画の作成と内容の取扱いを充実した。

(4)「教育課程に係る教育時間の終了後等に行う教育活動などの留意事項」の改訂の要点

第1章総則第8では，教育課程に係る教育時間終了後等に行う教育活動の計画を作成する際に，適切な責任体制と指導体制を整備した上で行うようにすることを新たに示した。

3 小学部・中学部学習指導要領の改訂の要点

(1) 前文の趣旨及び要点

学習指導要領は，時代の変化や子供たちの状況，社会の要請等を踏まえ，これまでおおよそ10年ごとに改訂してきた。今回の改訂は，本解説第1編総説の第1章第2節で述べた基本方針の下に行っているが，その理念を明確にし，社会で広く共有されるよう新たに前文を設け，次の事項を示した。

① 教育基本法に規定する教育の目的や目標の明記とこれからの学校に求められること

小学部・中学部学習指導要領は，教育基本法に定める教育の目的や目標の達成のため，学校教育法に基づき国が定める教育課程の基準であり，いわば

学校教育の「不易」として，平成18年の教育基本法の改正により明確になった教育の目的及び目標を明記した。

また，これからの学校には，急速な社会の変化の中で，一人一人の児童生徒が自分のよさや可能性を認識できる自己肯定感を育むなど，持続可能な社会の創り手となることができるようにすることが求められることを明記した。

② 「社会に開かれた教育課程」の実現を目指すこと

教育課程を通して，これからの時代に求められる教育を実現していくためには，よりよい学校教育を通してよりよい社会を創るという理念を学校と社会とが共有することが求められる。

そのため，それぞれの学校において，必要な学習内容をどのように学び，どのような資質・能力を身に付けられるようにするのかを教育課程において明確にしながら，社会との連携及び協働によりその実現を図っていく，「社会に開かれた教育課程」の実現が重要となることを示した。

③ 学習指導要領を踏まえた創意工夫に基づく教育活動の充実

学習指導要領は，公の性質を有する学校における教育水準を全国的に確保することを目的に，教育課程の基準を大綱的に定めるものであり，それぞれの学校は，学習指導要領を踏まえ，各学校の特色を生かして創意工夫を重ね，長年にわたり積み重ねられてきた教育実践や学術研究の蓄積を生かしながら，児童生徒や地域の現状や課題を捉え，家庭や地域社会と協力して，教育活動の更なる充実を図っていくことが重要であることを示した。

(2) 総則改訂の要点

総則については，今回の改訂の趣旨が教育課程の編成や実施に生かされるようにする観点から，①資質・能力の育成を目指す「主体的・対話的で深い学び」の実現に向けた授業改善を進める，②カリキュラム・マネジメントの充実，③児童生徒の調和的な発達の支援，家庭や地域との連携・協働を重視するなどの改善を行った。

① 資質・能力の育成を目指す「主体的・対話的で深い学び」

- 学校教育を通して育成を目指す資質・能力を「知識及び技能」，「思考力，判断力，表現力等」，「学びに向かう力，人間性等」に再整理し，それらがバランスよく育まれるよう改善した。
- 言語能力，情報活用能力，問題発見・解決能力等の学習の基盤となる資質・能力や，現代的な諸課題に対応して求められる資質・能力を教科等横断的な視点に基づき育成されるよう改善した。

- 資質・能力の育成を目指し,「主体的・対話的で深い学び」の実現に向けた授業改善が推進されるよう改善した。
- 言語活動や体験活動,ICT等を活用した学習活動等を充実するよう改善するとともに,小学部においては情報手段の基本的な操作の習得やプログラミング教育を新たに位置付けた。

② カリキュラム・マネジメントの充実
- カリキュラム・マネジメントの実践により,校内研修の充実等が図られるよう,章立てを改善した。
- 児童生徒の実態等を踏まえて教育の内容や時間を配分し,授業改善や必要な人的・物的資源の確保などの創意工夫を行い,組織的・計画的な教育の質的向上を図るカリキュラム・マネジメントを推進するよう改善した。

③ 児童生徒の調和的な発達の支援,家庭や地域との連携・協働
- 児童生徒一人一人の調和的な発達を支える視点から,学級経営や生徒指導,キャリア教育の充実について示した。
- 海外から帰国した児童生徒,日本語の習得に困難のある児童生徒,学齢を超過した者への指導と教育課程の関係について示した。
- 教育課程外の学校教育活動である部活動について,教育課程との関連が図られるようにするとともに,持続可能な運営体制が整えられるようにすることを示した。
- 教育課程の実施に当たり,家庭や地域と連携・協働していくことを示した。

④ 重複障害者等に関する教育課程の取扱い
- カリキュラム・マネジメントの視点から,本規定を適用する際の基本的な考え方を整理して示した。

(3) 各教科

① 視覚障害者,聴覚障害者,肢体不自由者及び病弱者である児童生徒に対する教育を行う特別支援学校
- 各教科等の目標及び内容等について,小学校及び中学校に準ずることは従前と同様であるが,児童生徒の障害の種類と程度に応じた指導の一層の充実を図るため,各障害種別に示されている指導上の配慮事項について改善及び充実を図った。

② 知的障害者である児童生徒に対する教育を行う特別支援学校
- 各教科の目標及び内容について,育成を目指す資質・能力の三つの柱に基づき整理した。その際,各学部や各段階,幼稚園,小学校及び中学校とのつながりに留意し,各教科の目標及び内容等の見直しを行った。

- 小・中学部の各段階に目標を設定した。
- 中学部に2段階を新設し，段階ごとの内容を充実するとともに，教科ごとの指導計画の作成と内容の取扱いを新たに示した。

(4) 外国語活動

知的障害者である児童に対する教育を行う特別支援学校の小学部において，児童や学校の実態を考慮し，必要に応じて設けることができる外国語活動についての目標及び内容等を新たに示した。

(5) 総合的な学習の時間

総合的な学習の時間の目標及び内容等については，小学校又は中学校に準ずることは従前と同様であるが，知的障害者である生徒に対する配慮事項を新たに示した。

(6) 自立活動

① 内容

今回の改訂では，六つの区分は従前と同様であるが，発達障害や重複障害を含めた障害のある児童生徒の多様な障害の種類や状態等に応じた指導を一層充実するため，「1健康の保持」の区分に「(4)障害の特性の理解と生活環境の調整に関すること。」の項目を新たに示した。

また，自己の理解を深め，主体的に学ぶ意欲を一層伸長するなど，発達の段階を踏まえた指導を充実するため，「4環境の把握」の区分の下に設けられていた「(2)感覚や認知の特性への対応に関すること。」の項目を「(2)感覚や認知の特性についての理解と対応に関すること。」と改めた。

さらに，「(4)感覚を総合的に活用した周囲の状況の把握に関すること。」の項目を「(4)感覚を総合的に活用した周囲の状況についての把握と状況に応じた行動に関すること。」と改めた。

② 個別の指導計画の作成と内容の取扱い

今回の改訂では，個別の指導計画の作成についてさらに理解を促すため，実態把握から指導目標や具体的な指導内容の設定までの手続きの中に「指導すべき課題」を明確にすることを加え，手続きの各過程を整理する際の配慮事項をそれぞれ示した。

また，児童生徒自身が活動しやすいように環境や状況に対する判断や調整をする力を育むことが重要であることから，「個々の児童又は生徒に対し，自己選択及び自己決定する機会を設けることによって，思考したり，判断したりすることができるような指導内容を取り上げること。」を新たに示した。

さらに、児童生徒自らが、自立活動の学習の意味を将来の自立と社会参加に必要な資質・能力との関係において理解したり、自立活動を通して、学習上又は生活上の困難をどのように改善・克服できたか自己評価につなげたりしていくことが重要であることから、「個々の児童又は生徒が、自立活動における学習の意味を将来の自立や社会参加に必要な資質・能力との関係において理解し取り組めるような指導内容を取り上げること。」を新たに示した。

4 道徳の特別の教科化に係る一部改正

(1) 一部改正の経緯

我が国の教育は、教育基本法第1条に示されているとおり「人格の完成を目指し、平和で民主的な国家及び社会の形成者として必要な資質を備えた心身ともに健康な国民の育成を期して行われ」るものである。人格の完成及び国民の育成の基盤となるのが道徳性であり、その道徳性を養うことが道徳教育の使命である。しかし、道徳教育を巡っては、歴史的経緯に影響され、いまだに道徳教育そのものを忌避しがちな風潮があること、他教科に比べて軽んじられていること、読み物の登場人物の心情理解のみに偏った形式的な指導が行われる例があることなど、これまで多くの課題が指摘されてきた。

また、いじめの問題に起因して、子供の心身の発達に重大な支障が生じる事案や、尊い命が絶たれるといった痛ましい事案まで生じており、いじめを早い段階で発見し、その芽を摘み取り、全ての子供を救うことが喫緊の課題となっている。

このような現状の下、内閣に設置された教育再生実行会議は、平成25年2月の第一次提言において、いじめの問題等への対応をまとめた。その中では、いじめの問題が深刻な状況にある今こそ、制度の改革だけでなく、本質的な問題解決に向かって歩み出すことが必要であり、心と体の調和の取れた人間の育成の観点から、道徳教育の重要性を改めて認識し、その抜本的な充実を図るとともに、新たな枠組みによって教科化することが提言された。

本提言等を踏まえ、文部科学省においては「道徳教育の充実に関する懇談会」を設置し、道徳教育の充実方策について専門的に検討を行った。本懇談会では、道徳教育は、国や民族、時代を越えて、人が生きる上で必要なルールやマナー、社会規範などを身に付け、人としてよりよく生きることを根本で支えるとともに、国家・社会の安定的で持続可能な発展の基盤となるものであり、道徳教育の充実は、我が国の道徳教育の現状、家庭や社会の状況等を踏まえれば、いじめの問題の解決だけでなく、我が国の教育全体にとっての重要な課題であるとの認識の下、これまでの成果や課題を検証しつつ、道徳の特質を踏まえた新た

な枠組みによる教科化の具体的な在り方などについて，幅広く検討を行い，平成25年12月「今後の道徳教育の改善・充実方策について（報告）～新しい時代を，人としてより良く生きる力を育てるために～」を取りまとめた。

また，平成26年2月，中央教育審議会に「道徳に係る教育課程の改善等について」が諮問され，道徳教育専門部会において道徳の時間の新たな枠組みによる教科化の在り方等について検討が行われた。平成26年10月21日の答申では，道徳教育の要である道徳の時間については，「特別の教科道徳（仮称）」として制度上位置付け，充実を図ること，また，道徳教育の抜本的な改善に向け，学習指導要領に定める道徳教育の目標，内容の明確化及び体系化を図ることや，指導方法の工夫，児童生徒の成長の様子を把握する評価の在り方，検定教科書の導入，教師の指導力向上方策，学校と家庭や地域の連携強化の在り方など道徳教育の改善・充実に向けて必要な事項が示された。

この答申を踏まえ，平成27年3月27日に学校教育法施行規則を改正するとともに，小学校学習指導要領，中学校学習指導要領及び特別支援学校小学部・中学部学習指導要領の一部改正の告示を公示した。今回の改正は，いじめの問題への対応の充実や発達の段階をより一層踏まえた体系的なものとする観点からの内容の改善，問題解決的な学習を取り入れるなどの指導方法の工夫を図ることなどを示したものである。このことにより，「特定の価値観を押し付けたり，主体性をもたず言われるままに行動するよう指導したりすることは，道徳教育が目指す方向の対極にあるものと言わなければならない」，「多様な価値観の，時に対立がある場合を含めて，誠実にそれらの価値に向き合い，道徳としての問題を考え続ける姿勢こそ道徳教育で養うべき基本的資質である」との中央教育審議会答申を踏まえ，発達の段階に応じ，答えが一つではない道徳的な課題を一人一人の児童生徒が自分自身の問題と捉え向き合う「考える道徳」，「議論する道徳」へと転換を図るものである。

改正特別支援学校小学部・中学部学習指導要領は，平成27年4月1日から移行措置として，その一部又は全部を実施することが可能となっており，小学部は平成30年4月1日から，中学部は平成31年4月1日から全面実施することとしている。

(2) 一部改正の基本方針

この一部改正は，平成26年10月の中央教育審議会の答申を踏まえ，次のような方針の下で行った。

これまでの「道徳の時間」を要として学校の教育活動全体を通じて行うという道徳教育の基本的な考え方を，適切なものとして今後も引き継ぐとともに，道徳の時間を「特別の教科道徳」（以下「道徳科」という。）として新たに位置

付けた。

　また，それに伴い，目標を明確で理解しやすいものにするとともに，道徳教育も道徳科も，その目標は，最終的には「道徳性」を養うことであることを前提としつつ，各々の役割と関連性を明確にした分かりやすい規定とした。

　なお，道徳科においては，内容をより発達の段階を踏まえた体系的なものとするとともに，指導方法を多様で効果的なものとするため，指導方法の工夫等について具体的に示すなど，その改善を図っている。

(3) 一部改正の要点

① 学校教育法施行規則改正の要点

　学校教育法施行規則の小学校及び中学校の教育課程について，「道徳の時間」を「特別の教科である道徳」としたため，学校の教育活動全体を通じて行う道徳教育を「特別の教科である道徳」を要として学校の教育活動全体を通じて行うものと改めた。

② 総則改正の要点

　ア　教育課程編成の一般方針

　　「特別の教科である道徳」を「道徳科」と言い換える旨を示すとともに，道徳教育の目標について，「自己の生き方を考え，主体的な判断の下に行動し，自立した人間として他者と共によりよく生きるための基盤となる道徳性を養うこと」と簡潔に示した。また，道徳教育を進めるに当たっての配慮事項として，道徳教育の目標を達成するための諸条件を示しながら「主体性のある日本人の育成に資することとなるよう特に留意しなければならない」こととした。

　イ　内容等の取扱いに関する共通事項

　　道徳科を要として学校の教育活動全体を通じて行う道徳教育の内容は，「第3章特別の教科道徳」において準ずるものとしている小学校学習指導要領と中学校学習指導要領のそれぞれ第3章特別の教科道徳の第2に示す内容であることを明記した。

　ウ　指導計画の作成等に当たって配慮すべき事項

　　学校における道徳教育は，道徳科を要として教育活動全体を通じて行うものであることから，その配慮事項を以下のように付け加えた。

　　(ｱ) 道徳教育は，道徳科を要として学校の教育活動全体で行うことから，全体計画を作成して全教師が協力して道徳教育を行うこと。また，各教科等で道徳教育の指導の内容及び時期を示すこと。

　　(ｲ) 各学校において指導の重点化を図るために，児童生徒の発達の段階や特性等を踏まえて小学部・中学部における留意事項を示したこと。

(ｳ) 集団宿泊活動やボランティア活動，自然体験活動，地域の行事への参加などの豊かな体験の充実とともに，道徳教育がいじめの防止や安全の確保等に資するよう留意することを示したこと。

(ｴ) 学校の道徳教育の全体計画や道徳教育に関する諸活動などの情報を積極的に公表すること，家庭や地域社会との共通理解を深め，相互の連携を図ることを示したこと。

第2編
幼稚部教育要領解説

第1章　幼稚部における教育の意義

第1節　幼児期の特性と幼稚部における教育の役割

1　幼児期の特性

(1) 幼児期の生活

　幼児期には，幼児は家庭において親しい人間関係を軸にして営まれていた生活からより広い世界に目を向け始め，生活の場，他者との関係，興味や関心などが急激に広がり，依存から自立に向かう。

① **生活の場**

　幼児期は，運動機能が急速に発達し，いろいろなことをやってみようとする活動意欲も高まる時期である。保護者や周囲の大人との愛情ある関わりの中で見守られているという安心感に支えられて幼児の行動範囲は家庭の外へと広がりを見せ始める。そして，いろいろな場所に出掛けて行き，そこにある様々なものに心を動かされたり，それを用いて遊んだりすることにより，興味や関心が広がり，それにつれて幼児の生活の場も次第に広がっていく。特に，幼児の生活の場が最も大きく広がるのは幼稚部における生活などにおける集団生活が始まってからである。

　多くの幼児にとって幼稚部における生活は，家庭から離れて同年代の幼児と日々一緒に過ごす初めての集団生活である。幼稚部においては，教師や他の幼児たちと生活を共にしながら感動を共有し，イメージを伝え合うなど互いに影響を及ぼし合い，興味や関心の幅を広げ，言葉を獲得し，表現する喜びを味わう。また，友達と活動を展開する充実感や満足感をもつことによって，更に自分の生活を広げていこうとする意欲が育てられていくことになる。しかし，このような集団での生活の中では，親しい人間関係の下で営まれる家庭生活とは異なり，自分一人でやり遂げなければならないことや解決しなければならないことに出会ったり，その場におけるきまりを守ったり，他の人の思いを大切にしなければならないなど，今までのように自分の意志が通せるとは限らない状況になったりもする。このような場面で大人の手を借りながら，他の幼児と話し合うなどして，その幼児なりに解決し，危機を乗り越える経験を重ねることにより，次第に幼児の自立的な生活態度が培われていく。

　また，幼稚部における生活の流れが把握できていないと，幼児は，今目の前で起きていることにとらわれ，やりたいことができないと泣く，怒るなど

の情緒的な反応を示すことがある。幼稚部における生活の中で，活動の区切りに教師や友達と共に振り返りの経験を積むことや教師が適切な言葉掛けをすることなどにより，幼児は徐々に過去と今，今と未来の関係に気付くようになり，活動の見通しや，期待がもてるようになっていく。

　幼児は，それぞれの家庭や地域で得た生活経験を基にして幼稚部における生活で様々な活動を展開し，また，幼稚部における生活で得た経験を家庭や地域での生活に生かしている。生活の場の広がりの中で，様々な出来事や暮らしの中の文化的な事物や事象，多様な人々との出会いや関わり合いを通して，幼児が必要な体験を積み重ねていく。

　このような新たな生活の広がりに対して，幼児は期待と同時に不安感や緊張感を抱いていることが多い。家庭や地域での生活において幼児が安心して依存できる保護者や身近な大人の存在が必要であるのと同様に，幼稚部における生活が幼児にとって安心して過ごすことができる生活の場となるためには，幼児の行動を温かく見守り，適切な援助を行う教師の存在が不可欠である。

② **他者との関係**

　幼児期は，家庭における保護者などとの関係だけでなく，他の幼児や家族以外の人々の存在に気付き始め，次第に関わりを求めるようになってくる。初めは，同年代の幼児がいると，別々の活動をしながらも同じ場所で過ごすことで満足する様子が見られるが，やがて一緒に遊んだりして，次第に，言葉を交わしたり，物のやり取りをしたりするなどの関わりをもつようになっていく。そして，ときには自己主張のぶつかり合いや友達と折り合いを付ける体験を重ねながら友達関係が生まれ，深まっていく。やがて，幼稚部などの集団生活の場で共通の興味や関心をもって生活を展開する楽しさを味わうことができるようになると，更に友達関係は広がりを見せるようになっていく。このような対人関係の広がりの中で幼児は互いに見たり，聞いたりしたことなどを言葉や他の様々な方法で伝え合うことによって，今までの自分のイメージにない世界に出会うことになる。

　幼児はこのようにして，一人で活動するよりも，何人かの友達と一緒に活動することで，生活がより豊かに楽しく展開できることを体験し，友達がいることの楽しさと大切さに気付いていくことになる。

それと同時に，幼児は，友達との関わりを通して様々な感情を体験していくことになる。友達と一緒に活動する楽しさや喜び，また，自己主張のぶつかり合いなどによる怒り，悲しさ，寂しさなどを味わう体験を積み重ねることによって，次第に，相手も自分も互いに違う主張や感情をもった存在であることにも気付き，その相手も一緒に楽しく遊んだり生活したりできるよう，自分の気持ちを調整していく。

このような他者との関係の広がりは，同時に自我の形成の過程でもある。幼児期には，自我が芽生え，自己を表出することが中心の生活から，他者と関わり合う生活を通して，他者の存在を意識し，自己を抑制しようとする気持ちも生まれるようになり，自我の発達の基礎が築かれていく。

③ 興味や関心

生活の場の広がりや対人関係の広がりに伴って，幼児の興味や関心は生活の中で様々な対象に向けられて広がっていく。

生活の場が家庭から地域，学校へと広がるにつれて，幼児は，興味や関心を抱き，好奇心や探究心を呼び起こされるような様々な事物や現象に出会うことになる。そのようなものに対する興味や関心は，他の幼児や教師などと感動を共有したり，共にその対象に関わって活動を展開したりすることによって広げられ，高められていく。また，一人では興味や関心をもたなかった対象に対しても他の幼児に接することによって，あるいは，教師の援助などによって，自分もそれに興味や関心をもつようになる。このような興味や関心は，その対象と十分に関わり合い，好奇心や探究心を満足させながら，自分でよく見たり，取り扱ったりすることにより，更に高まり，思考力の基礎を培っていくので，幼児が様々な対象と十分に関わり合えるようにすることが大切である。また，他の幼児や教師と言葉により対話することがその過程を更に深めていくことにもなる。

幼児は，同年代の幼児の行動に影響されて行動を起こしたり，保護者や教師などの親しみをもっている大人の行動を模倣し，同じようなことをやってみようとしたりすることが多い。したがって，自然や出来事などの様々な対象へ幼児の興味や関心を広げるためには，他の幼児の存在や教師の言動が重要な意味をもつことになる。

(2) 幼児期の発達

① 発達の捉え方

人は生まれながらにして，自然に成長していく力と同時に，周囲の環境に対して自分から能動的に働き掛けようとする力をもっている。自然な心身の成長に伴い，人がこのように能動性を発揮して環境と関わり合う中で，生活

に必要な能力や態度などを獲得していく過程を発達と考えることができよう。

　生活に必要な能力や態度などの獲得については，どちらかというと大人に教えられた通りに幼児が覚えていくという側面が強調されることもあった。しかし，幼児期には，幼児自身が自発的・能動的に環境と関わりながら，生活の中で状況と関連付けて身に付けていくことが重要である。したがって，生活に必要な能力や態度などの獲得のためには，遊びを中心とした生活の中で，幼児自身が自らの生活と関連付けながら，好奇心を抱くこと，あるいは必要感をもつことが重要である。

　幼児の心身の諸側面は，それぞれが独立して発達するものではなく，幼児が友達と体を動かして遊びを展開するなどの中で，それぞれの側面が相互に関連し合うことにより，発達が成し遂げられていくものである。

　幼児の発達は連続的ではあるが常に滑らかに進行するものではなく，ときには，同じ状態が続いて停滞しているように見えたり，あるときには，飛躍的に進んだりすることも見られる。

　さらに，このような発達の過程は，ある時期には身に付けやすいが，その時期を逃すと，身に付けにくくなることもある。したがって，どの時期に何をどのような方法で身に付けていくかという適時性を考えることは，幼児の望ましい発達を促す上で，大切なことになる。ここでの適時性とは，長期的な見通しに立った緩やかなものを指しているのであり，人間は生涯を通して発達し続ける存在であることから，その時期を過ぎたら，発達の可能性がないというような狭い意味のものではない。

　障害のある幼児の発達を捉える場合も，基本的には障害のない幼児の発達の考え方と共通であると言える。しかし，障害のある幼児が，環境との関わりの中で生活に必要な能力や態度などを獲得していくのに，障害のあることがどのような影響を与えるかについて，十分に理解する必要がある。また，障害のある幼児の発達は，個人差が大きく，一人の幼児についてみても心身の諸側面の発達に遅れや不均衡が見られたり，ときには環境の変化などをきっかけとして発達の停滞や退行の状態を示したりすることもある。したがって，障害のある幼児については，長期的な見通しの中で，きめ細かく発達の過程を捉えることが大切である。

② 発達を促すもの

　幼児期の発達を促すために必要なこととして次のようなものが考えられる。

　ア　能動性の発揮

　　幼児は，興味や関心をもったものに対して自分から関わろうとする。したがって，このような能動性が十分に発揮されるような対象や時間，場などが用意されることが必要である。特に，そのような幼児の行動や心の動

きを受け止め，認めたり，励ましたりする保護者や教師などの大人の存在が大切である。

また，幼児が積極的に周囲に目を向け，関わるようになるには，幼児の心が安定していなければならない。心の安定は，周囲の大人との信頼関係が築かれることによって，つくり出されるものである。

イ　発達に応じた環境からの刺激

幼児は，環境との相互作用によって発達に必要な経験を積み重ねていく。したがって，幼児期の発達は生活している環境の影響を大きく受けると考えられる。ここでの環境とは自然環境に限らず，人も含めた幼児を取り巻く環境の全てを指している。

例えば，ある運動機能が育とうとしている時期に，一緒に運動して楽しむ友達がいるなど体を動かしたくなるような環境が整っていなければ，その機能は十分に育つことはできないであろう。また，言葉を交わす楽しさは，話したり，聞いたりすることが十分にできる環境がなければ経験できないこともあろう。したがって，発達を促すためには，活動の展開によって柔軟に変化し，幼児の興味や関心に応じて必要な刺激が得られるような応答性のある環境が必要である。

③ **発達の特性**

幼児が生活する姿の中には，幼児期特有の状態が見られる。そこで，幼稚部においては，幼児期の発達の特性を十分に理解して，幼児の発達の実情に即応した教育を行うことが大切である。幼児期の発達の特性のうち，特に留意しなければならない主なものは次のようなことである。

○　幼児期は，身体が著しく発育するとともに，運動機能が急速に発達する時期である。そのために自分の力で取り組むことができることが多くなり，幼児の活動性は著しく高まる。そして，ときには，全身で物事に取り組み，我を忘れて活動に没頭することもある。こうした取組は運動機能だけでなく，他の心身の諸側面の発達をも促すことにもなる。

○　幼児期は，次第に自分でやりたいという意識が強くなる一方で，信頼できる保護者や教師などの大人にまだ依存していたいという気持ちも強く残っている時期である。幼児はいつでも適切な援助が受けられる，あるいは周囲から自分の存在を認められ，受け入れられているという安心感などを基盤にして，初めて自分の力で様々な活動に取り組むことができるのである。すなわち，この時期は，大人への依存を基盤としつつ自立へ向かう時期であると言える。また，幼児期において依存と自立の関係を十分に体験することは，将来にわたって人と関わり，充実した生活を営むために大切なことである。

○ 幼児期は，幼児が自分の生活経験によって親しんだ具体的なものを手掛かりにして，自分自身のイメージを形成し，それに基づいて物事を受け止めている時期である。幼児は，このような自分なりのイメージをもって友達と遊ぶ中で，物事に対する他の幼児との受け止め方の違いに気付くようになる。また，それを自分のものと交流させたりしながら，次第に一緒に活動を展開できるようになっていく。

○ 幼児期は，信頼や憧れをもって見ている周囲の対象の言動や態度などを模倣したり，自分の行動にそのまま取り入れたりすることが多い時期である。この対象は，初めは，保護者や教師などの大人であることが多い。やがて，幼児の生活が広がるにつれて，友達や物語の登場人物などにも広がっていく。このような幼児における同一化は，幼児の人格的な発達，生活習慣や態度の形成などにとって重要なものである。

○ 幼児期は，環境と能動的に関わることを通して，周りの物事に対処し，人々と交渉する際の基本的な枠組みとなる事柄についての概念を形成する時期である。例えば，命あるものとそうでないものの区別，生きているものとその生命の終わり，人と他の動物の区別，心の内面と表情など外側に表れたものの区別などを理解するようになる。

○ 幼児期は，他者との関わり合いの中で，様々な葛藤やつまずきなどを体験することを通して，将来の善悪の判断につながる，やってよいことや悪いことの基本的な区別ができるようになる時期である。また，幼児同士が互いに自分の思いを主張し合い，折り合いを付ける体験を重ねることを通して，きまりの必要性などに気付き，自己抑制ができるようになる時期でもある。特に，幼児は，大人の諾否により，受け入れられる行動と望ましくない行動を理解し，より適切な振る舞いを学ぶようになる。

障害のある幼児の場合は，障害があるために，幼児期の発達の特性が十分に発揮されずに，発達に遅れや不均衡が生じることがある。このため，障害の状態や特性及び発達の程度等に配慮しながら，幼児期の発達の特性を生かした活動を展開することによって，調和のとれた発達を促すようにすることが必要である。

2 幼稚部における生活

幼児期は，自然な生活の流れの中で直接的・具体的な体験を通して，人格形成の基礎を培う時期である。したがって，幼稚部では，幼稚部における教育の目標を達成するために必要な様々な体験が豊富に得られるような環境を構成し，その中で幼児が幼児期にふさわしい生活を営むようにすることが大切である。

幼児の生活は，本来，明確に区分することは難しいものであるが，具体的な生活行動に着目して，強いて分けてみるならば，食事，衣服の着脱や片付けなどのような生活習慣に関わる部分と遊びを中心とする部分とに分けられる。幼稚部における生活は，このような活動が幼児の意識や必要感，あるいは興味や関心と関連して，連続性をもちながら生活のリズムに沿って展開される，生活の自然な流れを大切にして，幼児が幼稚部における生活を充実したものとして感じるようにしていくことが大切である。

これらのことは，自立活動の内容に重点を置いた指導を行う場合にも尊重されなければならない。

このような配慮に基づく幼稚部における生活は，幼児にとって，家庭や地域での生活と相互に循環するような密接な関連をもちつつ幼児をより広い世界に導き，幼稚部が豊かな体験を得られる場となる。

幼稚部における生活には，以下のような特徴があり，その中で一人一人の幼児が十分に自己を発揮することによってその心身の発達が促されていくのである。

(1) 同年代の幼児との集団生活を営む場であること

幼稚部において，幼児は多数の同年代の幼児と関わり，気持ちを伝え合い，ときには協力して活動に取り組むなどの多様な体験をする。そのような体験をする過程で，幼児は他の幼児と支え合って生活する楽しさを味わいながら，主体性や社会的態度を身に付けていくのである。

特に近年，家庭や地域において幼児が兄弟姉妹や近隣の幼児と関わる機会が減少していることを踏まえると，幼稚部において，同年齢や異年齢の幼児同士が相互に関わり合い，生活することの意義は大きい。このような集団生活を通して，幼児は，物事の受け止め方などいろいろな点で自分と他の幼児とが異なることに気付くとともに，他の幼児の存在が大切であることを知る。また，他の幼児と共に活動することの楽しさを味わいながら，快い生活を営む上での約束事やきまりがあることを知り，更にはそれらが必要なことを理解する。こうして，幼児は様々な人間関係の調整の仕方について体験的な学びを重ねていくのである。

(2) 幼児を理解し，適切な援助を行う教師と共に生活する場であること

幼稚部における生活において，一人一人の幼児が発達に必要な体験を得られることが大切である。そのためには，幼児の障害の状態や特性及び発達の程度等や生活の流れなどに即して，教師が幼児の活動にとって適切な環境を構成し，幼児同士のコミュニケーションを図るなど，適切な援助をしていくことが最も大切である。（本解説第2編の第2章第2節幼稚部における教育の基本　5 教

師の役割，第6節指導計画の作成と幼児理解に基づいた評価　3指導計画の作成上の留意事項の(7)教師の役割を参照)

　幼稚部における生活に慣れるまでの幼児は，新たな生活の広がりに対して期待と同時に，不安感や緊張感を抱いていることが多い。そのような幼児にとって，自分の行動を温かく見守り，必要な援助の手を差し伸べてくれる教師の配慮により，学校が遊ぶ喜びを味わうことのできる場となることが大切である。その喜びこそが生きる力の基礎を培うのである。

(3) 適切な環境があること

　家庭や地域とは異なり，幼稚部においては，教育的な配慮の下に幼児が友達と関わって活動を展開するのに必要な遊具や用具，素材，十分に活動するための時間や空間はもとより，幼児が生活の中で触れ合うことができる自然や動植物などの様々な環境が用意されている。このような環境の下で，直接的・具体的な体験を通して一人一人の幼児の発達を促していくことが重要である。

　さらに，幼児の発達を促すための環境は，必ずしも幼稚部の中だけにあるのではない。例えば，近くにある自然の多い場所や高齢者のための施設への訪問，地域の行事への参加や地域の人々の幼稚部訪問などの機会も，幼児が豊かな人間性の基礎を培う上で貴重な体験を得るための重要な環境である。

　しかし，これらの環境が単に存在しているだけでは，必ずしも幼児の発達を促すものになるとは限らない。まず教師は，幼児が環境と出会うことでそれにどのような意味があるのかを見いだし，どのような興味や関心を抱き，どのように関わろうとしているのかを理解する必要がある。それらを踏まえた上で環境を構成することにより，環境が幼児にとって意味あるものとなるのである。すなわち，発達に必要な体験が得られる適切な環境となるのである。

3　幼稚部の役割

　幼児期の教育は，大きくは家庭と幼稚部で行われ，両者は連携し，連動して一人一人の育ちを促すことが大切である。幼稚部と家庭とでは，環境や人間関係の有り様に応じてそれぞれの果たすべき役割は異なる。家庭は，愛情としつけを通して幼児の成長の最も基礎となる心の基盤を形成する場である。幼稚部は，これらを基盤にしながら家庭では体験できない社会・文化・自然などに触れ，教師に支えられながら，幼児期なりの世界の豊かさに出会う場である。また，障害による学習上又は生活上の困難の改善・克服を図るための指導を受ける場である。さらに，地域は様々な人々との交流の機会を通して豊かな体験が得られる場である。

　幼稚部には，このような家庭や地域とは異なる独自の働きがあり，ここに教育

内容を豊かにするに当たっての視点がある。

　すなわち，幼稚部では，幼児の自発的な活動としての遊びを十分に確保することが何よりも必要である。それは，遊びにおいて幼児の主体的な力が発揮され，生きる力の基礎ともいうべき生きる喜びを味わうことが大切だからである。幼児は遊びの中で能動的に対象に関わり，自己を表出する。そこから，外の世界に対する好奇心が育まれ，探索し，物事について思考し，知識を蓄えるための基礎が形成される。また，幼児期に主体性を身に付けることは，幼児が障害による学習上又は生活上の困難を改善・克服しようとする態度や習慣などを培うことに大きく影響を及ぼすと言える。さらに，ものや人との関わりにおける自己表出を通して自我を形成するとともに，自分を取り巻く社会への感覚を養う。このようなことが幼稚部における教育の広い意味での役割と言うことができる。

　幼稚部における教育は，その後の学校教育全体の生活や学習の基盤を培う役割も担っている。この基盤を培うとは，小学部又は小学校以降の子供の発達を見通した上で，幼稚部における教育において育みたい資質・能力である「知識及び技能の基礎」，「思考力，判断力，表現力等の基礎」，「学びに向かう力，人間性等」，そして，障害による学習上又は生活上の困難を改善・克服するための力を幼児期にふさわしい生活を通してしっかり育むことである。そのことが小学部又は小学校以降の生活や学習においても重要な自ら学ぶ意欲や自ら学ぶ力を養い，一人一人の資質・能力を育成することにつながっていくのである。

　また，地域の人々が障害のある幼児の成長に関心を抱くことは，家庭と幼稚部以外の場が幼児の成長に関与することとなり，幼児の発達を促す機会を増やすことになる。さらに，幼稚部が家庭と協力して教育を進めることにより，保護者が家庭教育とは異なる視点から幼児への関わりを幼稚部において見ることができ，視野を広げるようになるなど保護者の変容も期待できる。

　このようなことから，幼稚部は，地域における特別支援教育や幼児期における教育のセンターとしての役割を家庭や地域との関係において果たすことも期待される。

(本解説第2編の第2章第8節幼稚部の学校運営上の留意事項　5特別支援教育のセンター的機能を参照)

第2章　総　説（教育課程の基準と編成）

　幼稚部教育要領前文に示されているとおり，我が国においては，教育基本法によって示されている目的及び目標に基づいて特別支援学校，幼稚園，小学校，中学校などの学校段階に分かれて教育が行われている。それぞれの段階の学校においては，学校教育法を踏まえ，それぞれの学校の特性に応じた目的や目標をもってそれを実現しようとするものである。幼稚部についても，学校教育法第72条によって幼稚部における教育の目的が，幼稚部教育要領第1章総則の第2によって幼稚部における教育の目標が示されている。幼稚部教育要領は，学校教育法第77条及び学校教育法施行規則第129条に基づき，これら目的及び目標の実現に向けて幼稚部の教育課程その他の保育内容の基準を示すものである。

　各幼稚部においては，この幼稚部教育要領に述べられていることを基として，一人一人の資質・能力を育んでいくよう，幼児期にふさわしい教育の展開を目指す幼稚部における教育の在り方を理解し，幼児の障害の状態や特性及び発達の程度等，学校や地域の実態に即し，組織的かつ計画的に教育課程を編成するとともに，家庭や地域社会と協力して，教育活動の更なる充実を図っていくことや，小学部又は小学校以降の教育や生涯にわたる学習とのつながりを見通しながら，幼児の自発的な活動としての遊びを通しての総合的な指導を行うことが大切である。

（参考）教育基本法
第1条　教育は，人格の完成を目指し，平和で民主的な国家及び社会の形成者として必要な資質を備えた心身ともに健康な国民の育成を期して行われなければならない。
第2条　教育は，その目的を実現するため，学問の自由を尊重しつつ，次に掲げる目標を達成するよう行われるものとする。
　一　幅広い知識と教養を身に付け，真理を求める態度を養い，豊かな情操と道徳心を培うとともに，健やかな身体を養うこと。
　二　個人の価値を尊重して，その能力を伸ばし，創造性を培い，自主及び自律の精神を養うとともに，職業及び生活との関連を重視し，勤労を重んずる態度を養うこと。
　三　正義と責任，男女の平等，自他の敬愛と協力を重んずるとともに，公共の精神に基づき，主体的に社会の形成に参画し，その発展に寄与する態度を養うこと。
　四　生命を尊び，自然を大切にし，環境の保全に寄与する態度を養うこと。
　五　伝統と文化を尊重し，それらをはぐくんできた我が国と郷土を愛するとともに，他国を尊重し，国際社会の平和と発展に寄与する態度を養う

こと。

第11条　幼児期の教育は，生涯にわたる人格形成の基礎を培う重要なものであることにかんがみ，国及び地方公共団体は，幼児の健やかな成長に資する良好な環境の整備その他適当な方法によって，その振興に努めなければならない。

（参考）学校教育法

第72条　特別支援学校は，視覚障害者，聴覚障害者，知的障害者，肢体不自由者又は病弱者（身体虚弱者を含む。以下同じ。）に対して，幼稚園，小学校，中学校又は高等学校に準ずる教育を施すとともに，障害による学習上又は生活上の困難を克服し自立を図るために必要な知識技能を授けることを目的とする。

第22条　幼稚園は，義務教育及びその後の教育の基礎を培うものとして，幼児を保育し，幼児の健やかな成長のために適当な環境を与えて，その心身の発達を助長することを目的とする。

第23条　幼稚園における教育は，前条に規定する目的を実現するため，次に掲げる目標を達成するよう行われるものとする。

一　健康，安全で幸福な生活のために必要な基本的な習慣を養い，身体諸機能の調和的発達を図ること。

二　集団生活を通じて，喜んでこれに参加する態度を養うとともに家族や身近な人への信頼感を深め，自主，自律及び協同の精神並びに規範意識の芽生えを養うこと。

三　身近な社会生活，生命及び自然に対する興味を養い，それらに対する正しい理解と態度及び思考力の芽生えを養うこと。

四　日常の会話や，絵本，童話等に親しむことを通じて，言葉の使い方を正しく導くとともに，相手の話を理解しようとする態度を養うこと。

五　音楽，身体による表現，造形等に親しむことを通じて，豊かな感性と表現力の芽生えを養うこと。

第1節 幼稚部における教育と幼稚部教育要領

　幼稚部においては，3歳から小学部に入学するまでの幼児を入学させて教育を行っている。我が国の特別支援学校については，学校教育法第72条に教育の目的が示されているところであるが，学校教育法第77条及び学校教育法施行規則第129条に基づき，これを更に具体化して，幼稚部教育要領により，幼稚部の教育課程の基準を示すものである。

　それぞれの学校においては，この幼稚部教育要領に述べられていることを基にして，幼児期にふさわしい教育の展開を目指す幼稚部の教育の在り方を理解し，幼児の障害の状態や特性及び発達の程度等，学校や地域の実態に即し，教育課程を編成することが大切である。

第2節　幼稚部における教育の基本（第1章の第1）

> 第1章　総　則
>
> 第1　幼稚部における教育の基本
> 　幼児期の教育は，生涯にわたる人格形成の基礎を培う重要なものであり，幼稚部における教育は，学校教育法第72条に規定する目的を達成するため，幼児期の特性を踏まえ，環境を通して行うものであることを基本とする。
> 　このため教師は，幼児との信頼関係を十分に築き，幼児が身近な環境に主体的に関わり，環境との関わり方や意味に気付き，これらを取り込もうとして，試行錯誤したり，考えたりするようになる幼児期の教育における見方・考え方を生かし，幼児と共によりよい教育環境を創造するように努めるものとする。これらを踏まえ，次に示す事項を重視して教育を行わなければならない。
>
> 　1　幼児は安定した情緒の下で自己を十分に発揮することにより発達に必要な体験を得ていくものであることを考慮して，幼児の主体的な活動を促し，幼児期にふさわしい生活が展開されるようにすること。
> 　2　幼児の自発的な活動としての遊びは，心身の調和のとれた発達の基礎を培う重要な学習であることを考慮して，遊びを通しての指導を中心として第2章に示すねらいが総合的に達成されるようにすること。
> 　3　幼児の発達は，心身の諸側面が相互に関連し合い，多様な経過をたどって成し遂げられていくものであること，また，幼児の生活経験がそれぞれ異なることなどを考慮して，幼児一人一人の特性に応じ，発達の課題に即した指導を行うようにすること。
>
> 　その際，教師は，幼児の主体的な活動が確保されるよう幼児一人一人の行動の理解と予想に基づき，計画的に環境を構成しなければならない。この場合において，教師は，幼児と人やものとの関わりが重要であることを踏まえ，教材を工夫し，物的・空間的環境を構成しなければならない。また，幼児一人一人の活動の場面に応じて，様々な役割を果たし，その活動を豊かにしなければならない。

1　人格形成の基礎を培うこと

　教育は，子供の望ましい発達を期待し，子供のもつ潜在的な可能性に働き掛け，その人格の形成を図る営みである。特に，幼児期の教育は，生涯にわたる人格形

成の基礎を培う重要な役割を担っている。

　幼児一人一人の潜在的な可能性は，日々の生活の中で出会う環境によって開かれ，環境との相互作用を通して具現化されていく。幼児は，環境との相互作用の中で，体験を深め，そのことが幼児の心を揺り動かし，次の活動を引き起こす。そうした体験の連なりが幾筋も生まれ，幼児の将来へとつながっていく。

　そのため，幼稚部では，幼児期にふさわしい生活を展開する中で，幼児の遊びや生活といった直接的・具体的な体験を通して，人と関わる力や思考力，感性や表現する力などを育み，人間として，社会と関わる人として生きていくための基礎を培うことが大切である。

2　環境を通して行う教育

(1) 環境を通して行う教育の意義

　一般に，幼児期は自分の生活を離れて知識や技能を一方向的に教えられて身に付けていく時期ではなく，生活の中で自分の興味や欲求に基づいた直接的・具体的な体験を通して，この時期にふさわしい生活を営むために必要なことが培われる時期であることが知られている。

　幼稚部では，小学部又は小学校以降の子供の発達を見通した上で，幼稚部における教育において育みたい資質・能力を幼児期にふさわしい生活を通して育むことが大切である。

　幼児期の教育においては，幼児が生活を通して身近なあらゆる環境からの刺激を受け止め，自分から興味をもって環境に主体的に関わりながら，様々な活動を展開し，充実感や満足感を味わうという体験を重ねていくことが重視されなければならない。その際，幼児が環境との関わり方や意味に気付き，これらを取り込もうとして，試行錯誤したり，考えたりするようになることが大切である。

　教師はこのような幼児期の教育における見方・考え方を生かし，幼児と共によりよい教育環境を創造するように努めることが重要である。

　こうしたことにより，幼児は，環境とのよりよい又はより面白い関わり方を見いだしたり，関連性に気付き意味付けたり，それを取り込もうとして更に試行錯誤したり，考えたりして，捉えなおし，環境との関わり方を深めるようになっていく。(本解説第2編の第2章第2の5　教師の役割を参照)

　本来，人間の生活や発達は，周囲の環境との相互関係によって行われるものであり，それを切り離して考えることはできない。特に，幼児期は心身の発達

が著しく，環境からの影響を大きく受ける時期である。したがって，この時期にどのような環境の下で生活し，その環境にどのように関わったかが将来にわたる発達や人間としての生き方に重要な意味をもつことになる。

幼稚部は，幼児期にふさわしい幼児の生活を実現することを通して，その発達を可能にする場である。そのためには，家庭や地域と連携を図りながら，幼稚部でこそ得られる経験が実現できるようにする必要がある。

したがって，幼稚部における教育においては，学校教育法第72条に規定された目的が達成されるよう，幼児期の発達の特性を踏まえ，幼児の障害の状態や特性及び発達の程度等並びに生活の実情に即した教育内容を明らかにして，それらが生活を通して幼児の中に育てられるように計画性をもった適切な教育が行われなければならない。つまり，幼稚部における教育においては，教育内容に基づいた計画的な環境をつくり出し，幼児期の教育における見方・考え方を十分に生かしながら，その環境に関わって幼児が主体性を十分に発揮して展開する生活を通して，望ましい方向に向かって幼児の発達を促すようにすること，すなわち「環境を通して行う教育」が基本となるのである。

特に，幼児の障害の状態や特性及び発達の程度等には，著しい個人差が見られるので，「環境を通して行う教育」においては，この点を十分に考慮して，一人一人の幼児に適した環境を整えるよう配慮する必要がある。

(2) 幼児の主体性と教師の意図

このような環境を通して行う教育は，幼児の主体性と教師の意図がバランスよく絡み合って成り立つものである。

幼稚部における教育が目指しているものは，幼児が一つ一つの活動を効率よく進めるようになることではなく，幼児が自ら周囲に働き掛けてその幼児なりに試行錯誤を繰り返し，自ら発達に必要なものを獲得しようとするようになることである。このような幼児の姿は，いろいろな活動を教師が計画したとおりに，全てを行わせることにより育てられるものではない。幼児が自ら周囲の環境に働き掛けて様々な活動を生み出し，それが幼児の意識や必要感，あるいは興味などによって連続性を保ちながら展開されることを通して育てられていくものである。

つまり，教師主導の一方的な保育の展開ではなく，一人一人の幼児が教師の援助の下で主体性を発揮して活動を展開していくことができるような幼児の立場に立った保育の展開である。活動の主体は幼児であり，教師は活動が生まれやすく，展開しやすいように意図をもって環境を構成していく。もとより，ここでいう環境とは物的な環境だけでなく，教師や友達との関わりを含めた状況全てである。幼児は，このような状況が確保されて初めて十分に自己を発揮し，

障害による学習上又は生活上の困難を改善・克服して，健やかに発達していくことができるのである。

その際，教師には，常に日々の幼児の生活する姿を捉えることが求められる。教師は，幼児が何に関心を抱いているのか，何に意欲的に取り組んでいるのか，あるいは取り組もうとしているのか，何に行き詰まっているのかなどを捉える必要があり，その捉えた姿から，幼児の生活や発達を見通して指導の計画を立てることになる。すなわち，今幼児が取り組んでいることはその幼児にとって十分できることなのか，新たな活動を生み出すことができることなのかなど，これまでの生活の流れや幼児の意識の流れを考慮して指導の計画を立てることになる。しかし，どんなに幼児の願いを受け止め，工夫して計画しても，その中で幼児が何を体験するかは幼児の活動にゆだねるほかはない場合もある。しかし，「幼児をただ遊ばせている」だけでは教育は成り立たない。幼児をただ遊ばせているだけでは，幼児の主体的な活動を促すことにはならないからである。（本解説第2編の第2章第2節幼稚部における教育の基本　5教師の役割を参照）

一人一人の幼児に今どのような体験が必要なのだろうかと考え，そのためにはどうしたらよいかを常に工夫し，日々の保育に取り組んでいかなければならない。

(3) 環境を通して行う教育の特質

教育は，子供のもつ潜在的な可能性に働き掛け，その人格の形成を図る営みであり，それは，同時に，人間の文化の継承であると言われている。環境を通して行う教育は，幼児との生活を大切にした教育である。幼児が，教師と共に生活する中で，ものや人などの様々な環境と出会い，それらとのふさわしい関わり方を身に付けていくこと，すなわち，教師の支えを得ながら文化を獲得し，自己の可能性を開いていくことを大切にした教育なのである。幼児一人一人の潜在的な可能性は，幼児が教師と共にする生活の中で出会う環境によって開かれ，環境との相互作用を通して具現化されていく。それゆえに，幼児を取り巻く環境がどのようなものであるかが重要になってくる。

したがって，環境を通して行う教育は，遊具や用具，素材だけを配置して，後は幼児の動くままに任せるといったものとは本質的に異なるものである。もとより，環境に含まれている教育的価値を教師が取り出して直接幼児に押し付けたり，詰め込んだりするものでもない。環境の中に教育的価値を含ませながら，幼児が自ら興味や関心をもって環境に取り組み，試行錯誤を経て，環境へのふさわしい関わり方を身に付けていくことを意図した教育である。それは同時に，幼児の環境との主体的な関わりを大切にした教育であるから，幼児の視

点から見ると，自由感あふれる教育であるといえる。

環境を通して行う教育の特質についてまとめてみると，次のとおりである。

○ 環境を通して行う教育において，幼児が自ら心身を用いて対象に関わっていくことで，対象，対象との関わり方，さらに，対象と関わる自分自身について学んでいく。幼児の関わりたいという意欲から発してこそ，環境との深い関わりが成り立つ。この意味では，幼児の主体性が何よりも大切にされなければならない。

○ そのためには，幼児が自分から興味をもって，遊具や用具，素材についてふさわしい関わりができるように，遊具や用具，素材の種類，数量及び配置を考えることが必要である。このような環境の構成への取組により，幼児は積極性をもつようになり，活動の充実感や満足感が得られるようになる。幼児の周りに意味のある体験ができるような対象を配置することにより，幼児の関わりを通して，その対象の潜在的な学びの価値を引き出すことができる。その意味においては，テーブルや整理棚など生活に必要なものや遊具，自然環境，教師間の協力体制など幼稚部全体の教育環境が，幼児にふさわしいものとなっているかどうかも検討されなければならない。

○ 環境との関わりを深め，幼児の学びを可能にするものが，教師の幼児との関わりである。教師の関わりは，基本的には間接的なものとしつつ，長い目では幼児期に幼児が学ぶべきことを学ぶことができるように援助していくことが重要である。また，幼児の意欲を大事にするには，幼児の遊びを大切にして，やってみたいと思えるようにするとともに，試行錯誤を認め，時間を掛けて取り組めるようにすることも大切である。

○ 教師自身も環境の一部である。教師の動きや態度は幼児の安心感の源であり，幼児の視線は，教師の意図する，しないに関わらず，教師の姿に注がれていることが少なくない。物的環境の構成に取り組んでいる教師の姿や同じ仲間の姿があってこそ，その物的環境への幼児の興味や関心が生み出される。教師がモデルとして物的環境への関わりを示すことで，充実した環境との関わりが生まれてくる。また，障害のある幼児の場合，人的環境としての教師の役割は，幼児の個性の違いとともに，障害の状態や特性及び発達の程度等によって異なってくる。教師は，一人一人の幼児の実態を的確に把握し，興味や関心が何に向けられているかを踏まえて適切な働き掛けを行い，幼児が積極的に環境に関わっていこうとする態度を育てることが大切である。

3 幼稚部における教育の基本に関連して重視する事項

環境を通して教育することは幼児の生活を大切にすることである。幼児期には

特有の心性や生活の仕方がある。それゆえ，幼稚部で展開される生活や指導の在り方は幼児期の特性にかなったものでなければならない。このようなことから，特に重視しなければならないこととして，「幼児期にふさわしい生活が展開されるようにすること」，「遊びを通しての総合的な指導が行われるようにすること」，「一人一人の特性に応じた指導が行われるようにすること」の３点が挙げられる。

これらの事項を重視して教育を行わなければならないが，その際には，同時に，教師が幼児一人一人の行動の理解と予想に基づき，計画的に環境を構成すべきこと及び教師が幼児の活動の場面に応じて様々な役割を果たし，幼児の活動を豊かにすべきことを踏まえなければならない。

幼児期の教育は，次の段階の教育に直結することを主たる目標とするものではなく，後伸びする力を養うことを念頭に置いて，将来への見通しをもって，生涯にわたる人格形成の基礎を培う重要なものである。

(1) 幼児期にふさわしい生活の展開

① 教師との信頼関係に支えられた生活

幼児期は，自分の存在が周囲の大人に認められ，守られているという安心感から生じる安定した情緒が支えとなって，次第に自分の世界を拡大し，自立した生活へと向かっていく。同時に，幼児は自分を守り，受け入れてくれる大人を信頼する。すなわち大人を信頼するという確かな気持ちが幼児の発達を支えているのである。

この時期，幼児は自ら世界を拡大していくために，あらゆることに挑戦し，自分でやりたいという気持ちが強まる。その一方で，信頼する大人に自分の存在を認めてもらいたい，愛されたい，支えられたいという気持ちをもっている。したがって，幼稚部における生活では，幼児は教師を信頼し，その信頼する教師によって受け入れられ，見守られているという安心感をもつことが必要である。その意識の下に，必要なときに教師から適切な援助を受けながら，幼児が自分の力でいろいろな活動に取り組む体験を積み重ねることが大切にされなければならない。それが自立へ向かうことを支えるのである。

② 興味や関心に基づいた直接的な体験が得られる生活

幼児の生活は，そのほとんどは興味や関心に基づいた自発的な活動からなっている。この興味や関心から発した直接的で具体的な体験は，幼児が発達する上で豊かな栄養となり，幼児はそこから自分の生きる世界や環境について多くのことを学び，様々な力を獲得していく。興味や関心から発した活動を十分に行うことは，幼児に充実感や満足感を与え，それらが興味や関心を更に高めていく。それゆえ，幼稚部における生活では，幼児が主体的に環境と関わり，十分に活動し，充実感や満足感を味わうことができるようにす

③ 友達と十分に関わって展開する生活

幼児期には，幼児は自分以外の幼児の存在に気付き，友達と遊びたいという気持ちが高まり，友達との関わりが盛んになる。相互に関わることを通して，幼児は自己の存在感を確認し，自己と他者の違いに気付き，他者への思いやりを深め，集団への参加意識を高め，自律性を身に付けていく。このように，幼児期には社会性が著しく発達していく時期であり，友達との関わりの中で，幼児は相互に刺激し合い，様々なものや事柄に対する興味や関心を深め，それらに関わる意欲を高めていく。それゆえ，幼稚部における生活では，幼児が友達と十分に関わって展開する生活を大切にすることが重要である。

(2) 遊びを通しての総合的な指導

① 幼児期における遊び

幼児期の生活のほとんどは，遊びによって占められている。遊びの本質は，人が周囲の事物や他の人たちと思うがままに多様な仕方で応答し合うことに夢中になり，時の経つのも忘れ，その関わり合いそのものを楽しむことにある。すなわち遊びは遊ぶこと自体が目的であり，人の役に立つ何らかの成果を生み出すことが目的ではない。しかし，幼児の遊びには幼児の成長や発達にとって重要な体験が多く含まれている。

遊びにおいて，幼児が周囲の環境に思うがままに多様な仕方で関わるということは，幼児が周囲の環境に様々な意味を発見し，様々な関わり方を発見するということである。

自発的な活動としての遊びにおいて，幼児は心身全体を働かせ，様々な体験を通して心身の調和のとれた全体的な発達の基礎を築いていくのである。その意味で，自発的な活動としての遊びは，幼児期特有の学習なのである。したがって，幼稚部における教育は，遊びを通しての指導を中心に行うことが重要である。

また，自立活動の内容に重点を置いた指導を行う場合においても，機械的な反復練習とならないようにし，幼児の自発的な活動としての遊びを通して展開されるよう留意する必要がある。

② 総合的な指導

遊びを展開する過程においては，幼児は心身全体を働かせて活動するので，心身の様々な側面の発達にとって必要な経験が相互に関連し合い積み重ねられていく。つまり，幼児期には諸能力が個別に発達していくのではなく，相互に関連し合い，総合的に発達していくのである。

例えば，幼児の言語を使った表現は，幼児が実際にいる状況に依存しているため，その状況を共有していない者にとって，幼児の説明は要領を得ないことが多い。しかし，友達と一緒に遊ぶ中で，コミュニケーションを取ろうとする意識が高まり，次第に状況に依存しない言語で表現する力が獲得されていく。

言語能力が伸びるにつれて，言語により自分の行動を計画し，制御するようになるとともに，自己中心的な思考から相手の立場に立った思考もできるようになる。

こうして，社会性，道徳性が培われる。そのことは，ますます友達と積極的に関わろうとする意欲を生み，さらに，友達と遊ぶことを通して運動能力が高まる。そして，より高度で複雑な遊びを展開することで，思考力が伸び，言語能力が高まる。象徴機能である言語能力の発達は，見立てやごっこ遊びという活動の中で想像力を豊かにし，それを表現することを通して促される。このように，遊びを通して幼児の総合的な発達が実現していく。

遊びを通して総合的に発達を遂げていくのは，幼児の様々な能力が一つの活動の中で関連して同時に発揮されており，また，様々な側面の発達が促されていくための諸体験が一つの活動の中で同時に得られているからである。

一つの遊びを展開する中で，幼児はいろいろな経験をし，様々な能力や態度を身に付ける。したがって，具体的な指導の場面では，遊びの中で幼児が発達していく姿を様々な側面から総合的に捉え，発達にとって必要な経験が得られるような状況をつくることを大切にしなければならない。そして，幼稚部における教育のねらいが総合的に実現するように，常に幼児の遊びの展開に留意し，適切な指導をしなければならない。幼児の生活そのものとも言える遊びを中心に，幼児の主体性を大切にする指導を行おうとするならば，それはおのずから総合的なものとなるのである。

(3) 一人一人の発達の特性に応じた指導
① 一人一人の発達の特性

幼児の発達の姿は，大筋で見れば，どの幼児も共通した過程をたどると考えられる。幼児を指導する際に，教師はその年齢の多くの幼児が示す発達の姿について心得ておくことは，指導の仕方を大きく誤らないためには必要である。しかし，それぞれ独自の存在としての幼児一人一人に目を向けると，その発達の姿は必ずしも一様ではないことが分かる。

幼児は，一人一人の家庭環境や生活経験も異なっている。それゆえ，一人一人の人や事物への関わり方，環境からの刺激の受け止め方が異なってくる。

幼児はその幼児らしい仕方で環境に興味や関心をもち，環境に関わり，何

らかの思いを実現し，発達するために必要ないろいろな体験をしているのである。幼児のしようとしている行動が，多くの幼児が示す発達の姿から見ると好ましくないと思えることもある。しかし，その行動をし，その行動を通して実現しようとしていることがその幼児の発達にとって大事である場合がしばしばある。それゆえ，教師は，幼児が自ら主体的に環境と関わり，自分の世界を広げていく過程そのものを発達と捉え，幼児一人一人の発達の特性（その幼児らしい見方，考え方，感じ方，関わり方など）を理解し，その特性やその幼児が抱えている発達の課題に応じた指導をすることが大切である。

ここでいう「発達の課題」とは，その時期の多くの幼児が示す発達の姿に合わせて設定されている課題のことではない。発達の課題は幼児一人一人の発達の姿を見つめることにより見いだされるそれぞれの課題である。その幼児が今，興味や関心をもち，行おうとしている活動の中で実現しようとしていることが，その幼児の発達にとっては意味がある。したがって，発達の課題は幼児の生活の中で形を変え，いろいろな活動の中に表現されることもある。

教師は幼児一人一人の発達の特性と発達の課題を把握し，その幼児らしさを損なわないように指導することが大切である。

② **一人一人に応じることの意味**

①に述べたように，幼児は一人一人が異なった発達の姿を示す。それゆえ，教師は幼児の発達に即して，一人一人に応じた指導をしなければならない。幼児は，自分の要求を満たしてくれる教師に親しみや自分に対する愛情を感じて信頼を寄せるものである。しかし，幼児一人一人に応じるというとき，ただ単にそれぞれの要求にこたえればよいというわけではない。このような要求や主張を表面的に受け止めてこたえようとすれば，教師は幼児の要求ばかりに振り回されて応じきれなくなり，逆に幼児に不信感や不安を抱かせてしまう。また，応じ方の度が過ぎれば幼児の依頼心やわがままを助長するなど，自立を妨げることにもなる。教師の応答は，幼稚部における教育において育みたい資質・能力を育むために，幼児一人一人の何に応じればよいのか考えたものでなければならない。

教師は，あるときは幼児の要求に即座にこたえるのではなく，自分で考えさせたり，幼児同士で教え合うように促したりする必要がある。また，同じような要求であっても，幼児に応じてこたえ方を変える必要がある。そのような応答のためには，教師が，幼児の具体的な要求や行動の背後に，意欲や意志の強さの程度，心情の状態（明るい気分，不満に満ちた状態，気落ちした気分など）など幼児の内面の動きを察知することが大切である。そして，その幼児がそれらの要求や行動を通して本当に求めていることは何かを推し

量り，その幼児の発達にとってどのような経験が必要かをそれぞれの場面で可能な範囲で把握していることが大切である。

　ある意味で一人一人に応じることは，一人一人が過ごしてきた生活を受容し，それに応じるということなのである。それはまず，幼児の思い，気持ちを受け止め，幼児が周囲の環境をどう受け止めているのかを理解すること，すなわち，幼児の内面を理解しようとすることから始まるのである。そして，その幼児が真に求めていることに即して必要な経験を得られるように援助していくのである。このことは，幼児一人一人をかけがえのない存在として見て，それぞれ独自の生き方（行動の仕方，表現の仕方など）をしていると考え，その独自性を大切にすることなのである。

　ただし，幼児一人一人に応じるとはいっても，いつでも活動形態を個々ばらばらにするということではない。幼稚部は集団の教育力を生かす場である。集団の生活の中で，幼児たちが互いに影響し合うことを通して，一人一人の発達が促されていく。それゆえ，一人一人の発達の特性を生かした集団をつくり出すことを常に考えることが大切である。

③　障害の状態等に応じた指導

　幼児の発達は，生活の中で様々な体験を積み重ねることにより，心身の諸側面が相互に関連し合って成し遂げられていくものである。このような発達の過程は，発達の程度が著しく遅れている幼児の場合も大筋で見れば異なるものではない。

　障害のある幼児の発達は，障害の種類や，障害の状態や特性及び発達の程度等と深くかかわっている場合が多い。したがって，幼児の実態に応じた指導を行うためには，この点に留意し，現在の発達がどの程度にあるのかを把握するとともに，その発達の状態に関与している要因をも明らかにする必要がある。その上で，将来の見通しをもった計画を立て，一人一人の幼児の障害の状態や特性及び発達の程度等に応じた指導が十分に行われるようにすることが大切である。

④　一人一人に応じるための教師の基本姿勢

　②に述べたように，幼児一人一人に応じた指導をするには，教師が幼児の行動に温かい関心を寄せる，心の動きに応答する，共に考えるなどの基本的な姿勢で保育に臨むことが重要である。

　また，一人一人の教師がこのような基本的姿勢を身に付けるためには，自分自身を見つめることが大切である。

　一人一人に応じた適切な指導をするために，教師は幼児一人一人の発達の姿や内面を理解する必要があるが，教師の目の前に現れる幼児の姿は教師との関わりの下に現れている姿でもある。ところが，幼児たちの中に入ってい

るとき，教師は自分はいったいどういう在り方をしているのか十分意識しているわけではない。

このように，教師には，必ずしも自覚していない仕方で幼児に関わっている部分がある。それが幼児の姿に影響を及ぼしていることが十分考えられるのである。それゆえ，幼児の姿を理解しようとするならば，教師は幼児と関わっているときの自分自身の在り方や関わり方に，少しでも気付いていく必要がある。実際に行った幼児との関わりを振り返り，自分自身を見つめることを通して，自分自身に気付いていくことができるのであり，繰り返し，そのように努めることで，幼児一人一人に応じたより適切な関わりができるようになるのである。

また，教師は自分の心の状態を認識し，安定した落ち着いた状態でいられるように努めることも大切である。いらいらしたり，落ち込んだりしているときには，幼児の心の動きに寄り添い，幼児と同じように感じていくことが困難になる。それゆえ，時々自分の心の状態を冷静に見つめ，不安定にしている要因があれば，それを取り除くように努め，心の安定を図ることが大切である。

4 計画的な環境の構成

2で述べているように，幼稚部における教育は，幼児自らが積極的に事物や他者，自然事象，社会事象など周囲の環境と関わり，体験することを通して，生きる力の基礎を育て，発達を促すものである。

幼児は遊ぶことが好きであるからといって，教師は幼児が遊ぶのをただ放っておいてよいわけではない。なぜなら，幼児は常に積極的に環境に関わって遊び，望ましい方向に向かって発達していくとは限らないからである。幼児が望ましい方向に向かって発達していくということは，幼稚部における教育のねらいに示された方向に向かって発達していくことである。どのような環境にいかに関わるかを，全て幼児自身にゆだねていたのでは，偶然の出来事に頼ることとなり，発達に必要な体験を保障することが困難な場合も生じてくる。また，幼児は一人一人興味や関心を向けるものが異なる。一人一人の幼児に幼稚部における教育のねらいが着実に実現されていくためには，幼児が必要な体験を積み重ねていくことができるように，障害の状態や特性及び発達の程度等に応じて発達の道筋を見通して，教育的に価値のある環境を計画的に構成していかなければならない。一人一人の幼児が関わっている活動の各々の展開を見通すとともに，学期，年間，さらに，入学から修了までの幼稚部における生活，幼稚部修了後の生活という長期的な視点に立って幼児一人一人の障害の状態や特性及び発達の程度等を踏まえなが

ら，発達の道筋を見通して現在の活動を位置付け，幼児の経験の深まりを見通すことが大切である。そして，望ましい方向へ向かうために必要な経験ができるよう環境を構成していく必要がある。

　見通しをもち，計画を立てることによって初めて，幼児が今行っている経験の意味を理解し，発達を促す関わりや環境の構成を考えることができる。しかし，幼児の活動の展開は多様な方向に躍動的に変化するものであり，常に見通しと一致するわけではない。したがって，計画を立てて環境を構成すればそれでよいというわけではない。常に活動に沿って環境を構成し直し，その状況での幼児の活動から次の見通しや計画をもち，再構成し続けていくことが必要となるのである。

① 幼児の主体的な活動と環境の構成

　幼児が意欲をもって積極的に周囲の環境に関わっていくこと，すなわち，主体的に活動を展開することが幼児期の教育の前提である。幼児が主体的に活動を行うことができるか否かは環境がどのように構成されているかによって大きく左右される。幼児が興味や関心をもち，思わず，関わりたくなるようなものや人，事柄があり，さらに，興味や関心が深まり，意欲が引き出され，意味のある体験をすることができるように適切に構成された環境の下で，幼児の主体的な活動が生じる。

　幼児が主体的に活動できる環境を構成するためには，幼児の周りにある様々な事物，生き物，他者（友達や教師など），自然事象・社会事象などがそれぞれの幼児にどのように受け止められ，いかなる意味をもつのかを教師自身がよく理解する必要がある。環境を構成するためには，遊具や用具，素材など様々な要素が，遊びを通して幼児の発達にどう影響するかを考える必要もある。また，遊びの中での事物や事象との関わりが，発達の過程でどのような違いとなって表れるかを知らなければならない。

　幼児の主体的な活動のための環境を構成することは，一言で言えば，幼児を理解することにより可能となる。その時期の幼児の障害の状態や特性及び発達の程度等を踏まえた環境の受け止め方や環境への関わり方，興味や関心の在り方や方向，１日の生活の送り方などを理解し，そこから幼児一人一人にとって必要な経験を考え，適切な環境を構成するのである。ここで念頭に置かなければならないことは，教師自身が重要な環境の一つであることである。幼児期には，一緒に生活している大人の影響を特に強く受ける。先に述べたように，教師の存在（身の置き方や行動，言葉，心情，態度など）が幼児の行動や心情に大きな影響を与えている。したがって，教師は自分も幼児にとって環境の非常に重要な一部となっていることを認識して環境の構成を考える必要がある。

　このようにしてあらかじめ構成された環境の下で，幼児は主体的に環境と

関わり，活動を展開する。主体的に関わるとは，幼児なりに思いや願いをもち続け，関わっていくことである。幼児の興味や関心は次々と変化し，あるいは深まり，発展していく。それに伴って環境条件も変わらざるを得ない。それゆえ，環境が最初に構成されたまま固定されていては，幼児の主体的な活動が十分に展開されなくなり，経験も豊かなものとはならない。したがって，構成された環境はこのような意味では暫定的な環境と考えるべきであり，教師は幼児の活動の流れや心の動きに即して，常に適切なものとなるように，環境を再構成していかなければならないのである。

② **幼児の活動が精選されるような環境の構成**

　幼児が積極的に環境に関わり，活動を展開する場合，その活動は多様な仕方で展開される。この多様な仕方でということは，様々な形態の活動が行われることも意味するし，一つの活動が変容し，新たな発展をしていくことも意味する。幼児一人一人の興味や関心を大切にして指導するためには，様々な形態の活動が行われることも重要である。しかし，幼稚部における教育のねらいを達成していくためには，幼児が活動に没頭し，遊び，充実感や満足感を味わっていくことが重視されなければならない。活動を豊かにすることは，いろいろなことをできるようにすることと同じではない。重要なのは，活動の過程で幼児自身がどれだけ遊び，充実感や満足感を得ているかであり，活動の結果どれだけのことができるようになったか，何ができたかだけを捉えてはならない。なぜなら，活動の過程が意欲や態度を育み，生きる力の基礎を培っていくからである。

　そのためには，一つの活動に没頭して取り組むことができることも大切である。いろいろな活動を次から次へと行っているのでは，多少の楽しさはあったとしても充実感や満足感を覚えることはできない。それゆえ，教師は幼児が本当にやりたいと思い，専念できる活動を見付けていくことができるように，つまり，いろいろあり得る活動の中から興味や関心のある活動を選び取っていくことができるように，しかも，その活動の中で発達にとって大切な体験が豊かに得られるように環境を構成することが必要である。このような環境の構成は，教師の行動としてみれば，新しい事物を出したり，関わりを増やしたりしていくことだけではない。反対に，その活動にとって不要なものや関わりを整理し，取り去ったり，しばらくはそのままにして見守ったりしていくことも必要となる。

　幼児の活動が精選される環境を構成するには，幼児の興味や関心の在り方，環境への関わり方，障害の状態や特性及び発達の程度等などを理解することが前提である。その上で幼児が興味や関心のある活動にじっくり取り組むことができるだけの時間，空間，遊具などの確保が重要である。さらに，教師

自身が活動に参加するなど，興味や関心を共有して活動への取組を深める指導が重要になる。

　このように，活動を充実することは，いろいろな活動を行うことと同じではない。まして幼児が取り組もうとしている活動を早く完了させることではない。幼児が活動に没頭する中で思考を巡らし，心を動かしながら豊かな体験をしていくことである。そして，教師は，このような活動がより豊かに行われるように，幼児と活動を共にしながら環境の構成を工夫する必要がある。

5　教師の役割

　幼稚部における人的環境が果たす役割は極めて大きい。幼稚部の中の人的環境とは，担任の教師だけでなく，周りの教師や友達全てを指し，それぞれが重要な環境となる。特に，幼稚部における教育が環境を通して行う教育であるという点において，教師の担う役割は大きい。一人一人の幼児に対する理解に基づき，環境を計画的に構成し，幼児の主体的な活動を直接援助すると同時に，教師自らも幼児にとって重要な環境の一つであることをまず念頭に置く必要がある。

　また，幼稚部は，同年代の幼児が集団生活を営む場であり，幼児一人一人が集団生活の中で主体的に活動に取り組むことができるよう，教師全員が協力して指導にあたることが必要である。

①　幼児の主体的な活動と教師の役割

　幼稚部における教育においては，幼児の自発的な活動としての遊びを中心とした教育を実践することが何よりも大切である。教師が遊びにどう関わるのか，教師の役割の基本を理解することが必要であり，そのために教師には，幼児の自発的な活動としての遊びを生み出すために必要な教育環境を整えることが求められる。さらに，教師には，幼児との信頼関係を十分に築き，幼児と共によりよい教育環境をつくり出していくことも求められている。そのための教師の役割は，教材を工夫し，物的・空間的環境を構成する役割と，その環境の下で幼児と適切な関わりをする役割とがある。

　教材を工夫し，物的・空間的環境を構成する際には，様々な遊具や用具，素材などを多く用意すれば遊びが豊かになるとは限らないことに留意する必要がある。重要なのは，幼児が遊びに没頭し充実感を味わうことである。そのためには，特に幼児とものとの関わりが重要であることを認識し，幼児の関わり方を予想して物の質や量をどう選択し，空間をどう設定するか考えていくことが重要である。また，ときには幼児自身が興味をもって関わることで教師の予想をこえて教材としての意味が見いだされていくこともあることに留意が必要である。

教材を精選していく過程では，幼児理解に基づき，幼児の興味や関心がどこにあるのか，幼児同士の関わり合いの状況はどうなのか，教師の願いや指導のねらいは何かなどを考慮することが必要である。

　また，教師が幼児と適切な関わりをするためには，幼児一人一人の障害の状態や特性及び発達の程度等を的確に把握し，理解することが基本となる。教師には，幼児を理解する者としての役割，共同作業を行う者としての役割など，様々な役割を果たすことが求められるのである。（本解説第2編の第2章第6節指導計画の作成と幼児理解に基づいた評価　3指導計画の作成上の留意事項の(7)教師の役割を参照）

　このような教師の役割を果たすために必要なことは，幼稚部における教育の専門性を磨くことである。その専門性とは，幼稚部における教育の内容を理解し，これらの役割を教師自らが責任をもって日々主体的に果たすことである。

　つまり，幼児一人一人の障害の状態や特性及び発達の程度等を考慮しながら幼児の行動と内面を理解し，心の動きに沿って保育を展開することによって心身の発達を促すよう援助することにある。そのためには専門家としての自覚と資質の向上に教師が努めることが求められる。

　幼児の行動と内面の理解を一層深めるためには，幼児の活動を教師自らの関わり方との関係で振り返ることが必要である。幼児と共に行動しながら考え，さらに，幼児が帰った後に1日の生活や行動を振り返る。このことが，翌日からの指導の視点を明確にし，更に充実した教育活動を展開することにつながるのである。これらのことを日々繰り返すことにより，幼稚部における教育に対する専門性を高め，自らの能力を向上させていくことができるのである。

　幼稚部では，教材研究を通して，幼児と教材との関わりについて理解を深め，遊びが展開し充実していくような豊かな教育環境の創造に努めることが必要である。

② **集団生活と教師の役割**

　教師が幼児一人一人を理解し，心の動きに応じることとは，一人一人の幼児の活動を援助することや幼児と一対一で関わるようにすることだけを意味するものではない。幼児の主体的な活動は，友達との関わりを通してより充実し，豊かなものとなる。そこで，一人一人の思いや活動をつなぐよう環境を構成し，集団の中で個人のよさが生かされるように，幼児同士が関わり合うことのできる環境を構成していくことが必要である。

　集団には，同じものへの興味や関心，あるいは同じ場所にいたことから関わりが生まれる集団や同じ目的をもって活動するために集まる集団もあれ

ば，学級のようにあらかじめ教師が組織した集団もあり，それぞれの集団の中で幼児は多様な経験をする。幼児の障害の状態や特性及び発達の程度等を踏まえ，それぞれの集団の中で，幼児が主体的に活動し多様な体験ができるように援助していくことが必要である。

　幼児期は自我が芽生える時期であり，友達との間で物をめぐる対立や思いの相違による葛藤が起こりやすい。幼児は，それらの経験を通して，相手の気持ちに気付いたり，自分の思いを相手に分かってもらうために伝えることの大切さを学んだりしていく。また，自分の感情を抑え，相手のことを思いやる気持ちも学んでいく。この意味で，友達との葛藤が起こることは，幼児の発達にとって大切な学びの機会であると言える。

　ここで教師は，幼児一人一人の発達に応じて，相手がどのような気持ちなのか，あるいは自分がどのようにすればよいのかを体験を通して考えたり，人として絶対にしてはならないことや言ってはならないことがあることに気付いたりするように援助することが大切である。また，集団の生活にはきまりがあることに気付き，そのきまりをなぜ守らなければならないかを体験を通して考える機会を与えていくことが重要である。

　集団における個々の幼児への指導で大切なことは，幼児が単に集団の中で友達と関わっていればそれでよいということではない。重要なのは，幼児一人一人が主体的に取り組んでいるかどうかを見極めることである。例えば，集団に入らずに一人でいる幼児については，その幼児の日々の様子をよく見て，心の動きを理解することが大切である。何かに興味をそそられ，一人での活動に没頭していて加わっていないのか，教師から離れるのが不安で参加していないのか，集団に入ろうとしながらも入れないでいるのかなど，状況を判断し，適切な関わりをその時々にしていくことが必要である。また，一見集団で遊んでいるように見えても，主体的に取り組んでいない幼児がいることから，皆で楽しく遊べないこともある。このようなときには，目的をもって充実した活動が展開できるよう環境を再構成し，援助していくことが必要なのである。

　また，様々な集団がある中で，学級は幼児にとって仲間意識を培う基本となる集団である。教師は一年間を見通して，幼児の様子をよく見ながら，時期に応じた学級での集団づくりへの援助を行っていかなければならない。

　例えば，入学当初や学年の始めには，新しい友達や先生の中で不安を抱き，打ち解けられずに緊張しているため，主体的に活動ができないことが多い。そこで，教師が幼児の心情をよく理解し，受け止め，一人一人のよさを認め，学級として打ち解けた温かい雰囲気づくりを心掛け，幼児が安心して自己を発揮できるようにしていくことが必要である。

第2節
幼稚部における
教育の基本

また，友達関係がある程度できてくると，決まった友達とだけ遊ぶことも起こってくる。時期を見て，いろいろな友達と関わり合うきっかけとなる環境の構成や援助をしていくことも教師の役割である。

幼児は，様々な友達との関わりの中で多様な経験をし，よさを相互に認め合い，友達とは違う自分のよさに気付き，自己を形成していく。集団で一つのものを作ったり，それぞれが役割を分担して一つのことを成し遂げたりすることを通して，仲間意識が更に深まる。皆で協力し合うことの楽しさや責任感，達成感を感じるようになり，友達にも分かるよう明確に自分の思いを主張したり，ときには自分のやりたいことを我慢して譲ったりすることを学んでいくのである。このような集団での活動を通して，自分たちのもの，自分たちの作品，そして，自分たちの学級という意識が生まれ，幼稚部の中の友達やもの，場所などに愛着をもち，大切にしようとする意識が生まれる。

また，幼稚部は，異なる年齢の幼児が共に生活する場である。年齢の異なる幼児間の関わりは，年下の者への思いやりや責任感を培い，また，年上の者の行動への憧れを生み，自分もやってみようとする意欲も生まれてくる。このことからも，年齢の異なる幼児が交流できるような環境の構成をしていくことも大切である。

③ 教師間の協力体制

幼児一人一人を育てていくためには，教師が協力して一人一人の実情を捉えていくことが大切である。幼児の興味や関心は多様であるため，並行して様々な活動をしている幼児を同時に見ていかなければならない。このためには，教師同士が日頃から連絡を密にすることが必要であり，その結果，幼稚部全体として適切な環境を構成し，援助していくことができるのである。

連絡を密にすることのよさは，教師が相互に様々な幼児に関わり，互いの見方を話し合うことで，幼児理解を深められることである。教師は自分と幼児との関係の中で一人一人の幼児を理解している。しかし，同じ幼児について別の教師は違う場面を見ていたり，同じ場でも異なって捉えていたりすることもある。また，幼児自身がそれぞれの教師によって違った関わりの姿を見せていることもある。したがって，日々の保育を共に振り返ることで，教師が一人では気付かなかったことや自分とは違う捉え方に触れながら，幼稚部の教職員全員で一人一人の幼児を育てるという視点に立つことが重要である。特に，幼稚部における教育では，個別の教育支援計画や個別の指導計画に基づいた指導を行うことから，一人一人の幼児のねらいを教師間で共通理解し，必要な指導や関わり方などに一貫性をもたせたり，役割をもたせたりすることが必要であり，日常的な話し合いや協力が欠かせない。

このような個別の指導計画等に基づく指導のための教師間の日常の協力と

話し合いを更に深め，専門性を高め合う場が校内研修である。校内研修では，日々の保育実践記録や個別の指導計画等を基に多様な視点から振り返り，これからの在り方を話し合っていくことを通して，教師間の共通理解と協力体制を築き，教育の充実を図ることができる。教師一人一人のよさを互いに認め合い，教師としての専門性を高めていく機会とすることができる。

そのためには，校長が広い視野と幼稚部における教育に対する識見に基づいてリーダーシップを発揮し，一人一人の教師が生き生きと日々の教育活動に取り組めるような雰囲気をもった幼稚部づくりをすることが求められる。つまり，教師同士が各々の違いを尊重しながら協力し合える開かれた関係をつくり出していくことが，教師の専門性を高め，幼稚部における教育を充実するために大切である。（本解説第2編の第2章第6節指導計画の作成と幼児理解に基づいた評価　3指導計画の作成上の留意事項の(7)教師の役割を参照）

④ **保護者に対する支援**

障害のある幼児の発達の状態は，家庭の養育環境とも深くかかわっていることもある。そのため，保護者との密接な連携の下に指導を行うことが重要である。教師は，幼児への指導と併せて，保護者が我が子の障害の特性等について理解できるようにしたり，将来の見通しについての過度の不安を取り除くようにしたり，養育の負担を軽減できるようにしたり，自然な形で幼児との関わりができるようにしたりするなど，保護者の思いを受け止め，精神的な援助や養育に対する支援を行うように努める必要がある。

子供を中心として関係諸機関が連携し合うために，個別の教育支援計画を作成し，それを活用することが求められている。これは，様々な状況にある保護者を支援する意味でも有効に活用することが期待されるところである。障害のある幼児については，個別の教育支援計画の作成及び活用を通して，特に医療や福祉等の関係諸機関との連携についても配慮することが大切である。（本解説第2編の第2章第6節指導計画の作成と幼児理解に基づいた評価　3指導計画の作成上の留意事項の(7)教師の役割を参照）

第3節　幼稚部における教育の目標（第1章の第2）

> 第2　幼稚部における教育の目標
> 　幼稚部では，家庭との連携を図りながら，幼児の障害の状態や特性及び発達の程度等を考慮し，この章の第1に示す幼稚部における教育の基本に基づいて展開される学校生活を通して，生きる力の基礎を育成するよう次の目標の達成に努めなければならない。

　生涯にわたる人間としての健全な発達や社会の変化に主体的に対応し得る能力の育成などを図る上で，幼児期の教育は，その基礎を培うものとして極めて重要である。

　幼児の生活は，家庭，地域社会，幼稚部と連続的に営まれている。特に，教育基本法第10条で示されているとおり，家庭は子供の教育について第一義的責任を有している。幼児が望ましい発達を遂げていくためには，家庭との連携を十分図って個々の幼児に対する理解を深めるとともに，幼稚部での生活の様子なども家庭に伝えていくなど，幼稚部と家庭とが互いに幼児の望ましい発達を促すために思っていることを伝え合い，考え合うことが大切である。

　幼稚部では，幼稚部教育要領第1章総則の第1に示す幼稚部における教育の基本に基づき，幼稚部における学校生活を展開し，その中で幼稚部における教育で育みたい資質・能力を育み，以下に示す幼稚部における教育の目標を達成するよう努めなければならない。

　これらの目標は，学校教育法第72条によって示された目的に基づいて，現在の幼稚部における教育は何を意図して行われればよいかを幼児を取り巻く環境の変化，幼児の障害の状態や特性及び発達の程度等を踏まえて捉えたものである。

　それぞれの幼稚部においては，これらの幼稚部における教育の目標に含まれる意図を十分に理解して，幼児の健やかな成長のために幼児が適切な環境の下で他の幼児や教師と楽しく充実した生活を営む中で，様々な体験を通して生きる力の基礎を育成することが重要である。

1　学校教育法第23条に規定する幼稚園教育の目標

　これは，学校教育法第72条の「特別支援学校は，視覚障害者，聴覚障害者，知的障害者，肢体不自由者又は病弱者（身体虚弱者を含む。以下同じ。）に対して，幼稚園，小学校，中学校又は高等学校に準ずる教育を施すとともに，障害による学習上又は生活上の困難を克服し自立を図るために必要な知識技能を授けることを目的とする。」の前段の「幼稚園に準ずる教育を施す」を受けて設定された目

標である。すなわち，特別支援学校における幼稚部においては，幼稚園に準じた教育を行うため，学校教育法第23条に示された幼稚園教育の目標と同一の目標の達成に努めなければならないことを示している。

> ○学校教育法
> 第23条　幼稚園における教育は，前条に規定する目的を実現するため，次に掲げる目標を達成するよう行われるものとする。
> 　一　健康，安全で幸福な生活のために必要な基本的な習慣を養い，身体諸機能の調和的発達を図ること。
> 　二　集団生活を通じて，喜んでこれに参加する態度を養うとともに家族や身近な人への信頼感を深め，自主，自律及び協同の精神並びに規範意識の芽生えを養うこと。
> 　三　身近な社会生活，生命及び自然に対する興味を養い，それらに対する正しい理解と態度及び思考力の芽生えを養うこと。
> 　四　日常の会話や，絵本，童話等に親しむことを通じて，言葉の使い方を正しく導くとともに，相手の話を理解しようとする態度を養うこと。
> 　五　音楽，身体による表現，造形等に親しむことを通じて，豊かな感性と表現力の芽生えを養うこと。
> 第72条　特別支援学校は，視覚障害者，聴覚障害者，知的障害者，肢体不自由者又は病弱者（身体虚弱者を含む。以下同じ。）に対して，幼稚園，小学校，中学校又は高等学校に準ずる教育を施すとともに，障害による学習上又は生活上の困難を克服し自立を図るために必要な知識技能を授けることを目的とする。

> 2　障害による学習上又は生活上の困難を改善・克服し自立を図るために必要な態度や習慣などを育て，心身の調和的発達の基盤を培うようにすること

学校教育法第23条に規定する目標は，幼稚園と共通であるが，ここに示した目標は，特別支援学校の幼稚部独自の目標である。つまり，学校教育法第72条の後段の「障害による学習上又は生活上の困難を克服し自立を図るために必要な知識技能を授ける」を受けて設定された目標である。

幼稚部は，幼稚園に準じた教育を行うとともに，障害による学習上又は生活上の困難を改善・克服し自立を図るために必要な態度や習慣などを育てることを目

的とすることから，幼稚部における教育においては，幼稚部における教育の目標と併せて，独自の目標が必要であり，それが特に重要な意義をもつものと言える。

この目標の「障害による学習上又は生活上の困難」とは，例えば，日常生活や遊び等の諸活動において，視覚による状況の認識が困難なことなどにより必要な情報を収集したり，周囲の状況やその変化を把握したりすることなどが困難な状態を意味している。そこで，幼稚部における教育を通してこのような状態を「改善・克服し自立を図るために必要な態度や習慣などを育て」ることが求められているのである。

また，後段の「心身の調和的発達の基盤を培う」ことが目標の第二として求められている。特別支援学校の幼稚部に在籍する幼児の場合は，発達の個人差が大きい。そこで，一人一人の幼児の発達の遅れや不均衡を改善したり，発達の進んでいる側面を更に伸ばすことによって遅れている側面の発達を促すようにしたりする指導を行うなどして「調和的発達の基盤を培うようにすること」が大切である。

第4節 幼稚部における教育において育みたい資質・能力及び「幼児期の終わりまでに育ってほしい姿」（第1章の第3）

> 第3　幼稚部における教育において育みたい資質・能力及び「幼児期の終わりまでに育ってほしい姿」
> 1　幼稚部においては，生きる力の基礎を育むため，この章の第1に示す幼稚部における教育の基本を踏まえ，次に掲げる資質・能力を一体的に育むよう努めるものとする。
>   (1)　豊かな体験を通じて，感じたり，気付いたり，分かったり，できるようになったりする「知識及び技能の基礎」
>   (2)　気付いたことや，できるようになったことなどを使い，考えたり，試したり，工夫したり，表現したりする「思考力，判断力，表現力等の基礎」
>   (3)　心情，意欲，態度が育つ中で，よりよい生活を営もうとする「学びに向かう力，人間性等」
> 2　1に示す資質・能力は，第2章に示すねらい及び内容に基づく活動全体によって育むものである。

　幼稚部においては，幼稚部における生活の全体を通して，幼児に生きる力の基礎を育むことが求められている。そのため，幼稚部教育要領第1章総則の第1に示す幼稚部における教育の基本を踏まえ，小学部又は小学校以降の子供の発達を見通しながら教育活動を展開し，幼稚部における教育において育みたい資質・能力を育むことが大切である。

　幼稚部における教育において育みたい資質・能力とは，「知識及び技能の基礎」，「思考力，判断力，表現力等の基礎」，「学びに向かう力，人間性等」である。

　「知識及び技能の基礎」とは，具体的には，豊かな体験を通じて，幼児が自ら感じたり，気付いたり，分かったり，できるようになったりすること，「思考力，判断力，表現力等の基礎」とは，具体的には，気付いたことや，できるようになったことなどを使い，考えたり，試したり，工夫したり，表現したりすること，「学びに向かう力，人間性等」とは，具体的には，心情，意欲，態度が育つ中で，よりよい生活を営もうとすることである。

　これらの資質・能力は，第2章に示すねらい及び内容に基づき，各学校が幼児の障害の状態や特性及び発達の程度等や幼児の興味や関心等を踏まえながら展開する活動全体によって育むものである。

　実際の指導場面においては，「知識及び技能の基礎」，「思考力，判断力，表現力等の基礎」，「学びに向かう力，人間性等」を個別に取り出して指導するのでは

なく，遊びを通した総合的な指導の中で一体的に育むよう努めることが重要である。これらの資質・能力はこれまでも幼稚部で育んできたものではあるが，各学校においては，実践における幼児の具体的な姿から改めて捉え，教育等の充実を図ることが求められている。

　小学部又は小学校以降の教育は，各教科等の目標や内容を，資質・能力の観点から整理して示し，各教科等の指導のねらいを明確にしながら教育活動の充実を図っている。

　一方，幼稚部における教育では，遊びを展開する過程において，幼児は心身全体を働かせて活動するため，心身の様々な側面の発達にとって必要な経験が相互に関連し合い積み重ねられていく。つまり，幼児期は諸能力が個別に発達していくのではなく，相互に関連し合い，総合的に発達していくのである。

　幼稚部における教育において育みたい資質・能力は，こうした幼稚部における教育の特質を踏まえて一体的に育んでいくものである。

3　次に示す「幼児期の終わりまでに育ってほしい姿」は，第２章に示すねらい及び内容に基づく活動全体を通して資質・能力が育まれている幼児の幼稚部修了時の具体的な姿であり，幼児の障害の状態や特性及び発達の程度等に応じて，教師が指導を行う際に考慮するものである。

　「幼児期の終わりまでに育ってほしい姿」は，第２章に示すねらい及び内容に基づいて，各学校で，幼児期にふさわしい遊びや生活を積み重ねることにより，幼稚部における教育において育みたい資質・能力が育まれている幼児の具体的な姿であり，特に５歳児後半に見られるようになる姿である。

　幼稚部の教師は，遊びの中で幼児が発達していく姿を，「幼児期の終わりまでに育ってほしい姿」を念頭に置いて捉え，一人一人の発達に必要な体験が得られるような状況をつくったり，必要な援助を行ったりするなど，指導を行う際に考慮することが求められる。

　特に障害のある幼児の場合は，障害の状態や特性が発達の諸側面に影響を及ぼすことを踏まえ，幼児一人一人の発達の姿やその過程を把握することが大切である。このため，第２章に示すねらい及び内容に基づいて，「幼児期の終わりまでに育ってほしい姿」が育っていくための幼児期にふさわしい遊びや生活を積み重ねる際には，「幼児の障害の状態や特性及び発達の程度等に応じて，教師が指導を行う際に考慮するもの」と示している。教師が指導を行う際には，例えば，障害のある幼児の自立などに向けた主体的な取組を支援するという視点に立ち，幼児一人一人の教育的ニーズを育みたい資質・能力の観点から把握したり，ねらいや指導内容を設定したりすること等を考慮する必要がある。

実際の指導では,「幼児期の終わりまでに育ってほしい姿」が到達すべき目標ではないことや, 個別に取り出されて指導されるものではないことに十分留意する必要がある。もとより, 幼稚部における教育は環境を通して行うものであり, とりわけ幼児の自発的な活動としての遊びを通して, 一人一人の発達の特性に応じて, これらの姿が育っていくものであり, 全ての幼児に同じように見られるものではないことに留意する必要がある。また,「幼児期の終わりまでに育ってほしい姿」は5歳児に突然見られるようになるものではないため, 5歳児だけでなく, 3歳児, 4歳児の時期から, 幼児が発達していく方向を意識して, それぞれの時期にふさわしい指導を積み重ねていくことに留意する必要がある。

　さらに, 小学部又は小学校の教師と「幼児期の終わりまでに育ってほしい姿」を手掛かりに子供の姿を共有するなど, 幼稚部における教育と小学部又は小学校教育の円滑な接続を図ることが大切である。その際,「幼児期の終わりまでに育ってほしい姿」は幼稚部の教師が適切に関わることで, 特に幼稚部における生活の中で見られるようになる幼児の姿であることに留意が必要である。幼稚部と小学部又は小学校では, 子供の生活や教育方法が異なっているため,「幼児期の終わりまでに育ってほしい姿」からイメージする子供の姿にも違いが生じることがあるが, 教師同士で話し合いながら, 子供の姿を共有できるようにすることが大切である。(本解説第2編の第2章第5節　5 小学部又は小学校教育との接続に当たっての留意事項　(2)小学部又は小学校教育との接続を参照)

　「幼児期の終わりまでに育ってほしい姿」は, 幼稚部における教育を通した幼児の成長を幼稚部関係者以外にも, 分かりやすく伝えることにも資するものであり, 各学校での工夫が期待される。

【幼児期の終わりまでに育ってほしい姿】

> (1)　健康な心と体
> 　　幼稚部における生活の中で, 充実感をもって自分のやりたいことに向かって心と体を十分に働かせ, 見通しをもって行動し, 自ら健康で安全な生活をつくり出すようになる。

　健康な心と体は, 領域「健康」などで示されているように, 他者との信頼関係の下で, 自分のやりたいことに向かって伸び伸びと取り組む中で育まれていく。なお, 健康な心と体は, 領域「健康」のみで育まれるのではなく, 第2章に示すねらい及び内容に基づく活動全体を通して育まれることに留意する必要がある。

　幼児は, 幼稚部における生活において, 安定感をもって環境に関わり, 自己を十分に発揮して遊びや生活を楽しむ中で, 体を動かす気持ちよさを感じたり, 生

活に必要な習慣や態度を身に付けたりしていく。5歳児の後半には，こうした積み重ねを通して，充実感をもって自分のやりたいことに向かって，繰り返し挑戦したり諸感覚を働かせ体を思い切り使って活動したりするなど，心と体を十分に働かせ，遊びや生活に見通しをもって自立的に行動し，自ら健康で安全な生活をつくり出す姿が見られるようになる。

　この頃の幼児は，幼稚部における生活の流れや，幼稚部全体の適切な環境の中で，ある程度時間の流れを意識したり，状況の変化を予測したりして，見通しをもって行動するようになる。

　このため，教師は，幼稚部における生活の流れ，幼稚部内の様々な場所や遊具，教師や友達など，それぞれが幼児にどのように受け止められ，いかなる意味をもつのかについて捉え，幼児の主体的な活動を促す環境をつくり出すことが必要である。その上で，幼児が自ら体を動かし多様な動きを楽しむことや，よりよい生活のために必要な行動を幼児の必要感に基づいて身に付けていくなど，発達に即して幼児の必要な体験が得られるよう工夫していくことが求められる。その際，健康で安全な生活のために必要なことを，学級で話題にして一緒に考えてやってみたり，自分たちで，自らやろうとする姿を他の幼児に広げたりするなど，自分たちで生活をつくり出している実感をもてるようにすることが大切である。また，交通安全を含む安全に関する指導については，日常的な指導を積み重ねることによって，自ら行動できるようにしていくことが重要である。（本解説第2編の第2章第5節教育課程の役割と編成等　4教育課程編成上の留意事項(3)の安全上の配慮を参照）

　こうした幼児期の経験は，小学部又は小学校生活において，時間割を含めた生活の流れが分かるようになると，次の活動を考えて準備をしたりするなどの見通しをもって行動したり，安全に気を付けて登下校しようとしたりする姿につながる。また，自ら体を動かして遊ぶ楽しさは，小学部又は小学校の学習における運動遊びや，休み時間などに他の児童と一緒に楽しく過ごすことにつながり，様々な活動を十分に楽しんだ経験は，小学部又は小学校生活の様々な場面において伸び伸びと行動する力を育んでいく。

> (2)　自立心
> 　　身近な環境に主体的に関わり様々な活動を楽しむ中で，しなければならないことを自覚し，自分の力で行うために考えたり，工夫したりしながら，諦めずにやり遂げることで達成感を味わい，自信をもって行動するようになる。

　自立心は，領域「人間関係」などで示されているように，幼稚部における生活

において，教師との信頼関係を基盤に自己を発揮し，身近な環境に主体的に関わり自分の力で様々な活動に取り組む中で育まれる。なお，自立心は，領域「人間関係」のみで育まれるのではなく，第2章に示すねらい及び内容に基づく活動全体を通して育まれることに留意する必要がある。

　幼児は，身近な環境に主体的に関わり様々な活動を楽しむ中で，信頼する教師に支えられながら，物事を最後まで行う体験を重ね，自分の力でやろうとする気持ちをもったり，やり遂げた満足感を味わったりするようになる。5歳児の後半には，遊びや生活の中で様々なことに挑戦し，失敗も繰り返す中で，自分でしなければならないことを自覚するようになる。教師や友達の力を借りたり励まされたりしながら，難しいことでも自分の力でやってみようとして，考えたり，工夫したりしながら，諦めずにやり遂げる体験を通して達成感を味わい，自信をもって行動するようになる。

　このため，教師は，幼児一人一人が，自分で活動を選びながら幼稚部における生活を主体的に送ることができるように，その日に必要なことなどをどの幼児も分かりやすいように視覚的に提示するなどの工夫が必要である。その際，幼児が自分で考えて行動できるよう，ゆとりをもった幼稚部における生活の流れに配慮するとともに，幼児一人一人の障害の状態や特性及び発達の程度等に応じて，その日の流れを意識できるように個別に援助していくことも必要である。また，5歳児の後半には，友達から認められることで更に自信をもつようになることを踏まえ，一人一人の幼児のよさが友達に伝わるように認めたり，学級全体の中で認め合える機会をつくったりするなどの工夫が重要になる。

　幼児期に育まれた自立心は，小学部又は小学校生活において，自分でできることは自分でしようと積極的に取り組む姿や，生活や学習での課題を自分のこととして受け止めて意欲的に取り組む姿，自分なりに考えて意見を言ったり，分からないことや難しいことは，教師や友達に聞きながら粘り強く取り組んだりする姿など，日々の生活が楽しく充実することにつながっていく。

第4節
資質・能力及び育ってほしい姿

（3）協同性

　友達と関わる中で，互いの思いや考えなどを共有し，共通の目的の実現に向けて，考えたり，工夫したり，協力したりし，充実感をもってやり遂げるようになる。

　協同性は，領域「人間関係」などで示されているように，教師との信頼関係を基盤に他の幼児との関わりを深め，思いを伝え合ったり試行錯誤したりしながら一緒に活動を展開する楽しさや，共通の目的が実現する喜びを味わう中で育まれていく。なお，協同性は，領域「人間関係」のみで育まれるのではなく，第2章

に示すねらい及び内容に基づく活動全体を通して育まれることに留意する必要がある。

幼児は，友達と関わる中で，様々な出来事を通して，嬉しい，悔しい，悲しい，楽しいなどの多様な感情体験を味わい，友達との関わりを深めていく。その中で互いの思いや考えなどを共有し，次第に共通の目的をもつようになる。5歳児の後半には，その目的の実現に向けて，考えたことを相手に分かるように伝えながら，工夫したり，協力したりし，充実感をもって幼児同士でやり遂げるようになる。

協同性が育まれるためには，単に他の幼児と一緒に活動できることを優先するのではない。他の幼児と一緒に活動する中で，それぞれの持ち味が発揮され，互いのよさを認め合う関係ができてくることが大切である。教師は，幼児たちの願いや考えを受け止め，共通の目的の実現のために必要なことや，困難が生じそうな状況などを想定しつつ，幼児同士で試行錯誤しながらも一緒に実現に向かおうとする過程を丁寧に捉え，一人一人の自己発揮や友達との関わりの状況に応じて，適時に援助することが求められる。相手を意識しながら活動していても，実際にはうまくいかない場面において，幼児は，援助する教師の姿勢や言葉掛けなどを通して，相手のよさに気付いたり，協同して活動することの大切さを学んだりしていく。

幼児期に育まれた協同性は，小学部又は小学校における学級での集団生活の中で，目的に向かって自分の力を発揮しながら友達と協力し，様々な意見を交わす中で新しい考えを生み出しながら工夫して取り組んだりするなど，教師や友達と協力して生活したり学び合ったりする姿につながっていく。

> (4) 道徳性・規範意識の芽生え
> 　友達と様々な体験を重ねる中で，してよいことや悪いことが分かり，自分の行動を振り返ったり，友達の気持ちに共感したりし，相手の立場に立って行動するようになる。また，きまりを守る必要性が分かり，自分の気持ちを調整し，友達と折り合いを付けながら，きまりをつくったり，守ったりするようになる。

道徳性・規範意識の芽生えは，領域「人間関係」などで示されているように，幼稚部における生活における他の幼児との関わりにおいて，自分の感情や意志を表現しながら，ときには自己主張のぶつかり合いによる葛藤などを通して互いに理解し合う体験を重ねる中で育まれていく。なお，道徳性・規範意識の芽生えは，領域「人間関係」のみで育まれるのではなく，第2章に示すねらい及び内容に基づく活動全体を通して育まれることに留意する必要がある。

幼児は，他の幼児と様々な体験を重ねる中で，してよいことや悪いことがあることを分かり，考えながら行動するようになっていく。5歳児の後半には，いざこざなどうまくいかないことを乗り越える体験を重ねることを通して人間関係が深まり，友達や周囲の人の気持ちに触れて，相手の気持ちに共感したり，相手の視点から自分の行動を振り返ったりして，考えながら行動する姿が見られるようになる。また，友達と様々な体験を重ねることを通して人間関係が深まる中で，きまりを守る必要性が分かり，友達と一緒に心地よく生活したり，より遊びを楽しくしたりするために，自分の気持ちを調整し，友達と折り合いを付けながら，きまりをつくったり，守ったりするようにもなる。

　この頃の幼児は，遊びの中で起きるいざこざなどの場面において，友達の気持ちに共感したり，より楽しく遊べるように提案したりなどして，自分たちで解決したり遊びを継続したりするようになる。

　教師はそれまでの幼児の経験を念頭に置き，相手の気持ちを分かろうとしたり，遊びや生活をよりよくしていこうとしたりする姿を丁寧に捉え，認め，励まし，その状況などを学級の幼児にも伝えていくことが大切である。同時に幼児が自分の言動を振り返り納得して折り合いをつけられるように，問い掛けたり共に考えたりし，幼児が自分たちで思いを伝え合おうとする姿を十分に認め，支えていく援助も必要である。遊びや生活の中で，幼児同士の気持ちのぶつかり合いや楽しく遊びたいのにうまくいかないといった思いが生じた場面を捉えて適切な援助を行うことが，幼児期の道徳性・規範意識の芽生えを育んでいくのである。

　こうした幼児の経験は，小学部又は小学校生活において，初めて出会う人の中で，幼児期の経験を土台にして，相手の気持ちを考えたり，自分の振る舞いを振り返ったりなどしながら，気持ちや行動を自律的に調整し，学校生活を楽しくしていこうとする姿へとつながっていく。

---

(5) 社会生活との関わり
　　家族を大切にしようとする気持ちをもつとともに，地域の身近な人と触れ合う中で，人との様々な関わり方に気付き，相手の気持ちを考えて関わり，自分が役に立つ喜びを感じ，地域に親しみをもつようになる。また，学校内外の様々な環境に関わる中で，遊びや生活に必要な情報を取り入れ，情報に基づき判断したり，情報を伝え合ったり，活用したりするなど，情報を役立てながら活動するようになるとともに，公共の施設を大切に利用するなどして，社会とのつながりなどを意識するようになる。

　幼児期の社会生活との関わりは，領域「人間関係」などで示されているように，幼稚部における生活において保護者や周囲の人々に温かく見守られているという

安定感や,教師との信頼関係を基盤に,学級の幼児との関わりから幼稚部全体へ,更に地域の人々や出来事との関わりへと,次第に広がりをもっていく。なお,社会生活との関わりは,領域「人間関係」のみで育まれるのではなく,第2章に示すねらい及び内容に基づく活動全体を通して育まれることに留意する必要がある。

幼児は,初めての集団生活の場である幼稚部における生活を通して,教師との信頼関係を基盤としながら校内の幼児や教職員,他の幼児の保護者などいろいろな人と親しみをもって関わるようになる。その中で,家族を大切にしようとする気持ちをもつとともに,小学部や中学部の児童生徒,小学生や中学生,高齢者や働く人々など地域の身近な人と触れ合う体験を重ねていく。5歳児の後半になると,こうした体験を重ねる中で人との様々な関わり方に気付き,相手の気持ちを考えて関わり,自分が役に立つ喜びを感じ,地域に親しみをもつようになる。

教師は,幼児が相手や状況に応じて考えて行動しようとするなどの姿を捉え,認めたり,学級の話題にして共有したりするとともに,そこでの体験が,校内において年下の幼児や未就学児,保護者などとの関わりにもつながっていくことを念頭に置き,幼児の姿を細やかに捉えていくことが必要である。

また,5歳児の後半には,好奇心や探究心が一層高まり,関心のあることについて,より詳しく知りたいと思ったり,より本物らしくしたいと考えて遊びの中で工夫したりする中で,身近にあるものから必要な情報を取り入れる姿が見られるようになる。

教師は幼児の関心に応じて,絵本や図鑑や写真,新聞やインターネットで検索した情報,地域の掲示板から得られた情報などを,遊びに取り入れやすいように見やすく教室に設定するなどの工夫をし,幼児の情報との出会いをつくっていく。その際,家族から聞いたり自分で見付けたりするなど幼児なりに調べたことを加えたり,遊びの経過やそこで発見したことなどを,幼児が関わりながら掲示する機会をもったりすることも考えられる。ときには教師がモデルとなり,情報を集める方法や集めた情報の活用の仕方,そのことを周囲に伝える方法などがあることに気付かせ,幼児が楽しみながら体験できるようにすることが大切である。

こうした幼児期の身近な社会生活との関わりは,小学部又は小学校生活において,相手の状況や気持ちを考えながらいろいろな人と関わることを楽しんだり,関心のあることについての情報に気付いて積極的に取り入れたりする姿につながる。また,地域の行事や様々な文化に触れることを楽しんで興味や関心を深めることは,地域への親しみや地域の中での学びの場を広げていくことにつながっていく。

(6) 思考力の芽生え
　身近な事象に積極的に関わる中で,物の性質や仕組みなどを感じ取っ

> り，気付いたりし，考えたり，予想したり，工夫したりするなど，多様な
> 関わりを楽しむようになる。また，友達の様々な考えに触れる中で，自分
> と異なる考えがあることに気付き，自ら判断したり，考え直したりするな
> ど，新しい考えを生み出す喜びを味わいながら，自分の考えをよりよいも
> のにするようになる。

　思考力の芽生えは，領域「環境」などで示されているように，周囲の環境に好奇心をもって積極的に関わりながら，新たな発見をしたり，もっと面白くなる方法を考えたりする中で育まれていく。なお，思考力の芽生えは，領域「環境」のみで育まれるのではなく，第2章に示すねらい及び内容に基づく活動全体を通して育まれることに留意する必要がある。

　幼児は，身近な事象に積極的に関わる中で，物の性質や仕組みなどを感じ取ったり，気付いたりするようになる。5歳児の後半になると，遊びや生活の中で，物の性質や仕組みなどを生かして，考えたり，予想したり，工夫したりするなど，身近な環境との多様な関わりを楽しむようになる。また，友達の様々な考えに触れる中で，自分と異なる考えがあることに気付き，自ら判断したり，考え直したりするなど，新しい考えを生み出す喜びを味わいながら，自分の考えをよりよいものにしようとする姿が見られるようにもなる。

　教師は，幼児が不思議さや面白さを感じ，こうしてみたいという願いをもつことにより，新しい考えが生み出され，遊びが広がっていくことを踏まえる必要がある。このため，教師には，環境の中にあるそれぞれの物の特性を生かしつつ，その環境から幼児の好奇心や探究心を引き出すことができるような状況をつくるとともに，それぞれの幼児の考えを受け止め，そのことを言葉にして幼児たちに伝えながら，更なる考えを引き出していくことが求められる。また，幼児が他の幼児との意見や考えの違いに気付き，物事はいろいろな面から考えられることやそのよさを感じられるようにしていくことが大切である。

　幼児期の思考力の芽生えは，小学部又は小学校生活で出会う新しい環境や教科等の学習に興味や関心をもって主体的に関わることにつながる。また，探究心をもって考えたり試したりする経験は，主体的に問題を解決する態度へとつながっていく。

> (7) 自然との関わり・生命尊重
> 　自然に触れて感動する体験を通して，自然の変化などを感じ取り，好奇心や探究心をもって考え言葉などで表現しながら，身近な事象への関心が高まるとともに，自然への愛情や畏敬の念をもつようになる。また，身近な動植物に心を動かされる中で，生命の不思議さや尊さに気付き，身近な

> 動植物への接し方を考え，命あるものとしていたわり，大切にする気持ち
> をもって関わるようになる。

　幼児期の自然との関わり・生命尊重は，領域「環境」などで示されているように，幼稚部における生活において，身近な自然と触れ合う体験を重ねながら，自然への気付きや動植物に対する親しみを深める中で育まれていく。なお，自然との関わり・生命尊重は，領域「環境」のみで育まれるのではなく，第2章に示すねらい及び内容に基づく活動全体を通して育まれることに留意する必要がある。

　幼児は，校内外の身近な自然の美しさや不思議さに触れて感動する体験を通して，自然の変化などを感じ取り，関心をもつようになる。5歳児の後半には，好奇心や探究心をもって考えたことをその幼児なりの言葉などで素直に表現しながら，身近な事象への関心を高めていく。幼児が身近な自然や偶然出会った自然の変化を遊びに取り入れたり，皆で集まったときに教師がそれらについて話題として取り上げ，継続して関心をもって見たりすることなどを通して，新たな気付きが生まれ，更に関心が高まり，次第に自然への愛情や畏敬の念をもつようになっていく。この頃の幼児は，身近な自然事象などに一層好奇心や探究心をもって関わり，気付いたことや考えたことを言葉などで表現しながら，更なる関心をもって自然に触れて遊ぶようになる。

　また，幼児は，身近な動植物に愛着をもって関わる中で，生まれてくる命を目の当たりにして感動したり，ときには死に接したりし，生命の不思議さや尊さに気付き，大切にする気持ちをもって関わるようにもなる。5歳児の後半になると，動植物との関わりを積み重ねる中で，ただかわいがるだけではなく，命あるものとして大切に扱おうとする姿も見られるようになっていく。

　教師は，校内外の自然の状況を把握して積極的に取り入れるなど，幼児の体験を豊かにする環境をつくり出し，幼児が好奇心や探究心をもって見たり触れたりする姿を見守ることが大切である。ときには，幼児の体験していることや気付いたことを教師が言葉にして伝えることによって，幼児がそのことを自覚できるようにしたりしながら，それぞれが考えたことを言葉などで表現し，更に自然との関わりが深まるようにすることが大切である。

　また，教師は，飼育や栽培を通して単に世話をすることを教えるだけでなく，動植物への親しみや愛着といった幼児の心の動きを見つめ，ときには関わり方の失敗や間違いを乗り越えながら，命あるものをいたわり大切にする気持ちをより育むように援助することが重要である。身近な動植物との関わりの中での様々な出来事に対して，それぞれの生き物に適した関わり方ができるよう，幼児と一緒に調べたり，幼児たちの考えを実際にやってみたり，そこで分かったことや適切な関わり方を，学級の友達に伝えたりする機会をつくることも大切である。

こうした幼児期の経験は，小学部又は小学校生活や学習において，自然の事物や現象について関心をもち，その理解を確かなものにしていく基盤となる。さらに，実感を伴って生命の大切さを知ることは，生命あるものを大切にし，生きることのすばらしさについて考えを深めることにつながっていく。

> (8) 数量や図形，標識や文字などへの関心・感覚
> 　遊びや生活の中で，数量や図形，標識や文字などに親しむ体験を重ねたり，標識や文字の役割に気付いたりし，自らの必要感に基づきこれらを活用し，興味や関心，感覚をもつようになる。

　幼児の数量や図形，標識や文字などへの関心・感覚は，領域「環境」などで示されているように，日常生活の中で，数量や文字などに接しながらその役割に気付き，親しむ体験を通じて育まれていく。なお，数量や図形，標識や文字などへの関心・感覚は，領域「環境」のみで育まれるのではなく，第2章に示すねらい及び内容に基づく活動全体を通して育まれることに留意する必要がある。

　幼児は遊びや生活の中で，身近にある数字や文字に興味や関心をもったり，物を数えることを楽しんだりする場面が見られるなど，教師や友達と一緒に数量や図形，標識や文字などに触れ，親しむ体験を重ねていく。5歳児の後半になると，それまでの体験を基に，自分たちの遊びや生活の中で必要感をもって，多い少ないを比べるために物を数えたり，長さや広さなどの量を比べたり，様々な形を組み合わせて遊んだりすることなどを通して，数量や図形への興味や関心を深め，感覚が磨かれていく。また，遊びや生活の中で関係の深い標識や文字などに関心をもちながらその役割に気付いたり使ってみたりすることで，興味や関心を深め，感覚が磨かれていく。

　教師は，幼児が関心をもったことに存分に取り組めるような生活を展開する中で，一人一人の数量や図形，標識や文字などとの出会いや関心のもちようを把握し，それぞれの場面での幼児の姿を捉え，その活動の広がりや深まりに応じて数量や文字などに親しめるよう，工夫しながら環境を整えることが大切である。その際，一人一人の障害の状態や特性及び発達の程度等に即して，関心がもてるように丁寧に援助するとともに，幼児期には，数量や文字などについて，単に正確な知識を獲得することを目的にするのではないことに十分留意する必要がある。

　このように幼児期の数量や図形，標識や文字などへの関心や感覚は，小学部又は小学校の学習に関心をもって取り組み，実感を伴った理解につながるとともに，学んだことを日常生活の中で活用する態度にもなるものである。

第4節
資質・能力及び
育ってほしい姿

> (9) 言葉による伝え合い
>   先生や友達と心を通わせる中で，絵本や物語などに親しみながら，豊かな言葉や表現を身に付け，経験したことや考えたことなどを言葉で伝えたり，相手の話を注意して聞いたりし，言葉による伝え合いを楽しむようになる。

　言葉による伝え合いは，領域「言葉」などで示されているように，身近な親しい人との関わりや，絵本や物語に親しむ中で，様々な言葉や表現を身に付け，自分が経験したことや考えたことなどを言葉で表現し，相手の話に興味をもって聞くことなどを通して，育まれていく。なお，言葉による伝え合いは，領域「言葉」のみで育まれるのではなく，第2章に示すねらい及び内容に基づく活動全体を通して育まれることに留意する必要がある。

　幼児は教師や友達と心を通わせる中で，絵本や物語などに親しみながら，豊かな言葉や表現を身に付けていく。また，自分の気持ちや思いを伝え，教師や友達が話を聞いてくれる中で，言葉のやり取りの楽しさを感じ，そのやり取りを通して相手の話を聞いて理解したり，共感したりするようになっていく。このような体験を繰り返す中で，自分の話や思いが相手に伝わり，相手の話や思いが分かる楽しさや喜びを感じ，次第に伝え合うことができるようになっていく。5歳児の後半になると，伝える相手や状況に応じて，言葉の使い方や表現の仕方を変えるなど，経験したことや考えたことなどを相手に分かるように工夫しながら言葉で伝えたり，相手の話を注意して聞いて理解したりし，言葉による伝え合いを楽しむようになる。

　言葉による伝え合いを幼児が楽しむようになるためには，教師や友達と気軽に言葉を交わすことができる雰囲気や関係の中で，伝えたくなるような体験をすることや，遊びを一緒に進めるために相手の気持ちや行動を理解したいなどの必要性を感じることが大切である。

　教師は，幼児の状況に応じて，言葉を付け加えるなどして，幼児同士の話が伝わり合うように援助をする必要がある。また，絵本や物語の世界に浸り込むことで，豊かな言葉や表現に触れられるようにしたり，教師自身が豊かな表現を伝えるモデルとしての役割を果たすことで，様々な言葉に出会う機会をつくったりするなどの配慮をすることが必要である。

　こうした幼児期の言葉による伝え合いは，小学部又は小学校生活や学習において，友達と互いの思いや考えを伝え，受け止めたり，認め合ったりしながら一緒に活動する姿や，自分の伝えたい目的や相手の状況などに応じて言葉を選んで伝えようとする姿などにつながっていく。特に，戸惑いが多い入学時に自分の思いや考えを言葉に表せることは，初めて出会う教師や友達と新たな人間関係を築く

上でも大きな助けとなる。

> (10) 豊かな感性と表現
> 　心を動かす出来事などに触れ感性を働かせる中で，様々な素材の特徴や表現の仕方などに気付き，感じたことや考えたことを自分で表現したり，友達同士で表現する過程を楽しんだりし，表現する喜びを味わい，意欲をもつようになる。

　幼児期の豊かな感性と表現は，領域「表現」などで示されているように，幼稚部における生活の様々な場面で美しいものや心を動かす出来事に触れてイメージを豊かにし，表現に関わる経験を積み重ねたり，楽しさを味わったりしながら，育まれていく。なお，豊かな感性と表現は，領域「表現」のみで育まれるのではなく，第2章に示すねらい及び内容に基づく活動全体を通して育まれることに留意する必要がある。

　幼児は，生活の中で心を動かす出来事に触れ，みずみずしい感性を基に，思いを巡らせ，様々な表現を楽しむようになる。幼児の素朴な表現は，自分の気持ちがそのまま声や表情，身体の動きになって表れることがある。また，教師や他の幼児に受け止められることを通して，動きや音などで表現したり，演じて遊んだりしながら，自分なりに表現することの喜びを味わう。5歳児の後半になると，このような体験を基に，身近にある様々な素材の特徴や表現の仕方などに気付き，感じたことや考えたことを必要なものを選んで自分で表現したり，友達と工夫して創造的な活動を繰り返したり，友達同士で表現する過程を楽しんだりして，意欲をもつようになる。

　この頃の幼児は，共通の目的に向けて，友達と一緒にそれまでの経験を生かしながら考えを出し合い，工夫して表現することを一層楽しむようになる。

　教師は，一人一人の幼児が様々に表現する楽しさを大切にするとともに，多様な素材や用具に触れながらイメージやアイデアが生まれるように，環境を整えていく。また，幼児同士で表現を工夫しながら進める姿や，それぞれの表現を友達と認め合い，取り入れたり新たな表現を考えたりすることを楽しむ姿を十分に認め，更なる意欲につなげていくことも大切である。

　こうした幼児期の経験は，小学部又は小学校の学習において感性を働かせ，表現することを楽しむ姿につながる。これらは，音楽や造形，身体等による表現の基礎となるだけでなく，自分の気持ちや考えを一番適切に表現する方法を選ぶなど，小学部又は小学校以降の学習全般の素地になる。また，臆することなく自信をもって表現することは，教科等の学習だけではなく，小学部又は小学校生活を意欲的に進める基盤ともなっていく。

第4節
資質・能力及び育ってほしい姿

第5節　教育課程の役割と編成等（第1章の第4の1）

1　教育課程の役割

> 第4　教育課程の役割と編成等
> 1　教育課程の役割
> 　　各学校においては，教育基本法及び学校教育法その他の法令並びにこの特別支援学校幼稚部教育要領の示すところに従い，創意工夫を生かし，幼児の障害の状態や特性及び発達の程度等並びに学校や地域の実態に即応した適切な教育課程を編成するものとする。
> 　　また，各学校においては，6に示す全体的な計画にも留意しながら，「幼児期の終わりまでに育ってほしい姿」を踏まえ教育課程を編成すること，教育課程の実施状況を評価してその改善を図っていくこと，教育課程の実施に必要な人的又は物的な体制を確保するとともにその改善を図っていくことなどを通して，教育課程に基づき組織的かつ計画的に各幼稚部における教育活動の質の向上を図っていくこと（以下「カリキュラム・マネジメント」という。）に努めるものとする。
> 　　その際，幼児に何が身に付いたかという学習の成果を的確に捉え，第1章の第5の1に示す個別の指導計画の実施状況の評価と改善を，教育課程の評価と改善につなげていくよう工夫すること。

(1) 教育課程に関わる法令等

　幼児は，家庭，地域社会，幼稚部という一連の流れの中で生活している。特に，教育基本法第10条で示されているとおり，家庭は子供の教育について第一義的責任を有している。幼児が望ましい発達を遂げていくためには，家庭との連携を十分図って個々の幼児に対する理解を深めるとともに，幼稚部での生活の様子なども家庭に伝えていくなど，幼稚部と家庭が互いに幼児の望ましい発達を促すために思っていることを伝え合い，考え合うことが大切である。

　幼稚部では，幼稚部教育要領第1章総則の第1に示す幼稚部における教育の基本に基づき，幼稚部における生活を展開し，その中で幼稚部における教育において育みたい資質・能力を育んでいく。幼稚部は，そのことにより，第1章総則第2に示す幼稚部における教育の目標を達成するよう努めなければならない。学校においては，幼稚部における教育の目標に含まれる意図を十分に理解して，幼児の健やかな成長のために幼児が適当な環境の下で他の幼児や教師と楽しく充実した生活を営む中で，様々な体験を通して生きる力の基礎を育成するようにすることが重要である。

幼稚部教育要領では，幼稚園教育要領に準じて，発達の側面から，心身の健康に関する領域「健康」，人との関わりに関する領域「人間関係」，身近な環境との関わりに関する領域「環境」，言葉の獲得に関する領域「言葉」，感性と表現に関する領域「表現」としてまとめ，示している。また，幼児の障害に対応する側面から，その障害による学習上又は生活上の困難の改善・克服に関する領域「自立活動」が設けられている。幼稚部では，これらに示す「ねらい」が総合的に達成されるよう教育を行うことにより，生きる力の基礎を育成している。そして，その成果が小学部又は小学校につながり，より豊かな学校生活が送れるようになる。なお，幼稚部における教育は，義務教育の基礎を培うことはもとより，義務教育以降の教育の基礎，つまり生涯にわたる教育の基礎を培う重要なものであることを忘れてはならない。

例えば，幼稚部においては，幼児はそれぞれの興味や関心に応じ，直接的・具体的な体験などを通じて幼児なりのやり方で学んでいくものであって，小学部又は小学校以降の学習と異なり，教師があらかじめ立てた目的に沿って，順序立てて言葉で教えられ学習するのではない。幼児が，遊びを通じて，学ぶことの楽しさを知り，積極的に物事に関わろうとする気持ちをもつようになる過程こそ，小学部又は小学校以降の学習意欲へとつながり，さらには，社会に出てからも物事に主体的に取り組み，自ら考え，様々な問題に積極的に対応し，解決していくようになっていく。幼児期に多様な体験をし，様々なことに興味や関心を広げ，それらに自ら関わろうとする気持ちをもつことは，幼児期から育むことが重要である。

(2) 適切な教育課程の編成

教育課程の編成に当たっては，国立，公立，私立を問わず，全ての特別支援学校の幼稚部に対して，公教育の立場から，教育基本法や学校教育法などの法令や幼稚部教育要領により種々の定めがなされているので，これらに従って編成しなければならない。その際，学校の長たる校長は，学校全体の責任者として指導性を発揮し，幼稚部の全教職員の協力の下，以下の点を踏まえつつ編成しなければならない。

(ｱ) 幼児の障害の状態や特性及び発達の程度等

各学校の幼稚部において教育課程を編成する場合には，幼児の障害の状態や特性及び発達の程度等に応じて調和のとれた発達を図るという観点から，幼児の障害の状態の変化や発達の見通しなどをもち，教育課程を編成することが必要である。

(イ) 幼稚部の実態

　各学校の幼稚部の規模，教職員の状況，施設設備の状況などの人的・物的条件の実態は幼稚部によって異なっているため，教育課程の編成に当たっては，このような幼稚部の条件が密接に関連してくる。幼稚部の実態に応じて，効果的な教育活動を実施するためには，これらの条件を客観的に把握した上で，特に，教職員の構成，遊具や用具の整備状況などについて分析し，教育課程の編成に生かすことが必要である。

(ウ) 地域の実態

　各学校の幼稚部は地域社会を離れては存在し得ないものである。地域には，都市，農村，山村，漁村など生活条件や環境の違いがあり，文化などにそれぞれ特色をもっている。そのため，学校を取り巻く地域社会の実態を十分考慮して，教育課程を編成することが大切である。また，地域の資源（近隣の幼稚園・認定こども園・保育所・小学校，図書館などの社会教育施設，幼稚部の教育活動に協力することのできる人材など）の実態を考慮し，教育課程を編成することが必要である。

　なお，幼稚部における教育活動が，教育目標に従ってより一層効果的に展開されていくためには，保護者や地域住民，関係機関等の人々に対して幼稚部の教育方針，特色ある教育活動や幼児の状況などの基本的な情報を積極的に提供し，保護者や地域住民，関係機関等の人々の理解や支援を得ることが大切である。

(エ) 創意工夫を生かすこと

　各学校の幼稚部において，地域や学校の実態及び幼児の障害の状態や特性及び発達の程度等を十分に踏まえ，創意工夫を生かし特色あるものとすることが大切である。

(3) カリキュラム・マネジメントの実施

　それぞれの幼稚部は，その学校における教育期間の全体にわたって幼稚部における教育の目的，目標に向かってどのような道筋をたどって教育を進めていくかを明らかにするため，幼稚部における教育において育みたい資質・能力を踏まえつつ，各学校の特性に応じた教育目標を明確にし，幼児の充実した生活を展開できるような計画を示す教育課程を編成して教育を行う必要がある。

　幼稚部においては，編成，実施した教育課程が教育目標を効果的に実現する働きをするよう，教育課程の実施状況を評価し，改善を図ることが求められている。教育課程の改善は，編成した教育課程をより適切なものに改めることであり，幼稚部は教育課程を絶えず改善する基本的態度をもつことが必要である。このような改善によってこそ幼稚部の教育活動が充実するとともにその質を高

めることができるのである。

　その際,校長は,全体的な計画にも留意しながら「幼児期の終わりまでに育ってほしい姿」を踏まえて教育課程を編成すること,教育課程の実施に必要な人的または物的な体制を確保して改善を図っていくことなどを通して,各学校の教育課程に基づき,全教職員の協力体制の下,組織的かつ計画的に教育活動の質の向上を図るカリキュラム・マネジメントを実施することが求められる。

2　各学校における教育の目標と教育課程の編成（第1章の第4の2）

> 2　各学校における教育目標と教育課程の編成
> 　教育課程の編成に当たっては,幼稚部における教育において育みたい資質・能力を踏まえつつ,各学校の教育目標を明確にするとともに,教育課程の編成についての基本的な方針が家庭や地域とも共有されるよう努めるものとする。

　幼稚部は学校教育の始まりとして,幼稚部における教育の基本に基づいて展開される幼児期にふさわしい生活を通して,幼稚部における教育の目的や目標の達成に努めることが必要である。このため,幼児の発達を見通し,その発達が可能となるよう,それぞれの時期に必要な教育内容を明らかにし,計画性のある指導を行うことが求められる。

　このような意味から,それぞれの学校は,その幼稚部における教育期間の全体にわたって幼稚部における教育の目的,目標に向かってどのような道筋をたどって教育を進めていくかを明らかにするため,幼稚部における教育において育みたい資質・能力を踏まえつつ,各学校の特性に応じた教育目標を明確にし,幼児の充実した生活を展開できるような計画を示す教育課程を編成して教育を行う必要がある。

　また,それぞれの学校の教育目標を含めた教育課程の編成の基本的な方針について,家庭や地域,関係機関等と共有できるよう,分かりやすく説明していくことが求められる。

　教育課程の実施に当たっては,幼稚部における教育の基本である環境を通して行う教育の趣旨に基づいて,幼児の障害の状態や特性及び発達の程度等,あるいは生活の実情などに応じた具体的な指導の順序や方法をあらかじめ定めた指導計画を作成して教育を行う必要があり,教育課程は指導計画を立案する際の骨格となるものである。

　幼稚部教育要領は,学校教育法第77条及び学校教育法施行規則第129条に規定されているとおり,幼稚部における教育課程の基準である。したがって,各学

校においては，この幼稚部教育要領に述べられていることを基準として，幼児の障害の状態や特性及び発達の程度等，学校や地域の実態に適した教育課程を創意を生かして編成することとなる。

3 教育課程の編成上の基本事項（第1章の第4の3）

> 3 教育課程の編成上の基本事項
> (1) 幼稚部における生活の全体を通して第2章に示すねらいが総合的に達成されるよう，教育課程に係る教育期間や幼児の生活経験や発達の過程などを考慮して具体的なねらいと内容を組織するものとする。この場合においては，特に，自我が芽生え，他者の存在を意識し，自己を抑制しようとする気持ちが生まれる幼児期の発達の特性を踏まえ，入学から修了に至るまでの長期的な視野をもって充実した生活が展開できるように配慮するものとする。

(1) 教育課程の編成

① ねらいと内容を組織すること

　幼稚部教育要領の第2章において各領域に示されている「ねらい」と「内容」は，幼稚部における教育の全体を見通しながら幼児の発達の側面と障害に対応する側面を取り上げたねらいや内容であり，幼稚部における教育の全期間を通して育てるものである。そのため，教育課程の編成に当たっては，幼稚部教育要領に示されている「ねらい」や「内容」をそのまま教育課程における具体的な指導のねらいや内容とするのではなく，「幼児期の終わりまでに育ってほしい姿」との関連を考慮しながら，幼児の障害の状態や特性及び発達の程度等や発達の各時期に展開される生活に応じて適切に具体化したねらいや内容を設定する必要がある。

　具体的なねらいと内容を組織するに当たっては，まず，それぞれの学校の幼稚部で入学から修了までの教育期間において，幼児がどのような発達をしていくかという発達の過程を捉える必要がある。それぞれの発達の時期において幼児は主にどのような経験をしていくのか，また，教育目標の達成を図るには，入学から修了までを通してどのような指導をしなければならないかを，各領域に示す事項に基づいて明らかにしていく必要がある。

② 幼児期の発達の特性を踏まえること

　教育課程の編成に当たっては，幼稚部における教育の内容と方法及び幼児の発達や幼児の障害の状態や特性及び発達の程度等と生活についての十分な理解をもつことが大切である。特に，幼児期においては，自我が芽生え，自

己を表出することが中心の生活から，次第に他者の存在を意識し，他者を思いやったり，自己を抑制したりする気持ちが生まれ，同年代での集団生活を円滑に営むことができるようになる時期へ移行していく。教育課程の編成に当たっては，このような幼児期の発達の特性を十分に踏まえて，入学から修了までの発達の見通しをもち，きめ細かな対応が図れるようにすることが重要である。

③ 入学から修了に至るまでの長期的な視野をもつこと

発達の時期を捉えるためには様々な視点があり，それぞれの学校の幼稚部の実情に応じて考えるべきものである。このような視点の一つとして，教育課程が，指導計画を作成し，環境に関わって展開される生活を通して具体的な指導を行うための基盤となるものであることから，

- 幼児の幼稚部における生活への適応の状態，興味や関心の傾向
- 季節などの周囲の状況の変化などから実際に幼児が展開する生活が大きく変容する時期

を捉えることなども考えられよう。その一例を挙げれば，次のようなものとなる。

ア）一人一人の遊びや教師との触れ合いを通して幼稚部における生活に親しみ，安定していく時期

イ）周囲の人やものへの興味や関心が広がり，生活の仕方やきまりが分かり，自分で遊びを広げていく時期

ウ）友達とイメージを伝え合い，共に生活する楽しさを知っていく時期

エ）友達関係を深めながら自己の力を十分に発揮して生活に取り組む時期

オ）友達同士で目的をもって幼稚部における生活を展開し，深めていく時期

発達の各時期にふさわしい具体的なねらいや内容は，第2章の各領域に示された「ねらい」や「内容」の全てを視野に入れるとともに，幼児の生活の中で，それらがどう相互に関連しているかを十分に考慮して設定していくようにすることが大切である。

④ 教育課程の編成の実際

教育課程は各学校において，幼稚部の全教職員の協力の下に校長の責任において編成するものである。

既に述べたように，幼稚部における教育は法令や幼稚部教育要領に基づいて行われるものであるので，幼稚部の全教職員がそれぞれに示されていることについての理解を十分にもつと同時に，実践を通して各学校の実態に即した教育課程となるようにすることが大切である。

また，教育の内容や方法が幼児の障害の状態や特性及び発達の程度等に即したものでなければ，教育の効果を生み出すことができない。そこで，教育

課程の編成に当たっては，それぞれの幼稚部に累積されている資料などから一人一人の幼児の障害の状態や特性及び発達の程度等や発達の過程を的確に把握する必要がある。

さらに，それぞれの幼稚部は，地域環境や学校自体がもっている人的，物的条件が違っており，それぞれ異なった特色を有している。幼児の生活や発達はそのような条件に大きく影響を受けるものであるので，このような幼稚部や地域の実態を把握して，特色を生かし，創意のある教育課程を編成するとともに，その実施状況を評価し，改善を図る必要がある。

編成の手順には一定したものはないが，その一例を挙げれば，およそ次のとおりである。

具体的な編成の手順について（参考例）
① 編成に必要な基礎的事項についての理解を図る。
- 関係法令，幼稚部教育要領，幼稚部教育要領解説などの内容について共通理解を図る。
- 自我の発達の基礎が形成される幼児期の発達，幼児期から児童期への発達についての共通理解を図る。
- 学校や地域の実態，一人一人の幼児の障害の状態や特性及び発達の程度等を把握する。
- 社会の要請や保護者の願いなどを把握する。

② 各学校や幼稚部の教育目標に関する共通理解を図る。
- 現在の教育が果たさなければならない課題や期待する幼児像などを明確にして教育目標についての理解を深める。
- 一人一人の幼児について，その障害の状態や特性及び発達の程度等の把握に基づいて，日常生活等における困難点は何かを明らかにし，現在どのような目標を立てて指導するのが望ましいかを検討する。

③ 幼児の発達の過程を見通す。
- 幼稚部における生活の全体を通して，幼児がどのような発達をするのか，どの時期にどのような生活が展開されるのかなどの発達の節目を探り，長期的に発達を見通す。
- 障害のある幼児の発達の程度には個人差が大きいので，まず一人一人の幼児の障害の状態や特性及び発達の程度等の把握に基づいて，今後の発達の見通しを検討するとともに，幼稚部における生活の中での発達上の目標や課題を設定する。
- 幼児一人一人の障害の状態や特性及び発達の程度等が幼児の発達の過程とどのように関わっているかを検討し，両者の関連を考慮して教育目

標がどのように達成されていくかについて，およその予測を立てる。
④ 具体的なねらいと内容を組織する。
- 一人一人の幼児の障害の状態や特性及び発達の程度等を考慮して，幼児の発達の各時期にふさわしい生活が展開されるように適切で具体的なねらいと内容を設定する。その際，幼児の生活経験や発達の過程などを考慮して，幼稚部における生活全体を通して，幼稚部教育要領の第2章に示す事項が総合的に指導され，達成されるようにする。さらに，一人一人の幼児の障害の状態や特性及び発達の程度等に応じて，自立活動に重点を置いた指導を行うことについても配慮する。
- それらのねらいに関連した活動や指導が，どのような場面で展開されるかの見通しを立てる。

⑤ 教育課程を実施した結果を評価し，次の編成に生かす。
- 教育課程の改善の方法は，学校の創意工夫によって具体的には異なるであろうが，一般的には次のような手順が考えられる。
  ア．個別の指導計画などの評価の資料を収集し，検討すること
  イ．整理した問題点を検討し，原因と背景を明らかにすること
  ウ．改善案を検討すること

⑤ 教育課程の評価・改善

　教育課程の実施状況を評価して改善する際は，指導計画で設定した具体的なねらいや内容などのように，比較的直ちに修正できるもの（本解説第2編の第2章第6節指導計画の作成と幼児理解に基づいた評価　2指導計画の作成上の基本的事項の(5)評価を生かした指導計画の改善を参照）もあれば，人的，物的諸条件のように，比較的長期の見通しの下に改善の努力をしなければならないものもある。また，個々の部分修正にとどまるものもあれば，全体修正を必要とするものもある。さらに幼稚部内の教職員や設置者の努力によって改善できるものもあれば，家庭や地域の協力を得つつ改善の努力を必要とするものもある。それらのことを見定めて教育課程の改善を図り，一層適切な教育課程を編成するように努めなければならない。

　教育課程についての評価が行われたとしても，これがその改善に活用されなければ，評価本来の意義が発揮されない。このため，幼稚部においては，編成，実施した教育課程が教育目標を効果的に実現する働きをするよう，改善を図ることが求められている。教育課程の改善は，編成した教育課程をより適切なものに改めることであり，幼稚部では教育課程を絶えず改善する基本的態度をもつことが必要である。このような改善によってこそ幼稚部の教育活動が充実するとともにその質を高めることが期待できる。

(2) 教育週数

> (2) 幼稚部の毎学年の教育課程に係る教育週数は，39週を標準とし，幼児の障害の状態や特性及び発達の程度等を考慮して適切に定めるものとする。

　幼稚部において教育課程を編成し，これを実施するに当たっては毎学年の教育課程に係る教育週数は，39週が標準として示されているが，在籍する幼児の障害の状態や特性及び発達の程度等を考慮に入れて，学校において適切に定めるよう弾力性をもたせた規定をしている。したがって，学校においては，これらの実態を踏まえて適切な教育週数を定めることになる。

(3) 教育時間

> (3) 幼稚部の1日の教育課程に係る教育時間は，4時間を標準とする。ただし，幼児の障害の状態や特性及び発達の程度等や季節などに適切に配慮するものとする。

　教育課程に係る1日の教育時間については，幼稚部教育要領に示されているとおり，幼児の幼稚部における教育時間の妥当性及び家庭や地域における生活の重要性を考慮して4時間を標準としている。

　それぞれの幼稚部においては，幼児の年齢や教育経験，障害の状態や特性及び発達の程度等，あるいは季節の変化，通学に要する時間，寄宿舎における生活の実態など様々な点を考慮に入れて教育時間を定める必要がある。

　こうしたことから，弾力性をもたせた規定になっているので，学校において1日の教育時間を適切に定めることが大切である。

　この場合，例えば，入学当初，幼児が学校生活に慣れるまでの期間は，1日の教育時間を短くし，慣れるに従って徐々に長くしていくとか，冬季における1日の教育時間を他の季節よりも短くするなどといった工夫も考えられるであろう。

　なお，このように4時間を標準としてそれぞれの学校において定められた教育時間については，登校時刻から下校時刻までが教育の行われる時間となる。

4　教育課程の編成上の留意事項（第1章の第4の4）

(1) 入学から修了までの生活

> 4　教育課程の編成上の留意事項
>   教育課程の編成に当たっては，次の事項に留意するものとする。
> (1)　幼児の生活は，入学当初の一人一人の遊びや教師との触れ合いを通して幼稚部における生活に親しみ，安定していく時期から，他の幼児との関わりの中で幼児の主体的な活動が深まり，幼児が互いに必要な存在であることを認識するようになり，やがて幼児同士や学級全体で目的をもって協同して幼稚部における生活を展開し，深めていく時期などに至るまでの過程を様々に経ながら広げられていくものであることを考慮し，活動がそれぞれの時期にふさわしく展開されるようにすること。

　教育課程の編成や指導計画の作成においては，入学から修了まで幼児の生活する姿がどのように変容するかという発達の過程を捉え，発達の見通しをもつことが大切である。発達には個人差があり，様々な道筋があることはいうまでもないが，大筋でみると同じような道筋をたどるものである。

　入学から修了までの発達の過程を大きく捉えてみると，次のようにまとめられるであろう。入学当初においては，一人一人が好きなように遊んだり，教師と触れ合ったりしながら，幼稚部における生活に親しみ，安定へと向かう。安定した生活が得られると次第に周囲の人やものへの興味や関心が広がり，生活の仕方やきまりが分かり，自分でいろいろな遊びに興味をもって取り組むようになる。さらに，他の幼児との関わりの中で，イメージを伝え合い，共に生活する楽しさを知り，友達からの刺激を受けて遊びを広げていくようになり，幼児の主体的な活動が深まっていく。

　このような過程を経て，友達関係を深めながら，よさを相互に認め合い，友達とは違う自分のよさに気付き自己を形成していく。そして，集団生活の中で，友達を思いやったり，自己を抑制しようとしたりする気持ちが生まれる。さらに，幼児同士や学級全体で目的に向かって活動を展開しながら，一つのものを作ったり，それぞれが役割を分担して一つのことを成し遂げたりすることを通して仲間意識が深まる。

　このような入学から修了までの幼児の生活する姿は，幼稚部の実態によって様々であり，それぞれの幼稚部においてその実態に即した方法で捉えることが大切である。

また，発達はそれぞれの時期にふさわしい生活が展開されることによって促されるものである。例えば，入学当初において，自分の好きなものに関わって過ごすことによって新しい生活の中で安定感をもつようになる。さらに，その安定感をもつことによって，周囲の環境に対して興味や関心をもって関わるようになり，いろいろな遊びを知っていく。必要な経験を積み重ねることによって初めて望ましい発達が促されていくので，先を急ぎ過ぎたり，幼児にとって意味ある体験となることを見逃してしまったりすることのないようにすることが大切である。

　なお，入学当初においては，幼稚部における生活がこれまでの生活と大きく異なるので，家庭との連携を緊密にすることによって，個々の幼児の生活に理解を深め，幼児が安心して幼稚部における生活を送ることができるよう配慮することが必要である。このため，例えば，家庭のように安心できる雰囲気のある教室環境をつくることなどが考えられる。一人一人のその幼児らしい姿を教師が受け止め，きめ細かく関わることによって，幼児は安心して自分を表出できるようになり，次第に周りにいる他の幼児の存在に気付き，関わりがもてるようになっていき，幼児は充実した幼稚部における生活が送れるようになっていく。したがって，幼児の行動や内面を理解する教師の役割は極めて重要である。

(2) 入学当初の配慮

> (2) 入学当初，特に，3歳児の入学については，家庭との連携を緊密にし，生活のリズムや安全面に十分配慮すること。また，満3歳児については，学年の途中から入学することを考慮し，幼児が安心して幼稚部における生活を過ごすことができるよう配慮すること。

　入学当初の幼児について，中でも特に，3歳児については，自我の芽生え始める時期であること，家庭での生活経験などの差による個人差が大きい時期であることなどの発達の特性を踏まえ，一人一人に応じたきめ細かな指導が一層必要である。また，一人一人の生活の仕方やリズムに配慮して1日の生活の流れを考えることが必要である。さらに，3歳児は周囲の状況を顧みず，興味のままに動いてしまうこともあり，安全については十分な配慮が必要である。

　また，満3歳児等は学年の途中から入学するため，集団での生活の経験が異なる幼児が共に生活することになる。この頃の幼児はありのままの自分を出しながら幼稚部における生活を始めており，教師は心の動きに寄り添った関わりをすること，一人一人の幼児の生活の仕方やリズムを尊重することが大切である。なお，満3歳児の入学に関しては，学校の実態によって様々であることから，その実態に即した配慮がなされる必要がある。

(3) 安全上の配慮

> (3) 幼稚部における生活が幼児にとって安全なものとなるよう，教職員による協力体制の下，幼児の主体的な活動を大切にしつつ，校庭や校舎などの環境の配慮や指導の工夫を行うこと。

　学校においては，幼児が健康で安全な生活を送ることができるよう，担任の教師ばかりでなく，学校の教職員全てが協力しなければならないことはいうまでもない。幼児の事故の原因は様々だが，そのときの心理的な状態と関係が深いと言われており，日々の生活の中で，教師は幼児との信頼関係を築き，個々の幼児が安定した情緒の下で行動できるようにすることが大切である。(幼稚園教育要領解説の第2章第2節の1の心身の健康に関する領域「健康」［内容］の(10),［内容の取扱い］の(6)を参照)

　また，幼児期は，発達の特性として，友達の行動の危険性は指摘できても，自分の行動の危険性を予測できないということもあるので，友達や周囲の人々の安全にも関心を向けながら，次第に幼児が自ら安全な行動をとることができるように，障害の状態や特性及び発達の程度等に応じて指導を行う必要がある。

　幼児に安全な生活をさせようとするあまり，過保護になったり，禁止や叱責が多くなったりする傾向も見られるが，その結果，かえって幼児に危険を避ける能力が育たず，けがが多くなるということも言われている。

　幼児が自分で状況に応じて機敏に体を動かし，危険を回避するようになるためには，日常の生活の中で十分に体を動かして遊ぶことを通して，その中で危険な場所，事物，状況などが分かったり，そのときにどうしたらよいかを体験を通して学びとったりしていくことが大切である。このように，遊びの中で十分に体を動かすことを通して，安全についての理解を深めるためには，障害の状態や特性及び発達の程度等を踏まえ，学校の校庭や校舎全体が，幼児の遊びの動線や遊び方に配慮したものとなっていることや指導の工夫を行うことが大切である。特に，3歳児は危険に気付かずに行動したり，予想もしない場で思わぬ動き方や遊び方をしたりすることから，3歳児の動き方や遊び方に沿った校庭や校舎全体の環境を工夫する必要がある。また，自立活動に重点を置いた指導などを通して，幼児の日常生活の基本動作の習得や改善を図り，安全に身をこなすことができるようにすることも重要である。

　なお，遊具等の安全点検は，教職員が協力しながら定期的に行う体制を整え，不備を発見した場合は直ちに適切な対処をすることが重要である。

　また，交通安全の習慣を身に付けさせるために，教師は日常の生活を通して，交通上のきまりに関心をもたせるとともに，家庭と連携を図りながら適切な指導

を具体的な体験を通して繰り返し行うことが必要である。

さらに,災害時の行動の仕方や不審者との遭遇など様々な犯罪から身を守る対処の仕方を身に付けさせるためには,幼児の障害の状態や特性及び発達の程度等に応じて,基本的な対処の方法を確実に伝えるとともに,家庭,地域社会,関係機関などとも連携して幼児の安全を図る必要がある。

特に,火事や地震等の自然災害を想定した避難訓練は,年間計画の中に地域や学校の実態に沿った災害を想定した訓練を位置付けることが必要である。

安全に関する指導及び安全管理の両面を効果的に実施するためには,日頃から安全に関する実施体制の整備が大切であり,学校保健安全法に基づく学校安全計画及び危険等発生時対処要領(危機管理マニュアル)などを作成し,校内の全教職員で共通理解をしておくとともに,全教職員で常に見直し,改善しておくことを怠ってはならない。

● 5　小学部又は小学校教育との接続に当たっての留意事項(第1章の第4の5)

(1) 小学部又は小学校以降の生活や学習の基盤の育成

> 5　小学部における教育又は小学校教育との接続に当たっての留意事項
> (1)　学校においては,幼稚部における教育が,小学部又は小学校以降の生活や学習の基盤の育成につながることに配慮し,幼児期にふさわしい生活を通して,創造的な思考や主体的な生活態度などの基礎を培うようにするものとする。

幼稚部における教育は,学校教育の一環として,幼児期にふさわしい教育を行うものである。その教育が小学部又は小学校以降の生活や学習の基盤ともなる。小学部又は小学校においても,生活科や総合的な学習の時間が設けられており,学校教育全体として総合的な指導の重要性が認識されていると言える。

幼児は,幼稚部から小学部又は小学校に移行していく中で,突然違った存在になるわけではない。発達や学びは連続しており,幼稚部から小学部又は小学校への移行を円滑にする必要がある。しかし,それは,小学部又は小学校教育の先取りをすることではなく,就学前までの幼児期にふさわしい教育を行うことが最も肝心なことである。つまり,幼児が遊び,生活が充実し,発展することを援助していくことである。

学校教育全体では,いかにして子供の生きる力を育むかを考えて,各学校の教育課程は編成されなければならない。幼稚部における教育は,幼児期の発達に応じて幼児の生きる力の基礎を育成するものである。特に,幼児なりに好奇心や探

究心をもち，問題を見いだしたり，解決したりする力を育てること，豊かな感性を発揮したりする機会を提供し，それを伸ばしていくこと，障害による学習上又は生活上の困難を改善・克服する力を育てることなどが大切になる。幼児を取り巻く環境は様々なものがあり，そこでいろいろな出会いが可能となる。その出会いを通して，更に幼児の興味や関心が広がり，疑問をもってそれを解決しようと試みる。幼児は，その幼児なりのやり方やペースで繰り返しいろいろなことを体験してみること，その過程自体を楽しみ，その過程を通して友達や教師と関わっていくことの中に幼児の学びがある。このようなことが幼稚部における教育の基本として大切であり，小学部又は小学校以降の教育の基盤となる。幼稚部は，このような基盤を充実させることによって，小学部又は小学校以降の教育との接続を確かなものとすることができる。

　幼稚部における教育において，幼児が小学部又は小学校に就学するまでに，創造的な思考や主体的な生活態度などの基礎を培うことが重要である。創造的な思考の基礎として重要なことは，幼児が出会ういろいろな事柄に対して，自分のしたいことが広がっていきながら，たとえうまくできなくても，そのまま諦めてしまうのではなく，更に考え工夫していくことである。うまくできない経験から，「もっとこうしてみよう」といった新たな思いが生まれ，更に工夫し自分の発想を実現できるようにしていく。主体的な態度の基本は，物事に積極的に取り組むことであり，そのことから自分なりに生活をつくっていくことができることである。さらに，自分を向上させていこうとする意欲が生まれることである。これらのことは，幼児が主体的に障害による学習上又は生活上の困難を改善・克服しようとする態度を育てる上でも大切である。それらの基礎が育ってきているか，さらに，それが小学部又は小学校の生活や学習の基盤へと結び付く方向に向かおうとしているかを捉える必要がある。また，小学部又は小学校への入学が近づく幼稚部修了の時期には，皆と一緒に教師の話を聞いたり，行動したり，きまりを守ったりすることができるように指導を重ねていくことも大切である。さらに，共に協力して目標を目指すということにおいては，幼児期の教育から見られるものであり，小学部又は小学校教育へとつながっていくものであることから，幼稚部における生活の中で協同して遊ぶ経験を重ねることも大切である。

　一方，小学部又は小学校においても，幼稚部から小学部又は小学校への移行を円滑にすることが求められる。低学年は，幼児期の教育を通じて身に付けたことを生かしながら教科等の学びにつながる時期であり，特に，入学当初においては，スタートカリキュラムを編成し，その中で，生活科を中心に合科的・関連的な指導や弾力的な時間割の設定なども行われている。

　このように，幼稚部と小学部又は小学校がそれぞれ指導方法を工夫し，幼稚部における教育と小学部又は小学校教育との円滑な接続が図られることが大切であ

第5節
教育課程の役割と編成等

る。

(2) 小学部又は小学校教育との接続

> (2) 幼稚部における教育において育まれた資質・能力を踏まえ，小学部における教育又は小学校教育が円滑に行われるよう，小学部又は小学校の教師との意見交換や合同の研究の機会などを設け，「幼児期の終わりまでに育ってほしい姿」を共有するなど連携を図り，幼稚部における教育と小学部における教育又は小学校教育との円滑な接続を図るよう努めるものとする。

　幼稚部では計画的に環境を構成し，遊びを中心とした生活を通して体験を重ね，一人一人に応じた総合的な指導を行っている。一方，小学部又は小学校では，時間割に基づき，各教科の内容を教科書などの教材を用いて学習している。このように，幼稚部と小学部又は小学校では，子供の生活や教育方法が異なる。このような生活の変化に子供が対応できるようになっていくことも学びの一つとして捉え，教師は適切な指導を行うことが必要である。

　小学部又は小学校においては，幼児期の終わりまでに育ってほしい姿を踏まえた指導を工夫することにより，幼児期の教育を通して育まれた資質・能力を踏まえて教育活動を実施し，児童が主体的に自己を発揮しながら学びに向かうことが可能となるようにすることとされている。

　子供の障害の状態や特性及び発達の程度等を踏まえて学びの連続性を確保するためには，「幼児期の終わりまでに育ってほしい姿」を手掛かりに，幼稚部と小学部又は小学校の教師が共に幼児の成長を共有することを通して，幼児期から児童期への発達の流れを理解することが大切である。また，障害のある幼児一人一人に必要とされる教育的ニーズを的確に把握し，長期的な視点で幼児期から小学部又は小学校卒業までを通じて，一貫した適切な指導及び必要な支援を心がける必要がある。すなわち，子供の発達を長期的な視点で捉え，幼児一人一人の障害の状態や特性及び発達の程度等との関係において，互いの教育内容や指導方法の違いや共通点について理解を深めることが大切である。

　また，幼稚部における教育と小学部又は小学校教育の円滑な接続を図るため，小学部又は小学校の教師との意見交換や合同の研究会や研修会，保育参観や授業参観などを通じて連携を図るようにすることが大切である。その際，「幼児期の終わりまでに育ってほしい姿」を共有して意見交換を行ったり，事例を持ち寄って話し合ったりすることなどが考えられる。

　このように具体的に見られる「幼児期の終わりまでに育ってほしい姿」を生か

して，幼稚部の教師から小学部又は小学校の教師に幼児の成長や教師の働き掛けの意図を伝えることが，円滑な接続を図る上で大切である。

さらに，円滑な接続のためには，幼児と児童の交流の機会を設け，連携を図ることが大切である。特に５歳児が小学部又は小学校就学に向けて自信や期待を高めて，極端な不安を感じないよう，就学前の幼児が小学部又は小学校の活動に参加するなどの交流活動も意義のある活動である。（本解説第２編の第２章第８節の幼稚部の学校運営上の留意事項　４学校相互間の連携や交流を参照）

なお，近年，幼稚部と小学部及び小学校の連携のみならず，認定こども園や保育所も加えた連携が求められている。幼稚園・認定こども園・保育所・小学校との合同研修，幼稚園教師・保育士・保育教諭・小学校教師との交流，幼稚園・認定こども園・保育所の園児と小学部又は小学校の児童との交流などを進め，幼児期の教育の成果が小学部又は小学校につながるようにすることも大切である。

● 6　全体的な計画の作成（第１章の第４の６）

> 6　全体的な計画の作成
> 　各学校においては，教育課程と，学校保健計画，学校安全計画などとを関連させ，一体的に教育活動が展開されるよう全体的な計画を作成するものとする。

幼稚部は，学校教育としての本来的な使命を果たしていく中で，同時に多様な機能を果たすことが期待されている。このため，幼稚部の教育活動の質を向上させるためには，教育課程を中心にして，教育課程に基づく指導計画，第１章第８に示す教育課程に係る教育時間の終了後等に行う教育活動の計画，保健管理に必要な学校保健計画，安全管理に必要な学校安全計画等の計画を作成するとともに，それらの計画が関連をもちながら，一体的に教育活動が展開できるようにするため，全体的な計画を作成することが必要である。教育課程を中心にして全体的な計画を作成することを通して，各計画の位置付けや範囲，各計画間の有機的なつながりを明確化することができ，一体的な学校運営につながる。

例えば，教育課程に係る教育時間の終了後等に行う教育活動の計画の作成に当たっては，幼児の心身の負担に配慮したり，家庭との緊密な連携を図ることに留意したりし，適切な責任体制と指導体制を整備した上で，幼児期にふさわしい無理のないものとなるようにする必要がある。このため，その計画の作成では，教育課程で示す目指す幼児像や目標を共有しながらも，具体的な展開では，教育課程に係る教育時間の終了後等に行う教育活動の趣旨に沿った配慮をする必要がある。学校運営においては，教育課程に基づく活動を中心にしながら，それらとの

関連を図りつつ，幼稚部の登校時刻から下校時刻までを視野に入れた1日の幼稚部における生活を見通すことが必要となる。

したがって，学校安全計画を立てる際にも，こうした1日の幼稚部における生活を視野に入れた計画が必要となる。例えば，幼稚部における安全教育として実施される避難訓練は，教育課程に係る教育時間にも，教育課程に係る教育時間の終了後にも実施する必要がある。一人の幼児が，その両方に戸惑いなく参加できるようにすることが大切なので，当然のことながら，その指示や方法，配慮事項等の進め方は，共通にしておくことが必要となる。

教育課程を中心に，全体的な計画を作成することで，学校運営の中での各計画の位置付けや範囲，配慮事項等が明確化され，より一体的な実施が期待できる。

全体的な計画の作成に当たっては，校長のリーダーシップの下で，学校全体の教職員が，各学校の教育課程の基本的な理念や目指す幼児像，幼稚部修了までに育てたいこと等について十分に話し合い，共有していく必要がある。実際には，教育課程を中心に据えながら，各計画と教育課程との関連を確認しながら作成することになる。

その際，全体的な計画から具体化するというよりは，必要な計画をそれぞれの目的に応じて作成し，全体的な計画の中に置き，その上で，教育課程との関連，他の計画との関連などの観点から調整していくことになるだろう。最終的には，教育活動の全体図を描きながら，それぞれの計画を完成させていくことになるだろう。

「教育課程を中心に」ということは，各計画を作成する際には，教育課程に示す教育理念や目指す幼児像，幼児の障害の状態や特性及び発達の程度等を踏まえた発達の過程，指導内容を念頭に置きながら，全体としてまとまりのあるもの作成していくことである。そのことが，一貫性のある安定した幼稚部における生活をつくり出すことにつながる。

また，教育活動の質の向上のためには，教育課程の実施状況の評価・改善を通して，全体的な計画そのものも見直していく必要がある。
(本解説第2編の第2章第9節教育課程に係る教育時間の終了後等に行う教育活動参照)

第6節　指導計画の作成と幼児理解に基づいた評価（第1章の第5の1）

● 1　指導計画の考え方

> 第5　指導計画の作成と幼児理解に基づいた評価
> 1　指導計画の考え方
> 　　幼稚部における教育は，幼児が自ら意欲をもって環境と関わることによりつくり出される具体的な活動を通して，その目標の達成を図るものである。
> 　　学校においてはこのことを踏まえ，幼児期にふさわしい生活が展開され，適切な指導が行われるよう，それぞれの学校の教育課程に基づき，調和のとれた組織的，発展的な指導計画を作成し，幼児の活動に沿った柔軟な指導を行わなければならない。
> 　　その際，幼児の障害の状態や特性及び発達の程度等に応じた効果的な指導を行うため，一人一人の幼児の実態を的確に把握し，個別の指導計画を作成するとともに，個別の指導計画に基づいて行われた活動の状況や結果を適切に評価し，指導の改善に努めること。

(1) 幼児の主体性と指導の計画性

　幼稚部における教育においては，幼児期の発達の特性から，幼児が自ら周囲の環境と関わり，活動を展開する充実感を十分に味わいながら，発達に必要な体験を重ねていくようにすることが大切である。また，一人一人の幼児が教師や他の幼児との集団生活の中で，周囲の様々な環境に関わり，主体性を発揮して営む生活は，生きる力の基礎を培う上で極めて重要な意義をもっている。

　しかし，周囲の環境が発達に応じたものでなかったり，活動に対して適切な指導が行われなかったりすれば，幼児の興味や関心が引き起こされず，活動を通しての経験も発達を促すものとはならない。すなわち，幼児が主体的に環境と関わることを通して，自らの発達に必要な経験を積み重ねるためには，幼稚部における生活が計画性をもったものでなければならない。

　言い換えれば，幼稚部における生活を通して，個々の幼児が幼稚部における教育の目標を達成していくためには，まず，教師が，あらかじめ幼児の発達に必要な経験を見通し，各時期の発達の特性並びに障害の状態や特性及び発達の程度等を踏まえつつ，教育課程に沿った指導計画を立てて継続的な指導を行うことが必要である。さらに，具体的な指導においては，あらかじめ立てた計画を念頭に置きながらそれぞれの実情に応じた柔軟な指導をすることが求められる。

このようなことを踏まえ，計画的に指導を行うためには，次の二点が重要である。一つは，発達の見通しや活動の予想に基づいて環境を構成することであり，もう一つは，幼児一人一人の発達を見通して援助することである。この二点を重視することによって，計画性のある指導が行われ，一人一人の発達が促されていく。

　このような指導を展開するに当たっては，校庭の自然環境，テーブルや整理棚など生活に必要なものや遊具，幼稚部全体の教職員の協力関係など，学校全体の物的・人的環境が幼児期の障害の状態や特性及び発達の程度等や発達を踏まえて教育環境として十分に配慮されていることが大切である。

(2) 教育課程と指導計画

　幼稚部において実際に指導を行うためには，それぞれの学校の教育課程に基づいて幼児の障害の状態や特性及び発達の程度等に照らし合わせながら，一人一人の幼児が生活を通して必要な経験が得られるような，具体的な指導計画を作成する必要がある。

　教育課程は，幼稚部における教育期間の全体を見通したものであり，幼稚部における教育目標に向かい入学から修了までの期間において，どのような筋道をたどっていくかを明らかにした計画である。その実施に当たっては幼児の生活する姿を考慮して，障害の状態や特性及び発達の程度等を踏まえたそれぞれの発達の時期にふさわしい生活が展開されるように，具体的な指導計画を作成して適切な指導が行われるようにする必要がある。

　また，教育課程は幼稚部における教育期間の全体を見通し，どの時期にどのようなねらいをもってどのような指導を行ったらよいかが全体として明らかになるように，具体的なねらいと内容を組織したものとすることが大切である。

　指導計画では，この教育課程に基づいて，更に具体的なねらいや内容，環境の構成，教師の援助などといった指導の内容や方法を明らかにする必要がある。指導計画は，教育課程を具体化したものであり，具体化する際には，一般に長期的な見通しをもった年，学期，月あるいは発達の時期などの長期の指導計画（年間指導計画等）とそれと関連してより具体的な幼児の生活に即して作成する週の指導計画（週案）や日の指導計画（日案）等の短期の指導計画の両方を考えることになる。

　その際，「幼児期の終わりまでに育ってほしい姿」を念頭に置きながら，発達の各時期にふさわしい生活が展開されるように，指導計画を作成することが大切である。また，指導計画は一つの仮説であって，実際に展開される生活に応じて常に改善されるものであるから，そのような実践の積み重ねの中で，教育課程も改善されていく必要がある。

(3) 指導計画と具体的な指導

　指導計画は，一人一人の幼児が障害の状態や特性及び発達の程度等に応じて，幼児期にふさわしい生活を展開して必要な経験を得ていくように，あらかじめ考えた仮説であることに留意して指導を行うことが大切である。幼稚部における教育の基本は環境を通して行うものであり，環境に幼児が関わって生まれる活動は一様ではない。ときには，教師の予想とは異なった展開も見られる。実際に指導を行う場合には，幼児の発想や活動の展開の仕方を大切にしながら，あらかじめ設定したねらいや内容を修正したり，それに向けて環境を再構成したり，必要な援助をしたりするなど，教師が適切に指導していく必要がある。

　このように，具体的な指導は指導計画によって方向性を明確にもちながらも，幼児の生活に応じて柔軟に行うものであり，指導計画は幼児の生活に応じて常に変えていくものである。

　また，指導計画を作成する際には，一般に一人一人の障害の状態や特性及び発達の程度等を踏まえながらも，その共通する部分や全体的な発達の様相を手掛かりにして作成されることが多い。しかし，具体的な指導においては，一人一人の幼児が発達に必要な経験を得られるようにするために，個々の幼児の障害の状態や特性及び発達の程度等や内面の動きなどを的確に把握して，それぞれの幼児の興味や欲求を十分満足させるようにしなければならない。

(4) 個別の指導計画に基づいて行われた活動の状況や結果を適切に評価し，指導の改善に努めること

　障害のある幼児一人一人に個別の指導計画を作成し，それに基づいて幼児に何が身に付いたかという指導の成果を的確に捉え，第1章総則第5の4に示すとおり，個別の指導計画の評価と改善を，教育課程の評価と改善につなげていくよう工夫することが大切である。

　幼稚部に在学する幼児の障害の状態は多様化しており，一人一人の幼児に応じた適切な指導が求められていることから，平成11年の改訂において，自立活動や障害を併せ有する幼児の指導に際して，個別の指導計画を作成することとした。

　自立活動の指導は，一人一人の幼児の障害の状態等に応じて，障害による学習上又は生活上の困難を改善・克服するために必要な態度や習慣等の育成を目指して，個別に行うことが多い。また，障害を併せ有する幼児の実態は極めて多様であるため，その指導に当たっては，一人一人の障害の状態等に応じて，活動を創意工夫することが重要である。したがって，従前から，これらの指導に当たっては，個別の指導計画を作成し，実態把握や指導内容・方法の工夫，評価に生かしてきた。

また，幼稚部においては，一人一人の幼児の障害の状態や発達の程度等に応じて，必要に応じて自立活動に重点を置いた指導が行われるが，総合的な指導の中で，自立活動に配慮して，個別に必要な指導を行う場合もある。

　そこで，例えば，学級ごとなどの集団で行う遊びなどの指導計画に，個々の幼児の実態に応じて，一人一人の指導のねらいや，環境設定上又は指導上の配慮などを個別に付記するなどして個別の指導計画を作成し，それに基づく効果的な指導が行われるようにするため，この項目を設けたところである。

　個別の指導計画は，各教職員の共通の理解の下に，一人一人に応じた指導を一層進めるためのものであり，幼児の実態や活動の内容等を踏まえて，様式や内容等を工夫して作成することが大切である。

　個別の指導計画は，幼児の実態を把握した上で作成されたものであるが，幼児にとって適切な計画であるかどうかは，実際の指導を通して明らかになるものである。したがって，計画（Plan）－実践（Do）－評価（Check）－改善（Action）のサイクルにおいて，適宜評価を行い，指導内容や方法を改善し，より効果的な指導を行わなければならない。

　なお，自立活動の指導における個別の指導計画の作成については，特別支援学校学習指導要領解説　自立活動編において，詳述しているので参照されたい。

　個別の指導計画と関連するものに，個別の教育支援計画がある。個別の教育支援計画に関しては，第１章総則第６の３を参照されたい。

2　指導計画の作成上の基本的事項（第１章の第５の２）

(1) 発達の理解

> 2　指導計画の作成上の基本的事項
> (1)　指導計画は，幼児の発達に即して一人一人の幼児が幼児期にふさわしい生活を展開し，必要な体験を得られるようにするために，具体的に作成するものとする。

　指導計画の作成では，一人一人の幼児の障害の状態や特性及び発達の程度等を捉え，それに沿って幼稚部における生活を見通すことが基本となる。

　幼児の障害の状態を捉えるためには，障害の種類や程度，発生時期，進行の状況，あるいは併せ有する障害の有無や程度，日常生活や遊び等における様々な困難，これまでの生活経験など，多様な側面から理解する必要がある。特に，幼稚部における教育を通して改善・克服することが期待されるのは，日常生活や遊び等における様々な困難が中心となるので，この点についての理解が最も大切であ

る。

　これらの実態を把握するためには，専門家や専門機関との連携を図ったり，諸検査や行動観察等を行ったりするとともに，家庭での養育にかかわる状況についての情報も可能な限り得るようにすることが重要である。

　また，障害の状態は，発達の諸側面に大きな影響を及ぼすことが多い。したがって，幼児の障害の状態と発達の程度との関連についても考慮する必要がある。

　一般に，発達を理解するということは，年齢ごとの平均的な発達像と比較してその差異を理解することのように受け止められることがあるが，必ずしもそれだけではない。発達に関する平均や類型は，一人一人の発達を理解する際の参考となるが，障害のある幼児一人一人に当てはまるものとは限らないので，この点に留意する必要がある。

第6節
指導計画の作成と幼児理解に基づいた評価

　幼児の発達は，環境との相互関連で促されていくものであるが，一人一人の幼児の障害の状態や幼稚部の実態，教師のかかわり方，家庭での生活などによって，その発達する姿は異なったものとなる。したがって，それぞれの幼稚部においては，実際に教師が幼児と生活を共にしながら，それぞれの幼児がどのようなことに興味や関心をもってきたか，興味や関心をもったものに向かって自分のもてる力をどのように発揮してきたか，友達との関係はどのように変化してきたかなど，一人一人の発達の実情を理解することが大切である。

　また，指導計画の作成においては，学級や学年の幼児たちがどのような時期にどのような道筋で発達しているかという発達の過程を理解することも必要になる。その際，幼児期はこれまでの生活経験により，発達の過程の違いが大きい時期であることに留意しなければならない。特に，3歳児では個人差が大きいので，一人一人の発達の特性としてこのような違いを踏まえて，指導計画に位置付けていくことが必要である。

　幼児が環境との関わりを通して望ましい発達を遂げるためには，その環境の下で展開される生活が，障害の状態や特性及び発達の程度等や幼児期の特性に照らし，ふさわしいものでなければならない。なぜならば，幼児の発達は，日々の生活での具体的な事物や人々との関わりを通して促されるものだからである。そのためには，遊びや生活を通して一人一人の幼児の発達する姿を理解することが重要であり，それに基づいて幼稚部における生活を見通した具体的な計画を作成することが必要である。

(2) 具体的なねらいや内容の設定

> (2) 指導計画の作成に当たっては，次に示すところにより，具体的なねらい及び内容を明確に設定し，適切な環境を構成することなどにより活動が選択・展開されるようにするものとする。
> ア 具体的なねらい及び内容は，幼稚部における生活において，幼児の発達の過程を見通し，幼児の生活の連続性，季節の変化などを考慮して，幼児の障害の状態や特性及び発達の程度等や，経験の程度，興味や関心などに応じて設定すること。

各学校の幼稚部においては，教育課程を実施するために，幼児の生活に即して具体的に指導計画を作成することが必要である。教育課程で設定しているそれぞれの発達の時期のねらいや内容は，幼稚部における生活の全体を見通して考えたものである。このようなねらいや内容が，幼稚部における生活を通してどう実際に具現化していくかについては，指導計画を作成することによって具体的に考えていかなければならない。

具体的なねらいや内容を設定する際には，その幼稚部における幼児たちの発達の過程を参考にして，その時期の幼児の発達する姿に見通しをもつことやその前の時期の指導計画のねらいや内容がどのように達成されつつあるかその実態を捉えること，さらに，その次の時期の幼稚部における生活の流れや遊びの展開を見通すことなどが大切である。

このような生活の実態を理解する視点としては，幼児の障害の状態や特性及び発達の程度等，興味や関心，遊びや生活への取り組み方の変化，教師や友達との人間関係の変化，さらには，自然や季節の変化など，様々なものが考えられる。

また，このような生活の実態を理解するだけでなく，生活が無理なく継続して展開されていくように，その連続性を重視することが大切である。この連続性については，日々の保育の連続性とともに，幼稚部における生活で経験したことが家庭や地域の生活でも生かされたり，逆に，家庭や地域の生活で経験したことが幼稚部における生活でも実現したりできるなど，幼児の生活全体として連続性をもって展開されるようにすることが大切である。

具体的なねらいや内容の設定に当たっては，教師は幼児と共に生活しながら，その時期に幼児のどのような育ちを期待しているか，そのためにどのような経験をする必要があるかなどを幼児の生活する姿に即して具体的に理解することが大切である。

(3) 環境の構成

> イ　環境は，具体的なねらいを達成するために適切なものとなるように構成し，幼児が自らその環境に関わることにより様々な活動を展開しつつ必要な体験を得られるようにすること。その際，幼児の生活する姿や発想を大切にし，常にその環境が適切なものとなるようにすること。

指導計画を作成し，具体的なねらいや内容として取り上げられた事柄を幼児が実際の保育の中で経験することができるように，適切な環境をつくり出していくことが重要である。

環境を構成する意味や視点については，第2章において詳しく述べている。指導計画の作成において環境の構成を考える際には，場や空間，物や人，身の回りに起こる事象，時間などを関連付けて，また，障害の状態や特性及び発達の程度等を十分考慮して，幼児が具体的なねらいを身に付けるために必要な経験を得られるような状況をどのようにつくり出していくかを考えることが中心となる。その際，幼児の生活する姿に即してその生活が充実したものとなるように考えることが大切である。具体的には，指導計画においては，幼児が主体的に活動できる場や空間，適切な物や友達との出会い，さらに，幼児が十分に活動できる時間やその流れなどを，障害の状態や特性及び発達の程度等に応じて考えることが必要となるが，その際，いつも教師が環境をつくり出すのではなく，幼児もその中にあって必要な状況を生み出すことを踏まえることが大切である。すなわち，幼児の気付きや発想を大切にして教材の工夫を図ったり，また，幼児のつくり出した場や物の見立て，工夫などを取り上げたりして環境を再構成し，それらをどのように生活の中に組み込んでいくかを考えることが重要となる。

また，環境の構成では，教師の果たす役割が大きな意味をもつものであることを考慮して，計画の中に位置付けていくことが大切である。同じ環境であっても，環境に関わって生み出す活動は一人一人異なるので，幼児の環境との出会いや活動の展開を予想しながら必要な援助を考えていくことが大切である。

(4) 活動の展開と教師の援助

> ウ　幼児の行う具体的な活動は，生活の流れの中で様々に変化するものであることに留意し，幼児が望ましい方向に向かって自ら活動を展開していくことができるよう必要な援助をすること。

幼児は，具体的なねらいや内容に基づいて構成された環境に関わって，興味や

関心を抱きながら様々な活動を生み出していく。しかし，このようにして生み出した活動が全て充実して展開されるとは限らない。ときにはやりたいことが十分できなかったり，途中で挫折してしまったり，友達との葛藤などにより中断してしまったりすることもある。このような場合に，その状況を放置することで，幼児が自信を失ったり，自己実現を諦めたりすることがないように，その活動のどのような点で行き詰まっているのかを理解し，教師が必要な援助をすることが重要である。

幼児の発想や環境の変化，あるいは他の幼児が関わることによって，予想をこえた展開になる場合もある。このような場合には，その活動の展開の面白さを大切にしつつ，そこで幼児がどのような体験を積み重ねているのかを読み取りながら必要な援助をしなければならない。

幼児の活動を理解するということは，活動が適当か，教師の期待した方向に向かっているかを捉えるということだけではない。むしろその活動を通して，そこに関わる幼児一人一人がどのような体験を積み重ねているのか，その体験がそれぞれの幼児にとって充実していて発達を促すことにつながっているのか，障害による学習上又は生活上の困難の改善・克服につながっているのかなどを把握することが重要である。教師はそれに基づいて必要な援助を重ねることが求められる。その際，幼児の活動の展開に応じて柔軟に考えていくことが大切であり，教師には状況に応じた多様な関わりが求められるのである。

(5) 評価を生かした指導計画の改善

> その際，幼児の実態及び幼児を取り巻く状況の変化などに即して指導の過程についての評価を適切に行い，常に指導計画の改善を図るものとする。

幼稚部における指導は，幼児理解に基づく指導計画の作成，環境の構成と活動の展開，幼児の活動に沿った必要な援助，評価に基づいた新たな指導計画の作成といった循環の中で行われるものである。

指導計画は，このような循環の中に位置し，常に指導の過程について実践を通して評価を行い，改善が図られなければならない。指導計画を改善する際は，教育課程との関係に留意し，必要に応じて教育課程の改善にもつなげていくことが大切である。

保育における評価は，このような指導の過程の全体に対して行われるものである。この場合の評価は幼児の発達の理解と教師の指導の改善という両面から行うことが大切である。幼児理解に関しては，幼児の生活の実態や発達の理解が適切であったか，幼児の障害の状態や特性及び発達の程度等の理解が適切であったか

どうかなどを重視することが大切である。指導に関しては，指導計画で設定した具体的なねらいや内容が適切であったかどうか，環境の構成が適切であったかどうか，幼児の活動に沿って必要な援助が行われたかどうかなどを重視しなければならない。さらに，これらの評価を生かして指導計画を改善していくことは，充実した生活をつくり出す上で重要である。

このような評価を自分一人だけで行うことが難しい場合も少なくない。そのような場合には，他の教師などに保育や記録を見てもらい，それに基づいて話し合うことによって，自分一人では気付かなかった幼児の姿や自分の保育の課題などを振り返り，多角的に評価していくことも必要である。

このようにして，教師一人一人の幼児に対する理解や指導についての考え方を深めることが大切であり，そのためには，互いの指導事例を持ち寄り，話し合うなどの校内研修の充実を図ることが必要である。

3　指導計画の作成上の留意事項（第1章の第5の3）

(1) 長期の指導計画と短期の指導計画

> 3　指導計画の作成上の留意事項
>   指導計画の作成に当たっては，次の事項に留意するものとする。
> (1) 長期的に発達を見通した年，学期，月などにわたる長期の指導計画やこれとの関連を保ちながらより具体的な幼児の生活に即した週，日などの短期の指導計画を作成し，適切な指導が行われるようにすること。特に，週，日などの短期の指導計画については，幼児の生活のリズムに配慮し，幼児の意識や興味の連続性のある活動が相互に関連して幼稚部における生活の自然な流れの中に組み込まれるようにすること。

指導計画には，年，学期，月あるいは発達の時期を単位とした長期の指導計画（年間指導計画等）と，週あるいは1日を単位とした短期の指導計画（週案，日案等）とがある。

長期の指導計画は，各学校の教育課程に沿って幼児の生活を長期的に見通しながら，具体的な指導の内容や方法を大筋で捉えたものである。長期の指導計画は，これまでの実践の評価や累積された記録などを生かして，それぞれの時期にふさわしい生活が展開されるように作成することが大切である。その際，季節などの周囲の環境の変化や行事なども，幼児の障害の状態や特性及び発達の程度等や生活を十分に考慮して位置付けることが必要である。

短期の指導計画は，長期の指導計画を基にして，具体的な幼児の生活する姿か

ら一人一人の幼児の興味や関心，障害の状態や特性及び発達の程度等を捉え，ねらいや内容，環境の構成，援助などについて実際の幼児の姿に直結して具体的に作成するものである。実際には，幼児の生活の自然な流れや生活のリズム，環境の構成をはじめとする教師の援助の具体的なイメージ，生活の流れに応じた柔軟な対応などを計画することとなる。

その際，特に幼児の生活のリズムについては，1日の生活の中にも，ゆったりとした時間を過ごしたり，心身が活動的で充実感が得られる時間を過ごしたりして，めりはりのある生活を営むことができるようにすることが大切である。また，幼児が環境に関わって展開する活動は，一つ一つが単独で存在するのではなく，互いに関連し合って生活の充実感を得られるものである。幼児の興味や欲求，障害の状態や特性及び発達の程度等に応じて，活動と休息，日常性と変化，個人とグループや学級全体などについて生活の自然な流れの中で考えていく必要がある。

このようなことから，長期の指導計画は，学校生活の全体を視野に入れて，学年や学級の間の連携を十分図りながら作成する必要があり，全教職員の協力の下に作成するのが一般的である。これに対して，短期の指導計画は，各学級の生活に応じた計画であることから，学級担任が自分の学級について原則として作成するものである。しかし，幼児の生活する姿を的確に捉えるためには，他の教師の見方を参考にすることが必要であり，教師同士で情報や意見を交換することが大切である。また，指導計画の作成の手順や形式には一定のものはないので，指導計画が幼児の生活に即した保育を展開するためのよりどころとなるように，各学校において作成の手順や形式を工夫することが大切である。

(2) 体験の多様性と関連性

> (2) 幼児が様々な人やものとの関わりを通して，多様な体験をし，心身の調和のとれた発達を促すようにしていくこと。その際，幼児の発達に即して主体的・対話的で深い学びが実現するようにするとともに，心を動かされる体験が次の活動を生み出すことを考慮し，一つ一つの体験が相互に結び付き，幼稚部における生活が充実するようにすること。

幼児が心身ともに調和のとれた発達をするためには，幼稚部における生活を通して，発達の様々な側面に関わる多様な体験を重ねることが必要である。体験は人が周囲の環境と関わることを通してなされるものであることから，幼児が関わる環境が豊かである必要がある。すなわち，様々な人との関わり，自然との関わり，ものとの関わり，生き物との関わりなど，様々な環境と関わることができるように，環境を構成する必要がある。

遊びや生活の中でこのような様々な環境と関わり，豊かな体験を通して「知識及び技能の基礎」，「思考力，判断力，表現力等の基礎」，「学びに向かう力，人間性等」の資質・能力が育まれていくのである。そのためには，単に教師が望ましいと思う活動を一方的にさせたり，幼児に様々な活動を提供したりすればよいということではない。幼児が自分で考え，判断し，納得し，行動することを通して生きる力の基礎を身に付けていくためには，むしろ幼児の活動は精選されなければならない。その際特に重要なことは，体験の質である。あることを体験することにより，それが幼児自身の内面の成長につながっていくことこそが大切なのである。

第6節 指導計画の作成と幼児理解に基づいた評価

このような体験を重ねるためには，幼児が周囲の環境にどのように関わるかが重要であり，幼児の主体的・対話的で深い学びが実現するように，教師は絶えず指導の改善を図っていく必要がある。その際，発達の時期や一人一人の障害の状態や特性及び発達の程度等に応じて，柔軟に対応するとともに，集団の生活の中で，幼児たちの関わりが深まるように配慮することが大切である。

幼児は周囲の環境に興味や関心をもって関わる中で，様々な出来事と出会い，心を動かされる。心を動かされるというのは，驚いたり，不思議に思ったり，嬉しくなったり，怒ったり，悲しくなったり，楽しくなったり，面白いと思ったりなど，様々な情動や心情がわいてくることである。このような情動や心情を伴う体験は，幼児が環境に心を引き付けられ，その関わりに没頭することにより得られる。そして，そのような体験は幼児の心に染み込み，幼児を内面から変える。また，幼児を内発的に動機付ける。すなわち，その体験から幼児自身が何かを学び，そして新たな興味や関心がわいてくるのである。

このように，心を動かされる体験は幼児自身の中に定着する。そして，次の活動への動機付けにもなるし，一定期間経た後に，新たな活動の中に生きてくることもある。すなわち，一つの体験がその後の体験につながりをもつというように，体験と体験が関連してくるのである。それは，体験の深まりであり，広がりである。

一つ一つの体験は独立したものではなく，他の体験と関連性をもつことにより，体験が深まり，その結果，幼稚部における生活が充実したものとなるのである。幼児の活動が展開する過程において，幼児の体験が主体的・対話的で深い学びが実現するような関連性をもつものになっていくためには，教師は次のことを念頭に置く必要がある。

第一は，一人一人の幼児の体験を理解しようと努めることである。そもそも幼児の体験を理解しなければ，体験を次につなげることは不可能である。このとき留意しなければならないことは，体験は幼児一人一人の意識の中でつくられるということである。したがって，一見すると同じような活動であっても，必ずしも

全員が同じ体験をしているとは限らないので，教師は一人一人の体験に目を向けることが大切である。

第二は，幼児の体験を教師が共有するように努め，共感することである。心を動かされる体験が重要であるが，それがより強く次の活動への動機付けとなるためには，それを誰かと共有することが大切である。体験を共有し共感し合うことにより，新たな意欲を抱くものであり，教師が幼児の体験に共感するよう努めることが大切なのである。

第三は，ある体験からどのような興味や関心が幼児の心に生じてきたかを理解することである。そして，その興味や関心を幼児が追究できるように環境の構成に配慮し，適切な援助をすることが大切である。

第四は，ある体験から幼児が何を学んだのかを理解することである。幼児の場合，学ぶとは概念的な認識のみを意味するわけではない。言語化されていない諸感覚を通して感じ取ったことも含まれる。教師がそれらの学びを読み取り，幼児がその学びを更に深めたり，発展させたりすることができるように，環境に配慮することも大切である。

第五は，入学から修了までの幼稚部における生活のなかで，ある時期の体験が後の時期のどのような体験とつながり得るのかを考えることである。時間的な隔たりをもって幼児の体験の関連性を捉えることは，幼児の学びをより豊かに理解することになる。

以上のような事柄に留意することで，幼児の体験がつながりをもち，学びがより豊かになるように援助することができるのである。

(3) 言語活動の充実

> (3) 言語に関する能力の発達と思考力等の発達が関連していることを踏まえ，幼稚部における生活全体を通して，幼児の障害の状態や特性及び発達の程度等や，経験の程度を踏まえた言語環境を整え，言語活動の充実を図ること。

幼児は，教師や友達と一緒に行動したり，言葉を交わしたりすることを通して，次第に日常生活に必要な言葉がわかるようになっていく。

また，身近な人との関わりでは，見つめ合ったり，うなずいたり，微笑んだりなど，言葉以外のものも大切である。

幼稚部での遊びや生活の中で見たり聞いたり感じたりなどしたことを，身近な人との関わりの中で言葉や言葉以外のものによってやり取りをしたり，伝え合う喜びや楽しさを味わったりする経験を積み重ねながら，徐々に言語に関する能力

が高まっていく。そして，幼児が考える手段としても言葉を用いるようになる姿が見受けられるなど，自分の思いや考えを言葉にしながら自分の行動を調整するようになる。

言語に関する能力が育つ過程においては，例えば，シャボン玉がうまくふくらまないときに，幼児が「あれ？きえちゃった」「ふぅってしなきゃ」と息を弱めるなど，感じたり考えたりしたことを表現するときに言葉を使う姿が見られるようになる。

さらに，自分の分からないことや知りたいことなどを，相手に分かる言葉で表現し，伝えることの必要性を理解し，伝える相手や状況に応じて，言葉の使い方や表現の仕方を変えるようになる。

幼稚部においては，言語に関する能力の発達が思考力等の発達と相互に関連していることを踏まえ，幼稚部における生活全体を通して，遊びや生活の様々な場面で言語に触れ，言語を獲得していけるような豊かな言語環境を整えるとともに，獲得した言葉を幼児自らが用いて，友達と一緒に工夫したり意見を出し合ったりして考えを深めていくような言語活動の充実を図ることが大切である。

日々の幼稚部における生活において，教師が幼児一人一人にとって豊かな言語環境となることを教師自身が自覚する必要がある。特に，教師は幼児の身近なモデルとして大きな役割を果たしており，教師の日々の言葉や行動する姿などが幼児の言動に大きく影響することを認識しておくことが大切である。

幼稚部における生活を通して，より豊かな言語環境を創造していくためには，まず，幼児が自分なりの言葉や言葉以外のもので表現したとき，それらを教師自身が受け止め，言葉にして応答していくことで，幼児が伝え合う喜びや楽しさ，表現する面白さを感じていくことが大切である。その際には，教師は正しく分かりやすい言葉で話したり，美しい言葉を用いて優しく語り掛けたり，丁寧な文字を書いて見せたりして，幼児一人一人に教師の言葉が沁みていくような関わり方を工夫する必要がある。

また，遊びの中で，歌や手遊び，絵本や紙芝居の読み聞かせ，しりとりや同じ音から始まる言葉を集める言葉集め，カルタ作りなどといった活動を意図的に取り入れ，幼児が言語に親しむ環境を工夫し，言語活動を充実させていくことが大切である。

幼児が言葉を獲得していくにつれて芽生える，幼児の話したい，表現したい，伝えたいなどの様々な気持ちを受け止めつつ，生活の中で必要な言語を使う場面を意図的につくり，言語活動を充実することも重要である。例えば，異年齢の幼児同士が関わるときに同年齢とは違う言い方で分かるように伝えようとしたり，誕生会を進めていく際にふさわしい言葉を考えて使ったりすることなどは，獲得した言葉を様々な状況に合わせて使いこなすよい機会になる。

(4) 見通しや振り返りの工夫

> （4） 幼児が次の活動への期待や意欲をもつことができるよう，幼児の障害の状態や特性及び発達の程度等を踏まえながら，教師や他の幼児と共に遊びや生活の中で見通しをもったり，振り返ったりするよう工夫すること。

　幼児は，幼稚部における生活で十分に遊び，その中で楽しかったことや嬉しかったこと，悔しかったことなどを振り返り，教師や他の幼児とその気持ちを共有するなどの体験を重ね，次の活動への期待や意欲をもつようになっていく。また，一緒に活動を楽しみながら，その活動の流れや必要なものなどが分かり，見通しをもつようになることで，もう一度やりたいと思ったり，自分たちで準備をして始めたりするようにもなる。

　こうした，教師や他の幼児と共に活動の見通しをもったり，振り返ったりすることは，遊びが展開する過程や，片付けや帰りの会などの1日の幼稚部における生活の中で活動が一段落する場面などの様々な機会にある。

　遊びが展開する過程では，幼児は，興味や関心をもって繰り返し遊ぶ中で，周囲の環境と主体的に関わり，ものや人との関わりを深める中で遊びの目的を見いだし，その目的に向かって，何が必要か，どのようにすればうまくいくかなど，自分なりの見通しをもち，試したり，試したことを振り返ったりするなど，試行錯誤しながら取り組むようになっていく。

　教師は，幼児の障害の状態や特性及び発達の程度等を踏まえ，幼児が実現したいと思っていることを支えて，次第に目的をもった取組につなげていくことが大切である。幼児なりに見通しを立てて，期待や意欲をもちながら主体的に活動することは，いずれ課題をもって物事に取り組む姿へとつながっていく。

　1日の幼稚部における生活の区切りとなる場面，例えば，片付けのときに，お店屋さんごっこをしていた幼児が，店の品物を分類して片付けている。教師が「こんなふうに並べておくと明日も続きができるね」などと言葉を掛けることにより，幼児は明日の活動への期待や意欲をもつようになるであろう。その雰囲気は，一緒に遊んでいた幼児たちにも伝わっていく。こうした，活動にひと区切りをつける場面は，幼児自身が次の活動への期待や意欲をもつことにつながる場面でもあるので，教師の関わり方を工夫していく必要がある。

　また，多くの幼稚部では，活動の区切りや1日の生活の終わりに皆で集まる場面があるであろう。担任の教師の回りに集まって，皆で歌を歌ったり，絵本や紙芝居を見たりして楽しく過ごす一時は，担任の教師とのつながりを深め，担任の教師を通して学級の他の幼児とのつながりもできていく。同時に，幼児の実態に沿って，幼稚部における生活の話題を取り上げることで，教師や他の幼児と共に

遊びや生活の中で見通しをもったり振り返ったりする機会となる。

　特に，人間関係が深まり，友達と共通の目的をもって遊ぶようになる時期には，遊びや生活の中で，楽しかったことやうまくできたこと，困ったこと等の情報の交換や話し合いは，次の日の活動への期待や意欲に直接につながる。友達と共通の目的をもって継続した遊びを展開する協同的な活動では，こうした活動を振り返る話し合いやそれぞれの取組の情報を交換する場の確保は不可欠である。

　ただし，学級全体の話し合いについては，型どおりに行われるのではなく幼児の必要感を伴ったものであることが大切である。また，話し合いへの参加には，障害の状態や特性及び発達の程度等の個人差が大きいことにも留意する必要がある。幼児期の終わりの時期であっても，必ずしも一様にできるわけではない。話し合いに参加し，自分の思いや考えを話しながら，教師や他の幼児と共に遊びや生活の中で見通しをもったり，振り返ったりする幼児がいる一方で，学級全体で話題にしていることにあまり関心を示さない幼児もいる。教師は，話し合いの中心にいて，幼児一人一人の言葉に耳を傾けながら，幼児が言い尽くせないでいる，あるいは他の幼児に伝えきれていない言葉を補いながら，学級全体で楽しく話し合う雰囲気をつくり，幼児一人一人が次の日の活動への期待や意欲をもてるように援助することが大切である。

　また，教師は，幼児が入学当初は主に教師とのやり取りの中で楽しかったことを心に留めることから，次第に教師や友達と一緒に，様々な活動を楽しんだりそのことを振り返ったりして共有するようになるといった発達の過程を踏まえて，幼稚部における生活の中で見通しをもったり振り返ったりする機会を捉え，幼児の障害の状態や特性及び発達の程度等の実態に即して，体験を積み重ねていけるように工夫していくことが求められる。その際，幼児の気持ちを受け止め，幼児の視点から次の活動につないでいくことが大切である。

(5) 行事の指導

> (5) 行事の指導に当たっては，幼稚部における生活の自然の流れの中で生活に変化や潤いを与え，幼児が主体的に楽しく活動できるようにすること。なお，それぞれの行事についてはその教育的価値を十分検討し，適切なものを精選し，幼児の負担にならないようにすること。

　行事は，幼児の自然な生活の流れに変化や潤いを与えるものであり，幼児は，行事に参加し，それを楽しみ，いつもの幼稚部における生活とは異なる体験をすることができる。

　また，幼児は，行事に至るまでに様々な体験をするが，その体験が幼児の活動

意欲を高めたり，幼児同士の交流を広げたり，深めたりするとともに，幼児が自分や友達が思わぬ力を発揮することに気付いたり，遊びや生活に新たな展開が生まれたりする。

なお，障害のある幼児にとっては，行事が障害によって生ずる経験の不足を補うことにもつながるので，行事の意義は極めて大きいと言える。

それゆえ行事を選択するに当たっては，その行事が幼児にとってどのような意味をもつのかを考えながら，それぞれの教育的価値を十分に検討し，長期の指導計画を念頭に置いて，幼児の生活に即して必要な体験が得られるように，また遊びや生活が更に意欲的になるよう，行事が終わった後の幼稚部における生活をも考慮することが大切である。

また，その指導に当たっては，幼児が行事に期待感をもち，主体的に取り組んで，喜びや感動，さらには，達成感を味わうことができるように配慮する必要がある。

なお，行事そのものを目的化して，幼稚部における生活に行事を過度に取り入れたり，結果やできばえに過重な期待をしたりすることは，幼児の負担になるばかりでなく，ときには幼稚部における生活の楽しさが失われることにも配慮し，幼児の障害の状態や特性及び発達の程度等や発達の過程，あるいは生活の流れから見て適切なものに精選することが大切である。また，家庭や地域社会で行われる行事があることにも留意し，地域社会や家庭との連携の下で，幼児の生活を変化と潤いのあるものとすることが大切である。（幼稚園教育要領第2章第2節各領域に示す事項 3身近な環境との関わりに関する領域「環境」［内容］の(3)を参照）

(6) 情報機器の活用

> (6) 幼児期は直接的な体験が重要であることを踏まえ，視聴覚教材やコンピュータなど情報機器を活用する際には，幼稚部における生活では得難い体験を補完するなど，幼児の体験との関連を考慮すること。

幼児期の教育においては，生活を通して幼児が周囲に存在するあらゆる環境からの刺激を受け止め，自分から興味をもって環境に関わることによって様々な活動を展開し，充実感や満足感を味わうという直接的な体験が重要である。

そのため，視聴覚教材や，テレビ，コンピュータなどの情報機器を有効に活用するには，その特性や使用方法等を考慮した上で，幼児の直接的な体験を生かすための工夫をしながら，障害の状態や特性及び発達の程度等に応じて活用していくようにすることが大切である。

幼児が一見，興味をもっている様子だからといって安易に情報機器を使用することなく，幼児の直接的な体験との関連を教師は常に念頭に置くことが重要である。その際，教師は幼児の更なる意欲的な活動の展開につながるか，幼児の障害の状態や特性及び発達の程度等に即しているかどうか，幼児にとって豊かな生活体験として位置付けられるかといった点などを考慮し，情報機器を使用する目的や必要性を自覚しながら，活用していくことが必要である。

(7) 教師の役割

> (7) 幼児の主体的な活動を促すためには，教師が多様な関わりをもつことが重要であることを踏まえ，教師は，理解者，共同作業者など様々な役割を果たし，幼児の発達に必要な豊かな体験が得られるよう，活動の場面に応じて，適切な指導を行うようにすること。

　幼児期の教育は，生涯にわたる人格形成の基礎を培うものであり，教師の担う役割は極めて重要である。教師は，幼児の障害の状態や特性及び発達の程度等を把握し，発達の過程を見通し，具体的なねらい及び内容を設定して，意図をもって環境を構成し，保育を展開しなければならない。その際，幼児の主体性を重視するあまり，「幼児をただ遊ばせている」だけでは，教育は成り立たないということに留意すべきである。教師は，主体的な活動を通して幼児一人一人が着実な発達を遂げていくために，幼児の活動の場面に応じて様々な役割を果たさなければならない。教師の主な役割としては次のようなものが挙げられる。
　まず，幼児が行っている活動の理解者としての役割である。集団における幼児の活動がどのような意味をもっているのかを捉えるには，時間の流れと空間の広がりを理解することが大切である。時間の流れとは，幼児一人一人がこれまでの遊びや生活でどのような経験をしているのか，今取り組んでいる活動はどのように展開してきたのかということである。これらを理解するには，学校生活だけではなく，家庭との連携を図り，入学までの生活経験や毎日の下校後や登校までの家庭での様子などを把握することが大切である。特に，障害のある幼児の場合は，障害があるために経験が不足することがあるので，この点に留意する必要がある。また，空間的な広がりとは，自分の学級の幼児がどこで誰と何をしているのかという集団の動きのことであり，これらを理解するには，個々の幼児の動きを総合的に重ね合わせ，それを念頭に置くことが大切である。
　また，幼児との共同作業者，幼児と共鳴する者としての役割も大切である。幼児は自分の思いを言葉で表現するだけではなく，全身で表現する。幼児に合わせて同じように動いてみたり，同じ目線に立ってものを見つめたり，共に同じもの

に向かってみたりすることによって，幼児の心の動きや行動が理解できる。このことにより，幼児の活動が活性化し，教師と一緒にできる楽しさから更に活動への集中を生むことへとつながっていく。

　さらに，憧れを形成するモデルとしての役割や遊びの援助者としての役割も大切である。教師がある活動を楽しみ，集中して取り組む姿は，幼児を引き付けるものとなる。「先生のようにやってみたい」という幼児の思いが，事物との新たな出会いを生み出したり，工夫して遊びに取り組んだりすることを促す。幼児は，教師の日々の言葉や行動する姿をモデルとして多くのことを学んでいく。善悪の判断，いたわりや思いやりなど道徳性を培う上でも，教師は一つのモデルとしての大きな役割を果たしている。このようなことから，教師は自らの言動が幼児の言動に大きく影響することを認識しておくことが大切である。是非善悪を理解させたり，生活上のきまりに気付かせたり，それを守らせたりすることについては，幼児一人一人の障害の状態や特性及び発達の程度等に応じ，体験などを通して理解させ，進んで守ろうとする気持ちをもたせることが大切である。

　さらに，幼児の遊びが深まっていかなかったり，課題を抱えたりしているときには，教師は適切な援助を行う必要がある。しかし，このような場合でも，いつどのような援助を行うかは状況に応じて判断することが重要である。教師がすぐに援助することによって幼児が自ら工夫してやろうとしたり，友達と助け合ったりする機会がなくなることもある。また，援助の仕方も，教師が全てを手伝ってしまうのか，ヒントを与えるだけでよいのか，また，いつまで援助するのかなどを考えなければならない。一人一人の障害の状態や特性及び発達の程度等に応じた援助のタイミングや援助の仕方を考えることが，自立心を養い，ひいては幼児の生きる力の基礎を育てていくことになる。

　このような役割を果たすためには，教師は幼児が精神的に安定するためのよりどころとなることが重要である。学校は，幼児にとって保護者から離れ，集団生活を営む場である。学校での生活が安定し，落ち着いた心をもつことが，主体的な活動の基盤である。この安定感をもたらす信頼のきずなは，教師が幼児と共に生活する中で，幼児の行動や心の動きを温かく受け止め，その幼児のよさを認め，理解しようとする教師の存在によって生まれる。その時々の幼児の心情，喜びや楽しさ，悲しみ，怒りなどに共感し，こたえることにより，幼児は教師を信頼し，心を開くようになる。

　実際の教師の関わりの場面では，これらの役割が相互に関連するものであり，状況に応じた柔軟な対応をすることが大切である。そのためには，教師は多角的な視点から幼児の姿を捉えることが必要である。幼児と生活を共にしながら，幼児との対話を通して一人一人の障害の状態や特性及び発達の程度等や発達の課題を把握し，目前で起こっている出来事からそのことが幼児にとってどのような意

味をもつかを捉える力を養うことが大切である。教師は幼児と関わる中で，幼児の感動や努力，工夫などを温かく受け止め，励ましたり，手助けしたり，相談相手になったりするなどして心を通わせながら，望ましい方向に向かって幼児自らが活動を選択していくことができるよう，きめ細かな対応をしていくことが大切である。

(8) 学校全体の教師による協力体制

> (8) 幼児の行う活動は，個人，グループ，学級全体などで多様に展開されるものであることを踏まえ，学校全体の教師による協力体制を作りながら，一人一人の幼児が興味や欲求を十分に満足させるよう適切な援助を行うようにすること。

　幼稚部は，同年代の幼児が共に集団生活を営む場である。特に，社会状況の変化に伴い，家庭や地域で幼児同士が遊ぶ機会が減少している今日，同年齢や異年齢の幼児同士が関わり合いながら生活することの意義は大きく，幼稚部の果たす役割は大きい。

　集団生活の中で幼児の行う活動は，個人での活動，グループでの活動，学級全体での活動など多様な形態で展開されることが必要である。特に，幼稚部における教育においては，幼児一人一人の障害の状態や特性及び発達の程度等に応じることが大切にされているが，このことは必ずしも個人の活動のみを重視しているということではない。それは，グループや学級全体などいずれの活動においても一人一人が生かされることが必要であることを意味している。そのためには，集団が一人一人の幼児にとって，安心して自己を発揮できる場になっていることが大切であり，教師と幼児，さらに，幼児同士の心のつながりのある集団とならなければならない。

　このような指導の充実を図るためには，学級を基本としながらも，その枠をこえた柔軟な指導方法をとることも必要である。そのためには，学校の教職員全員による協力体制を築き，教職員の誰もが，幼児全員の顔や性格などが分かるように努めることが大切である。そして，幼児や保護者とのコミュニケーションを図り，幼児一人一人の障害の状態や特性及び発達の程度等に応じて常に適切な援助ができるようにすることが重要である。

　このような学校全体の協力体制を高め，きめの細かい指導の工夫を図るために，ティーム保育の導入などが考えられる。教師は常に並行して展開する個人あるいはグループの活動を全体として把握することを求められるが，実際には，ある幼児やグループの活動に関わっていると他の幼児の動きを十分に把握できず，適切

な援助が行えないこともある。このようなことから，複数の教師が共同で保育を行い，また，幼児理解や保育の展開について情報や意見を交換することによって，一人一人の様子を広い視野から捉え，きめ細かい援助を行うことが可能になる。

ティーム保育は，幼児の障害の状態や特性及び発達の程度等，保育の展開，学級編制，教職員組織などの実態に応じて工夫するとともに，それぞれの教師の持ち味を生かしながら行っていくことが大切である。このようなティーム保育によって指導方法を工夫することは，幼児が人との関わりや体験を一層豊かにしたり，深めたりして，一人一人の特性に応じた指導の充実を図る上で重要である。

4　幼児理解に基づいた評価の実施（第1章の第5の4）

(1) 評価の実施

> 4　幼児理解に基づいた評価の実施
> 　幼児一人一人の発達の理解に基づいた評価の実施に当たっては，次の事項に配慮するものとする。
> (1)　指導の過程を振り返りながら幼児の理解を進め，幼児一人一人のよさや可能性などを把握し，指導の改善に生かすようにすること。その際，他の幼児との比較や一定の基準に対する達成度についての評定によって捉えるものではないことに留意すること。

幼稚部において，幼児期にふさわしい教育を行う際に必要なことは，一人一人の幼児に対する理解を深めることである。教師は幼児と生活を共にしながら，その幼児が今，何に興味をもっているのか，何を実現しようとしているのか，何を感じているのかなどを捉え続けていく必要がある。幼児が発達に必要な体験を得るための環境の構成や教師の関わり方も，幼児を理解することにより，適切なものとなる。

幼稚部における生活において，一人一人の幼児が発達に必要な体験を得られるようになるには，幼児一人一人がどのような体験を積み重ねているのか，その体験がそれぞれの幼児にとって充実しているか，幼児の障害の状態や特性及び発達の程度等を踏まえ，幼児の発達を促すことにつながっているかを把握することが重要である。教師はそれに基づいて必要な援助を重ねることが求められる。その際，幼児の活動の展開に応じて柔軟に考えていくことが大切であり，教師には状況に応じた多様な関わりが求められるのである。

ただし，教師が望ましいと思う活動を，一方的に幼児に行わせるだけでは，一人一人の発達を着実に促すことはできない。幼児の発達は，たとえ同年齢であっ

てもそれぞれの幼児の障害の状態や特性及び発達の程度等，生活経験や興味・関心などによって一人一人異なっている。一見すると同じような活動をしているようでも，その活動が一人一人の幼児の発達にとってもつ意味は違っている。したがって，日々の保育の中では，それぞれの幼児の生活する姿から，今経験していることは何か，また，今必要な経験は何かを捉え，障害の状態や特性及び発達の程度等に応じた援助をすることが大切である。

幼稚部では，行動の仕方や考え方などに表れたその子らしさを大切にして，一人一人の幼児が，そのよさを発揮しつつ，育っていく過程を重視する必要がある。その際，幼児は自分の心の動きを言葉で伝えるとは限らないため，教師は身体全体で表現する幼児の思いや気持ちを丁寧に感じ取ろうとすることが大切である。

評価の実施に当たっては，指導の過程を振り返りながら，幼児がどのような姿を見せていたか，どのように変容しているか，そのような姿が生み出されてきた状況はどのようなものであったかといった点から幼児の理解を進め，幼児一人一人のよさや可能性，特徴的な姿や伸びつつあるものなどを把握するとともに，教師の指導が適切であったかどうかを把握し，指導の改善に生かすようにすることが大切である。

また，幼児理解に基づいた評価を行う際には，他の幼児との比較や一定の基準に対する達成度についての評定によって捉えるものではないことに留意する必要がある。

なお，幼児一人一人のよさや可能性などを把握していく際には，教師自身の教育観や幼児の障害の状態や特性及び発達の程度等の捉え方，教職経験等が影響することを考慮する必要がある。そのためにも，他の教師との話し合い等を通して，教師は自分自身の幼児に対する見方の特徴や傾向を自覚し，幼児の理解を深めていかなくてはならない。

(2) 評価の妥当性や信頼性の確保

> (2) 評価の妥当性や信頼性が高められるよう創意工夫を行い，組織的かつ計画的な取組を推進するとともに，次年度又は小学部若しくは小学校等にその内容が適切に引き継がれるようにすること。

幼稚部における教育における評価の実施に当たっては，妥当性や信頼性が高められるよう創意工夫を行い，組織的かつ計画的な取組を推進することが必要である。

幼児を理解するとは，一人一人の幼児と直接に触れ合いながら，幼児の言動や表情から，思いや考えなどを理解しかつ受け止め，その幼児のよさや可能性など

を理解しようとすることである。

　このような幼児理解に基づき，遊びや生活の中で幼児の姿がどのように変容しているかを捉えながら，そのような姿が生み出されてきた様々な状況について適切かどうかを検討して，指導をよりよいものに改善するための手掛かりを求めることが評価である。

　その評価の妥当性や信頼性が高められるよう，例えば，幼児一人一人のよさや可能性などを把握するために，日々の記録やエピソード，写真など幼児の評価の参考となる情報を生かしながら評価を行ったり，複数の教職員で，それぞれの判断の根拠となっている考え方を突き合わせながら同じ幼児のよさを捉えたりして，より多面的に幼児を捉える工夫をするとともに，評価に関する校内研修を通じて，学校全体で組織的かつ計画的に取り組むことが大切である。

　なお，幼児の発達の状況について，学校の中で次年度に適切に引き継がれるようにするとともに，日頃から保護者に伝えるなど，家庭との連携に留意することが大切である。

　また，学校教育法施行規則第24条第2項において，校長は，幼児の指導要録の抄本又は写しを作成し，これを小学部又は小学校の校長に送付しなければならないこととなっている。このような関係法令も踏まえ，校長は幼稚部において記載した指導要録を小学部又は小学校に適切に送付するほか，それ以外のものも含め小学部又は小学校との情報の共有化を工夫する必要がある。

第7節 特に留意する事項（第1章の第6の1）

● 1　障害のある幼児の指導

> 第6　特に留意する事項
> 1　幼児の指導に当たっては，その障害の状態や特性及び発達の程度等に応じて具体的な指導内容の設定を工夫すること。

　近年，特別支援学校においては，障害の重度・重複化，多様化が見られ，特別支援学校においては，様々な障害を有する幼児が在籍している。そこで，本項は，このような幼児に対して適切な指導を行うため，各特別支援学校において特に留意する事項の一つとして示されている。

　そこで，幼稚部における教育においては，一人一人の幼児の障害の状態や特性及び発達の程度等，知的障害の状態，興味や関心，生活経験等の実態を踏まえ，具体的な指導内容を設定する必要がある。その際，次のような工夫が大切である。

① 幼稚部教育要領第2章に示された各領域の内容から，必要な内容を選択し，十分に活動できるような指導内容を設定すること。
② 活動内容は，幼児が理解でき，意欲的に取り組めるものとすること。このために，活動内容を厳選するとともに，活動時間を十分に確保すること。
③ 幼児が興味をもって意欲的に取り組み，発達を一層促す活動を大切にし，繰り返し行うことについても配慮すること。
④ 幼児の活動内容は，幼稚部の生活の自然な流れの中で設定するよう工夫すること。

● 2　複数の種類の障害を併せ有する幼児の指導（第1章の第6の2）

> 2　複数の種類の障害を併せ有するなどの幼児の指導に当たっては，専門的な知識や技能を有する教師間の協力の下に指導を行ったり，必要に応じて専門の医師及びその他の専門家の指導・助言を求めたりするなどして，全人的な発達を促すようにすること。

　各学校における障害の重度・重複化，多様化に対応し，複数の種類の障害を併せ有する幼児の指導の充実を図る観点から，この留意事項は示されている。

　複数の種類の障害を併せ有する幼児の場合は，心身の諸側面における発達の遅れや不均衡が大きいことも考えられるので，指導に当たっては，幼児の障害の種類，障害の状態や特性及び発達の程度等に応じて医療や療育の機関，あるいは特

別支援教育センターや大学などの専門機関等との連携に特に配慮しながら，調和のとれた全人的な発達を促していくことが必要である。

複数の種類の障害を併せ有する幼児の実態を把握するためには，生育歴，日常生活の実態，医学等の諸検査の経過と結果を基に，現在の障害の状態や特性及び発達の程度等との関連等の観点から発達の過程を整理するとともに，発達の諸検査や行動評価表，行動観察によって現在の行動の状態を理解する必要がある。

このような実態把握に基づいて，健康の維持と増進，自発的な行動の発現，自己の行動の統制（調整），言葉やコミュニケーションの学習，表現活動，日常生活の自立などについて，幼児一人一人の障害の状態や特性及び発達の程度等に応じて課題を設定し，系統的に指導することによって全人的な発達を促すようにすることが重要である。

指導に当たっては，それぞれの障害についての専門的な知識や技能を有する教師間の協力の下に，一人一人の幼児について個別の指導計画を作成するなどして進めることが大切である。また，必要に応じて，専門の医師，保健師，あるいは特別支援教育センターや大学などの専門家の指導・助言を求めたり，連絡を取り合ったりすることが大切である。

3　個別の教育支援計画の作成と他機関等との連携（第1章の第6の3）

> 3　家庭及び地域並びに医療，福祉，保健等の業務を行う関係機関との連携を図り，長期的な視点で幼児への教育的支援を行うために，個別の教育支援計画を作成し，活用すること。

幼稚部の教育においては，学校と家庭や関係機関等とが共通理解の下に協力しながら指導を行わなければ，よりよい効果を期待することは難しい。したがって，指導に当たっては，家庭や地域の人たち，医療機関や児童福祉施設，保健所等と十分に連絡をとることが必要である。

平成15年度から実施された障害者基本計画においては，教育，医療，福祉，労働等が連携協力を図り，障害のある子供の生涯にわたる継続的な支援体制を整え，それぞれの年代における子供の望ましい成長を促すため，個別の支援計画の活用が示された。この個別の支援計画のうち，幼児児童生徒に対して，教育機関が中心となって作成するものを，「個別の教育支援計画」という。

教育の分野においては，例えば，幼児期であれば，障害のある幼児を取り巻く保護者や保健師，医師，看護師等との連携協力が望まれる。そこで，こうした人たちや機関と教師及び学校が協力して，個別の教育支援計画を作成し，幼稚部での指導や家庭での養育に生かすことが考えられる。

個別の教育支援計画は，障害のある幼児一人一人に必要とされる教育的ニーズを正確に把握し，長期的な視点で乳幼児期から学校卒業後までを通じて，一貫した的確な支援を行うことを目的に作成するものである。

　例えば，医療機関や障害幼児通園施設等に隣接又は併設している特別支援学校の幼稚部においては，医療機関や施設等との連携を密にすることが極めて大切である。特に，日常の生活の指導，自立活動や行事などの指導については，両者の共通理解を図り，協力体制を整えることが重要となる。そのためには，医師，看護師，指導員等関係職員と緊密な連絡を取り合い，例えば協力して個別の教育支援計画を作成するなどして，協力体制の質的向上を図るよう配慮することが必要である。また，学校と関係機関等とが連携して，個別の教育支援計画に記述された目標や内容，支援状況やその成果等について，適宜，評価し改善を行うことにより，より適切な指導と必要な支援が実施できるようにすることが大切である。さらに，幼稚部又は幼稚園で作成された個別の教育支援計画を活用して，就学先に幼児の支援状況やその成果等の情報を引継ぎ，継続的な指導や支援に生かすことも大切である。なお，個別の教育支援計画には，多くの関係者が関与することから，個人情報等の保護に十分留意することが必要である。

　個別の教育支援計画を作成するに当たっては，個々の幼児の教育的ニーズに応じて連携協力する相手や内容・方法等を工夫することが大切である。その際，関係者間で個々の幼児の実態等を的確に把握したり，共通に理解したりできるようにするため，国際生活機能分類（ICF）の考え方を参考とすることも有効である。

　なお，ICFの考え方については，特別支援学校学習指導要領解説　自立活動編で解説しているので，参照されたい。個別の教育支援計画の活用に当たっては，適切な評価と改善に努めるとともに，個人情報等の保護に十分留意することが必要である。

　個別の教育支援計画と関連するものに，個別の指導計画があるが，それぞれ作成する目的や活用する方法には違いがあるのでそのことに留意して，相互の関連性を図ることに配慮する必要がある。なお，個別の指導計画については，本解説第2編の第2章の第6節の1の(4)及び第3章の第3節の3を参照されたい。

第7節
特に留意する事項

4　障害種別ごとに留意する事項（第1章の第6の4）

> 4　幼児の障害の状態や特性及び発達の程度等に応じた適切な指導を行うため，次の事項に留意すること。

　幼稚部における教育においては，個々の幼児の障害の状態や特性及び発達の程

度等に応じた適切な配慮が必要である。そこで，今回の改訂では，幼児の障害の種類や状態及び特性等に応じた指導を一層進める観点から，障害種別ごとに示されている留意事項の内容の充実を図った。

障害種別ごとに留意する事項について以下に述べる。

> (1) 視覚障害者である幼児に対する教育を行う特別支援学校においては，早期からの教育相談との関連を図り，幼児が聴覚，触覚及び保有する視覚などを十分に活用して周囲の状況を把握できるように配慮することで，安心して活発な活動が展開できるようにすること。また，身の回りの具体的な事物・事象及び動作と言葉とを結び付けて基礎的な概念の形成を図るようにすること。

視覚障害のある幼児は，視機能の状態により外界の認知が異なる。一人一人の幼児の視覚による外界の認知に違いはあっても幼稚部における教育では，早期からの教育相談との関連を図り，十分な安全確保とともに，視覚障害のある幼児が自分で判断したり，確かめたりすることができる遊具や用具，素材を創意工夫することが必要である。加えて，興味や関心をもって周囲の人や遊具等に主体的に働き掛けることができるように，教師のていねいな関わりや語りかけが大切である。そのことにより幼児は，聴覚，触覚及び保有する視覚などを十分に活用して，安心して活発な活動を展開することができるようになる。

視覚障害のある幼児が，身近な環境に主体的に関わり，体験や遊びを積み重ね，安心して生活を広げられるよう，様々な配慮が重要であることから，今回の改訂では，「幼児が周囲の状況を把握できるように配慮することで，安心して活発な活動が展開できるようにする」とした。

また，視覚障害のある幼児は，視覚からの情報の不足や行動の制限から，様々な事柄と言葉が結び付かないことや，一面的な理解にとどまることがある。そのため，身の回りの具体的な事物・事象や動作と言葉とを結び付ける活動をていねいに行い，基礎的な概念の形成を図ることが大切である。例えば，スイカを何度も食べたことがあり味やにおいを知っている幼児でも，丸のままのスイカを知らないことがある。そのような場合，食べるための一連の準備を一緒にすることでも理解を深めることができる。丸のままのスイカを触った後に，教師が包丁で切り分ける。その過程で，幼児が切った形やにおいなどを確認したり，さらに，一緒に皿に取り分けたりするのである。

幼稚部において，視覚障害のある幼児に適した環境の設定や指導方法を工夫し，指導の効果を高めることができるよう，特に次の事項に留意することが大切である。

① 安全な場で自分から積極的に体を動かし,いろいろな運動の楽しさを知り,活発に活動できるようにすること。
② 手を使っていろいろな物を観察したり,作ったりできるようにすること。
③ 日常生活や遊びの中で,教師の支援や言葉掛けを受けながら,身の回りにあるいろいろな事物の状況を知り,興味や関心をもって意欲的に関わることができるようにすること。
④ 教師の話や読み聞かせなどで,様々な表現に触れることにより,言葉に関する興味や関心を高めるようにすること。
⑤ 教師や友達との関わり方を知り,状況に応じて働き掛けることができるようにすること。
⑥ 日常生活や遊びの中で,教師や友達と言葉を交わすことを通して,具体的なものの名前や用途,「重い,軽い」,「つるつる,ざらざら」など状態の違いを理解し,それらに対応する言葉を用いることができるようにすること。
⑦ 具体物や図形の特徴を確かめながら,全体をイメージしたり,逆に全体のイメージを基に,部分の状態を確かめたりする観察の方法を身に付けるようにすること。
⑧ 自分の教室の形や室内の配置を知ったり,日常生活や遊びに使う様々なものの位置関係を把握したりして,室内を安全に移動することができるようにすること。
⑨ 視覚を活用できる幼児に対しては,保有する視覚を活用して,ものを見る楽しさを味わい,積極的に見ようとする態度を育てること。また,生活の中で,手先の操作を伴う遊具や用具の使用などを通して目と手の協応動作を高めるとともに,豊かな視覚的経験を積むようにすること。

> (2) 聴覚障害者である幼児に対する教育を行う特別支援学校においては,早期からの教育相談との関連を図り,保有する聴覚や視覚的な情報などを十分に活用して言葉の習得と概念の形成を図る指導を進めること。また,言葉を用いて人との関わりを深めたり,日常生活に必要な知識を広げたりする態度や習慣を育てること。

聴覚障害のある幼児については,聴覚的な情報が獲得しにくいことから,特に言葉の習得が困難になりやすい。また,言葉の習得には,この背景となるイメージ等の概念の形成が大切となり,このためには豊かな経験が必要となる。そこで,幼稚部においては,早期から幼児が保有する聴覚などを十分に活用して興味や関心をもって取り組むことができる遊びを創意工夫し,様々な経験を積ませながら,言葉の習得及び概念の形成を図ることに重点を置いた指導を進めることが必要に

なる。

　また，言葉は，人と人との関わり合いの中で身に付くものであり，初期には，身振り，指差しなどの手段も活用されるが，その中で少しずつ言葉も使われるようになる。やがて，習得した言葉を用いて，幼児は日常生活に必要な知識を広げ，いろいろな場面で物事を考えたり，行動したりできるようになる。

　このように幼稚部の教育においては，教育相談との関連を図ること，人とのコミュニケーションの基礎を形成すること，言葉の習得と言語概念の形成を図ること，言葉を用いて人とのかかわりを深めることなどについて一層の充実を図る必要がある。

　幼稚部において言葉の指導を行う場合には，次のような事項に留意することが大切である。

① 幼児の保有する聴覚を最大限に活用するため，補聴器や人工内耳等を装用し，音や言葉の存在に気付き，それらを弁別する力を育成すること。

② 幼児がよく分かる状況の中で，幼児の実態に即して，言葉や視覚的な情報を含む様々な手段によって，気持ちのやりとりができるようにすること。

③ 幼児の視覚や聴覚などを活用した遊びを創意工夫し，興味や関心を引きながら，その経験に即して主体的に言葉を身に付けることができるようにすること。

④ 幼児と教師，幼児同士及び幼児と家族などとの間における望ましい人間関係を育む中で，幼児の生活場面に即して適切な言葉掛けをすることにより，幼児が言葉や身の回りのものなどに対し，興味や関心をもつようにすること。

⑤ 幼児に自分から身の回りのものなどに関わるように促すとともに，身近にある音や声を聴こうとする態度を育て，言葉と意味とを結び付けることにより言葉の習得を図るようにすること。

⑥ 話し手に注目して，その口形や表情などから，視覚的に言葉を受容できる力の育成に努めること。

⑦ 鼻やほほなどの筋肉や皮膚における振動の知覚を利用するなどして，発音・発語の指導を徹底することにより，言葉を表出する力の育成に努めること。

⑧ 幼児が習得した言葉を用いて，日常生活に必要ないろいろな知識を身に付けるとともに，日常のいろいろな場面で物事を考えたり，行動したりできるようにすること。

⑨ 特に思考力を育てるために，単に名称のみの理解にとどまらないようにし，人や物の性質，属性などを含めて考えたり，他の人や物と比較して違いを考えたりすること。

　このように幼稚部においては，聴覚に障害のある幼児の心身の調和的発達を目

指しながら言葉の指導を行うとともに，さらに，次の事項に留意した指導を行うことが大切である。

① 身の回りの事柄に興味や関心をもち，自分から尋ねたり，考えたりできるようにすること。
② 日常生活を通して，教師や友達との幅広く豊かなかかわりを経験し，それを言葉で表現できるようにすること。
③ 日常生活の自然な流れの中で，基本的な生活習慣が身に付くように指導するとともに，生活のルール等に関する理解を図るようにすること。
④ 友達との積極的な関わりを通して仲良く遊ぶことの楽しさを味わうとともに，相手の気持ちや立場などを理解する素地を養うようにすること。
⑤ 家庭の協力を得るように努めながら，日常生活の全般にわたって言葉の指導を行うよう配慮するとともに，身に付いた言葉を生活の中で活用できるようにすること。

> (3) 知的障害者である幼児に対する教育を行う特別支援学校においては，幼児の活動内容や環境の設定を創意工夫し，活動への主体的な意欲を高めて，発達を促すようにすること。また，ゆとりや見通しをもって活動に取り組めるよう配慮するとともに，周囲の状況に応じて安全に行動できるようにすること。

幼児期において，活動への主体的な意欲を高めていくことが特に重要になることから，従前の「活動への意欲を高めて」を「活動への主体的な意欲を高めて」に改めた。また，「ゆとりや見通しをもって活動に取り組む」ためには，幼児がより一層主体的に意欲をもち活動に取り組むことを促していくことが重要である。

「ゆとりをもって活動に取り組める」ようにするには，幼児がある活動に取り組み，十分な満足感等が得られるように，時間設定を工夫して十分な活動時間を確保するとともに，幼児の主体的な活動を促すため，必要最低限の援助や指示に努めるよう留意することも大切である。

次に「見通しをもって活動に取り組める」とは，学校生活における分かりやすく整えられた日課の流れに沿って行動したり，およその予定を理解して行動したりすることを意味している。

また，幼児の知的障害の状態や生活経験等に応じて，主体的な意欲をもち活動する力を育むためには，様々な環境の設定に創意工夫を加えることが大切である。その場合，次のような点に配慮する必要がある。

① 教室等の環境設定については，照明，色彩，掲示物などを工夫すること，活動目的に応じて場の状況や色調などを変えること，幼児の関心のある遊具

や用具，素材を用意することなどが重要である。また，幼児の円滑な活動を促すために，衣服に工夫を加えて着脱しやすいようにしたり，収納方法に配慮したりすることが大切である。
② 教師は，幼児と一緒に活動することによって，幼児の活動への参加を促し，幼児自らが達成感や充実感を味わいながら意欲を高めていくことができるようにする必要がある。また，言語発達の遅れが顕著な場合には，言語発達を促すため，その時点で有している言語を最大限に生かすことができるようにするなどの言語環境を整えることも大切である。

指導に当たっては，保護者との連携を図りながら，幼児の行動の理解を深めたり，効果的な指導内容・方法を工夫したりすることなどが重要である。その際，特に，次の事項に配慮することが大切である。

① 幼児の実態に即した，分かりやすい日課を設定し，生活のリズムを身に付けるようにすること。
② 身体活動を活発に行うことができるようにし，行動範囲を広げるとともに，身の回りのことを自分でしようとする意欲や態度の芽生えを育てること。
③ いろいろな遊びを通して，人やものとの関わり方を身に付け，教師や友達に働き掛けようとする意欲や態度を育てること。
④ 教師や友達と関わる中で，自分の要求を表現したり，表現しようとすることや言葉を交わしたりすることができるようにすること。
⑤ いろいろな遊具や用具，素材を扱うことにより，目的に合わせて，手指を効果的に使えるようにすることや，手指を使おうとする意欲を育むこと。

なお，知的障害のある幼児には，肢体不自由や言語障害，情緒障害等を併せ有する者も少なくないことから，障害の状態等の適切な把握が重要である。

---

(4) 肢体不自由者である幼児に対する教育を行う特別支援学校においては，幼児の姿勢保持や上下肢の動き等に応じ，進んで身体を動かそうとしたり，活動に参加しようとしたりする態度や習慣を身に付け，集団への参加ができるようにすること。また，体験的な活動を通して，基礎的な概念の形成を図るようにすること。

肢体不自由のある幼児は，身体の動きに困難があり，様々な活動に周囲の大人の援助を必要とすることが多いため，主体的に活動しようとする気持ちが十分育たなかったり，幼児同士での関わりが不足し，対人関係の力が育たなかったりする場合がある。今回の改訂では，肢体不自由のある幼児に対する教師の関わり方を改めて明確にするため，「進んで身体を動かそうとしたり，活動に参加しようとしたりする態度や習慣を身に付け，集団への参加ができるようにすること。」

を示し，幼児の主体性の育成と幼児同士の関わりを大切にすることを求めることとした。その実現のためには，幼児の姿勢保持や上肢，下肢の動き等に配慮し，幼児が自ら進んで身体を動かそうとしたり，表現しようとしたりする環境を整え，幼児の主体的な活動を引き出すように指導方法を工夫する必要がある。

また，肢体不自由のある幼児は，身体の動きに困難があることに加え，健康の状態により行動を制限されることがあり，幼児の成長や発達に必要な体験が不足している場合が少なくない。さらに，脳性疾患等の幼児は，その認知特性により，視覚的な情報の処理や複合的な情報の処理を苦手とし，それらのことが物事の理解や言語，数量など基礎的な概念の形成に影響を及ぼす場合がある。したがって，幼稚部においては，幼児が興味や関心をもって周囲に関わり，成長や発達に必要な体験が得られるような活動を，幼児の身体の動きや健康の状態に応じて計画的に設定する必要がある。特に体験的な活動を設定する際は，言語や数量，方向などの基礎的な概念が育つ内容を，意図的に取扱うことが求められる。

以上のことを踏まえ，肢体不自由のある幼児の指導においては，次の事項に留意して指導を行うことが大切である。

① 幼児が自ら周囲と関わり，主体的な活動が展開できるようにするために，教室の環境設定や集団の構成を工夫すること。その際，幼児が活動しやすいように姿勢を整えたり，教師等が関わりを控え，幼児同士が直接かかわり合う機会を設けたりするなどの配慮をすること。

② 幼児が自分で選んだり決めたりする機会を大切にし，達成感の味わえる活動等を設定して，進んで活動に参加しようとする態度や習慣が身に付くようにすること。

③ 幼児の障害の状態や上下肢の動き等に即して，遊具や用具などを創意工夫するとともに，必要に応じて補助具等の活用を図ること。

④ 話し言葉によって意思を伝え合うことに困難が見られる幼児の指導に当たっては，意思表示しようとする意欲を喚起するとともに，より豊かな表現ができるような方法を工夫すること。

⑤ 具体物と名称を一致させる遊びや，身体の各部位に触れて身体イメージを明確にする遊び，上下・前後など方向を意識した遊び，具体物を触って重さや量の大小を体験する遊び，数の順番を意識する遊びなどを活動に取り入れ，基礎的な概念の形成に努めること。

⑥ 身体の動きの困難を改善・克服したり，健康の維持・改善を図ったりする必要のある幼児の指導に当たっては，その発達の段階や健康の状態などに応じて，自立活動の内容に重点を置いた指導を行うこと。また，家庭や医療機関，児童福祉機関等と連携を図りながら，幼児一人一人に必要な指導を組織的・継続的に行うよう努めること。

> (5) 病弱者である幼児に対する教育を行う特別支援学校においては，幼児の病気の状態等を十分に考慮し，負担過重にならない範囲で，様々な活動が展開できるようにすること。また，健康状態の維持・改善に必要な生活習慣を身に付けることができるようにすること。

　病弱の幼児は，治療や体調維持のため，運動や食事が制限されていることが多く，日常生活での体験を通して学ぶ事項についても未経験であることが多い。したがって，第1章総則の第3に示した「幼児期の終わりまでに育ってほしい姿」を育むことが難しい場合がある。そのため，病気の状態等を十分に考慮しながら様々な活動が展開できるように工夫する必要がある。その際，病気の特性や状態，体力等を十分に考慮するとともに，幼稚部において育みたい資質・能力を踏まえながら計画する必要がある。特に活動が負担過重となり，そのために病気の状態や健康状態を悪化させるということがないようにする必要がある。これらのことから，次の観点に留意して指導することが重要である。

　① 喘息やてんかんの幼児で発作を起こしていない時など，普段は健康な幼児と同じ身体活動が可能な場合には，過度にならない範囲で，身体活動を積極的に行えるようにすること。その際，自分のやりたいことに向かって心と身体を十分に働かせ，見通しをもって行動し，自ら安全な生活をつくり出せるように配慮することが大切である。

　② 腎臓疾患や心臓疾患の幼児など，病気の状態に応じて身体活動に何らかの制限がある場合には，活動の内容と程度，指導方法，休憩のとり方などを適切に定め，無理のない範囲で活動できるよう工夫すること。その際，自ら活動する中で，自己の存在感や充実感を味わえるようにすることが大切である。

　③ 二分脊椎や脳性まひの幼児など，四肢・体幹に運動・動作の障害がある場合，可能な限り自発的な活動ができるようにするとともに，必要に応じて動作を補助したり，装具や自助具などを活用したりすること。その際，周囲の人に主体的に関わる，活動を楽しむ，自ら考え行動する，諦めずにやり遂げる，自信をもって行動するといったことができるようにすることが大切である。

　退院後も治療が必要な幼児がいるので，退院後の健康の維持・改善に必要な生活習慣を身に付けさせることが大切である。その際，幼児の障害の状態や特性及び心身の発達の程度等に応じて，服薬や食事制限等の必要な約束を守ることができるようにすることが重要である。このほか，次のことに留意して指導することが大切である。

　① 自立活動の指導では，「健康」領域のねらいや内容との関連を密にする。

② 健康状態の維持・改善に必要な生活習慣を身に付けさせるための活動を行う。
③ 教師等との信頼関係を築く中で人と関わる基盤をつくり安定した人間関係を築くとともに，教師や医療関係者に支えられているという安心感を得る中で，病気に立ち向かう意欲や態度を身に付けさせる。
④ 経験が不足しがちな場合は，学校内外で様々な経験ができるようにすること。その際，入力支援機器等を必要に応じて活用するとともに，タブレット端末等の情報機器を活用して間接体験や疑似体験等により指導の効果を高める。
⑤ 保護者や主治医と連携を図りながら，一貫した方針や態度で指導に当たる。

5 海外から帰国した幼児等の幼稚部における生活への適応（第1章の第6の5）

> 5 海外から帰国した幼児や生活に必要な日本語の習得に困難のある幼児の学校生活への適応
> 　海外から帰国した幼児や生活に必要な日本語の習得に困難のある幼児については，安心して自己を発揮できるよう配慮するなど個々の幼児の実態に応じ，指導内容や指導方法の工夫を組織的かつ計画的に行うものとする。

第7節
特に留意
する事項

　国際化の進展に伴い，幼稚部においては海外から帰国した幼児や外国人幼児に加え，両親が国際結婚であるなどのいわゆる外国につながる幼児が在学することもある。

　これらの幼児の多くは，異文化における生活経験等を通して，我が国の社会とは異なる言語や生活習慣，行動様式に親しんでいるため，一人一人の実態は，その在留国や母国の言語的・文化的背景，滞在期間，年齢，就園経験の有無，更には家庭の教育方針などによって様々である。また，これらの幼児の中には生活に必要な日本語の習得に困難のある幼児もいる。

　そのため，一人一人の実態を的確に把握し，指導内容や指導方法の工夫を組織的かつ計画的に行うとともに，全教職員で共通理解を深め，幼児や保護者と関わる体制を整えることが必要である。

　こうした幼児については，まず教師自身が，当該幼児が暮らしていた国の生活などに関心をもち，理解しようとする姿勢を保ち，一人一人の幼児の実情を把握すること，その上で，その幼児が教師によって受け入れられ，見守られているという安心感をもち，次第に自己を発揮できるよう配慮することが重要である。そのため，教師はスキンシップをとりながら幼児の安心感につなげる関わり方をしたり，挨拶や簡単な言葉掛けの中に母語を使ってみたりしながら信頼関係を築き，

幼児が思ったことを言ったり，気持ちを表出したりできるよう努めることが重要である。

また，教師や他の幼児との温かい触れ合いの中で，自然に日本語に触れたり，日本の生活習慣に触れたりすることができるように配慮することも大切である。

さらに，幼児が日本の生活や幼稚部における生活に慣れていくよう，家庭との連携を図ることも大切である。保護者は自身が経験した幼稚部のイメージをもっているため，丁寧に学校や幼稚部における教育の方針を説明したりすることなどが必要である。

様々な背景をもった幼児が生活を共にすることは，異なる習慣や行動様式をもった他の幼児と関わり，それを認め合う貴重な経験につながる。そのことは，幼児が一人一人の違いに気付き，それを受け入れたり，自他の存在について考えたりするよい機会にもなり得る。こうした積極的な意義を有する一方，幼児期は，外見など自分にとって分かりやすい面にとらわれたり，相手の気持ちに構わずに感じたことを言ったりする傾向も見受けられる。教師は，そうした感情を受け止めつつも，一人一人がかけがえのない存在であるということに気付くよう促していきたい。

第8節　幼稚部の学校運営上の留意事項（第1章の第7の1）

● 1　教育課程の改善と学校評価等

> 第7　幼稚部に係る学校運営上の留意事項
> 1　各学校においては，校長の方針の下に，校務分掌に基づき教職員が適切に役割を分担しつつ，相互に連携しながら，教育課程や指導の改善を図るものとする。また，各学校が行う学校評価については，教育課程の編成，実施，改善が教育活動や学校運営の中核となることを踏まえ，カリキュラム・マネジメントと関連付けながら実施するよう留意するものとする。

　教育課程はそれぞれの幼稚部において，全教職員の協力の下に校長の責任において編成するものである。その際，学校や地域の実態を把握して，特色を生かし，創意のある教育課程を編成しなければならない。

　これらの実施に当たっては，校長の方針の下に，校長が定める校務分掌に基づき，全ての教職員が適切に役割を分担し，相互に連携することが必要である。

　カリキュラム・マネジメントとは，第1章総則第4の1において示すように，各学校の教育課程に基づき，全教職員の協力体制の下，組織的かつ計画的に教育活動の質の向上を図ることである。また，各学校が行う学校評価は，学校教育法において「教育活動その他の学校運営の状況について評価を行い，その結果に基づき学校運営の改善を図るため必要な措置を講ずる」と規定されており，教育課程の編成，実施，改善は教育活動や学校運営の中核となることを踏まえ，教育課程に基づき教育活動の質の向上を図るカリキュラム・マネジメントは学校評価と関連付けて実施することが重要である。

　学校評価の実施方法は，学校教育法において，自己評価・学校関係者評価の実施・公表，評価結果の設置者への報告について定めるとともに，文部科学省では法令上の規定等を踏まえて「幼稚園における学校評価ガイドライン［平成23年改訂］」（平成23年11月15日文部科学省）を作成している。その中で，各学校において重点的に取り組むことが必要な目標を設定し，その評価項目の達成・取組状況を把握するための指標を設定することが示されている。具体的にどのような評価項目・指標などを設定するかは各学校が判断すべきことではあるが，その設定に当たっては，教育課程・指導，保健管理，安全管理，組織運営，研修などの分野から検討することが考えられる。学校は，例示された項目を網羅的に取り入れるのではなく，重点目標を達成するために必要な項目・指標などを精選して設定することが期待され，教育課程もその重要な評価対象になり得るものである。

こうした例示も参照しながら教育課程や指導等の状況を評価し改善につなげることが求められる。

○学校教育法

第42条　小学校は，文部科学大臣の定めるところにより当該小学校の教育活動その他の学校運営の状況について評価を行い，その結果に基づき学校運営の改善を図るため必要な措置を講ずることにより，その教育水準の向上に努めなければならない。

第43条　小学校は，当該小学校に関する保護者及び地域住民その他の関係者の理解を深めるとともに，これらの者との連携及び協力の推進に資するため，当該小学校の教育活動その他の学校運営の状況に関する情報を積極的に提供するものとする。

第82条　第26条，第27条，第31条（第49条及び第62条において読み替えて準用する場合を含む。），第32条，第34条（第49条及び第62条において準用する場合を含む。），第36条，第37条（第28条，第49条及び第62条において準用する場合を含む。），第42条から第44条まで，第47条及び第56条から第60条までの規定は特別支援学校に，第84条の規定は特別支援学校の高等部に，それぞれ準用する。

○学校教育法施行規則

第66条　小学校は，当該小学校の教育活動その他の学校運営の状況について，自ら評価を行い，その結果を公表するものとする。
2　前項の評価を行うに当たっては，小学校は，その実情に応じ，適切な項目を設定して行うものとする。

第67条　小学校は，前条第1項の規定による評価の結果を踏まえた当該小学校の児童の保護者その他の当該小学校の関係者（当該小学校の職員を除く。)による評価を行い,その結果を公表するよう努めるものとする。

第68条　小学校は，第66条第1項の規定による評価の結果及び前条の規定により評価を行った場合はその結果を，当該小学校の設置者に報告するものとする。

第135条　第43条から第49条まで（第46条を除く。），第54条，第59条から第63条まで，第65条から第68条まで，第82条及び第100条の3の規定は，特別支援学校に準用する。この場合において，同条中「第104条第1項」とあるのは,「第135条第1項」と読み替えるものとする。
2～5　（略）

● 2　家庭や地域社会との連続性（第１章の第７の２）

> 2　幼児の生活は，家庭を基盤として地域社会を通じて次第に広がりをもつものであることに留意し，家庭との連携を十分に図るなど，幼稚部における生活が家庭や地域社会と連続性を保ちつつ展開されるようにするものとする。その際，地域の自然，高齢者や異年齢の子供などを含む人材，行事や公共施設などの地域の資源を積極的に活用し，幼児が豊かな生活体験を得られるように工夫するものとする。また，家庭との連携に当たっては，保護者との情報交換の機会を設けたり，保護者と幼児との活動の機会を設けたりなどすることを通じて，保護者の幼児期の教育に関する理解が深まるよう配慮するものとする。

　幼児の生活は，家庭，地域社会，そして，幼稚部と連続的に営まれている。幼児の家庭や地域社会での生活経験が幼稚部において教師や他の幼児と生活する中で，更に豊かなものとなり，幼稚部における生活で培われたものが，家庭や地域社会での生活に生かされるという循環の中で幼児の望ましい発達が図られていく。

　したがって，指導計画を作成し，指導を行う際には，家庭や地域社会を含め，幼児の生活全体を視野に入れ，幼児の興味や関心の方向や必要な経験などを捉え，適切な環境を構成して，その生活が充実したものとなるようにすることが重要である。このためには，家庭との連携を十分にとって，一人一人の幼児の生活についての理解を深め，幼稚部での生活の様子などを家庭に伝えるなどして，幼稚部と家庭が互いに幼児の望ましい発達を促すための生活を実現していく必要がある。また，幼児が幼稚部において自己を発揮し，生き生きと生活するためには，幼稚部が安心して過ごすことができる場になっていることが大切である。幼児は，保護者の感情や生活態度に影響されることが大きく，保護者が幼稚部や教師に信頼感をもっていれば，幼児も安心して過ごすことができるようになってくる。

　さらに，最近の幼児は，情報化が急激に進んだ社会の中で多くの間接情報に囲まれて生活しており，自然と触れ合ったり，地域で異年齢の子供たちと遊んだり，働く人と触れ合ったり，高齢者をはじめ幅広い世代と交流したりするなどの直接的・具体的な体験が不足している。このため，地域の資源を活用し，幼児の心を揺り動かすような豊かな体験が得られる機会を積極的に設けていく必要がある。

　特に，自然の中で幼児が豊かな生活体験をすることが大切であり，家庭との連携を図りながら，近隣の自然公園や自然の中にある宿泊施設の活用なども考えていくことが必要である。このような校外の活動は，幼児の発達を十分に考慮した計画の下に実施する必要があり，保護者の参加なども考え，安全に配慮して実施

することが必要である。豊かな自然の中で，教師や友達と共に宿泊したり，様々な活動をしたりすることは，自立心を育て，人と関わる力を養い，幼児の記憶の中に楽しい思い出として残るであろう。

自然との触れ合いについては，保護者自身も自然と関わる体験が少ない人が増え，動植物に触れられなかったり，名前などを知識として伝える関わり方になったりする保護者もいる。このため，幼稚部で幼児が自然と関わる様子を保護者に伝えたり，幼稚部における親子での活動で自然との関わり方を保護者に知らせたりして，幼稚部での生活が家庭でも生かされるようにすることが大切である。

また，最近は祖父母と同居することが少なく，兄弟姉妹の数も少なくなってきており，高齢者や年齢の異なる子供と関わる経験の少ない幼児もいる。高齢者や異年齢の子供との関わりは，幼児の人との関わりを豊かにすることから，運動会などの学校行事や季節の行事に祖父母を招待したり，地域の小・中学生等との交流したりすることなどを通して，豊かな生活体験を得られるようにすることが大切である。

各地域には，それぞれ永年にわたって培われ，伝えられた文化や伝統がある。これらに触れる中で，幼児が，日本やその地域が長い歴史の中で育んできた伝統や文化の豊かさに気付いたりすることもあろう。また，地域の祭りや行事に参加したりして，自分たちの住む地域に一層親しみを感じたりすることもあろう。このように，幼児が行事などを通して地域の文化や伝統に十分触れて，ときには豊かな体験をすることも大切である。

家庭との連携に当たっては，保護者が幼児期の教育に関する理解が深まるようにすることも必要である。そのためには，日頃から教師は保護者との関係を深め，幼児の様子や子育てに関する情報交換の機会や保育参加などを通じた保護者と幼児との活動の機会を設けたりなどすることが考えられる。情報交換は保護者会などの場を活用するだけでなく，下校時の機会や連絡帳を活用して日々の幼児の姿で気付いたことを伝えたり，学校だよりや学級だよりなどを通して，家庭や地域社会での体験を取り入れた幼児の遊びを紹介したりして，幼児の様子や成長の姿を伝え合うことが大切である。

また，保育参加などを通じて，保護者が幼稚部における生活そのものを体験することは，幼稚部における教育を具体的に理解することができるとともに，保護者が幼児と体験や感動を共有することで，幼児の気持ちや言動の意味に気付いたり，幼児の発達の姿を見通したりすることにつながる。子育てへの不安や孤立感を感じている保護者が増える中，教師の幼児への関わり方を間近で見ることで，幼児への関わりを学んだり，保護者同士の体験の共有から同じ子育てをする仲間意識を感じたりもする。さらに，保育参加終了後などに，教師との情報交換の機会を設け，保育参加中の幼児の様子，そのときの幼児の気持ち，幼児の状況を踏

まえた教師の関わりなどについて，保護者と話し合うことにより，保護者は，幼稚部における教育や幼児への関わり方への理解を一層深めることができる。このような取組を通じて，幼稚部と家庭との連携が深まり，幼児がより豊かな生活が送れるようになることが大切である。

そのため，幼稚部における教育は，様々な機会を通して家庭との連携を図るとともに，保護者が幼稚部における教育や幼児の発達の道筋，幼児との関わり方への理解が深まるように配慮することが大切である。

3　学校医等との連携（第1章の第7の3）

> 3　学校医等との連絡を密にし，幼児の障害の状態や特性及び発達の程度等に応じた保健及び安全に十分留意するものとする。

学校においては，幼児の健康及び安全について留意することは極めて大切なことである。このため，学校医や専門医等との連絡を十分にとることが必要である。

幼児の健康及び安全に留意するためには，まず幼児一人一人の障害の状態や特性及び発達の程度等を的確に把握することが大切である。そのためには，養護教諭や幼稚部の担任教師をはじめ，幼児に日常接する教職員の日ごろの観察や情報交換が重要である。しかし，これだけでは十分とは言えず，特に医療や医学的な配慮を必要とする幼児については，学校医や専門医等と連絡をとり，その指導・助言を受けることなどが必要である。

4　学校間の交流や交流及び共同学習（第1章の第7の4）

> 4　学校や地域の実態等により，特別支援学校間に加え，保育所，幼保連携型認定こども園，幼稚園，小学校，中学校及び高等学校などとの間の連携や交流を図るものとする。特に，幼稚部における教育と小学部における教育又は小学校教育の円滑な接続のため，幼稚部の幼児と小学部又は小学校の児童との交流の機会を積極的に設けるようにするものとする。また，障害のない幼児児童生徒との交流及び共同学習の機会を設け，組織的かつ計画的に行うものとし，共に尊重し合いながら協働して生活していく態度を育むよう努めるものとする。

障害のある幼児の経験を広めて積極的な態度を養い，社会性や豊かな人間性を育むためには，できるだけ早い時期から障害のない幼児や地域の人々とかかわる活動を積極的に取り入れていくことが必要である。このため，幼稚部における教

育においては，学校生活全体を通じて，地域の幼稚園や保育所の幼児をはじめ，地域の人々と活動を共にする機会を設け，様々な触れ合いや出会いの体験を豊かにすることによって，幼児が達成感や成就感を味わい，自分の行動に対する自信と積極的な姿勢を身に付けるようにすることが大切である。

なお，平成25年6月に障害者基本法が改正された。その第16条第3項には，引き続き，交流及び共同学習を積極的に進め，相互理解を促進することが規定されている。

また，幼稚園教育要領においては，特別支援学校等の障害のある幼児と活動を共にする機会を積極的に設けるよう配慮することが示されている。幼稚園にとっても，障害のある幼児と活動を共にすることを通して，仲間として気持ちが通じ合うことを実感するなど，視野を広げる上で重要な機会となることが期待されているのである。このことは，幼児が将来，障害者に対する正しい理解と認識を深めるばかりでなく，社会性や豊かな人間性を身に付ける上でも大切なことであると言える。

このように，幼稚部の幼児が障害のない幼児や地域の人々と活動を共にすることは，障害の有無にかかわらず，全ての幼児にとって意義のある活動であり，学校や地域の特性を考慮して，今後一層の充実を図ることが大切である。

幼稚部の幼児が障害のない幼児と活動を共にする機会が，双方にとって意義のある経験となるためには，例えば，連絡会を設け，互いの情報や意見を十分に交換するなど，相互の連携を図りながら活動に取り組むことが重要である。また，日常的な活動を通して，双方が無理のない範囲で計画的，組織的に実施できるよう配慮する必要がある。

また，幼児が地域の人々などと活動を共にする機会の一つとして，地域の高齢者と活動を共にすることが見られる。その際には，幼稚部での日ごろの活動を披露したり，一緒に遊んだりすることが考えられる。積極的にこうした機会を設け，双方にとって有意義な活動となるように工夫することが大切である。なお，交流及び共同学習の実施に当たっては，双方の学校や園同士が十分に連絡を取り合い，指導計画に基づく内容や方法を事前に検討し，各学校や障害のある幼児一人一人の実態に応じた様々な配慮を行うなどして，計画的，組織的に継続した活動を実施することが大切である。

5 特別支援教育のセンター的機能（第1章の第7の5）

> 5 幼稚部の運営に当たっては，幼稚園等の要請により，障害のある幼児又は当該幼児の教育を担当する教師等に対して必要な助言又は援助を行ったり，地域の実態や家庭の要請等により障害のある乳幼児又はその保護者に

> 対して早期からの教育相談を行ったりするなど，各学校の教師の専門性や施設・設備を生かした地域における特別支援教育のセンターとしての役割を果たすよう努めること。その際，学校として組織的に取り組むよう校内体制を整備するとともに，他の特別支援学校や地域の幼稚園等との連携を図ること。

障害のある乳幼児については，早期にその障害を発見し，できる限り早期から教育的対応を行うことが，乳幼児の障害の状態の改善・克服や望ましい成長・発達を促すために必要であることが知られている。

学校教育法第74条においては，特別支援学校が幼稚園等の要請に応じて，幼児児童生徒の教育に対する必要な助言又は援助を行うよう努めるものとするという規定が設けられていることを踏まえて，特別支援学校が地域の実態や家庭の要請等に応じて，乳幼児やその保護者に対して行ってきた早期からの教育相談等のセンターとしての役割に加え，地域の幼稚園や保育所等の要請に応じ，障害のある幼児や担当する教師等に対する助言や援助を行うこと，その際学校として組織的に取り組むこと，他の特別支援学校や幼稚園等と連携を図ることが示された。

なお，幼稚部教育指導要領では，「幼稚園等の要請により……」としており，地域の幼稚園だけではなく，保育所，認定こども園，小・中学校等に在籍する障害のある幼児児童生徒や担当教師等への支援も含まれていることに留意する必要がある。

特別支援教育に関するセンター的機能に関しては，平成17年12月の中央教育審議会答申「特別支援教育を推進するための制度の在り方について」において，①幼稚園等の教師への支援機能，②特別支援教育等に関する相談・情報提供機能，③障害のある乳幼児への指導・支援機能，④医療，福祉，労働等の関係機関等との連絡・調整機能，⑤幼稚園等の教師に対する研修協力機能，⑥障害のある乳幼児への施設・設備等の提供機能の6点にわたって示している。

また，中央教育審議会答申においては，特別支援学校における特別支援教育コーディネーターは，校内における取組だけでなく，例えば，幼稚園等に在籍する幼児児童生徒に対する巡回による指導を行ったり，特別支援学校の教師の専門性を活用しながら教育相談を行ったりするなど，域内の教育資源の組合わせ（スクールクラスター）の中で，コーディネーターとしての機能を発揮していくことが求められるとしている。

そうしたことを踏まえ，幼稚園教育要領においては，特別支援学校の助言又は援助を活用しつつ，個々の幼児の障害の状態等などに応じた指導内容や指導方法の工夫を組織的，計画的行うことが示されている（幼稚園教育要領第1章第5の1）。

幼稚園等に対する具体的な支援の活動内容としては，例えば，個別の指導計画や個別の教育支援計画を作成する際の支援のほか，保護者の障害の特性等の理解や良好な親子関係等の形成に結び付くような支援を工夫したり，乳幼児の全人的な発達を促す観点からの支援を行ったりすることなどが考えられる。

　さらに，保護者等に対して，障害のある乳幼児にとって必要な教育の在り方や見通しについての情報を提供するなどして，特別支援教育の実際についての理解を促す活動もある。

　支援に当たっては，例えば，特別支援学校の教師が幼稚園等を訪問して助言を行ったり，障害種別の専門性や施設・設備の活用等について伝えたりすることなども考えられる。

　以上のように，特別支援教育のセンターとしての役割には様々な活動が考えられるが，幼稚部の運営に当たっては，在籍する幼児に対する教育を今後一層充実するとともに，それぞれの地域の実態を適切に把握して，特別支援教育の観点から必要とされるセンターとしての機能の充実を図っていくことが大切である。

　また，特別支援学校が，地域における特別支援教育のセンターとしての役割を果たしていくためには，各学校において，教師同士の連携協力はもとより，校務分掌や校内組織を工夫するなどして，校内体制を整備し，学校として組織的に取り組むことが必要である。

　さらに，地域の幼稚園等に在籍する障害のある幼児の実態は多様であることから，他の特別支援学校や幼稚園等との連携の下，それぞれの学校の有する専門性を生かした指導や支援を進めていくことが重要である。このほか，特別支援教育センター等の教育機関，児童相談所や通園施設等の福祉機関，病院等の医療機関などとの連携協力を図り，ネットワークを形成する中で特別支援学校が適切な役割を果たすことも考えられる。

第9節　教育課程に係る教育時間の終了後等に行う教育活動など（第1章の第8）

> 第8　教育課程に係る教育時間終了後等に行う教育活動など
>
> 　各学校は，教育課程に係る教育時間の終了後等に行う教育活動について，学校教育法に規定する目的並びにこの章の第1に示す幼稚部における教育の基本及び第2に示す幼稚部における教育の目標を踏まえ，全体的な計画を作成して実施するものとする。その際，幼児の心身の負担に配慮したり，家庭との緊密な連携を図ることに留意したりし，適切な責任体制と指導体制を整備した上で行うようにするものとする。また，幼稚部における教育の目標の達成に資するため，幼児の生活全体が豊かなものとなるよう家庭や地域における幼児期の教育の支援に努めるものとする。

　教育課程に係る教育時間の終了後等に行う教育活動は，通常の教育時間の前後等に行う教育活動であり，従来，幼児の障害の状態や特性及び発達の程度等に応じて個別指導という形態などで実施されてきている。例えば，聴覚障害者である幼児に対する教育を行う特別支援学校の幼稚部においては，幼児期という言語習得に重要な意義のある時期に，コミュニケーション手段を工夫して言語指導を行ったり，家庭での望ましい養育の在り方を幼稚部における実際の関わりを通して，保護者に知らせたりする必要があることから，教育課程に係る教育時間の終了後に学級担任と保護者の協力の下に個別指導という形態で，個々の幼児の実態に応じた言語指導等が実施されてきている。

　教育課程に係る教育時間の終了後等に教育活動を行う場合には，学校が行う教育活動であることから，幼稚部における教育の基本や教育の目標を踏まえた活動とする必要がある。これは必ずしも教育課程に係る教育時間に行う活動と同じように展開するものではないが，幼稚部における教育活動として適切な活動になるよう，幼稚部教育要領に示す教育の基本や教育の目標を踏まえ，そこで示されている基本的な考え方によって幼稚部で行われる教育活動全体が貫かれ，一貫性をもったものとなるようにすることが大切である。

　したがって，こうした教育課程に係る教育時間の終了後等に行う教育活動を行う場合には，学校や幼児の実態，保護者との連携など，事前の準備を整えつつ，活動の評価等も随時実施しながら，計画的に行うことが必要である。また，実施に当たっては，次のような点に配慮する必要がある。

① 幼児の心身の負担が少なく，無理なく過ごせるよう工夫すること
　まず配慮しなければならないことは，幼児の健康と安全についてであり，これらが確保されるような環境をつくることが必要である。また，家庭での過ごし方などにより幼児一人一人の生活のリズムや生活の仕方が異なること

に十分配慮して，心身の負担が少なく，無理なく過ごせるように，1日の流れや環境を工夫することが大切である。

② 教育課程に係る教育時間中における活動を考慮して教育課程に係る教育時間終了後等の教育活動を工夫すること

　こうした教育活動を行うに当たっては，教育課程に係る教育時間中の活動を考慮する必要がある。ただし，教育課程に基づく活動を考慮するということは，必ずしも活動を連続させることではない。教育課程に係る教育時間中における指導内容・方法，幼児の生活や遊びなど幼児の過ごし方などに配慮して，教育課程に係る教育時間の終了後等の教育活動を考えることを意味するものであり，幼児にとって充実し，無理のない1日の流れをつくり出すことが重要である。

③ 保護者と情報交換するなど家庭と緊密な連携を図ること

　こうした教育活動を行うに当たっては，幼児の家庭での過ごし方や幼稚部での幼児の状態等について，保護者と情報交換するなど家庭と緊密な連携を図ることが必要である。保護者との情報交換などを通じて，教育課程に係る教育時間の終了後等に行う教育活動の趣旨や家庭における教育の重要性を保護者に十分に理解してもらい，保護者が，幼稚部と共に幼児を育てるという意識が高まるようにすることが大切である。

第3章 ねらい及び内容等

第1節 ねらい及び内容の考え方と領域の編成（第2章）

> 第2章　ねらい及び内容
>
> 　この章に示すねらいは，幼稚部における教育において育みたい資質・能力を幼児の生活する姿から捉えたものであり，内容は，ねらいを達成するために指導する事項である。各領域は，これらを幼児の発達の側面から，心身の健康に関する領域「健康」，人との関わりに関する領域「人間関係」，身近な環境との関わりに関する領域「環境」，言葉の獲得に関する領域「言葉」及び感性と表現に関する領域「表現」としてまとめ，また，幼児の障害に対応する側面から，その障害による学習上又は生活上の困難の改善・克服に関する領域「自立活動」としてまとめ，示したものである。内容の取扱いは，幼児の発達を踏まえた指導を行うに当たって留意すべき事項である。
>
> 　各領域に示すねらいは，幼稚部における生活の全体を通じ，幼児が様々な体験を積み重ねる中で相互に関連をもちながら次第に達成に向かうものであること，内容は，幼児が環境に関わって展開する具体的な活動を通して総合的に指導されるものであることに留意しなければならない。ただし，自立活動については，個々の幼児の障害の状態や特性及び発達の程度等に応じて，他の各領域に示す内容との緊密な関連を図りながら，自立活動の内容に重点を置いた指導を行うことについて配慮する必要がある。
>
> 　また，「幼児期の終わりまでに育ってほしい姿」が，ねらい及び内容に基づく活動全体を通して資質・能力が育まれている幼児の幼稚部修了時の具体的な姿であることを踏まえ，指導を行う際に考慮するものとする。
>
> 　なお，特に必要な場合には，各領域に示すねらいの趣旨に基づいて適切な，具体的な内容を工夫し，それを加えても差し支えないが，その場合には，それが第1章の第1に示す幼稚部における教育の基本を逸脱しないよう慎重に配慮する必要がある。

　幼稚部における教育は，幼稚部教育要領の第1章総則の第1に示している幼稚部における教育の基本に基づいて幼児が幼稚部における生活を展開し，その中で心身の発達の基礎となる体験を得たり，障害による学習上又は生活上の困難を改善・克服したりすることによって行われるものである。

　幼児期は，生活の中で自発的・主体的に環境と関わりながら直接的・具体的な体験を通して，生きる力の基礎となる心情，意欲，態度などを身に付けていく時

期である。これに加え，障害のある幼児の場合は，障害による学習上又は生活上の困難を改善・克服し自立を図るための基本的な態度や習慣などを身に付けていく必要がある。したがって，幼稚部における教育においては，このような幼児期の特性や幼児の障害の状態や特性及び発達の程度等を考慮して，幼稚部における教育において育みたい資質・能力が幼児の中に一体的に育まれていくようにする必要がある。

　幼稚部教育要領の第2章「ねらい及び内容」において，各領域に示されている事項は，幼稚部における教育が何を意図して行われるかを明確にしたものである。すなわち，幼児が生活を通して発達していく姿を踏まえ，幼稚部における教育において育みたい資質・能力を幼児の生活する姿から捉えたものを「ねらい」とし，それを達成するために教師が幼児の障害の状態や特性及び発達の程度等を踏まえながら指導し，幼児が身に付けていくことが望まれるものを「内容」としたものである。そして，このような「ねらい」と「内容」を幼児の発達の側面からまとめて以下の六つの領域を編成している。

- 心身の健康に関する領域「健康」
- 人との関わりに関する領域「人間関係」
- 身近な環境との関わりに関する領域「環境」
- 言葉の獲得に関する領域「言葉」
- 感性と表現に関する領域「表現」
- 幼児の障害による学習上又は生活上の困難の改善・克服に関する領域「自立活動」

　しかし，幼児の発達や障害による学習上又は生活上の困難の改善・克服は，様々な側面が絡み合って相互に影響を与え合いながら遂げられていくものである。各領域に示されている「ねらい」は，幼稚部における生活の全体を通して幼児が様々な体験を積み重ねる中で相互に関連をもちながら次第に達成に向かうものであり，「内容」は，幼児が環境に関わって展開する具体的な活動を通して総合的に指導されなければならないものである。

　このようなことから，幼稚部教育要領第2章の各領域にまとめて示している事項は，教師が幼児の生活を通して総合的な指導を行う際の視点であり，幼児の関わる環境を構成する場合の視点でもあるということができる。

　その意味から，幼稚部における教育の領域は，それぞれが独立した授業として展開される小学部の教科とは異なるので，後述する自立活動の内容に重点を置いた指導は別として，領域別に教育課程を編成したり，特定の活動と結び付けて指導したりするなどの取扱いをしないようにしなければならない。領域の「ねらい」と「内容」の取扱いに当たっては，このような幼稚部における「領域」の性格と

ともに，自立活動以外の領域の冒頭に示している領域の意義付けを理解し，各領域の「内容の取扱い」と幼児の発達を踏まえた適切な指導が行われるようにしなければならない。

また，第2章に示している事項は幼稚部における教育の全体を見通した「ねらい」であり「内容」であるので，これによって幼稚部において指導すべき具体的な方向を捉えながら，幼児の障害の状態や特性及び発達の程度等，地域の実態などに応じて，幼稚部においては具体的なねらいや内容を組織することが必要である。

また，「幼児期の終わりまでに育ってほしい姿」が，ねらい及び内容に基づく活動全体を通して資質・能力が育まれている幼児の幼稚部修了時の具体的な姿であることを踏まえ，指導を行う際には考慮することが必要である。

なお，自立活動については，他の5領域とは異なり，幼児の障害に対応する側面から示された領域であることに留意する必要がある。すなわち，自立活動のねらいと内容は，幼児一人一人の障害による学習上又は生活上の困難を改善・克服するという観点から示されたものである。したがって，自立活動については，前述したような総合的な指導を通してねらいの達成を図ることも大切であるが，それとともに幼児の障害の状態や特性及び発達の程度等によっては，自立活動の内容に重点を置いた指導を行い，幼児の全体として調和のとれた発達を促すことも重要である。

また，「特に必要な場合には，各領域に示す「ねらい」の趣旨に基づいて適切な，具体的な内容を工夫し，それを加えても差し支えない」としつつ，「その場合には，それが第1章総則第1に示す幼稚部における教育の基本を逸脱しないよう慎重に配慮する必要がある。」としている。これは，自立活動以外の各領域に示す「ねらい」の趣旨に基づいた上で，地域や幼稚部の実態に応じて，幼稚部教育要領に示した内容に加えて教育課程を編成，実施することができるようにしているものである。ただし，その場合には，第1章総則第1に示した幼稚部における教育の基本を逸脱しないよう慎重に配慮する必要がある。つまり，幼児期の特性を踏まえ，環境を通して行うことを基本とし，遊びを中心とした生活を通して発達に必要な体験をし，幼児期にふさわしい生活が展開されるようにすることが重要である。

第2節　健康，人間関係，環境，言葉及び表現（第2章）

> 健康，人間関係，環境，言葉及び表現
> 　健康，人間関係，環境，言葉及び表現のそれぞれのねらい，内容及び内容の取扱いについては，幼稚園教育要領第2章に示すねらい，内容及び内容の取扱いに準ずるものとするが，指導に当たっては，幼児の障害の状態や特性及び発達の程度等に十分配慮するものとする。

　健康，人間関係，環境，言葉及び表現のそれぞれのねらい，内容及び内容の取扱いについては，幼稚園における教育要領第2章に示すものに準ずるものとされている。ここでいう「準ずる」とは，原則として同一ということを意味しており，それらの取扱いに当たっては，幼児の障害の状態や特性及び発達の程度等に十分配慮する必要がある。

　このようなことから，特別支援学校の幼稚部における指導に当たっては，これらの各領域のねらい，内容等について，幼稚部教育要領（平成29年3月文部科学省告示第62号）及び幼稚園教育要領解説（平成30年3月文部科学省）を参照するとともに，本解説第2章の第7節の4で解説した障害種別ごとに留意する事項についても十分に踏まえる必要がある。

第3節　自立活動（第2章）

自立活動
1　ねらい
　　個々の幼児が自立を目指し，障害による学習上又は生活上の困難を主体的に改善・克服するために必要な知識，技能，態度及び習慣を養い，もって心身の調和的発達の基盤を培う。
2　内　容
　(1)　健康の保持
　　　ア　生活のリズムや生活習慣の形成に関すること。
　　　イ　病気の状態の理解と生活管理に関すること。
　　　ウ　身体各部の状態の理解と養護に関すること。
　　　エ　障害の特性の理解と生活環境の調整に関すること。
　　　オ　健康状態の維持・改善に関すること。
　(2)　心理的な安定
　　　ア　情緒の安定に関すること。
　　　イ　状況の理解と変化への対応に関すること。
　　　ウ　障害による学習上又は生活上の困難を改善・克服する意欲に関すること。
　(3)　人間関係の形成
　　　ア　他者とのかかわりの基礎に関すること。
　　　イ　他者の意図や感情の理解に関すること。
　　　ウ　自己の理解と行動の調整に関すること。
　　　エ　集団への参加の基礎に関すること。
　(4)　環境の把握
　　　ア　保有する感覚の活用に関すること。
　　　イ　感覚や認知の特性についての理解と対応に関すること。
　　　ウ　感覚の補助及び代行手段の活用に関すること。
　　　エ　感覚を総合的に活用した周囲の状況についての把握と状況に応じた行動に関すること。
　　　オ　認知や行動の手掛かりとなる概念の形成に関すること。
　(5)　身体の動き
　　　ア　姿勢と運動・動作の基本的技能に関すること。
　　　イ　姿勢保持と運動・動作の補助的手段の活用に関すること。
　　　ウ　日常生活に必要な基本動作に関すること。
　　　エ　身体の移動能力に関すること。

オ　作業に必要な動作と円滑な遂行に関すること。
　(6)　コミュニケーション
　　　ア　コミュニケーションの基礎的能力に関すること。
　　　イ　言語の受容と表出に関すること。
　　　ウ　言語の形成と活用に関すること。
　　　エ　コミュニケーション手段の選択と活用に関すること。
　　　オ　状況に応じたコミュニケーションに関すること。

1　自立活動の領域の性格

　自立活動の領域は，学校教育法第72条の「……幼稚園……に準ずる教育を施すとともに，障害による学習上又は生活上の困難を克服し自立を図るために必要な知識技能を授ける」という特別支援学校の目的の後段の部分に当たる指導を担っているものである。

　また，既に「幼稚部における教育の目標」の2やこの章の第1節で述べたように，幼稚部における自立活動は，幼児が障害による学習上又は生活上の困難を主体的に改善・克服するために必要な態度や習慣などを育て，心身の調和的発達の基盤を培うという観点から設定されたものであり，この意味で他の領域とは性格を異にする領域であるということができる。

2　自立活動のねらい及び内容

　自立活動のねらいは，幼稚部における生活の全体を通して，幼児が障害による学習上又は生活上の困難を主体的に改善・克服するために期待される態度や習慣などを養い，心身の調和的発達の基盤を培うことによって，自立を目指すことを示したものである。ここでいう「自立」とは，幼児がそれぞれの障害の状態や特性及び発達の程度等に応じて，主体的に自己の力を可能な限り発揮し，よりよく生きていこうとすることを意味している。

　そして，「障害による学習上又は生活上の困難を主体的に改善・克服する」とは，幼児の実態に応じ，日常生活や遊び等の諸活動において，その障害によって生ずるつまずきや困難を軽減しようとしたり，また，障害があることを受容したり，つまずきや困難の解消のために努めたりすることを明記したものである。なお，「改善・克服」については，改善から克服へといった順序性を示しているものではないことに留意する必要がある。

　また，「調和的発達の基盤を培う」とは，一人一人の幼児の発達の遅れや不均

衡を改善したり，発達の進んでいる側面を更に伸ばすことによって遅れている側面の発達を促すようにしたりして，全人的な発達を促進することを意味している。

このようなねらいを達成するために，教師が指導し，幼児が身に付けることが期待される事項を整理してまとめたものを，自立活動の内容として示している。

今回の改訂では，六つの区分は従前と同様であるが，発達障害や重複障害を含めた障害のある幼児児童生徒の多様な障害の種類や状態等に応じた指導を一層充実するため，「1健康の保持」の区分に「エ障害の特性の理解と生活環境の調整に関すること。」の項目を新たに示した。また，自己の理解を深め，主体的に学ぶ意欲を一層伸長するなど，発達の段階を踏まえた指導を充実するため，「4環境の把握」の区分の下に設けられていた「イ感覚や認知の特性への対応に関すること」の項目を「イ感覚や認知の特性についての理解と対応に関すること。」と改めた。さらに，「エ感覚を総合的に活用した周囲の状況の把握に関すること。」の項目を「エ感覚を総合的に活用した周囲の状況についての把握と状況に応じた行動に関すること。」と改めた。

なお，内容の詳細については，特別支援学校学習指導要領解説　自立活動編の「第6章　自立活動の内容」を参照されたい。

これらのねらいと内容は，いずれも幼児の障害の状態等を前提として必要とされる指導を念頭に置いて示したものである。そのため，0歳から3歳未満までの発達を含め，幼児の多様な実態に対応できるように構成されている。

3　自立活動の個別の指導計画の作成と内容の取扱い（第2章の3の(1)）

> 3　個別の指導計画の作成と内容の取扱い
> (1)　自立活動の指導に当たっては，個々の幼児の障害の状態や特性及び発達の程度等の的確な把握に基づき，指導すべき課題を明確にすることによって，指導のねらい及び指導内容を設定し，個別の指導計画を作成するものとする。その際，2に示す内容の中からそれぞれに必要とする項目を選定し，それらを相互に関連付け，具体的に指導内容を設定するものとすること。

幼稚部における自立活動のねらい及び内容は，幼稚部教育要領の第2章に示す他の五つの領域すなわち，健康，人間関係，環境，言葉及び表現のねらい及び内容との関連を図り，具体的な活動を通して総合的に指導される場合と，この領域に重点を置いて指導される場合とに大別される。

この規定の前段では，自立活動の指導に当たって，幼児一人一人の実態に基づいた個別の指導計画を作成することを示している。すなわち，幼稚部においては，

自立活動に重点を置いて指導を行う場合はもとより，総合的に指導する場合においても，個別の指導計画に基づいて指導する必要がある。

今回の改訂では，個別の指導計画の作成についてさらに理解を促すため，実態把握から指導のねらいや具体的な指導内容の設定までの各過程をつなぐ配慮事項をそれぞれ示した。

個別の指導計画の作成の手順や様式は，それぞれの学校が幼児の障害の状態や特性及び発達の程度等を考慮し，指導上最も効果が上がるように考えるべきものである。

したがって，ここでは，手順の一例を示すこととする。

① 個々の幼児の実態（障害の状態，発達や経験の程度，生育歴等）を的確に把握する。
② 実態把握に基づいて得られた指導すべき課題や課題相互の関連を整理する。
③ 個々の実態に即した指導のねらいを明確に設定する。
④ 幼稚部教育要領第2章自立活動の2の内容の中から，個々の指導のねらいを達成させるために必要な項目を選定する。
⑤ 選定した項目を相互に関連付けて具体的な指導内容を設定する。
⑥ 他の領域との関連を図り，指導上留意すべき点を明確にする。

後段では，個別の指導計画に盛り込まれる指導内容は，個々の幼児が必要とするものを自立活動の内容の中から選定し，それらを相互に関連付け，具体的に設定するよう示している。

自立活動の内容は，人間としての基本的な行動を遂行するために必要な要素と障害による学習上又は生活上の困難を改善・克服するために必要な要素を挙げ，それらを分類・整理したものである。自立活動の六つの区分は，実際の指導を行う際の「指導内容のまとまり」を意味しているわけではない。つまり，「健康の保持」，「心理的な安定」，「人間関係の形成」，「環境の把握」，「身体の動き」又は「コミュニケーション」のそれぞれの区分に従って指導計画が作成されることを意図しているわけではないので，この点に留意する必要がある。

4 個別の指導計画作成上の留意事項（第2章3の(2)）

> (2) 個別の指導計画の作成に当たっては，次の事項に配慮するものとすること。

第2章の3の(1)では，自立活動の指導に当たっては，個別の指導計画を作成することを明確にしており，従前はこれに続けて，「指導内容を設定する際の配慮事項」が示されていた。

また，前回の改訂では個別の指導計画の作成の手順について分かりやすく示す観点から，従前の「指導内容を設定する際の配慮事項」を含めて，「幼児の実態の把握」，「指導のねらいの設定」，「具体的な指導内容の設定」，「評価」という個別の指導計画に基づく指導の展開に従って配慮事項を示すよう改めた。

　今回の改訂では，個別の指導計画を作成する上で，「幼児児童生徒の実態の把握」，「指導のねらいの設定」，「具体的な指導内容の設定」までの各事項間をつなぐ要点を示すよう改めた。

　個別の指導計画に基づく指導は，計画（Plan）－実践（Do）－評価（Check）－改善（Action）のサイクルで進められなければならない。

　まず，幼児の実態把握に基づいて得られた指導すべき課題を明確にする。そして，これまでの学習の状況や将来の可能性を見通しながら，指導すべき課題の相互の関連を検討し，長期的及び短期的な観点から指導のねらいを設定した上で，具体的な指導内容を検討して計画が作成される。作成された計画に基づいた実践の過程においては，常に幼児の学習の状況を評価し指導の改善を図ることが求められる。さらに，評価を踏まえて見直された計画により，幼児にとってより適切な指導が展開されることになる。すなわち，評価を通して指導の改善が期待されるのである。

　このように，個別の指導計画に基づく指導においては，計画，実践，評価，改善のサイクルを確立し，適切な指導を進めていくことが極めて重要である。

> ア　個々の幼児について，障害の状態，発達や経験の程度，興味・関心，生活や学習環境などの実態を的確に把握すること。

　個々の幼児の実態把握は，すべての教育活動に必要なことであるが，自立活動の指導に当たっては，実態の的確な把握に基づいて，個別の指導計画を作成することから特に重要である。

　幼児の障害の状態は，一人一人異なっている。自立活動では，それぞれの障害による学習上又は生活上の困難を主体的に改善・克服することを目標にしているので，必然的に一人一人の指導内容・方法も異なってくる。そのため，個々の幼児について，障害の状態，発達や経験の程度，興味・関心，生活や学習環境などの的確な把握が求められている。ここに実態把握の目的があり，実態把握の内容やその範囲は自立活動の指導を行う観点から明確に整理する必要がある。

　実態把握の具体的な内容としては，病気等の有無や状態，生育歴，基本的な生活習慣，人やものとのかかわり，心理的な安定の状態，コミュニケーションの状態，対人関係や社会性の発達，身体機能，視機能，聴覚機能，知的発達や身体発育の状態，興味・関心，障害の理解に関すること，学習上の配慮事項や学力，特

別な施設・設備や補助用具（機器を含む。）の必要性，進路，家庭や地域の環境等様々なことが考えられる。

その際，幼児が困難なことのみを観点にするのではなく，長所や得意としていることも把握することが大切である。

幼児の実態を把握する方法としては，観察法，面接法，検査法等の直接的な把握の方法が考えられるが，それぞれの方法の特徴を十分に踏まえながら目的に即した方法を用いることが大切である。幼児の実態を的確に把握するに当たって，保護者等から生育歴や家庭生活の状況を聞いたり，保護者の教育に対する考えを捉えたりすることは欠くことができないことである。保護者から話を聴く際には，その心情に配慮し共感的な態度で接することが大切である。

また，教育的立場からの実態把握ばかりでなく，心理学的な立場，医学的な立場からの情報を収集したり，幼児が支援を受けている福祉施設等からの情報を収集したりして実態把握を行うことも重要である。

しかしながら，幼児の実態把握が十分に行われないと，個別の指導計画が作成できないというわけではない。その時点で収集した実態把握に基づいて個別の指導計画を作成し，それに基づく指導を通して，実態把握を更に深化させ，個別の指導計画を修正していくという柔軟な対応も大切である。

その際，個別の指導計画を参考にして，これまで何を目標に学んできたのか，学んで身に付いたこと，学んで身に付きつつあること，まだ学んでいないことなど，その学習の記録を引き継いで指導すべき課題の整理に生かしていく視点も大切である。また，把握した実態から今指導すべき課題を整理する視点としては，数年後の幼児の学びの場や生活の場などを想定し，そこで必要とされる力や目指す姿を明らかにすることも必要である。

なお，このようにして得られた情報は，実際の指導に生かされることが大切であり，個別の指導計画を作成するために必要な範囲に限定するとともに，個人情報の保護の観点から，その情報の適切な管理についても十分留意する必要がある。

> イ 幼児の実態把握に基づいて得られた指導すべき課題相互の関連を検討すること。その際，これまでの学習状況や将来の可能性を見通しながら，長期的及び短期的な観点から指導のねらいを設定し，それらを達成するために必要な指導内容を段階的に取り上げること。

幼児の障害の種類や程度，発達や経験の程度，生育歴などは様々であるので，自立活動の領域に示されているねらいと内容は，すべての幼児に同じように取り上げて指導する性質のものではない。したがって，様々な角度から一人一人の幼児の実態を把握し，それに基づいて得られた指導すべき課題相互の関連を検討す

ることで，長期的及び短期的な指導のねらいを明確にする。その上で，内容の六つの区分の 27 項目の中から必要とする項目を選定し，それらを相互に関連付けて，具体的な指導内容を設定し，段階的に取り上げるようにすることが大切である。その際，一人一人の幼児の現在の障害の状態や発達の程度に着目する必要があるが，それだけではなく，生育歴等を参考にしながら，現在の幼児の実態に関与している要因についても明らかにすることが重要である。また，指導のねらいと指導内容のそれぞれを，総合的な指導として取り上げるべきか，自立活動の内容に重点を置いた指導として取り上げるべきかについても検討する必要がある。いずれの形で指導を行う場合においても，幼児の主体性を重んじ，機械的な反復練習にならないよう留意し，自然な形で活動が展開されるようにしなければならない。

自立活動の個別の指導計画を作成する上で，最も重要な点が，実態把握から指導のねらいを設定するまでのプロセスにある。

以下に，これらの項目について述べる。

(ア) 指導すべき課題相互の関連の検討

学習指導要領には，自立活動について，教科のように目標の系統性は示されていない。そのため，幼児一人一人の自立活動における指導の系統性を確保するには，個別の指導計画を確実に接続していく必要がある。つまり，個別の指導計画を通して，前年度までの指導担当者が，なぜその指導のねらいを設定することにしたのか，設定に至る考え方が共有されていけば，指導の系統性も確保しやすくなると思われる。このため今回の改訂においては，指導計画作成の手順の中に，実態把握から指導のねらいを設定する過程において，指導すべき課題を整理する手続きを導入し，指導のねらいを設定するに至る判断の根拠を記述して残すことについて新たに示した。

実態把握の情報を収束していく方法としては，演繹法，帰納法，因果法，時系列法等の情報を収束する技法が考えられるが，それぞれの方法の特徴を十分に踏まえながら目的に即した方法を用いることが大切である。

幼児の実態把握から課題を焦点化していくに当たって，指導開始時点までの学習の状況から，幼児の「できること」，「もう少しでできること」，「援助があればできること」，「できないこと」などが明らかになる。これらのうちから，その年度の指導のねらいの設定に必要な課題に焦点を当て，中心となる課題を選定していく。そのため，何に着目して課題の焦点化を行うか，その視点を校内で整理し共有することが必要である。

例えば，「もう少しでできること」のうち，その課題が改善されると，発達が促され，他の課題の改善にもつながっていくものを中心的な課題として捉えてみるということが考えられる。また，「援助があればできること」の

うち，幼児の障害の状態等を踏まえれば現状を維持していくことが妥当であるものや，「できないこと」のうち，数年間指導を継続してきたにも関わらず習得につながる変化が見られないものなどは，指導すべき課題の対象から外して考えてみるなども考えられる。また，現在の姿から数年後や卒業後に目指す姿との関連が弱い課題を対象から除いていく考え方もある。いずれにしても，対象となる幼児の現在の姿のみにとらわれることなく，そこに至る背景や，学校で指導可能な残りの在学期間，数年後や卒業後までに育みたい力との関係など，幼児の中心的な課題を整理する視点を明確にしていく必要がある。

このような手続きを踏まえ，指導すべき課題として抽出された課題については，課題同士の関連や指導の優先について検証していくことが大切である。一つ一つの課題は，単独で生じている場合も考えられるが，相互の課題が関連している場合もある。関連の仕方には，原因と結果の関係，相互に関連し合う関係などが見られる。こうした因果関係等を整理していくことで，他の多くの課題と関連している課題の存在や，複数の課題の原因となっている課題の存在などに注目しやすくなる。また，中心的な課題に対する発展的な課題の見通しなどももちやすくなる。

このような分析や整理を進めていくためには，特定の教師だけに任せることなく，複数の教師で検討する学校のシステムを構築していくことが望まれる。

(イ) 指導のねらいの設定と必要な項目の選定

指導のねらいの設定に当たっては，個々の幼児の実態把握に基づいて整理された指導すべき課題を踏まえ，幼稚部の在学期間等の長期的な観点に立ったねらいとともに，当面の短期的な観点に立ったねらいを定めることが，自立活動の指導の効果を高めるために必要である。

この場合，個々の幼児の障害の状態等は変化し得るものであるので，特に長期のねらいについては，今後の見通しを予測しながら，指導すべき課題を再整理し，指導のねらいを適切に変更し得るような弾力的な対応が必要である。

長期的な観点に立った指導のねらいを達成するためには，個々の幼児の実態に即して必要な指導内容を段階的，系統的に取り上げることが大切である。すなわち，段階的に短期の指導のねらいが達成され，それがやがては長期の指導のねらいの達成につながるという展望が必要である。それらの展望を描く際には，(ア)で整理した指導すべき課題間の関連を参考に，第2章に示す「内容」の中から必要な項目を選定すると分かりやすい。

このように，具体的な指導目標を設定して，指導内容を選定するに当たっ

ては,その幼児の現在の状態に着目するだけではなく,その生育の過程の中で,現在の状態に至った原因を明らかにし,障害による学習上又は生活上の困難の改善・克服を図るようにすることも大切である。

また,その幼児の将来の可能性を広い視野から見通した上で,現在の発達の段階において育成すべき具体的な指導目標と指導内容を選定し,重点的に指導することが大切である。この場合,その幼児の将来の可能性を限定的に捉えるのではなく,技術革新や社会の発展を考慮し,長期的な観点から考えることが重要である。

なお,幼稚部,小学部,中学部,高等部と継続的に指導していく過程で指導内容の重複や欠落がないように,個々の幼児児童生徒の個別の指導計画に基づく指導記録を個人ファイルなどで適切に管理し,それまでの指導を生かすようにすることも重要である。

ウ　具体的な指導内容を設定する際には,以下の点を考慮すること。
　(ｱ)　幼児が,興味をもって主体的に取り組み,成就感を味わうとともに自己を肯定的に捉えることができるような指導内容を取り上げること。
　(ｲ)　個々の幼児が,発達の遅れている側面を補うために,発達の進んでいる側面を更に伸ばすような指導内容を取り上げること。
　(ｳ)　幼児が意欲的に感じ取ろうとしたり,気が付いたり,表現したりすることができるような指導内容を取り上げること。

個別の指導計画の作成においては,個々の幼児に長期的及び短期的な観点からねらいを定め,その達成のために必要な指導内容を段階的に取り上げることが重要である。

自立活動の指導に当たっては,2に示す「内容」の中からそれぞれに必要とする項目を選定し,それらを相互に関連付け,具体的に指導内容を設定することとなるが,その際の配慮事項を示している。

以下に,これらの項目について述べる。

ア　幼稚部においては,一人一人の幼児の実態に即した環境を設定し,幼児はその環境との関わりにおいて自発性や自主性を発揮した活動を展開し,これらの活動を通して具体的な指導のねらいに迫ることが求められている。自立活動の指導においても,この点を大切にするとともに,幼児が結果を予測したり,確かめたりすることのできる具体的な指導内容を設定するなどして,成就感や満足感を味わうことができるようにすることも重要である。この成就感や満足感は,次の活動への意欲につながるものとして非常に大切なものである。その際,幼児が繰り返し取り組んでできるようになったことや,そ

の過程で見られた変化などを教師がしっかりと称賛することで,幼児が自分の存在を認められ,受け入れられているという安心感など得られるようにすることが考えられる。幼児においては,自立活動の学習に取り組む自分について振り返る機会を適宜設定して,がんばっている自分を確認したり,過去と比較して成長していることを実感できるようにしたりすることが考えられる。

イ　具体的な指導内容の設定に当たっては,幼児の発達の遅れている側面を補うために発達の進んでいる側面を更に伸ばすような指導内容を設定することが大切である。「障害による学習上又は生活上の困難を改善・克服する」というと,一般に発達の遅れている側面や改善の必要な障害の状態に着目しがちである。しかしながら,幼児の発達の遅れた側面やできないことのみにとらわれて,これを伸ばしたり,改善したりすることを目標に指導すると,幼児は苦手なことやつらいことを繰り返し行うことになり,効果が現れるのに必要以上の時間を要したり,方法によっては幼児の学習に対する意欲を低下させ,劣等感をもたせてしまったりすることも考えられる。

　人間の発達は,諸々の側面が有機的に関連し合っており,発達の進んでいる側面を更に促進させることによって,幼児が自信をもって活動や学習に取り組むなど,意欲を喚起し,遅れている面の伸長や改善に有効に作用することも少なくない。したがって,指導内容の設定の際には,個々の幼児の発達の進んでいる側面にも着目し,指導計画を作成することが大切である。

ウ　障害による学習上又は生活上の困難を改善・克服するためには,困難を改善・克服するために必要な知識,技能,態度及び習慣を身に付けるとともに,安心して活動しやすいよう環境を整えることが重要である。

　幼児期においては,自ら人やものなどの環境と関わり合う体験が,環境や自己に対する気付きにつながり,自ら環境を整える力の素地となるものである。このため,今回の改訂においては,自ら環境を整える力の素地を培うことを目指し,自ら環境と関わり合う指導内容を取り上げることを幼稚部においても明示した。

　幼稚部においては,環境を通して教育を行うものであることから,自立活動の指導においても,この点を大切にし,幼児が繰り返し見たり,聞いたり,触れたりするなどができる指導内容を設定し,周囲の人やものなどの環境に親しみ,興味をもって関わることできるようにすることが重要である。

● 5　評価の活用による指導の改善（第2章の3の(2)のエ）

エ　幼児の学習状況や結果を適切に評価し,個別の指導計画や具体的な指導

> の改善に生かすよう努めること。

　自立活動における幼児の活動の評価は，実際の指導が個々の幼児の指導のねらいに照らしてどのように行われ，幼児がその指導のねらいの実現に向けてどのように変容しているかを明らかにするものである。また，幼児がどのような点でつまずき，それを改善するためにどのような指導をしていけばよいかを明確にしようとするものでもある。

　自立活動の指導は，教師が幼児の実態を的確に把握した上で個別の指導計画を作成して行われるが，計画は当初の仮説に基づいて立てた見通しであり，幼児にとって適切な計画であるかどうかは，実際の指導を通して明らかになるものである。したがって，幼児の活動状況や指導の結果に基づいて，適宜修正を図らなければならない。

　指導の結果や幼児の活動状況を評価するに当たっては，指導のねらいを設定する段階において，幼児の実態に即し，その到達状況を具体的に捉えておくことが重要である。例えば，「友達とのコミュニケーションができるようになる」ことをねらいとして考えた場合，幼児の実態に即して，どのような場面を想定するか，どのような方法を用いることができるかなど，幼児の具体的な行動として評価が可能になるように工夫することが必要である。

　指導と評価は一体であると言われるように，評価は幼児の活動の評価であるとともに，教師の指導に対する評価でもある。教師には，評価を通して指導の改善が求められる。したがって，教師自身が自分の指導の在り方を見つめ，幼児に対する適切な指導内容・方法の改善に結び付くことが求められる。幼児の活動の評価に当たっては，教師間の協力の下で，適切な方法を活用して進めるとともに，多面的な判断ができるように，必要に応じて外部の専門家や保護者等と連携を図っていくことも考慮する必要がある。また，保護者には，活動の評価について説明し，幼児の成長の様子を確認してもらうとともに，幼稚部での生活で身に付けたことを家庭生活でも発揮できるように協力を求めることが大切である。

　評価は，幼児にとっても大切であり，例えば，次の活動に取り組む意欲の喚起につながるような工夫が教師には求められよう。また，幼稚部においては，自立活動の時間を設けて指導が行われる場合もあるが，総合的な活動の中で，自立活動の指導を行う場合もある。そうした場合には，様々な側面から評価を進めることも必要になる。幼児期であることも考慮すると，障害のある部分にとらわれ過ぎないよう留意し，全人的な側面から評価を行うことも大切である。

6　他の領域との関連（第2章の3の(2)のオ）

> オ　各領域におけるねらい及び内容と密接な関連を保つように指導内容の設定を工夫し，計画的，組織的に指導が行われるようにすること。

　自立活動の指導に当たっては，本編第3章第3節の6に述べたように幼稚部教育要領第2章に示されている健康，人間関係，環境，言葉及び表現の5つの領域におけるねらい及び内容と密接な関連を図りながら，一人一人の幼児の指導のねらいに基づいて，自立活動の内容の中から必要とする項目を選定し，それらを相互に関連付けて，具体的な指導内容を設定するように工夫することが大切である。また，指導内容を段階的に取り上げ，必要に応じて総合的な指導を行ったり，自立活動の内容に重点を置いた指導を行ったりして，計画的，組織的に指導が行われるようにしなければならない。

　自立活動の内容に重点を置いた指導は，個別に，あるいはグループごとに自立活動の時間を設けて行ったり，幼稚部における生活の流れの中で意図的に行ったりすることが考えられる。このような場合においても，幼児が興味をもって意欲的に取り組むことのできる具体的な指導内容や環境を設定することが大切である。

7　教師の協力体制（第2章の3の(3)）

> (3)　自立活動の時間を設けて指導する場合は，専門的な知識や技能を有する教師を中心として，全教師の協力の下に効果的に行われるようにすること。

　自立活動の時間における指導は，専門的な知識や技能を有する教師を中心として全教師の協力の下に一人一人の幼児について個別の指導計画を作成し，実際の指導に当たることが必要である。ここでいう専門的な知識や技能を有する教師とは，特別支援学校の教師の免許状や自立活動を担当する教師の免許状を所有する者をはじめとして，様々な現職研修や自己研修等によって専門性を高め，校内で自立活動の指導的役割を果たしている教師を含めて広く捉えている。

　自立活動の指導において中心となる教師は，学校における自立活動の指導の全体計画の作成に際し，担任や養護教諭を含めた全教師の要としての役割を果たすことを意味している。

　また，自立活動の時間における指導は，幼児の障害の状態によっては，かなり専門的な知識や技能を必要としているので，いずれの学校においても，自立活動

の指導の中心となる教師は，それにふさわしい専門性を身に付けておくことが必要である。

なお，複数の障害種に対応する特別支援学校においては，それぞれの障害種別に対応した専門的な知識や技能を有する教師を学校全体で活用できるようにする必要がある。例えば，肢体不自由教育に関する専門的な知識や技能を有する教師は，肢体不自由のある幼児の自立活動の指導を担当するだけでなく，他の障害のある幼児の身体の動きに関する指導計画の作成やその実践において，専門的な知識や技能を発揮することが求められる。

また，複数の障害種別に対応する特別支援学校においては，それぞれの障害種別に十分な対応ができるように，教師の専門性の向上を図るための研修等を充実させる一方で，他の特別支援学校との連携協力を図り，必要に応じて，自立活動の指導についての助言を依頼することなども考えられる。

● 8　専門の医師等との連携協力（第2章の3の(4)）

> (4) 幼児の障害の状態等により，必要に応じて，専門の医師及びその他の専門家の指導・助言を求めるなどして，適切な指導ができるようにすること。

自立活動の指導計画の作成や実際の指導に当たっては，専門の医師及びその他の専門家との連携協力を図り，適切な指導ができるようにする必要があるので，本項はこの点について示したものである。

このことは，専門の医師をはじめ，理学療法士，作業療法士，言語聴覚士，心理学の専門家等各分野の専門家との連携協力については，必要に応じて，指導・助言を求めたり，連絡を密にしたりすることなどを意味している。

幼児の障害の状態や発達の段階等は多様であり，その実態の的確な把握に基づいた指導が必要とされ，ときには，教師以外の専門家の指導・助言を得ることが必要な場合がある。

例えば，内臓や筋の疾患がある幼児の運動の内容や量，脱臼や変形がある幼児の姿勢や動作，極端に情緒が不安定になる幼児への接し方などについては，専門の医師からの指導・助言を得ることが不可欠である。

また，姿勢や歩行，日常生活や作業上の動作，摂食動作やコミュニケーション等について，幼児の心身の機能を評価し，その結果に基づいて指導を進めていくためには，理学療法士，作業療法士，言語聴覚士等からの指導・助言を得ることが大切である。さらに，情緒や行動面の課題への対応が必要な場合には心理学の専門家，学習上の困難さへの対応が必要な場合には教育学の専門家等からの指

導・助言が有益である。

　学校において，幼児の実態の把握や指導の展開に当たって，以上のような専門的な知識や技能が必要である場合には，幼児が利用する医療機関の理学療法士，作業療法士，言語聴覚士，心理学や教育学の専門家等各分野の外部専門家やその他の外部の専門家と積極的に連携して，幼児にとって最も適切な指導を行うことが必要である。その際，留意すべきことは，自立活動の指導は教師が責任をもって計画し実施するものであり，外部の専門家の指導にゆだねてしまうことのないようにすることである。つまり，外部の専門家の助言や知見などを指導に生かすことが大切なのである。

　このような専門家からの指導・助言を得ることの必要性の有無を判断するのは，当然，自立活動の指導に当たる教師である。したがって，教師は日ごろから自立活動に関する専門的な知識や技能を幅広く身に付けておくとともに，関連のある専門家と連携のとれる体制を整えておくことが大切である。

　なお，関係機関との連携に当たっては，保護者に理解を得ながら，個人情報保護に十分留意し，個別の教育支援計画を効果的に活用することが必要である。

9　個別の教育支援計画等を活用した就学先等との連携（第2章の3の(5)）

> (5)　自立活動の指導の成果が就学先等でも生かされるように，個別の教育支援計画等を活用して関係機関等との連携を図るものとすること。

　前回の改訂では，家庭及び医療，福祉，保健等の業務を行う関係機関との連携を図り，長期的な視点で幼児への教育的支援を行うため「個別の教育支援計画」を作成することが規定された。

　今回の改訂では，自立活動の指導の成果が進路先でも生かされるように，個別の支援計画等を活用することを示したところである。障害のある幼児の場合，就学先において，対人関係や1日の生活の流れといった環境の変化など，新たな学習上又は生活上の困難が生じたり，困難さの状況が変化したりする場合がある。そのため，個別の教育支援計画等により，本人，保護者を含め，専門の医師及びその他の専門家との連携協力を図り，当該幼児についての教育的ニーズや指導や支援の方針等を整理し，就学先での指導に生かしていく必要がある。また，幼稚部で行われた自立活動の指導の成果が，就学先での指導に生かされるようにするためにも，個別の教育支援計画当を十分に活用して情報を引き継ぐことが必要である。

　なお，就学先との連携に当たっては，個人情報保護に十分留意し，連携の意図や引継ぐ内容等について保護者の理解を得ることが大切である。

第4節　環境の構成と保育の展開

1　環境の構成の意味

　環境の構成において重要なことは，その環境を具体的なねらいや内容にふさわしいものとなるようにすることである。ある具体的なねらいを目指して指導を進めるためには，幼児の生活する姿に即して，その時期にどのような経験を積み重ねることが必要かを明確にし，そのための状況をものや人，場や時間，教師の動きなどと関連付けてつくり出していくことが必要となる。その際，以下に示す環境の構成の意味を踏まえて，幼児が自ら発達に必要な経験を積み重ねていくことができるような環境をつくり出すことが大切である。

(1) 状況をつくる

　幼児の活動への意欲や主体的な活動の展開はどのような環境においても自然に生じるというわけではない。まず，環境全体が緊張や不安を感じさせるような雰囲気では，活動意欲は抑制されてしまう。幼児が安心して周囲の環境に関われるような雰囲気が大切である。その上で，幼児の中に興味や関心がわいてきて，関わらずにはいられないように，そして，自ら次々と活動を展開していくことができるように，配慮され，構成された環境が必要である。例えば，製作活動をしようと思っても，それに必要な素材や用具が容易に使えるように用意されていなければ，十分に活動を展開することはできない。また，いかにものが豊富にあったとしても，幼児がものとものとの間に何のつながりも見いだせなかったり，これまでの自分の生活経験の中に位置付けられなかったりすれば，やはり，主体的な活動を展開することはできない。幼児が主体的に環境に関わり，豊かな体験をしていくことができるためには，それが可能であるような適切な環境を教師が構成しなければならない。その際必要なことは，幼児の障害の状態や特性及び発達の程度等だけでなく，幼児の興味や関心の対象，意欲の程度，気分の状態，これまでの経験などを考慮することである。

　このように，環境を通して教育を行うためには，幼児が興味や関心をもって関わることができる環境条件を整えることが必要であるが，それだけでは十分ではない。幼児が環境に関わることにより，その障害の状態等の改善・克服や発達に必要な経験をし，望ましい発達を実現していくようになることが必要である。ただ単に幼児が好き勝手に遊んでいるだけでは，必ずしも発達にとって重要な価値ある体験をするとは限らない。例えば，幼児が楽しんでいるからといって，いたずらに生き物を痛め付けたり，殺したりすることがよい体験だとはいえない。すなわち，幼稚部は幼児が発達に必要な経験をすることができる

ように配慮された環境でなければならないのである。それは，幼稚部における教育が意図的な教育である以上，教師の責任に関わる事柄である。教師は，一人一人の幼児の中に今何を育みたいのか，一人一人の幼児がどのような体験を必要としているのかを明確にし，幼児がどのような活動の中でどのような体験をしているのかを考慮しながら，教師としての願いを環境の中に盛り込んでいかなければならない。幼児の主体的な活動を通しての発達は，教師が，幼児の周りにある様々なものの教育的価値を考慮しながら，綿密に配慮し，構成した環境の下で促されるのである。

　環境を考えるに当たって，遊具や用具，素材など物的環境をどうするかは大切な問題である。しかし，幼児の活動に影響を与えている環境の要素は物だけではない。その場にいる友達や教師，そのときの自然事象や社会事象，空間的条件や時間的条件，さらには，その場の雰囲気なども幼児の主体的活動や体験の質に影響を与えている。

　様々な事柄が相互に関連して，幼児にとって意味のある一つの状況を形成しており，その状況の下で，主体的な活動が展開するのである。すなわち，環境を構成するということは，物的，人的，自然的，社会的など，様々な環境条件を相互に関連させながら，幼児が主体的に活動を行い，発達に必要な経験を積んでいくことができるような状況をつくり出すことなのである。

(2) 幼児の活動に沿って環境を構成する

　教師は，幼児が自ら環境に関わり，豊かな体験をしていくことができるように環境を構成するのであるが，その際，教師は，幼児の活動に沿って環境を構成する必要がある。このためには，教師は幼児の視点に立って環境の構成を考えなければならない。一人一人の幼児が今何に関心をもっており，何を実現しようとしているのか，活動に取り組む中で苦労しているところはあるのか，その困難はその幼児にとって乗り越えられそうなものなのか，あるいはこの後どんなことに興味が広がっていきそうなのかなど，幼児の内面の動きや活動への取り組み方，その取組の中で育ちつつあるものを理解することが大切である。

　また，幼児の活動に沿って環境を構成することは，教師が環境を全て準備し，お膳立てをしてしまうことではない。このような状況で幼児が活動をした場合，やり遂げたという充実感や満足感を必ずしも十分に感じられないこともあるであろう。また，困難な状況を自分で考え，切り開く力が育たなくなってしまうこともあるであろう。幼児が自分たちの遊びのイメージに合った状況を自分たちで考え，つくり出し，遊びを展開していくことで，望ましい発達が実現していく場合もあるということである。

　幼児は遊ぶことによりその遊びの状況を変え，状況を変えつつ遊びを展開さ

せていく。教師は幼児の遊びに関わるとき，幼児の遊びのイメージや意図が実現するようにアドバイスしたり，手助けしたりして幼児が発達に必要な経験を得られるような状況をつくり出すことが大切である。

このように，教師は幼児の活動の流れに即して，幼児が実現したいことを捉え，幼児の思いやイメージを生かしながら環境を構成していくことが大切である。このようにして，幼児自身が自ら学び，自ら考える力の基礎を育むことができ，主体性を育てることができるのである。

2 保育の展開

(1) 幼児の生活する姿と指導

幼児の活動に沿った保育の展開に当たっては，幼児の主体性と指導の計画性を関連付けることが重要である。この意味で，生活，計画，保育実践，評価，計画の修正，保育実践という循環の過程が大切である。保育を展開する際には，まず日々の幼児の生活する姿を十分に捉え，それに基づいて指導計画を立てることが求められる。すなわち，幼児は何に関心を抱いているのか，また，何に意欲的に取り組んでいるのか，あるいは取り組もうとしているのか，何に行き詰まっているのかなどの状況を捉え，さらに，次の時期の幼児の生活を見通して指導計画を立てることが必要である。幼児が今取り組んでいることを十分できるようにすることや新たな活動を生み出せるようにすることなど，これまでの生活の流れや幼児の意識の流れを考慮して指導計画を作成することになる。

しかし，どんなに願い，工夫して計画しても，その中で幼児が何を体験するかは教師の予想をこえる場合が見られる。その幼児の活動が教師の当初の意図どおりでなかったとしても，それもその幼児にとって必要な体験であったかもしれない。しかし，だからといって「幼児をただ遊ばせている」だけでは教育は成立しない。教師が幼児を見守ったり，一緒に活動したりしながら，一人一人の幼児に今どのような経験が必要なのか，そのためにはどうしたらよいかを常に考え，必要な援助を続けることが大切である。

(2) 活動の理解と援助

幼児の活動は，教師の適切な援助の下で，幼児が環境と関わることを通して生み出され，展開されるものである。教師は幼児が環境に関わって展開する具体的な活動を通して発達に必要な経験が得られるよう，援助することが重要である。

幼児が環境と関わり，活動を生み出すきっかけは様々である。使ってみたい遊具や用具，素材と出会い，それらに触れることから生み出されることもある。

教師や友達に誘われて一緒の活動に関心を示すこともある。また，偶然出会った動植物や自然の変化などに興味をもつことから生まれることもある。さらに，異年齢など他の幼児の遊びを見たり，その遊びに参加したりすることもきっかけとなる。幼稚部や地域の行事，小学部又は小学校との交流活動に参加することによって生み出されることもある。いずれの場合においても，その背景には人やもの，事象などのいくつかの環境の要素が関連しており，その関連の中で，教師や他の幼児の動きが大きな意味をもつものである。

幼児が主体的に活動を展開するからといって，幼児が遊ぶまで何もせず放っておいたり，幼児が遊び始めたままに見守っていたりしていればいいというものではない。教師は，常に幼児が具体的な活動を通して発達に必要な経験を積み重ねていくよう必要な援助を重ねていくことが大切であり，そのためには活動のきっかけを捉え，幼児の活動の理解を深めることが大切である。

教師は，幼児と活動を共にしながら，一人一人の幼児が心と体をどのように動かしているのかを感じ取り，それぞれの活動が幼児の発達にとってどのような意味をもつのかを考えつつ，指導を行うことが大切である。

(3) 環境の構成と再構成

1日の保育が終わった後，教師は幼児の活動の姿を振り返りながら翌日の環境を考える。すなわち，今日から明日への流れを踏まえた上で，幼児の活動が充実し，一人一人が発達に必要な経験を得られるために指導計画を作成し，ものや空間などの環境を構成し，次の日に幼児を迎える。しかし，次の日の保育は必ずしも教師の予想どおりに展開するわけではない。実際の保育の場面では，幼児の心を揺り動かす環境は多種多様にあり，幼児の活動は教師の予想やそれに基づく環境の構成をこえて様々に展開し，新たに幼児が自ら発達に必要な経験を得られる状況をつくり直すことが必要となる。また，教師が必要と考えて構成した環境が幼児に受け入れられないこともある。このようなときには，教師は活動に取り組む幼児の言動に注意し，幼児の活動が充実するよう援助を重ねながら柔軟に対応していくことが求められる。

教師は，幼児の活動や環境の変化を的確に把握し，物や場といった物的環境をつくり直し，さらに，必要な援助を重ね，幼児の発達にとって意味のある状況をつくり出すことが求められる。この意味で環境の構成は固定的なものではなく，幼児の活動の展開に伴って，常に幼児の発達に意味のあるものとなるように再構成していく必要があるものとして捉えることが大切である。

3 留意事項

(1) 環境を構成する視点

　環境の構成においては，幼児が自分を取り巻いている周囲の環境に意欲的に関わり，主体的に展開する具体的な活動を通して様々な体験をし，望ましい発達を遂げていくよう促すようにすることが重要である。そのために，次に示す視点から具体的な環境の構成を考えることが必要である。

① 発達の時期に即した環境

　発達の時期に即した環境を構成するためには，幼児の長期的な生活の視点に立つことが必要である。幼児が生活する姿は，発達のそれぞれの時期によって特徴のある様相が見られる。それは，その時期の幼児の環境への関わり方，環境の受け止め方の特徴でもあるということもできよう。具体的なねらいや内容に基づいた環境を構成する際には，発達の時期のこのような特徴を捉えて，どのようにしたらよいかを十分に考える必要がある。

　例えば，入学当初の不安や緊張が解けない時期には，幼児は，日頃家庭で親しんでいる遊具を使って遊ぼうとしたり，自分が安心できる居場所を求めたりする。教師に対しても一緒に行動することを求める姿が見られる。このような時期には，一人一人の家庭での生活経験を考慮し，幼児が安心して自分の好きな遊びに取り組めるように，物や場を整えることが必要である。また，教師はできるだけ一人一人との触れ合いをもつようにし，その幼児なりに教師や友達と一緒に過ごす楽しさを感じていけるように穏やかな楽しい雰囲気をつくることが大切である。

　次第に安定して遊ぶようになると，幼児は同じ場で遊ぶ他の幼児に関心を向けたり，行動の範囲や活動の場を広げたりするようになる。このような時期には，幼児が友達との遊びを安定した状態で進めたり，広げたりできるような場を構成すること，活動の充実に向けて必要な遊具や用具，素材を準備すること，幼児の新たな発想を生み出す刺激となるような働き掛けをすることが大切となる。

　やがて，幼児は，友達と一緒に遊ぶ楽しさや様々な物や人との関わりを広げ深めていくようになる。このような時期には，友達と力を合わせ，継続して取り組む活動ができる場の構成を工夫することが大切である。また，友達の刺激を受けながら自分の力を十分発揮していけるように，探究心や挑戦する意欲を高めるような環境の構成が重要である。

② 興味や欲求に応じた環境

　幼児が環境に主体的に関わり，生き生きとした活動を展開するためには，その環境が幼児の興味や欲求に即したものでなければならない。今，幼児が

第4節 環境の構成と保育の展開

どんなことに興味をもち，どんなことをしたいのかを感じ取り，それを手掛かりとして環境の構成を考えることが大切である。しかし，環境の構成は幼児の望ましい発達を促すためのものであるから，幼児の表面的な興味だけにとらわれるのではなく，今どのような経験をすることが大切なのかを併せて考えていく必要がある。つまり，教師が幼児の中に育ってほしいと思うことや指導のねらいによって，環境を構成することが重要である。幼児は，環境と関わることによって自分の興味や欲求を満足させながら，自分で課題を見いだして，それを乗り越えることによって充実感や満足感を味わうのである。興味や欲求が安易に満たされるときには，幼児にとって本当の意味での充実感にならず，次に環境に自ら関わる意欲を生み出す結果とはならないことが少なくない。幼児が生活の中で，葛藤，挫折などの体験をしたり，達成感や満足感を味わったりすることが発達を促す上で大切なことであり，幼児が自分の力で乗り越えられるような困難といった要素も環境の構成の中に含める必要があろう。

　さらに，具体的な遊具や用具，素材の配置については，幼児が遊びの中で，実現したいと思っている遊びのイメージや興味などによってそれらは異なってくることを考慮しておくことが大切である。常に，幼児の興味や関心を大切にしながら，活動の充実に向けて幼児と共に環境を構成し，再構成し続けていくことが大切である。

③　**生活の流れに応じた環境**

　幼稚部における教育は，1日を単位とした生活の流れを中心に展開される。幼児は前日の遊びが楽しければ，翌日も続きの遊びをしたいという期待をもち，喜んで登校して来るだろう。また，幼稚部での遊びや生活は家庭と連続して展開される。特に，登校時の幼児の生活行動や遊びへの取組は，家庭での生活とつながっている。下校後に地域や家庭で経験したことを幼稚部で再現して遊ぶこともある。前日から翌日，前週から翌週というように幼児の興味や意識の流れを大切にし，自然な幼稚部における生活の流れをつくり出していくことが大切である。また，天気のよい日は戸外で過ごす，風のある日であれば風を感じながら遊ぶなど，季節の変化や自然事象と深く関わる幼児の生活を大切にして，自然な生活の流れの中で幼児が様々な自然環境に触れることができるようにすることも必要である。

　さらに，意図性と偶発性，緊張と解放，動と静，室内と屋外，個と集団など，様々なものがバランスよく保たれた自然な生活の流れをつくり出すことが必要であり，偏った環境にならないよう配慮していくことが大切である。

④　**障害の状態に配慮した環境**

　障害のある幼児の場合，具体的な環境の構成を考えるに当たっては，一人

一人の幼児の障害の状態や特性及び発達の程度等を的確に把握して、幼児がもっている力を十分に発揮して活発な活動が展開できるよう留意する必要がある。

例えば、障害の状態に即して遊具を改良したり、使いやすいものを工夫したりして幼児が活動しやすい状況をつくったり、教師の関わり方についても、幼児の様々な活動を、障害の状態や特性及び発達の程度等に応じて適切に援助し、主体的に環境に関わることができるようにすることが大切である。

(2) 保育の展開における教師の役割

幼児が生き生きと活動を展開し、その中で一人一人が着実な発達を遂げていくためには、教師の役割について十分な理解をもつことが大切である。保育の展開において教師のなすべきことは、幼児の生活する姿の中から障害の状態や特性及び発達の程度等を理解し、適切な環境を幼児の生活に沿って構成し、幼児の活動が充実するように援助することである。具体的には、

- 幼児の発達を見通し、具体的なねらいと内容を設定すること
- 幼児が発達に必要な経験が積み重ねられるような具体的な環境を考えること
- 環境と関わって生み出された幼児の活動に沿って幼児の障害の状態や特性及び発達の程度等を理解すること
- 一人一人の幼児にとっての活動のもつ意味を捉え、発達に必要な経験を積み重ねていくことができるように援助をしていくこと

などが挙げられる。

このような保育の展開において、幼児が自ら活動に取り組むためには、何よりも幼児がやってみたいと思う活動に出会う機会がなければならない。しかし、幼児がある活動に興味や関心を抱いたからといって、そのままでは実現に向かうとは限らない。実現の方向に向かっていくためには、その幼児が誰とどのような場でどのような遊具や用具、素材などを用いるかを見守っていく必要がある。そして、その活動に取り組みやすい場をどのようにつくり出すか、どのような遊具や用具、素材が必要か、幼児は何を望んでいるかを考えながら状況づくりをしていかなければならない。さらに、教師は、幼児がその環境にどのように関わっていくかを捉え、関わりの過程を支え、遊びに没頭して充実感や満足感を味わっていけるようにしていくことが重要である。この場合の環境の構成や援助の仕方は、その活動を通してその幼児に対してどのような成長を願うかという教師の願いと密接な関連をもっている。どのような願いをもっているかによって環境の在り方も援助の仕方も異なってくるからである。

教師は、幼児の生活する姿の中から発達の実情を理解し、適切な環境を幼児

の生活に沿って構成し，幼児の活動が充実するように援助することが大切である。そのためには，教師は，幼児理解とともに，幼児の身の回りの環境がもつ特性や特質について日頃から研究し，その教育的価値について理解し，実際の指導場面で必要に応じて活用できるようにしておくことも大切である。その際には，それぞれの環境を大人の視点から捉えるのではなく，自由な発想をする幼児の視点に立って捉え，幼児がその対象との関わりを通して，どのような潜在的な学びの価値を引き出していくのかを予想し，その可能性を幅広く捉えておくことが大切である。

　教師は，環境を見る目を磨いておくことにより，実際の指導場面において，幼児の活動の広がりや深まりに応じて環境を構成することができる。このように，環境のもつ特性や特質について研究を重ねた教師が，計画的に，あるいはそのときの状況に応じて，幼児が発達に必要な体験ができるよう環境を構成していくことにより，幼児は発達に必要な経験をすることができる。

　さらに，保育の展開において大切なことは，環境と関わる教師の姿勢である。環境には，物的環境や人的環境，自然環境や社会環境など様々な環境があるが，そのような環境に教師自身がどのように関わっているかということも環境として大きな意味をもってくる。幼児の中には，このような様々な環境に初めて触れる者やどう関わったらよいか分からない者もいる。そのようなときに，幼児は教師や周囲の幼児がその環境にどう関わるかを見て学んでいく。

　このように，自ら環境に関わる教師の姿は幼児のモデルとして重要な意味をもっている。教師が他の幼児に関わっている姿を見ることも，幼児にとっては大切な環境としての意味をもつ。例えば，挨拶の口調や立ち居振る舞い，言葉の掛け方や抑揚など，幼児は教師のするようにする。また，遊具や用具をどのように使うのか，どのように操作するのかなど，日々の遊びや生活の中で，教師の言動をよく見てまね，自分たちの遊びに取り入れていく。

　また，自然への関わり方も同様である。家庭などで自然とあまり触れたことのない幼児は，教師などの触れ方や世話の仕方から学んでいき，自然に触れて遊んだり，生活の中で必要感をもって身近な植物や飼育動物の世話をしたりするようになる。教師が生命を大切にする関わり方をすれば，幼児もそのような関わり方を身に付けていくだろう。その意味で，教師は自分自身の自然や生命への関わり方が幼児に大きな影響を及ぼすことを認識する必要がある。

　教師が遊びや幼児に関わる姿を見て，幼児は遊びの楽しさを感じ，また，他の幼児への関わり方を学んでいく。教師がある遊びに否定的に関われば，幼児はその遊びをしなくなるだろう。このように，教師は遊びへの関わり方が，同様に重要であることを改めて認識することが大切である。また，教師間で連携する姿や保護者と関わる姿なども幼児へ影響を及ぼすことになると言えよう。

このように,教師は幼児にとって人的環境として重要な役割を果たしている。教師自身がどのように生活し,環境とどのように関わっているかを常に振り返り,考えながらよりよい方向を目指していくことが大切である。

　なお,障害を併せ有する幼児や発達が著しく遅れている幼児の場合は,特に,教師の直接的な働き掛けや援助が環境構成の上で重要な役割をもつので,一人一人の幼児の実態に応じた対応を工夫することが大切である。

第4節
環境の構成と保育の展開

第3編

小学部・中学部学習指導要領解説

第1章　教育課程の基準

第1節　教育課程の意義

　教育課程は，日々の指導の中でその存在があまりにも当然のこととなっており，その意義が改めて振り返られる機会は多くはないが，各学校の教育活動の中核として最も重要な役割を担うものである。教育課程の意義については様々な捉え方があるが，学校において編成する教育課程については，学校教育の目的や目標を達成するために，教育の内容を児童生徒の心身の発達に応じ，授業時数との関連において総合的に組織した各学校の教育計画であると言うことができ，その際，学校の教育目標の設定，指導内容の組織及び授業時数の配当が教育課程の編成の基本的な要素になってくる。

　学校教育の目的や目標は教育基本法及び学校教育法に示されている。まず，教育基本法においては，教育の目的（第1条）及び目標（第2条）が定められているとともに，義務教育の目的（第5条第2項）や学校教育の基本的役割（第6条第2項）が定められている。これらの規定を踏まえ，学校教育法においては，特別支援学校の目的（第72条）が定められており，この目的を実現するために，小学部・中学部学習指導要領の総則において，教育目標（第1章総則第1節参照）を定めている。

　これらの規定を踏まえ，学校教育法施行規則においては，特別支援学校の小学部の教育課程は，国語，社会，算数，理科，生活，音楽，図画工作，家庭，体育及び外国語の各教科，特別の教科である道徳（以下「道徳科」という。），外国語活動，総合的な学習の時間，特別活動並びに自立活動によって編成することとしている。知的障害者である児童を教育する場合は生活，国語，算数，音楽，図画工作及び体育の各教科，道徳科，特別活動並びに自立活動によって教育課程を編成することとしている。ただし，必要がある場合には，外国語活動を加えて教育課程を編成することができる。

　また，特別支援学校の中学部の教育課程は，国語，社会，数学，理科，音楽，美術，保健体育，技術・家庭及び外国語の各教科，道徳科，総合的な学習の時間，特別活動並びに自立活動によって編成することとしている。知的障害者である生徒を教育する場合は国語，社会，数学，理科，音楽，美術，保健体育及び職業・家庭の各教科，道徳科，総合的な学習の時間，特別活動並びに自立活動によって教育課程を編成するものとする。ただし，必要がある場合には，外国語科を加えて教育課程を編成することができることとしている。

　特別支援学校小学部・中学部学習指導要領においては，こうした法令で定められている教育の目的や目標などに基づき，児童生徒や学校，地域の実態に即し，

学校教育全体や各教科等の指導を通して育成を目指す資質・能力を明確にすること（第1章総則第2節の3参照）や，各学校の教育目標を設定（第1章総則第3節の1参照）することが求められ，それらを実現するために必要な各教科等の教育の内容を，教科等横断的な視点をもちつつ，学年相互の関連を図りながら組織することなどについて，その取扱いを定めている。

授業時数については，教育の内容との関連において定められるべきものであるが，学校における児童生徒の一定の生活時間を，教育の内容とどのように組み合わせて効果的に配当するかは，教育課程の編成上重要な要素になってくる。各教科等の授業時数については，特別支援学校小学部・中学部学習指導要領の総則においてその取扱いを定めているので，各学校はそれを踏まえ授業時数を定めなければならない（第1章総則第3節の3の(2)参照）。

各学校においては，以上のように，教育基本法や学校教育法をはじめとする教育課程に関する法令に従い，学校教育全体や各教科等の目標やねらいを明確にし，それらを実現するために必要な教育の内容を，教科等横断的な視点をもちつつ，学年相互の関連を図りながら，授業時数との関連において総合的に組織していくことが求められる。こうした教育課程の編成は，第1章総則第2節の4に示すカリキュラム・マネジメントの一環として行われるものであり，総則の項目立てについては，各学校における教育課程の編成や実施等に関する流れを踏まえて，①小学部及び中学部における教育の基本と教育課程の役割（第1章総則第2節），②教育課程の編成（第1章総則第3節），③教育課程の実施と学習評価（第1章総則第4節），④児童又は生徒の調和的な発達の支援（第1章総則第5節），⑤学校運営上の留意事項（第1章総則第6節），⑥道徳教育推進上の配慮事項（第1章総則第7節），⑦重複障害者等に関する教育課程の取扱い（第1章総則第8節）としているところである。

第1節 教育課程の意義

第2節　教育課程に関する法制

1　教育課程とその基準

　学校教育が組織的，継続的に実施されるためには，学校教育の目的や目標を設定し，その達成を図るための教育課程が編成されなければならない。

　特別支援学校の小学部及び中学部は義務教育であり，また，公の性質を有する（教育基本法第6条第1項）ものであるから，全国的に一定の教育水準を確保し，全国どこにおいても同水準の教育を受けることのできる機会を国民に保障することが要請される。このため，特別支援学校における教育の目的や目標を達成するために各学校において編成，実施される教育課程について，国として一定の基準を設けて，ある限度において国全体としての統一性を保つことが必要となる。

　一方，教育は，その本質からして児童生徒の障害の状態や特性及び心身の発達の段階等並びに学校や地域の実態に応じて効果的に行われることが大切であり，また，各学校において教育活動を効果的に展開するためには，学校や教師の創意工夫に負うところが大きい。

　このような観点から，学習指導要領は，法規としての性格を有するものとして，教育の内容等について必要かつ合理的な事項を大綱的に示しており，各学校における指導の具体化については，学校や教職員の裁量に基づく多様な創意工夫を前提としている。前文において，「学習指導要領とは，こうした理念の実現に向けて必要となる教育課程の基準を大綱的に定めるものである。学習指導要領が果たす役割の一つは，公の性質を有する学校における教育水準を全国的に確保することである。また，各学校がその特色を生かして創意工夫を重ね，長年にわたり積み重ねられてきた教育実践や学術研究の蓄積を生かしながら，児童生徒や地域の現状や課題を捉え，家庭や地域社会と協力して，学習指導要領を踏まえた教育活動の更なる充実を図っていくことも重要である」としているのも，こうした観点を反映したものである。

　具体的には，学習指導要領に示している内容は，全ての児童生徒に対して確実に指導しなければならないものであると同時に，個に応じた指導を充実する観点から，児童生徒の学習状況などその実態等に応じて必要がある場合には，各学校の判断により，学習指導要領に示していない内容を加えて指導することも可能である（学習指導要領の「基準性」）。

　各学校においては，国として統一性を保つために必要な限度で定められた基準に従いながら，創意工夫を加えて，児童生徒の障害の状態や特性及び心身の発達の段階等並びに学校，地域の実態に即した教育課程を責任をもって編成，実施することが必要である。

また、教育委員会は、それらの学校の主体的な取組を支援していくことに重点を置くことが大切である。

2 教育課程に関する法令

我が国の学校制度は、日本国憲法の精神にのっとり、学校教育の目的や目標及び教育課程について、法令で種々の定めがなされている。

(1) 教育基本法

教育の目的（第1条），教育の目標（第2条），生涯学習の理念（第3条），教育の機会均等（第4条），義務教育（第5条），学校教育（第6条），私立学校（第8条），教員（第9条），幼児期の教育（第11条），学校、家庭及び地域住民等の相互の連携協力（第13条），政治教育（第14条），宗教教育（第15条），教育行政（第16条），教育振興基本計画（第17条）などについて定めている。

(2) 学校教育法，学校教育法施行規則

学校教育法では、教育基本法における教育の目的及び目標並びに義務教育の目的に関する規定を踏まえ、義務教育の目標並びに幼稚園、小学校、中学校及び高等学校の目的及び目標が定められている。また、特別支援学校の目的については、「視覚障害者，聴覚障害者，知的障害者，肢体不自由者又は病弱者（身体虚弱者を含む。以下同じ。）に対して、幼稚園、小学校、中学校又は高等学校に準ずる教育を施すとともに、障害による学習上又は生活上の困難を克服し自立を図るために必要な知識技能を授ける」（第72条）と定められている。さらに、この規定に従い、文部科学大臣が特別支援学校の幼稚部の教育課程その他の保育内容、小学部及び中学部の教育課程又は高等部の学科及び教育課程に関する事項を、幼稚園、小学校、中学校又は高等学校に準じて定めることになっている（第77条）。

なお、教育基本法第2条（教育の目標），学校教育法第21条（義務教育の目標），第23条（幼稚園の教育目標），第30条（小学校教育の目標），第46条（中学校教育の目標）及び第51条（高等学校教育の目標）は、いずれも「目標を達成するよう行われるものとする」と規定している。これらは、児童生徒が目標を達成することを義務付けるものではないが、教育を行う者は「目標を達成するよう」に教育を行う必要があることに留意する必要がある。

この学校教育法の規定に基づいて、文部科学大臣は、学校教育法施行規則において、特別支援学校の小学部，中学部及び高等部の教育課程について、その基本的な要素である各教科等の種類（第126条～第128条）や教育課程編成の

特例（第130条～第131条）を定めている。これらの定めのほか，特別支援学校の幼稚部の教育課程及びその他の保育内容，小・中学部，高等部の教育課程については，教育課程その他の教育内容の基準又は教育課程の基準として文部科学大臣が別に公示する特別支援学校幼稚部教育要領，特別支援学校小学部・中学部学習指導要領及び特別支援学校高等部学習指導要領によらなければならないこと（第129条）を定めている。

(3) 学習指導要領

　学校教育法第77条及び学校教育法施行規則第129条の規定に基づいて，文部科学大臣は幼稚部教育要領，小学部・中学部学習指導要領及び高等部学習指導要領を告示という形式で定めている。学校教育法施行規則第129条が「特別支援学校の幼稚部の教育課程その他の保育内容並びに小学部，中学部及び高等部の教育課程については，この章に定めるもののほか，教育課程その他の保育内容又は教育課程の基準として文部科学大臣が別に公示する特別支援学校幼稚部教育要領，特別支援学校小学部・中学部学習指導要領及び特別支援学校高等部学習指導要領によるものとする」と示しているように，学習指導要領は，特別支援学校における教育について一定の水準を確保するために法令に基づいて国が定めた教育課程の基準であるので，各学校の教育課程の編成及び実施に当たっては，これに従わなければならないものである。

　前述のとおり，学習指導要領は「基準性」を有することから，学習指導要領に示している内容は，全ての児童生徒に対して確実に指導しなければならないものであると同時に，児童生徒の学習状況などその実態等に応じて必要がある場合には，各学校の判断により，学習指導要領に示していない内容を加えて指導することも可能である（第1章総則第3節の3の(1)のア及びイ）。また，各教科等の指導の順序について適切な工夫を行うこと（第1章総則第3節の3の(1)のウ）や，教科等の特質に応じ複数学年まとめて示された内容について児童等の実態に応じた指導を行うこと（第1章総則第3節の3の(1)のエ），授業の1単位時間の設定や時間割の編成を弾力的に行うこと（第1章総則第3節の3の(2)のカ），総合的な学習の時間において目標や内容を各学校で定めることなど，学校や教職員の創意工夫が重視されているところである。

　今回の改訂においては，後述するとおり，各教科等の目標や内容について，第1章総則第2節の3の(1)から(3)までに示す，資質・能力の三つの柱に沿って再整理している。この再整理は，各教科等において示す目標，内容等の範囲に影響を及ぼすものではなく，それらを資質・能力の観点から改めて整理し直したものである。したがって各教科等の目標，内容等が中核的な事項にとどめられていること，各学校の創意工夫を加えた指導の展開を前提とした大綱的なものとなっていることは従前と同様である。

(4) 地方教育行政の組織及び運営に関する法律

　公立の学校においては，以上のほか，地方教育行政の組織及び運営に関する法律による定めがある。すなわち，教育委員会は，学校の教育課程に関する事務を管理，執行し（第21条第5号），法令又は条例に違反しない限度において教育課程において必要な教育委員会規則を定めるものとする（第33条第1項）とされている。この規定に基づいて，教育委員会が教育課程について規則などを設けている場合には，学校はそれに従って教育課程を編成しなければならない。

　私立の学校においては，学校教育法（第82条の規定により特別支援学校に準用される第44条）及び私立学校法（第4条）の規定により，都道府県知事が所轄庁であり，教育課程を改める際には都道府県知事に対して学則変更の届出を行うこととなっている（学校教育法施行令第27条の2）。また，地方教育行政の組織及び運営に関する法律（第27条の5）の規定により，都道府県知事が私立学校に関する事務を管理，執行するに当たり，必要と認めるときは，当該都道府県の教育委員会に対し，学校教育に関する専門的事項について助言又は援助を求めることができる。

　各学校においては，以上の法体系の全体を理解して教育課程の編成及び実施に当たっていくことが求められる。

第2章　教育課程の編成及び実施

　小学部・中学部学習指導要領第1章総則においては，教育目標を定めるとともに，教育課程の編成，実施について各教科等にわたる通則的事項を示している。したがって，各学校においては，総則に示されている事項に従い，創意工夫を加えて教育課程を編成し，実施する必要がある。

第1節　教育目標（第1章第1節）

> 第1章　総　則
>
> 第1節　教育目標
> 　小学部及び中学部における教育については，学校教育法第72条に定める目的を実現するために，児童及び生徒の障害の状態や特性及び心身の発達の段階等を十分考慮して，次に掲げる目標の達成に努めなければならない。
> 　1　小学部においては，学校教育法第30条第1項に規定する小学校教育の目標
> 　2　中学部においては，学校教育法第46条に規定する中学校教育の目標
> 　3　小学部及び中学部を通じ，児童及び生徒の障害による学習上又は生活上の困難を改善・克服し自立を図るために必要な知識，技能，態度及び習慣を養うこと。

○学校教育法
第72条　特別支援学校は，視覚障害者，聴覚障害者，知的障害者，肢体不自由者又は病弱者（身体虚弱者を含む。以下同じ。）に対して，幼稚園，小学校，中学校又は高等学校に準ずる教育を施すとともに，障害による学習上又は生活上の困難を克服し自立を図るために必要な知識技能を授けることを目的とする。

　教育基本法には，教育の目的（第1条），教育の目標（第2条），義務教育（第5条），学校教育（第6条）などが定められている。また，学校教育法には，特別支援学校の目的（第72条）が定められており，この目的を実現するために，小学部・中学部学習指導要領の総則において，教育目標を定めている。すなわち，「小学部及び中学部における教育については，学校教育法第72条に定める目的を実現するために，」として，教育目標が特別支援学校の目的を実現するために限定されることを明らかにするとともに，この目標の達成に当たっては「児童及び生徒の障害の状態及び特性等を十分考慮」すべきことを明示している。また，教

育目標は次の3項目にわたって示されている。

○ 第1項及び第2項

　特別支援学校の小学部・中学部の教育目標については，第1項及び第2項において示すとおり，学校教育法第72条の前段「……小学校，中学校……に準ずる教育を施す」という規定の意味を明らかにしたものである。つまり，特別支援学校の小学部及び中学部の教育目標については，それぞれ小学校教育の目標（第30条第1項）及び中学校教育の目標（第46条）と同一の目標の達成に努めなければならないことを示している。

　また，小学校教育及び中学校教育は，義務教育の目標（第21条）を達成するよう行われるものとされており，小学部・中学部における教育についても同様である。

○学校教育法

第21条　義務教育として行われる普通教育は，教育基本法（平成18年法律第120号）第5条第2項に規定する目的を実現するため，次に掲げる目標を達成するよう行われるものとする。

第1号～第10号（略）

第30条　小学校における教育は，前条に規定する目的を実現するために必要な程度において第21条各号に掲げる目標を達成するよう行われるものとする。

2　前項の場合においては，生涯にわたり学習する基盤が培われるよう，基礎的な知識及び技能を習得させるとともに，これらを活用して課題を解決するために必要な思考力，判断力，表現力その他の能力をはぐくみ，主体的に学習に取り組む態度を養うことに，特に意を用いなければならない。

第46条　中学校における教育は，前条に規定する目的を実現するため，第21条各号に掲げる目標を達成するよう行われるものとする。

○ 第3項

　第3項は，第72条の後段「障害による学習上又は生活上の困難を克服し自立を図るために必要な知識技能を授けることを目的とする。」を受けて設定されたものである。すなわち，特別支援学校の小学部及び中学部は，小学校教育及び中学校教育と同一の目標を掲げていることに加え，障害による学習上又は生活上の困難を改善・克服し自立を図るために必要な知識，技能を授けることを目的としているのである。

　したがって，特別支援学校における教育については，小学校又は中学校における教育には設けられていない特別の指導領域である自立活動が必要であると同時に，それが特に重要な意義をもつものと言える。第3項の教育目標は，このような観点から定められたものであって，人間形成を図る上で障害による学習上又は生活上の困難を改善・克服し自立を図るために必要な知識，技能，態度を養うことから，その習慣形成に至るまでを目指している。

　特別支援学校における教育の目的や目標については，以上のように教育基本法，学校教育法及び小学部・中学部学習指導要領において，一般的な定めがなされているので，各学校において，当該学校の教育目標を設定する場合には，これらを基盤としながら，地域や学校の実態に即した教育目標を設定する必要がある。

第2節　小学部及び中学部における教育の基本と教育課程の役割

1　教育課程の編成の原則（第1章第2節の1）

> 第2節　小学部及び中学部における教育の基本と教育課程の役割
> 1　各学校においては，教育基本法及び学校教育法その他の法令並びにこの章以下に示すところに従い，児童又は生徒の人間として調和のとれた育成を目指し，児童又は生徒の障害の状態や特性及び心身の発達の段階等並びに学校や地域の実態を十分考慮して，適切な教育課程を編成するものとし，これらに掲げる目標を達成するよう教育を行うものとする。

(1) 教育課程の編成の主体

　教育課程の編成主体については，小学部・中学部学習指導要領第1章総則第2節の1において「各学校においては，……適切な教育課程を編成するものとし」と示している。また，第1章総則第2節の2では，学校の教育活動を進めるに当たっては，各学校において「創意工夫を生かした特色ある教育活動を展開する」ことが示されており，教育課程の編成における学校の主体性を発揮する必要性が強調されている。

　学校において教育課程を編成するということは，学校教育法（第82条の規定により特別支援学校に準用される第37条第4項）において「校長は，校務をつかさどり，所属職員を監督する。」と規定されていることから，学校の長たる校長が責任者となって編成するということである。これは権限と責任の所在を示したものであり，学校は組織体であるから，教育課程の編成作業は，当然ながら全教職員の協力の下に行わなければならない。「総合的な学習の時間」をはじめとして，創意工夫を生かした教育課程を各学校で編成することが求められており，学級，学年や学部の枠を超えて教師同士が連携協力することがますます重要となっている。

　各学校には，校長，副校長，教頭のほかに教務主任をはじめとして各主任等が置かれ，それらの担当者を中心として全教職員がそれぞれ校務を分担処理している。各学校の教育課程は，これらの学校の運営組織を生かし，各教職員がそれぞれの分担に応じて十分研究を重ねるとともに教育課程全体のバランスに配慮しながら，創意工夫を加えて編成することが大切である。また，校長は，学校全体の責任者として指導性を発揮し，家庭や地域社会との連携を図りつつ，学校として統一のある，しかも一貫性をもった教育課程の編成を行うよう努めることが必要である。

(2) 教育課程の編成の原則

本項が規定する「これらに掲げる目標」とは，学習指導要領を含む教育課程に関する法令及び各学校が編成する教育課程が掲げる目標を指すものである。また，「目標を達成するよう教育を行うものとする」の規定は，前述のとおり，教育基本法第2条（教育の目標），学校教育法第21条（義務教育の目標）及び，第30条（小学校教育の目標）及び第46条（中学校の教育目標）が，いずれも「目標を達成するよう行われるものとする」と規定していることを踏まえたものであり，児童生徒が目標を達成することを義務づけるものではないが，教育を行う者は，これらに掲げる目標を達成するように教育を行う必要があることを示したものである。

本項は，そうした教育を行うための中核となる教育課程を編成するに当たって，次の2点が編成の原則となることを示している。

ア 教育基本法及び学校教育法その他の法令並びに学習指導要領の示すところに従うこと

学校において編成される教育課程については，公教育の立場から，本解説第3編の第1章総則第2節の2において説明したとおり法令により種々の定めがなされている。本項が規定する「教育基本法及びその他の法令」とは，教育基本法，学校教育法，学校教育法施行規則，地方教育行政の組織及び運営に関する法律等の法令であり，各学校においては，これらの法令に従って編成しなければならない。

なお，学校における政治教育及び宗教教育については，教育基本法に次のように規定されているので，各学校において教育課程を編成，実施する場合にも当然これらの規定に従わなければならない。

○教育基本法

（政治教育）

第14条　良識ある公民として必要な政治的教養は，教育上尊重されなければならない。

2　法律に定める学校は，特定の政党を支持し，又はこれに反対するための政治教育その他政治的活動をしてはならない。

（宗教教育）

第15条　宗教に関する寛容の態度，宗教に関する一般的な教養及び宗教の社会生活における地位は，教育上尊重されなければならない。

2　国及び地方公共団体が設置する学校は，特定の宗教のための宗教教育その他宗教的活動をしてはならない。

次に，本項に規定する「この章以下に示すところ」とは，言うまでもなく学習指導要領を指している。

学習指導要領は，学校教育法第77条を受けた学校教育法施行規則第129条において「特別支援学校の幼稚部の教育課程その他の保育内容並びに小学部，中学部及び高等部の教育課程については，この章に定めるもののほか，教育課程その他の保育内容又は教育課程の基準として文部科学大臣が別に公示する特別支援学校幼稚部教育要領，特別支援学校小学部・中学部学習指導要領及び特別支援学校高等部学習指導要領によるものとする。」と示しているように，法令上の根拠に基づいて定められているものである。したがって，学習指導要領は，国が定めた教育課程の基準であり，各学校における教育課程の編成及び実施に当たって基準として従わなければならないものである。

教育課程は，児童生徒の障害の状態や特性及び心身の発達の段階等並びに学校や地域の実態を考慮し，教師の創意工夫を加えて学校が編成するものである。教育課程の基準もその点に配慮して定められているので，教育課程の編成に当たっては，法令や学習指導要領の内容について十分理解するとともに創意工夫を加え，学校の特色を生かした教育課程を編成することが大切である。

イ　児童生徒の人間として調和のとれた育成を目指し，児童生徒の障害の状態や特性及び心身の発達の段階等並びに学校や地域の実態を十分考慮すること

前述アのとおり，学習指導要領は，法令上の根拠に基づいて国が定めた教育課程の基準であると同時に，その規定は大綱的なものであることから，学校において編成される教育課程は，児童生徒の障害の状態や特性及び心身の発達の段階等並びに学校や地域の実態を考慮し，創意工夫を加えて編成されるものである。教育課程の基準もその点に配慮して定められているので，各学校においては，校長を中心として全教職員が連携協力しながら，学習指導要領を含む教育課程に関する法令の内容について十分理解するとともに創意工夫を加え，学校として統一のあるしかも特色を持った教育課程を編成することが大切である。

本項が規定する「児童又は生徒の人間としての調和のとれた育成を目指」すということは，まさに教育基本法や学校教育法の規定に根ざした学校教育の目的そのものであって，教育課程の編成もそれを目指して行わなければならない。第1章総則においても，知・徳・体のバランスのとれた「生きる力」の育成（第2節の2）や，そのための知識及び技能の習得と，思考力，判断力，表現力等の育成，学びに向かう力，人間性等の涵養という，いわゆる資質・能力の三つの柱のバランスのとれた育成（第2節の3），幼児期の教育と小学部における教育又は小学校教育との接続や学部段階間及び学校段階等

第2節
小学部及び中学部における教育の基本と教育課程の役割

間の接続（第3節の4）など，児童生徒の発達の段階に応じた調和のとれた育成を重視していることに留意する必要がある。

次に，「児童又は生徒の障害の状態や特性及び心身の発達の段階等並びに学校や地域の実態を十分考慮」するということは，各学校において教育課程を編成する場合には，児童生徒の障害の状態や特性及び心身の発達の段階等や学校，地域の実態を的確に把握し，それを，児童生徒の人間として調和のとれた育成を図るという観点から，学校の教育目標の設定，教育の内容等の組織あるいは授業時数の配当などに十分反映させる必要があるということである。

(7) 児童又は生徒の障害の状態や特性及び心身の発達の段階等

小学部・中学部学習指導要領第1章総則第2節の1の規定は，各学校において教育課程を編成する場合には，児童生徒の調和のとれた発達を図るという観点から，児童生徒の障害の状態や特性及び心身の発達の段階等を十分把握して，これを教育課程の編成に反映させることが必要であるということを強調したものである。

一般に，特別支援学校に在籍する児童生徒の障害の状態は多様であり，個人差が大きい。また，個々の児童生徒についてみると，心身の発達の諸側面に不均衡が見られることも少なくない。各学校においては，このような児童生徒の障害の状態や特性及び心身の発達の段階等を的確に把握し，これに応じた適切な教育を展開することができるよう十分配慮することが必要である。

また，特別支援学校において個々の児童生徒の実態を考える場合，障害の状態とそれに起因する発達の遅れのみに目が向きがちであるが，それ以外にも情報活用能力などの学習の基盤となる資質・能力，主体的に学習に取り組む態度も含めた学びに向かう力，適性，さらには進路などの違いにも注目していくことが大切である。小学部及び中学部の段階は，6歳から15歳という心身の成長の著しい時期である。

小学部の児童はそれぞれ資質・能力や適性等が異なっている。そのため，児童の発達の過程などを的確に捉えるとともに，その学校あるいは学年などの児童の特性や課題について十分配慮して，適切な教育課程を編成することが必要である。

また，中学部の生徒は小学部段階と比べ心身の発達上の変化が著しく，生徒の能力・適性，興味・関心等の多様化が一層進展するとともに，内面的な成熟へと進み，性的にも成熟し，知的な面では抽象的，論理的思考が発達するとともに社会性なども発達してくる。

したがって，学年による児童生徒の発達の段階の差異にも留意しなけれ

ばならない。

　各学校においては，児童生徒の発達の過程などを的確に把握し，個々の児童生徒の障害の状態や特性及び心身の発達の段階等について十分配慮し，適切な教育課程を編成することが必要である。

　教育課程の編成に当たっては，こうした障害の状態や特性及び心身の発達の段階等に応じた課題を踏まえつつ，児童生徒一人一人の多様な資質・能力，適性等を的確に捉え，児童生徒一人一人の調和的な発達を支援していくことが重要である（第1章総則第5節参照）。

(イ) 学校の実態

　学校規模，教職員の状況，施設設備の状況，児童生徒の実態などの人的又は物的な体制の実態は学校によって異なっている。

　教育課程の編成は，第1章総則第2節の4に示すカリキュラム・マネジメントの一環として，このような学校の体制の実態が密接に関連してくるものであり，教育活動の質の向上を組織的かつ計画的に図っていくためには，これらの人的又は物的な体制の実態を十分考慮することが必要である。そのためには，特に，児童生徒の特性や教職員の構成，教師の指導力，教材・教具の整備状況，地域住民による連携及び協働の体制に関わる状況などについて客観的に把握して分析し，教育課程の編成に生かすことが必要である。

(ウ) 地域の実態

　教育基本法第13条は「学校，家庭及び地域住民その他の関係者は，教育におけるそれぞれの役割と責任を自覚するとともに，相互の連携及び協力に努めるものとする。」と規定している。また，学校教育法第43条は「小学校は，当該小学校に関する保護者及び地域住民その他の関係者の理解を深めるとともに，これらの者との連携及び協力の推進に資するため，当該小学校の教育活動その他の学校運営の状況に関する情報を積極的に提供するものとする」と規定（中学校は同法第49条の規定により準用）している（特別支援学校は同法第82条の規定により準用）。

　これらの規定が示すとおり，学校は地域社会を離れては存在し得ないものであり，児童生徒は家庭や地域社会で様々な経験を重ねて成長している。

　地域には，都市，農村，山村，漁村など生活条件や環境の違いがあり，産業，経済，文化等にそれぞれ特色をもっている。こうした地域社会の実態を十分考慮して教育課程を編成することが必要である。とりわけ，学校の教育目標の設定や教育の内容の選択に当たっては，地域の実態を考慮することが重要である。そのためには，地域社会の現状はもちろんのこと，歴史的な経緯や将来への展望など，広く社会の変化に注目しながら地域社

会の実態を十分分析し検討して的確に把握することが必要である。また，地域の教育資源や学習環境（近隣の学校，社会教育施設，児童生徒の学習に協力することのできる人材等）の実態を考慮し，教育活動を計画することが必要である。

なお，学校における教育活動が学校の教育目標に沿って一層効果的に展開されるためには，家庭や地域社会と学校との連携を密にすることが必要である。すなわち，学校の教育方針や特色ある教育活動の取組，児童生徒の状況などを家庭や地域社会に説明し，理解を求め協力を得ること，学校が家庭や地域社会からの要望に応えることが重要であり，このような観点から，その積極的な連携を図り，相互の意思の疎通を図って，それを教育課程の編成，実施に生かしていくことが求められる。保護者や地域住民が学校運営に参画する学校運営協議会制度（コミュニティ・スクール）や，幅広い地域住民等の参画により地域全体で児童生徒の成長を支え地域を創生する地域学校協働活動等の推進により，学校と地域の連携・協働が進められてきているところであり，これらの取組を更に広げ，教育課程を介して学校と地域がつながることにより，地域でどのような子供を育てるのか，何を実現していくのかという目標やビジョンの共有が促進され，地域とともにある学校づくりが一層効果的に進められていくことが期待される。

以上，教育課程の編成の原則を述べてきたが，校長を中心として全教職員が共通理解を図りながら，学校として統一のあるしかも特色をもった教育課程を編成することが望まれる。

2 生きる力を育む各学校の特色ある教育活動の展開（第１章第２節の２）

> 2　学校の教育活動を進めるに当たっては，各学校において，第４節の１に示す主体的・対話的で深い学びの実現に向けた授業改善を通して，創意工夫を生かした特色ある教育活動を展開する中で，次の(1)から(4)までに掲げる事項の実現を図り，児童又は生徒に生きる力を育むことを目指すものとする。

本項は，学校の教育活動を進めるに当たっては，後述するとおり，第１章総則第４節の１に示す主体的・対話的で深い学びの実現に向けた授業改善を通して，創意工夫を生かした特色ある教育活動を展開する中で，知・徳・体のバランスのとれた「生きる力」の育成を目指すことを示している。

「生きる力」とは，平成８年７月の中央教育審議会答申において，基礎・基本を確実に身に付け，いかに社会が変化しようと，自ら課題を見つけ，自ら学び，

自ら考え，主体的に判断し，行動し，よりよく問題を解決する資質や能力，自らを律しつつ，他人とともに協調し，他人を思いやる心や感動する心などの豊かな人間性，たくましく生きるための健康や体力などであると指摘されている。

　平成21年に行われた前回の改訂においては，新しい知識・情報・技術が社会のあらゆる領域で重要性を増す，いわゆる知識基盤社会において，確かな学力，豊かな心，健やかな体の調和を重視する「生きる力」を育むことがますます重要になっているという認識が示され，知・徳・体のバランスのとれた育成（教育基本法第2条第1号）や，基礎的な知識及び技能を習得させるとともに，これらを活用して課題を解決するために必要な思考力，判断力，表現力その他の能力を育み，主体的に学習に取り組む態度を養うこと（学校教育法第30条第2項）など，教育基本法や学校教育法の規定に基づき，児童生徒に「生きる力」を育むことが重視されたところである。

　平成28年12月の中央教育審議会答申を受け，今回の改訂においては，情報化やグローバル化といった社会的変化が，人間の予測を超えて加速度的に進展するようになってきていることを踏まえ，複雑で予測困難な時代の中でも，児童生徒一人一人が，社会の変化に受け身で対応するのではなく，主体的に向き合って関わり合い，自らの可能性を発揮し多様な他者と協働しながら，よりよい社会と幸福な人生を切り拓き，未来の創り手となることができるよう，教育を通してそのために必要な力を育んでいくことを重視している。

　こうした力は，学校教育が長年その育成を目指してきた「生きる力」そのものであり，加速度的に変化する社会にあって「生きる力」の意義を改めて捉え直し，しっかりと発揮できるようにしていくことが重要となる。このため，本項において「生きる力」の育成を掲げ，各学校の創意工夫を生かした特色ある教育活動を通して，児童生徒に確かな学力，豊かな心，健やかな体を育むことを目指すことを示している。なお，本項では(1)から(3)までにわたって，それぞれが確かな学力，豊かな心，健やかな体に対応する中心的な事項を示す項目となっていることに加えて，(4)として，特別支援学校に位置付けられている，個々の児童生徒が自立を目指し，障害による学習上又は生活上の困難を主体的に改善・克服するために必要な知識，技能，態度及び習慣を養い，もって心身の調和的発達の基盤を培う自立活動の事項を示す項目もある。これらは学校教育を通じて，相互に関連し合いながら一体的に実現されるものであることに留意が必要である。

(1) 確かな学力（第1章第2節の2の(1)）

> (1) 基礎的・基本的な知識及び技能を確実に習得させ，これらを活用して課題を解決するために必要な思考力，判断力，表現力等を育むとともに，

> 主体的に学習に取り組む態度を養い，個性を生かし多様な人々との協働を促す教育の充実に努めること。その際，児童又は生徒の発達の段階を考慮して，児童又は生徒の言語活動など，学習の基盤をつくる活動を充実するとともに，家庭との連携を図りながら，児童又は生徒の学習習慣が確立するよう配慮すること。

　教育基本法第2条第1号は，教育の目的として「幅広い知識と教養を身に付け，真理を求める態度を養」うことを規定し，学校教育法第30条第2項（同第49条の規定により中学校に準用）は，小学校教育の実施に当たって，「生涯にわたり学習する基盤が培われるよう，基礎的な知識及び技能を習得させるとともに，これらを活用して課題を解決するために必要な思考力，判断力，表現力その他の能力をはぐくみ，主体的に学習に取り組む態度を養うことに，特に意を用いなければならない」と規定している。

　このことは，小学校，中学校と同一の目標の達成に努めなければならない特別支援学校の小学部及び中学部における教育についても同様である。

　本項は，こうした法令の規定を受け，児童生徒が確かな学力を身に付けることができるよう，基礎的・基本的な知識及び技能の習得と，思考力，判断力，表現力等の育成，主体的に学習に取り組む態度の涵養を目指す教育の充実に努めることを示している。加えて，変化が激しく予測困難な時代の中でも通用する確かな学力を身に付けるためには，自分のよさや可能性を認識して個性を生かしつつ，多様な他者を価値のある存在として尊重し，協働して様々な課題を解決していくことが重要であることから，学校教育法第30条第2項に規定された事項に加えて，「個性を生かし多様な人々との協働を促す」ことを示している。

　こうした知識及び技能の習得や，思考力，判断力，表現力等の育成，主体的に学習に取り組む態度，多様性や協働性の重視といった点は，第1章総則第2節の3の(1)から(3)までに示す資質・能力の三つの柱とも重なり合うものであることから，その詳細や資質・能力の三つの柱との関係については，本解説第3編の第2章第2節の3において解説している。また，確かな学力の育成は，第1章総則第4節の1の(1)に示すとおり，単元や題材など内容や時間のまとまりを見通した，主体的・対話的で深い学びの実現に向けた授業改善を通して実現が図られるものであり，そうした学習の過程の在り方については，本解説第3編の第2章第4節の1の(1)において解説している。

　本項においては，確かな学力の育成に当たって特に重要となる学習活動として，児童生徒の発達の段階を考慮して，まず「児童又は生徒の言語活動など，学習の基盤をつくる活動を充実する」ことを示しており，学習の基盤となる資質・能力の育成（第1章総則第3節の2の(1)）や言語活動の充実（第1章総則第4節の

1の(2), 個に応じた指導の充実（第1章総則第3節の3の(3)のイの(イ)）など が重要となる（それぞれの項目についての解説を参照）。

加えて本項では,「家庭との連携を図りながら,児童又は生徒の学習習慣が確立するよう配慮すること」の重要性を示している。小学部における教育の早い段階で学習習慣を確立することは,その後の生涯にわたる学習に影響する極めて重要な課題であることから,家庭との連携を図りながら,宿題や予習・復習など家庭での学習課題を適切に課したり,発達の段階に応じた学習計画の立て方や学び方を促したりするなど家庭学習も視野に入れた指導を行う必要がある。

(2) 豊かな心（第1章第2節の2の(2)）
① 豊かな心や創造性の涵養（第1章第2節の2の(2)の1段目）

> (2) 道徳教育や体験活動,多様な表現や鑑賞の活動等を通して,豊かな心や創造性の涵養を目指した教育の充実に努めること。

教育基本法第2条第1号は,教育の目的として「豊かな情操と道徳心を培う」ことを規定しており,本項では,道徳教育や体験活動,多様な表現や鑑賞の活動等を通して,豊かな心や創造性の涵養を目指した教育の充実に努めることを示している。創造性とは,感性を豊かに働かせながら,思いや考えを基に構想し,新しい意味や価値を創造していく資質・能力であり,豊かな心の涵養と密接に関わるものであることから,本項において一体的に示している。

豊かな心や創造性の涵養は,第1章総則第4節の1に示すとおり,単元や題材など内容や時間のまとまりを見通した,主体的・対話的で深い学びの実現に向けた授業改善を通して実現が図られるものであり,そうした学習の過程の在り方については,本解説第3編の第2章第4節の1において解説している。

本項で示す教育活動のうち,道徳教育については次項②から④までの解説のとおりであり,体験活動については第1章総則第4節の1の(5)において示している。多様な表現や鑑賞の活動等については,音楽,図画工作や美術における表現及び鑑賞の活動や,体育や保健体育における表現運動,特別活動における文化的行事,文化系のクラブ活動等の充実を図るほか,各教科等における言語活動の充実（第1章総則第4節の1の(2)）を図ることや,教育課程外の学校教育活動などと相互に関連させ,学校教育活動全体として効果的に取り組むことも重要となる。

② 道徳教育の展開と道徳科（第1章第2節の2の(2)の2段目）

> 学校における道徳教育は，特別の教科である道徳（以下「道徳科」という。）を要として学校の教育活動全体を通じて行うものであり，道徳科はもとより，各教科，外国語活動，総合的な学習の時間，特別活動及び自立活動のそれぞれの特質に応じて，児童又は生徒の発達の段階を考慮して，適切な指導を行うこと。

　道徳教育は人格形成の根幹に関わるものであり，同時に，民主的な国家・社会の持続的発展を根底で支えるものでもあることに鑑みると，児童生徒の生活全体に関わるものであり，学校で行われる全ての教育活動に関わるものである。

　各教科，外国語活動，総合的な学習の時間，特別活動及び自立活動にはそれぞれ固有の目標や特質があり，それらを重視しつつ教育活動が行われるが，それと同時にその全てが教育基本法第1条に規定する「人格の完成を目指し，平和で民主的な国家及び社会の形成者として必要な資質を備えた心身ともに健康な国民の育成」を目的としている。したがって，それぞれの教育活動においても，その特質を生かし，児童生徒の学年が進むにつれて全体として把握できる発達の段階や個々人の特性等の両方を適切に考慮しつつ，人格形成の根幹であると同時に，民主的な国家・社会の持続的発展を根底で支える道徳教育の役割をも担うことになる。

　中でも，特別の教科として位置付けられた道徳科は，道徳性を養うことを目指すものとして，その中核的な役割を果たす。道徳科の指導において，各教科等で行われる道徳教育を補ったり，それを深めたり，相互の関連を考えて発展させ，統合させたりすることで，学校における道徳教育は一層充実する。こうした考え方に立って，道徳教育は道徳科を要として学校の教育活動全体を通じて行うものと規定している。

③ 道徳教育の目標（第1章第2節の2の(2)の3段目）

> 道徳教育は，教育基本法及び学校教育法に定められた教育の根本精神に基づき，小学部においては，自己の生き方を考え，中学部においては，人間としての生き方を考え，主体的な判断の下に行動し，自立した人間として他者と共によりよく生きるための基盤となる道徳性を養うことを目標とすること。

　学校における道徳教育は，児童生徒がよりよく生きるための基盤となる道徳性を養うことを目標としており，児童生徒一人一人が将来に対する夢や希望，自ら

の人生や未来を拓（ひら）いていく力を育む源となるものでなければならない。

ア　教育基本法及び学校教育法の根本精神に基づく

　道徳教育は，まず，教育基本法及び学校教育法に定められた教育の根本精神に基づいて行われるものである。

　教育基本法においては，我が国の教育は「人格の完成を目指し，平和で民主的な国家及び社会の形成者として必要な資質を備えた心身ともに健康な国民の育成を期して行」うことを目的としていることが示されている（第1条）。そして，その目的を実現するための目標として，「真理を求める態度を養う」ことや「豊かな情操と道徳心を培う」ことなどが挙げられている（第2条）。また，義務教育の目的として「各個人の有する能力を伸ばしつつ社会において自立的に生きる基礎を培い，また，国家及び社会の形成者として必要とされる基本的な資質を養うことを目的」とすることが規定されている（第5条第2項）。

　学校教育法においては，義務教育の目標として，「自主，自律及び協同の精神，規範意識，公正な判断力並びに公共の精神に基づき主体的に社会の形成に参画し，その発展に寄与する態度を養うこと」（第21条第1項），「生命及び自然を尊重する精神並びに環境の保全に寄与する態度を養うこと」（同第2項），「伝統と文化を尊重し，それらをはぐくんできた我が国と郷土を愛する態度を養うとともに，進んで外国の文化の理解を通じて，他国を尊重し，国際社会の平和と発展に寄与する態度を養うこと」（同第3項）などが示されている。学校で行う道徳教育は，これら教育の根本精神に基づいて行われるものである。

イ　自己の生き方を考える（小学部），人間としての生き方を考える（中学部）

　人格の基盤を形成する小学部段階においては，児童自らが自己を見つめ，「自己の生き方」を考えることができるようにすることが大切である。「自己の生き方」を考えるとは，児童一人一人が，よりよくなろうとする自己を肯定的に受け止めるとともに，他者との関わりや身近な集団の中での自分の特徴などを知り，伸ばしたい自己について深く見つめることである。またそれは，社会の中でいかに生きていけばよいのか，国家及び社会の形成者としてどうあればよいのかを考えることにもつながる。

　また，中学部の時期は，人生に関わる様々な問題についての関心が高くなり，人生の意味をどこに求め，いかによりよく生きるかという人間としての生き方を主体的に模索し始める時期である。人間にとって最大の関心は，人生の意味をどこに求め，いかによりよく生きるかということにあり，道徳はこのことに直接関わるものである。

　人間は，自らの生きる意味や自己の存在価値に関わることについては，全

人格をかけて取り組むものである。人としてよりよく生きる上で大切なものは何か，自分はどのように生きるべきかなどについて，時には悩み，葛藤しつつ，生徒自身が，自己を見つめ，「人間としての生き方を考える」ことによって，真に自らの生き方を育んでいくことが可能となる。

なお，人間としての生き方についての自覚は，人間とは何かということについての探求とともに深められるものである。生き方についての探求は，人間とは何かという問いから始まると言ってもよい。人間についての深い理解なしに，生き方についての深い自覚が生まれるはずはないのである。

学校における道徳教育においては，これらのことが，児童生徒の実態に応じて，意欲的になされるように様々に指導方法を工夫していく必要がある。

ウ　主体的な判断の下に行動する

児童生徒が日常の様々な道徳的な問題や自己の生き方についての課題に直面したときに，自らの「主体的な判断の下に行動」することが重要である。

「主体的な判断の下に行動」するとは，児童生徒が自立的な生き方や社会の形成者としての在り方について自ら考えたことに基づいて，人間としてよりよく生きるための行為を自分の意志や判断に基づいて選択し行うことである。

またそれは，小学部において児童が，日常生活での問題や自己の生き方に関する課題に正面から向き合い，考え方の対立がある場合にも，自らの力で考え，よりよいと判断したり適切だと考えたりした行為の実践に向けて具体的な行動を起こすことである。

また，中学部において生徒が，人間としてよりよく生きていくためには，道徳的価値についての理解を基に，自己を見つめ，生き方について深く考え，道徳的価値を実現するための適切な行為を自分の意志や判断によって選択し，実行することができるような資質・能力を培う必要がある。

またそれは，生徒が日常生活での問題や自己の生き方に関する課題に正面から向き合い，多様な価値観から考え方の対立にある場合にも，誠実にそれらの価値に向き合い，自らの力で考え，よりよいと判断したり適切だと考えたりした行為の実践に向けて具体的な行動を起こすことである。

エ　自立した人間として他者と共によりよく生きる

小学部においては，「自立した人間」としての主体的な自己は，同時に「他者と共に」よりよい社会の実現を目指そうとする社会的な存在としての自己を志向する。

このように，人は誰もがよりよい自分を求めて自己の確立を目指すとともに，一人一人が他者と共に心を通じ合わせて生きようとしている。したがって，他者との関係を主体的かつ適切にもつことができるようにすることが求

められる。

中学部においては，一人一人の生徒が「自立した人間」へと成長するためには，自己の生き方を模索し自己の価値観を確立することが必要となる。どのように生きるべきか，いかなる人間になることを目指すべきかを探求することを通して，自分自身に固有な判断基準となる自らの価値観をもつことができる。

「自立した人間」としての自己は，他者との関わりの中で形成されていく存在であり，同時に「他者と共に」よりよい社会の実現を目指そうとする社会的な存在としての自己を志向する。人は誰もがよりよい自分を求めて自己の確立を目指すとともに，他者と共に心を通じ合わせて生きようとしている。したがって，他者との関係を主体的かつ適切にもつことができるようにすることが求められる。

オ　そのための基盤となる道徳性を養う

こうした思考や判断，行動などを通してよりよく生きるための営みを支える基盤となるのが道徳性であり，道徳教育はこの道徳性を養うことを目標とする。

道徳性とは，人間としての本来的な在り方やよりよい生き方を目指して行われる道徳的行為を可能にする人格的特性であり，人格の基盤をなすものである。それはまた，人間らしいよさであり，道徳的価値が一人一人の内面において統合されたものと言える。中学部においては，個人の生き方のみならず，人間の文化的活動や社会生活を根底で支えている。道徳性は，人間が他者と共によりよく生きていく上で大切にしなければならないものである。

学校教育においては，特に道徳性を構成する諸様相である道徳的判断力，道徳的心情，道徳的実践を主体的に行う意欲と態度の育成を重視する必要があると考えられる。このことは第3章の道徳科の目標としても示されている。

④　道徳教育を進めるにあたっての留意事項（第1章第2節の2の(2)の4段目）

> 道徳教育を進めるに当たっては，人間尊重の精神と生命に対する畏敬の念を家庭，学校，その他社会における具体的な生活の中に生かし，豊かな心をもち，伝統と文化を尊重し，それらを育んできた我が国と郷土を愛し，個性豊かな文化の創造を図るとともに，平和で民主的な国家及び社会の形成者として，公共の精神を尊び，社会及び国家の発展に努め，他国を尊重し，国際社会の平和と発展や環境の保全に貢献し未来を拓く主体性のある日本人の育成に資することとなるよう特に留意すること。

第1章総則第2節の第2の(2)の4段目において，道徳教育の目標に続けて，それを進めるに当たって留意すべき事項について次のように示している。

　ア　人間尊重の精神と生命に対する畏敬の念を家庭，学校，その他社会における具体的な生活の中に生かす

　　人間尊重の精神は，生命の尊重，人格の尊重，基本的人権，思いやりの心などの根底を貫く精神である。日本国憲法に述べられている「基本的人権」や，教育基本法に述べられている「人格の完成」，さらには，国際連合教育科学文化機関憲章（ユネスコ憲章）に言う「人間の尊厳」の精神も根本において共通するものである。民主的な社会においては，人格の尊重は，自己の人格のみではなく，他の人々の人格をも尊重することであり，また，権利の尊重は，自他の権利の主張を認めるとともに，権利の尊重を自己に課するという意味で，互いに義務と責任を果たすことを求めるものである。具体的な人間関係の中で道徳性を養い，それによって人格形成を図るという趣旨に基づいて，「人間尊重の精神」という言葉を使っている。

　　生命に対する畏敬の念は，生命のかけがえのなさに気付き，生命あるものを慈しみ，畏れ，敬い，尊ぶことを意味する。このことにより人間は，生命の尊さや生きることのすばらしさの自覚を深めることができる。生命に対する畏敬の念に根ざした人間尊重の精神を培うことによって，人間の生命があらゆる生命との関係や調和の中で存在し生かされていることを自覚できる。さらに，生命あるもの全てに対する感謝の心や思いやりの心を育み，より深く自己を見つめながら，人間としての在り方や生き方の自覚を深めていくことができる。これは，自殺やいじめに関わる問題や環境問題などを考える上でも，常に根本において重視すべき事柄である。

　　道徳教育は，この人間尊重の精神と生命に対する畏敬の念を児童生徒自らが培い，それらを家庭での日常生活，学校での学習や生活及び地域社会での遊び，活動，行事への参画などの具体的な機会において生かすことができるようにしなければならない。

　イ　豊かな心をもつ

　　豊かな心とは，例えば，困っている人には優しく声を掛ける，ボランティア活動など人の役に立つことを進んで行う，喜びや感動を伴って植物や動物を育てる，自分の成長を感じ生きていることを素直に喜ぶ，美しいものを美しいと感じることができる，他者との共生や異なるものへの寛容さをもつなどの感性及びそれらを大切にする心である。道徳教育は，児童生徒一人一人が日常生活においてこのような心を育み，そのことを通して生きていく上で必要な道徳的価値を理解し，自己を見つめることを通して，固有の人格を形成していくことができるようにしなければならない。

ウ　伝統と文化を尊重し，それらを育んできた我が国と郷土を愛し，個性豊かな文化の創造を図る

　　個性豊かな文化の継承・発展・創造のためには，古いものを改めていくことも大切であり，先人の残した有形，無形の文化的遺産の中に優れたものを見いだし，それを生み出した精神に学び，それを継承し発展させることも必要である。また，国際社会の中で主体性をもって生きていくには，国際感覚をもち，国際的視野に立ちながらも，自らの国や地域の伝統や文化についての理解を深め，尊重する態度を身に付けることが重要である。

　　したがって，我が国や郷土の伝統と文化に対する関心や理解を深め，それを尊重し，継承，発展させる態度を育成するとともに，それらを育んできた我が国と郷土への親しみや愛着の情を深め，世界と日本との関わりについて考え，日本人としての自覚をもって，文化の継承・発展・創造と社会の発展に貢献し得る能力や態度が養われなければならない。

エ　平和で民主的な国家及び社会の形成者として，公共の精神を尊び，社会及び国家の発展に努める

　　人間は個としての尊厳を有するとともに，平和で民主的な国家及び社会を形成する一人としての社会的存在でもある。私たちは，身近な集団のみならず，社会や国家の一員としての様々な帰属意識をもっている。一人一人がそれぞれの個をその集団の中で生かし，よりよい集団や社会を形成していくためには，個としての尊厳とともに社会全体の利益を実現しようとする公共の精神が必要である。

　　また，平和で民主的な社会は，国民主権，基本的人権，自由，平等などの民主主義の理念の実現によって達成される。これらが，法によって規定され，維持されるだけならば，一人一人の日常生活の中で真に主体的なものとして確立されたことにはならない。それらは，一人一人の自覚によって初めて達成される。日常生活の中で社会連帯の自覚に基づき，あらゆる時と場所において他者と協同する場を実現していくことは，社会及び国家の発展に努めることでもある。

　　したがって，道徳教育においては，単に法律的な規則やきまりそのものを取り上げるだけでなく，それらの意義を自己の生き方との関わりで捉えるとともに，必要に応じてそれをよりよいものに発展させていくという視点や，法律的な規則やきまりの基盤となっている人間としての道徳的な生き方を問題にするという視点にも留意して取り扱う必要がある。

オ　他国を尊重し，国際社会の平和と発展や環境の保全に貢献する

　　民主的で文化的な国家を更に発展させるとともに，世界の平和と人類の福祉の向上に貢献することは，教育基本法の前文において掲げられている理念

である。

　平和は，人間の心の内に確立すべき課題でもあるが，日常生活の中で社会連帯の自覚に基づき，他者と協同する場を実現していく努力こそ，平和で民主的な国家及び社会を実現する根本である。また，環境問題が深刻な問題となる中で，持続可能な社会の実現に努めることが重要な課題となっている。そのためにも，生命や自然に対する感受性や，身近な環境から地球規模の環境への豊かな想像力，それを大切に守ろうとする態度が養われなければならない。

　このような努力や心構えを，広く国家間ないし国際社会に及ぼしていくことが他国を尊重することにつながり，国際社会に平和をもたらし環境の保全に貢献することになる。

カ　未来を拓(ひら)く主体性のある日本人を育成する

　未来を拓(ひら)く主体性のある人間とは，常に前向きな姿勢で未来に夢や希望をもち，自主的に考え，自律的に判断し，決断したことは積極的かつ誠実に実行し，その結果について責任をもつことができる人間である。道徳教育は，このような視点に立ち，児童生徒が自らの人生や新しい社会を切り拓(ひら)く力を身に付けられるようにしていかなければならない。

　このことは，人間としての在り方の根本に関わるものであるが，ここで特に日本人と示しているのは，歴史的，文化的に育まれてきた日本人の自覚をもって文化の継承，発展，創造を図り，民主的な社会の発展に貢献するとともに，国際的視野に立って世界の平和と人類の幸福に寄与し，世界の人々から信頼される人間の育成を目指しているからである。

(3) 健やかな体（第1章第2節の2の(3)）

> (3)　学校における体育・健康に関する指導を，児童又は生徒の発達の段階を考慮して，学校の教育活動全体を通じて適切に行うことにより，健康で安全な生活と豊かなスポーツライフの実現を目指した教育の充実に努めること。特に，学校における食育の推進並びに体力の向上に関する指導，安全に関する指導及び心身の健康の保持増進に関する指導については，小学部の体育科や家庭科（知的障害者である児童に対する教育を行う特別支援学校においては生活科），中学部の保健体育科や技術・家庭科（知的障害者である生徒に対する教育を行う特別支援学校においては職業・家庭科）及び特別活動の時間はもとより，各教科，道徳科，外国語活動，総合的な学習の時間及び自立活動などにおいてもそれぞれの特質に応じて適切に行うよう努めること。また，それらの指導を通して，家庭や地域社会との連

> 携を図りながら，日常生活において適切な体育・健康に関する活動の実践を促し，生涯を通じて健康・安全で活力ある生活を送るための基礎が培われるよう配慮すること。

　教育基本法第2条第1号は，教育の目的として「健やかな身体を養う」ことを規定しており，本項では，体育・健康に関する指導を，児童生徒の発達の段階を考慮して，学校教育活動全体として取り組むことにより，健康で安全な生活と豊かなスポーツライフの実現を目指した教育の充実に努めることを示している。健やかな体の育成は，心身の調和的な発達の中で図られ，心身の健康と安全や，スポーツを通じた生涯にわたる幸福で豊かな生活の実現と密接に関わるものであることから，体育・健康に関する指導のねらいとして，心身ともに健康で安全な生活と豊かなスポーツライフの実現を一体的に示しているところである。

　これからの社会を生きる児童生徒に，健やかな心身の育成を図ることは極めて重要である。体力は，人間の活動の源であり，健康の維持のほか意欲や気力といった精神面の充実に大きく関わっており，「生きる力」を支える重要な要素である。児童生徒の心身の調和的発達を図るためには，運動を通して体力を養うとともに，食育の推進を通して望ましい食習慣を身に付けるなど，健康的な生活習慣を形成することが必要である。また，東日本大震災をはじめとする様々な自然災害の発生や，情報化等の進展に伴う児童生徒を取り巻く環境の変化などを踏まえ，児童生徒の安全・安心に対する懸念が広がっていることから，安全に関する指導の充実が必要である。さらに，児童生徒が心身の成長発達について正しく理解することが必要である。

　こうした現代的課題を踏まえ，体育・健康に関する指導は，健康・安全で活力ある生活を営むために必要な資質・能力を育て，心身の調和的な発達を図り，健康で安全な生活と豊かなスポーツライフの実現を目指すものである。こうした教育は，第1章総則第4節の1に示すとおり，単元や題材など内容や時間のまとまりを見通した，主体的・対話的で深い学びの実現に向けた授業改善を通して実現が図られるものであり，そうした学習の過程の在り方については，本解説第3編の第2章第4節の1において解説している。

　本項で示す体育に関する指導については，積極的に運動する児童生徒とそうでない児童生徒の二極化傾向が指摘されていることなどから，生涯にわたって運動やスポーツを豊かに実践していくとともに，現在及び将来の体力の向上を図る実践力の育成を目指し，児童生徒が自ら進んで運動に親しむ資質・能力を身に付け，心身を鍛えることができるようにすることが大切である。

　このため，小学部では教科としての体育科において，基礎的な身体能力の育成を図るとともに，運動系のクラブ活動，運動会，遠足や集会などの特別活動や教

育課程外の学校教育活動などを相互に関連させながら，学校教育活動全体として効果的に取り組むことが求められている。

また，中学部では教科としての保健体育科において，基礎的な身体能力の育成を図るとともに，運動会，遠足や集会などの特別活動や運動部活動などの教育課程外の学校教育活動などを相互に関連させながら，学校教育活動全体として効果的に取り組むことが求められている。

健康に関する指導については，児童生徒が身近な生活における健康に関する知識を身に付けることや，必要な情報を自ら収集し，適切な意思決定や行動選択を行い，積極的に健康な生活を実践することのできる資質・能力を育成することが大切である。

特に，学校における食育の推進においては，栄養摂取の偏りや朝食欠食といった食習慣の乱れ等に起因する肥満や生活習慣病，食物アレルギー等の健康課題が見られるほか，食品の安全性の確保等の食に関わる課題が顕在化している。

こうした課題に適切に対応するため，児童生徒が食に関する正しい知識と望ましい食習慣を身に付けることにより，生涯にわたって健やかな心身と豊かな人間性を育んでいくための基礎が培われるよう，栄養のバランスや規則正しい食生活，食品の安全性などの指導が一層重視されなければならない。また，これら心身の健康に関する内容に加えて，自然の恩恵・勤労などへの感謝や食文化などについても教科等の内容と関連させた指導を行うことが効果的である。食に関する指導に当たっては，体育科（中学部においては保健体育科）における望ましい生活習慣の育成や，家庭科（中学部においては技術・家庭科。ただし，知的障害者である生徒に対する特別支援学校の中学部においては職業・家庭科）における食生活に関する指導，特別活動における給食の時間を中心とした指導などを相互に関連させながら，学校教育活動全体として効果的に取り組むことが重要であり，栄養教諭等の専門性を生かすなど教師間の連携に努めるとともに，地域の産物を学校給食に使用するなどの創意工夫を行いつつ，学校給食の教育的効果を引き出すよう取り組むことが重要である。

また，安全に関する指導においては，様々な自然災害の発生や，情報化やグローバル化等の社会の変化に伴い児童生徒を取り巻く安全に関する環境も変化していることから，身の回りの生活の安全，交通安全，防災に関する指導や，情報技術の進展に伴う新たな事件・事故防止，国民保護等の非常時の対応等の新たな安全上の課題に関する指導を一層重視し，安全に関する情報を正しく判断し，安全のための行動に結び付けるようにすることが重要である。

さらに，心身の健康の保持増進に関する指導においては，情報化社会の進展により，様々な健康情報や性・薬物等に関する情報の入手が容易になっていることなどから，児童生徒がそれらの情報等を正しく選択して適切に行動できるように

するとともに，薬物乱用防止等の指導が一層重視されなければならない。なお，児童生徒が心身の成長発達に関して適切に理解し，行動することができるようにする指導に当たっては，第1章総則第5節の1の(1)に示す主に集団の場面で必要な指導や援助を行うガイダンスと一人一人が抱える課題に個別に対応した指導を行うカウンセリングの双方の観点から，学校の教育活動全体で共通理解を図り，家庭の理解を得ることに配慮するとともに，関連する教科等において，発達の段階を考慮して，指導することが重要である。

体育・健康に関する指導は，こうした指導を相互に関連させて行うことにより，生涯にわたり楽しく明るい生活を営むための基礎づくりを目指すものである。

したがって，その指導においては，体つくり運動や各種のスポーツ活動はもとより，保健や安全に関する指導，給食を含む食に関する指導などが重視されなければならない。このような体育・健康に関する指導は，小学部の体育科や中学部の保健体育科の時間だけではなく家庭科（知的障害者である児童に対する教育を行う特別支援学校については生活科）や中学部の技術・家庭科（知的障害者である生徒に対する教育を行う特別支援学校においては職業・家庭科），特別活動のほか，関連の教科や道徳科，総合的な学習の時間，自立活動なども含めた学校の教育活動全体を通じて行うことによって，その一層の充実を図ることができる。

各学校において，体育・健康に関する指導を効果的に進めるためには，全国体力・運動能力，運動習慣等調査などを用いて児童生徒の体力や健康状態等を的確に把握し，学校や地域の実態を踏まえて，それにふさわしい学校の全体計画を作成し，地域の関係機関・団体の協力を得つつ，計画的，継続的に指導することが重要である。

また，体育・健康に関する指導を通して，学校生活はもちろんのこと，家庭や地域社会における日常生活においても，自ら進んで運動を適切に実践する習慣を形成し，生涯を通じて運動に親しむための基礎を培うとともに，児童生徒が積極的に心身の健康の保持増進を図っていく資質・能力を身に付け，生涯を通じて健康・安全で活力ある生活を送るための基礎が培われるよう配慮することが大切である。なお，中学部にあっては，教科担任制を原則としているために，体育・健康に関する指導が保健体育科担当の教師に任されてしまうおそれがある。しかし，体育・健康に関する指導は，学校の教育活動全体を通じて適切に行われるべきものであり，その効果を上げるためには，保健体育科担当の教師だけでなく，全教職員の理解と協力が得られるよう，学校の実態に応じて指導体制の工夫改善に努めるなど，組織的に進めていくことが大切である。

第2節
小学部及び中学部における教育の基本と教育課程の役割

(4) 自立活動の指導（第１章第２節の２の(4)）

> (4) 学校における自立活動の指導は，障害による学習上又は生活上の困難を改善・克服し，自立し社会参加する資質を養うため，自立活動の時間はもとより，学校の教育活動全体を通じて適切に行うものとする。特に，自立活動の時間における指導は，各教科，道徳科，外国語活動，総合的な学習の時間及び特別活動と密接な関連を保ち，個々の児童又は生徒の障害の状態や特性及び心身の発達の段階等を的確に把握して，適切な指導計画の下に行うよう配慮すること。

　この規定の前段において，学校における自立活動の指導は，「自立し社会参加する資質を養うため」に行うことを明確にしている。「自立し社会参加する資質」とは，児童生徒がそれぞれの障害の状態や特性及び心身の発達の段階等に応じて，主体的に自己の力を可能な限り発揮し，よりよく生きていこうとすること，また，社会，経済，文化の分野の活動に参加することができるようにする資質を意味している。

　そして，「学校における自立活動の指導は，（中略）自立活動の時間はもとより，学校の教育活動全体を通じて適切に行うものとする。」と示しているのは，自立活動の指導の重要性に鑑み，自立活動の時間における指導を中心とし，学校の教育活動全体を通じて指導することの必要性を強調したものである。

　つまり，自立活動の時間における指導は，学校における自立活動の指導のいわば要（かなめ）となる重要な時間であるが，自立活動の時間のみで自立活動の指導が全て行われるものではない。自立活動の指導は，自立活動の時間における指導はもとより，学校の教育活動全体を通じて行うものであることから，自立活動の時間における指導と各教科等における指導とが密接な関連を保つことが必要である。

　このため，この規定の後段においては，「特に，自立活動の時間における指導は，各教科，道徳科，外国語活動，総合的な学習の時間及び特別活動と密接な関連を保ち」と示し，このことを強調しているのである。その際，次のことに留意する必要がある。例えば，教科別の指導においては，教科の目標を達成するための時間であるため，自立活動としての指導目標を設定して指導を行うというより，自立活動の時間における指導を参考にして配慮や手立てを行うことが考えられる。ただし，学校教育法施行規則第130条第２項の規定により，各教科等と自立活動を一部又は全部について合わせて指導を行うことによって，一層効果の上がる授業を行う場合には，自立活動の指導目標を設定した上で指導を行うことはあり得る。

　今回の改訂では，「第７章自立活動」において，自立活動における個々の実態

把握から具体的な指導内容を設定するまでの手続きを具体的に示した。このことを踏まえ，前述した自立活動の時間における指導と各教科等における指導とが密接な関連を保つという点に対しては，自立活動の指導目標の達成に迫る指導なのか，自立活動の観点から必要な配慮なのか，その関連性について十分留意することが必要である。

いずれの場合にも，自立活動の時間における個別の指導計画が明確にならなければ自立活動の指導を具体化することは難しい。このためこの規定の後段においては，「個々の児童又は生徒の障害の状態や特性及び心身の発達の段階等を的確に把握して，適切な指導計画の下に行う」と示し，特に，個々の児童生徒の実態に即して作成された個別の指導計画の下に，適切な授業実践が行われることが必要である。

3　育成を目指す資質・能力（第1章第2節の3）

> 3　2の(1)から(4)までに掲げる事項の実現を図り，豊かな創造性を備え持続可能な社会の創り手となることが期待される児童又は生徒に，生きる力を育むことを目指すに当たっては，学校教育全体並びに各教科，道徳科，外国語活動，総合的な学習の時間，特別活動（ただし，第3節の3の(2)のイ及びカにおいて，特別活動については学級活動（学校給食に係るものを除く。）に限る。）及び自立活動の指導を通してどのような資質・能力の育成を目指すのかを明確にしながら，教育活動の充実を図るものとする。その際，児童又は生徒の障害の状態や特性及び心身の発達の段階等を踏まえつつ，次に掲げることが偏りなく実現できるようにするものとする。
> (1)　知識及び技能が習得されるようにすること。
> (2)　思考力，判断力，表現力等を育成すること。
> (3)　学びに向かう力，人間性等を涵養すること。

本項は，児童生徒に知・徳・体のバランスのとれた「生きる力」を育むことを目指すに当たっては，各教科等の指導を通してどのような資質・能力の育成を目指すのかを明確にしながら教育活動の充実を図ること，その際には児童生徒の障害の状態や特性及び心身の発達の段階等を踏まえ，「知識及び技能」の習得と「思考力，判断力，表現力等」の育成，「学びに向かう力，人間性等」の涵養という，資質・能力の三つの柱の育成がバランスよく実現できるよう留意することを示している。

今回の改訂は，「生きる力」の育成という教育の目標が各学校の特色を生かした教育課程の編成により具体化され，教育課程に基づく個々の教育活動が，児童

生徒一人一人に，社会の変化に受け身で対応するのではなく，主体的に向き合って関わり合い，自らの可能性を発揮し多様な他者と協働しながら，よりよい社会と幸福な人生を切り拓き，未来の創り手となるために必要な力を育むことに効果的につながっていくようにすることを目指している。そのためには，「何を学ぶか」という教育の内容を重視しつつ，児童生徒がその内容を既得の知識及び技能と関連付けながら深く理解し，他の学習や生活の場面でも活用できる生きて働く知識となることを含め，その内容を学ぶことで児童生徒が「何ができるようになるか」を併せて重視する必要があり，児童生徒に対してどのような資質・能力の育成を目指すのかを指導のねらいとして設定していくことがますます重要となる。

　このため，学習指導要領においては，各教科等の指導を通して育成する資質・能力を明確にすることの重要性を本項で示すとともに，第2章以降において各教科等の目標や内容を，資質・能力の観点から再整理して示している。これは各教科等の指導に当たって，指導のねらいを明確にするための手掛かりとして学習指導要領が活用されやすいようにしたものである。

　中央教育審議会答申において指摘されているように，国内外の分析によれば，資質・能力に共通する要素は，知識に関するもの，思考や判断，表現等に関わる力に関するもの，情意や態度等に関するものの三つに大きく分類できる。本項が示す資質・能力の三つの柱は，こうした分析を踏まえ，「生きる力」や各教科等の学習を通して育まれる資質・能力，学習の基盤となる資質・能力（第1章総則第3節の2の(1)），現代的な諸課題に対応して求められる資質・能力（第1章総則第3節の2の(2)）といった，あらゆる資質・能力に共通する要素を資質・能力の三つの柱として整理したものである。

　児童生徒に育成を目指す資質・能力を三つの柱で整理することは，これまで積み重ねられてきた一人一人の児童生徒に必要な力を育む学校教育の実践において，各教科等の指導を通して育成してきた資質・能力を再整理し，教育課程の全体として明らかにしたものである。そのことにより，経験年数の短い教師であっても，各教科等の指導を通して育成を目指す資質・能力を確実に捉えられるようにするとともに，教科等横断的な視点で教育課程を編成・実施できるようにすること，更には，学校教育を通してどのような力を育むのかということを社会と共有することを目指すものである。

　これらの三つの柱は，学習の過程を通して相互に関係し合いながら育成されるものであることに留意が必要である。児童生徒は学ぶことに興味を向けて取り組んでいく中で，新しい知識や技能を得て，それらの知識や技能を活用して思考することを通して，知識や技能をより確かなものとして習得するとともに，思考力，判断力，表現力等を養い，新たな学びに向かったり，学びを人生や社会に生かそうとしたりする力を高めていくことができる。

なお，資質や能力という言葉は，教育課程に関する法令にも規定があるところであり，例えば，教育基本法第5条第2項においては，義務教育の目的として「各個人の有する能力を伸ばしつつ社会において自立的に生きる基礎を培い，また，国家及び社会の形成者として必要とされる基本的な資質を養うこと」を規定している。この「資質」については，教育を通して先天的な資質を更に向上させることと，一定の資質を後天的に身に付けさせるという両方の観点をもつものとされていることから，教育を通して育まれるもののどれが資質でどれが能力かを分けて捉えることは困難である。これまでも学習指導要領やその解説においては，資質と能力を一体的に扱うことが多かったところでもあり，今回の改訂においては，資質と能力を一体的に捉え「資質・能力」と表記することとしている。

また，確かな学力については，第1章総則第2節の2の(1)においてそれを支える重要な要素が明記されているが，豊かな心の涵養や健やかな体の育成も，それを支えているのは「知識及び技能」の習得と「思考力，判断力，表現力等」の育成，「学びに向かう力，人間性等」の涵養という，資質・能力の三つの柱である。すなわち，資質・能力の三つの柱は学校教育法第30条第2項や第1章総則第2節の2の(1)に示された要素と大きく共通するとともに，確かな学力に限らず，知・徳・体にわたる「生きる力」全体を捉えて，共通する重要な要素を示したものである。

① 知識及び技能が習得されるようにすること

資質・能力の育成は，児童生徒が「何を理解しているか，何ができるか」に関わる知識及び技能の質や量に支えられており，知識や技能なしに，思考や判断，表現等を深めることや，社会や世界と自己との多様な関わり方を見いだしていくことは難しい。一方で，社会や世界との関わりの中で学ぶことへの興味を高めたり，思考や判断，表現等を伴う学習活動を行ったりすることなしに，児童生徒が新たな知識や技能を得ようとしたり，知識や技能を確かなものとして習得したりしていくことも難しい。こうした「知識及び技能」と他の二つの柱との相互の関係を見通しながら，発達の段階に応じて，児童生徒が基礎的・基本的な知識及び技能を確実に習得できるようにしていくことが重要である。

知識については，児童生徒が学習の過程を通して個別の知識を学びながら，そうした新たな知識が既得の知識及び技能と関連付けられ，各教科等で扱う主要な概念を深く理解し，他の学習や生活の場面でも活用できるような確かな知識として習得されるようにしていくことが重要となる。また，芸術系教科における知識は，一人一人が感性などを働かせて様々なことを感じ取りながら考え，自分なりに理解し，表現したり鑑賞したりする喜びにつながっていくものであることが重要である。教科の特質に応じた学習過程を通して，

知識が個別の感じ方や考え方等に応じ，生きて働く概念として習得されることや，新たな学習過程を経験することを通して更新されていくことが重要となる。

このように，知識の理解の質を高めることが今回の改訂においては重視されており，各教科等の指導に当たっては，学習に必要となる個別の知識については，教師が児童生徒の学びへの興味を高めつつしっかりと教授するとともに，深い理解を伴う知識の習得につなげていくため，児童生徒がもつ知識を活用して思考することにより，知識を相互に関連付けてより深く理解したり，知識を他の学習や生活の場面で活用できるようにしたりするための学習が必要となる。

こうした学習の過程はこれまでも重視され，習得・活用・探究という学びの過程の充実に向けた取組が進められている。今回の改訂においては，各教科等の特質を踏まえ，優れた実践に共通して見られる要素が第1章総則第4節の1の(1)の「主体的・対話的で深い学び」として示されている。

技能についても同様に，一定の手順や段階を追っていく過程を通して個別の技能を身に付けながら，そうした新たな技能が既得の技能等と関連付けられ，他の学習や生活の場面でも活用できるように習熟・熟達した技能として習得されるようにしていくことが重要となるため，知識と同様に「主体的・対話的で深い学び」が必要となる。

今回の改訂においては，こうした「知識及び技能」に関する考え方は，確かな学力のみならず「生きる力」全体を支えるものであることから，各教科等において育成することを目指す「知識及び技能」とは何かが，発達の段階に応じて学習指導要領において明確にされたところである。

② 思考力，判断力，表現力等を育成すること

児童生徒が「理解していることやできることをどう使うか」に関わる「思考力，判断力，表現力等」は，社会や生活の中で直面するような未知の状況の中でも，その状況と自分との関わりを見つめて具体的に何をなすべきかを整理したり，その過程で既得の知識や技能をどのように活用し，必要となる新しい知識や技能をどのように得ればよいのかを考えたりするなどの力であり，変化が激しく予測困難な時代に向けてますますその重要性は高まっている。また，①において述べたように，「思考力，判断力，表現力等」を発揮することを通して，深い理解を伴う知識が習得され，それにより更に「思考力，判断力，表現力等」も高まるという相互の関係にあるものである。

学校教育法第30条第2項において，「思考力，判断力，表現力等」とは，「知識及び技能」を活用して課題を解決するために必要な力と規定されてい

る。この「知識及び技能を活用して課題を解決する」という過程については，中央教育審議会答申が指摘するように，大きく分類して次の三つがあると考えられる。

- 物事の中から問題を見いだし，その問題を定義し解決の方向性を決定し，解決方法を探して計画を立て，結果を予測しながら実行し，振り返って次の問題発見・解決につなげていく過程
- 精査した情報を基に自分の考えを形成し，文章や発話によって表現したり，目的や場面，状況等に応じて互いの考えを適切に伝え合い，多様な考えを理解したり，集団としての考えを形成したりしていく過程
- 思いや考えを基に構想し，意味や価値を創造していく過程

教育課程においては，これらの過程に必要となる「思考力，判断力，表現力等」が，各教科等の特質に応じて育まれるようにするとともに，教科横断的な視点に立って，それぞれの過程について，例えば第1章総則第3節の2の(1)に示す言語能力，情報活用能力及び問題発見・解決能力，第1章総則第3節の2の(2)に示す現代的な諸課題に対応して求められる資質・能力の育成を目指す中で育まれるようにすることが重要となる。

③ 学びに向かう力，人間性等を涵養すること

児童生徒が「どのように社会や世界と関わり，よりよい人生を送るか」に関わる「学びに向かう力，人間性等」は，他の二つの柱をどのような方向性で働かせていくかを決定付ける重要な要素である。児童生徒の情意や態度等に関わるものであることから，他の二つの柱以上に，児童生徒や学校，地域の実態を踏まえて指導のねらいを設定していくことが重要となる。

我が国の学校教育の特徴として，各教科等の指導を含めて学校の教育活動の全体を通して情意や態度等に関わる資質・能力を育んできたことを挙げることができる。例えば，国語を尊重する態度（国語科），自然を愛する心情（理科），音楽を愛好する心情（音楽科），家庭生活を大切にする心情（家庭科）など，各教科等においてどういった態度を育むかということを意図して指導が行われ，それぞれ豊かな実践が重ねられている。

児童生徒一人一人がよりよい社会や幸福な人生を切り拓いていくためには，主体的に学習に取り組む態度も含めた学びに向かう力や，自己の感情や行動を統制する力，よりよい生活や人間関係を自主的に形成する態度等が必要となる。これらは，自分の思考や行動を客観的に把握し認識する，いわゆる「メタ認知」に関わる能力を含むものである。こうした力は，社会や生活の中で児童生徒が様々な困難に直面する可能性を低くしたり，直面した困難への対処方法を見いだしたりできるようにすることにつながる重要な力であ

る。また，多様性を尊重する態度や互いのよさを生かして協働する力，持続可能な社会づくりに向けた態度，リーダーシップやチームワーク，感性，優しさや思いやりなどの人間性等に関するものも幅広く含まれる。

　こうした情意や態度等を育んでいくためには，前述のような我が国の学校教育の豊かな実践を生かし，体験活動を含めて，社会や世界との関わりの中で，学んだことの意義を実感できるような学習活動を充実させていくことが重要となる。教育課程の編成及び実施に当たっては，第１章総則第５節に示す児童又は生徒の調和的な発達の支援に関する事項も踏まえながら，学習の場でもあり生活の場でもある学校において，児童生徒一人一人がその可能性を発揮することができるよう，教育活動の充実を図っていくことが必要である。

　なお，学校教育法第30条第２項に規定される「主体的に学習に取り組む態度」や，第１章総則第２節の２の(1)が示す「多様な人々と協働」することなどは，「学びに向かう力，人間性等」に含まれる。資質・能力の三つの柱は，確かな学力のみならず，知・徳・体にわたる「生きる力」全体を捉えて整理していることから，より幅広い内容を示すものとなっているところである。

このように，今回の改訂は，日常の指導における創意工夫のために「何のために学ぶのか」という学習の意義を，我が国の学校教育の様々な実践の蓄積を踏まえて，学習指導要領において育成を目指す資質・能力として明示している。
　なお，障害の状態や特性及び心身の発達の段階等を踏まえることについては，本解説第３編の第２章第２節の１の(2)の(ｱ)を参照すること。

4　カリキュラム・マネジメントの充実（第１章第２節の４）

> 4　各学校においては，児童又は生徒や学校，地域の実態を適切に把握し，教育の目的や目標の実現に必要な教育の内容等を教科等横断的な視点で組み立てていくこと，教育課程の実施状況を評価してその改善を図っていくこと，教育課程の実施に必要な人的又は物的な体制を確保するとともにその改善を図っていくことなどを通して，教育課程に基づき組織的かつ計画的に各学校の教育活動の質の向上を図っていくこと（以下「カリキュラム・マネジメント」という。）に努めるものとする。その際，児童又は生徒に何が身に付いたかという学習の成果を的確に捉え，第３節の３の(3)のイに示す個別の指導計画の実施状況の評価と改善を，教育課程の評価と改善につなげていくよう工夫すること。

本項は，各学校が教育課程に基づき組織的かつ計画的に各学校の教育活動の質の向上を図っていくことができるよう，カリキュラム・マネジメントとは何かを定義するとともにその充実について示している。

　教育課程はあらゆる教育活動を支える基盤となるものであり，学校運営についても，教育課程に基づく教育活動をより効果的に実施していく観点から運営がなされなければならない。カリキュラム・マネジメントは，学校教育に関わる様々な取組を，教育課程を中心に据えながら組織的かつ計画的に実施し，教育活動の質の向上につなげていくことであり，本項においては，中央教育審議会答申の整理を踏まえ次の三つの側面から整理して示している。具体的には，

- 児童生徒や学校，地域の実態を適切に把握し，教育の目的や目標の実現に必要な教育の内容等を教科等横断的な視点で組み立てていくこと，
- 教育課程の実施状況を評価してその改善を図っていくこと，
- 教育課程の実施に必要な人的又は物的な体制を確保するとともにその改善を図っていくこと

などを通して，教育課程に基づき組織的かつ計画的に各学校の教育活動の質の向上を図っていくことと定義している。

　また，総則の項目立てについても，各学校におけるカリキュラム・マネジメントを円滑に進めていく観点から，教育課程の編成，実施，評価及び改善の手続を踏まえて，①小学部及び中学部における教育の基本と教育課程の役割（第1章総則第2節），②教育課程の編成（第1章総則第3節），③教育課程の実施と学習評価（第1章総則第4節），④児童又は生徒の調和的な発達の支援（第1章総則第5節），⑤学校運営上の留意事項（第1章総則第6節），⑥道徳教育に関する配慮事項（第1章総則第7節），⑦重複障害者等に関する教育課程の取扱い（第1章総則第8節）としているところである。各学校においては，こうした総則の全体像も含めて，教育課程に関する国や教育委員会の基準を踏まえ，自校の教育課程の編成，実施，評価及び改善に関する課題がどこにあるのかを明確にして教職員間で共有し改善を行うことにより学校教育の質の向上を図り，カリキュラム・マネジメントの充実に努めることが求められる。

(1) 児童生徒や学校，地域の実態を適切に把握すること

　教育課程は，第1章総則第2節の1が示すとおり「児童又は生徒の障害の状態や特性及び心身の発達の段階等並びに学校や地域の実態を十分考慮して」編成されることが必要である。各学校においては，各種調査結果やデータ等に基づき，児童生徒の姿や学校及び地域の現状を定期的に把握したり，保護者や地域住民の意向等を的確に把握したりした上で，学校の教育目標など教育課程の編成の基本となる事項を定めていくことが求められる。

(2) カリキュラム・マネジメントの四つの側面を通して，教育課程に基づき組織的かつ計画的に各学校の教育活動の質の向上を図っていくこと

　学校の教育活動の質の向上を図る取組は，教育課程に基づき組織的かつ計画的に行われる必要がある。各学校においては，第1章総則第6節の1の(1)に示すとおり，「校長の方針の下に，校務分掌に基づき教職員が適切に役割を分担しつつ，相互に連携しながら，各学校の特色を生かしたカリキュラム・マネジメントを行う」ことが必要である。また，教育課程は学校運営全体の中核ともなるものであり，同じく第1章総則第6節の1の(1)に示すとおり，学校評価の取組についても，カリキュラム・マネジメントと関連付けながら実施するよう留意が必要である。

　組織的かつ計画的に取組を進めるためには，教育課程の編成を含めたカリキュラム・マネジメントに関わる取組を，学校の組織全体の中に明確に位置付け，具体的な組織や日程を決定していくことが重要となる。校内の組織及び各種会議の役割分担や相互関係を明確に決め，職務分担に応じて既存の組織を整備，補強したり，新たな組織を設けたりすること，また，分担作業やその調整を含めて，各作業ごとの具体的な日程を決めて取り組んでいくことが必要である。

　また，カリキュラム・マネジメントを効果的に進めるためには，何を目標として教育活動の質の向上を図っていくのかを明確にすることが重要である。第1章総則第3節の1に示すとおり，教育課程の編成の基本となる学校の経営方針や教育目標を明確にし，家庭や地域とも共有していくことが求められる。

(ｱ) 教育の目的や目標の実現に必要な教育の内容等を教科等横断的な視点で組み立てていくこと

　　教育課程の編成に当たっては，教育課程に関する法令や各学校の教育目標が定める教育の目的や目標の実現を目指して，指導のねらいを明確にし，教育の内容を選択して組織し，それに必要な授業時数を配当していくことが必要となる。各学校においては，教育の目的や目標の実現に必要な教育の内容等を選択し，各教科等の内容相互の関連を図りながら指導計画を作成したり，児童生徒の生活時間と教育の内容との効果的な組み合わせを考えたりしながら，年間や学期，月，週ごとの授業時数を適切に定めたりしていくことが求められる。

　　その際，今回の改訂では，「生きる力」の育成という教育の目標が教育課程の編成により具体化され，よりよい社会と幸福な人生を切り拓くために必要な資質・能力が児童生徒一人一人に育まれるようにすることを目指しており，「何を学ぶか」という教育の内容を選択して組織していくことと同時に，その内容を学ぶことで児童生徒が「何ができるようになるか」という，育成

を目指す資質・能力を指導のねらいとして明確に設定していくことが求められていることに留意が必要である。教育課程の編成に当たっては，第１章総則第３節の２に示す教科等横断的な視点に立った資質・能力の育成を教育課程の中で適切に位置付けていくことや，各学校において具体的な目標及び内容を定めることとなる総合的な学習の時間において教科等の枠を超えた横断的・総合的な学習が行われるようにすることなど，教科等間のつながりを意識して教育課程を編成することが重要である。

(イ) 教育課程の実施状況を評価してその改善を図っていくこと

各学校においては，各種調査結果やデータ等を活用して，児童生徒の障害の状態や特性及び心身の発達の段階等並びに学校，地域の実態を定期的に把握し，そうした結果等から教育目標の実現状況や教育課程の実施状況を確認し分析して課題となる事項を見いだし，改善方針を立案して実施していくことが求められる。こうした改善については，校内の取組を通して比較的直ちに修正できるものもあれば，教育委員会の指導助言を得ながら長期的に改善を図っていくことが必要となるものもあるため，必要な体制や日程を具体化し組織的かつ計画的に取り組んでいくことが重要である。

○ 教育課程の改善の意義

教育課程の評価に続いて行われなければならないのは，その改善である。教育課程についての評価が行われたとしても，これがその改善に活用されなければ，評価本来の意義が発揮されない。このため，各学校においては，児童生徒の人間として調和のとれた育成を目指し，児童生徒の障害の状態や特性及び心身の発達の段階等並びに地域や学校の実態を十分考慮して編成，実施した教育課程が目標を効果的に実現する働きをするよう改善を図ることが求められる。教育課程の評価が積極的に行われてはじめて，望ましい教育課程の編成，実施が期待できる。教育課程の改善は，編成した教育課程をより適切なものに改めることであるが，これは教育課程を児童生徒の障害の状態や特性及び心身の発達の段階等並びに地域や学校の実態に即したものにすることにほかならない。この意味から，学校は教育課程を絶えず改善する基本的態度をもつことが必要である。このような改善によってこそ学校の教育活動が充実するとともに質を高めて，その効果を一層上げることが期待できる。

○ 教育課程の改善の方法

教育課程の改善の方法は，各学校の創意工夫によって具体的には異なるであろうが，一般的には次のような手順が考えられる。

㋐ 評価の資料を収集し，検討すること。

㋑ 整理した問題点を検討し，原因と背景を明らかにすること。

㋒　改善案をつくり，実施すること。

　　指導計画における指導目標の設定，指導内容の配列や構成，予測される学習活動などのように，比較的直ちに修正できるものもあれば，人的，物的諸条件のように，比較的長期の見通しの下に改善の努力を傾けなければならないものもある。また，個々の部分修正にとどまるものもあれば，広範囲の全体修正を必要とするものもある。さらに学校内の教職員の努力によって改善できるものもあれば，学校外へ働きかけるなどの改善の努力を必要とするものもある。教育課程の改善は，それらのことを見定めて実現を図っていかなければならない。

　　このようにして，児童生徒の障害の状態や特性及び心身の発達の段階等並びに地域や学校の実態に即し，各学校の創意工夫を生かしたより一層適切な教育課程を編成するよう努めなければならない。なお，改善に当たっては，教育委員会の指導助言を役立てるようにすることも大切である。

　　以上のような教育課程の評価や改善は，第1章総則第6節の1の(1)に示すとおり，学校評価と関連付けながら実施することが必要である。

(ｳ) 教育課程の実施に必要な人的又は物的な体制を確保するとともにその改善を図っていくこと

　教育課程の実施に当たっては，人材や予算，時間，情報といった人的又は物的な資源を，教育の内容と効果的に組み合わせていくことが重要となる。学校規模，教職員の状況，施設設備の状況などの人的又は物的な体制の実態は，学校によって異なっており，教育活動の質の向上を組織的かつ計画的に図っていくためには，これらの人的又は物的な体制の実態を十分考慮することが必要である。そのためには，特に，教師の指導力，教材・教具の整備状況，地域の教育資源や学習環境（近隣の学校，社会教育施設，児童生徒の学習に協力することのできる人材等）などについて具体的に把握して，教育課程の編成に生かすことが必要である。

　本項では，こうした人的又は物的な体制を確保することのみならず，その改善を図っていくことの重要性が示されている。各学校には，校長，副校長や教頭のほかに教務主任をはじめとして各主任等が置かれ，それらの担当者を中心として全教職員がそれぞれ校務を分担して処理している。各学校の教育課程は，これらの学校の運営組織を生かし，各教職員がそれぞれの分担に応じて教育課程に関する研究を重ね，創意工夫を加えて編成や改善を図っていくことが重要である。また，学校は地域社会における重要な役割を担い地域とともに発展していく存在であり，学校運営協議会制度や地域学校協働活動等の推進により，学校と地域の連携・協働を更に広げ，教育課程を介して学校と地域がつながることにより，地域でどのような子供を育てるのかと

いった目標を共有し，地域とともにある学校づくりが一層効果的に進められていくことが期待される。

(エ) 個別の指導計画の実施状況の評価と改善を，教育課程の評価と改善につなげていくこと

　個別の指導計画に基づいて児童生徒に何が身に付いたかという学習の成果を的確に捉え，第1章総則第2節の4に示す個別の指導計画の実施状況の評価と改善を，教育課程の評価と改善につなげていくよう工夫することが大切になってくる。

　このことについては，本解説第3編の第2章第4節の3の(2)に示している個別の指導計画の作成と実施に対する学習評価の実施に当たっての配慮事項について参照すること。

　以下，それぞれの項目の趣旨を踏まえて学校において実際に教育課程の編成や改善に取り組む際の手順の一例を参考として示す。もとより教育課程の編成や改善の手順は必ずしも一律ではなく，それぞれの学校が学習指導要領等の関連の規定を踏まえつつ，その実態に即して，創意工夫を重ねながら具体的な手順を考えるべきものである。この点に留意することが求められる。

（手順の一例）

(1) 教育課程の編成に対する学校の基本方針を明確にする。

　基本方針を明確にするということは，教育課程の編成に対する学校の姿勢や作業計画の大綱を明らかにするとともに，それらについて全教職員が共通理解をもつことである。

　　ア　学校として教育課程の意義，教育課程の編成の原則などの編成に対する基本的な考え方を明確にし，全教職員が共通理解をもつ。
　　イ　編成のための作業内容や作業手順の大綱を決め，作業計画の全体について全教職員が共通理解をもつ。

(2) 教育課程の編成・実施のための組織と日程を決める。

　教育課程の編成・実施は，校長のリーダーシップの下，組織的かつ計画的に取り組む必要がある。教育課程の編成・実施を担当する組織を確立するとともに，それを学校の組織全体の中に明確に位置付ける。

　また，編成・実施の作業日程を明確にするとともに，学校が行う他の諸活動との調和を図る。その際，既存の組織や各種会議の在り方を見直し必要に応じ精選を図るなど業務改善の視点をもつことも重要である。

　　ア　編成・実施のための組織を決める。
　　　(ｱ) 編成・実施に当たる組織及び各種会議の役割や相互関係について基本的な考え方を明確にする。

第2節
小学部及び中学部における教育の基本と教育課程の役割

(イ) 編成・実施に当たる組織及び各種会議を学校の組織全体の中に位置付け，組織内の役割や分担を具体的に決める。

イ　編成・実施のための作業日程を決める。

分担作業やその調整を含めて，各作業ごとの具体的な日程を決める。

(3) 教育課程の編成のための事前の研究や調査をする。

事前の研究や調査によって，教育課程についての国や教育委員会の基準の趣旨を理解するとともに，教育課程の編成にかかわる学校の実態や諸条件を把握する。

ア　教育課程についての国の基準や教育委員会の規則などを研究し理解する。

イ　児童生徒の障害の状態や特性及び心身の発達の段階等並びに学校や地域の実態を把握する。その際，保護者や地域住民の意向，児童生徒の状況等を把握することに留意する。

ウ　実施した教育課程に対する児童生徒の達成状況等を把握する。

(4) 学校の教育目標など教育課程の編成の基本となる事項を定める。

学校の教育目標など教育課程の編成の基本となる事項は，学校教育の目的や目標及び教育課程の基準に基づきながら，しかも各学校が当面する教育課題の解決を目指し，両者を統一的に把握して設定する。

ア　事前の研究や調査の結果を検討し，学校教育の目的や目標に照らして，それぞれの学校や児童生徒が直面している教育課題を明確にする。

イ　学校教育の目的や目標を調和的に達成するため，各学校の教育課題に応じて，学校の教育目標など教育課程の編成の基本となる事項を設定する。

ウ　編成に当たって，特に留意すべき点を明確にする。

(5) 教育課程を編成する。

教育課程は学校の教育目標の実現を目指して，各教科等の教育の内容を選択し，組織し，それに必要な授業時数を定めて編成する。

ア　各教科等の教育の内容を選択する。

(ア) 教育の内容について，その基礎的・基本的なものを明確にする。

(イ) 学校の教育目標の有効な達成を図るため，重点を置くべき教育の内容を明確にする。

(ウ) 各教科等の指導において，基礎的・基本的な知識及び技能の確実な習得と思考力，判断力，表現力等の育成を図るとともに，主体的に学習に取り組む態度を養う指導の充実や個に応じた指導を推進するよう配慮する。

(エ) 学校の教育活動全体を通じて行う道徳教育及び体育・健康に関す

る指導及び自立活動の指導について，適切な指導がなされるよう配慮する。

(ｵ) 学習の基盤となる資質・能力や現代的な諸課題に対応して求められる資質・能力など，学校として，教科等横断的な視点で育成を目指す資質・能力を明確にし，その育成に向けた適切な指導がなされるよう配慮する。

(ｶ) 児童生徒や学校，地域の実態に応じて学校が創意を生かして行う総合的な学習の時間を適切に展開できるよう配慮する。

イ 授業時数を配当する。

(ｱ) 教育の内容との関連において，各教科，道徳科，外国語活動，総合的な学習の時間，特別活動及び自立活動の年間授業時数を定める。

(ｲ) 各教科等や学習活動の特質に応じて，創意工夫を生かし，1年間の中で，学期，月，週ごとの各教科等の授業時数を定める。

(ｳ) 各教科等の内容の一部又は全部を合わせて指導を行う場合には，授業時数を適切に定めること。

(ｴ) 各教科等の授業の1単位時間を，児童生徒の障害の状態や特性及び心身の発達の段階等，及び各教科等や学習活動の特質を考慮して適切に定める。

ウ 指導内容を組織する。

(ｱ) 各教科，道徳科，外国語活動，総合的な学習の時間，特別活動及び自立活動について，各教科等間の教育の内容相互の関連を図る。

(ｲ) 各教科等の教育の内容相互の関連を明確にする。

(ｳ) 発展的，系統的な指導ができるように指導内容を配列し組織する。特に，内容を2学年まとめて示した教科については，2学年間を見通した適切な指導計画を作成する。

(ｴ) 各教科等の教育の内容に取り上げた事項について，主体的・対話的で深い学びの実現に向けた授業改善を通して資質・能力を育む効果的な指導ができるよう，単元や題材など内容や時間のまとまりを見通しながら，そのまとめ方や重点の置き方を検討する。

(ｵ) 各学年において，合科的・関連的な指導について配慮する。

(ｶ) 各教科等の内容の一部又は全部を合わせて指導を行う場合には，内容相互の関連や系統性について配慮する。

(6) 教育課程を実施する。

(7) 教育課程を評価し改善する。

実施中の教育課程を検討し評価して，その改善点を明確にして改善を図る。

ア 個別の指導計画などの評価の資料を収集し，検討する。
イ 整理した問題点を検討し，原因と背景を明らかにする。
ウ 改善案をつくり，検討し，教育課程の編成に反映する。

第2章
教育課程の編成
及び実施

第3節　教育課程の編成

● 1　各学校の教育目標と教育課程の編成（第1章第3節の1）

> 第3節　教育課程の編成
> 1　各学校の教育目標と教育課程の編成
> 　　教育課程の編成に当たっては，学校教育全体や各教科等における指導を通して育成を目指す資質・能力を踏まえつつ，各学校の教育目標を明確にするとともに，教育課程の編成についての基本的な方針が家庭や地域とも共有されるよう努めるものとする。その際，小学部は小学校学習指導要領の第5章総合的な学習の時間の第2の1，中学部は中学校学習指導要領の第4章総合的な学習の時間の第2の1に基づき定められる目標との関連を図るものとする。

　本項は，各学校における教育課程の編成に当たって重要となる各学校の教育目標の設定と，教育課程の編成についての基本的な方針の家庭や地域との共有，総合的な学習の時間について各学校が定める目標との関連について示している。

　特別支援学校の目的や小学部・中学部の目標は，学校教育法及び学習指導要領に示されており，各学校においては，その達成を目指して教育を行わなければならない。法律等に規定された目的や目標に基づき，各学校においては，児童生徒の実態や学校の置かれている各種の条件を分析して検討した上でそれぞれの学校の教育課題を正しく捉え，各学校が当面する教育課題の解決を目指し，両者を統一的に把握して設定することが重要となる。各学校における教育課程は，当該学校の教育目標の実現を目指して，教育の内容を選択し，組織し，それに必要な授業時数を定めて編成する。

　今回の改訂においては，次項のとおり，言語能力，情報活用能力，問題発見・解決能力等の学習の基盤となる資質・能力や，豊かな人生の実現や災害等を乗り越えて次代の社会を形成することに向けた現代的な諸課題に対応して求められる資質・能力を，教科等横断的な視点に立って育成することを規定している。また，各教科等においても，当該教科等の指導を通してどのような資質・能力の育成を目指すのかを，「知識及び技能」，「思考力，判断力，表現力等」，「学びに向かう力，人間性等」の三つの柱に沿って再整理し，当該教科等の目標及び内容として明確にした。

　各学校において，教育目標に照らしながら各教科等の授業のねらいを改善したり，教育課程の実施状況を評価したりすることが可能となるよう，教育目標は具体性を有するものであることが求められる。法令や教育委員会の規則，方針等を

踏まえつつ,児童生徒や学校,地域の実態を的確に把握し,第1章総則第2節の3に基づき,学校教育全体及び各教科等の指導を通じてどのような資質・能力の育成を目指すのかを明らかにしながら,そうした実態やねらいを十分反映した具体性のある教育目標を設定することが必要である。また,長期的な視野をもって教育を行うことができるよう,教育的な価値や継続的な実践の可能性も十分踏まえて設定していくことが重要である。

「社会に開かれた教育課程」の理念に基づき,目指すべき教育の在り方を家庭や地域と共有し,その連携及び協働のもとに教育活動を充実させていくためには,各学校の教育目標を含めた教育課程の編成についての基本的な方針を,家庭や地域とも共有していくことが重要である。そのためにも,学校経営方針やグランドデザイン等の策定や公表が効果的に行われていくことが求められる。

また,小学部においては小学校学習指導要領第5章第2の1,中学部においては中学校学習指導要領第4章第2の1に基づき各学校が定めることとされている総合的な学習の時間の目標については,上記により定められる学校の教育目標との関連を図り,児童生徒の障害の状態や特性及び心身の発達の段階等並びに学校や地域の実態に応じてふさわしい探究課題を設定することができるという総合的な学習の時間の特質が,各学校の教育目標の実現に生かされるようにしていくことが重要である。

以上のことを整理すると,各学校において教育目標を設定する際には,次のような点を踏まえることが重要となる。

(1) 法律及び学習指導要領に定められた目的や目標を前提とするものであること。
(2) 教育委員会の規則,方針等に従っていること。
(3) 学校として育成を目指す資質・能力が明確であること。
(4) 学校や地域の実態等に即したものであること。その際,実施した教育課程に対する児童生徒の達成状況等を把握すること。
(5) 教育的価値が高く,継続的な実践が可能なものであること。
(6) 評価が可能な具体性を有すること。

● 2 教科等横断的な視点に立った資質・能力(第1章第3節の2)

児童生徒に「生きる力」を育むことを目指して教育活動の充実を図るに当たっては,学校教育全体及び各教科等の指導を通してどのような資質・能力の育成を目指すのかを,資質・能力の三つの柱を踏まえながら明確にすることが求められる。育成を目指す資質・能力の具体例については,様々な提案がなされており,学習指導要領に基づき各学校において,児童生徒の障害の状態や特性及び心身の

発達の段階等並びに学校や地域の実態に応じてどのような資質・能力の育成を図っていくのかを明らかにしていく必要があるが，平成28年の中央教育審議会答申では，数多く論じられている資質・能力を以下のように大別している。

- 例えば国語力，数学力などのように，伝統的な教科等の枠組みを踏まえながら，社会の中で活用できる力としてのあり方について論じているもの。
- 例えば言語能力や情報活用能力などのように，教科等を越えた全ての学習の基盤として育まれ活用される力について論じているもの。
- 例えば安全で安心な社会づくりのために必要な力や，自然環境の有限性の中で持続可能な社会をつくるための力などのように，今後の社会の在り方を踏まえて，子供たちが現代的な諸課題に対応できるようになるために必要な力の在り方について論じているもの。

1点目の教科等の枠組みを踏まえて育成を目指す資質・能力については，各教科等の章の目標や内容において，それぞれの教科等の特質を踏まえて整理されている。これらの資質・能力の育成を目指すことが各教科等を学ぶ意義につながるものであるが，指導に当たっては，教科等ごとの枠の中だけではなく，教育課程全体を通じて目指す学校の教育目標の実現に向けた各教科等の位置付けを踏まえ，教科等横断的な視点をもってねらいを具体化したり，他の教科等における指導との関連付けを図りながら，幅広い学習や生活の場面で活用できる力を育むことを目指したりしていくことも重要となる。

このような教科等横断的な視点からの指導のねらいの具体化や，教科等間の指導の関連付けは，前述の中央教育審議会答申が大別した2点目及び3点目にあるような教科等の枠組みを越えた資質・能力の育成にもつながるものである。変化の激しい社会の中で，主体的に学んで必要な情報を判断し，よりよい人生や社会の在り方を考え，多様な人々と協働しながら問題を発見し解決していくために必要な力を，児童生徒一人一人に育んでいくためには，あらゆる教科等に共通した学習の基盤となる資質・能力や，教科等の学習を通じて身に付けた力を統合的に活用して現代的な諸課題に対応していくための資質・能力を，教育課程全体を見渡して育んでいくことが重要となる。

(1) 学習の基盤となる資質・能力（第1章第3節の2の(1)）

> 2 教科等横断的な視点に立った資質・能力の育成
> (1) 各学校においては，児童又は生徒の障害の状態や特性及び心身の発達の段階等を考慮し，言語能力，情報活用能力（情報モラルを含む。），問題発見・解決能力等の学習の基盤となる資質・能力を育成していくことができるよう，各教科等の特質を生かし，教科等横断的な視点から教

> 育課程の編成を図るものとする。

　本項は，児童生徒の日々の学習や生涯にわたる学びの基盤となる資質・能力を，児童生徒の障害の状態や特性及び心身の発達の段階等を考慮し，それぞれの教科等の役割を明確にしながら，教科等横断的な視点で育んでいくことができるよう，教育課程の編成を図ることを示している。学習の基盤となる資質・能力として，言語能力，情報活用能力，問題発見・解決能力等を挙げている。

ア　言語能力

　　言葉は，児童生徒の学習活動を支える重要な役割を果たすものであり，全ての教科等における資質・能力の育成や学習の基盤となるものである。教科書や教師の説明，様々な資料等から新たな知識を得たり，事象を観察して必要な情報を取り出したり，自分の考えをまとめたり，他者の思いを受け止めながら自分の思いを伝えたり，学級で目的を共有して協働したりすることができるのも，言葉の役割に負うところが大きい。したがって，言語能力の向上は，児童生徒の学びの質の向上や資質・能力の育成の在り方に関わる重要な課題として受け止め，重視していくことが求められる。

　　言語能力を育成するためには，第１章総則第４節の１の(2)や各教科等の内容の取扱いに示すとおり，全ての教科等においてそれぞれの特質に応じた言語活動の充実を図ることが必要であるが，特に言葉を直接の学習対象とする国語科の果たす役割は大きい。今回の改訂に当たっては，中央教育審議会答申において人間が認識した情報を基に思考し，思考したものを表現していく過程に関する分析を踏まえ，創造的・論理的思考の側面，感性・情緒の側面，他者とのコミュニケーションの側面から言語能力とは何かを整理されたことを踏まえ，視覚障害者，聴覚障害者，肢体不自由者又は病弱者である児童生徒に対する教育を行う特別支援学校並びに知的障害者である児童生徒に対する教育を行う特別支援学校における国語科の目標や内容の見直しを図ったところである。言語能力を支える語彙の段階的な獲得も含め，発達の段階に応じた言語能力の育成が図られるよう，国語科を要としつつ教育課程全体を見渡した組織的・計画的な取組が求められる。

　　また，視覚障害者，聴覚障害者，肢体不自由者又は病弱者である児童生徒に対する教育を行う特別支援学校における外国語科（知的障害者である生徒に対する教育を行う特別支援学校の中学部の外国語科も含む）及び視覚障害者，聴覚障害者，肢体不自由者又は病弱者である児童に対する教育を行う特別支援学校並びに知的障害者である児童に対する教育を行う特別支援学校の小学部における外国語活動は，学習対象とする言語は異なるが，言語能力の向上を目指す教科等であることから，国語科と共通する指導内容や指導方法

を扱う場面がある。そうした指導内容や指導方法を効果的に連携させることによって，言葉の働きや仕組みなどの言語としての共通性や固有の特徴への気付きを促し，相乗効果の中で言語能力の効果的な育成につなげていくことが重要である。

(参考：言語能力を構成する資質・能力)
(知識・技能)

　言葉の働きや役割に関する理解，言葉の特徴やきまりに関する理解と使い分け，言葉の使い方に関する理解と使い分け，言語文化に関する理解，既有知識（教科に関する知識，一般常識，社会的規範等）に関する理解が挙げられる。

　特に，「言葉の働きや役割に関する理解」は，自分が用いる言葉に対するメタ認知に関わることであり，言語能力を向上する上で重要な要素である。

(思考力・判断力・表現力等)

　テクスト（情報）を理解したり，文章や発話により表現したりするための力として，情報を多面的・多角的に精査し構造化する力，言葉によって感じたり想像したりする力，感情や想像を言葉にする力，言葉を通じて伝え合う力，構成・表現形式を評価する力，考えを形成し深める力が挙げられる。

(学びに向かう力・人間性等)

　言葉を通じて，社会や文化を創造しようとする態度，自分のものの見方や考え方を広げ深めようとする態度，集団としての考えを発展・深化させようとする態度，心を豊かにしようとする態度，自己や他者を尊重しようとする態度，自分の感情をコントロールして学びに向かう態度，言語文化の担い手としての自覚が挙げられる。

【中央教育審議会答申　別紙2－1】

イ　情報活用能力

　情報活用能力は，世の中の様々な事象を情報とその結び付きとして捉え，情報及び情報技術を適切かつ効果的に活用して，問題を発見・解決したり自分の考えを形成したりしていくために必要な資質・能力である。将来の予測が難しい社会において，情報を主体的に捉えながら，何が重要かを主体的に考え，見いだした情報を活用しながら他者と協働し，新たな価値の創造に挑んでいくためには，情報活用能力の育成が重要となる。また，情報技術は人々

の生活にますます身近なものとなっていくと考えられるが，そうした情報技術を手段として学習や日常生活に活用できるようにしていくことも重要となる。

　情報活用能力をより具体的に捉えれば，学習活動において必要に応じてコンピュータ等の情報手段を適切に用いて情報を得たり，情報を整理・比較したり，得られた情報を分かりやすく発信・伝達したり，必要に応じて保存・共有したりといったことができる力であり，さらに，このような学習活動を遂行する上で必要となる情報手段の基本的な操作の習得や，プログラミング的思考，情報モラル，情報セキュリティ，統計等に関する資質・能力等も含むものである。こうした情報活用能力は，各教科等の学びを支える基盤であり，これを確実に育んでいくためには，各教科等の特質に応じて適切な学習場面で育成を図ることが重要であるとともに，そうして育まれた情報活用能力を発揮させることにより，各教科等における主体的・対話的で深い学びへとつながっていくことが一層期待されるものである。

　今回の改訂に当たっては，資質・能力の三つの柱に沿って情報活用能力について整理されている。情報活用能力を育成するためには，第1章総則第4節の1の(3)や各教科等の内容の取扱いに示すとおり，各学校において日常的に情報技術を活用できる環境を整え，全ての教科等においてそれぞれの特質に応じ，情報技術を適切に活用した学習活動の充実を図ることが必要である。

(参考：情報活用能力を構成する資質・能力)
(知識・技能)
　情報と情報技術を活用した問題の発見・解決等の方法や，情報化の進展が社会の中で果たす役割や影響，情報に関する法・制度やマナー，個人が果たす役割や責任等について，情報の科学的な理解に裏打ちされた形で理解し，情報と情報技術を適切に活用するために必要な技能を身に付けていること。

(思考力・判断力・表現力等)
　様々な事象を情報とその結びつきの視点から捉え，複数の情報を結びつけて新たな意味を見出す力や，問題の発見・解決等に向けて情報技術を適切かつ効果的に活用する力を身に付けていること。

(学びに向かう力・人間性等)
　情報や情報技術を適切かつ効果的に活用して情報社会に主体的に参画し，その発展に寄与しようとする態度等を身に付けていること。

【中央教育審議会答申　別紙3-1】

ウ　問題発見・解決能力

　　各教科等において，物事の中から問題を見いだし，その問題を定義し解決の方向性を決定し，解決方法を探して計画を立て，結果を予測しながら実行し，振り返って次の問題発見・解決につなげていく過程を重視した深い学びの実現を図ることを通じて，各教科等のそれぞれの分野における問題の発見・解決に必要な力を身に付けられるようにするとともに，総合的な学習の時間における横断的・総合的な探究課題や，特別活動における集団や自己の生活上の課題に取り組むことなどを通じて，各教科等で身に付けた力を統合的に活用できるようにすることが重要である。

　　ここに挙げられた資質・能力の育成以外にも，各学校においては児童生徒の実態を踏まえ，学習の基盤づくりに向けて課題となる資質・能力は何かを明確にし，カリキュラム・マネジメントの中でその育成が図られるように努めていくことが求められる。

(2) 現代的な諸課題に対応して求められる資質・能力（第1章第3節の2の(2)）

> (2)　各学校においては，児童又は生徒や学校，地域の実態並びに児童又は生徒の障害の状態や特性及び心身の発達の段階等を考慮し，豊かな人生の実現や災害等を乗り越えて次代の社会を形成することに向けた現代的な諸課題に対応して求められる資質・能力を，教科等横断的な視点で育成していくことができるよう，各学校の特色を生かした教育課程の編成を図るものとする。

　本項は，「生きる力」の育成という教育の目標を，各学校の特色を生かした教育課程の編成により具体化していくに当たり，豊かな人生の実現や災害等を乗り越えて次代の社会を形成することに向けた現代的な諸課題に照らして必要となる資質・能力を，それぞれの教科等の役割を明確にしながら，教科等横断的な視点で育んでいくことができるようにすることを示している。

　特に，未曽有の大災害となった東日本大震災や平成28年熊本地震をはじめとする災害等による困難を乗り越え次代の社会を形成するという大きな役割を担う児童生徒に，現代的な諸課題に対応して求められる資質・能力を教科等横断的に育成することが一層重要となっている。そのため，今回の改訂では，視覚障害者，聴覚障害者，肢体不自由者又は病弱者である児童生徒に対する教育を行う特別支

援学校の小学部又は中学部において，小学校又は中学校の学習指導要領の第2章に示す各教科を学習する際，例えば，放射線の科学的な理解や科学的に探究する態度(中学校理科)，電力等の供給における県内外の協力について考察すること(小学校社会科)，健康の成り立ちについての理解（中学校保健体育科），食品の選択についての理解（中学校技術・家庭科（家庭分野）），情報と情報の関係（小学校，中学校国語科）や情報の信頼性の確かめ方（中学校国語科）などの内容の充実を図っており，放射線に関する科学的な理解や科学的に思考し，情報を正しく理解する力を育成することとしている。

このような現代的な諸課題に対応して求められる資質・能力として，中央教育審議会答申では

- 健康・安全・食に関する力
- 主権者として求められる力
- 新たな価値を生み出す豊かな創造性
- グローバル化の中で多様性を尊重するとともに，現在まで受け継がれてきた我が国固有の領土や歴史について理解し，伝統や文化を尊重しつつ，多様な他者と協働しながら目標に向かって挑戦する力
- 地域や社会における産業の役割を理解し地域創生等に生かす力
- 自然環境や資源の有限性等の中で持続可能な社会をつくる力
- 豊かなスポーツライフを実現する力

などが考えられるとされたところである。

各学校においては，児童生徒や学校，地域の実態並びに児童生徒の障害の状態や特性及び心身の発達の段階等を考慮して学校の特色を生かした目標や指導の重点を計画し，教育課程を編成・実施していくことが求められる。

3　教育課程の編成における共通的事項

小学部・中学部学習指導要領においては，各教科，道徳科，外国語活動，総合的な学習の時間，特別活動及び自立活動の目標及び内容等を定め，各学校の実態に応じた学習活動を行うものとするとしている。したがって，各学校においては，これらの内容等を十分検討して教育課程を編成しなければならない。

第1章総則第3節の3では，各教科，道徳科，外国語活動，特別活動及び自立活動の内容の取扱いに関する原則的な事項を定めている。なお，視覚障害者，聴覚障害者，肢体不自由者又は病弱者である児童生徒に対する教育を行う特別支援学校の小学部・中学部の各教科及び小学部の外国語活動，全ての特別支援学校の小学部・中学部の道徳科及び特別活動については，それぞれ小学校又は中学校の学習指導要領で示すものに準ずるものとされていることに留意する必要がある。

(1) 内容等の取扱い

① 内容の取扱いの原則（第1章第3節の3の(1)のア，イ，ウ）

> 3　教育課程の編成における共通的事項
> (1)　内容等の取扱い
> 　ア　第2章以下に示す各教科，道徳科，外国語活動，特別活動及び自立活動の内容に関する事項は，特に示す場合を除き，いずれの学校においても取り扱わなければならない。

　本項は，小学部・中学部学習指導要領に示されている各教科，道徳科，外国語活動，特別活動及び自立活動の内容の取扱いについて示したものである。すなわち，学習指導要領は国が定める教育課程の基準であり，各学校において教育課程を編成，実施する際には，学習指導要領の各教科，道徳科，外国語活動，特別活動及び自立活動の内容に関する事項は，第2章以下に特に示している場合を除き，必ず取り扱わなければならないことを規定したものである。なお，自立活動の内容に関する事項は，教育の内容としては必ず取り扱わなければならないことを規定したものであり，自立活動に示されている内容は，個々の児童生徒の指導目標を踏まえて選定されるものであることに留意が必要である。

　教育課程の編成に当たっては，まず学習指導要領に示している事項を十分研究することが必要である。

　なお，「特に示す場合」は，第2章以下のほか，第1章総則第8節「重複障害者等に関する教育課程の取扱い」にも規定しているので留意する必要がある（本解説第3編の第2章第8節参照）。

　学習指導要領では，各教科，道徳科，外国語活動，特別活動及び自立活動の目標を実現するために必要な中核的な内容を示すにとどめているので，各学校においては，配当できる授業時数を考慮しつつ，児童生徒の障害の状態や特性及び心身の発達の段階等並びに地域の実態を踏まえ，具体的な指導内容を確定し，適切に配置しなければならない。

　なお，自立活動の内容等の取扱いについては，特別支援学校学習指導要領解説自立活動編で詳述しているので，参照されたい。

> イ　学校において特に必要がある場合には，第2章以下に示していない内容を加えて指導することができる。また，第2章以下に示す内容の取扱いのうち内容の範囲や程度等を示す事項は，全ての児童又は生徒に対して指導するものとする内容の範囲や程度等を示したものであり，学校において特に必要がある場合には，この事項にかかわらず加えて指導することができ

> る。ただし，これらの場合には，第2章以下に示す各教科，道徳科，外国語活動，特別活動及び自立活動の目標や内容並びに各学年や各段階，各分野又は各言語の目標や内容（知的障害者である児童又は生徒に対する教育を行う特別支援学校においては，外国語科及び外国語活動の各言語の内容）の趣旨を逸脱したり，児童又は生徒の負担過重となったりすることのないようにしなければならない。

　本項は，前項を踏まえた上で，学校において特に必要であると認められる場合には，学習指導要領に示していない内容でも，これを加えて教育課程を編成，実施することができることを示しているものである。前項と本項を合わせて学習指導要領に示す内容の取扱いの基本的な原則を示しているものである。すなわち，学習指導要領に示している内容は，全ての児童生徒に対して確実に指導しなければならないものであると同時に，個に応じた指導を充実する観点から，児童生徒の学習状況などその実態等に応じて，学習指導要領に示していない内容を加えて指導することも可能である（学習指導要領の「基準性」）。

　このように，学習指導要領の基準性が明確に示されている趣旨を踏まえ，学習指導要領に示している，全ての児童生徒に対して指導するものとする内容の確実な定着を図り，さらに「知識及び技能」を深めたり高めたりするとともに，「思考力，判断力，表現力等」を豊かにし，学習意欲を一層高めたりすることが期待される。

　ただし，これらの場合にあっても，まずは学習指導要領に示している全ての児童生徒に対して指導するものとする内容の確実な定着が求められることは前述したとおりである。

　また，学習指導要領に示した各教科，道徳科，外国語活動，特別活動及び自立活動の目標や内容並びに各学年や各段階，各分野の目標や内容及び各言語の内容の趣旨を逸脱しないことが必要である。すなわち，学習指導要領に示している内容を児童生徒が理解するために関連のある事柄などについての指導を行うことであって，全く関連のない事柄を脈絡無く教えることは避けなければならない。さらに，これらの指導によって，児童生徒の負担が過重となったりすることのないよう，十分に留意しなければならない。

　なお，自立活動の内容に関する事項は，教育の内容としては必ず取り扱わなければならないことを規定したものであり，自立活動に示されている内容は，個々の児童生徒の指導目標を踏まえて選定されるものであることに留意が必要である。

> ウ　第2章以下に示す各教科，道徳科，外国語活動，特別活動及び自立活動の内容並びに各学年，各段階，各分野又は各言語の内容に掲げる事項の順

> 序は，特に示す場合を除き，指導の順序を示すものではないので，学校においては，その取扱いについて適切な工夫を加えるものとする。

　学習指導要領の第2章以下に示す各教科等の学年別及び段階別の内容に掲げる事項は，それぞれの教科等の内容を体系的に示す観点から整理して示しているものであり，その順序は，特に示す場合を除き，指導の順序を示すものではない。したがって，各学校においては，各指導事項の関連を十分検討し，児童生徒の障害の状態や特性及び心身の発達の段階等並びに学校や地域の実態を考慮するとともに，教科書との関連も考慮して，指導の順序やまとめ方に工夫を加え，効果的な指導ができるよう教育の内容を組織し年間指導計画等を作成することが必要である。

② 学年の目標及び内容をまとめて示した教科の内容の取扱い（第1章第3節の3の(1)のエ）

> エ　視覚障害者，聴覚障害者，肢体不自由者又は病弱者である児童に対する教育を行う特別支援学校の小学部において，学年の内容を2学年まとめて示した教科及び外国語活動の内容は，2学年間かけて指導する事項を示したものである。各学校においては，これらの事項を児童や学校，地域の実態に応じ，2学年間を見通して計画的に指導することとし，特に示す場合を除き，いずれかの学年に分けて，又はいずれの学年においても指導するものとする。

　小学部の国語，生活，音楽，図画工作，家庭，体育及び外国語の各教科，外国語活動については，学年の目標及び内容を2学年まとめて示している。これは，これらの教科等が具体的な活動や体験を伴うなどの特性を有していることや実施の経験からみてより弾力的な取扱いがふさわしいことなどを考慮し，学校において児童や学校及び地域の実態に応じた創意工夫を生かした指導が一層できやすくすることを意図したものである。

　したがって，各学校においては，これらの教科等の目標及び内容に示している指導事項を十分検討するとともに，児童や学校及び地域の実態を考慮し，2学年間を見通した長期の指導計画を適切に作成し，効果的な指導ができるようにする必要がある。その際，内容に示している指導事項については，音楽科における共通教材，体育科の保健に関する指導事項，生活科や家庭科における特定の指導事項などのように特に示す場合を除き，いずれかの学年に分けて指導したり，いずれの学年においても指導したりして，確実に身に付けるようにすることが大切で

ある。

③ 選択教科を開設する際の留意事項（第1章第3節の3の(1)のオ）

> オ　視覚障害者，聴覚障害者，肢体不自由者又は病弱者である生徒に対する教育を行う特別支援学校の中学部においては，生徒や学校，地域の実態を考慮して，生徒の特性等に応じた多様な学習活動が行えるよう，第2章に示す各教科や，特に必要な教科を，選択教科として開設し生徒に履修させることができる。その場合にあっては，全ての生徒に指導すべき内容との関連を図りつつ，選択教科の授業時数及び内容を適切に定め選択教科の指導計画を作成し，生徒の負担過重となることのないようにしなければならない。また，特に必要な教科の名称，目標，内容などについては，各学校が適切に定めるものとする。

　本項により視覚障害者，聴覚障害者，肢体不自由者又は病弱者である生徒に対する教育を行う特別支援学校の中学部において開設できる選択教科の種類は，国語，社会，数学，理科，音楽，美術，保健体育，技術・家庭，外国語，その他特に必要な教科である。このうち，「その他特に必要な教科」は，地域や学校，生徒の実態を考慮して特に必要がある場合に，特別支援学校小学部・中学部学習指導要領で定める各教科のほかに設けることができ，その場合，教科の名称，目標，内容などについては，各学校が適切に定めることができるものである。

　選択教科を開設する場合には，その内容等については，教科の内容及び総合的な学習の時間における学習活動と相互に密接な関連を有するものである。したがって，各学校においては，第1章総則第2節の3に示す各教科等において育成を目指す資質・能力の三つの柱を踏まえるなど，教科や総合的な学習の時間などとの有機的な関連を図りつつ3学年間全体を見通して，選択教科の内容等を適切に定め，それぞれの選択教科の指導計画を作成する必要がある。その際，それぞれの学校の状況や生徒の実態を考慮することが重要である。

　また，中学部においては，各学校の主体的な判断により生徒の特性等に基づく多様な学習活動を幅広く展開できる時間として，総合的な学習の時間がある。総合的な学習の時間は，教科等の枠を超えた横断的・総合的な課題について各教科等で習得した「知識及び技能」を相互に関連付けながら解決するといった探究活動などの学習活動を行い，生徒の「思考力，判断力，表現力等」を育むことを目指すものである。これに対し，選択教科は当該教科固有の目標の達成を目指す学習活動を行うものであり，各学校においては，選択教科を開設する場合，このようなそれぞれの性格を踏まえ，選択教科の内容等を適切に定め，その年間指導計

画等を作成する必要がある。

なお，各教科等を通じた学校全体としての指導計画作成に当たっての配慮事項は第1章総則第3節の3の「(3)指導計画の作成等に当たって配慮事項」に示されているところであり，選択教科の指導計画の作成に当たっても，選択教科の指導内容についても単元や題材など内容や時間のまとまりを見通しながら，そのまとめ方や重点の置き方に適切な工夫を加え，主体的・対話的で深い学びの実現に向けた授業改善を通して資質・能力を育む効果的な指導ができるようにすることや，道徳科及び特別活動を含めた各教科等及び各学年相互の関連を図り，系統的・発展的な指導ができるよう配慮することが必要であることは言うまでもない。なお，各学校において，選択教科を開設するに当たっては，従前同様，自ら課題を設定し追究するなどの課題学習，教科の授業で学習した内容を十分に理解するため再度学習するなどの補充的な学習，教科の授業で学習した内容より更に進んだ内容を学習するなどの発展的な学習など，地域や学校の実態を踏まえつつ，生徒の障害の状態や特性及び心身の発達の段階等に即した多様な選択教科の開設及び授業の実施が大切である。また，生徒の実態をよく把握し，選択教科の内容が生徒の負担過重となることのないよう適切な配慮が必要である。

④ 知的障害者である児童に対する教育を行う特別支援学校における各教科等の取扱い（第1章第3節の3の(1)のカ）

> カ　知的障害者である児童に対する教育を行う特別支援学校の小学部においては，生活，国語，算数，音楽，図画工作及び体育の各教科，道徳科，特別活動並びに自立活動については，特に示す場合を除き，全ての児童に履修させるものとする。また，外国語活動については，児童や学校の実態を考慮し，必要に応じて設けることができる。

この規定は，学校教育法施行規則第126条を受けて，知的障害者である児童に対する教育を行う特別支援学校の小学部において，学習指導要領に示す各教科，道徳科，特別活動並びに自立活動については，すべての児童に履修させることを示したものである。「特に示す場合」とは，「第8節重複障害者等に関する教育課程の取扱い」を指している。

今回の改訂では，中央教育審議会答申を受けて，学校教育法施行規則第126条第2項を改正し，外国語活動について，児童や学校の実態を考慮し，必要に応じて設けることができることとした。なお，外国語活動を設けるに当たっては，第4章の第2款に示す事項に配慮する必要がある。

⑤ 知的障害者である生徒に対する教育を行う特別支援学校における各教科等の取扱い（第1章第3節の3の(1)のキ）

> キ　知的障害者である生徒に対する教育を行う特別支援学校の中学部においては，国語，社会，数学，理科，音楽，美術，保健体育及び職業・家庭の各教科，道徳科，総合的な学習の時間，特別活動並びに自立活動については，特に示す場合を除き，全ての生徒に履修させるものとする。また，外国語科については，生徒や学校の実態を考慮し，必要に応じて設けることができる。

この規定は，学校教育法施行規則第127条を受けて，知的障害者である生徒に対する教育を行う特別支援学校の中学部において，学習指導要領に示す各教科（外国語科を除く。），道徳科，特別活動，総合的な学習の時間及び自立活動については，すべての生徒に履修させることを示したものである。「特に示す場合」とは，「第8節重複障害者等に関する教育課程の取扱い」を指している。

また，外国語科については，生徒や学校の実態を考慮し，必要に応じて設けることができる教科であることを示している。なお，外国語科を設けるに当たっては，第2章各教科第2節第2款の第1〔外国語〕に示す事項に配慮する必要がある。

⑥ 知的障害者である児童生徒に対する教育を行う特別支援学校における各教科の指導内容の設定（第1章第3節の3の(1)のク）

> ク　知的障害者である児童又は生徒に対する教育を行う特別支援学校において，各教科の指導に当たっては，各教科の段階に示す内容を基に，児童又は生徒の知的障害の状態や経験等に応じて，具体的に指導内容を設定するものとする。その際，小学部は6年間，中学部は3年間を見通して計画的に指導するものとする。

小学部・中学部学習指導要領では，知的障害者である児童生徒に対する教育を行う特別支援学校の小学部については，第2章各教科第1節第2款の第1において，中学部については，第2章各教科第2節第2款の第1において，それぞれに各教科の目標及び内容を示している。

小学部の各教科の内容については，入学する児童の知的発達，身辺自立，社会生活能力，運動発達，経験，興味・関心など，知的障害の状態等が多様であることから，それらを考慮して，3段階に区分するとともに，具体的な指導内容が設

定しやすいように示している。

また，中学部の各教科の内容については，小学部又は小学校からの進学者の実態等も考慮して，具体的な指導内容が設定しやすいように，小学部の内容に積み上げて，また，小学校の内容との関連性に考慮して2段階に区分して示している。

なお，各部の段階の考え方については，各教科等編の解説の第4章第1節の5で詳述しているので，参照されたい。

よって，各教科の指導については，これまで同様に，第2章に示された各教科の内容を基に，児童生徒の知的障害の状態等に応じて，具体的な指導内容を設定する必要がある。

さらに，今回の改訂では，各教科の段階に示す目標及び内容がバランスよく取り扱われるよう，小学部は6年間，中学部は3年間を見通して，具体的な指導内容を設定する必要があることを示した。

⑦ 知的障害者である生徒に対する教育を行う特別支援学校における選択教科の取扱い（第1章第3節の3の(1)のケ）

> ケ　知的障害者である生徒に対する教育を行う特別支援学校の中学部においては，生徒や学校，地域の実態を考慮して，特に必要がある場合には，その他特に必要な教科を選択教科として設けることができる。その他特に必要な教科の名称，目標，内容などについては，各学校が適切に定めるものとする。その際，第2章第2節第2款の第2に示す事項に配慮するとともに，生徒の負担過重となることのないようにしなければならない。

この規定は，知的障害者である生徒に対する教育を行う特別支援学校の中学部において，その他特に必要な教科を選択教科として設ける場合の規定である。

「その他特に必要な教科」とは，生徒や学校，地域の実態を考慮して特に必要がある場合に，小学部・中学部学習指導要領で定める各教科のほかに設けることができ，その場合，教科の名称，目標，内容などについては，従前どおり，各学校が適切に定めることとしている。また，「その他特に必要な教科」を選択教科として開設するに当たっては，第2章各教科第2節の第2款の第2に示す「指導計画の作成と各教科全体にわたる内容の取扱い」に配慮するとともに，生徒の実態をよく把握し，当該教科の内容が生徒の負担過重となることのないよう適切な配慮が必要である。

⑧ 道徳教育の内容（第1章第3節の3の(1)のコ）

> コ　道徳科を要として学校の教育活動全体を通じて行う道徳教育の内容は，小学部においては第3章特別の教科道徳において準ずるものとしている小学校学習指導要領第3章特別の教科道徳の第2に示す内容，中学部においては第3章特別の教科道徳において準ずるものとしている中学校学習指導要領第3章特別の教科道徳の第2に示す内容とし，その実施に当たっては，第7節に示す道徳教育に関する配慮事項を踏まえるものとする。

(7) 内容の位置付け

　道徳教育の内容は，「第3章特別の教科道徳」において準ずるものとしている小学部においては小学校学習指導要領「第3章特別の教科道徳」の「第2内容」，中学部においては中学校学習指導要領「第3章特別の教科道徳」の「第2内容」のほか，知的障害者である児童生徒に対する教育を行う特別支援学校においては「第3章特別の教科道徳」に示すとおりである。

　小学部においてこれらの内容項目は，児童の発達の段階や児童を取り巻く状況等を考慮して，小学校の6年間に児童が自己の生き方を考え，よりよく「生きる力」を育む上で重要と考えられる道徳的価値を含む内容を平易に表現したものである。

　中学部においてこれらの内容項目は，生徒の発達の段階や生徒を取り巻く状況等を考慮して，中学部3年間に生徒が人間としての生き方を考え，よりよく「生きる力」を育む上で重要と考えられる道徳的価値を含む内容を平易に表現したものである。

　これらの内容項目は，教師と児童生徒が人間としてのよりよい生き方を求め，共に考え，共に語り合い，その実行に努めるための共通の課題である。また，学校の教育活動全体の中で，様々な場や機会を捉え，多様な方法によって進められる学習を通して，児童生徒自らが調和的な道徳性を養うためのものでもある。

　学校における道徳教育は，道徳科を要として全教育活動において，児童生徒一人一人の道徳性を養うものである。したがって，これらの内容項目は，児童生徒自らが成長を実感でき，これからの課題や目標を見付けられるような工夫の下，道徳科はもとより，各教科，外国語活動，総合的な学習の時間，特別活動及び自立活動で行われる道徳教育において，それぞれの特質に応じて適切に指導されなければならない。

　なお，それぞれの内容項目は指導に当たり取り扱う内容であって，目標とする姿を表すものではない。したがって，児童生徒に対して一方的に内容項目を

教え込むような指導は適切ではない。指導に当たっては，それぞれの内容項目に含まれる道徳的価値について一般的な意味を理解させるだけではなく，障害の状態や特性及び心身の発達の段階等を踏まえつつ，その意義などについて自己との関わりや社会的な背景なども含め広い視野から多面的・多角的に考えさせることにより，児童生徒の道徳的な判断力や心情，主体的に道徳的な実践を行う意欲と態度を育むよう努める必要がある。

このことを通じ，児童生徒が自らの生活の中で出会う様々な場面において，人間としてよりよく生きようとする立場から，主体的な判断に基づき適切な実践を行うことができるようになることが重要である。したがって，各内容項目について児童生徒の実態を基に把握し直し，指導上の課題を児童生徒の視点に立って具体的に捉えるなど，児童生徒自身が道徳的価値の自覚を深め発展させていくことができるよう，実態に基づく課題に即した指導をしていくことが大切である。

(1) 内容項目の重点的取扱い

道徳科を要として学校の教育活動全体を通じて行う道徳教育を，全教職員が共通理解して一体となって推進するためには，学校として育てようとする児童生徒の姿を明らかにしなければならない。その上で，校長の方針に基づいて，学校の道徳教育の目標を設定して指導することが大切である。

その際，学校の道徳教育の目標に基づいて指導すべき内容を検討することになるが，道徳科においては，その目標を踏まえ，重点的に指導する内容項目を設定するとともに，計画的，発展的に指導できるようにすることが必要である。また，各教科等においても，それぞれの特質に応じて，関連する道徳的価値に関する内容項目や学校としての重点的に指導する内容項目等を考慮し，意図的，計画的に取り上げるようにすることが求められる。そのようにして，学校の教育活動全体を通じ，学校としての道徳教育で重点的に取り扱う内容やその生かし方の特色が明確になった指導となるよう心掛けることが大切である。

なお，内容項目の取扱いについては，小学部においては小学校学習指導要領「第3章特別の教科道徳」の「第2内容」，中学部においては中学校学習指導要領「第3章特別の教科道徳」の「第2内容」のほか，知的障害者である児童生徒に教育を行う特別支援学校においては「第3章特別の教科道徳」の3において詳しく示している。

(2) 授業時数等の取扱い（第1章第3節の3の(2)）

各教科等の指導は一定の時間内で行われるものであり，これらに対する授業時数の配当は，教育課程編成の上で重要な要素である。小学部・中学部学習指導要領において，小学部又は中学部の各学年における総授業時数は，小学校又

は中学校の各学年における総授業時数に準ずるものとしている。さらに，各教科，道徳科，外国語活動，総合的な学習の時間，特別活動（学級活動（学校給食に係るものを除く。）に限る。）及び自立活動については，それらの内容等に応じ，それぞれの年間の授業時数を適切に定めるものとしている。また，学習指導要領では，特別活動のうち，小学部は児童会活動，クラブ活動及び学校行事，中学部は生徒会活動及び学校行事については，それらの内容に応じ，適切な授業時数を充てるものとし，また，給食，休憩などの時間については，学校において工夫を加え，適切に定めるものとしている。

　各学校においては，これらを踏まえ，学校の教育課程全体のバランスを図りながら，児童生徒や学校及び地域の実態等を考慮し，学習指導要領に基づいて各教科等の教育活動を適切に実施するための授業時数を具体的に定め，適切に配当する必要がある。その際，授業時数の確保を単に形式的に行うのではなく，個に応じた指導などの指導方法・指導体制や教材等の工夫改善を行うなど授業等の質的な改善を図ることにより各教科等の指導に必要な時間を実質的に確保する必要がある。

① **年間の授業時数の取扱い（第1章第3節の3の(2)のア）**

> (2) 授業時数等の取扱い
> 　ア　小学部又は中学部の各学年における第2章以下に示す各教科（知的障害者である生徒に対する教育を行う特別支援学校の中学部において，外国語科を設ける場合を含む。以下同じ。），道徳科，外国語活動（知的障害者である児童に対する教育を行う特別支援学校の小学部において，外国語活動を設ける場合を含む。以下同じ。），総合的な学習の時間，特別活動（学級活動（学校給食に係る時間を除く。）に限る。以下，この項，イ及びカにおいて同じ。）及び自立活動（以下「各教科等」という。）の総授業時数は，小学校又は中学校の各学年における総授業時数に準ずるものとする。この場合，各教科等の目標及び内容を考慮し，それぞれの年間の授業時数を適切に定めるものとする。

　特別支援学校の小学部又は中学部の各学年における年間の総授業時数については，小学校又は中学校の各学年の年間の総授業時数に準ずるものとしている。すなわち，各学年の年間の総授業時数については，小学部は小学校の標準として示されている学校教育法施行規則第51条別表第1の各学年の総授業時数に，中学部は中学校の標準として示されている第73条別表第2の各学年の総授業時数に準ずることになる。なお，ここでいう「準ずる」とは，原則として同一というこ

とを意味している。

　総授業時数の枠内に含まれるものは，外国語科を含む各教科，道徳科，外国語活動，総合的な学習の時間，特別活動（学級活動（学校給食に係るものを除く。））及び自立活動である。この場合，知的障害者である児童に対する教育を行う特別支援学校の小学部において，外国語活動を設ける場合や，知的障害者である生徒に対する教育を行う特別支援学校の中学部において，外国語科を設ける場合は，総授業時数に含まれることに留意する必要がある。

　また，各学年の総授業時数には，前述のとおり特別活動（学級活動に限る。）も枠内に含まれるが，学校給食に係るものについては除くことになっている。ただし，特別支援学校においては，第1章総則第3節の3の(2)のカの(ｳ)を踏まえ，児童生徒の実態に応じて，食事に関する指導を自立活動の時間の指導として設定するなど教育課程に位置付けて指導を行う際には，総授業時数に含めても差し支えない。ただし，いずれの場合においても，一人一人の児童生徒について詳細な実態把握を行い，適切な指導計画を作成して指導を展開する必要があることに留意しなければならない。

　なお，各学年の総授業時数は，小学校及び中学校に準ずることから，別表第1及び別表第2に標準として示された総授業時数を，年度当初の計画の段階から下回って教育課程を編成することは，学習指導要領の基準性の観点から適当とは考えられない。

　また，各教科等のそれぞれの年間の授業時数については，標準として定めておらず，それらの目標や内容を考慮して，各学校で，適切に定めるものとしている。

　しかしながら，①小学部・中学部学習指導要領第1章総則第3節の3の(1)のアにおいて，「第2章以下に示す……内容に関する事項は，特に示す場合を除き，いずれの学校においても取り扱わなければならない。」と示されていること，②小学部又は中学部の各教科等（自立活動を除く。）の目標及び内容が小学校又は中学校のそれらに準じていること，③別表第1又は別表第2に定められている各教科等の年間の授業時数は，各教科等の内容を指導するのに要する時間を基礎とし，学校運営の実態などの条件も十分考慮しながら，標準として定められている。

　以上のことから，特別支援学校の小学部又は中学部において具体的な授業時数を定める際に，別表第1又は別表第2に示された授業時数が，十分参考になり得ると考えられる。

　なお，各教科等の適切な授業時数を定める場合には，簡単に同じ授業時数にするというのではなく，学校において，主体的な立場から弾力的な教育課程の編成を主眼として，学校や児童生徒の実態に即して行うよう留意することが必要である。

　したがって，各学校においては，この別表第1及び別表第2に示されている各

第3節
教育課程の編成

教科等の授業時数を踏まえ，児童生徒や学校及び地域の実態を考慮しつつ，さらには個に応じた指導などの指導方法・指導体制，教材等の工夫改善など授業等の質的な改善を図りながら，小学部・中学部学習指導要領に基づき教育課程を適切に実施し指導するために必要な時間を実質的に確保するという視点が重要である。その際，学校において適切に授業時数を配当する必要がある小学部における特別活動の児童会活動，クラブ活動，学校行事又は中学部における生徒会活動，学校行事や給食，休憩の時間等を含む教育課程全体のバランスを図ることが必要であるのは言うまでもない。

　ところで，別表第1又は別表第2に定めている小学校又は中学校の授業時数が標準授業時数と規定されているのは，①指導に必要な時間を実質的に確保するという考え方を踏まえ，小学校又は中学校においては，地域の状況や児童生徒の実態を十分に考慮して，児童生徒の負担過重にならない限度で別表第1又は別表第2に定めている授業時数を上回って教育課程を編成し，実際に上回った授業時数で指導することが可能であること，②別表第1又は別表第2に定めている授業時数を踏まえて教育課程を編成したものの災害や流行性疾患による学級閉鎖等の不測の事態により当該授業時数を下回った場合，その確保に努力することは当然であるが，下回ったことのみをもって学校教育法施行規則第51条及び別表第1又は第73条及び別表第2に反するものとはしないといった趣旨を制度上明確にしたものである。

　特別支援学校の小学部又は中学部においては，授業時数を適切に配当した教育課程を編成するとともに，その実施に当たっても，実際に必要な指導時間を確保するよう，学年や学期，月ごと等に授業時数の実績の管理や学習の状況の把握を行うなど，その状況等について自ら点検及び評価を行い，改善に努める必要がある。

　このほか，授業時数の確保に当たっては，各学校において，教師が教材研究，指導の打合せ，地域との連絡調整等に充てる時間を可能な限り確保するため，会議等の持ち方や時間割の工夫など時間の効果的・効率的な利用等に配慮することなどに留意することが求められる。

　なお，参考として小学校及び中学校の標準授業時数について次に示すことにする。

＜小学校＞

○学校教育法施行規則

第51条　小学校（中略）の各学年における各教科，道徳，外国語活動，総合的な学習の時間及び特別活動のそれぞれの授業時数並びに各学年におけるこれらの総授業時数は，別表第1に定める授業時数を標準とする。

別表第1（第51条関係）

区分		第1学年	第2学年	第3学年	第4学年	第5学年	第6学年
各教科の授業時数	国語	306	315	245	245	175	175
	社会			70	90	100	105
	算数	136	175	175	175	175	175
	理科			90	105	105	105
	生活	102	105				
	音楽	68	70	60	60	50	50
	図画工作	68	70	60	60	50	50
	家庭					60	55
	体育	102	105	105	105	90	90
	外国語					70	70
特別の教科である道徳の授業時数		34	35	35	35	35	35
外国語活動の授業時数				35	35		
総合的な学習の時間の授業時数				70	70	70	70
特別活動の授業時数		34	35	35	35	35	35
総授業時数		850	910	980	1015	1015	1015

備考

1　この表の授業時数の1単位時間は，45分とする。

2　特別活動の授業時数は，小学校学習指導要領で定める学級活動（学校給食に係るものを除く。）に充てるものとする。

3　第50条第2項の場合において，特別の教科である道徳のほかに宗教を加えるときは，宗教の授業時数をもつてこの表の特別の教科である道徳の授業時数の一部に代えることができる（別表第2から別表第2の3まで及び別表第4の場合においても同様とする。）

第3節
教育課程の編成

＜中学校＞

○学校教育法施行規則

第73条　中学校（中略）の各学年における各教科，道徳，総合的な学習の時間及び特別活動のそれぞれの授業時数並びに各学年におけるこれらの総授業時数は，別表第2に定める授業時数を標準とする。

別表第2（第73条関係）

区分		第1学年	第2学年	第3学年
各教科の授業時数	国語	140	140	105
	社会	105	105	140
	数学	140	105	140
	理科	105	140	140
	音楽	45	35	35
	美術	45	35	35
	保健体育	105	105	105
	技術・家庭	70	70	35
	外国語	140	140	140
特別の教科である道徳の授業時数		35	35	35
総合的な学習の時間の授業時数		50	70	70
特別活動の授業時数		35	35	35
総授業時数		1015	1015	1015

備考
1　この表の授業時数の1単位時間は，50分とする。
2　特別活動の授業時数は，中学校学習指導要領で定める学級活動（学校給食に係るものを除く。）に充てるものとする。

②　年間の授業週数（第1章第3節の3の(2)のイ）

イ　小学部又は中学部の各教科等の授業は，年間35週（小学部第1学年については34週）以上にわたって行うよう計画し，週当たりの授業時数が児童又は生徒の負担過重にならないようにするものとする。ただし，各教科等（中学部においては，特別活動を除く。）や学習活動の特質に応じ効果的な場合には，夏季，冬季，学年末等の休業日の期間に授業日を設定する場合を含め，これらの授業を特定の期間に行うことができる。

各教科等の授業時数を年間35週（小学部第1学年については34週）以上にわたって行うように計画することとしているのは，各教科等の授業時数を年間35週以上にわたって配当すれば，学校教育法施行規則別表第1及び別表第2において定めている年間の授業時数について児童生徒の負担過重にならない程度に，週当たり，1日当たりの授業時数を平均化することができることを考慮したものである。したがって，各教科等の授業時数を35週にわたって平均的に配当するほか，児童生徒の実態や教科等の特性を考慮して週当たりの授業時数の配当に工夫を加えることも考えられる。各学校においてはこの規定を踏まえ，児童生徒や学校及び地域の実態等を考慮し，必要な指導時間を確保するため，適切な週にわたって各教科等の授業を計画することが必要である。

　前回の改訂においては，各教科等や学習活動の特質に応じ効果的な場合には，「夏季，冬季，学年末等の休業日の期間に授業日を設定する場合を含め，」これらの授業を特定の期間に行うことができることを示した。これは，教科等や学習活動によっては年間を通ずることなく，夏季，冬季，学年末，農繁期等の休業日の期間に授業日を設定することも含め，特定の期間に集中して行った方が効果的な場合もあることを考慮したものであり，今回の改訂においても引き続き同様の規定としている。

　ただし，「各教科等（中学部においては，特別活動を除く。）」とあるように，中学部において，特別活動（学級活動）については，この規定は適用されない。学級活動については，生徒の学級や学校の生活への適応や好ましい人間関係の形成，健全な生活態度の育成などに資する活動であり，このねらいを達成するためには，教師と生徒の人間関係と信頼関係を築く場や機会を十分に確保することが必要である。しかし，中学部では，小学部とは異なり教科担任制をとっており，学級担任が生徒と不断に接しているわけではない。そこで，中学部においては，学級活動の時間を毎週実施することとし，それによって学級担任と生徒との信頼関係を築き，学校生活への生徒の適応とその生活の充実向上を図ることを意図しているものである。

③　総合的な学習の時間に充てる授業時数（第1章第3節の3の(2)のウ）

> ウ　小学部又は中学部の各学年の総合的な学習の時間に充てる授業時数は，児童又は生徒の障害の状態や特性及び心身の発達の段階等を考慮して，視覚障害者，聴覚障害者，肢体不自由者又は病弱者である児童又は生徒に対する教育を行う特別支援学校については，小学部第3学年以上及び中学部の各学年において，知的障害者である生徒に対する教育を行う特別支援学校については，中学部の各学年において，それぞれ適切に定めるものとす

る。

　特別支援学校においても，各学校が創意工夫を生かした特色ある教育活動を展開できるような時間を確保し，教科等の枠を超えた横断的・総合的な学習をより円滑に実施できるようにするため，小学部や中学部において，総合的な学習の時間を設けることにしている。

　視覚障害者，聴覚障害者，肢体不自由者又は病弱者である児童生徒に対する教育を行う特別支援学校の小学部における実施学年については，小学校と同様，第3学年以上とし，児童の障害の状態や特性及び心身の発達の段階等を考慮して，適切に授業時数を定めることとしている。

　知的障害者である児童に対する教育を行う特別支援学校の小学部については，全学年に総合的な教科である「生活科」が設定されていること，そのなかで，児童に身近で分かりやすい生活に根差した探究課題を設定したり，体験活動や探究課題の解決を目指した学習の過程を設定したりしやすいことから，これを設けないこととしている。

　また，特別支援学校中学部については，中学校に準じて総合的な学習の時間を設け，生徒の障害の状態や特性及び心身の発達の段階等を考慮して，適切に授業時数を定めることとしている。その際，特別支援学校小学部・中学部学習指導要領「第5章総合的な学習の時間」に示す事項に配慮する必要がある。

④　特別活動の授業時数（第1章第3節の3の(2)のエ）

> エ　特別活動の授業のうち，小学部の児童会活動，クラブ活動及び学校行事並びに中学部の生徒会活動及び学校行事については，それらの内容に応じ，年間，学期ごと，月ごとなどに適切な授業時数を充てるものとする。

　特別活動のうち，小学部の児童会活動，クラブ活動及び学校行事の授業時数，中学部の生徒会活動及び学校行事の授業時数については，学校教育法施行規則では定められていないが，小学校学習指導要領（中学校学習指導要領）第1章総則第2の3の(2)のイ（中学校学習指導要領も同じ。）において，小学部については児童会活動，クラブ活動及び学校行事の内容に応じ，また，中学部については生徒会活動及び学校行事の内容に応じ，年間，学期ごと，月ごとなどに適切な授業時数を充てることとしている。これは，これらの活動の性質上学校ごとの特色ある実施が望まれるものであり，その授業時数を全国一律に標準として定めることは必ずしも適切でないことによるものである。

　小学部のクラブ活動については，年間35週以上にわたって実施するものと規

定されていた時期もあったが，平成11年の改訂において，学校や地域の実態等を考慮しつつ，児童の興味・関心を踏まえて計画し実施できるよう，学校において適切な授業時数を充てることにした。

したがって，小学部の児童会活動，クラブ活動及び学校行事，中学部の生徒会活動及び学校行事については，各学校において地域や学校の実態を考慮して実施する活動内容との関わりにおいて授業時数を定める必要がある。なお，学校行事については，小学校学習指導要領及び中学校学習指導要領第6章特別活動において，「児童（中学校学習指導要領においては生徒）や学校，地域の実態に応じて，2に示す行事の種類ごとに，行事及びその内容を重点化するとともに，各行事の趣旨を生かした上で，行事間の関連や統合を図るなど精選して実施すること。」としており，学校においてはそのことに留意して授業時数を定めることが大切である。

⑤ 自立活動の授業時数（第1章第3節の3の(2)のオ）

> オ 小学部又は中学部の各学年の自立活動の時間に充てる授業時数は，児童又は生徒の障害の状態や特性及び心身の発達の段階等に応じて，適切に定めるものとする。

自立活動の指導は，個々の児童生徒が自立を目指し，障害による学習上又は生活上の困難を主体的に改善・克服しようとする取組を促す教育活動であり，個々の児童生徒の障害の状態や特性及び心身の発達の段階等に即して指導を行うものである。したがって，自立活動の時間に充てる授業時数も，個々の児童生徒の障害の状態や特性及び心身の発達の段階等に応じて適切に設定される必要がある。このため，各学年における自立活動に充てる授業時数については，一律に標準としては示さず，各学校が実態に応じた適切な指導を行うことができるようにしている。

ただし，授業時数を標準として示さないからといって，自立活動の時間を確保しなくてもよいということではなく，個々の児童生徒の実態に応じて，適切な授業時数を確保する必要があるということである。

また，自立活動の時間に充てる授業時数は，各学年の総授業時数の枠内に含まれることとなっているが，児童生徒の実態に即して適切に設けた自立活動の時間に充てる授業時数を学校教育法施行規則第51条別表第1又は同規則第73条別表第2に加えると，総授業時数は，小学校又は中学校の総授業時数を上回ることもある。こうした場合には，児童生徒の実態及びその負担過重について十分考慮し，各教科等の授業時数を適切に定めることが大切である。

⑥ 授業の1単位時間（第1章第3節の3の(2)のカの(7)）

> カ 各学校の時間割については，次の事項を踏まえ適切に編成するものとする。
> (7) 小学部又は中学部の各教科等のそれぞれの授業の1単位時間は，各学校において，各教科等の年間授業時数を確保しつつ，児童又は生徒の障害の状態や特性及び心身の発達の段階等並びに各教科等や学習活動の特質を考慮して適切に定めること。

授業の1単位時間すなわち日常の授業の1コマを何分にするかについては，児童生徒の学習についての集中力や持続力，指導内容のまとまり，学習活動の内容等を考慮して，どの程度が最も指導の効果を上げ得るかという観点から決定する必要がある。このため，各教科等の授業の1単位時間は，各学年及び各教科等の年間授業時数を確保しつつ，児童生徒の障害の状態や特性及び心身の発達の段階等並びに各教科等や学習活動の特質を考慮して，各学校において定めることとしている。

各授業時数の1単位時間を定めるに当たっては，学校教育法施行規則第51条別表第1及び同施行規則第73条別表第2の備考1に定める授業時数の1単位時間を小学校は45分，中学校は50分とするとの規定は従前どおりであることに留意する必要がある。すなわち，学習指導要領上規定している各教科等の目標や内容は，あくまでも授業時数の1単位時間を小学部では45分，中学部では50分として計算した別表第1及び別表第2に定める各学年の年間総授業時数の確保を前提にして定めているということである。特別支援学校の場合，学習指導要領第1章総則第3節の3の(2)のアにおいて「小学校又は中学校の各学年における総授業時数に準ずるものとする」としているが，各教科等（自立活動を除く。）の目標，内容が小学校又は中学校のそれらに準じていることからも，各教科等の内容を指導するために実質的に必要な時間を確保することは，当然のこととして考慮する必要があるのである。すなわち，各教科等の年間授業時数は各教科等の内容を指導するのに実質的に必要な時間であり，これを確保することは前提条件として考慮されなければならないということである。また，具体的な授業の1単位時間は，指導内容のまとまりや学習活動の内容を考慮して教育効果を高める観点に立って，教育的な配慮に基づき定められなければならない。

さらに，授業の1単位時間の運用については，学校の管理運営上支障をきたさないよう教育課程全体にわたって検討を加える必要がある。

小学部の児童会活動，クラブ活動及び学校行事，中学部の生徒会活動及び学校行事については，前項で述べたように学校教育法施行規則で年間授業時数が定め

られていないことから，この規定は適用されないが，これらについても，各学校において，指導内容や児童生徒の障害の状態や特性及び心身の発達の段階等，さらには児童生徒の学習負担などに十分配慮して適切な時間を定めることになるのは言うまでもない。

⑦ 短い時間を活用して行う指導（第1章第3節の3の(2)の力の(イ)）

> （イ） 各教科等の特質に応じ，10分から15分程度の短い時間を活用して特定の教科等の指導を行う場合において，当該教科等を担当する教師が，単元や題材など内容や時間のまとまりを見通した中で，その指導内容の決定や指導の成果の把握と活用等を責任をもって行う体制が整備されているときは，その時間を当該教科等の年間授業時数に含めることができること。

本項では，各教科等の特質に応じ，10分から15分程度の短い時間を活用して特定の教科等の指導を行う際の配慮事項を示している。具体的には，例えば15分の短時間を活用した授業や，45分と15分の組み合わせによる60分授業など，児童生徒の障害の状態や特性及び心身の発達の段階等及び学習内容に応じて特定の教科等の指導を行う場合には，教師が単元や題材など内容や時間のまとまりを見通した中で，その指導内容の決定や指導の成果の把握や活用を行う校内体制が整備されているときは，当該時間を当該教科等の年間授業時数に含めることができることとするものである。特に教科担任制である中学部において，朝の時間などを活用して短時間の授業を実施する際には，当該教科の担任以外の学級担任の教師などが当該学習に立ち会うことも考えられるので，当該配慮事項に一層留意されたい。

このうち特に10分から15分程度の短い時間により特定の教科等の指導を行う場合については，当該教科や学習活動の特質に照らし妥当かどうかの教育的な配慮に基づいた判断が必要であり，例えば，道徳科や特別活動〔学級活動〕の授業を毎日10分から15分程度の短い時間を活用して行うことは，通常考えられない。また，小学部においては，外国語学習の特質を踏まえ，短時間の授業を行う際は，まとまりのある授業時間を確保した上で，両者の関連性を明確にする必要がある。このため，年間35単位時間，週当たり1単位時間の外国語活動を短時間で実施することは，上記のようなまとまりのある授業時間を確保する観点から困難である。なお，10分から15分程度の短い時間を活用して児童生徒が自らの興味や関心に応じて選んだ図書について読書活動を実施するなど指導計画に位置付けることなく行われる活動は，授業時数外の教育活動となることは言うまでもない。

なお，各教科等における短時間または長時間の授業時間の設定に際しての留意

第3節
教育課程の編成

点を示すと次のとおりとなる。

【授業時間設定に際しての留意点】
- 児童生徒の障害の状態や特性及び心身の発達の段階等を踏まえた検討を行うこと
- 各教科等の特質を踏まえた検討を行うこと
- 単元や題材といった時間や内容のまとまりの中に適切に位置付けることにより，バランスの取れた資質・能力の育成に努めること
- 授業のねらいを明確にして実施すること
- 教科書や，教科書と関連付けた教材を開発するなど，適切な教材を用いること

⑧ 給食，休憩などの時間（第１章第３節の３の(2)のカの(ｳ)）

> (ｳ) 給食，休憩などの時間については，各学校において工夫を加え，適切に定めること。

給食，休憩などの時間については，各学校において工夫を加え，適切に定めることとしている。学校全体の生活時間や日課について工夫を加えるとともに，地域や学校の実態に応じ，給食，休憩の時間の設定を工夫する必要がある。

⑨ 時間割の弾力的な編成（第１章第３節の３の(2)のカの(ｴ)）

> (ｴ) 各学校において，児童又は生徒や学校，地域の実態及び各教科等や学習活動の特質等に応じて，創意工夫を生かした時間割を弾力的に編成できること。

本項は，各学校においては，時間割を年間で固定するのではなく，児童生徒や学校，地域の実態，各教科等や学習活動の特質に応じ，弾力的に組み替えることに配慮する必要があることを示している。

また，「年間の授業週数」については年間35週以上にわたって行うことなく特定の期間に行うことができること（第１章総則第３節の３の(2)のイ），「授業の１単位時間」については各学校において定めること（第１章総則第３節の３の(2)のカの(ｱ)）をそれぞれ規定しており，各学校においては児童生徒や学校，地域の実態及び各教科等の学習活動の特質に応じ，弾力的な教育課程を編成し，実施することができる。

なお，平成20年1月の中央教育審議会の答申において，「各教科の年間の標準授業時数を定めるに当たっては，子どもの学習や生活のリズムの形成や学校の教育課程編成上の利便の観点から，週単位で固定した時間割で教育課程を編成し学習する方がより効果的・効率的であることを踏まえ，可能な限り35の倍数にすることが望ましい」との提言がなされた。この答申を踏まえ，前回の改訂より，小・中学校については，例外はあるものの，各教科等の年間の標準授業時数を35の倍数にすることを基本とした。

　特別支援学校の小学部又は中学部については，各教科等の年間の授業時数は，学校において適切に定めることとされているが，前述のとおり，小・中学校の標準授業時数を参考とするなどして，具体的な授業時数を設定することを示したところであり，児童生徒の学習や生活リズムを形成する観点等から，35の倍数にすることを考慮して，小・中学校の場合と同様に，時間割の編成を工夫することが大切である。

⑩　年間授業日数

　年間の授業日数は，各教科等の授業時数が適切に確保されるとともに，週当たりの授業時数が児童生徒の負担にならないよう配慮して定めるべきものである。

　ところで，年間授業日数については，国の基準では直接定めていないが，通常は休業日を除いた日が授業日として考えられている。休業日については，学校教育法施行令及び学校教育法施行規則で次のように定められている。

○学校教育法施行令
（学期及び休業日）
　第29条　公立の学校（大学を除く。）の学期及び夏季，冬季，学年末，農繁期等における休業日は，市町村又は都道府県の設置する学校にあつては当該市町村又は都道府県の教育委員会が，公立大学法人の設置する高等専門学校にあつては当該公立大学法人の理事長が定める。

○学校教育法施行規則
　第61条　公立小学校における休業日は，次のとおりとする。ただし，第3号に掲げる日を除き，当該学校を設置する地方公共団体の教育委員会が必要と認める場合は，この限りでない。
　　一　国民の祝日に関する法律（昭和23年法律第178号）に規定する日
　　二　日曜日及び土曜日
　　三　学校教育法施行令第29条の規定により教育委員会が定める日
　第62条　私立小学校における学期及び休業日は，当該学校の学則で定める。

（注）これらの規定は，同施行規則第135条において特別支援学校に準用されている。

　各教育委員会及び各学校においては，これらの規定等を踏まえて休業日を定める必要がある。また，年間授業日数については，小学部・中学部学習指導要領で示している各教科等の内容の指導に支障のないよう，適切な日数を確保する必要がある。

　なお，休業日の設定に当たっては，必要な授業時数の確保及び児童生徒への効果的な指導の実現の観点はもとより，児童生徒や学校，地域の実態を踏まえつつ，地域の年中行事その他の様々な学習や体験の機会の確保等に配慮することも大切である。

⑪ 総合的な学習の時間の実施による特別活動の代替（第1章第3節の3の(2)のキ）

> キ　総合的な学習の時間における学習活動により，特別活動の学校行事に掲げる各行事の実施と同様の成果が期待できる場合においては，総合的な学習の時間における学習活動をもって相当する特別活動の学校行事に掲げる各行事の実施に替えることができる。

　総合的な学習の時間においては，児童生徒や学校，地域の実態等に応じて，教科等の枠を超えた横断的・総合的な学習や児童生徒の興味・関心等に基づく学習を行うなど創意工夫を生かした教育活動を行うこととしている。

　今回の改訂においては，各学校で定める総合的な学習の時間の目標について，「各学校における教育目標を踏まえ，総合的な学習の時間を通して育成を目指す資質・能力を示す」とともに，「他教科等の目標及び内容との違いに留意しつつ，他教科等で育成を目指す資質・能力との関連を重視する」こととしており（小学部・中学部学習指導要領第5章においてに準用する小学校学習指導要領第5章第2の3の(1)及び(2)，又は中学校学習指導要領第4章第2の3の(1)及び(2)），各学校の教育目標と直接つながる重要な役割を位置付けている。

　また，特に他教科等との関係について，「他教科等の目標及び内容との違いに留意しつつ，第1の目標並びに第2の各学校において定める目標及び内容を踏まえた適切な学習活動を行うこと。」と規定し（小学校学習指導要領第5章第3の1の(4)），(中学校学習指導要領第4章第3の1の(4))，他教科等と連携しながら，問題の解決や探究活動を行うという総合的な学習の時間の特質を十分に踏まえた活動を展開する必要を示した。同様に，言語活動の充実との関係では，「探究的

な学習の過程においては，他者と協働して課題を解決しようとする学習活動や，言語により分析し，まとめたり表現したりするなどの学習活動が行われるようにすること。」と規定している（小学校学習指導要領第5章第3の2の(2)），（中学校学習指導要領第4章第3の2の(2)）。これらを前提として，総合的な学習の時間においては，自然体験や職場体験活動，ボランティア活動などの社会体験，ものづくり，生産活動などの体験活動，観察・実験，見学や調査，発表や討論などの学習活動を積極的に取り入れることの必要性を明らかにし，その際は，体験活動を探究的な学習の過程に適切に位置付けることを求めている。

総合的な学習の時間において，例えば，自然体験活動やボランティア活動を行う場合において，これらの活動は集団活動の形態をとる場合が多く，よりよい人間関係の形成や公共の精神の育成など，特別活動の趣旨も踏まえた活動とすることが考えられる。すなわち，

- 総合的な学習の時間に行われる自然体験活動は，環境や自然を課題とした問題の解決や探究活動として行われると同時に，「自然の中での集団宿泊活動などの平素と異なる生活環境にあって，見聞を広め，自然や文化などに親しむとともに，よりよい人間関係を築くなどの集団生活の在り方や公衆道徳などについての体験を積むことができる」遠足・集団宿泊的行事と，
- 総合的な学習の時間に行われる職場体験活動やボランティア活動は，社会との関わりを考える学習活動として行われると同時に，小学部では「勤労の尊さや生産の喜びを体得するとともに，ボランティア活動などの社会奉仕の精神を養う体験が得られる」，中学部では「職場体験活動などの勤労観・職業観に関わる啓発的な体験が得られるようにするとともに，共に助け合って生きることの喜びを体得し，ボランティア活動などの社会奉仕の精神を養う体験が得られる」勤労生産・奉仕的行事と，

それぞれ同様の成果も期待できると考えられる。このような場合，総合的な学習の時間とは別に，特別活動として改めてこれらの体験活動を行わないとすることも考えられる。このため，本項により，総合的な学習の時間の実施による特別活動の代替を認めている。

なお，本項の記述は，総合的な学習の時間において，総合的な学習の時間と特別活動の両方の趣旨を踏まえた体験活動を実施した場合に特別活動の代替を認めるものであって，特別活動において体験活動を実施したことをもって総合的な学習の時間の代替を認めるものではない。また，総合的な学習の時間において体験活動を行ったことのみをもって特別活動の代替を認めるものでもなく，よりよい人間関係の形成や公共の精神の育成といった特別活動の趣旨を踏まえる必要があることは言うまでもない。このほか，例えば，補充学習のような専ら特定の教科等の知識及び技能の習得を図る学習活動や運動会のような特別活動の健康安全・

第3節
教育課程の編成

体育的行事の準備などを総合的な学習の時間に行うことは，総合的な学習の時間の趣旨になじまないことに留意する必要がある。

(3) 指導計画の作成等に当たっての配慮事項（第1章第3節の3の(3)）
ア　調和のとれた具体的な指導計画の作成（第1章第3節の3の(3)のア）

> (3)　指導計画の作成等に当たっての配慮事項
> 　ア　各学校においては，次の事項に配慮しながら，学校の創意工夫を生かし，全体として，調和のとれた具体的な指導計画を作成するものとする。

教育課程は，各教科，道徳科，外国語活動，総合的な学習の時間，特別活動及び自立活動について，それらの目標やねらいを実現するように，教育の内容を学年段階に応じ授業時数との関連において総合的に組織した学校の教育計画であり，それを具体化した計画，つまり，授業につながる指導方法や使用教材も含めて具体的な指導により重点を置いて作成したものが指導計画であると考えることができる。

すなわち，指導計画は，各教科，道徳科，外国語活動，総合的な学習の時間，特別活動及び自立活動などのそれぞれについて，学年ごとあるいは学級ごとなどに，指導目標，指導内容，指導の順序，指導方法，使用教材，指導の時間配当等を定めたより具体的な計画である。指導計画には，年間指導計画や2年間にわたる長期の指導計画から，学期ごと，月ごと，週ごと，単位時間ごと，あるいは単元，題材，主題ごとの指導案に至るまで各種のものがある。

例えば，年間指導計画とは，その年度の各教科等における学習活動の見通しをもつために，1年間の流れに沿って単元等を配列し，学習活動の概要を示したものである。それらを踏まえ，さらに細かな計画として単元計画等が作成されるのである。また，2年間にわたる長期の指導計画とは，目標及び内容を2学年ずつまとめて示している教科，内容を2学年ずつまとめて示している教科や道徳科などについて，2学年間を見通した長期の指導計画を適切に作成し，効果的な指導ができるようにする必要がある。

各学校においては，第1章総則第3節の3に示す教育課程の編成における共通的事項を踏まえるとともに，第1章総則及び第2章以下の各章に示された指導計画の作成と内容の取扱いに関する配慮事項などにも十分留意し，地域や学校の実態を考慮して，創意工夫を生かし，全体として調和のとれた具体的な指導計画を作成しなければならない。

指導計画の作成に当たっては，第1章総則第3節の3の(3)のアに特に配慮する必要がある事項を5項目にわたり示しているので，これらの事項に留意する必

(ｱ) 資質・能力を育む効果的な指導（第1章第3節の3の(3)のアの(ｱ)）

> (ｱ) 各教科等の各学年，各段階，各分野又は各言語の指導内容については，(1)のアを踏まえつつ，単元や題材など内容や時間のまとまりを見通しながら，そのまとめ方や重点の置き方に適切な工夫を加え，第4節の1に示す主体的・対話的で深い学びの実現に向けた授業改善を通して資質・能力を育む効果的な指導ができるようにすること。

本項は，各学校において指導計画を作成するに当たり，各教科等の各学年，各段階，各分野又は各言語の目標と指導内容の関連を十分研究し，単元や題材など内容や時間のまとまりを見通しながら，まとめ方などを工夫したり，内容の重要度や児童生徒の学習の実態に応じてその取扱いに軽重を加えたりして，主体的・対話的で深い学びの実現に向けた授業改善を通して資質・能力を育む効果的な指導を行うことができるように配慮することを示している。

小学部・中学部学習指導要領第2章の各教科の各学年，各段階，各分野又は各言語の目標及び内容に関する事項は，各学年又は各段階において全ての児童生徒に対して指導すべき事項を類型や系統性を考慮し，整理して示したものである。これらの指導事項は，第1章総則第3節の3の(1)のアに示しているように「特に示す場合を除き，いずれの学校においても取り扱わなければならない」ものである。しかし，第1章総則第3節の3の(1)のウに示しているように，各教科の学年別の内容に掲げる事項の順序は，「特に示す場合を除き，指導の順序を示すものではないので，学校においては，その取扱いについて適切な工夫を加えるものとする。」としている。

こうした工夫は，単元や題材など内容や時間のまとまりを見通し，その中でどのような資質・能力の育成を目指すのかを踏まえて行われるものであり，教える場面と考えさせる場面を関連付けながら適切に内容を組み立てていくことも重要となる。その際，教材・教具の工夫や，児童生徒の理解度の把握なども重要になる。

なお，平成21年の改訂において，従前本項に規定されていた「教材等の精選を図」る旨の記述は削除された。同改訂においては授業時数の増加が図られたが，これは指導内容の量的な増加だけに伴うものではなく，反復学習等による基礎的・基本的な知識及び技能の確実な習得や，観察・実験，レポートの作成といった知識及び技能の活用を図る学習活動の質的な充実のために必要な時間も併せて確保するためのものであった。今回の改訂においても，こうした質・量両面から

の学習の充実を図るという前回の改訂の考え方を受け継いでおり,そのためには,教科書や各種教材等についても,質・量両面からの充実が必要であるとの考え方に立っているところである。

(イ) 各教科等及び各学年相互間の関連（第1章第3節の3の(3)のアの(イ)）

> (イ) 各教科等及び各学年相互間の関連を図り,系統的,発展的な指導ができるようにすること。

指導計画は,各教科,道徳科,外国語活動,総合的な学習の時間,特別活動及び自立活動のそれぞれについて作成されるものである。特別支援学校における教育の目標はこれらの全ての教育活動の成果が統合されてはじめて達成されるものである。したがって,個々の指導計画は,各教科,道徳科,外国語活動,総合的な学習の時間,特別活動及び自立活動それぞれの固有の目標の実現を目指すと同時に,他の教育活動との関連や学年間の関連を十分図るように作成される必要がある。そのためには,各教科,道徳科,外国語活動及び特別活動,自立活動それぞれの指導目標,指導内容の関連を検討し,指導内容の不必要な重複を避けたり,重要な指導内容が欠落したりしないように配慮するとともに,指導の時期,時間配分,指導方法などに関しても相互の関連を考慮した上で計画が立てられることが大切である。総合的な学習の時間についても小学部・中学部学習指導要領第5章総合的な学習の時間において準ずるものとしている小学校学習指導要領の第5章及び中学校学習指導要領の第4章における総合的な学習の時間に示された目標などについて,各教科,道徳科,外国語活動及び特別活動の目標や内容との関連を検討し,各学校の実態に応じた目標及び内容を定めるとともに,指導計画を作成する必要がある。その際,個々の児童生徒の自立活動の指導目標及び指導内容との関連についても検討する必要がある。

各教科等において,系統的,発展的な指導を行うことは,児童生徒の発達の段階に応じ,その目標やねらいを効果的に実現するために必要である。各教科,道徳科,外国語活動及び特別活動の内容は,学年間の系統性,発展性について十分配慮されているので,各学校においては,それを十分研究し,それらの指導計画を作成する際,学年相互の関連を図り,指導の効果を高めるよう配慮する必要がある。また,各教科,道徳科,外国語活動及び特別活動の各学年の内容として示している指導事項は,特に示す場合を除き,指導の順序を示しているものではないので,学校においては,創意工夫を加え,児童生徒の障害の状態や特性及び心身の発達の段階等並びに学校や地域の実態を考慮し,系統的,発展的な指導が進められるよう指導内容を具体的に組織,配列することが必要である。総合的な学

習の時間の指導計画の作成に際しても,横断的・総合的な課題,児童生徒の興味・関心に基づく課題,地域や学校の特色に応じた課題などについて,発達の段階にふさわしい学習活動が進められるように創意工夫を図る必要がある。また,個々の児童生徒の自立活動の指導目標及び指導内容の関連についても留意する必要がある。このように,指導内容の組織や配列に当たっては,当該学年全体や全学年を見通した上で行うことが大切である。

学校においては,学校の教育目標との関連を図りながら,指導計画の作成者相互で必要な連絡を適宜行い,学校全体として組織的に進めることが大切である。

(ウ) 学年の目標及び内容を2学年まとめて示した教科等の指導計画(第1章第3節の3の(3)のアの(ウ))

> (ウ) 視覚障害者,聴覚障害者,肢体不自由者又は病弱者である児童に対する教育を行う特別支援学校の小学部において,学年の内容を2学年まとめて示した教科及び外国語活動については,当該学年間を見通して,児童や学校,地域の実態に応じ,児童の障害の状態や特性及び心身の発達の段階等を考慮しつつ,効果的,段階的に指導するようにすること。

視覚障害者,聴覚障害者,肢体不自由者又は病弱者である児童に対する教育を行う特別支援学校の小学部の国語,生活,音楽,図画工作,家庭,体育及び外国語の各教科並びに外国語活動については,学年の目標及び内容を2学年まとめて示している。第1章総則第3節の3の(1)のエにおいては,これらの教科等の内容は,2学年間かけて指導する事項を示したものであり,各学校においては,これらの事項を児童や学校及び地域の実態に応じ,2学年間を見通して計画的に指導することとしている。したがって,特に示されている場合を除き,いずれかの学年に分けて指導したり,いずれの学年においても指導したりするものとしている。

この趣旨を受けて,これらの教科等については,2学年間を見通した指導計画を作成し,児童の障害の状態や特性及び心身の発達の段階等並びに学校及び地域の実態に応じ,創意工夫を生かした学習を展開することによって,これらの教科等の目標を効果的,段階的に実現するようにすることとしたものである。

内容を2学年まとめて示しているのは,2学年の幅の中で内容の取り上げ方に創意工夫が必要になるということである。例えば,いずれの学年でも素材や題材を変えて繰り返し指導されるもの,児童の障害の状態や特性及び心身の発達の段階等並びに地域の実態等から扱う学年を一方の学年にするもの,飼育や栽培活動のように長い期間をかけて学習活動を展開するもの等,教科等や指導内容の特質

等を生かした多様な取り上げ方が考えられる。その際，2学年間を見通して児童の発達の段階や教育課題を考慮しながら，例えば平易なものから，あるいは身近なものから段階的に内容を配列するなど工夫をすることが大切である。また，低学年と中学年，中学年と高学年それぞれの発達の段階に応じた指導においても，全体として段階的にその目標の実現を目指して効果的に指導が行われるように内容を位置付け，2学年間かけて指導する事項を示した指導計画を作成することも大切である。

(I) 合科的・関連的な指導（第1章第3節の3の(3)のアの(I)）

> (エ) 小学部においては，児童の実態等を考慮し，指導の効果を高めるため，児童の障害の状態や特性及び心身の発達の段階等並びに指導内容の関連性等を踏まえつつ，合科的・関連的な指導を進めること。

　本項は，小学部の教育課程全体を見渡して教科等間の連携を図った指導を行い，教科等横断的な指導を推進していくための具体的な工夫として，合科的・関連的な指導を進めることを示している。

　学校教育において目指している全人的な「生きる力」を児童に育んでいくためには，各教科等の特質に応じた資質・能力の育成を図っていくことと同時に，各教科等で身につけた資質・能力を様々な場面で統合的に働かせることができるよう，知識と生活との結びつきや教科等を越えた知の総合化の視点を重視した教育を行っていくことが必要である。そのためには，教科等の目標や内容の一部についてこれらを合わせて指導を行ったり，関連させて指導を進めたりすることが効果的である場合も考えられる。

　小学部・中学部学習指導要領における「合科的・関連的な指導」については，次のように理解する必要がある。

　すなわち，合科的な指導は，教科のねらいをより効果的に実現するための指導方法の一つである。単元又は1コマの時間の中で，複数の教科の目標や内容を組み合わせて，学習活動を展開するものである。また，関連的な指導は，教科等別に指導するに当たって，各教科等の指導内容の関連を検討し，指導の時期や指導の方法などについて相互の関連を考慮して指導するものである。

　視覚障害者，聴覚障害者，肢体不自由者又は病弱者である児童に対する教育を行う特別支援学校の小学部低学年においては，第1章総則第3節の4の(1)に示すとおり，幼児期の教育との円滑な接続を図る観点からも，合科的・関連的な指導の工夫を進め，指導の効果を一層高めるようにする必要があり，各教科等における「指導計画の作成と内容の取扱い」においても，合科的・関連的な指導の工

夫についてそれぞれ示されている。特に，小学部入学当初においては，いわゆるスタートカリキュラムとして，生活科を中心とした合科的・関連的な指導や，1コマを45分ではなく短い時間に区切って設定するなど，工夫が重要である旨を規定している。

中学年以上においても，児童の興味・関心が広がり，思考が次第に総合的になる発達の段階を考慮し，各教科等間の目標や内容の関連をより幅広く押さえ，指導計画を弾力的に作成し，合科的・関連的な指導を進めるなど創意工夫した指導を行うことが大切である。また，総合的な学習の時間における学習活動が，各教科等の目標や内容と関連をもつとき，指導の時期を考慮したり，題材の取り上げ方を工夫したりして関連的に指導することもできる。

合科的な指導並びに関連的な指導についての指導計画の作成に当たっては，各教科等の目標，内容等を検討し，各教科等の指導の年間の見通しに立って，その教材や学習活動の関連性を具体的に確認するとともに，指導内容が広がり過ぎて焦点が定まらず十分な成果が上がらなかったり，児童に過重になったりすることのないように留意する必要がある。

合科的な指導並びに関連的な指導を行うに当たっては，児童が自然な形で意欲的に学習に取り組めるような学習課題を設定するとともに，課題選択の場を設けたり，教科書を工夫して使用したり，その指導に適した教材を作成したりして，指導の効果を高めるようにすることが必要である。

なお，合科的な指導に要する授業時数は，原則としてそれに関連する教科の授業時数から充当することになる。指導に要する授業時数をあらかじめ算定し，関連する教科を教科ごとに指導する場合の授業時数の合計とおおむね一致するように計画する必要がある。

(オ) 知的障害者である児童生徒に対する教育を行う特別支援学校における各教科等の指導内容の設定等（第1章第3節の3の(3)のアの(オ)）

> (オ) 知的障害者である児童又は生徒に対する教育を行う特別支援学校において，各教科，道徳科，外国語活動，特別活動及び自立活動の一部又は全部を合わせて指導を行う場合，各教科，道徳科，外国語活動，特別活動及び自立活動に示す内容を基に，児童又は生徒の知的障害の状態や経験等に応じて，具体的に指導内容を設定するものとする。また，各教科等の内容の一部又は全部を合わせて指導を行う場合には，授業時数を適切に定めること。

学校教育法施行規則第130条第2項の規定に基づき，知的障害者である児童生

徒に対する教育を行う特別支援学校において特に必要があるときは，各教科，道徳科，外国語活動，特別活動及び自立活動の一部又は全部を合わせて指導を行うことによって，一層効果の上がる授業をすることができる場合も考えられることから，こうした規定が設けられている。

したがって，各学校においては，各教科等を合わせて指導を行う際には，学年ごとあるいは学級ごとなどに，各教科，道徳科，特別活動のそれぞれの目標及び内容を基にして，それらの目標の系統性や内容の関連性に十分配慮しながら，指導目標，指導内容，指導の順序，指導の時間配当等を十分に明らかにした上で，適切に年間指導計画等を作成する必要がある。その際，個々の児童生徒に必要な自立活動の指導目標及び指導内容との関連性にも十分留意が必要である。

また，年間指導計画等を作成する場合には，第1章総則第3節の3の(2)のアを踏まえ，各教科等の目標及び内容を考慮し，それぞれの年間の授業時数を適切に定めるものとしている。

イ 個別の指導計画の作成（第1章第3節の3の(3)のイ）

> イ 各教科等の指導に当たっては，個々の児童又は生徒の実態を的確に把握し，次の事項に配慮しながら，個別の指導計画を作成すること。

特別支援学校の児童生徒の実態は多様化しており，個々の児童生徒に応じた適切な指導が求められていることから，平成11年の改訂において，自立活動や重複障害者の指導に際して，個別の指導計画を作成することとした。さらに，前回の改訂で，障害の状態が重度・重複化，多様化している児童生徒の実態に即した指導を一層推進するため，各教科等にわたり個別の指導計画を作成することとした。このことは，今回の改訂においても同様である。

個別の指導計画は，個々の児童生徒の実態に応じて適切な指導を行うために各学校で作成しなければならないものである。個別の指導計画は，第1章総則第3節の3の(3)のアを具体化し，障害のある児童生徒一人一人の指導目標，指導内容及び指導方法を明確にして，きめ細やかに指導するために作成するものである。

また，児童生徒の障害の状態や特性及び心身の発達の段階等に応じた教育課程を編成することができるよう，第8節には重複障害者等に関する教育課程の取扱いの各種規定が設けられていることや，教科と自立活動の指導目標や指導内容の設定に至る手続きに違いがあることなどを踏まえると，教師間の共通理解を図り指導の系統性を担保するためには，各学校において個別の指導計画に盛り込むべき事項について整理する必要がある。

例えば，各教科において作成する個別の指導計画は，児童生徒一人一人の各教

科の習得状況や既習事項を確認するための実態把握が必要である。また，第1章総則第2節の3に示しているとおり，児童生徒が卒業するまでに各教科等の指導をとおしてどのような資質・能力の育成を目指すのか，第1章総則第3節の3の(3)のアの(イ)に示しているとおり，各教科の指導内容の発展性を踏まえ，指導目標を明確にすることが大切である。更に，指導内容を習得し指導目標を達成するために第2章第1節第1款並びに第2款の第2又は第2章第2節第1款並びに第2款の第2に示すとおり，児童生徒一人一人に対する指導上の配慮事項を付記するなど，児童生徒の実態や各教科等の特質等を踏まえて，様式を工夫して作成することが大切である。

また，第7章に示されている自立活動の内容は，各教科のようにその全てを取り扱うものではなく，個々の児童生徒の実態に即した指導目標を達成するために必要な項目を選定して取り扱うものである。そのため，自立活動の個別の指導計画を作成するに当たっては，まず，個々の児童生徒の実態把握に基づき，指導すべき課題を整理し，指導目標を明らかにした上で，第7章の第2に示す内容の中から必要な項目を選定し，それらを相互に関連付けて具体的な指導内容を設定することが必要である。また，個別の指導計画に基づく系統的な指導を展開するためには，個別の指導計画の作成担当者は，なぜその指導目標を設定したのかなど，その設定に至るまでの考え方（指導仮説）について記述し，次の担当者に引き継ぐような工夫も大切である。

なお，自立活動の指導における個別の指導計画の作成については，特別支援学校学習指導要領解説－自立活動解編－において，詳述しているので参照されたい。

このように，個別の指導計画は，各教職員の共通の理解の下に，一人一人に応じた指導を一層進めるためのものである。よって，個別の指導計画の作成の手順や様式は，それぞれの学校が児童生徒の実態や各教科や自立活動等の特質を踏まえて，指導上最も効果が上がるように工夫して作成することが大切である。

個別の指導計画は，児童生徒の実態を把握した上で作成されたものであるが，児童生徒にとって適切な計画であるかどうかは，実際の指導を通して明らかになるものである。したがって，計画(Plan)－実践(Do)－評価(Check)－改善(Action)のサイクルにおいて，適宜評価を行い，指導目標や指導内容，指導方法を改善し，より効果的な指導を行う必要がある。

個別の指導計画と関連するものに，個別の教育支援計画がある。個別の教育支援計画に関しては，本解説第3編の第2章第5節の1の(5)を参照されたい。

個別の指導計画の作成に当たっては，第1章総則第3節の3の(3)のイに特に配慮する必要がある事項を2項目にわたり示しているので，これらの事項に留意する必要がある。

(ア) 基礎的・基本的な事項（第1章第3節の3の(3)のイの(ア)）

> (ア) 児童又は生徒の障害の状態や特性及び心身の発達の段階等並びに学習の進度等を考慮して，基礎的・基本的な事項に重点を置くこと。

児童生徒はそれぞれ障害の状態や特性及び心身の発達の段階等が異なるが，その障害により学習に時間がかかったり，自立活動の時間があることや，治療や訓練等が行われることなどの関係から各教科等の学習時間に制約を受けたりする者も多い。また，小・中学校から特別支援学校に転入学してきた児童生徒については，学習の進度等の差が見られる。よって，児童生徒一人一人の学習内容の習熟の程度に応じたきめ細やかな指導を工夫して基礎的・基本的な知識及び技能の習得も含め，学習内容の着実な理解を図っていくことが大切である。そのためには，それぞれの児童生徒にとって，基礎的・基本的な指導内容は何かということを十分見極めながら，第1章総則第3節の3の(3)のアの(イ)に示しているように，各教科や各学年相互間及び授業時数との関連を図り，系統的，発展的な指導ができるようにすることが大切である。

なお，今回の改訂では，総則のほか，第2章第1節の第1款並びに第2款の第2及び第2章第2節の第1款並びに第2款の第2においても，障害種ごとに児童生徒の障害の状態や特性及び心身の発達の段階等並びに学習の進度等を考慮して，基礎的・基本的な事項に重点を置くことについて規定されていることに留意する必要がある。

各校においては，各教科等の目標と指導内容との関連を十分に研究し，その重点の置き方や指導の順序，まとめ方を工夫し，指導の効果を高めるようにすることも必要である。

(イ) 指導方法や指導体制の工夫（第1章第3節の3の(3)のイの(イ)）

> (イ) 児童又は生徒が，基礎的・基本的な知識及び技能の習得も含め，学習内容を確実に身に付けることができるよう，それぞれの児童又は生徒に作成した個別の指導計画や学校の実態に応じて，指導方法や指導体制の工夫改善に努めること。その際，児童又は生徒の障害の状態や特性及び心身の発達の段階等並びに学習の進度等を考慮して，個別指導を重視するとともに，グループ別指導，繰り返し指導，学習内容の習熟の程度に応じた学習，児童又は生徒の興味・関心等に応じた課題学習，補充的な学習や発展的な学習などの学習活動を取り入れることや，教師間の協力による指導体制を確保することなど，指導方法や指導体制の工夫改善により，個に応じた指

> 導の充実を図ること。その際，第4節の1の(3)に示す情報手段や教材・教具の活用を図ること。

　特別支援学校に在籍する児童生徒の障害の状態や特性及び心身の発達の段階等は多様であり，児童生徒はそれぞれ能力，適性，興味・関心，知識，思考，価値，心情，技能，行動等についても個人差が大きい。児童生徒が学習内容を自分のものとして働かせることができるように身に付けるためには，教師はこのような個々の児童生徒の特性等を十分理解し，それぞれの児童生徒に作成した個別の指導計画に基づいて指導を行うことが必要であり，指導方法の工夫改善を図ることが求められる。それによって，児童生徒一人一人の資質・能力を偏りなく育成し，その後の学習や生活に生かすことができるようにすることが大切である。また，児童生徒が主体的に学習を進められるようになるためには，学習内容のみならず，学習方法への注意を促し，それぞれの児童生徒が自分にふさわしい学習方法を模索するような態度を育てることも必要となる。そのための児童生徒からの相談にも個別に応じたり，自立活動の指導と密接な関連を保つようにしたりすることが望まれる。なお，こうした指導方法の工夫は全ての児童生徒に対応するものであるが，障害による学習上又は生活上の困難のある児童生徒には特に配慮する必要がある。

　個に応じた指導のための指導方法や指導体制については，児童生徒の実態，学校の実態などに応じて，学校が一体となって工夫改善を進めていくことが重要である。すなわち，各学校は，その環境や教職員の構成，施設・設備などがそれぞれ異なっているが，それらに応じて最も効果的な方法を工夫し，組織体としての総合的な力を発揮していくことが大切である。学校には，校長，副校長，教頭，主幹教諭，指導教諭，教諭，養護教諭や栄養教諭など専門性を有する教職員がおり，これら全ての教職員が協力して児童生徒の指導に当たることが必要である。また，特別支援学校には，種々の障害に応じた指導についての専門的な知識や技能を有する教師がおり，児童生徒の多様な実態に応じた指導の充実を図る上で，それぞれの教師の専門性を生かした協力的な指導を行うことが大切である。指導体制の充実は，学習指導や生徒指導などに幅広くわたるものであり，学校全体が，共通理解の下に協力して教育活動を進めていかなくてはならない。

　指導体制の工夫改善を進める上で校長の果たす役割は大きいので，校長は指導力を発揮して，指導体制の活性化を図るよう努めることが必要である。また，校長や副校長，教頭が授業の指導を行ったり参加したり，学習指導について経験豊かな指導教諭などの教師が他の学級の授業を支援したりするなど，様々な工夫をすることが求められる。さらに，指導案の作成，授業研究などを学年会や教科部会，学校全体などで行い，広く意見を交わし合い，教師間で情報の共有を図るよ

うな機会を設け，それぞれの役割分担を明確にすることも，より効果的な指導を行うためには大切である。なお，教師が教材研究，指導の打合せ，地域との連絡調整などに充てる時間を可能な限り確保できるよう，会議のもち方や時間割の工夫など時間の効果的・効率的な利用等に配慮することも重要である。

指導方法については，児童生徒の障害の状態や特性及び心身の発達の段階等や学習の実態などに配慮しながら，従来から取り組まれてきた一斉指導に加え，個別指導やグループ別指導といった学習形態の導入，理解の状況に応じた繰り返し指導，学習内容の習熟の程度に応じた指導，児童生徒の興味・関心や理解の状況に応じた課題学習，補充的な学習や発展的な学習などの学習活動を取り入れた指導などを柔軟かつ多様に導入することが重要である。

学習内容の習熟の程度に応じた指導については，教科等により児童生徒の習熟の程度に差が生じやすいことを考慮し，それぞれの児童生徒の習熟の程度に応じたきめ細かな指導方法を工夫して着実な理解を図っていくことが大切であることから，これらの指導方法等が例示されているものであるが，その指導については，学級内で学習集団を編成する場合と学級の枠を超えて学習集団を編成する場合が考えられる。その実施に当たっては，学校の実情や児童生徒の障害の状態や特性及び心身の発達の段階等に応じ，必要な教科について適宜弾力的に行うものであり，実施時期，指導方法，評価の在り方等について十分検討した上で実施するなどの配慮が必要である。また，各学校で学習内容の習熟の程度に応じた指導を実施する際には，児童生徒に優越感や劣等感を生じさせたり，学習集団による学習内容の分化が長期化・固定化するなどして学習意欲を低下させたりすることのないように十分留意する必要がある。また，学習集団の編成の際は，教師が一方的に児童生徒を割り振るのではなく，児童生徒の興味・関心等に応じ，自分で課題や集団を選ぶことができるよう配慮することも重要である。その際，児童生徒が自分の能力・適性に全く合致しない課題や集団を選ぶようであれば，教師は適切な助言を行うなどの工夫を行うことが大切である。また，保護者に対しては，指導内容・指導方法の工夫改善等を示した指導計画，期待される学習の充実に係る効果，導入の理由等を事前に説明するなどの配慮が望まれる。なお，小学部や中学部は義務教育段階であるということを考慮し，基本的な学級編制を変更しないことが適当である。

児童生徒の興味・関心等に応じた課題学習，補充的な学習や発展的な学習などの学習活動を取り入れた指導を実施する際には，それぞれのねらいを明らかにし，授業で扱う内容と学習指導要領に示す各教科等の目標と内容との関係を明確にして取り組むことが大切である。特に，補充的な学習を取り入れた指導を行う際には，様々な指導方法や指導体制の工夫改善を進め，当該学年までに学習する内容の確実な定着を図ることが必要であるし，発展的な学習を取り入れた指導を行う

際には，児童生徒の負担過重とならないように配慮するとともに，学習内容の理解を一層深め，広げるという観点から適切に導入することが大切である。

このほかにも，教材・教具の工夫や開発，コンピュータ等の教育機器の活用，指導の過程における形成的評価などの評価の工夫など児童生徒の実態や指導の場面に応じ，多方面にわたる対応が求められる。

また，指導体制の工夫に当たっては，教師一人一人にも得意の分野など様々な特性があるので，それを生かしたり，学習形態によっては，教師が協力して指導したりすることにより，指導の効果を高めるようにすることが大切である。その具体例としては，専科指導やティーム・ティーチング，合同授業，交換授業などが考えられ，各学校の実態に応じて工夫することが望ましい。また，食育その他の心身の健康の保持増進に関する指導においてこれらについての専門性を有する養護教諭や栄養教諭の積極的な参画・協力を得たりすること，学校内にとどまらず，学校外の様々な分野の専門家の参加・協力を得たりすることなど様々な工夫を行い，指導の効果を高めることが大切である。

コンピュータ等の情報手段は適切に活用することにより個に応じた指導の充実にも有効であることから，今回の改訂において，指導方法や指導体制の工夫改善により個に応じた指導の充実を図る際に，第1章総則第4節の1の(3)に示す情報手段や教材・教具の活用を図ることとしている。情報手段の活用の仕方は様々であるが，例えば大型提示装置で教師が教材等をわかりやすく示すことは，児童生徒の興味・関心を喚起したり，課題をつかませたりする上で有効である。さらに，学習者用コンピュータによってデジタル教科書やデジタル教材等を活用することにより個に応じた指導を更に充実していくことが可能である。その際，学習内容の習熟の程度に応じて難易度の異なる課題に個別に取り組ませるといった指導のみならず，例えば，観察・実験を記録した映像や実技の模範を示す映像，外国語の音声等を，児童生徒が納得を得るまで必要な箇所を選んで繰り返し視聴したり，分かったことや考えたことをワープロソフトやプレゼンテーションソフトを用いてまとめたり，さらにそれらをグループで話し合い整理したりするといった多様な学習活動を展開することが期待される。

なお，コンピュータや大型提示装置等で用いるデジタル教材は教師間での共有が容易であり，教材作成の効率化を図ることができるとともに，教師一人一人の得意分野を生かして教材を作成し共有して，さらにその教材を用いた指導についても教師間で話し合い共有することにより，学校全体の指導の充実を図ることもできることから，こうした取組を積極的に進めることが期待される。

第3節
教育課程の編成

4 学部段階及び学校段階等間の接続

(1) 小学部における教育と幼児期の教育との接続及び低学年における教育全体の充実（第1章第3節の4の(1)）

> 4　学部段階間及び学校段階等間の接続
> 　教育課程の編成に当たっては，次の事項に配慮しながら，学部段階間及び学校段階等間の接続を図るものとする。
> (1)　小学部においては，幼児期の終わりまでに育ってほしい姿を踏まえた指導を工夫することにより，特別支援学校幼稚部教育要領及び幼稚園教育要領等に基づく幼児期の教育を通して育まれた資質・能力を踏まえて教育活動を実施し，児童が主体的に自己を発揮しながら学びに向かうことが可能となるようにすること。
> 　また，低学年における教育全体において，例えば生活科において育成する自立し生活を豊かにしていくための資質・能力が，他教科等の学習においても生かされるようにするなど，教科等間の関連を積極的に図り，幼児期の教育及び中学年以降の教育との円滑な接続が図られるよう工夫すること。特に，小学部入学当初においては，幼児期において自発的な活動としての遊びを通して育まれてきたことが，各教科等における学習に円滑に接続されるよう，生活科を中心に，合科的・関連的な指導や弾力的な時間割の設定など，指導の工夫や指導計画の作成を行うこと。

　本項は，特別支援学校幼稚部教育要領や幼稚園教育要領，幼保連携型認定こども園教育・保育要領，保育所保育指針（以下「幼稚部教育要領等」という。）に基づく幼児期の教育と小学部における教育の円滑な接続の重要性を示している。

　小学部低学年は，幼児期の教育を通じて身に付けたことを生かしながら教科等の学びにつなぎ，児童の資質・能力を伸ばしていく時期である。幼稚部教育要領等においては，「知識及び技能の基礎」「思考力，判断力，表現力等の基礎」「学びに向かう力，人間性等」の三つの柱から構成される資質・能力を一体的に育むように努めることや，幼児期の教育を通して資質・能力が育まれている幼児の具体的な姿を幼児期の終わりまでに育ってほしい姿として示している。

　この幼児期の終わりまでに育ってほしい姿を手掛かりに幼稚部等と小学部の教師等と子供の成長を共有することを通して，幼児期から児童期への発達の流れを理解することが大切である。

　小学部においては，幼児期の終わりまでに育ってほしい姿を踏まえた指導を工

夫することにより児童が主体的に自己を発揮しながら学びに向かい，幼児期の教育を通して育まれた資質・能力を更に伸ばしていくことができるようにすることが重要である。

その際，低学年における学びの特質を踏まえて，自立し生活を豊かにしていくための資質・能力を育むことを目的としている生活科と各教科等の関連を図るなど，低学年における教育課程全体を見渡して，幼児期の教育及び中学年以降の教育との円滑な接続が図られるよう工夫する必要がある。特に，小学部の入学当初においては，幼児期の遊びを通じた総合的な指導を通じて育まれてきたことが，各教科等における学習に円滑に接続されるよう，スタートカリキュラムを児童や学校，地域の実情を踏まえて編成し，その中で，生活科を中心に，合科的・関連的な指導等や弾力的な時間割の設定など，指導の工夫や指導計画の作成を行うことが求められる。

こうした幼児期の終わりまでに育ってほしい姿との関連や，スタートカリキュラムの編成の工夫については，視覚障害者，聴覚障害者，肢体不自由者又は病弱者である児童に教育を行う特別支援学校においては，準用することとしている小学校学習指導要領の各教科等における「指導計画の作成と内容の取扱い」に，知的障害者である児童に教育を行う特別支援学校おいては，小学部・中学部学習指導要領第2章各教科においても示されているところである。

(2) 小学部における中学部等の教育等及びその後の教育との接続（第1章第3節の4の(2)）及び中学部における小学部等との接続（第1章第3節の4の(3)）

> (2) 小学部においては，特別支援学校小学部・中学部学習指導要領又は中学校学習指導要領及び特別支援学校高等部学習指導要領又は高等学校学習指導要領を踏まえ，中学部における教育又は中学校教育及びその後の教育との円滑な接続が図られるよう工夫すること。
>
> (3) 中学部においては，特別支援学校小学部・中学部学習指導要領又は小学校学習指導要領を踏まえ，小学部における教育又は小学校教育までの学習の成果が中学部における教育に円滑に接続され，義務教育段階の終わりまでに育成することを目指す資質・能力を，生徒が確実に身に付けることができるよう工夫すること。

本2項は，小学部については中学部における教育及びその後の教育との円滑な接続の重要性を，中学部については小学部における教育又は小学校教育の成果が中学部における教育へと円滑に接続される重要性及び義務教育段階終了までに育

成すべき資質・能力を身に付けさせることの重要性について示している。

　義務教育段階においては，教育基本法第5条第2項が規定する「各個人の有する能力を伸ばしつつ社会において自立的に生きる基礎」及び「国家及び社会の形成者として必要とされる基本的な資質」を卒業段階までに育むことができるよう，学校教育法並びに特別支援学校小学部・中学部学習指導要領等に示すところに従い，小学部又は小学校及び中学部又は中学校9年間を通じて育成を目指す資質・能力を明確化し，その育成を高等部における教育又は高等学校教育等のその後の学びに円滑に接続させていくことが求められる。

　したがって①小学部における教育には，学級担任が児童の生活全般に関わりながら，各教科等の指導を含めた児童の育ちを全般的に支えることを通して，幼児期の教育を通して育まれた資質・能力を受け継ぎ，児童に義務教育としての基礎的な資質・能力の育成を目指した教育を行うことが，②中学部における教育には，学級担任による日常的な指導と教科担任による専門性を踏まえた指導とを行う中で，小学部における教育又は小学校教育の成果を受け継ぎ，生徒に義務教育9年間を通して必要な資質・能力の育成を目指す教育を行うことがそれぞれ求められる。このような観点から，小学部又は小学校及び中学部又は中学校の接続に際しては，義務教育の9年間を通して児童生徒に必要な資質・能力を育むことを目指した取組が求められる。具体的には，小学部と中学部の連携のほかに，例えば特別支援学校の学区内の小学校や中学校の間の連携を深めるため，次のような工夫が考えられる。

- 　学校運営協議会や地域学校協働本部等の各種会議の合同開催を通じて，各学校で育成を目指す資質・能力や教育目標，それらに基づく教育課程編成の基本方針などを，学校，保護者，地域間で共有して改善を図ること。
- 　校長や副校長，教頭等の管理職の間で，各学校で育成を目指す資質・能力や教育目標，それらに基づく教育課程編成の基本方針などを共有し，改善を図ること。
- 　教職員の合同研修会を開催し，地域で育成を目指す資質・能力を検討しながら，各教科等や各学年の指導の在り方を考えるなど，指導の改善を図ること。
- 　特別支援学校の保護者と特別支援学校の学区内の小学校や中学校の保護者間の連携・交流を深め，取組みの成果を共有していくこと。

　特に，小学部及び中学部のある特別支援学校においては，こうした工夫にとどまらず，9年間を見通した計画的かつ継続的な教育課程を編成し，小学部と中学部とで一体的な教育内容と指導体制を確立して特色ある教育活動を展開していくことが重要となる。

(3) 中学部における高等部の教育等及びその後の教育との接続（第1章第3節の4の(4)）

> (4) 中学部においては，特別支援学校高等部学習指導要領又は高等学校学習指導要領を踏まえ，高等部における教育又は高等学校教育及びその後の教育との円滑な接続が図られるよう工夫すること。

　中学部においては，義務教育を行う最後の教育機関として，教育基本法第5条第2項が規定する「各個人の有する能力を伸ばしつつ社会において自立的に生きる基礎」及び「国家及び社会の形成者として必要とされる基本的な資質」を卒業までに育むことができるよう，小学部における教育又は小学校教育の基礎の上に，中学部における教育又は中学校教育を通じて身に付けるべき資質・能力を明確化し，その育成を高等部における教育又は高等学校教育等のその後の学びに円滑に接続させていくことが求められる。

　このため，今回の改訂では，平成21年改訂の特別支援学校小学部・中学部学習指導要領の各教科等の授業時数や指導内容を前提としつつ，中央教育審議会答申で示された視覚障害者，聴覚障害者，肢体不自由者又は病弱者である生徒に対する教育を行う特別支援学校の高等部において準用される高等学校における新たな教科・科目構成との接続を含め，小・中・高等部又は高等学校を見通した改善・充実の中で，中学部における教育又は中学校教育の充実を図っていくことが重要となる。

　また，高等部においては，生徒の多様な進路の希望に応えるため，幅広い教科・科目の中から生徒が履修する科目の選択を行うなど，選択履修の趣旨を生かした教育課程の編成を行うこととしている。このことは，生徒に自身の在り方や生き方を考えさせて適切に選択・判断する力を求めるものである。中学部までの教育課程においては，生徒が履修する教育課程を選択するということはないため，高等部又は高等学校への接続に関連して，生徒が適切な教科・科目を選択できるよう指導の充実を図ることが重要である。

　特に，小学部や中学部及び高等部を併設した特別支援学校においては，こうした工夫にとどまらず，12年間を見通した計画的かつ継続的な教育課程を編成し，小学部から高等部までの一体的な指導体制を確立して特色ある教育活動を展開していくことが重要となる。

第4節　教育課程の実施と学習評価

● 1　主体的・対話的で深い学びの実現に向けた授業改善

(1) 主体的・対話的で深い学びの実現に向けた授業改善（第1章第4節の1の(1)）

> 第4節　教育課程の実施と学習評価
> 1　主体的・対話的で深い学びの実現に向けた授業改善
> 　各教科等の指導に当たっては，次の事項に配慮するものとする。
> (1)　第2節の3の(1)から(3)までに示すことが偏りなく実現されるよう，単元や題材など内容や時間のまとまりを見通しながら，児童又は生徒の主体的・対話的で深い学びの実現に向けた授業改善を行うこと。
> 　特に，各教科等において身に付けた知識及び技能を活用したり，思考力，判断力，表現力等や学びに向かう力，人間性等を発揮させたりして，学習の対象となる物事を捉え思考することにより，各教科等の特質に応じた物事を捉える視点や考え方（以下「見方・考え方」という。）が鍛えられていくことに留意し，児童又は生徒が各教科等の特質に応じた見方・考え方を働かせながら，知識を相互に関連付けてより深く理解したり，情報を精査して考えを形成したり，問題を見いだして解決策を考えたり，思いや考えを基に創造したりすることに向かう過程を重視した学習の充実を図ること。

　本項は，各教科等の指導に当たって，(1)知識及び技能が習得されるようにすること，(2)思考力，判断力，表現力等を育成すること，(3)学びに向かう力，人間性等を涵養することが偏りなく実現されるよう，単元や題材など内容や時間のまとまりを見通しながら，児童生徒の主体的・対話的で深い学びの実現に向けた授業改善を行うこと，その際，各教科等の「見方・考え方」を働かせ，各教科等の学習の過程を重視して充実を図ることを示している。

　平成26年11月20日の中央教育審議会への諮問「初等中等教育における教育課程の基準等の在り方について」において，具体的な審議事項として，育成すべき資質・能力を確実に育むための学習・指導方法はどうあるべきか，特に今後の「アクティブ・ラーニング」の具体的な在り方についてどのように考えるかを示した。これを受けて，中央教育審議会では，我が国の学校教育の様々な実践や各種の調査結果，学術的な研究成果等を踏まえて検討が行われ，児童生徒に必要な資質・能力を育むための学びの質に着目し，授業改善の取組を活性化していく視

点として「主体的・対話的で深い学び」を位置付けた。「主体的な学び」、「対話的な学び」、「深い学び」の視点は、各教科等における優れた授業改善等の取組に共通し、かつ普遍的な要素である。

児童生徒に求められる資質・能力を育成することを目指した授業改善の取組は、これまでも多くの実践が重ねられており、主体的・対話的で深い学びの実現に向けた授業改善を行うことが、そうした着実に取り組まれてきた実践を否定し、全く異なる指導方法を導入しなければならないことであると捉える必要はない。また、授業の方法や技術の改善のみを意図するものではなく、児童生徒に求められる資質・能力を育むために、児童生徒や学校の実態、指導の内容に応じ、「主体的な学び」、「対話的な学び」、「深い学び」の視点から授業改善を図ることが重要である。

主体的・対話的で深い学びの実現に向けた授業改善の具体的な内容については、中央教育審議会答申において、以下の三つの視点に立った授業改善を行うことが示されている。教科等の特質を踏まえ、具体的な学習内容や児童生徒の状況等に応じて、これらの視点の具体的な内容を手掛かりに、質の高い学びを実現し、学習内容を深く理解し、資質・能力を身に付け、生涯にわたって能動的（アクティブ）に学び続けるようにすることが求められている。

① 学ぶことに興味や関心をもち、自己のキャリア形成の方向性と関連付けながら、見通しをもって粘り強く取り組み、自己の学習活動を振り返って次につなげる「主体的な学び」が実現できているかという視点。

② 子供同士の協働、教職員や地域の人との対話、先哲の考え方を手掛かりに考えること等を通じ、自己の考えを広げ深める「対話的な学び」が実現できているかという視点。

③ 習得・活用・探究という学びの過程の中で、各教科等の特質に応じた「見方・考え方」を働かせながら、知識を相互に関連付けてより深く理解したり、情報を精査して考えを形成したり、問題を見いだして解決策を考えたり、思いや考えを基に創造したりすることに向かう「深い学び」が実現できているかという視点。

また、主体的・対話的で深い学びは、必ずしも1単位時間の授業の中で全てが実現されるものではなく、単元や題材など内容や時間のまとまりを見通して、例えば、主体的に学習に取り組めるよう学習の見通しを立てたり学習したことを振り返ったりして自身の学びや変容を自覚できる場面をどこに設定するか、対話によって自分の考えなどを広げたり深めたりする場面をどこに設定するか、学びの深まりをつくりだすために、児童生徒が考える場面と教師が教える場面をどのよ

うに組み立てるか,といった観点で授業改善を進めることが重要となる。すなわち,主体的・対話的で深い学びの実現に向けた授業改善を考えることは単元や題材など内容や時間のまとまりをどのように構成するかというデザインを考えることに他ならない。

主体的・対話的で深い学びの実現を目指して授業改善を進めるに当たり,特に「深い学び」の視点に関して,各教科等の学びの深まりの鍵となるのが「見方・考え方」である。各教科等の特質に応じた物事を捉える視点や考え方である「見方・考え方」は,新しい知識及び技能を既にもっている知識及び技能と結び付けながら社会の中で生きて働くものとして習得したり,思考力,判断力,表現力等を豊かなものとしたり,社会や世界にどのように関わるかの視座を形成したりするために重要なものであり,習得・活用・探究という学びの過程の中で働かせることを通じて,より質の高い深い学びにつなげることが重要である。

なお,各教科等の解説において示している各教科等の特質に応じた「見方・考え方」は,当該教科等における主要なものであり,「深い学び」の視点からは,それらの「見方・考え方」を踏まえながら,学習内容等に応じて柔軟に考えることが重要である。

また,思考・判断・表現の過程には,
- 物事の中から問題を見いだし,その問題を定義し解決の方向性を決定し,解決方法を探して計画を立て,結果を予測しながら実行し,振り返って次の問題発見・解決につなげていく過程
- 精査した情報を基に自分の考えを形成し表現したり,目的や状況等に応じて互いの考えを伝え合い,多様な考えを理解したり,集団としての考えを形成したりしていく過程
- 思いや考えを基に構想し,意味や価値を創造していく過程

の大きく三つがあると考えられる。

各教科等の特質に応じて,こうした学習の過程を重視して,具体的な学習内容,単元や題材の構成や学習の場面等に応じた方法について研究を重ね,ふさわしい方法を選択しながら,工夫して実践できるようにすることが重要である。

このため,今回の改訂においては,各教科等の指導計画の作成上の配慮事項として,当該教科等の特質に応じた主体的・対話的で深い学びを実現するための授業改善について示している。具体的には,視覚障害者,聴覚障害者,肢体不自由者又は病弱者である児童生徒に教育を行う特別支援学校においては,準用することとしている小学校学習指導要領又は中学校学習指導要領の各教科等の「第3指導計画の作成と内容の取扱い」,知的障害者である児童生徒に教育を行う特別支援学校おいては,小学部・中学部学習指導要領第2章第1節の第2款の第1及び第2節の第2款の第1,第4章第2款の3の各教科等の「3指導計画の作成と内

容の取扱い」の指導計画の作成に当たっての配慮事項として，共通に「単元（題材）など内容や時間のまとまりを見通して，その中で育む資質・能力の育成に向けて，児童生徒の主体的・対話的で深い学びの実現を図るようにすること」とした上で，当該教科等の特質に応じてどのような学習活動等の充実を図るよう配慮することが求められるかを示している。

次に，特別支援学校小学部・中学部学習指導要領における各教科等の特質に応じた「見方・考え方」について示している。なお，中学部における各教科等の特質に応じた「見方・考え方」については，中学校学習指導要領を参照すること。

- 「言葉による見方・考え方を働かせ，言語活動を通して，言葉の特徴や使い方などを理解し自分の思いや考えを深める学習の充実を図ること」（国語科）
- 「問題解決への見通しをもつこと，社会的事象の見方・考え方を働かせ，事象の特色や意味などを考え概念などに関する知識を獲得すること，学習の過程や成果を振り返り学んだことを活用することなど，学習の問題を追究・解決する活動の充実を図ること」（社会科）
- 「数学的な見方・考え方を働かせながら，日常の事象を数理的に捉え，数学の問題を見いだし，問題を自立的，協働的に解決し，学習の過程を振り返り，概念を形成するなどの学習の充実を図ること」（算数科）
- 「理科の学習過程の特質を踏まえ，理科の見方・考え方を働かせ，見通しをもって観察，実験を行うことなどの，問題を科学的に解決しようとする学習の充実を図ること」（理科）
- 「児童が具体的な活動や体験を通して，身近な生活に関わる見方・考え方を生かし，自分と地域の人々，社会及び自然との関わりが具体的に把握できるような学習活動の充実を図ることとし，校外での活動を積極的に取り入れること」（生活科）
- 「音楽的な見方・考え方を働かせ，他者と協働しながら，音楽表現を生み出したり音楽を聴いてそのよさなどを見いだしたりするなど，思考，判断し，表現する一連の過程を大切にした学習の充実を図ること」（音楽科）
- 「造形的な見方・考え方を働かせ，表現及び鑑賞に関する資質・能力を相互に関連させた学習の充実を図ること」（図画工作科）
- 「生活の営みに係る見方・考え方を働かせ，知識を生活体験等と関連付けてより深く理解するとともに，日常生活の中から問題を見いだして様々な解決方法を考え，他者と意見交流し，実践を評価・改善して，新たな課題を見いだす過程を重視した学習の充実を図ること」（家庭科）
- 「体育や保健の見方・考え方を働かせ，運動や健康についての自己の課題を見付け，その解決のための活動を選んだり工夫したりする活動の充実を図ること」（体育科）

第4節 教育課程の実施と学習評価

- 「具体的な課題等を設定し，児童が外国語によるコミュニケーションにおける見方・考え方を働かせながら，コミュニケーションの目的や場面，状況などを意識して活動を行い，英語の音声や語彙，表現などの知識を，五つの領域における実際のコミュニケーションにおいて活用する学習の充実を図ること」（外国語科）
- 「具体的な課題等を設定し，児童が外国語によるコミュニケーションにおける見方・考え方を働かせながら，コミュニケーションの目的や場面，状況などを意識して活動を行い，英語の音声や語彙，表現などの知識を，三つの領域における実際のコミュニケーションにおいて活用する学習の充実を図ること」（外国語活動）
- 「児童や学校，地域の実態等に応じて，児童が探究的な見方・考え方を働かせ，教科等の枠を超えた横断的・総合的な学習や児童の興味・関心等に基づく学習を行うなど創意工夫を生かした教育活動の充実を図ること」（総合的な学習の時間）
- 「よりよい人間関係の形成，よりよい集団生活の構築や社会への参画及び自己実現に資するよう，児童が集団や社会の形成者としての見方・考え方を働かせ，様々な集団活動に自主的，実践的に取り組む中で，互いのよさや個性，多様な考えを認め合い，等しく合意形成に関わり役割を担うようにすることを重視すること」（特別活動）

 こうした学習は，これまでも各教科等における授業改善の取組の中で充実が図られてきたものであり，今回の改訂においてはそうした蓄積を踏まえ，各教科等において行われる学習活動の質を更に改善・充実させていくための視点として示している。

 前述のように，このような学びの質を高めるための授業改善の取組については，既に多くの実践が積み重ねられてきており，具体的な授業の在り方は，児童生徒の障害の状態や特性及び心身の発達の段階等や学習課題等により様々である。単元や題材など内容や時間のまとまりを見通した学習を行うに当たり基礎となるような，基礎的・基本的な知識及び技能の習得に課題が見られる場合には，それを身に付けさせるために，児童生徒の学びを深めたり主体性を引き出したりといった工夫を重ねながら，確実な習得を図ることが求められる。児童生徒の実際の状況を踏まえながら，資質・能力を育成するために多様な学習活動を組み合わせて授業を組み立てていくことが重要であり，例えば高度な社会課題の解決だけを目指したり，そのための討論や対話といった学習活動を行ったりすることのみが主体的・対話的で深い学びではない点に留意が必要である。

(2) 言語環境の整備と言語活動の充実（第1章第4節の1の(2)）

> (2) 第3節の2の(1)に示す言語能力の育成を図るため，各学校において必要な言語環境を整えるとともに，国語科を要としつつ各教科等の特質に応じて，児童又は生徒の言語活動を充実すること。あわせて，(7)に示すとおり読書活動を充実すること。

本項は，第1章総則第3節の2の(1)において学習の基盤となる資質・能力として言語能力を育成することを示していることを受けて，教育課程の編成に当たり，各学校において学校生活全体における言語環境を整えるとともに，言語能力を育成する中核的な教科である国語科を要として，各教科等の特質に応じた言語活動を充実すること，あわせて，言語能力を向上させる重要な活動である読書活動を充実させることを示している。

前回の改訂においては，「知識及び技能」と「思考力，判断力，表現力等」をバランスよく育むため，基礎的・基本的な「知識及び技能」の習得とそれらを活用する学習活動やその成果を踏まえた探究活動を充実させることとし，これらの学習が全て言語により行われるものであることから，言語に関する能力の育成を重視して各教科等における言語活動を充実させることとした。

今回の改訂においても，言語は児童生徒の学習活動を支える重要な役割を果たすものであり，言語能力は全ての教科等における資質・能力の育成や学習の基盤となるものであると位置付けている。

その上で，言語能力の育成を図るために，各学校において取組が求められる事項を示している。

具体的には，言語環境を整えることである。児童生徒の言語活動は，児童生徒を取り巻く言語環境によって影響を受けることが大きいので，学校生活全体における言語環境を望ましい状態に整えておくことが大切である。学校生活全体における言語環境の整備としては，例えば，教師との関わりに関係することとして①教師は正しい言葉で話し，黒板などに正確で丁寧な文字を書くこと，②校内の掲示板やポスター，児童生徒に配布する印刷物において用語や文字を適正に使用すること，③校内放送において，適切な言葉を使って簡潔に分かりやすく話すこと，④より適切な話し言葉や文字が用いられている教材を使用すること，⑤教師と児童生徒，児童生徒相互の話し言葉が適切に行われるような状況をつくること，⑥児童生徒が集団の中で安心して話ができるような教師と児童生徒，児童生徒相互の好ましい人間関係を築くことなどに留意する必要がある。なお，言語環境をはじめ学校教育活動を通じ，色のみによる識別に頼った表示方法をしないなどの配慮も必要である。また，小学部の段階では，教師の話し言葉などが児童の言語活

動に与える影響が大きいので,それを適切にするよう留意することが大切である。
また,中学部では,国語科の指導においてはもとより,その他の教科等においても,生徒による発表,討議,ノート記述,レポート作成などの言語活動を活発かつ適正に行わせ,豊かな言語能力を養っていくよう配慮していくことが大切である。

　次に,言語能力を育成する中核的な教科である国語科を要として各教科等において言語活動の充実を図ることである。視覚障害者,聴覚障害者,肢体不自由者又は病弱者である児童生徒に教育を行う特別支援学校に準用することとしている小学校学習指導要領,中学校学習指導要領において,国語科では,「知識及び技能」や「思考力,判断力,表現力等」の資質・能力をどのような言語活動を通して育成するかを言語活動例として示している。また,小学部の各教科等においても,

- 「社会的事象の特色や意味,社会に見られる課題などについて,多角的に考えたことや選択・判断したことを論理的に説明したり,立場や根拠を明確にして議論したりするなど言語活動に関わる学習を一層重視すること。」（社会科）
- 「思考力,判断力,表現力等を育成するため,各学年の内容の指導に当たっては,具体物,図,言葉,数,式,表,グラフなどを用いて考えたり,説明したり,お互いに自分の考えを表現し伝え合ったり,学び合ったり,高めあったりするなどの学習活動を積極的に取り入れるようにすること。」（算数科）
- 「問題を見いだし,予想や仮説,観察,実験などの方法について考えたり説明したりする学習活動,観察,実験の結果を整理し考察する学習活動,科学的な言葉や概念を使用して考えたり説明したりする学習活動などを重視することによって,言語活動が充実するようにすること。」（理科）
- 「身近な人々,社会及び自然に関する活動の楽しさを味わうとともに,それらを通して気付いたことや楽しかったことについて,言葉,絵,動作,劇化などの多様な方法により表現し考えられるようにすること。」（生活科）
- 「音楽によって喚起されたイメージや感情,音楽表現に対する思いや意図,音楽を聴いて感じ取ったことや想像したことなどを伝え合い共感するなど,音や音楽及び言葉によるコミュニケーションを図り,音楽家の特質に応じた言語活動を適切に位置付けられるよう指導を工夫すること。」（音楽科）
- 「感じたことや思ったこと,考えたことなどを,話したり聞いたり話し合ったりする,言葉で整理するなどの言語活動を充実すること。」（図画工作科）
- 「衣食住など生活の中の様々な言葉を実感を伴って理解する学習活動や,自分の生活における課題を解決するために言葉や図表などを用いて生活をよりよくする方法を考えたり,説明したりするなどの学習活動の充実を図ること。」（家庭科）

- 「筋道を立てて練習や作戦について話し合うことや，身近な健康の保持増進について話し合うことなど，コミュニケーション能力や論理的な思考力の育成を促すための言語活動を積極的に行うことに留意すること。」（体育科）

などそれぞれの教科の特質に応じた言語活動の充実について記述されている。

中学部の各教科等においても，

- 「社会的な見方・考え方を働かせることをより一層重視する観点に立って社会的事象の意味や意義，事象の特色や事象間の関連，社会に見られる課題などについて，考察したことや選択・判断したことを論理的に説明したり，立場や根拠を明確にして議論したりするなどの言語活動に関わる学習を一層重視すること。」（社会科）
- 「思考力，判断力，表現力等を育成するため，各学年の内容の指導に当たっては，数学的な表現を用いて簡潔・明瞭・的確に表現したり，互いに自分の考えを表現し伝え合ったりするなどの機会を設けること。」（数学科）
- 「学校や生徒の実態に応じ，十分な観察や実験の時間，課題解決のために探究する時間などを設けるようにすること。その際，問題を見いだし観察，実験を計画する学習活動，観察，実験の結果を分析し解釈する学習活動，科学的な概念を使用して考えたり説明したりする学習活動などが充実するようにすること。」（理科）
- 「音楽によって喚起された自己のイメージや感情，音楽表現に対する思いや意図，音楽に対する評価などを伝え合い共感するなど，音や音楽及び言葉によるコミュニケーションを図り，音楽科の特質に応じた言語活動を適切に位置付けられるよう指導を工夫すること。」（音楽科）
- 「アイディアスケッチで構想を練ったり，言葉で考えを整理したりすることや，作品などに対する自分の価値意識をもって批評し合うなどして対象の見方や感じ方を深めるなどの言語活動の充実を図ること。」（美術科）
- 「衣食住やものづくりなどに関する実習等の結果を整理し考察する学習活動や，生活や社会における課題を解決するために言葉や図表，概念などを用いて考えたり，説明したりするなどの学習活動の充実を図ること。」（技術・家庭科）
- 「言語能力を育成する言語活動を重視し，筋道を立てて練習や作戦について話し合う活動や，個人生活における健康の保持増進や回復について話し合う活動を通して，コミュニケーション能力や論理的な思考力の育成を促し，自主的な学習活動の充実を図ること。」（保健体育科）

などそれぞれの教科の特質に応じた言語活動の充実について記述されている。

また，小学部において外国語活動及び今回の改訂において新たに教科とした外国語科及び中学部の外国語科においては，実際に英語を用いた言語活動を通して，

「知識及び技能」を身に付けるとともに，それらを活用して「思考力，判断力，表現力等」を育成するための言語活動の例を示すなど，言語活動を通してコミュニケーションを図る素地及び基礎となる資質・能力を育成することを目指すこととしている。

さらに，道徳科では「児童生徒が多様な感じ方や考え方に接する中で，考えを深め，判断し，表現する力などを育むことができるよう，自分の考えを基に話し合ったり（中学部では「討論したり」）書いたりするなどの言語活動を充実すること」を，総合的な学習の時間では「探究的な学習の過程においては，他者と協働して課題を解決しようとする学習活動や，言語により分析し，まとめたり表現したりするなどの学習活動が行われるようにすること」を，特別活動では「体験活動を通して気付いたことなどを振り返り，まとめたり，発表し合ったりするなどの事後の活動を充実すること」をそれぞれ重視している。

このように言語活動は，言語能力を育成するとともに，各教科等の指導を通して育成を目指す資質・能力を身に付けるために充実を図るべき学習活動である。前述（本解説第3編の第2章第4節の1の(1)）のとおり，主体的・対話的で深い学びの実現に向けた授業改善を進めるに当たっては，単元や題材など内容や時間のまとまりを見通して，各教科等の特質に応じた言語活動をどのような場面で，またどのような工夫を行い取り入れるかを考え，計画的・継続的に改善・充実を図ることが期待される。

また，読書は，多くの語彙や多様な表現を通して様々な世界に触れ，これを疑似的に体験したり知識を獲得したりして，新たな考え方に出合うことを可能にするものであり，言語能力を向上させる重要な活動の一つである。そのため，本項において，読書活動の充実について規定し，具体的な充実の在り方については，学校図書館等の活用と関連付けて第1章総則第4節の1の(7)に規定している。

こうした，読書活動の充実や，前述の児童生徒の言語環境の整備のためにも，学校図書館の充実を図ることが重要である。

なお，各教科等の特質に応じた言語活動等を充実させるためには，第2章各教科第1節の第1款及び第2節の第1款に示されているとおり，視覚障害者，聴覚障害者，肢体不自由者又は病弱者である児童生徒に対する教育を行う特別支援学校ごとに必要とされる指導上の配慮事項を踏まえた上で，適切に指導する必要がある。また，知的障害者である児童生徒に対する教育を行う特別支援学校においては，各教科等編の解説の第4章第4節の第7の8に示されていることに留意し，適切に指導する必要がある。

(3) コンピュータ等や教材・教具の活用,コンピュータの基本的な操作やプログラミングの体験(第1章第4節の1の(3))

> (3) 第3節の2の(1)に示す情報活用能力の育成を図るため,各学校において,コンピュータや情報通信ネットワークなどの情報手段を活用するために必要な環境を整え,これらを適切に活用した学習活動の充実を図ること。また,各種の統計資料や新聞,視聴覚教材や教育機器などの教材・教具の適切な活用を図ること。
> 　あわせて,小学部においては,各教科等の特質に応じて,次の学習活動を計画的に実施すること。
> 　ア　児童がコンピュータで文字を入力するなどの学習の基盤として必要となる情報手段の基本的な操作を習得するための学習活動
> 　イ　児童がプログラミングを体験しながら,コンピュータに意図した処理を行わせるために必要な論理的思考力を身に付けるための学習活動

　児童生徒に第1章総則第3節の2の(1)に示す情報活用能力の育成を図るためには,各学校において,コンピュータや情報通信ネットワークなどの情報手段及びこれらを日常的・効果的に活用するために必要な環境を整えるとともに,各教科等においてこれらを適切に活用した学習活動の充実を図ることが重要である。また,教師がこれらの情報手段に加えて,各種の統計資料や新聞,視聴覚教材や教育機器などの教材・教具を適切に活用することが重要である。

　今日,コンピュータ等の情報技術は急激な進展を遂げ,人々の社会生活や日常生活に浸透し,スマートフォンやタブレットPC等に見られるように情報機器の使いやすさの向上も相まって,子供たちが情報を活用したり発信したりする機会も増大している。将来の予測は困難であるが,情報技術は今後も飛躍的に進展し,常に新たな機器やサービスが生まれ社会に浸透していくこと,人々のあらゆる活動によって極めて膨大な情報(データ)が生み出され蓄積されていくことが予想される。このことにより,職業生活ばかりでなく,学校での学習や生涯学習,家庭生活,余暇生活など人々のあらゆる活動において,さらには自然災害等の非常時においても,そうした機器やサービス,情報を適切に選択・活用していくことが不可欠な社会が到来しつつある。

　そうした社会において,児童生徒が情報を主体的に捉えながら,何が重要かを主体的に考え,見いだした情報を活用しながら他者と協働し,新たな価値の創造に挑んでいけるようにするため,情報活用能力の育成が極めて重要となっている。第1章総則第3節の2の(1)に示すとおり,情報活用能力は「学習の基盤となる資質・能力」であり,確実に身に付けさせる必要があるとともに,身に付けた情

報活用能力を発揮することにより，各教科等における主体的・対話的で深い学びへとつながっていくことが期待されるものである。今回の改訂においては，コンピュータや情報通信ネットワークなどの情報手段の活用について，こうした情報活用能力の育成もそのねらいとするとともに，人々のあらゆる活動に今後一層浸透していく情報技術を，児童生徒が手段として学習や日常生活に活用できるようにするため，各教科等においてこれらを適切に活用した学習活動の充実を図ることとしている。

　各教科等の指導に当たっては，教師がこれらの情報手段のほか，各種の統計資料や新聞，視聴覚教材や教育機器などの教材・教具の適切な活用を図ることも重要である。各教科等における指導が，児童生徒の主体的・対話的で深い学びへとつながっていくようにするためには，必要な資料の選択が重要であり，とりわけ信頼性が高い情報や整理されている情報，正確な読み取りが必要な情報などを授業に活用していくことが必要であることから，今回の改訂において，各種の統計資料と新聞を特に例示している。これらの教材・教具を有効，適切に活用するためには，教師は機器の操作等に習熟するだけではなく，それぞれの教材・教具の特性を理解し，指導の効果を高める方法について絶えず研究することが求められる。

　特に，特別支援学校においては，児童生徒の学習を効果的に進めるため，児童生徒の障害の状態や特性及び心身の発達の段階等に応じてコンピュータ等の教材・教具を創意工夫するとともに，それらを活用しやすい学習環境を整えることも大切である。例えば，話し言葉や書き言葉による表現が難しかったり，辞書や辞典の活用が困難であったりする肢体不自由の児童生徒には，視聴覚教材やコンピュータなどの教育機器を適切に利用すること，弱視の児童生徒には障害の状態に合わせて，各種の弱視レンズや拡大教材映像装置，文字を拡大するソフトウェア等を活用したり，文字や図の拡大教材や書見台を利用したりすることなどの工夫が見られる。

　これらのコンピュータ等の教材・教具を有効，適切に活用するためには，教師はそれぞれの教材・教具の特性を理解し，指導の効果を高める方法について，絶えず研究するとともに，校内のＩＣＴ環境の整備に努め，児童生徒も教師もいつでも使えるようにしておくことが重要である。

　また，小学部においては特に，情報手段の基本的な操作の習得に関する学習活動及びプログラミングの体験を通して論理的思考力を身に付けるための学習活動を，カリキュラム・マネジメントにより各教科等の特質に応じて計画的に実施することとしている。

　各教科等の学習においてコンピュータや情報通信ネットワークなどの情報手段を活用していくに当たっては，少なくとも児童が学習活動に支障のない程度にこ

れら情報手段の操作を身に付けている必要がある。このため，小学部段階においてはそれらの情報手段に慣れ親しませることから始め，学習活動を円滑に進めるために必要なキーボードなどによる文字の入力，電子ファイルの保存・整理，インターネット上の情報の閲覧や電子的な情報の送受信や共有などの基本的な操作を確実に身に付けさせるための学習活動を，カリキュラム・マネジメントにより各教科等の特質に応じて計画的に実施していくことが重要である。それとともに，文章を編集したり図表を作成したりする学習活動，様々な方法で情報を収集して調べたり比較したりする学習活動，情報手段を使った情報の共有や協働的な学習活動，情報手段を適切に活用して調べたものをまとめたり発表したりする学習活動などを充実していくことが重要である。その際，総合的な学習の時間の探究的な学習の過程において「コンピュータで文字を入力するなどの学習の基盤として必要となる情報手段の基本的な操作を習得し，情報や情報手段を主体的に選択し活用できるよう配慮すること」（第5章総合的な学習の時間で準用する小学校学習指導要領第5章第3の2の(3)）とされていること，さらに国語科のローマ字の指導に当たってこのこととの関連が図られるようにすること（第2章第1節の第1款において準用する小学校学習指導要領第2章第1節国語の第3の2の(1)のウ）とされていることなどを踏まえる必要がある。

　また，子供たちが将来どのような職業に就くとしても時代を越えて普遍的に求められる「プログラミング的思考」（自分が意図する一連の活動を実現するために，どのような動きの組合せが必要であり，一つ一つの動きに対応した記号を，どのように組み合わせたらいいのか，記号の組合せをどのように改善していけば，より意図した活動に近づくのか，といったことを論理的に考えていく力）を育むため，小学部においては，児童がプログラミングを体験しながら，コンピュータに意図した処理を行わせるために必要な論理的思考力を身に付けるための学習活動を計画的に実施することとしている。その際，小学部段階において学習活動としてプログラミングに取り組むねらいは，プログラミング言語を覚えたり，プログラミングの技能を習得したりといったことではなく，論理的思考力を育むとともに，プログラムの働きやよさ，情報社会がコンピュータをはじめとする情報技術によって支えられていることなどに気付き，身近な問題の解決に主体的に取り組む態度やコンピュータ等を上手に活用してよりよい社会を築いていこうとする態度などを育むこと，さらに，教科等で学ぶ知識及び技能等をより確実に身に付けさせることにある。したがって，教科等における学習上の必要性や学習内容と関連付けながら計画的かつ無理なく確実に実施されるものであることに留意する必要があることを踏まえ，小学部においては，教育課程全体を見渡し，プログラミングを実施する単元を位置付けていく学年や教科を決定する必要がある。なお，特別支援学校小学部・中学部学習指導要領第2章各教科の第1節の第1款におい

第4節
教育課程の実施と学習評価

て準用する小学校学習指導要領では，算数科，理科，総合的な学習の時間において，児童がプログラミングを体験しながら，論理的思考力を身に付けるための学習活動を取り上げる内容やその取扱いについて例示しているが（小学校学習指導要領第2章第3節算数の第3の2の(2)及び同第4節理科の第3の2の(2)，第5章総合的な学習の時間の第3の2の(2)），例示以外の内容や教科等においても，プログラミングを学習活動として実施することが可能であり，プログラミングに取り組むねらいを踏まえつつ，学校の教育目標や児童の障害の状態や特性及び心身の発達の段階等に応じて工夫して取り入れていくことが求められる。また，こうした学習活動を実施するに当たっては，地域や民間等と連携し，それらの教育資源を効果的に活用していくことも重要である。

　第1章総則第3節の2の(1)においては，「情報活用能力（情報モラルを含む。）」として，情報活用能力に情報モラルが含まれることを特に示している。携帯電話・スマートフォンやSNSが子供たちにも急速に普及するなかで，インターネット上での誹謗中傷やいじめ，インターネット上の犯罪や違法・有害情報の問題の深刻化，インターネット利用の長時間化等を踏まえ，情報モラルについて指導することが一層重要となっている。

　情報モラルとは，「情報社会で適正な活動を行うための基になる考え方と態度」であり，具体的には，他者への影響を考え，人権，知的財産権など自他の権利を尊重し情報社会での行動に責任をもつことや，犯罪被害を含む危険の回避など情報を正しく安全に利用できること，コンピュータなどの情報機器の使用による健康との関わりを理解することなどである。このため，情報発信による他人や社会への影響について考えさせる学習活動，ネットワーク上のルールやマナーを守ることの意味について考えさせる学習活動，情報には自他の権利があることを考えさせる学習活動，情報には誤ったものや危険なものがあることを考えさせる学習活動，健康を害するような行動について考えさせる学習活動などを通じて，児童生徒に情報モラルを確実に身に付けさせるようにすることが必要である。その際，情報の収集，判断，処理，発信など情報を活用する各場面での情報モラルについて学習させることが重要である。また，情報技術やサービスの変化，児童生徒のインターネットの使い方の変化に伴い，学校や教師はその実態や影響に係る最新の情報の入手に努め，それに基づいた適切な指導に配慮することが必要である。併せて児童生徒の発達の段階に応じて，例えば，インターネット上に発信された情報は基本的には広く公開される可能性がある，どこかに記録が残り完全に消し去ることはできないといった，情報や情報技術の特性についての理解に基づく情報モラルを身に付けさせ，将来の新たな機器やサービス，あるいは危険の出現にも適切に対応できるようにすることが重要である。さらに，情報モラルに関する指導は，道徳科や特別活動のみで実施するものではなく，各教科等との連携や，

さらに生徒指導との連携も図りながら実施することが重要である。

情報手段を活用した学習活動を充実するためには，国において示す整備指針等を踏まえつつ，校内のＩＣＴ環境の整備に努め，児童生徒も教師もいつでも使えるようにしておくことが重要である。すなわち，学習者用コンピュータのみならず，例えば大型提示装置を各普通教室と特別教室に常設する，安定的に稼働するネットワーク環境を確保するなど，学校と設置者とが連携して，情報機器を適切に活用した学習活動の充実に向けた整備を進めるとともに，教室内での配置等も工夫して，児童生徒や教師が情報機器の操作に手間取ったり時間がかかったりすることなく活用できるよう工夫することにより，日常的に活用できるようにする必要がある。

さらに，児童生徒が安心して情報手段を活用できるよう，情報機器にフィルタリング機能の措置を講じたり，個人情報の漏えい等の情報セキュリティ事故が生じることのないよう，学校において取り得る対策を十全に講じたりすることなどが必要である。

加えて，情報活用能力の育成や情報手段の活用を進める上では，地域の人々や民間企業等と連携し協力を得ることが特に有効であり，プログラミング教育等の実施を支援するため官民が連携した支援体制が構築されるなどしていることから，これらも活用して学校外の人的・物的資源の適切かつ効果的な活用に配慮することも必要である。

(4) 見通しを立てたり，振り返ったりする学習活動の充実（第１章第４節の１の(4)）

> (4) 児童又は生徒が学習の見通しを立てたり学習したことを振り返ったりする活動を，計画的に取り入れるよう工夫すること。

本項は，児童生徒が自主的に学ぶ態度を育み，学習意欲の向上に資する観点から，各教科等の指導に当たり，児童生徒が学習の見通しを立てたり学習したことを振り返ったりする活動を計画的に取り入れるように工夫することが重要であることを示している。

前回の改訂では，教育基本法第６条第２項（「教育を受ける者が，学校生活を営む上で必要な規律を重んずるとともに，自ら進んで学習に取り組む意欲を高めることを重視して行われなければならない」）及び学校教育法第30条第２項（「主体的に学習に取り組む態度を養うことに，特に意を用いなければならない」）を踏まえ，児童生徒の学習意欲の向上を重視し，この規定を設けた。

今回の改訂においても，引き続き児童生徒の学習意欲の向上を重視しており，

主体的・対話的で深い学びの実現に向けた授業改善を進めるに当たっては，特に主体的な学びとの関係からは，児童生徒が学ぶことに興味や関心をもち，小学部では児童が学ぶことに興味や関心をもつことや，中学部では自己のキャリア形成の方向性と関連付けながら，見通しをもって粘り強く取り組み，自己の学習活動を振り返って次につなげることなどが重要になることから，各教科等の指導に当たり，本項の規定を踏まえる必要がある。

具体的には，例えば，各教科等の指導に当たっては，児童生徒が学習の見通しを立てたり，児童生徒が当該授業で学習した内容を振り返る機会を設けたりといった取組の充実や，児童生徒が家庭において学習の見通しを立てて予習をしたり学習した内容を振り返って復習したりする習慣の確立などを図ることが重要である。これらの指導を通じ，児童生徒の学習意欲が向上するとともに，児童生徒が学習している事項について，事前に見通しを立てたり，事後に振り返ったりすることで学習内容の確実な定着が図られ，各教科等で目指す資質・能力の育成にも資するものと考えられる。

(5) 体験活動の重視（第1章第4節の1の(5)）

> (5) 児童又は生徒が生命の有限性や自然の大切さ，主体的に挑戦してみることや多様な他者と協働することの重要性などを実感しながら理解することができるよう，各教科等の特質に応じた体験活動を重視し，家庭や地域社会と連携しつつ体系的・継続的に実施できるよう工夫すること。

社会構造等の急速な変化による予測困難な時代にあって，また，少子高齢化等が進み成熟社会を迎えている我が国において，これからの学校教育には，児童生徒に知・徳・体のバランスのとれた資質・能力を育成することが一層重要となっている。

資質・能力を偏りなく育成していくに当たり，「学びに向かう力，人間性等」を育む観点からは，体験活動の充実が重要である。「学びに向かう力，人間性等」は「知識及び技能」，「思考力，判断力，表現力等」をどのような方向性で働かせていくのかを決定付ける重要な要素であることから，本項において，各教科等の特質に応じた体験活動を重視し，家庭や地域社会と連携しつつ体系的・継続的に実施できるよう工夫することを示している。

児童生徒を取り巻く地域や家庭の環境，情報環境等が劇的に変化し，児童生徒が自然の中で豊かな体験をしたり，文化芸術を体験して感性を高めたりする機会が限られているとの指摘がされている。それにより，例えば生命の有限性を実感することや異年齢の幼児児童生徒が協働する経験が少なくなり，現実的には学校

教育は児童生徒がそうした経験をすることができる数少ない場となっている。

　前回の改訂において，体験活動は言語活動とともに重要なものとして位置付けられたが，今回の改訂においては，前述の児童生徒を取り巻く環境等を踏まえ，児童生徒が生命の有限性や自然の大切さ，主体的に挑戦してみることや多様な他者と協働することの重要性などを実感しながら理解することができるようにすることを重視し，集団の中で体系的・継続的な活動を行うことのできる学校の場を生かして，地域・家庭と連携・協働して，体験活動の機会を確保していくことを示している。

　学校において体系的・継続的に体験活動を実施していくためには，各教科等の特質に応じて教育課程を編成していくことが必要である。

　このため，例えば，視覚障害者，聴覚障害者，肢体不自由者及び病弱者である児童に対する教育を行う特別支援学校の小学部において，生活科や総合的な学習の時間，特別活動はもとより，例えば，社会科では「観察や見学，聞き取りなどの調査活動を含む具体的な体験を伴う学習やそれに基づく表現活動の一層の充実を図ること」，理科では「生物，天気，川，土地などの指導に当たっては，野外に出掛け地域の自然に親しむ活動や体験的な活動を多く取り入れる」，家庭科では「調理や制作等の手順の根拠について考えたり，実践する喜びを味わったりするなどの実践的・体験的な活動を充実すること」等の教科等の特質に応じた体験を伴う学習活動の充実を図ることとしている。なお，中学部の例については，準用することとしている中学校学習指導要領解説の総則編を参照すること。

　また，体験活動を継続的に実施していくためには，その時間の確保も課題となる。この点では，各教科等の指導に当たり教科等の特質に応じた体験を伴う学習の時間を確保するだけでなく，時間割の弾力的な編成（第１章総則第３節の３の(2)のカ）や合科的・関連的な指導（第１章総則第３節の３の(3)のアの(エ)）の規定等を踏まえ，例えば，自然体験や社会体験を行う長期集団宿泊活動において，各教科等の内容に関わる体験を伴う学習や探究的な活動が効果的に展開できると期待される場合，教科等の学習を含む計画を立て，授業時数に含めて扱う柔軟な年間指導計画を作成するなど，学校の教育活動の全体を通して体験活動の機会の充実を図る工夫をすることも考えられる。このように，各教科等の特質やその関連を踏まえ，児童生徒の様々な学習機会がより効果的なものとなるようにしていくことが，カリキュラム・マネジメントの重要な視点である。

　なお，このような体験活動を効果的に実施していくためには，その意義や効果について家庭や地域と共有し，連携・協働することが重要である。また，これらの学習を展開するに当たっては，学習の内容と児童生徒の発達の段階に応じて安全への配慮を十分に行わなければならない。

**第４節
教育課程の実施と学習評価**

(6) 課題選択及び自主的, 自発的な学習の促進（第1章第4節の1の(6)）

> (6) 児童又は生徒が自ら学習課題や学習活動を選択する機会を設けるなど，児童又は生徒の興味・関心を生かした自主的，自発的な学習が促されるよう工夫すること。

　本項は，各教科等の指導を通して資質・能力の三つの柱をバランスよく育成していくため，児童生徒が自ら学習課題や学習活動を選択する機会を設けるなど，児童生徒の興味・関心を生かした自主的，自発的な学習が促されるよう，教育課程の実施上の工夫を行うことを示している。

　各教科等の指導においては，基礎的・基本的な知識及び技能の確実な習得に留意しつつ，児童生徒の興味・関心を生かした学習指導を展開することが大切である。児童生徒の興味・関心を生かすことは，児童生徒の学習意欲を喚起する上で有効であり，また，それは自主的，自発的な学習を促すことにつながると考えられるからである。この意味で各教科等の指導においては，学習することの意味の適切な指導を行いつつ，基礎的・基本的な知識及び技能の確実な習得を図るとともに，自主的，自発的な学習を促すことによって，児童生徒が学習の目的を自覚し，学習における進歩の状況を意識し，進んで学習しようとする態度が育つよう配慮することが大切である。

　具体的には，各教科等の指導において，基礎的・基本的な知識及び技能の確実な定着を図るとともに，これらの活用を図る学習活動を行うに当たって，児童生徒が主体的に自分の生活体験や興味・関心をもとに課題を見付け，自分なりに方法を選択して解決に取り組むことができるように配慮することが考えられる。

　例えば，視覚障害者，聴覚障害者，肢体不自由者及び病弱者である児童に対する教育を行う特別支援学校の小学部において，社会科では，「地域の実態を生かし，児童が興味・関心をもって学習に取り組めるようにすること」を，算数科では数学的活動の配慮事項として「算数の問題を解決する方法を理解するとともに，自ら問題を見いだし，解決するための構想を立て，実践し，その結果を評価・改善する機会を設けること」を，家庭科では「家庭や地域との連携を図り，児童が身に付けた知識及び技能などを日常生活に活用できるよう配慮すること」を，体育科では，「運動や健康についての自己の課題を見付け，その解決のための活動を選んだり工夫したりする活動の充実を図ること」を示している。

　また，視覚障害者，聴覚障害者，肢体不自由者及び病弱者である生徒に対する教育を行う特別支援学校の中学部において，例えば，社会科では，「学校図書館や公共施設などを活用するとともに，コンピュータや情報通信ネットワークなどの情報手段を積極的に活用し，指導に生かすことで，生徒が主体的に調べ分かろ

うとして学習に取り組めるようにすること」を，数学科では，数学的活動の配慮事項として，「数学を活用して問題解決する方法を理解するとともに，自ら問題を見いだし，解決するための構想を立て，実践し，その過程や結果を評価・改善する機会を設けること」を，技術・家庭科では，「生徒が，学習した知識及び技能を生活に活用したり，生活や社会の変化に対応したりすることができるよう，生活や社会の中から問題を見いだして課題を設定し解決する学習活動を充実するとともに，家庭や地域社会，企業などとの連携を図るよう配慮すること」を，保健体育科では，「運動や健康についての自他の課題を発見し，その合理的な解決のための活動の充実を図ること」を示している。

また，道徳科では，「児童生徒が自ら道徳性を養う中で，自らを振り返って成長を実感したり，これからの課題や目標を見付けたりすることができるよう工夫すること」が重要である。

さらに，総合的な学習の時間でも，主体的・対話的で深い学びの実現に向けて授業改善を進めるに当たり，児童生徒の興味・関心等に基づく学習を行うなど創意工夫を生かした教育活動の充実を図ることが重要である。

なお，これらの指導は，児童生徒の自立心や自律性を育む上で重要であることを踏まえ，その充実に努めるとともに，児童生徒の実態に応じ，きめ細かな相談に応じたり様々な情報を提供したりすることにも配慮する必要がある。

(7) 学校図書館，地域の公共施設の利活用（第1章第4節の1の(7)）

> (7) 学校図書館を計画的に利用しその機能の活用を図り，児童又は生徒の主体的・対話的で深い学びの実現に向けた授業改善に生かすとともに，児童又は生徒の自主的,自発的な学習活動や読書活動を充実すること。また，地域の図書館や博物館，美術館，劇場，音楽堂等の施設の活用を積極的に図り，資料を活用した情報の収集や鑑賞等の学習活動を充実すること。

学校図書館については，学校教育において欠くことのできない基礎的な設備であり，①児童生徒の想像力を培い，学習に対する興味・関心等を呼び起こし，豊かな心や人間性,教養,創造力等を育む自由な読書活動や読書指導の場である「読書センター」としての機能，②児童生徒の自主的・自発的かつ協働的な学習活動を支援したり,授業の内容を豊かにしてその理解を深めたりする「学習センター」としての機能，③児童生徒や教職員の情報ニーズに対応したり，児童生徒の情報の収集・選択・活用能力を育成したりする「情報センター」としての機能を有している。

また，これからの学校図書館には，読書活動の推進のために利活用されること

に加え，調べ学習や新聞を活用した学習など，各教科等の様々な授業で活用されることにより，学校における言語活動や探究活動の場となり，主体的・対話的で深い学びの実現に向けた授業改善に資する役割が一層期待されている。

　学校においては，このような学校図書館に期待されている役割が最大限に発揮できるようにすることが重要であり，学校図書館が児童生徒が落ち着いて読書を行うことができる，安らぎのある環境や知的好奇心を醸成する開かれた学びの場としての環境として整えられるよう努めることが大切である。また，各教科等において，学校図書館の機能を計画的に利活用し，児童生徒の自主的・自発的な学習活動や読書活動を充実するよう努めることが大切である。その際，各教科等を横断的に捉え，学校図書館の利活用を基にした情報活用能力を学校全体として計画的かつ体系的に指導するよう努めることが望まれる。さらに，教育課程との関連を踏まえた学校図書館の利用指導・読書指導・情報活用に関する各種指導計画等に基づき，計画的・継続的に学校図書館の利活用が図られるよう努めることが大切である。

　こういった学校図書館の利活用を進めるに当たって，学校図書館における図書館資料の充実と，学校図書館の運営等に当たる司書教諭及び学校司書の配置の充実やその資質能力の向上の双方を図ることが大切である。図書館資料については，図書資料のほか，雑誌，新聞，視聴覚資料，電子資料（各種記録媒体に記録・保存された資料，ネットワーク情報資源（ネットワークを介して得られる情報コンテンツ）等）等の図書以外の資料が含まれており，これらの資料について，児童生徒の障害の状態や特性及び心身の発達の段階等を踏まえ，教育課程の展開に寄与するとともに，児童生徒の健全な教養の育成に資する資料構成と十分な資料規模を備えるよう努めることが大切である。また，司書教諭及び学校司書については，学校図書館がその機能を十分に発揮できるよう，学校図書館の館長としての役割も担う校長のリーダーシップの下，各者がそれぞれの立場で求められている役割を果たした上で，互いに連携・協力し，組織的に取り組むよう努めることが大切である。

　主体的・対話的で深い学びの実現に向けた授業改善を進めるに当たっては，学校図書館の活用に加えて，資料調査や本物の芸術に触れる鑑賞の活動等を充実させるため，地域の図書館，博物館，美術館，劇場，音楽堂等の施設を積極的に活用することも重要である。なお，本項においては「劇場，音楽堂等の活性化に関する法律」（平成24年法律第49号）を踏まえ「劇場，音楽堂等」としているが，こうした公共の施設の名称や施設が有する機能は地域によって多様であるため，ここに規定する施設に限らず児童生徒の学習の充実に資する観点から幅広く活用を図ることが期待される。

2 訪問教育における指導の工夫（第1章第4節の2）

> 2 障害のため通学して教育を受けることが困難な児童又は生徒に対して，教員を派遣して教育を行う場合については，障害の状態や学習環境等に応じて，指導方法や指導体制を工夫し，学習活動が効果的に行われるようにすること。

児童生徒の障害は，重度・重複化，多様化しており，「障害のため通学して教育を受けることが困難な児童生徒に対して，教員を派遣して教育を行う場合」（訪問教育）は，障害の状態や学習環境等に応じ，指導内容や指導方法及び指導体制を工夫し，効果的な指導を一層推進する必要がある。

訪問教育は，授業時数が限られ，児童生徒の体調も変化しやすいことから，児童生徒のもてる力を最大限に引き出すためには指導内容の一層の精選が必要となる。また，児童生徒の障害の状態や訪問先（家庭，児童福祉施設，医療機関等）は様々であり，学校での指導方法をそのまま実践することが難しい場合がある。このため，訪問教育を実施する際は，一人一人の児童生徒の障害の状態や特性及び心身の発達の段階等，学習時間，学習する場所等に応じて，指導内容，指導方法及び指導体制を工夫し，学習活動が効果的に行われるようにする必要がある。

指導内容及び方法の工夫としては，例えば，児童生徒の治療上又は健康上の理由や，学習する場所などによって，指導時間や教材・教具等が制限される場合があることから，これらの状況等に応じ，各教科等の指導内容の精選を行うとともに，個々の児童生徒の実態や学習環境に応じた教材・教具を活用することが重要である。

また，訪問教育の対象となる児童生徒は，集団への参加や友達との関わりが少なくなるなどの課題がある。そのため，例えば，コンピュータや情報通信ネットワーク等を活用するなどして，間接的に関わり合う機会を設けることも考えられる。

指導体制の工夫としては，訪問教育の担当者だけでなく，学校全体で訪問教育を充実させるよう，校内体制を整備することが大切である。例えば，指導内容に応じて他の専門的な知識や技能を有する教師と連携して訪問教育を進めたり，訪問教育の児童生徒が登校する際に他の教職員と協力したりすることなどが考えられる。

また，訪問教育を効果的に行うためには，家族，福祉施設や医療機関の職員など，児童生徒の生活を支える関係者の理解や協力が欠かせない。そのため，日ごろからこれらの関係者との連携を図ることが大切である。

訪問教育における教育課程を編成するに当たっては，個々の児童生徒の障害の状態等に応じた弾力的な教育課程を編成（第１章総則第８節の５）することが可能となっており，これらの規定を活用することも含めて教育内容の選択や指導時間確保のための工夫をすることが大切である。

3　学習評価の充実

(1) 指導の評価と改善（第１章第４節の３の(1)）

> 3　学習評価の充実
> 　学習評価の実施に当たっては，次の事項に配慮するものとする。
> (1)　児童又は生徒のよい点や可能性，進歩の状況などを積極的に評価し，学習したことの意義や価値を実感できるようにすること。また，各教科等の目標の実現に向けた学習状況を把握する観点から，単元や題材など内容や時間のまとまりを見通しながら評価の場面や方法を工夫して，学習の過程や成果を評価し，指導の改善や学習意欲の向上を図り，資質・能力の育成に生かすようにすること。

　3に示す各項は，学習評価の実施に当たっての配慮事項を示している。

　学習評価は，学校における教育活動に関し，児童生徒の学習状況を評価するものである。「児童生徒にどういった力が身に付いたか」という学習の成果を的確に捉え，教師が指導の改善を図るとともに，児童生徒自身が自らの学習を振り返って次の学習に向かうことができるようにするためにも，学習評価の在り方は重要であり，教育課程や学習・指導方法の改善と一貫性のある取組を進めることが求められる。

　評価に当たっては，いわゆる評価のための評価に終わることなく，教師が児童生徒のよい点や可能性，進歩の状況などを積極的に評価し，児童生徒が学習したことの意義や価値を実感できるようにすることで，自分自身の目標や課題をもって学習を進めていけるように，評価を行うことが大切である。

　実際の評価においては，各教科等の目標の実現に向けた学習状況を把握するために，指導内容や児童生徒の特性に応じて，単元や題材など内容や時間のまとまりを見通しながら評価の場面や方法を工夫し，学習の過程の適切な場面で評価を行う必要がある。その際には，学習の成果だけでなく，学習の過程を一層重視することが大切である。特に，他者との比較ではなく児童生徒一人一人のもつよい点や可能性などの多様な側面，進歩の様子などを把握し，学年や学期にわたって児童生徒がどれだけ成長したかという視点を大切にすることも重要である。

また，日ごろの学習活動を通じて，児童生徒一人一人のよい点や可能性を積極的に評価し，児童生徒の主体性や意欲を高めるようにすることが重要である。例えば，障害により，絵筆やクレヨンなどを持って描くことが困難な児童生徒であっても，コンピュータ等を活用して描くことができる可能性がある。さらに，操作に習熟することによって，豊かな感性や色彩感覚を発揮することもある。また，活動の手順に強いこだわりを示す児童生徒が，ある作業を正確に行うことにおいて高い能力を発揮することがある。そして，その作業をやり遂げたという自信から，それ以外の苦手としていた作業に取り組むことができるようになったり，こだわりの軽減につながったりすることもあり，行動特性を生かした指導方法を工夫することにより，主体的な学習を促進する可能性も考えられる。

　教師による評価とともに，児童生徒による学習活動としての相互評価や自己評価などを工夫することも大切である。相互評価や自己評価は，児童生徒自身の学習意欲の向上にもつながることから重視する必要がある。

　今回の改訂では，各教科等の目標を資質・能力の三つの柱で再整理しており，平成28年12月の中央教育審議会答申において，目標に準拠した評価を推進するため，観点別学習状況の評価について，「知識・技能」，「思考・判断・表現」，「主体的に学習に取り組む態度」の3観点に整理することが提言されている。

　その際，ここでいう「知識」には，個別の事実的な知識のみではなく，それらが相互に関連付けられ，さらに社会の中で生きて働く知識となるものが含まれている点に留意が必要である。

　また，資質・能力の三つの柱の一つである「学びに向かう力，人間性等」には①「主体的に学習に取り組む態度」として観点別学習状況の評価（学習状況を分析的に捉える）を通じて見取ることができる部分と，②観点別学習状況の評価や評定にはなじまず，こうした評価では示しきれないことから個人内評価（個人のよい点や可能性，進歩の状況について評価する）を通じて見取る部分があることにも留意する必要がある。

　このような資質・能力のバランスのとれた学習評価を行っていくためには，指導と評価の一体化を図る中で，論述やレポートの作成，発表，グループでの話合い，作品の制作等といった多様な活動を評価の対象とし，ペーパーテストの結果にとどまらない，多面的・多角的な評価を行っていくことが必要である。

(2) 個別の指導計画に基づく評価（第1章第4節の3の(2)）

> (2)　各教科等の指導に当たっては，個別の指導計画に基づいて行われた学習状況や結果を適切に評価し，指導目標や指導内容，指導方法の改善に努め，より効果的な指導ができるようにすること。

本項は，第１章総則第３節の３の(3)のイにおいて示した個別の指導計画の作成と実施に対する学習評価の実施に当たっての配慮事項を示している。

　個別の指導計画は，児童生徒の実態を把握した上で作成され，その個別の指導計画に基づいて各教科等の指導が行われるが，児童生徒にとって適切な計画であるかどうかは，実際の指導を通して明らかになるものである。したがって，計画（Plan）－実践（Do）－評価（Check）－改善（Action）のサイクルにおいて，学習状況や結果を適宜，適切に評価を行うことが大切である。

　さらにその評価の結果，指導目標，指導内容，指導方法のどこに課題があり，効果的な指導をできるようにするために，何を，どのように改善していくのかを明確にする必要がある。

　そこで，今回の改訂では，「個別の指導計画に基づいて行われた学習状況や結果を適切に評価し，指導の改善に努めること」を「個別の指導計画に基づいて行われた学習状況や結果を適切に評価し，指導目標や指導内容，指導方法の改善に努め，より効果的な指導ができるようにすること」と改善した。

　個々の児童生徒の学習状況等の評価の結果，個別の指導計画で設定した指導目標を達成できていなかった場合，個々の児童生徒の実態からみて，設定した指導目標が高すぎたり，指導目標は適切であったが，その指導目標を達成するための指導内容や指導方法が適切でなかったりなどの場合が考えられる。また，指導目標，指導内容，指導方法に一貫性がないなどの場合も考えられよう。これらのように課題が明らかになれば，その課題の背景や要因を踏まえて，改善を図る必要がある。

　評価と改善の時期としては，授業ごとに行う場合もあれば，週，月，学期などの期間を設定して行う場合も考えられる。また，軽微な課題であればすぐに改善できるものもあるが，比較的長期の見通しの下に改善の努力をしなければならないものもある。また，個々の部分修正にとどまるものもあれば，全体修正を必要とするものもある。

　また，このように個別の指導計画に基づいて児童生徒に何が身に付いたかという学習の成果を的確に捉え，第１章総則第２節の４に示す個別の指導計画の実施状況の評価と改善を，教育課程の評価と改善につなげていくよう工夫することが大切になってくる。例えば，第１章総則第３節の３の(3)のアの(ｱ)に示すとおり，学校としてすでに十分な実践経験が蓄積され，毎年実施する価値のある単元計画が存在する場合でも，改めて目の前の児童生徒の個別の指導計画の実施状況の評価を踏まえ，学習集団を構成する児童生徒一人一人が達成した指導目標や指導内容等を集約し，学習集団に対して作成される年間指導計画等の単元や題材など内容や時間のまとまりなどについて検討する仕組みを工夫することが大切になって

くる。つまり,各授業や個別の指導計画の計画(Plan)－実践(Do)－評価(Check)－改善(Action)のサイクルの中で蓄積される児童生徒一人一人の学習評価に基づき,教育課程の評価・改善に臨むカリキュラム・マネジメントを実現する視点が重要である。

(3) 学習評価に関する工夫（第1章第4節の3の(3)）

> (3) 創意工夫の中で学習評価の妥当性や信頼性が高められるよう,組織的かつ計画的な取組を推進するとともに,学年や学校段階を越えて児童又は生徒の学習の成果が円滑に接続されるよう工夫すること。

学習評価の実施に当たっては,評価結果が評価の対象である児童生徒の資質・能力を適切に反映しているものであるという学習評価の妥当性や信頼性が確保されていることが重要である。また,学習評価は児童生徒の学習状況の把握を通して,指導の改善に生かしていくことが重要であり,学習評価を授業改善や組織運営の改善に向けた学校教育全体の取組に位置付けて組織的かつ計画的に取り組むことが必要である。

このため,学習評価の妥当性や信頼性が高められるよう,例えば,評価規準や評価方法等を明確にすること,評価結果について教師同士で検討すること,実践事例を蓄積し共有していくこと,授業研究等を通じ評価に係る教師の力量の向上を図ることなどに,学校として組織的かつ計画的に取り組むことが大切である。さらに,学校が保護者に,評価に関する仕組みについて事前に説明したり,評価結果についてより丁寧に説明したりするなどして,評価に関する情報をより積極的に提供し保護者の理解を図ることも信頼性の向上の観点から重要である。

また,学年や学校段階を越えて児童生徒の学習の成果が円滑に接続されるようにすることは,学習評価の結果をその後の指導に生かすことに加えて,児童生徒自身が成長や今後の課題を実感できるようにする観点からも重要なことである。

このため,学年間で児童生徒の学習の成果が共有され円滑な接続につながるよう,指導要録への適切な記載や学校全体で一貫した方針の下で学習評価に取り組むことが大切である。

さらに,今回の改訂は学部間並びに学校間の接続も重視しており,進学時に児童生徒の学習評価がより適切に引き継がれるよう努めていくことが重要である。例えば,法令の定めに基づく指導要録の写し等の適切な送付に加えて,今回の改訂では,特別活動の指導に当たり,学校,家庭及び地域における学習や生活の見通しを立て,学んだことを振り返りながら,新たな学習や生活への意欲につなげたり,将来の生き方を考えたりする活動を行うこととし,その際,児童生徒が活

動を記録し蓄積する教材等を活用することとしており（小学校学習指導要領第6章特別活動第2〔学級活動〕の3の(2)及び中学校学習指導要領第5章特別活動第2〔学級活動〕の3の(2)），そうした教材を学校段階や学部段階を越えて活用することで児童生徒の学習の成果を円滑に接続させることが考えられる。

第5節　児童生徒の調和的な発達の支援

● 1　児童生徒の調和的な発達を支える指導の充実

(1) 学級経営，児童生徒の発達の支援（第1章第5節の1の(1)）

> 第5節　児童又は生徒の調和的な発達の支援
> 1　児童又は生徒の調和的な発達を支える指導の充実
> 　教育課程の編成及び実施に当たっては，次の事項に配慮するものとする。
> (1)　学習や生活の基盤として，教師と児童又は生徒との信頼関係及び児童又は生徒相互のよりよい人間関係を育てるため，日頃から学級経営の充実を図ること。また，主に集団の場面で必要な指導や援助を行うガイダンスと，個々の児童又は生徒の多様な実態を踏まえ，一人一人が抱える課題に個別に対応した指導を行うカウンセリングの双方により，児童又は生徒の発達を支援すること。
> 　あわせて，小学部の低学年，中学年，高学年の学年の時期の特長を生かした指導の工夫を行うこと。

　学校は，児童生徒にとって伸び伸びと過ごせる楽しい場でなければならない。児童生徒一人一人は興味や関心などが異なることを前提に，児童生徒が自分の特徴に気付き，よい所を伸ばし，自己肯定感をもちながら，日々の学校生活を送ることができるようにすることが重要である。

　学級は，児童生徒にとって学習や学校生活の基盤であり，学級担任の教師の営みは重要である。学級担任の教師は，学校・学部・学年経営を踏まえて，調和のとれた学級経営の目標を設定し，指導の方向及び内容を学級経営案として整えるなど，学級経営の全体的な構想を立てるようにする必要がある。

　学級経営を行う上で最も重要なことは学級の児童生徒一人一人の実態を把握すること，すなわち確かな児童生徒理解である。学級担任の教師の，日ごろのきめ細かい観察を基本に，面接など適切な方法を用いて，一人一人の児童生徒を客観的かつ総合的に認識することが児童生徒理解の第一歩である。日ごろから，児童生徒の気持ちを理解しようとする学級担任の教師の姿勢は，児童生徒との信頼関係を築く上で極めて重要であり，愛情をもって接していくことが大切である。

　また，学級を一人一人の児童生徒にとって存在感を実感できる場としてつくりあげることが大切である。すなわち，児童生徒の規範意識を育成するため，必要な場面では，学級担任の教師が毅然とした対応を行いつつ，児童生徒の障害の状

態や特性及び心身の発達の段階等を踏まえた分かりやすい説明に努めながら，相手の身になって考え，相手のよさに気付いたり，よさを見付けようと努めたりする学級，互いに協力し合い，自分の力を学級全体のために役立てようとする学級，言い換えれば，児童生徒相互の好ましい人間関係を育てていく上で，学級の風土を支持的な風土につくり変えていくことが大切である。さらに，集団の一員として，一人一人の児童生徒が安心して自分の力を発揮できるよう，日ごろから，児童生徒に自己存在感や自己決定の場を与え，その時その場で何が正しいかを判断し，自ら責任をもって行動できる能力を培うことが大切である。

なお，教師の意識しない言動や価値観が，児童生徒に感化を及ぼすこともあり，この見えない部分での教師と児童生徒との人間関係にも十分配慮する必要がある。

学級経営に当たって，学級担任の教師は，校長や副校長，教頭の指導の下，学部や学年の教師や生徒指導の主任，さらに養護教諭など他の教職員と連携しながら学級経営を進めることが大切であり，開かれた学級経営の実現を目指す必要がある。また，充実した学級経営を進めるに当たっては，家庭や地域社会との連携を密にすることが大切である。特に保護者との間で，学級通信や保護者会，家庭訪問などによる相互の交流を通して，児童生徒理解，児童生徒に対する指導の在り方について共通理解をしておく必要がある。

全ての児童生徒が学校や学部，学級の生活によりよく適応し，豊かな人間関係の中で有意義な生活を築くことができるようにし，児童生徒一人一人の興味や関心，障害の状態や特性及び心身の発達の段階等や学習の課題等を踏まえ，児童生徒の発達を支え，その資質・能力を高めていくことは重要なことである。

このため，児童生徒の障害の状態や特性及び心身の発達の段階等や教育活動の特性を踏まえて，あらかじめ適切な時期や機会を設定し，主に集団の場面で必要な指導や援助を行うガイダンスと，個々の児童生徒が抱える課題を受け止めながら，その解決に向けて，主に個別の会話・面談や言葉掛けを通して指導や援助を行うカウンセリングの双方により，児童生徒の発達を支援することが重要である。

小学部は，小学校学習指導要領第6章特別活動の「第3指導計画の作成と内容の取扱い」の2の(3)において「学校生活への適応や人間関係の形成などについては，主に集団の場面で必要な指導や援助を行うガイダンスと，個々の児童の多様な実態を踏まえ，一人一人が抱える課題に個別に対応した指導を行うカウンセリング（教育相談を含む。）の双方の趣旨を踏まえて指導を行うこと。」，中学部は，中学校学習指導要領第5章特別活動の「第3指導計画の作成と内容の取扱い」の2の(3)において「学校生活への適応や人間関係の形成，進路の選択などについては主に集団の場面で必要な指導や援助を行うガイダンスと，個々の生徒の多様な実態を踏まえ，一人一人が抱える課題に個別に対応した指導を行うカウンセリング（教育相談を含む。）の双方の趣旨を踏まえて指導を行うこと。」とあるが，

このような特別活動における配慮をはじめ,各教科等でもその機能を生かすなど,学校の教育活動全体を通じてガイダンスとカウンセリングの機能を充実していくことが大切である。

ガイダンスの機能の充実を図ることは,全ての児童生徒が学級や学校の生活によりよく適応し,豊かな人間関係の中で有意義な生活を築くようにするとともに,選択や決定,主体的な活動に関して適切な指導・援助を与えることによって,現在及び将来の生き方を考え行動する態度や能力を育てる上で,極めて重要な意味をもつものである。具体的には,学習活動など学校生活への適応,好ましい人間関係の形成,学業や進路等における選択,自己の生き方などに関わって,児童生徒がよりよく適応し,主体的な選択やよりよい自己決定ができるよう,適切な情報提供や案内・説明,活動体験,各種の援助・相談活動などを学校として進めていくものであり,単なる事前の説明や資料配布に限定されるものではない。

各学校においては,計画的・組織的な取組によってガイダンスの機能を充実させることによって,一人一人の児童生徒に関し,学校や学級の生活によりよく適応させ,これから取り組むことになる諸活動に対して主体的な活動への意欲をもたせ,自己実現に関わって必要とされる資質や能力,態度を身に付けるようにし,共に学び,活動することを通して存在感や自己実現の喜びの感じられる生活を築かせる中でよりよい発達を促すことが重要である。

特に,ガイダンスの機能の充実について配慮の求められる教育活動としては,例えば,次のようなものが考えられる。

ア　入学時,新学期開始時期において,教師と児童生徒及び児童生徒相互の好ましい人間関係が生まれるように配慮するとともに,児童生徒自身が学校や学部,学級における諸活動や集団の意義,内容などについて十分に理解し,自発的によりよい生活に取り組むことができるよう創意工夫すること。

イ　新たな学習や各種の学習活動の開始時期などにおいて,児童生徒がこれから始まる学習に対して積極的な意欲をもち,主体的に活動に取り組むことができるよう各教科等において十分に配慮すること。

さらに,

ウ　中学部においては,進路の選択に関して,生徒一人一人が自己理解を深め,自己の将来の生き方を考え,卒業後の進路を主体的に選択し,更に積極的にその後の生活において自己実現を図ろうとする態度を育てるよう配慮すること。

また,カウンセリングの機能を充実させることによって,児童生徒一人一人の教育上の問題等について,本人又はその保護者などにその望ましい在り方についての助言を通して,子供たちのもつ悩みや困難の解決を援助し,児童生徒の発達に即して,好ましい人間関係を育て,生活によりよく適応させ,人格の成長への

援助を図ることは重要なことである。

カウンセリングの実施に当たっては，個々の児童生徒の多様な実態や一人一人が抱える課題やその背景などを把握すること，早期発見・早期対応に留意すること，スクールカウンセラー等の活用や関係機関等との連携などに配慮することが必要である。

なお，小学部6年間は児童の発達にとって大きな幅のある期間であり，低学年，中学年，高学年の発達の段階に応じて，それぞれの特長があることから，その特長を生かした指導の工夫を行うことが重要である。

① 例えば，低学年では，自分でしなければならないことができるようになるとともに，幼児期の自己中心性は残っているが，他の児童の立場を認めたり，理解したりする能力も徐々に発達してくる。善悪の判断や具体的な行動については，教師や保護者の影響を受ける部分が大きいものの，行ってよいことと悪いこととの理解ができるようになる。このため，行ってよいことと悪いこととの区別がしっかりと自覚でき，社会生活上のきまりが確実に身に付くよう繰り返し指導するなどの指導上の工夫を行うことが求められる。

② 中学年では，社会的な活動範囲が広がり，地域の施設や行事に興味を示し，自然等への関心も増えてくるとともに，自分の行為の善悪について，ある程度反省しながら認識できるようになる。このため，自分を内省できる力を身に付け，自分の特徴を自覚し，そのよい所を伸ばそうとする意識を高められるよう指導するなどの指導上の工夫を行うことが求められる。

③ 高学年では，相手の身になって人の心を思いやる共感能力が発達してくるとともに，自律的な態度が発達し，自分の行為を自分の判断で決定しようとすることに伴い，責任感が強くなり批判的な能力も備わってくる。このため，教師は児童の自律的な傾向を適切に育てるように配慮することが求められる。また，様々な生徒指導上の課題等が早期化しており，中学部からではなく，小学部高学年からの対応もより一層必要となっている。

④ 知的障害である児童生徒の場合，個々の児童生徒の知的障害の状態は多様であることから，低学年，中学年，高学年の発達の段階の特長を生かした指導の工夫だけではなく，知的障害の状態を踏まえた効果的な指導が求められる。

(2) 生徒指導の充実（第1章第5節の1の(2)）

> (2) 児童又は生徒が，自己の存在感を実感しながら，よりよい人間関係を形成し，有意義で充実した学校生活を送る中で，現在及び将来における自己実現を図っていくことができるよう，児童理解又は生徒理解を深め，学

習指導と関連付けながら，生徒指導の充実を図ること。

　生徒指導は，学校の教育目標を達成するために重要な機能の一つであり，一人一人の児童生徒の人格を尊重し，個性の伸長を図りながら，社会的資質や行動力を高めるように指導，援助するものである。すなわち，生徒指導は，全ての児童生徒のそれぞれの人格のよりよき発達を目指すとともに，学校生活が全ての児童生徒にとって有意義で興味深く，充実したものになるようにすることを目指すものであり，単なる児童生徒の問題行動への対応という消極的な面だけにとどまるものではない。

　学校教育において，生徒指導は学習指導と並んで重要な意義をもつものであり，また，両者は相互に深く関わっている。各学校においては，生徒指導が，一人一人の児童生徒の健全な成長を促し，児童生徒自ら現在及び将来における自己実現を図っていくための自己指導能力の育成を目指すという生徒指導の積極的な意義を踏まえ，学校の教育活動全体を通じ，学習指導と関連付けながら，その一層の充実を図っていくことが必要である。

　生徒指導を進めていく上で，その基盤となるのは児童生徒一人一人についての児童生徒理解の深化を図ることである。一人一人の児童生徒はそれぞれ違った能力・適性，興味・関心等をもっている。また，児童生徒の生育環境も将来の夢や希望，中学部の生徒については進路希望等も異なる。それ故，児童生徒理解においては，児童生徒を多面的・総合的に理解していくことが重要であり，学級担任の教師の日ごろの人間的な触れ合いに基づくきめ細かい観察や面接などに加えて，学部や学年の教師，養護教諭，小学部においては専科担当教師，中学部においては教科担任や部活動等の顧問教師などによるものを含めて，広い視野から児童生徒理解を行うことが大切である。また，中学部の生徒については思春期にあって生活環境の急激な変化を受けている児童生徒一人一人の不安や悩みに目を向け，児童生徒の内面に対する共感的理解をもって児童生徒理解を深めることが大切である。

　児童生徒理解の深化とともに，教師と児童生徒との信頼関係を築くことも生徒指導を進める基盤である。教師と児童生徒の信頼関係は，日ごろの人間的な触れ合いと児童生徒と共に歩む教師の姿勢，授業等における児童生徒の充実感・成就感を生み出す指導，児童生徒の障害の状態や特性及び心身の発達の段階等や状況に応じた的確な指導と不正や反社会的行動に対する毅然とした教師の態度などを通じて形成されていくものである。その信頼関係をもとに，児童生徒の自己開示も高まり，教師の児童生徒理解も一層深まっていくのである。

　また，学校教育は，集団での活動や生活を基本とするものであり，学級や学部，学校での児童生徒相互の人間関係の在り方は，児童生徒の健全な成長と深く関

第5節
児童生徒の調和的な発達の支援

わっている。児童生徒一人一人が自己の存在感を実感しながら，共感的な人間関係を育み，自己決定の場を豊かにもち，自己実現を図っていける望ましい集団の実現は極めて重要である。すなわち，自他の個性を尊重し，互いの身になって考え，相手のよさを見付けようと努める集団，互いに協力し合い，主体的によりよい人間関係を形成していこうとする集団，言い換えれば，好ましい人間関係を基礎に豊かな集団生活が営まれる学級や学部，学校の教育的環境を形成することは，生徒指導の充実の基盤であり，かつ生徒指導の重要な目標の一つでもある。教育機能としての生徒指導は，教育課程の特定の領域における指導ではなく，教育課程の全領域において行わなければならないものである。特別活動における学級活動などは，集団や社会の一員としてよりよい生活を築くための自主的，実践的な学習の場であるとともに，人間としての生き方について自覚を深め，自己を生かす能力を養う場であり，生徒指導のための中核的な時間となると考えられるが，あくまでも学校の教育活動全体を通じて生徒指導の機能が発揮できるようにすることが大切であり，教育課程の編成に当たっては，この点に十分配慮する必要がある。

さらに，分かる喜びや学ぶ意義を実感できない授業は児童生徒にとって苦痛であり，児童生徒の劣等意識を助長し，情緒の不安定をもたらし，様々な問題行動を生じさせる原因となることも考えられる。教師は，児童生徒一人一人の特性を十分把握した上で，他の教師の助言や協力を得て，指導技術の向上，指導方法や指導体制などの工夫改善を図り，日ごろの学習指導を一層充実させることが大切である。

生徒指導を進めるに当たっては，全教職員の共通理解を図り，学校としての協力体制・指導体制を築くとともに，家庭や地域社会及び関係機関等との連携・協力を密にし，児童生徒の健全育成を広い視野から考える開かれた生徒指導の推進を図ることが重要である。そのためには，保護者との間で学校だよりや学級・学年通信等，あるいはPTAの会報，保護者会などにより相互の交流を通して，児童生徒理解，児童生徒に対する指導の在り方等について共通理解をしておく必要がある。また，地域懇談会や関係機関等との懇談会などを通して交流と連携を深めるなど，日ごろから生徒指導の充実に取り組むことが必要である。

(3) キャリア教育の充実（第1章第5節の1の(3)）

> (3) 児童又は生徒が，学ぶことと自己の将来とのつながりを見通しながら，社会的・職業的自立に向けて必要な基盤となる資質・能力を身に付けていくことができるよう，特別活動を要としつつ各教科等の特質に応じて，キャリア教育の充実を図ること。その中で，中学部においては，生徒が自らの

> 生き方を考え主体的に進路を選択することができるよう，学校の教育活動
> 全体を通じ，組織的かつ計画的な進路指導を行うこと。

　本項は，児童生徒に学校で学ぶことと社会との接続を意識させ，一人一人の社会的・職業的自立に向けて必要な基盤となる資質・能力を育み，キャリア発達を促すキャリア教育の充実を図ることを示している。

　学校教育においては，キャリア教育の理念が浸透してきている一方で，これまで学校の教育活動全体で行うとされてきた意図が十分に理解されず，指導場面が曖昧にされてしまい，また，狭義の意味での「進路指導」と混同され，特に進路に関連する内容が存在しない小学部においては，体系的に行われてこなかったという課題もある。また，将来の夢を描くことばかりに力点が置かれ，「働くこと」の現実や必要な資質・能力の育成につなげていく指導が軽視されていたりするのではないか，といった指摘もある。

　こうした指摘等を踏まえて，キャリア教育を効果的に展開していくためには，特別活動の学級活動を要としながら，総合的な学習の時間や学校行事，道徳科や各教科における学習，個別指導としての教育相談等の機会を生かしつつ，学校の教育活動全体を通じて必要な資質・能力の育成を図っていく取組が重要になる。

　また，将来の生活や社会，自己のキャリア形成の方向性と関連付けながら，見通しをもったり，振り返ったりする機会を設けるなど主体的・対話的で深い学びの実現に向けた授業改善を進めることがキャリア教育の視点からも求められる。

　さらに，今回の改訂では特別活動の学級活動の内容に(3)一人一人のキャリア形成と自己実現を設けている。その実施に際しては次の２点に留意することが重要である。

　一つ目は，総則において，特別活動が学校教育全体で行うキャリア教育の要としての役割を担うことを位置付けた趣旨を踏まえることである。キャリア教育の要としての役割を担うこととは，キャリア教育が学校教育全体を通して行うものであるという前提のもと，これからの学びや小学部では自己の生き方を，中学部では人間としての生き方を見通し，これまでの活動を振り返るなど，教育活動全体の取組を自己の将来や社会づくりにつなげていくための役割を果たすことである。この点に留意して学級活動の指導に当たることが重要である。

　二つ目は，学級活動の(3)の内容は，キャリア教育の視点からの小・中・高等部のつながりが明確になるよう整理したということである。ここで扱う内容については，将来に向けた自己実現に関わるものであり，一人一人の主体的な意思決定を大切にする活動である。小学部から高等部へのつながりを考慮しながら，小学部段階又は中学部段階として適切なものを内容として設定している。キャリア教育は，教育活動全体の中で基礎的・汎用的能力を育むものであることから，小

学部段階においては夢をもつことや職業調べなど，中学部段階においては職場体験活動などの固定的な活動だけに終わらないようにすることが大切である。

学校の教育活動全体を通じて行うキャリア教育や進路指導を効果的に進めていくためには，校長のリーダーシップの下，進路指導主事やキャリア教育担当教師を中心とした校内の組織体制を整備し，学年や学部，学校全体の教師が共通の認識に立って指導計画の作成に当たるなど，それぞれの役割・立場において協力して指導に当たることが重要である。

また，キャリア教育は，児童生徒に将来の生活や社会，職業などとの関連を意識させ，キャリア発達を促すものであることから，その実施に当たっては，職場見学や職場体験活動，社会人講話などの機会の確保が不可欠である。「社会に開かれた教育課程」の理念のもと，幅広い地域住民等（キャリア教育や学校との連携をコーディネートする専門人材，高齢者，若者，ＰＴＡ・青少年団体，企業・ＮＰＯ等）と目標やビジョンを共有し，連携・協働して児童生徒を育てていくことが求められる。

さらに，キャリア教育を進めるに当たり，家庭・保護者の役割やその影響の大きさを考慮し，個別の教育支援計画を活用し，家庭・保護者との共通理解を図りながら進めることが重要である。その際，各学校は，保護者が児童生徒の進路や職業に関する情報を必ずしも十分に得られていない状況等を踏まえて，産業構造や進路を巡る環境の変化等の現実に即した情報を提供して共通理解を図った上で，将来，児童生徒が社会の中での自分の役割を果たしながら，自分らしい生き方を実現していくための働きかけを行うことが必要である。

特に，中学部の段階の生徒は，心身両面にわたる発達が著しく，自己の生き方についての関心が高まる時期にある。このような発達の段階にある生徒が，自分自身を見つめ，自分と社会とのかかわりを考え，将来，様々な生き方や進路の選択可能性があることを理解するとともに，自らの意思と責任で自己の生き方や進路を選択できるよう適切な指導・援助を行うことが必要である。ここでいう生き方や進路選択は，中学部卒業後の進学や就職について意思決定することがゴールではない。中学部卒業後も，様々なことを学んだり，職業経験を積んだりしながら，自分自身の生き方や生活をよりよくするため，常に将来設計を描き直したり，目標を段階的に修正して，自己実現に向けて努力していくことができるようにすることが大切である。なお，特別支援学校の中学部においては，自校の高等部に進学する生徒が多いことから，高等部で何を学ぶのか，しっかりとした目的意識をもって進路の選択ができるよう，保護者と密接な連携を図りながら指導を進めていく必要がある。

(4) 生涯学習への意欲の向上（第1章第5節の1の(4)）

> （4） 児童又は生徒が,学校教育を通じて身に付けた知識及び技能を活用し,もてる能力を最大限伸ばすことができるよう,生涯学習への意欲を高めるとともに,社会教育その他様々な学習機会に関する情報の提供に努めること。また,生涯を通じてスポーツや文化芸術活動に親しみ,豊かな生活を営むことができるよう,地域のスポーツ団体,文化芸術団体及び障害者福祉団体等と連携し,多様なスポーツや文化芸術活動を体験することができるよう配慮すること。

本項は,障害者のライフステージ全体を豊かなものとするためには,障害のある児童生徒に対して学校教育段階から将来を見据えた教育活動の充実を図ることを示している。

人が豊かな人生を送っていこうとすれば,単に生活が保障され,仕事により賃金を得て,社会における役割を果たしていくのみならず,学習,文化,スポーツといった生涯にわたる学習や体験の中から生き甲斐を見つけ,人と繋がっていくことが必要となってくる。

そのため学校教育においては,卒業後の生活において,進路に関する指導だけではなく,スポーツ活動や文化活動などを含め,障害のある児童生徒が,自己実現を図るための生涯にわたる学習活動全般を楽しむことができるよう,第2章以下に示す各教科等の指導や,第1章総則第4節の1の(7)及び第5節の1の(3),第6節の1の(3)に示されていることを踏まえ,在学中から地域における活動に参加し,楽しむ態度を養うとともに,そのために必要な行政や民間による支援について学ぶなど,卒業後においても様々な活動に積極的に参加できるよう,生涯学習への意欲を高めることが重要である。

障害のある児童生徒が,学校卒業後も必要な支援を受けながら豊かな生活を送るためには,特別支援学校と,企業や障害者福祉施設等,高等教育機関といった卒業後の進路先とが,密接な連携を図ることが不可欠である。

引き続き,特別支援学校の場においても,学校教育のみならず,社会教育,文化及びスポーツといった,就労や日常生活の時間とは異なる,生涯を通じて人々の心のつながりや相互に理解しあえる活動の機会が提供されるような機能が総合的に発揮されるようにすることも大切である。

(5) 個別の教育支援計画の作成（第1章第5節の1の(5)）

> （5） 家庭及び地域並びに医療,福祉,保健,労働等の業務を行う関係機関

> との連携を図り，長期的な視点で児童又は生徒への教育的支援を行うために，個別の教育支援計画を作成すること。

　小・中学部の教育においては，これまでも，指導計画の作成等に当たって配慮すべき事項として，家庭，児童福祉施設，医療機関等との連携を密にし，指導の効果を上げるよう努めることが示されてきた。したがって，保護者との連携はもとより，児童生徒一人一人の障害の状態等に応じて，福祉施設や医療機関等との連携に努めてきているところである。

　平成15年度から実施された障害者基本計画においては，教育，医療，福祉，労働等の関係機関が連携・協力を図り，障害のある幼児児童生徒の生涯にわたる継続的な支援体制を整え，それぞれの年代における子供の望ましい成長を促すため，個別の支援計画を作成することが示された。この個別の支援計画のうち，幼児児童生徒に対して，教育機関が中心となって作成するものを，個別の教育支援計画という。

　障害のある児童生徒は，学校生活だけでなく家庭生活や地域での生活を含め，長期的な視点で幼児期から学校卒業後までの一貫した支援を行うことが重要である。このため，教育関係者のみならず，家庭や医療，福祉などの関係機関と連携するため，それぞれの側面からの取組を示した個別の教育支援計画を作成し活用していくことが考えられる。具体的には，障害のある児童生徒が生活の中で遭遇する制約や困難を改善・克服するために，本人及び保護者の意向や将来の希望などを踏まえ，在籍校のみならず，例えば，家庭，医療機関における療育事業及び福祉機関における児童発達支援事業において，実際にどのような支援が必要で可能であるか，支援の目標を立て，それぞれが提供する支援の内容を具体的に記述し，支援の内容を整理したり，関連付けたりするなど関係機関の役割を明確にすることとなる。その際，関係者間で個々の児童生徒の実態等を的確に把握したり，共通に理解したりできるようにするため，国際生活機能分類（ＩＣＦ）の考え方を参考とすることも有効である。なお，ＩＣＦの考え方については，特別支援学校学習指導要領解説自立活動編で解説しているので，参照されたい。

　このように，個別の教育支援計画の作成を通して，児童生徒に対する支援の目標を長期的な視点から設定することは，学校が教育課程の編成の基本的な方針を明らかにする際，全教職員が共通理解をすべき大切な情報となる。また，在籍校において提供される教育的支援の内容については，教科等横断的な視点から個々の児童生徒の障害の状態や特性及び心身の発達の段階等に応じた指導内容や指導方法の工夫を検討する際の情報として各教科等にわたる個別の指導計画に生かしていくことが重要である。

　個別の教育支援計画の活用に当たっては，例えば，就学前に作成される個別の

支援計画を引き継ぎ，適切な支援の目的や教育的支援の内容を設定したり，進路先に在学中の支援の目的や教育的支援の内容を伝えたりするなど，就学前から就学時，そして進学先まで，切れ目ない支援に生かすことが大切である。その際，個別の教育支援計画には，多くの関係者が関与することから，保護者の同意を事前に得るなど個人情報の適切な取扱いに十分留意することが必要である。

個別の教育支援計画と関連するものに，個別の指導計画があるが，それぞれ作成する目的や活用する方法には違いがあるのでそのことに留意して，相互の関連性を図ることに配慮する必要がある。なお，個別の指導計画については，本解説第３編の第２章第３節の３の(3)のイを参照されたい。

(6) 重複障害者の指導（第１章第５節の１の(6)）

> (6) 複数の種類の障害を併せ有する児童又は生徒（以下「重複障害者」という。）については，専門的な知識，技能を有する教師や特別支援学校間の協力の下に指導を行ったり，必要に応じて専門の医師やその他の専門家の指導・助言を求めたりするなどして，学習効果を一層高めるようにすること。

特別支援学校に在籍する児童生徒の障害の重度・重複化，多様化が進み，これまで以上に一人一人の教育的ニーズに対応した適切な指導や必要な支援が求められている。

重複障害者は，複数の種類の障害を併せ有していることから，指導に当たっては，それぞれの障害についての専門的な知識や技能を有する教師間の協力の下に，一人一人の児童生徒について個別の指導計画を作成するとともに指導方法を創意工夫して進めることが大切である。

また，重複障害者は，一人一人の障害の状態が極めて多様であったり，発達の諸側面にも不均衡が大きかったりすることから，校内において，それぞれの障害についての専門性を有する教師間で連携するだけでなく，例えば，学校医等を含めた関係する教職員によって検討する機会を設けるなどして，適切な指導内容・方法を追究することも大切である。

さらに，重複障害者の指導に当たっては，実態把握や指導計画の作成，評価において，より専門的な知識や技能を有する者との協力や連携が求められる場合もある。その際，必要に応じて，専門の医師，看護師，理学療法士，作業療法士，言語聴覚士，心理学や教育学の専門家等に指導・助言を求めたり，連絡を取り合ったりすることが重要である。

なお，重複障害者については，一人一人の実態に応じた弾力的な教育課程の取

扱い（第1章総則第8節）が定められており，これらの規定の活用も含め，より適切な教育課程の編成について工夫することが大切である。

(7) 学校医との連絡（第1章第5節の1の(7)）

> (7) 学校医等との連絡を密にし，児童又は生徒の障害の状態等に応じた保健及び安全に十分留意すること。

特別支援学校においては，児童生徒の保健及び安全について留意することは極めて大切なことである。特に，各学校に在籍する児童生徒の障害が重度・重複化，多様化してきていることから，児童生徒の中には，発熱しやすい，発作が起きやすい，疲労しやすいなどの傾向のある者が見られる。そのため，児童生徒の保健及び安全について留意することが極めて重要である。そこで，学校医等との連絡を十分にとることが必要であるが，地域や学校の実態により，例えば医療機関や福祉施設等に併設又は隣接している特別支援学校においては，これらの医療機関等の医師などの専門家との連絡を十分にとるよう努めることが大切である。

児童生徒の保健及び安全に留意するためには，まず，児童生徒一人一人の障害の状態の把握が必要であり，それには，養護教諭や学級担任をはじめとして，児童生徒に日常接する教職員の絶えざる観察と情報交換が必要である。

また，保健及び安全の指導を効果的に進めるためには，小学部の体育科及び中学部の保健体育科並びに学級活動，自立活動においてはもちろん，学校全体として，組織的，計画的に取り組むことが必要であり，保健主事，養護教諭等を中心として，保健及び安全の指導体制づくりや，学校医等との連絡体制の組織化が必要である。

2 特別な配慮を必要とする児童生徒への指導

(1) 海外から帰国した児童生徒や外国人の児童生徒の指導（第1章第5節の2の(1)）

> 2 海外から帰国した児童又は生徒などの学校生活への適応や，日本語の習得に困難のある児童又は生徒に対する日本語指導
> (1) 海外から帰国した児童又は生徒などについては，学校生活への適応を図るとともに，外国における生活経験を生かすなどの適切な指導を行うものとする。

国際化の進展に伴い，学校では帰国児童生徒や外国人児童生徒に加え，両親のいずれかが外国籍であるなどのいわゆる外国につながる児童生徒の受入れが多くなっている。これらの児童生徒の多くは，異文化における生活経験等を通して，我が国の社会とは異なる言語や生活習慣，行動様式を身に付けているが，一人一人の実態は，それぞれの言語的・文化的背景，年齢，就学形態や教育内容・方法，さらには家庭の教育方針などによって様々である。このため，これらの児童生徒の受入れに当たっては，一人一人の実態を的確に把握し，当該児童生徒が自信や誇りをもって学校生活において自己実現を図ることができるように配慮することが大切である。

　帰国した児童生徒や外国人の児童生徒，外国につながる児童生徒は，他の児童生徒が経験していない異文化での貴重な生活経験をもっている。外国での生活や異文化に触れた経験や，これらを通じて身に付けた見方や考え方，感情や情緒，外国語の能力などの特性を，本人の各教科等の学習に生かすことができるよう配慮することが大切である。また，本人に対するきめ細かな指導とともに，他の児童生徒についても，帰国した児童生徒や外国人の児童生徒，外国につながる児童生徒と共に学ぶことを通じて，互いの長所や特性を認め，広い視野をもって異文化を理解し共に生きていこうとする姿勢を育てるよう配慮することが大切である。そして，このような相互啓発を通じて，互いに尊重し合う態度を育て，国際理解を深めるとともに，国際社会に生きる人間として望ましい能力や態度を育成することが期待される。このような機会としては，小学部では外国語活動や外国語科，中学部では外国語科において，外国語に触れたり，コミュニケーションを行ったり，外国語の背景にある生活や文化などについて理解を深めたりするなどの学習活動を進める際に配慮を行うことなどが考えられるほか，例えば社会科や音楽科などの教科や道徳科，総合的な学習の時間での学習活動，特別活動における学校行事や小学部においてはクラブ活動などが考えられ，児童生徒や学校の実態等に応じて適宜工夫することが必要である。

(2) 日本語の習得に困難のある児童生徒への通級による指導（第１章第５節の２の(2)）

> (2) 日本語の習得に困難のある児童又は生徒については，個々の児童又は生徒の実態に応じた指導内容や指導方法の工夫を組織的かつ計画的に行うものとする。特に，通級による日本語指導については，教師間の連携に努め，指導についての計画を個別に作成することなどにより，効果的な指導に努めるものとする。

海外から帰国した児童生徒や外国人の児童生徒,外国につながる児童生徒の中には,日本語の能力が不十分であったり,日常的な会話はできていても学習に必要な日本語の能力が十分ではなく,学習活動への参加に支障が生じたりする場合がある。このため,児童生徒が日本語を用いて学校生活を営むとともに,学習に取り組むことができるよう,一人一人の日本語の能力を的確に把握しつつ各教科等や日本語の指導の目標を明確に示し,きめ細かな指導を行うことが大切である。また,このような考え方は学習状況の評価に当たって児童生徒一人一人の状況をきめ細かに見取っていく際にも参考となる。

平成26年に学校教育法施行規則が改正され,日本語の習得に困難がある児童生徒に対し,日本語の能力に応じた特別の指導を行うための特別の教育課程を編成し,実施することが可能となった。この制度を活用しながら,児童生徒の実態に応じた指導内容や指導方法の工夫を組織的・計画的に行うことが必要である。例えば,指導内容については,学校生活に必要な基礎的な日本語の習得のための指導を行ったり,各教科等の指導と学習のために必要な日本語の習得のための指導を統合して行ったりするなどの工夫が考えられる。指導方法については,通級による指導,通常の学級における日本語の能力に配慮した指導,放課後等を活用した指導などの工夫が考えられる。

児童生徒が在籍し,大半の時間を過ごすことになる通常の学級における指導に当たっては,一人一人の児童生徒の日本語の能力などに応じ,①授業において使われている日本語や学習内容を認識できるようにするための支援,②学習したことを構造化して理解・定着できるようにするための支援,③理解したことを適切に表現できるようにするための支援,④自ら学習を自律的に行うことができるようにするための支援,⑤学習や生活に必要な心理的安定のための情意面の支援といった側面からの支援が求められる。このため,通常の学級の担当教師には,例えば,ゆっくりはっきり話す,児童生徒の日本語による発話を促すなどの配慮,絵や図などの視覚的支援の活用,学習目的や流れが分かるワークシートの活用などの教材の工夫,児童生徒の日本語習得状況や学習理解度の把握に基づいた指導計画の作成など,児童生徒の状況に応じた支援を行うことが考えられる。

通級による日本語指導は,学校教育法施行規則第132条の3に基づく特別の教育課程を編成することにより,日本語の習得に困難のある児童生徒を在籍学級以外の教室などにおいて,学校生活や学習に必要な日本語の能力を高める指導や,日本語の能力に応じた各教科等の指導などを行うものである。この場合には,対象となる児童生徒に対する通常の学級における指導と通級による日本語指導の双方を効果的に行うため,それぞれの担当教師同士が日本語の習得状況を含めた児童生徒の状態や変化について密接に情報交換を行うなどの連携に努め,指導の充実を図ることが重要と言える。さらに,他校において指導を受ける場合には,学

校間及び担当教師間の連携の在り方を工夫し，情報交換等が円滑に行われるよう配慮する必要がある。また，通級による日本語指導を担当する教師が中心となり，個々の児童生徒の日本語の能力や学校生活への適応状況を含めた生活・学習の状況，学習への姿勢・態度等の多面的な把握に基づき，指導の目標及び指導内容を明確にした指導計画（個別の指導計画）を通常の学級の担当教師等と連携して作成し，学習評価を行うなど，教職員の共通理解の下にきめ細かな指導を行うことが求められる。

さらに，通常の学級における指導，通級による日本語指導のいずれの場合においても，言葉の問題とともに生活習慣の違いなどによる児童生徒の不適応の問題が生じる場合もあるので，教師自身が当該児童生徒の言語的・文化的背景に関心をもち，理解しようとする姿勢を保ち，温かい対応を図るとともに，当該児童生徒を取り巻く人間関係を好ましいものにするよう学級経営等において配慮する必要がある。また，外国人児童生徒や外国につながる児童生徒については，課外において当該国の言語や文化の学習の機会を設けることなどにも配慮することが大切である。

これらの日本語の習得に困難のある児童生徒の指導を効果的に行うためには，児童生徒の在籍する通常の学級の教師，通級による日本語指導を担当する教師や学校管理職など，全ての教職員が協力しながら，学校全体で取り組む体制を構築することが重要である。また，日本語教育や母語によるコミュニケーションなどの専門性を有する学校外の専門人材の参加・協力を得ることも大切である。

なお，公立義務教育諸学校の学級編制及び教職員定数の標準に関する法律の一部改正（平成29年3月）により，通級による日本語指導のための基礎定数が新設され，指導体制の充実が図られている。

● 3　学齢を経過した者への配慮

(1) 学齢を経過した者を対象とする教育課程（第1章総則第5節の3の(1)）

> 3　学齢を経過した者への配慮
> (1)　中学部において，夜間その他の特別の時間に授業を行う課程において学齢を経過した者を対象として特別の教育課程を編成する場合には，学齢を経過した者の年齢，経験又は勤労状況その他の実情を踏まえ，中学部における教育の目的及び目標並びに第2章第2節以下に示す各教科等の目標に照らして，中学部における教育を通じて育成を目指す資質・能力を身に付けることができるようにするものとする。

平成28年12月に,「義務教育の段階における普通教育に相当する教育の機会の確保等に関する法律」が成立し,学齢期を経過した者(以下「学齢経過者」という。)であって小中学校等における就学の機会が提供されなかった者のうちに,就学機会の提供を希望する者が多く存在することを踏まえ,全ての地方公共団体に,夜間中学における就学機会の提供等の措置を講ずることが義務付けられたところである。

夜間中学には,義務教育を受ける機会を実質的に保証するための様々な役割が期待されているが,学齢経過者は,既に社会生活や実務経験等により,一定の資質・能力が養われていることがあり,この部分については,義務教育の目的・目標を達成する上で学校教育において改めて実施しなくてよい場合が考えられる。

他方,既に学齢期を過ぎて社会生活を送っている者等にとっては,学齢期の児童生徒と同様の時間を確保して学習に専念することは困難な実態があり,限られた時間で必要な教育を行うことが,就学機会の確保の観点からも必要である。

このため,平成29年3月に学校教育法施行規則を改正し,学齢経過者に対して指導を行う際に,その実情に応じた特別の教育課程を編成することができることとした。具体的には,同規則第132条の5等において,特別支援学校においても,学齢経過者のうち,その者の年齢,経験,または勤労の状況その他の実情に応じた特別の指導を行う必要があるものを夜間その他特別の時間において教育する場合には,文部科学大臣が別に定めるところにより特別の教育課程によることができるものとした。これを受けた文部科学大臣の告示において,特別の教育課程は,学習指導要領を踏まえつつ,各教科等の内容のうち,当該生徒の各学年の課程の修了または卒業を認めるに当たって必要と認められる内容によって編成するものとし,また,指導する上で必要な場合は,小学部段階の内容を取り扱うことができることとした。さらに特別な教育課程を編成するに当たっては,当該特別の教育課程を実施するために必要となる授業時数を適切に確保するものとした。

なお,この際,当該特別の指導を行う必要がある者か否かの判断及びその教育課程の内容は,当該学齢経過者をはじめとする在籍する児童生徒の教育課程の編成権限を有する校長が判断することとなる(「学校教育法施行規則の一部を改正する省令等の施行について」28文科初第1874号平成29年3月31日付文部科学省初等中等教育局長通知)。

(2) 学齢を経過した者への教育における指導方法等の工夫改善(第1章第5節の3の(2))

> (2) 学齢を経過した者を教育する場合には,個別学習やグループ別学習など指導方法や指導体制の工夫改善に努めるものとする。

学齢経過者に対しては，その年齢や境遇が多様であることも踏まえ，指導方法や指導体制について，各学校がその実態に応じて工夫改善していくことが必要である。このため，第1章総則第3節の3の(3)のイの「(イ)指導方法や指導体制の工夫改善など個に応じた指導の充実」の欄も参照しつつ，個別学習やグループ別学習に加え，学習内容の習熟の程度に応じた指導方法等を柔軟かつ多様に導入したり，ティーム・ティーチングや合同授業などの指導体制を工夫したりすることが望まれる。

　特に，日本国籍を有しない生徒の中には，日本語の能力が不十分な場合があり，そうした生徒に対する配慮が必要となる。このため，第1章総則第5節の「2　海外から帰国した生徒などの学校生活への適応や，日本語の習得に困難のある生徒に対する日本語指導」の欄も参照しつつ，当該生徒の実態に応じて指導内容や教材の工夫をすること等が重要である。

第6節　学校運営上の留意事項

● 1　教育課程の改善と学校評価等，教育課程外の活動との連携等

(1) カリキュラム・マネジメントの実施と学校評価との関連付け（第1章第6節の1の(1)）

> 第6節　学校運営上の留意事項
> 1　教育課程の改善と学校評価等，教育課程外の活動との連携等
> 　(1)　各学校においては，校長の方針の下に，校務分掌に基づき教職員が適切に役割を分担しつつ，相互に連携しながら，各学校の特色を生かしたカリキュラム・マネジメントを行うよう努めるものとする。また，各学校が行う学校評価については，教育課程の編成，実施，改善が教育活動や学校運営の中核となることを踏まえ，カリキュラム・マネジメントと関連付けながら実施するよう留意するものとする。

　本項は，カリキュラム・マネジメントを，校長の方針の下に，全教職員の適切な役割分担と連携に基づき行うとともに，学校評価と関連付けて行うことを示している。

　カリキュラム・マネジメントは，本解説第3編の第2章第2節の4において示すように，学校教育に関わる様々な取組を，教育課程を中心に据えて組織的かつ計画的に実施し，教育活動の質の向上につなげていくものである。カリキュラム・マネジメントの実施に当たって，「校長の方針の下に」としているのは，学校の教育目標など教育課程の編成の基本となる事項とともに，校長が定める校務分掌に基づくことを示しており，全教職員が適切に役割を分担し，相互に連携することが必要である。その上で，児童生徒の実態や地域の実情，指導内容を踏まえて効果的な年間指導計画等の在り方や，授業時間や週時程の在り方等について，校内研修等を通じて研究を重ねていくことも重要であり，こうした取組が学校の特色を創り上げていくこととなる。

　また，各学校におけるカリキュラム・マネジメントの取組は，学校が担う様々な業務の効率化を伴ってより充実することができる。この点からも，「校長の方針の下」に学校の業務改善を図り，指導の体制を整えていくことが重要となる。

　次に，各学校が行う学校評価は，学校教育法第42条において「教育活動その他の学校運営の状況について評価を行い，その結果に基づき学校運営の改善を図るため必要な措置を講ずる」と規定されており，教育課程の編成，実施，改善は教育活動や学校運営の中核となることを踏まえ，教育課程を中心として教育活動

の質の向上を図るカリキュラム・マネジメントは学校評価と関連付けて実施することが重要である。

　学校評価の実施方法は，学校教育法施行規則第66条から第68条までに，自己評価・学校関係者評価の実施・公表，評価結果の設置者への報告について定めるとともに，文部科学省では法令上の規定等を踏まえて「学校評価ガイドライン〔平成28年改訂〕」（平成28年3月文部科学省）を作成している。同ガイドラインでは，具体的にどのような評価項目・指標等を設定するかは各学校が判断するべきことではあるが，その設定について検討する際の視点となる例が12分野にわたり示されている。カリキュラム・マネジメントと関連付けて実施する観点からは，教育課程・学習指導に係る項目はもとより，当該教育課程を効果的に実施するための人的又は物的な体制の確保の状況なども重要である。各学校は，例示された項目を網羅的に取り入れるのではなく，その重点目標を達成するために必要な項目・指標等を精選して設定することが期待され，こうした例示も参照しながら各教科等の授業の状況や教育課程等の状況を評価し改善につなげていくことが求められる。

○学校教育法

第42条　小学校は，文部科学大臣の定めるところにより当該小学校の教育活動その他の学校運営の状況について評価を行い，その結果に基づき学校運営の改善を図るため必要な措置を講ずることにより，その教育水順の向上に努めなければならない。

第43条　小学校は，当該小学校に関する保護者及び地域住民その他の関係者の理解を深めるとともに，これらの者との連携及び協力の推進に資するため，当該小学校の教育活動その他の学校運営の状況に関する情報を積極的に提供するものとする。

（学校教育法第42条及び第43条については，同法第82条において，特別支援学校に準用する）

○学校教育法施行規則

第66条　小学校は，当該小学校の教育活動その他の学校運営の状況について，自ら評価を行い，その結果を公表するものとする。

2　前項の評価を行うに当たっては，小学校は，その実情に応じ，適切な項目を設定して行うものとする。

第67条　小学校は，前条第1項の規定による評価の結果を踏まえた当該小

学校の児童の保護者その他の当該小学校の関係者（当該小学校の職員を除く。）による評価を行い，その結果を公表するよう努めるものとする。

第68条　小学校は，第66条第1項の規定による評価の結果及び前条の規定により評価を行った場合はその結果を，当該小学校の設置者に報告するものとする。

（学校教育法施行規則第66条，67条及び68条については，同規則第135条において，特別支援学校に準用する）

（参考：学校評価ガイドラインにおける教育課程の評価）

文部科学省が作成する「学校評価ガイドライン」では，各学校や設置者において評価項目・指標等の設定について検討する際の視点となる例として考えられるものを便宜的に分類した学校運営における以下の12分野ごとに例示している。

①教育課程・学習指導，②キャリア教育（進路指導），③生徒指導，④保健管理，⑤安全管理，⑥特別支援教育，⑦組織運営，⑧研修（資質向上の取組），⑨教育目標・学校評価，⑩情報提供，⑪保護者，地域住民等との連携，⑫環境整備

これらの例示を参考にしつつ，具体的にどのような評価項目・指標等を設定するかは各学校が判断するべきであるが，各学校は設定した学校の教育目標の実現に向けた教育課程や人的又は物的な体制に関わる評価項目・指標について，例示された項目を網羅的に取り入れるのではなく，真に必要な項目・指標等を精選して設定することが期待される。

（例えば「教育課程・学習指導」については，以下の項目が例示されている）

■　教育課程・学習指導
○　各教科等の授業の状況
・　説明，板書，発問など，各教員の授業の実施方法
・　視聴覚教材や教育機器などの教材・教具の活用
・　体験的な学習や問題解決的な学習，児童生徒の興味・関心を生かした自主的・自発的な学習の状況
・　個別指導やグループ別指導，習熟度に応じた指導，児童生徒の興味・関心等に応じた課題学習，補充的な学習や発展的な学習などの個に応じた指導の方法等の状況
・　ティーム・ティーチング指導などにおける教員間の協力的な指導の状況
・　学級内における児童生徒の様子や，学習に適した環境に準備されているかなど，学級経営の状況
・　コンピュータや情報通信ネットワークを効果的に活用した授業の状況

- 学習指導要領や各教育委員会が定める基準にのっとり，児童生徒の発達の段階に即した指導に関する状況
- 授業や教材の開発に地域の人材など外部人材を活用し，より良いものとする工夫の状況

○ 教育課程等の状況
- 学校の教育課程の編成・実施の考え方についての教職員間の共通理解の状況
- 児童生徒の学力・体力の状況を把握し，それを踏まえた取組の状況
- 児童生徒の学習について観点別学習状況の評価や評定などの状況
- 学校図書館の計画的利用や，読書活動の推進の取組状況
- 体験活動，学校行事などの管理・実施体制の状況
- 部活動など教育課程外の活動の管理・実施体制の状況
- 必要な教科等の指導体制の整備，授業時数の配当の状況
- 学習指導要領や各教育委員会が定める基準にのっとり，児童生徒の障害の状態や特性及び心身の発達の段階等に即した指導の状況
- 教育課程の編成・実施の管理の状況（例：教育課程の実施に必要な，各教科等ごと等の年間の指導計画や週案などが適切に作成されているかどうか）
- 児童生徒の実態を踏まえた，個別指導やグループ別指導，習熟度に応じた指導，補充的な学習や発展的な学習など，個に応じた指導の計画状況
- 幼小連携，小中連携など学校間の円滑な接続に関する工夫の状況
- （データ等）学力調査等の結果
- （データ等）運動・体力調査の結果
- （データ等）児童生徒の学習についての観点別学習状況の評価・評定の結果

なお，特別支援学校は，児童生徒の障害に応じた教育を行うことから，教育課程の編成や教材・教具，施設・設備の工夫と整備，医療・福祉等関係機関との連携，個別の指導計画や個別の教育支援計画の作成など，児童生徒の多様な実態等を踏まえた対応が必要である。また，小・中学校等の要請に応じ，特別支援教育に関する助言・援助を行うこと（センター的機能）も期待されるなどの特性が存在する。このことから，学校評価の進め方や具体的な評価項目・指標等の設定などに当たっては，その特性にかんがみ，適宜ふさわしい在り方を考慮しながら取組を進めることが重要である。

(2) 各分野における学校の全体計画等との関連付け（第1章第6節の1の(2)）

> (2) 教育課程の編成及び実施に当たっては，学校保健計画，学校安全計画，食に関する指導の全体計画，いじめの防止等のための対策に関する基本的な方針など，各分野における学校の全体計画等と関連付けながら，効果的な指導が行われるよう留意するものとする。

　本項は，教育課程の編成及び実施に当たり，法令等の定めにより学校が策定すべき各分野の全体計画等と関連付けて，当該全体計画等に示す教育活動が効果的に実施されるようにすることを示している。

　各学校は，法令等の定めにより，学校保健計画，学校安全計画，食に関する指導の全体計画，いじめの防止等のための対策に関する基本的な方針など，各分野における学校の全体計画等を策定することとされている。これらの全体計画等には，児童生徒への指導に関する事項や学校運営に関する事項を位置付けることとなる。そのため，教育課程の編成及び実施に当たっては，これらの全体計画等との関連付けを十分に行うことで，カリキュラム・マネジメントの充実が図られ，より効果的な指導を実現することにつながる。

〔学校保健計画〕

○学校保健安全法

（学校保健計画の策定等）

第5条　学校においては，児童生徒等及び職員の心身の健康の保持増進を図るため，児童生徒等及び職員の健康診断，環境衛生検査，児童生徒等に対する指導その他保健に関する事項について計画を策定し，これを実施しなければならない。

〔学校安全計画〕

○学校保健安全法

（学校安全計画の策定等）

第27条　学校においては，児童生徒等の安全の確保を図るため，当該学校の施設及び設備の安全点検，児童生徒等に対する通学を含めた学校生活その他の日常生活における安全に関する指導，職員の研修その他学校における安全に関する事項について計画を策定し，これを実施しなければならない。

> 〔食に関する指導の全体計画〕
>
> 学校給食法
>
> 第10条　栄養教諭は，児童又は生徒が健全な食生活を自ら営むことができる知識及び態度を養うため，学校給食において摂取する食品と健康の保持増進との関連性についての指導，食に関して特別の配慮を必要とする児童又は生徒に対する個別的な指導その他の学校給食を活用した食に関する実践的な指導を行うものとする。この場合において，校長は，当該指導が効果的に行われるよう，学校給食と関連付けつつ当該義務教育諸学校における食に関する指導の全体的な計画を作成することその他の必要な措置を講ずるものとする。

> 〔いじめの防止等のための対策に関する基本的な方針〕
>
> いじめ防止対策推進法
>
> （学校いじめ防止基本方針）
>
> 第13条　学校は，いじめ防止基本方針又は地方いじめ防止基本方針を参酌し，その学校の実情に応じ，当該学校におけるいじめの防止等のための対策に関する基本的な方針を定めるものとする。

(3) 教育課程外の学校教育活動と教育課程との連携（第1章第6節の1の(3)）

> (3)　中学部において，教育課程外の学校教育活動と教育課程との関連が図られるよう留意するものとする。特に，生徒の自主的，自発的な参加により行われる部活動については，スポーツや文化，科学等に親しませ，学習意欲の向上や責任感，連帯感の涵養等，学校教育が目指す資質・能力の育成に資するものであり，学校教育の一環として，教育課程との関連が図られるよう留意すること。その際，学校や地域の実態に応じ，地域の人々の協力，社会教育施設や社会教育関係団体等の各種団体との連携などの運営上の工夫を行い，持続可能な運営体制が整えられるようにするものとする。

　中学部の生徒の時期は，生徒自身の興味・関心に応じて，教育課程外の学校教育活動や地域の教育活動など，生徒による自主的・自発的な活動が多様化していく段階にある。少子化や核家族化が進む中にあって，中学部の生徒が学校外の様々な活動に参加することは，ともすれば学校生活にとどまりがちな生徒の生活の場を地域社会に広げ，幅広い視野に立って自らのキャリア形成を考える機会となる

こ␣とも期待される。このような教育課程外の様々な教育活動を教育課程と関連付けることは，生徒が多様な学びや経験をする場や自らの興味・関心を深く追究する機会などの充実につながる。

　特に，学校教育の一環として行われる部活動は，異年齢との交流の中で，生徒同士や教師と生徒等の人間関係の構築を図ったり，生徒自身が活動を通して自己肯定感を高めたりするなど，その教育的意義が高いことも指摘されている。

　そうした教育的意義が部活動の充実の中のみで図られるのではなく，例えば，運動部の活動において保健体育科の指導との関連を図り，競技を「すること」のみならず，「みる，支える，知る」といった視点からスポーツに関する科学的知見やスポーツとの多様な関わり方及びスポーツがもつ様々な良さを実感しながら，自己の適性等に応じて，生涯にわたるスポーツとの豊かな関わり方を学ぶなど，教育課程外で行われる部活動と教育課程内の活動との関連を図る中で，その教育効果が発揮されることが重要である。

　このため，本項では生徒の自主的，自発的な参加により行われる部活動について，

①　スポーツや文化及び科学等に親しませ，学習意欲の向上や責任感，連帯感の涵養，互いに協力し合って友情を深めるといった好ましい人間関係の形成等に資するものであるとの意義があること，

②　部活動は，教育課程において学習したことなども踏まえ，自らの適性や興味・関心等をより深く追究していく機会であることから，小学部・中学部学習指導要領第2章以下に示す各教科等の目標及び内容との関係にも配慮しつつ，生徒自身が教育課程において学習する内容について改めてその大切さを認識するよう促すなど，学校教育の一環として，教育課程との関連が図られるよう留意すること，

③　一定規模の地域単位で運営を支える体制を構築していくことが長期的には不可欠であることから，設置者等と連携しながら，学校や地域の実態に応じ，教師の勤務負担軽減の観点も考慮しつつ，部活動指導員等のスポーツや文化及び科学等にわたる指導者や地域の人々の協力，体育館や公民館などの社会教育施設や地域のスポーツクラブといった社会教育関係団体等の各種団体との連携などの運営上の工夫を行うこと，

をそれぞれ規定している。

　各学校が部活動を実施するに当たっては，本項を踏まえ，生徒の障害の状態や特性及び心身の発達の段階等に応じて，生徒が参加しやすいように実施形態などを工夫するとともに，生徒の生活全体を見渡して休養日や活動時間を適切に設定するなど生徒のバランスのとれた生活や成長に配慮することが必要である。

　また，文部科学省が実施した教師の勤務実態調査の結果では，中学校の教師の

部活動に係る土日の活動時間が長時間勤務の要因の一つとなっており，その適切な実施の在り方を検討していく必要がある。なお，先述の教師の勤務実態調査の結果を踏まえ，平成29年6月22日に文部科学大臣が中央審議会に教員の働き方改革に向けた総合的な方策の検討について諮問した。さらに，スポーツ庁では運動部活動の在り方に関する総合的なガイドライン作成の検討を行っているところであり，こうした議論についても注視する必要がある。

2 家庭や地域社会との連携並びに学校間の連携や交流及び共同学習

(1) 家庭や地域社会との連携及び協働と世代を超えた交流の機会（第1章第6節の2の(1)）

> 2 家庭や地域社会との連携及び協働と学校間の連携
>   教育課程の編成及び実施に当たっては，次の事項に配慮するものとする。
> (1) 学校がその目的を達成するため，学校や地域の実態等に応じ，教育活動の実施に必要な人的又は物的な体制を家庭や地域の人々の協力を得ながら整えるなど，家庭や地域社会との連携及び協働を深めること。また，高齢者や異年齢の子供など，地域における世代を越えた交流の機会を設けること。

教育基本法には，第13条において「学校，家庭及び地域住民その他の関係者は，教育におけるそれぞれの役割と責任を自覚するとともに，相互の連携及び協力に努めるものとする。」と規定されている。また，学校教育法には，「小学校は，当該小学校に関する保護者及び地域住民その他の関係者の理解を深めるとともに，これらの者との連携及び協力の推進に資するため，当該小学校の教育活動その他の学校運営の状況に関する情報を積極的に提供するものとする。」と規定されている（同法第43条）（同法第82条で特別支援学校に準用）。このように，学校がその目的を達成するためには，家庭や地域の人々とともに児童生徒を育てていくという視点に立ち，家庭，地域社会との連携を深め，学校内外を通じた児童生徒の生活の充実と活性化を図ることが大切である。また，学校，家庭，地域社会がそれぞれ本来の教育機能を発揮し，全体としてバランスのとれた教育が行われることが重要である。

そのためには，教育活動の計画や実施の場面では，家庭や地域の人々の積極的な協力を得て児童生徒にとって大切な学習の場である地域の教育資源や学習環境を一層活用していくことが必要である。また，各学校の教育方針や特色ある教育活動，児童生徒の状況などについて家庭や地域の人々に適切に情報発信し理解

や協力を得たり，家庭や地域の人々の学校運営などに対する意見を的確に把握して自校の教育活動に生かしたりすることが大切である。その際，家庭や地域社会が担うべきものや担った方がよいものは家庭や地域社会が担うように促していくなど，相互の意思疎通を十分に図ることが必要である。さらに，家庭や地域社会における児童生徒の生活の在り方が学校教育にも大きな影響を与えていることを考慮し，休業日も含め学校施設の開放，地域の人々や児童生徒向けの学習機会の提供，地域社会の一員としての教師のボランティア活動を通して，家庭や地域社会に積極的に働きかけ，それぞれがもつ本来の教育機能が総合的に発揮されるようにすることも大切である。

また，都市化や核家族化の進行により，日常の生活において，児童生徒が高齢者と交流する機会は減少している。そのため，学校は児童生徒が高齢者と自然に触れ合い交流する機会を設け，高齢者に対する感謝と尊敬の気持ちや思いやりの心を育み，高齢者から様々な生きた知識や人間の生き方を学んでいくことが大切である。高齢者との交流としては，例えば，授業や学校行事などに地域の高齢者を招待したり，高齢者福祉施設などを訪問したりして，高齢者の豊かな体験に基づく話を聞き，介護の簡単な手伝いをするなどといった体験活動が考えられる。さらに，児童生徒の障害の状態や特性及び心身の発達の段階等並びに地域や学校の実態に応じて，異年齢の子供など地域の様々な人々との世代を超えた交流を図っていくことについても配慮する必要がある。

こうした取組を進めるに当たっては，総合的な学習の時間や特別活動などを有意義に活用するとともに，学校は介護や福祉の専門家の協力を求めたり，地域社会や学校外の関係施設や団体で働く人々と連携したりして，積極的に交流を進めていくことが大切である。

(2) 学校相互間の連携や交流（第１章第６節の２の(2)）

> (2) 他の特別支援学校や，幼稚園，認定こども園，保育所，小学校，中学校，高等学校などとの間の連携や交流を図るとともに，障害のない幼児児童生徒との交流及び共同学習の機会を設け，共に尊重し合いながら協働して生活していく態度を育むようにすること。
>
> 　特に，小学部の児童又は中学部の生徒の経験を広げて積極的な態度を養い，社会性や豊かな人間性を育むために，学校の教育活動全体を通じて，小学校の児童又は中学校の生徒などと交流及び共同学習を計画的，組織的に行うとともに，地域の人々などと活動を共にする機会を積極的に設けること。

学校同士が相互に連携を図り，積極的に交流を深めることによって，学校生活をより豊かにするとともに，児童生徒の人間関係や経験を広げるなど広い視野に立った適切な教育活動を進めていくことが必要である。その際には，近隣の学校のみならず異なった地域の学校同士において，あるいは同一校種だけでなく異校種間においても，このような幅広い連携や交流が考えられる。

学校間の連携としては，例えば，同一都道府県等や近隣の学校同士が学習指導や生徒指導のための連絡会を設けたり，合同の研究会や研修会を開催したりすることなどが考えられる。その際，他の特別支援学校や，幼稚園，認定こども園，保育所，小学校，中学校，高等学校などとの間で相互に幼児児童生徒の実態や指導の在り方などについて理解を深めることは，それぞれの学校段階の役割の基本を再確認することとなるとともに，広い視野に立って教育活動の改善・充実を図っていく上で極めて有意義であり，幼児児童生徒に対する一貫性のある教育を相互に連携し協力し合って推進するという新たな発想や取組が期待される。

学校同士の交流としては，例えば，近隣の小学校や幼稚園，認定こども園，保育所，近隣の中学校と学校行事，クラブ活動や部活動，自然体験活動，ボランティア活動などを合同で行ったり，自然や社会環境が異なる学校同士が相互に訪問したり，コンピュータや情報通信ネットワークなどを活用して交流したりすることなどが考えられる。これらの活動を通じ，学校全体が活性化するとともに，児童生徒が幅広い体験を得，視野を広げることにより，豊かな人間形成を図っていくことが期待される。

特別支援学校や小・中学校等が，それぞれの学校の教育課程に位置付けて，障害のある者とない者が共に活動する交流及び共同学習は，障害のある児童生徒の経験を広め，社会性を養い，豊かな人間性を育てる上で，大きな意義を有しているとともに，双方の児童生徒にとって，意義深い教育活動であることが明らかになってきている。また，平成23年8月の障害者基本法の改正によって，第16条第3項に「国及び地方公共団体は，障害者である児童及び生徒と障害者でない児童及び生徒との交流及び共同学習を積極的に進めることによつて，その相互理解を促進しなければならない。」と規定されている。よって，今回の改訂においても，特別支援学校の児童生徒と小・中学校等の児童生徒などと交流及び共同学習を計画的，組織的に行うことを位置付けている。

障害者である児童及び生徒と障害者でない児童及び生徒が一緒に参加する活動は，相互の触れ合いを通じて豊かな人間性を育むことを目的とする交流の側面と，教科等のねらいの達成を目的とする共同学習の側面があるものと考えられる。「交流及び共同学習」とは，このように両方の側面が一体としてあることをより明確に表したものである。したがって，この二つの側面を分かちがたいものとして捉え，推進していく必要がある。

交流及び共同学習は，児童生徒が他の学校の児童生徒と理解し合うための絶好の機会であり，同じ社会に生きる人間として，互いを正しく理解し，共に助け合い，支え合って生きていくことの大切さを学ぶ場でもあると考えられる。交流及び共同学習の内容としては，例えば，小・中学校等と学校行事やクラブ活動，部活動，自然体験活動，ボランティア活動などを合同で行ったり，文通や作品の交換，コンピュータや情報通信ネットワークなどを活用してコミュニケーションを深めたりすることなどが考えられる。これらの活動を通じ，学校全体が活性化するとともに，児童生徒が幅広い体験を得，視野を広げることにより，豊かな人間形成を図っていくことが期待される。

なお，交流及び共同学習の実施に当たっては，双方の学校同士が十分に連絡を取り合い，指導計画に基づく内容や方法を事前に検討し，各学校や障害のある児童生徒一人一人の実態に応じた様々な配慮を行うなどして，計画的，組織的に継続した活動を実施することが大切である。

3　特別支援教育に関するセンターとしての役割（第1章第6節の3）

> 3　小学校又は中学校等の要請により，障害のある児童若しくは生徒又は当該児童若しくは生徒の教育を担当する教師等に対して必要な助言又は援助を行ったり，地域の実態や家庭の要請等により保護者等に対して教育相談を行ったりするなど，各学校の教師の専門性や施設・設備を生かした地域における特別支援教育のセンターとしての役割を果たすよう努めること。その際，学校として組織的に取り組むことができるよう校内体制を整備するとともに，他の特別支援学校や地域の小学校又は中学校等との連携を図ること。

特別支援学校は，特別支援教育に関する相談のセンターとして，その教育上の専門性を生かし，地域の小・中学校等の教師や保護者に対して教育相談等の取組を進めてきた。

学校教育法第74条においては，特別支援学校が小・中学校等の要請に応じて，幼児児童生徒の教育に対する必要な助言又は援助を行うよう努めるものとするという規定が設けられていることを踏まえて，特別支援学校が地域の実態や家庭の要請等に応じて，児童生徒やその保護者に対して行ってきた教育相談等のセンターとしての役割に加え，地域の小・中学校等の要請に応じ，障害のある児童生徒等や担当する教師等に対する助言や援助を行うこと，その際学校として組織的に取り組むこと，他の特別支援学校や小・中学校等と連携を図ることを示している。

なお，小学部・中学部学習指導要領では，「小学校又は中学校等の要請により……」としており，地域の小・中学校だけではなく，幼稚園，認定こども園，保育所，高等学校等に在籍する障害のある幼児児童生徒や担当教師等への支援も含まれていることに留意する必要がある。

特別支援教育に関するセンター的機能に関しては，平成17年12月の中央教育審議会答申「特別支援教育を推進するための制度の在り方について」において，①小・中学校等の教師への支援機能，②特別支援教育等に関する相談・情報提供機能，③障害のある幼児児童生徒への指導・支援機能，④医療，福祉，労働等の関係機関等との連絡・調整機能，⑤小・中学校等の教師に対する研修協力機能，⑥障害のある幼児児童生徒への施設・設備等の提供機能の6点にわたって示している。

また，中央教育審議会答申においては，特別支援学校における特別支援教育コーディネーターは，校内における取組だけでなく，例えば，小学校や中学校等に在籍する児童生徒に対する巡回による指導を行ったり，特別支援学校の教師の専門性を活用しながら教育相談を行ったりするなど，域内の教育資源の組合わせ（スクールクラスター）の中で，コーディネーターとしての機能を発揮していくことが求められるとしている。

そうしたことを踏まえ，小学校及び中学校学習指導要領等においては，特別支援学校の助言又は援助を活用しつつ，幼児児童生徒の障害の状態等に応じた指導内容や指導方法の工夫を計画的，組織的に行うことが示されている（小学校学習指導要領第1章第4の2の(1)のア，中学校学習指導要領第1章第4の2の(1)のア）。

小・中学校等に対する具体的な支援の活動内容としては，例えば，個別の指導計画や個別の教育支援計画を作成する際の支援のほか，自立活動の指導に関する支援，難聴の児童生徒の聴力測定の実施や補聴器の調整，弱視の児童生徒に対する教材・教具の提供，授業に集中しにくい児童生徒の理解や対応に関する具体的な支援等が考えられる。

さらに，保護者等に対して，障害のある児童生徒にとって必要な教育の在り方や見通しについての情報を提供するなどして，特別支援教育の実際についての理解を促す活動もある。

支援に当たっては，例えば，特別支援学校の教師が小・中学校等を訪問して助言を行ったり，障害種別の専門性や施設・設備の活用等について伝えたりすることなども考えられる。

以上のように，特別支援教育のセンターとしての役割には様々な活動が考えられるが，特別支援学校においては，在籍する児童生徒に対する教育を今後一層充実するとともに，それぞれの地域の実態を適切に把握して，必要とされるセンター

第6節
学校運営上の留意事項

としての機能の充実を図っていくことが大切である。

　また，特別支援学校が，地域における特別支援教育のセンターとしての役割を果たしていくためには，各学校において，教師同士の連携協力はもとより，校務分掌や校内組織を工夫するなどして，校内体制を整備し，学校として組織的に取り組むことが必要である。

　さらに，地域の小・中学校等に在籍する障害のある児童生徒の実態は多様であることから，他の特別支援学校や小・中学校等との連携の下，それぞれの学校の有する専門性を生かした指導や支援を進めていくことが重要である。このほか，特別支援教育センター等の教育機関，児童相談所等の福祉機関，病院等の医療機関などとの連携協力を図り，ネットワークを形成する中で特別支援学校が適切な役割を果たすことも考えられる。

第7節　道徳教育推進上の配慮事項

1　道徳教育の指導体制と全体計画

(1) 道徳教育の指導体制（第1章第7節の1の前段）

> 第7節　道徳教育に関する配慮事項
> 　道徳教育を進めるに当たっては，道徳教育の特質を踏まえ，前項までに示す事項に加え，次の事項に配慮するものとする。
> 　1　各学校においては，第2節の2の(2)に示す道徳教育の目標を踏まえ，道徳教育の全体計画を作成し，校長の方針の下に，道徳教育の推進を主に担当する教師（以下「道徳教育推進教師」という。）を中心に，全教師が協力して道徳教育を展開すること。

ア　校長の方針の明確化

　道徳教育は，第1章総則の第2節の2の(2)に示すように，学校の教育活動全体で行うものであり，学校の教育課程の管理者である校長は，その指導力を発揮し，学校の道徳教育の基本的な方針を全教師に明確に示すことが必要である。校長は道徳教育の充実・改善を視野におきながら，関係法規や社会的な要請，学校や地域社会の実情，児童生徒の道徳性に関わる実態，家庭や地域社会の期待などを踏まえ，学校の教育目標との関わりで，道徳教育の基本的な方針等を明示しなければならない。

　校長が道徳教育の方針を明示することにより，全教師が道徳教育の重要性についての認識を深めるとともに，学校の道徳教育の重点や推進すべき方向について共通に理解し，具体的な指導を行うことができる。また，校長の方針は，全教師が協力して学校の道徳教育の諸計画を作成し，展開し，その不断の改善，充実を図っていく上でのよりどころになるものである。

イ　道徳教育推進教師を中心とした全教師による協力体制の整備
　(ｱ)　道徳教育推進教師の役割

　　　道徳教育推進教師には，学校の教育活動全体を通じて行う道徳教育を推進する上での中心となり，全教師の参画，分担，協力の下に，その充実が図られるよう働きかけていくことが望まれる。機能的な協力体制を整えるためには，道徳教育推進教師の役割を明確にしておく必要があり，その役割としては，以下に示すような事柄が考えられる。

　・道徳教育の指導計画の作成に関すること

- 全教育活動における道徳教育の推進，充実に関すること
- 道徳科の充実と指導体制に関すること
- 道徳用教材の整備・充実・活用に関すること
- 道徳教育の情報提供や情報交換に関すること
- 道徳科の授業公開など家庭や地域社会との連携に関すること
- 道徳教育の研修の充実に関すること
- 道徳教育における評価に関すること　　など

　各教師がそれぞれの役割を自覚しその役割を進んで果たす上でも，機能的な協力体制を整えることは重要である。

　なお，道徳教育推進教師については，その職務の内容に鑑み，校長が適切に任ずるとともに，学校の実態に応じて人数等に工夫を加えるなどの創意工夫した対応が求められる。さらに，道徳教育推進教師の研修や他の特別支援学校及び近隣の小・中学校等の道徳教育推進教師との連携等も積極的に進め，道徳教育の充実に努めることが大切である。

(イ) 協力体制の充実

　学校が組織体として一体となって道徳教育を進めるためには，校長の明確な方針と道徳教育推進教師等の役割の明確化とともに，全教師が指導力を発揮し，協力して道徳教育を展開できる体制を整える必要がある。例えば，学校全体の道徳教育を推進するための組織や家庭や地域社会との連携等の推進上の課題にあわせた組織を設けたり，各学年又は各学部段階や校務分掌ごとに推進するための体制を整えたりするなど，学校の実情に応じて全教師が積極的に関わることができる機能的な協力体制を構築することが大切である。

(2) 道徳教育の全体計画（第1章第7節の1の後段）

> なお，道徳教育の全体計画の作成に当たっては，児童又は生徒や学校，地域の実態を考慮して，学校の道徳教育の重点目標を設定するとともに，道徳科の指導方針，第3章特別の教科道徳に示す内容との関連を踏まえた各教科，外国語活動，総合的な学習の時間，特別活動及び自立活動における指導の内容及び時期並びに家庭や地域社会との連携の方法を示すこと。

ア　全体計画の意義

　道徳教育の全体計画は，学校における道徳教育の基本的な方針を示すとともに，学校の教育活動全体を通して，道徳教育の目標を達成するための方策を総合的に示した教育計画である。

　学校における道徳教育の中軸となるのは，学校の設定する道徳教育の基本方

針である。全体計画は，その基本方針を具現化し，学校としての道徳教育の目標を達成するために，どのようなことを重点的に推進するのか，各教育活動はどのような役割を分担し関連を図るのか，家庭や地域社会との連携をどう進めていくのかなどについて総合的に示すものでなければならない。

　このような全体計画は，特に次の諸点において重要な意義をもつ。

(ｱ) 人格の形成及び国家，社会の形成者として必要な資質の育成を図る場として学校の特色や実態及び課題に即した道徳教育が展開できる

　各学校においては，様々な教育の営みが人格の形成や国家，社会の形成者として必要な資質の育成につながっていることを意識し，特色があり，課題を押さえた道徳教育の充実を図ることができる。

(ｲ) 学校における道徳教育の重点目標を明確にして推進することができる

　学校としての重点目標を明確にし，それを全教師が共有することにより，学校の教育活動全体で行う道徳教育に方向性をもたせることができる。

(ｳ) 道徳教育の要としての道徳科の位置付けや役割が明確になる

　道徳科で進めるべきことを押さえるとともに，教育活動相互の関連を図ることができる。また，全体計画は，道徳科の年間指導計画を作成するよりどころにもなる。

(ｴ) 全教師による一貫性のある道徳教育が組織的に展開できる

　全教師が全体計画の作成に参加し，その活用を図ることを通して，道徳教育の方針やそれぞれの役割についての理解が深まり，組織的で一貫した道徳教育の展開が可能となる。

(ｵ) 家庭や地域社会との連携を深め，保護者や地域の人々の積極的な参加や協力を可能にする

　全体計画を公表し，家庭や地域社会の理解を得ることにより，家庭や地域社会と連携し，その協力を得ながら道徳教育の充実を図ることができる。

イ　全体計画の内容

　全体計画は，各学校において，校長の明確な方針の下に，道徳教育推進教師が中心となって，全教師の参加と協力により創意と英知を結集して作成されるものである。作成に当たっては，上記の意義を踏まえて次の事項を含めることが望まれる。

(ｱ) 基本的把握事項

　計画作成に当たって把握すべき事項として，次の内容が挙げられる。

- 教育関係法規の規定，時代や社会の要請や課題，教育行政の重点施策
- 学校や地域社会の実態と課題，教職員や保護者の願い
- 児童生徒の実態と課題

(イ) 具体的計画事項

基本的把握事項を踏まえ，各学校が全体計画に示すことが望まれる事項として，次の諸点を挙げることができる。

- 学校の教育目標，道徳教育の重点目標，各学年の重点目標
- 道徳科の指導の方針
- 年間指導計画を作成する際の観点や重点目標に関わる内容の指導の工夫，校長や副校長，教頭等の参加，他の教師との協力的な指導
- 各教科，外国語活動，総合的な学習の時間，特別活動及び自立活動などにおける道徳教育の指導の方針，内容及び時期

  重点内容項目との関連や各教科等の指導計画を作成する際の道徳教育の観点を記述する。また，各教科等の方針に基づいて進める道徳性の育成に関わる指導の内容及び時期を整理して示す。
- 特色ある教育活動や豊かな体験活動における指導の方針，内容及び時期

  学校や地域社会の特色を生かした取組や集団宿泊活動，ボランティア活動，自然体験活動などの体験活動や実践活動における道徳性を養うための方針を示す。また，その内容及び時期等を整理して示すことも考えられる。
- 学級，学校の人間関係，環境の整備や生活全般における指導の方針

  日常的な学級経営を充実させるための具体的な計画等を記述する。
- 家庭，地域社会，他の学校や関係機関との連携の方法

  協力体制や道徳科の授業公開，広報活動，保護者や地域の人々の参加や協力の内容及び時期，具体的な計画等を記述する。
- 道徳教育の推進体制

  道徳教育推進教師の位置付けも含めた全教師による推進体制を示す。
- その他

  例えば，次年度の計画に生かすための評価の記入欄，研修計画や重点的指導に関する添付資料等を記述する。

なお，全体計画を一覧表にして示す場合は，必要な各事項について文章化したり具体化したりしたものを加えるなどの工夫が望まれる。例えば，各教科等における道徳教育に関わる指導の内容及び時期を整理したもの，道徳教育に関わる体験活動や実践活動の時期等が一覧できるもの，道徳教育の推進体制や家庭や地域社会等との連携のための活動等が分かるものを別葉にして加えるなどして，年間を通して具体的に活用しやすいものとすることが考えられる。

また，作成した全体計画は，家庭や地域の人々の積極的な理解と協力を得るとともに，様々な意見を聞き一層の改善に役立てるために，その趣旨や概要等を学校通信に掲載したり，ホームページで紹介したりするなど，積極的に公開していくことが求められる。

ウ　全体計画作成上の創意工夫と留意点

　全体計画の作成に当たっては，理念だけに終わることなく，具体的な指導に生きて働くものになるよう，体制を整え，全教師で創意工夫を生かして，特に次のことに留意しながら作業を進めることが大切である。

(ｱ) 校長の明確な方針の下に道徳教育推進教師を中心として全教師の協力・指導体制を整える

　学校における道徳教育は，人格の基盤となる道徳性を養うものであり，学校の教育活動全体で指導し，家庭や地域社会との連携の下に進めねばならないことから，特に校長が指導力を発揮し，道徳教育推進教師が中心となって全教師が全体計画の作成に積極的に参画するよう体制を整える必要がある。

(ｲ) 道徳教育や道徳科の特質を理解し，教師の意識の高揚を図る

　全教師が，道徳教育及び道徳科の重要性や特質について理解を深められるよう，関係する教育法規や教育課程の仕組み，時代や社会の要請，児童生徒の実態，保護者や地域の人々の意見等について十分研修を行い，教師自身の日常的な指導の中での課題が明確になるようにする。そのことを通して，全体計画の作成に関わる教師の意識の高揚を図ることができ，その積極的な活用につなげることができる。

(ｳ) 各学校の特色を生かして重点的な道徳教育が展開できるようにする

　全体計画の作成に当たっては，学校や地域社会の実態を踏まえ，各学校の課題を明らかにし，道徳教育の重点目標や各学年の指導の重点を明確にするなど，各学校の特色が生かされるよう創意工夫することが大切である。

　各学校においては，それぞれの実態に応じて，学年又は学部段階ごとに第3章において準用する小学校学習指導要領第3章の第2又は中学校学習指導要領第3章の第2の内容に示す内容項目の指導を通して，全体としてこれらの観点の指導が充実するよう工夫する必要がある。

　また，道徳科の年間指導計画の作成に当たっても，全体計画に示した重点的な指導が反映されるよう配慮することが求められる。

(ｴ) 学校の教育活動全体を通じた道徳教育の相互の関連性を明確にする

　各教科，外国語活動，総合的な学習の時間，特別活動及び自立活動における道徳教育を，道徳科の内容との関連で捉え，道徳科が要としての役割を果たせるよう計画を工夫することが重要である。

　また，学校教育全体において，豊かな体験活動がなされるよう計画するとともに，体験活動を生かした道徳科が効果的に展開されるよう道徳科の年間指導計画等においても創意工夫することが大切である。

(ｵ) 家庭や地域社会，学校間交流，関係諸機関等との連携に努める

全体計画を具体化するには，保護者，地域の人々の協力が不可欠である。

特に，中学部における全体計画の作成に当たっては，生徒の障害の状態や特性及び心身の発達の段階等，生徒との信頼関係を育む具体的な方策，保護者や地域の人々の意見に耳を傾け，それを全体計画に反映させ，必要に応じて指導に活用する柔軟な姿勢が大切である。

また，他の特別支援学校，近接の幼稚園や認定こども園，保育所，小・中・高等学校等との連携や交流を図り，共通の関心の下に指導を行うとともに，福祉施設，企業等との連携や交流を深めることも大切であり，それらが円滑に行われるような体制等を工夫することが求められる。

(カ) 計画の実施及び評価・改善のための体制を確立する

全体計画は，学校における道徳教育の基本を示すものである。したがって，頻繁に変更することは適切ではないが，評価し，改善の必要があれば直ちにそれに着手できる体制を整えておくことが大切である。また，全教師による一貫性のある道徳教育を推進するためには，校内の研修体制を充実させ，全体計画の具体化や評価，改善に当たって必要となる事項についての理解を深める必要がある。

(3) 各教科等における指導の基本方針

学校における道徳教育は，道徳科を要として学校の教育活動全体を通じて行われる。

各教科等でどのように道徳教育を行うかについては，学校の創意工夫によるところであるが，各教科等は，各教科等の目標に基づいてそれぞれに固有の指導を充実させる過程で，道徳性が養われることを考え，見通しをもって指導することが重要である。

各教科等の指導を通じて児童生徒の道徳性を養うためには，教師の用いる言葉や児童生徒への接し方，授業に臨む姿勢や熱意といった教師の態度や行動による感化とともに，次のような視点が挙げられる。

ア　道徳教育と各教科等の目標，内容及び教材との関わり

各教科等の目標や内容には，児童生徒の道徳性を養うことに関わりの深い事柄が含まれている。各教科等において道徳教育を適切に行うためには，まず，それぞれの特質に応じて道徳の内容に関わる事項を明確にする必要がある。それらに含まれる道徳的価値を意識しながら学校独自の重点内容項目を踏まえて指導することにより，道徳教育の効果も一層高めることができる。

イ　学習活動や学習態度への配慮

各教科等では，それぞれの授業を通して学習態度や学習習慣が育てられていく。その視点から，小学部の児童が伸び伸びとかつ真剣に学習に打ち込め

るよう留意し，思いやりがあり，自主的かつ協力的な学級の雰囲気や人間関係となるよう配慮することが大切である。話合いの中で自分の考えをしっかりと発表すると同時に友達の意見に耳を傾けること，各自で，あるいは協同して課題に最後まで取り組むことなどは，各教科等の学習効果を高めるとともに，望ましい道徳性を養うことにもなる。

このように，学習活動や学習態度への配慮に関わる指導について道徳的価値を視点に行うことが考えられる。

なお，学校教育の様々な場面において，具体的な道徳的習慣や道徳的行為について指導を行うことがあるが，その際に最終的なねらいとしているのは，指導を通じてそれらの意義を理解し，自らの判断により，進んで適切な実践ができるような道徳性を養うことである。

中学部の生徒が学習に興味・関心をもち，積極的に取り組む工夫をすることや，相互に学び合う思いやりのある協力的な雰囲気や人間関係をつくるように配慮することは，学習効果を高めるとともに，望ましい道徳性を養うことにつながる。

なお，道徳性を養うための指導方法の一つとして，道徳的習慣をはじめ道徳的行為に関する指導を行うことも重要である。例えば，学校教育の様々な場面において，具体的な道徳習慣や道徳的行為についての指導を行うことがあるが，その際，最終的なねらいとしているのは，指導を通じてその意義を理解し，自らの判断により，進んで適切な実践ができている資質・能力を育てることである。

(4) 各教科等における道徳教育

各教科等における道徳教育については，それぞれ特別支援学校小学部・中学部学習指導要領において準用することとしている小学校学習指導要領「第2章各教科」，「第4章外国語活動」，「第5章総合的な学習の時間」及び「第6章特別活動」並び中学校学習指導要領「第2章各教科」，「第4章総合的な学習の時間」及び「第5章特別活動」における「第3指導計画の作成と内容の取扱い」に，「第3章特別の教科道徳」の第2に示す内容についてそれぞれの特質に応じて適切に指導することが示されている。また，特別支援学校小学部・中学部学習指導要領「第7章自立活動」には，自立活動は，各教科等のみならず道徳科の指導と密接な関連を保つようにし，計画的，組織的に指導を行うようにすることが示されている。

具体的には，各教科等において例えば次のような配慮をすることが求められる。なお，例示以外の配慮に関しては，小学部又は中学部において準用することとしている小学校学習指導要領及び中学校学習指導要領の解説総則編を参照すること。

ア　国語科

　　国語で正確に理解したり適切に表現したりする資質・能力を育成する上で，日常生活における人との関わりの中で伝え合う力を高めることは，学校の教育活動全体で道徳教育を進めていくための基盤となるものである。また，思考力や想像力を養うこと及び言語感覚を豊かにすることは，道徳的心情や道徳的判断力を養う基本になる。さらに，我が国の言語文化に関わり，国語を尊重してその能力の向上を図る態度を養うことは，伝統と文化を尊重し，それらを育んできた我が国と郷土を愛することなどにつながるものである。

　　教材選定の観点として，小学校学習指導要領の第2章第1節国語の第3の3の(2)及び中学校学習指導要領の第2章第1節国語の第3の3の(2)には，道徳性の育成に資する項目を国語科の特質に応じて示している。

イ　社会科

　　地域や我が国の歴史や伝統と文化を通して社会生活について理解することや，多角的な思考や理解を通して，地域社会に対する誇りと愛情，我が国の国土と歴史に対する愛情を涵養することは，伝統と文化を尊重し，それらを育んできた我が国と郷土を愛することなどにつながるものである。また，国際社会に生きる平和で民主的な国家及び社会の形成者としての自覚をもち，自他の人格を尊重し，社会的義務や責任を重んじ，公正に判断しようとする態度や能力などの公民としての資質・能力の基礎を養うことは，主として集団や社会との関わりに関する内容などと密接に関係するものである。

ウ　算数科，数学科

　　算数科の目標にある「日常の事象を数理的に捉え見通しをもち筋道を立てて考察する力」を育てることは，道徳的な判断力の育成にも資するものである。また，「算数で学んだことを生活や学習に活用しようとする態度」を育てることは，工夫して生活や学習をしようとする態度を育てることにも資するものである。

　　数学科の目標でもある事象を数理的に考察し筋道を立てて考え，表現する能力を高めることは，道徳的判断力の育成にも資するものである。また，数学を活用して考えたり判断したりしようとする態度を育てることは，工夫して生活や学習をしようとする態度を育てることにも資するものである。

エ　理科

　　小学部では，栽培や飼育などの体験活動を通して自然を愛する心情を育てることは，生命を尊重し，自然環境の保全に寄与する態度の育成につながるものである。また，見通しをもって観察，実験を行うことや，問題解決の力を育てることは，道徳的判断力や真理を大切にしようとする態度の育成にも資するものである。

中学部では，自然の事物・現象を調べる活動を通して，生物間相互の関係や自然界のつり合いについて考えさせ，自然と人間との関わりを認識させることは，生命を尊重し，自然環境の保全に寄与する態度の育成につながるものである。また，目的意識をもって観察，実験を行うことや，科学的に探究する能力を育て，科学的な見方や考え方を養うことは，道徳的判断力や真理を大切にしようとする態度の育成にも資するものである。

オ　生活科

自分自身，身近な人々，社会及び自然と直接関わる活動や体験を通して，自然に親しみ，生命を大切にするなど自然との関わりに関心をもつこと，自分のよさや可能性に気付くなど自分自身について考えさせること，生活上のきまり，言葉遣い，振る舞いなど生活上必要な習慣を身に付け，自立し生活を豊かにしていくための資質・能力を育成することなど，いずれも道徳教育と密接な関わりをもつものである。

カ　音楽科

音楽科の「第1目標」(3)に，「音楽活動の楽しさを体験することを通して，音楽を愛好する心情と音楽に対する感性を育むともに，音楽に親しむ態度を養い，豊かな情操を培う。」と示している。音楽を愛好する心情や音楽に対する感性は，美しいものや崇高なものを尊重する心につながるものであり，また，音楽科の学習指導を通して培われる豊かな情操は，道徳性の基盤を養うものである。

音楽科で取り扱う共通教材は，我が国の伝統や文化，自然や四季の美しさや，夢や希望をもって生きることの大切さなどを含んでおり，道徳的心情の育成に資するものである。

キ　図画工作科，美術科

図画工作科においては，目標の「学びに向かう力，人間性等」において「つくりだす喜びを味わうとともに，感性を育み，楽しく豊かな生活を創造しようとする態度を養い，豊かな情操を培う」と示している。

つくりだす喜びを味わうようにすることは，美しいものや崇高なものを尊重する心につながるものである。また，造形的な創造による豊かな情操は，道徳性の基盤を養うものである。

美術科においても，創造する喜びを味わうようにすることは，美しいものや崇高なものを尊重する心につながるものである。また，美術の創造による豊かな情操は，道徳性の基盤を養うものである。

ク　家庭科，技術・家庭科

家庭科においては，日常生活に必要な基礎的な知識や技能を身に付け，生活をよりよくしようと工夫する資質・能力を育てることは，生活習慣の大切さを

知り，自分の生活を見直すことにつながるものである。また，家庭生活を大切にする心情を育むことは，家族を敬愛し，楽しい家庭をつくり，家族の役に立つことをしようとすることにつながるものである。

技術・家庭科においては，生活に必要な基礎的・基本的な知識及び技能を習得することは，望ましい生活習慣を身に付けるとともに，勤労の尊さや意義を理解することにつながるものである。また，進んで生活を工夫し創造しようとする態度を育てることは，家族への敬愛の念を深めるとともに，家庭や地域社会の一員としての自覚をもって生き方を考え，生活をよりよくしようとすることにつながるものである。

ケ 体育科，保健体育科

体育科においては，自己の課題の解決に向けて運動したり，集団で楽しくゲームを行ったりすることを通して，最後まで粘り強く取り組む，気持ちのよい挨拶をする，仲間と協力する，勝敗を受け入れる，フェアなプレイを大切にする，仲間の考えや取組を理解するなどの態度が養われる。健康・安全についての理解は，生活習慣の大切さを知り，自己の生活を見直すことにつながるものである。

保健体育科においては，集団でのゲームなど運動をすることを通して，粘り強くやり遂げる，ルールを守る，集団に参加し協力する，といった態度が養われる。また，健康・安全についての理解は，生活習慣の大切さを知り，自分の生活を見直すことにつながるものである。

コ 外国語科

小学部の外国語科においては，第1の目標(3)として「外国語の背景にある文化に対する理解を深め，他者に配慮しながら，主体的に外国語を用いてコミュニケーションを図ろうとする態度を養う」と示している。「外国語の背景にある文化に対する理解を深め」ることは，世界の中の日本人としての自覚をもち，国際的視野に立って，世界の平和と人類の幸福に貢献することにつながるものである。また，「他者に配慮」することは，外国語の学習を通して，他者を配慮し受け入れる寛容の精神や平和・国際貢献などの精神を獲得し，多面的思考ができるような人材を育てることにつながる。

中学部の外国語科においては，外国語を通じて，我が国や外国の言語や文化に対する理解を深めることは，世界の中の日本人としての自覚をもち，国際的視野に立って，世界の平和と人類の発展に貢献することにつながるものである。

サ 外国語活動

外国語活動においては，第1の目標(3)として「外国語を通して，言語やその背景にある文化に対する理解を深め，相手に配慮しながら，主体的に外国語を用いてコミュニケーションを図ろうとする態度を養う」と示している。「外

国語を通して，言語やその背景にある文化に対する理解を深め」ることは，世界の中の日本人としての自覚をもち，国際的視野に立って，世界の平和と人類の幸福に貢献することにつながるものである。また，「相手に配慮」することは，外国語の学習を通して，相手に配慮し受け入れる寛容の精神や平和・国際貢献などの精神を獲得し，多面的思考ができるような人材を育てることにつながる。

シ　総合的な学習の時間

　総合的な学習の時間においては，目標を「探究的な見方・考え方を働かせ，横断的・総合的な学習を行うことを通して，よりよく課題を解決し，自己の生き方を考えていくための資質・能力を次のとおり育成する」とし，育成を目指す資質・能力の三つの柱を示している。

　総合的な学習の時間の内容は，各学校で定めるものであるが，目標を実現するにふさわしい探究課題については，例えば，国際理解，情報，環境，福祉・健康などの現代的な諸課題に対応する横断的・総合的な課題，地域の人々の暮らし，伝統と文化など地域や学校の特色に応じた課題，児童の興味・関心に基づく課題などを踏まえて設定することが考えられる。

　児童生徒が，横断的・総合的な学習を探究的な見方・考え方を働かせて行うことを通して，このような現代社会の課題などに取り組み，これらの学習が自己の生き方を考えることにつながっていくことになる。

　また，探究課題の解決を通して育成を目指す資質・能力については，主体的に判断して学習活動を進めたり，粘り強く考え解決しようとしたり，自己の目標を実現しようとしたり，他者と協調して生活しようとしたりする資質・能力を育てることも重要であり，このような資質・能力の育成は道徳教育につながるものである。

ス　特別活動

　小学部の特別活動における学級や学校生活における集団活動や体験的な活動は，日常生活における道徳的な実践の指導を行う重要な機会と場であり，道徳教育において果たす役割は大きい。特別活動の目標には，「集団活動に自主的，実践的に取り組み」，「互いのよさや可能性を発揮」，「集団や自己の生活上の課題を解決」など，道徳教育でもねらいとする内容が含まれている。また，目指す資質・能力には，「多様な他者との協働」，「人間関係」，「自己の生き方」，「自己実現」など，道徳教育がねらいとする内容と共通している面が多く含まれており，道徳教育において果たすべき役割は極めて大きい。

　具体的には，例えば，多様な他者の意見を尊重しようとする態度，自己の役割や責任を果たして生活しようとする態度，よりよい人間関係を形成しようとする態度，みんなのために進んで働こうとする態度，自分たちできまりや約束をつくって守ろうとする態度，目標をもって諸問題を解決しようとする態度，

自己のよさや可能性を大切にして集団活動を行おうとする態度などは，集団活動を通して身に付けたい道徳性である。

　特に，学級活動については，道徳教育の各学年段階における配慮事項を踏まえて，学級活動における各学年段階の指導における配慮事項を示している。また，学級活動の内容(1)の「学級や学校の生活づくりへの参画」は，学級や学校の生活上の諸課題を見いだし，これを自主的に取り上げ，協力して解決していく自発的，自治的な活動である。このような児童による自発的，自治的な活動によって，よりよい人間関係の形成やよりよい生活づくりに参画する態度などにかかわる道徳性を身に付けることができる。学級活動の内容(2)の「日常の生活や学習への適応と自己の成長及び健康安全」では，基本的な生活習慣の形成やよりよい人間関係の形成，心身ともに健康で安全な生活態度の形成，食育の観点を踏まえた学校給食と望ましい食習慣の形成を示している。また学級活動(3)の「一人一人のキャリア形成と自己実現」では，現在や将来に希望や目標をもって生きる意欲や態度の形成，社会参画意識の醸成や働くことの意義の理解，主体的な学習態度の形成と学校図書館等の活用を示している。これらのことについて，自らの生活を振り返り，自己の目標を定め，粘り強く取り組み，よりよい生活態度を身に付けようとすることは，道徳性を養うことと密接に関わるものである。

　児童会活動においては，異年齢の児童が学校におけるよりよい生活を築くために，諸問題を見いだし，これを自主的に取り上げ，協力して解決していく自発的，自治的な児童会活動は，異年齢によるよりよい人間関係の形成やよりよい学校生活づくりに参画する態度などにかかわる道徳性を養うことができる。

　中学部の特別活動における学級や学校生活における集団活動や体験的な活動は，日常生活における道徳的な実践の指導を行う重要な機会と場であり，特別活動が道徳教育に果たす役割は大きい。特別活動の目標には，「集団活動に自主的，実践的に取り組み」，「互いのよさや可能性を発揮」，「集団や自己の生活上の課題を解決」など，道徳教育でもねらいとする内容が含まれている。また，目指す資質・能力には，「多様な他者との協働」，「人間関係」，「人間としての生き方」，「自己実現」など，道徳教育がねらいとする内容と共通している面が多く含まれており，道徳教育において果たすべき役割は極めて大きい。

　具体的には，例えば，自他の個性や立場を尊重しようとする態度，義務を果たそうとする態度，よりよい人間関係を深めようとする態度，社会に貢献しようとする態度，自分たちで約束をつくって守ろうとする態度，より高い目標を設定し諸問題を解決しようとする態度，自己のよさや可能性を大切にして集団活動を行おうとする態度などは，集団活動を通して身に付けたい道徳性である。

　学級活動の内容の取扱いについては，特別支援学校小学部・中学部学習指導

要領において準用することとしている中学校学習指導要領「第1章総則の第4の3の(2)に示す道徳教育の重点などを踏まえ」ることと示している。学級活動の内容(1)の「学級や学校における生活づくりへの参画」は，学級や学校の生活上の諸課題を見いだし，これを自主的に取り上げ，協力して課題解決していく自発的，自治的な活動である。このような生徒による自発的，自治的な活動によって，よりよい人間関係の形成や生活づくりに参画する態度などに関わる道徳性を身に付けることができる。

また，学級活動の内容(2)の「日常の生活や学習への適応と自己の成長及び健康安全」では，自他の個性の理解と尊重，よりよい人間関係の形成，男女相互の理解と協力，思春期の不安や悩みの解決，性的な発達への対応，心身ともに健康で安全な生活態度や習慣の形成，食育の観点を踏まえた学校給食と望ましい食習慣の形成を示している。さらに学級活動の内容(3)の「一人一人のキャリア形成と自己実現」では，社会生活，職業生活との接続を踏まえた主体的な学習態度の形成と学校図書館等の活用，社会参画意識の醸成や勤労観・職業観の形成を示している。これらのことについて，自らの生活を振り返り，自己の目標を定め，粘り強く取り組み，よりよい生活態度を身に付けようとすることは，道徳性の育成に密接な関わりをもっている。

生徒会活動においては，全校の生徒が学校におけるよりよい生活を築くために，問題を見いだし，これを自主的に取り上げ，協力して課題解決していく自発的，自治的な活動を通して，異年齢によるよりよい人間関係の形成やよりよい学校生活づくりに参画する態度などに関わる道徳性を身に付けることができる。

学校行事においては，特に，職場体験活動やボランティア精神を養う活動などの社会体験や自然体験，幼児児童，高齢者や障害のある人々などとの触れ合いや文化や芸術に親しむ体験を通して，よりよい人間関係の形成，自律的態度，心身の健康，協力，責任，公徳心，勤労，社会奉仕などに関わる道徳性の育成を図ることができる。

2　指導内容の重点化（小学部）（第1章第7節の2）

> 2　小学部においては，児童の障害の状態や特性及び心身の発達の段階等を踏まえ，指導内容の重点化を図ること。その際，各学年を通じて，自立心や自律性，生命を尊重する心や他者を思いやる心を育てることに留意すること。また，各学年段階においては，次の事項に留意すること。
> (1)　第1学年及び第2学年においては，挨拶などの基本的な生活習慣を身に付けること，善悪を判断し，してはならないことをしないこと，社

会生活上のきまりを守ること。
(2)　第3学年及び第4学年においては，善悪を判断し，正しいと判断したことを行うこと，身近な人々と協力し助け合うこと，集団や社会のきまりを守ること。
(3)　第5学年及び第6学年においては，相手の考え方や立場を理解して支え合うこと，法やきまりの意義を理解して進んで守ること，集団生活の充実に努めること，伝統と文化を尊重し，それらを育んできた我が国と郷土を愛するとともに，他国を尊重すること。

　道徳教育を進めるに当たっては，児童の障害の状態や特性及び心身の発達の段階等を踏まえるとともに，学校，地域社会等の実態や課題に応じて，学校としての指導の重点に基づき各学年段階の指導内容についての重点化を図ることが大切である。

　どのような内容を重点的に指導するかについては，最終的には，各学校が学校の実情や児童の実態などを踏まえ決定するものであるが，その際には社会的な要請や今日的課題についても考慮し，次のような配慮を行うことが求められる。

(1) 各学年を通じて配慮すること

　小学部においては，生きる上で基盤となる道徳的価値観の形成を図る指導を徹底するとともに自己の生き方についての指導を充実する観点から，各学年を通じて，自立心や自律性，生命を尊重する心，他者を思いやる心の育成に配慮することが大切である。

　自立心や自律性は，児童がよりよい生き方を目指し，人格を形成していく上で核となるものであり，自己の生き方や人間関係を広げ，社会に参画をしていく上でも基盤となる重要な要素である。特に，小学校の段階では，児童が自己を肯定的に受け止め，自分の生活を見直し，将来に向けて夢や希望をもち，よりよい生活や社会をつくり出そうとする態度の育成が求められている。その際，児童が自己理解を深め，自己を肯定的に受け止めることと，自己に責任をもち，自律的な態度をもつことの両面を調和のとれた形で身に付けていくことができるようにすることが重要である。

　生命を尊重する心は，生命の尊厳を感得し，生命ある全てのものを尊重しようとする心のことである。生命を尊重する心の育成は，道徳教育を進めるに当たって特に留意しなければならないこととして生命に対する畏敬の念を生かすことを示しているように，豊かな心を育むことの根本に置かれる重要な課題の一つである。いじめによる自殺などが社会的な問題となっている現在，児童が生きることを喜ぶとともに，生命に関する問題として老いや死などについて考

え，他者と共に生命の尊さについて自覚を深めていくことは，特に重要な課題である。

他を思いやる心は，児童が自立した一人の人間として人生を他者と共に，よりよく生きる人格形成を図る道徳教育の充実を目指す上で不可欠なものである。相手の気持ちや立場を推し量り自分の思いを相手に向けることは，よりよい人間関係を築くために重要である。

(2) 学年段階ごとに配慮すること

各学年を通じて配慮することに加えて，各学年段階においては，次の事項に留意することが求められる。

ア　第1学年及び第2学年

第1学年及び第2学年の段階では，挨拶などの基本的な生活習慣を身に付けることや善悪を判断し，してはならないことをしないこと，社会生活上のきまりを守ることについて配慮して指導に当たることが求められる。

基本的な生活習慣は，健全な生活を送る上で必要なものであり，健康や安全に関わること，物の活用や整理整頓に関わることなどがあるが，小学部における生活の入門期で身に付くような指導をすることが求められる。

善悪を判断し，してはならないことをしないことは，例えば，うそを言わない，人を傷付けない，人のものを盗まないなど，人としてしてはならないことや善悪について自覚し，その上に立って社会生活上のきまりを守ることができるよう指導することが大切である。第1学年及び第2学年の段階では，幼児期の教育との接続に配慮するとともに，家庭と連携しながら，これらの内容を繰り返し指導することが大切である。

イ　第3学年及び第4学年

第3学年及び第4学年では，善悪を判断し，正しいと判断したことを行うこと，身近な人々と協力し助け合うこと，集団や社会のきまりを守ることに配慮して指導に当たることが求められる。

一般に，この段階の児童は，学校生活に慣れ，行動範囲や人間関係が広がり活動的になる。他方，社会的認識能力をはじめ思考力が発達し，視野が拡大するとともに，内省する心も育ってくると言われる。第1学年及び第2学年の重点を踏まえた指導の充実を基本として，特に身近な人々と協力し助け合うこと，さらには集団や社会のきまりを守ることについて理解し，自ら判断できる力を育てることへの配慮が求められる。

ウ　第5学年及び第6学年

第5学年及び第6学年では，相手の考え方や立場を理解して支え合うこと，法やきまりの意義を理解して進んで守ること，集団生活の充実に努めること，

伝統と文化を尊重し，それらを育んできた我が国と郷土を愛するとともに，他国を尊重することに配慮することが大切になる。

この段階は，小学部における教育の完成期であり高学年段階の児童としての自覚ある行動が求められる。第3学年及び第4学年の重点を踏まえた指導の充実を基本として，日本人としての自覚をもって我が国の伝統と文化を理解し，それらを育んできた我が国と郷土を愛するとともに他国の伝統と文化を尊重することなどに関する指導に配慮することが求められる。この時期の児童は，知識欲も旺盛で，集団における自己の役割の自覚も大いに進む。

自己や社会の未来への夢や目標を抱き，理想を求めて主体的に生きていく力の育成が図られるよう，それまでの学年における指導を踏まえ，中学部又は中学校段階との接続も視野に入れ，特に国家・社会の一員としての自覚を育てることを重視した適切な指導を行う必要がある。

● 3　豊かな体験活動の充実といじめの防止（小学部）（第1章第7節の3）

> 3　小学部においては，学校や学級内の人間関係や環境を整えるとともに，集団宿泊活動やボランティア活動，自然体験活動，地域の行事への参加などの豊かな体験を充実すること。また，道徳教育の指導内容が，児童の日常生活に生かされるようにすること。その際，いじめの防止や安全の確保等にも資することとなるよう留意すること。

(1) 学校や学級内の人間関係や環境

児童の道徳性は，日々の人間関係の中で養われる。学校や学級における人的な環境は，主に教師と児童及び児童相互の関わりにおいて形成される。

また，教室や校舎・校庭などの物的な環境は，人的な環境とともに児童の道徳性を養うことに深く関わっている。児童が学級や学校で学習し生活する場として自覚するための環境整備に努めることが求められる。

ア　教師と児童の人間関係

児童の道徳性の多くの部分は，日々の人間関係の中で養われる。学校や学級における人的な環境は，主に教師と児童及び児童相互の関わりにおいて形成される。

教師と児童の人間関係は，教師に対する児童の尊敬と共感，児童に対する教師の教育的愛情，そして相互の信頼が基本になる。教師自身がよりよく生きようとする姿勢を示したり，教師が児童を尊重し児童から学ぼうとする姿勢を見せたりすることで信頼が強化される。そのためにも，教師と児童が共に語り合うことのできる場を日常から設定し，児童を理解する有効な機会と

なるようにすることが大切である。

イ 児童相互の人間関係

児童相互の人間関係を豊かにするには，相互の交流を深め，互いが伸び伸びと生活できる状況をつくることが大切である。児童一人一人が互いに認め合い，励まし合い，学び合う場と機会を意図的に設けるとともに，教師は児童の人間関係が常に変化していることに留意しつつ，座席換えやグループ編成の在り方などについても適切に見直しを図る必要がある。また，異学年間の交流を図ることは，児童相互による道徳教育の機会を増すことになる。

ウ 環境の整備

児童の道徳性を養う上で，人的な環境とともに物的な環境も大切である。具体的には，言語環境の充実，整理整頓され掃除の行き届いた校舎や教室の整備，児童が親しみをもって接することのできる身近な動植物の飼育栽培，各種掲示物の工夫などは，児童の道徳性を養う上で，大きな効果が期待できる。各学校や各学級においては，計画的に環境の充実・整備に取り組むとともに，日頃から児童の道徳性を養うという視点で学校や教室の環境の整備に努めたい。

また，学校や学級の環境の充実・整備を教職員だけが中心となって進めるだけでなく，児童自らが自分たちの学級や学校の環境の充実・整備を積極的に行うことができるよう，特別活動等とも関連を図りながら指導することも大切である。

(2) 豊かな体験の充実

集団生活を通して協力して役割を果たすことの大切さなどを考える集団宿泊活動，社会の一員であるという自覚と互いが支え合う社会の仕組みを考え，自分自身をも高めるためのボランティア活動，自然や動植物を愛し，大切にする心を育てるための自然体験活動など，様々な体験活動の充実が求められている。各学校においては，学校の教育活動全体において学校の実情や児童の実態を考慮し，豊かな体験の積み重ねを通して児童の道徳性が養われるよう配慮することが大切である。その際には，児童に体験活動を通して道徳教育に関わるどのような内容を指導するのか指導の意図を明確にしておくことが必要であり，実施計画にもこのことを明記することが求められる。

さらに，地域社会の行事への参加も，幅広い年齢層の人々と接し，人々の生活，文化，伝統に親しみ，地域社会に対する愛着を高めるだけでなく，地域社会への貢献などを通じて社会に参画する態度を育てるなど，児童にとっては道徳性を養う豊かな体験となる。具体的には，学校行事や総合的な学習の時間などでの体験活動として，自治会や社会教育施設など地域社会の関係機関・団体

等で行う地域社会振興の行事や奉仕活動，自然体験活動，防災訓練などに学校，学部や学年として参加することなどが考えられる。その場合には，その行事の性格や内容を事前に把握し，学校の目標や年間の指導計画との関連を明確にしながら児童の豊かな体験が充実するよう進めることが大切である。

(3) 道徳教育の指導内容と児童の日常生活

道徳教育で養う道徳性は，自己の生き方を考え，主体的な判断の下に行動し，自立した人間として他者と共によりよく生きるための基盤となるものである。日常生活においても，人から言われるからといった理由や周りのみんながしているからといった理由ではなく，物事を多面的，多角的に考え，自らの判断により，適切な行為を選択し，実践するなど，道徳教育の指導内容が児童の日常生活に生かされるようにすることが大切である。

特に，いじめの防止や安全の確保といった課題についても，道徳教育や道徳科の特質を生かし，よりよく生きるための基盤となる道徳性を養うことで，児童がそれらの課題に主体的に関わることができるようにしていくことが大切である。

ア　いじめの防止

いじめは，児童の心身の健全な発達に重大な影響を及ぼし，ともすると不登校や自殺などを引き起こす背景ともなる深刻な問題である。子供から大人まで，社会全体でいじめの防止等の指導を充実させていく必要がある。その対応として，いじめ防止対策推進法が公布され，平成25年9月から施行されている。各学校では，いじめ防止対策推進法に基づき，いじめ防止等のための対策に関する基本的な方針を定め，いじめの防止及び早期発見，早期対応に学校が一丸となって取り組むことが求められている。

いじめの防止等と道徳教育との関連を考えた場合，同法第15条の中に「児童等の豊かな情操と道徳心を培い，心の通う対人交流の能力の素地を養うことがいじめの防止に資することを踏まえ，全ての教育活動を通じた道徳教育及び体験活動等の充実を図らなければならない」と示されている。

すなわち，道徳教育においては，道徳科を要とし，教育活動全体を通して，生命を大切にする心や互いを認め合い，協力し，助け合うことのできる信頼感や友情を育むことをはじめとし，節度ある言動，思いやりの心，寛容な心などをしっかりと育てることが大切である。そして，学んだことが，日々の生活の中で，よりよい人間関係やいじめのない学級生活を実現するために自分たちにできることを相談し協力して実行したり，いじめに対してその間違いに気付き，友達と力を合わせ，教師や家族に相談しながら正していこうとしたりするなど，いじめの防止等に児童が主体的に関わる態度へとつながっ

ていくのである。

　なお，道徳教育の全体計画を立案するに当たっても，いじめの防止等に向けた道徳教育の進め方について具体的に示し，教職員の共通理解を図ることが大切である。

　これらのことを踏まえ，第1学年及び第2学年で，「自分の特徴に気付くこと」や「自分の好き嫌いにとらわれないで接すること」，第3学年及び第4学年で，「自分の考えや意見を相手に伝えるとともに，相手のことを理解し，自分と異なる意見も大切にすること」や「誰に対しても分け隔てをせず，公正，公平な態度で接すること」，第5学年及び第6学年で，「よりよく生きようとする人間の強さや気高さを理解し，人間として生きる喜びを感じること」について，新たに内容項目を追加した。

イ　安全の確保

　児童自身が日常生活全般における安全確保のために必要な事項を実践的に理解し，生命尊重を基盤として，生涯を通じて安全な生活を送る基礎を培うとともに，進んで安全で安心な社会づくりに参加し貢献できるような資質や能力を育てることは，次世代の安全文化の構築にとって重要なことである。

　道徳教育においては，自律的に判断することやよく考えて行動し，節度，節制に心掛けることの大切さ，生きている喜びや生命のかけがえのなさなど生命の尊さの自覚，力を合わせよりよい集団や社会の実現に努めようとする社会参画の精神などを深めることが，自他の安全に配慮して安全な行動をとったり，自ら危険な環境を改善したり，安全で安心な社会づくりに向けて学校，家庭及び地域社会の安全活動に進んで参加し，貢献したりするなど，児童が安全の確保に積極的に関わる態度につながる。交通事故及び犯罪，自然災害から身を守ることや危機管理など安全に関する指導に当たっては，学校の安全教育の目標や全体計画，各教科等との関連などを考えながら進めることが大切である。

4　指導内容の重点化（中学部）（第1章第7節の4）

> 4　中学部においては，生徒の障害の状態や特性及び心身の発達の段階等を踏まえ，指導内容の重点化を図ること。その際，小学部における道徳教育の指導内容を更に発展させ，自立心や自律性を高め，規律ある生活をすること，生命を尊重する心や自らの弱さを克服して気高く生きようとする心を育てること，法やきまりの意義に関する理解を深めること，自らの将来の生き方を考え主体的に社会の形成に参画する意欲と態度を養うこと，伝統と文化を尊重し，それらを育んできた我が国と郷土を愛するとともに，

> 他国を尊重すること，国際社会に生きる日本人としての自覚を身に付けることに留意すること。

　道徳教育を進めるに当たっては，中学生としての生徒の障害の状態や特性及び心身の発達の段階等を踏まえるとともに，学校，地域社会等の実態や課題に応じて，学校としての指導の重点に基づき各学年段階の指導内容についての重点化を図ることが大切である。

　どのような内容を重点的に指導するかについては，最終的には，各学校において生徒や学校の実態などを踏まえ工夫するものであるが，その際には社会的な要請や今日的課題についても考慮し，次の(1)から(5)について留意することが求められる。

　これらとあわせて，人間としての生き方について理解を深めることは，全学年を通じ，学校教育のあらゆる機会を捉えて，全ての内容項目と関わるように配慮しながら指導することが求められる。

(1) 自立心や自立性を高め，規律ある生活をすること

　中学部の時期は，自我に目覚め，自ら考え主体的に判断し行動することができるようになり，人間としての生き方についての関心が高まってくる。その一方で，必ずしも心と体の発達が均衡しているわけではないため，人生の悩みや葛藤などで心の揺れを感じやすい時期でもある。また，教師や保護者など大人への依存から脱却して，自分なりの考えをもって精神的に自立していく時期でもある。しかし，周囲の思わくを気にして，他人の言動から影響を受けることも少なくない。そうした中で，現実の世界から逃避したり，今の自分さえよければよいと考えたりするのではなく，これまでの自分の言動を振り返るとともに，自分の将来を考え，他者や集団・社会との関わりの中で自制し生きていくことができる自己を確立し，道徳的に成長を遂げることが望まれる。そうした観点から，道徳科の授業で生徒が自己を振り返り，自己を深く見つめ，人間としての生き方について考えを深め，生徒の自立心や自律性を高め，規律ある生活が送れるようにする取組が求められる。

(2) 生命を尊重する心や自分の弱さを克服して気高く生きようとする心を育てること

　近年，生徒を取り巻く社会環境や生活様式も変化し，自然や人間との関わりの希薄さから，いじめや暴力行為，自殺・自傷行為など生命を軽視する行動につながり，社会問題になることもある。人間としての生き方についての関心も高まるこの時期の生徒に，乳幼児や人生の先輩たちと触れ合ったり，医師や看

護師などから生命に関する話を聞く機会をもったり，生命倫理に関する問題を取り上げ話し合ったりすることなど，生命の尊さを深く考えさせ，かけがえのない生命を尊重する心を育成する取組が求められる。生命を十分に尊重できていない自らの弱さに気付くとともに，それを克服して気高く生きようとする心を育てることにもつながる。人間尊重の精神と生命に対する畏敬の念を培っていくことは，豊かな心を育むことの根本に置かれる課題の一つである。

(3) 法やきまりの意義に関する理解を深めること

人間は集団や社会をつくり，他の人と互いに協力し合って生活している。この社会生活に秩序を与え，摩擦を少なくして個人の自由を保障するために，法やきまりは作られている。生徒がこうした法やきまりの意義について理解を深め，社会生活の秩序と規律を維持するためには，自らに課せられた義務や責任を確実に果たすことが大事であることを自覚することが求められる。特に中学部の段階では，社会生活を送る上でもつべき最低限の規範意識を確実に身に付けさせるとともに，民主主義社会における法やきまりの意義やそれらを遵守することの意味を理解し，主体的に判断し，社会の秩序と規律を自ら高めていこうとする意欲や態度を育てる指導が重要である。

(4) 自らの将来の生き方を考え主体的に社会の形成に参画する意欲と態度を養うこと

地域社会は家庭や学校とともに大切な生活の場であり，生徒にとって，家庭，学校だけでなく，地域社会の一員としての自覚を深めることが大切である。地域の人々との人間関係を問い直したり，職場体験活動を通して自らの将来の生き方を思い描いたり，地域についての学習を通して将来の社会の在り方を協働して探究したり，ボランティア活動などの体験活動を生かしたりするなどして，社会の形成に主体的に参画しようとする意欲や態度を身に付けていくことが大切である。

(5) 伝統と文化を尊重し，それらを育んできた我が国と郷土を愛するとともに，他国を尊重すること，国際社会に生きる日本人としての自覚を身に付けること

知識基盤社会化やグローバル化がますます進展する中で，国際的規模の相互依存関係がより深まっている。将来の我が国を担う中学部の生徒は，郷土や国で育まれてきた優れた伝統と文化などのよさについて理解を深め，それらを育んできた我が国や郷土を愛するとともに，国際的視野に立って，他国の生活習慣や文化を尊重する態度を養うことが大切である。また，国際社会の中で独自

性をもちながら国際社会の平和と発展，地球環境の保全に貢献できる国家の発展に努める日本人として，主体的に生きようとする態度を身に付けていくことが求められる。

5 豊かな体験活動の充実といじめの防止(中学部)(第1章第7節の5)

> 5　中学部においては，学校や学級内の人間関係や環境を整えるとともに，職場体験活動やボランティア活動，自然体験活動，地域の行事への参加などの豊かな体験を充実すること。また，道徳教育の指導内容が，生徒の日常生活に生かされるようにすること。その際，いじめの防止や安全の確保等にも資することとなるよう留意すること。

(1) 学校や学級内の人間関係や環境を整えること

ア　教師と生徒の人間関係

　生徒の道徳性の多くの部分は，日々の人間関係の中で養われる。学校や学級における人的な環境は，主に教師と生徒及び生徒相互の関わりにおいて形成される。

　教師と生徒の人間関係においては，教師が生徒に対してもつ人間的関心と教育的愛情，生徒が教師の生き方に寄せる尊厳と相互の信頼が基盤となる。教師自身がよりよく生きようとする姿勢を示したり，教師が生徒と共に考え，悩み，感動を共有していくという姿勢を見せたりすることで信頼が強化される。そのためにも，教師と生徒が共に語り合える場を日頃から設定し，生徒を理解する有効な機会となるようにすることが大切である。

イ　生徒相互の人間関係

　生徒相互の人間関係を豊かにするには，相互の交流を深め，互いが伸び伸びと生活できる状況をつくることが大切である。生徒一人一人が，寛容の心をもち互いに認め合い，助け合い，学び合う場と機会を意図的に設け，様々な体験の共有や具体的な諸問題の解決を通して，互いに尊重し合い，協働的に学び合えるように配慮しなければならない。教師は生徒の人間関係が常に変化していることに留意しつつ，座席換えやグループ編成の在り方などについても適切に見直しを図る必要がある。また，異学年間の交流や障害のない生徒との交流などは，生徒相互の好ましい人間関係や道徳性を養う機会を増すことになる。

ウ　環境の整備

　生徒の道徳性を養う上で，人的な環境とともに物的な環境も大切である。具体的には，言語環境の充実，整理整頓され掃除の行き届いた校舎や教室の

整備，生徒が親しみをもって接することのできる身近な動植物の飼育栽培，各種掲示物の工夫などは，生徒の道徳性を養う上で，大きな効果が期待できる。各学校や各学級においては，計画的に環境の充実・整備に取り組むとともに，日頃から生徒の道徳性を養うという視点で学校や教室の環境の整備に努めたい。

また，学校や学級の環境の充実・整備を教職員だけが中心となって進めるだけでなく，生徒自らが自分たちの学級や学校の環境の充実・整備を積極的に行うことができるよう，特別活動等とも関連を図りながら指導することも大切である。

(2) 豊かな体験の充実

勤労観・職業観を育むことができる職場体験活動や他の人々や社会のために役立ち自分自身を高めることができるボランティア活動，自然のすばらしさを味わい自然や動植物を愛護する心を育てることができる自然体験活動，地域の一員として社会参画の意欲を高めることができる地域の行事への参加など，様々な体験活動の充実が求められている。学校外の様々な人や事物に出会う体験活動は，生徒の世界を広げ，実生活や実社会の生きた文脈の中で様々な価値や自己の生き方について考えることができる貴重な経験となる。共に学ぶ楽しさや自己の成長に気付く喜びを実感させ，他者，社会，自然・環境との関わりの中で共に生きる自分への自信をもたせることが大切である。各学校においては，学校の教育活動全体において生徒や学校の実態を考慮し，豊かな体験の積み重ねを通して生徒の道徳性が養われるよう配慮することが大切である。その際には，生徒に体験活動を通して道徳教育に関わるどのような内容を指導するのか指導の意図を明確にしておくことが必要であり，実施計画にもこのことを明記することが求められる。

さらに，地域の行事への参加も，幅広い年齢層の人々と接し，人々の生活，文化，伝統に親しみ，地域に対する愛着を高めるだけでなく，地域貢献などを通じて社会に参画する態度を育てるなど，生徒にとっては道徳性を養う豊かな体験となる。具体的には，学校行事や総合的な学習の時間などでの体験活動として，自治会や社会教育施設など地域社会の関係機関・団体等で行う地域振興の行事や奉仕活動，自然体験活動，防災訓練などに学校，学部や学年として参加することなどが考えられる。その場合には，地域の行事の性格や内容を事前に把握し，学校の目標や年間の指導計画との関連を明確にしながら生徒の豊かな体験が充実するよう進めることが大切である。

(3) 道徳教育の指導内容と生徒の日常生活

　道徳教育で養う道徳性は，人間としての生き方を考え，主体的な判断の下に行動し，自立した人間として他者と共によりよく生きるための基盤となるものである。日常生活の様々な場面で意図的，計画的に学習の機会を設け，生徒が多様な意見に学び合いながら，物事を多面的・多角的に考え，自らの判断により，適切な行為を選択し，実践するなど，道徳教育の指導内容が生徒の日常生活に生かされるようにすることが大切である。

　特に，いじめの防止や安全の確保といった課題についても，道徳教育や道徳科の特質を生かし，よりよく生きるための基盤となる道徳性を養うことで，生徒がそれらの課題に主体的に関わることができるようにしていくことが大切である。

ア　いじめの防止

　いじめは，生徒の心身の健全な発達に重大な影響を及ぼし，ともすると不登校や自殺などを引き起こす背景ともなる深刻な問題である。子供から大人まで，社会全体でいじめの防止等に取り組んでいく必要がある。

　その対応として，いじめ防止対策推進法が公布され，平成25年9月から施行されている。各学校では，いじめ防止対策推進法に基づき，いじめ防止等のための対策に関する基本的な方針を定め，いじめの防止及び早期発見，早期対応に学校が一丸となって取り組むことが求められている。教師は，いじめはどの子供にもどの学校にも起こり得るものであることを認識し，人間としての生き方について生徒と率直に語り合う場を通して生徒との信頼関係を深め，いじめの防止及び早期発見，早期対応に努めなければならない。

　いじめの防止等と道徳教育との関連を考えた場合，同法第15条の中に「児童等の豊かな情操と道徳心を培い，心の通う対人交流の能力の素地を養うことがいじめの防止に資することを踏まえ，全ての教育活動を通じた道徳教育及び体験活動等の充実を図らなければならない」と示されている。

　すなわち，道徳教育においては，道徳科を要とし，教育活動全体を通して，生命を大切にする心や互いを認め合い，協力し，助け合うことのできる信頼感や友情を育むことをはじめとし，節度ある言動，思いやりの心，寛容な心などをしっかりと育てることが大切である。そして，こうして学んだことが，日常生活の中で，よりよい人間関係やいじめのない学級生活を実現するために自分たちにできることを相談し協力して実行したり，いじめに対してその間違いに気付き，友達と力を合わせ，教師や家族に相談しながら正していこうとしたりするなど，いじめの防止等に生徒が主体的に関わる態度へとつながっていくのである。

　とりわけ中学部では，生徒自身が主体的にいじめの問題の解決に向けて行

動できるような集団を育てることが大切である。生徒の自尊感情や対人交流の能力，人間関係を形成していく能力，立場や意見の異なる他者を理解する能力などいじめを未然に防止するための資質・能力を育むとともに，様々な体験活動や協同して探究する学習活動を通して，学校・学級の諸問題を自主的・協働的に解決していくことができる集団づくりを進めることが求められる。

なお，道徳教育の全体計画を立案するに当たっても，いじめの防止等に向けた道徳教育の進め方について具体的に示し，教職員の共通理解を図ることが大切である。その際，「生徒指導提要」（文部科学省）等を活用して，いじめをとらえる視点やいじめの構造などについて理解を深め，いじめの問題に取り組む基本姿勢を確認するとともに，開発的・予防的生徒指導を充実させていくことが求められる。

イ　安全の確保

生徒自身が日常生活全般における安全確保のために必要な事項を実践的に理解し，生命尊重を基盤として，生涯を通じて安全な生活を送る基礎を培うとともに，進んで安全で安心な社会づくりに参加し貢献できるような資質や能力を育てることは，次世代の安全文化の構築にとって重要なことである。

道徳教育においては，自律的に判断することやよく考えて行動し，節度，節制に心掛けることの大切さ，生きている喜びや生命のかけがえのなさなど生命の尊さの自覚，力を合わせよりよい集団や社会の実現に努めようとする社会参画の精神などを深めることが，自他の安全に配慮して安全な行動をとったり，自ら危険な環境を改善したり，安全で安心な社会づくりに向けて学校，家庭及び地域社会の安全活動に進んで参加し，貢献したりするなど，生徒が安全の確保に積極的に関わる態度につながる。交通事故及び犯罪，自然災害から身を守ることや危機管理など安全に関する指導に当たっては，学校の安全教育の目標や全体計画，各教科等との関連などを考えながら進めることが大切である。

6　家庭や地域社会との連携（第1章第7節の6）

> 6　学校の道徳教育の全体計画や道徳教育に関する諸活動などの情報を積極的に公表したり，道徳教育の充実のために家庭や地域の人々の積極的な参加や協力を得たりするなど，家庭や地域社会との共通理解を深め，相互の連携を図ること。

(1) 道徳教育に関わる情報発信

　学校で行う道徳教育は，自立した人間として他者と共によりよく生きるための基盤となる道徳性を養うことを目標として行われる。このような道徳性は学校生活だけに限られたものではなく，家庭や地域社会においても，児童生徒の具体的な行動を支える内面的な資質である。このため，学校で行う道徳教育をより強化・充実するためには，家庭や地域社会との連携，協力が重要になる。
　その際には，学校と家庭や地域社会が児童生徒の道徳性を養う上での共通理解を図ることが不可欠である。
　道徳教育は学校が主体的に行う教育活動であることから，学校が道徳教育の方針を家庭や地域社会に伝え，理解と協力を得るようにしなければならない。
　具体的には，学校通信等で校長の方針に基づいて作成した道徳教育の全体計画を示したり，道徳教育の成果としての児童生徒のよさや成長の様子を知らせたりすることが考えられる。また，学校のホームページなどインターネットを活用した情報発信も家庭や地域社会に周知する上で効果的である。

(2) 家庭や地域社会との相互連携

　道徳教育の主体は学校であるが，学校の道徳教育の充実を図るためには，家庭や地域社会との連携，協力が必要である。学校の道徳教育に関わる情報発信と併せて，学校の実情や実態に応じて相互交流の場を設定することが望まれる。
　例えば，学校での道徳教育の実情について説明したり，家庭や地域社会における児童生徒のよさや成長などを知らせてもらったりする情報交換会を定例化し，児童生徒の道徳性の発達や学校，家庭，地域社会の願いを交流し合う機会をもつことが考えられる。また，こうした情報交換で把握した問題点や要望などに着目した講演会の開催なども有効である。なお，これらの会の開催は学校が会場となることが多いと予想されるが，より参加しやすいよう，例えば，会場を地域の公民館等としたり，児童生徒と保護者で道徳について学ぶ機会を設けたりするなどの工夫も考えられる。
　また，学校運営協議会制度などを活用して，学校の道徳教育の成果などを具体的に報告し，それについて意見を得るようにすることも考えられる。それらを学校評価に生かし道徳教育の改善を図るとともに，学校が家庭や地域社会と連携する方法を検討することも考えられる。さらに，学校，家庭，地域社会が連携して道徳教育の充実を図ることにより，保護者や地域の人々の道徳教育に関わる意識が高まることも期待できる。

第8節　重複障害者等に関する教育課程の取扱い

　学校教育法施行規則及び学習指導要領においては，児童生徒の障害の状態や特性及び心身の発達の段階等，卒業後の進路や生活に必要な資質・能力等（以下，障害の状態等）に応じた教育課程を編成することができるよう，教育課程の取扱いに関する各種の規定が設けられている。各学校においては，児童生徒の障害の状態等に応じたより効果的な学習を行うことができるよう，これらの規定を含め，教育課程の編成について工夫することが大切である。

　以下の規定を適用する際には，第1章総則第1節の教育目標において示したとおり，第2章以下に示す各教科等に加えて，自立活動を取り扱うことが前提となっていることを踏まえる必要がある。その上で，児童生徒が学年や学部において，その在学期間に学校教育として提供する教育の内容を決定する際に，児童生徒一人一人の障害の状態等を考慮しながら，教育課程の編成について検討を行う際に理解しておかなければならない規定が「重複障害者等に関する教育課程の取扱い」である。そのため，児童生徒一人一人の障害の状態等を考慮することなしに，例えば，重複障害者である児童生徒は，自立活動を主とした教育課程で学ぶことを前提とするなど，最初から既存の教育課程の枠組みに児童生徒を当てはめて考えることは避けなければならない。そうならないためにも，第2章以下に示す各教科等のそれぞれの目標及び内容を踏まえ，個々の児童生徒が前各学年までに，何を目標として学び，どの程度の内容を習得しているのかなど，個別の指導計画を基にして，児童生徒一人一人の学習の習得状況等の把握に努めることが必要である。その上で，児童生徒の残りの在学期間を見通しながら，第2章以下に示す各教科等のそれぞれの目標及び内容を踏まえて，さらにどのような内容を，どれだけの時間をかけて指導するのかを検討するなど，各学校には教育の内容や授業時数の配当を決定する裁量が委ねられている。

　そのため，各学校が教育課程の編成について検討する際には，児童生徒一人一人が，それまでの学習を継承し積み上げていくといったボトムアップの視点のほか，小学部や中学部又は高等部を卒業するまでの限られた時間の中で，どのような資質・能力を，どこまで育むとよいのかといった，卒業までに育成を目指す資質・能力を整理して，それらに重点を置いて指導するといったトップダウンの視点も必要になる。

　また，第1章総則第8節の3の規定を適用した場合，各教科等の一部又は全部について，合わせて指導を行うことができるようになっている。その際，指導を担う教師が教育の内容と指導の形態とを混同し，結果として学習活動が優先され，各教科等の内容への意識が不十分な状態にならないようにしなければならない。つまり，各学校で選択した教育の内容に対する学習を行うために，最適な指導の形態を選択するということを改めて認識した上で，教育の内容に照らした個々の

児童生徒の学習評価に努めなければならない。

このように,以下の各種規定を適用する際には,各学校において,特にカリキュラム・マネジメントに努めることが重要である。学習評価に基づき,なぜその規定を適用することを選択したのか,その理由を明らかにしていきながら教育課程の編成を工夫することが求められており,このことは,教育課程の評価を実施する上でも重要であることを踏まえる必要がある。

なお,「第8節重複障害者等に関する教育課程の取扱い」は,重複障害者に限定した教育課程の取扱いではないことに留意する必要がある。

1　障害の状態により特に必要がある場合(第1章第8節の1)

> 第8節　重複障害者等に関する教育課程の取扱い
> 1　児童又は生徒の障害の状態により特に必要がある場合には,次に示すところによるものとする。その際,各教科,道徳科,外国語活動及び特別活動の当該各学年より後の各学年(知的障害者である児童又は生徒に対する教育を行う特別支援学校においては,各教科の当該各段階より後の各段階)又は当該各学部より後の各学部の目標の系統性や内容の関連に留意しなければならない。

この規定は,児童生徒の障害の状態により,例えば,当該学年の各教科及び外国語活動の学習を行う際に,特に必要がある場合には,その実態に応じて,弾力的な教育課程を編成できることについて,その取扱いごとに6項目に分けて示したものである。

「障害の状態により特に必要がある場合」とは,例えば,障害の状態により学習場面において様々なつまずきや困難が生じているため,当該学年の学習の一部又は全部が困難な状態を指すものである。このことを勘案し,各学校が主体となって,弾力的な教育課程の編成について,その適用の判断を行うものである。その際,(1)から(6)までの6項目の規定は,あくまでも文末表現が「できること」となっていることに留意する必要がある。つまり,第1章第3節の3の(3)のアの規定に基づき,調和のとれた具体的な指導計画を作成する上で,第2章以下に示す各教科等の目標及び内容を取り扱わなかったり,替えたりすることについては,その後の児童生徒の学習の在り方を大きく左右するため,慎重に検討を進めなければならない。

(第1章第8節の1の(1))

> (1) 各教科及び外国語活動の目標及び内容に関する事項の一部を取り扱わないことができること。

この規定は，各教科及び外国語活動の目標及び内容に関する事項の一部を取り扱わないことができることを示している。

今回の改訂では，小学部第5学年及び第6学年で新たに設けられた外国語科，小学部第3学年及び第4学年に新たに導入された外国語活動についても，児童生徒の障害の状態により特に必要がある場合には，外国語科及び外国語活動の目標及び内容に関する事項の一部を取り扱わないことができることとした。

なお，「一部を取り扱わないことができる」とあるが，安易に取り扱わなくてもよいということではないことに留意する必要がある。

本規定の適用の判断に際しては，各教科及び外国語活動の目標に対応した評価規準に児童生徒の実態を照らし，障害により想定される学習上の困難を把握すること，また，評価規準を質的に逸脱しない範囲で学習上の困難に応じた手立てを適切に講じても，目標達成が困難であるのかどうかを慎重に吟味することが不可欠である。

「学習上の困難に応じた手立てを適切に講じる」とは，例えば，視覚障害のある児童に対し，「理科」の内容のうち「太陽と地面の様子」や「光と音の性質」に関する学習において，光を音に変換できる感光器などの補助具を用いたり，自らの皮膚感覚により光や陰の存在を認識できるようにしたりするなどの工夫が考えられる。また，肢体不自由の児童生徒に対しては，「体育」の内容のうちボール運動や球技に関する学習において，例えば，ルールや用具を障害の状態に合わせて変更・調整したり，ルールの理解に重点を置いた学習において，ゲームの作戦を考えたり友達に指示を出したりすることで，学習に参加できるようにするなどの工夫が考えられる。

そうした手立てを適切に講じても，例えば，視覚障害のある生徒に対する「保健体育」の内容のうちのバスケットボール等の学習，聴覚障害のある児童生徒に対する「理科」の内容のうちの音に関する学習，肢体不自由の児童生徒に対する「体育」の内容のうちの器械運動等の学習の一部が困難又は不可能な場合には，この内容を履修させないことができるという趣旨である。

(第1章第8節の1の(2))

> (2) 各教科の各学年の目標及び内容の一部又は全部を，当該各学年より前

> の各学年の目標及び内容の一部又は全部によって，替えることができること。また，道徳科の各学年の内容の一部又は全部を，当該各学年より前の学年の内容の一部又は全部によって，替えることができること。

　この規定は，視覚障害者，聴覚障害者，肢体不自由者又は病弱者である児童生徒に対する教育を行う特別支援学校において，各教科の各学年の目標及び内容の一部又は全部を，当該学年の前各学年の目標及び内容の一部又は全部によって替えることができることを示している。

　「当該学年の前各学年」とは，例えば，小学部第5学年の児童の場合は，小学部第4学年以下の学年を指すものである。この規定により，例えば，小学部第4学年の児童に対して，「社会」，「理科」の目標及び内容を「生活」の目標及び内容に替えて指導することも可能である。

　本規定の適用の判断に際しては，例えば，小学部第2学年の児童が，当該学年で学習する算数科の「数と計算」において「加法の筆算」の習得に困難がある場合，その基礎的・基本的な事項となる第1学年で学習する「10の合成・分解」が未習得な状態であれば，その内容に替えて指導するという状況が考えられる。

　また，小学部又は中学部の道徳科の目標，内容及び指導計画の作成と内容の取扱いについては，それぞれ小学校学習指導要領第3章又は中学校学習指導要領第3章に示すものに準ずるものである。視覚障害者，聴覚障害者，肢体不自由者又は病弱者である児童生徒に対する教育を行う特別支援学校はもちろん，知的障害者である児童生徒に対する教育を行う特別支援学校においても，道徳科の各学年の内容の一部又は全部を当該学年より前の各学年の内容の一部又は全部によって替えて指導することは可能である。

(第1章第8節の1の(3))

> (3) 視覚障害者，聴覚障害者，肢体不自由者又は病弱者である児童に対する教育を行う特別支援学校の小学部の外国語科については，外国語活動の目標及び内容の一部を取り入れることができること。

　今回の改訂では，視覚障害者，聴覚障害者，肢体不自由者又は病弱者である児童生徒に対する教育を行う特別支援学校において，小学部第5学年及び第6学年で新たに設けられた外国語科については，児童生徒の障害の状態等により特に必要がある場合には，外国語活動の目標及び内容の一部を取り入れることができることとした。

(第1章第8節の1の(4))

> (4) 中学部の各教科及び道徳科の目標及び内容に関する事項の一部又は全部を，当該各教科に相当する小学部の各教科及び道徳科の目標及び内容に関する事項の一部又は全部によって，替えることができること。

この規定は，中学部の生徒に対して，中学部の各教科及び道徳科の目標を達成するためには，小学部の各教科及び道徳科の内容を習得し目標を達成することが必要であることから，生徒の実態に応じて小学部の各教科及び道徳科の指導を行うことができることを示している。

本規定の適用の判断に際しては，例えば，視覚障害者，聴覚障害者，肢体不自由者又は病弱者である生徒に対する教育を行う特別支援学校の中学部において，視覚障害のある生徒に対する美術科（B「鑑賞」）の授業において，触覚や聴覚など他の感覚を用いた工夫をしても，造形的な特徴などを基に，作品に対する全体のイメージや作風などを捉えるといった目標達成がまだ困難な者もいる。その場合，形や色など造形的な特徴を基に，一つ一つの形や色などの造形的な特徴を触覚や聴覚など他の感覚を用いて捉え，自分のイメージをもつことを目指し，視覚障害者，聴覚障害者，肢体不自由者又は病弱者である児童に対する教育を行う特別支援学校の小学部の図画工作（B「鑑賞」）に関する目標及び内容に関する事項の一部又は全部によって，替えることが考えられる。

ここで重要なことは，取り扱うことが不可能だから下学部に替えるという考え方ではなく，児童生徒が現在までに達成している目標と次に達成を目指す目標を見極める視点をもつことである。

なお，視覚障害者，聴覚障害者，肢体不自由者又は病弱者である生徒に対する教育を行う特別支援学校において，「中学部の各教科に相当する小学部の各教科」とは，例えば，中学部の「数学」に対する小学部の「算数」，中学部の「美術」に対する小学部の「図画工作」を指すものであり，生徒の実態によっては，中学部の「理科」及び「社会」に対する小学部の「生活」を指す場合もあると解釈される。

また，知的障害者である生徒に対する教育を行う特別支援学校においては，例えば，中学部の教科「社会」，「理科」及び「職業・家庭」の目標及び内容を，小学部の教科「生活」の目標及び内容によって替えることができることになる。

しかしながら，いずれの場合も，学校教育法施行規則に示す教科の名称までを替えることはできないことに留意する必要がある。

なお，視覚障害者，聴覚障害者，肢体不自由者又は病弱者である児童生徒に対する教育を行う特別支援学校においては，中学部において準用することとなる中

学校学習指導要領における「社会」,「理科」,「保健体育」の保健分野及び「技術・家庭」の目標及び内容が学年ごとに示されていないので,前項の前各学年代替の規定及び本項の小学部の各教科への代替の規定の適用に当たっては,これらの教科の各分野の目標及び内容に相当する小学部の教科の目標,内容と替えることになる。

(第1章第8節の1の(5))

> (5) 中学部の外国語科については,小学部の外国語活動の目標及び内容の一部を取り入れることができること。

　今回の改訂では,小学部第3学年及び第4学年に新たに導入された外国語活動,小学部第5学年及び第6学年で新たに設けられた外国語科が示されたことから,中学部において外国語科を指導する際に,生徒の障害の状態により特に必要がある場合には,視覚障害者,聴覚障害者,肢体不自由者又は病弱者である生徒に対する教育を行う特別支援学校の中学部において,小学部の外国語活動の目標及び内容の一部を取り入れることができることとした。

　本規定の適用の判断に際しては,例えば,言語発達に遅れがある中学部の生徒で,語彙,文構造,言語の働きなど,日本語と外国語との違いや共通点に対する理解がなされていない場合,外国語活動の目標のうち,外国語の言語について体験的に理解を深め,日本語と外国語との音声の違い等に気付くことを取り入れ,内容のうち英語の特徴や働きに関する事項を取り入れて行うことが考えられる。ただし,この場合であっても,中学部での外国語科としての資質・能力を育む視点から,ゲームで扱う教材やルール,体験等を生徒の興味・関心や生活に沿ったものに替えて行うなどの工夫が必要である。

　なお,小学部第3学年及び第4学年の外国語活動は,教科ではないことから,中学部での外国語科として指導を行う際には,外国語活動の目標及び内容の一部を取り入れることはできるが,全部を替えることはできないことに留意する必要がある。

(第1章第8節の1の(6))

> (6) 幼稚部教育要領に示す各領域のねらい及び内容の一部を取り入れることができること。

　この規定は,小学部の児童又は中学部の生徒に対し,特に必要がある場合には,

幼稚部教育要領に示す各領域のねらい及び内容の一部を取り入れることができることとしている。

　本規定の適用の判断に際しては，上記(1)から(5)までの対応を適切に講じても，目標達成が困難であるのかどうかを慎重に吟味することが不可欠である。その上で，例えば，物のやりとりや買い物などの体験はしているものの，具体的な操作や数量の変化等に関する言語概念が十分に育っていない児童の場合，数的事象を言葉で理解したり，表現したりするため，特別支援学校幼稚部教育要領に示されている「環境」の領域から，身近な事象を見たり，考えたり，扱ったりし，数量に対する感覚を育むための指導を行うことが考えられる。

　また，視覚障害，聴覚障害など複数の障害を併せ有する小学部の児童については，見えない，聞こえないなどの障害の状態から，他者と関わりながら，主体的に体を動かして遊ぶ経験が不十分である場合が多い。そこで，特別支援学校幼稚部教育要領に示されている「健康」の領域から「いろいろな遊びの中で十分に体を動かす」，「進んで屋外で遊ぶ」などの内容を取り入れることで，視覚障害者，聴覚障害者，肢体不自由者又は病弱者である児童に対する教育を行う特別支援学校の小学部の体育の目標の達成に近づくことができる場合がある。

　なお，特別支援学校幼稚部教育要領は，幼稚部における教育の目標を達成するためのねらい及び内容等を教科等ではなく，領域（健康，人間関係，環境，言葉及び表現）で示していることから，教科等として指導を行う際には，目標及び内容の一部を取り入れることができるが，全部を替えることはできないことに留意する必要がある。この場合，小学部又は中学部における教科等としての資質・能力を育む視点から，各領域のねらい及び内容の一部を取り入れる際には，児童生徒の興味・関心や生活経験等に沿った学びとなるように工夫が必要である。

　上記(1)から(6)までの規定を適用する際には，取り扱わなかったり，替えたりした事項を学年進行とともに，どのように事後措置するかを十分考慮して，第1章総則第3節の3の(3)に規定する調和のとれた具体的な指導計画を作成することが必要である。特に，系統的な学習を主とする場合には，教材の精選や指導の一貫性に留意するなど，より一層慎重な取扱いが必要である。

　ただし，「事後措置を十分に考慮する」とあるように，特に，取り扱わない内容については，後の学年又は学部の学習に影響を及ぼすこともあるため，内容を取り扱わないことを適用することは必要最小限にとどめるなど，慎重な対応が求められる。

　このほかにも，長期療養等により学ぶことのできない期間があるなどの学習空白が生じ，年度内に指導ができなかった場合，後の学年又は学部で補う必要が生じる。その際，個別の指導計画等に取り扱わなかった内容等を明記し，引継いで

第8節
重複障害者等に関する教育課程の取扱い

いく必要がある。また，小学校から特別支援学校中学部に入学した場合など，進学の際の引継ぎに当たって調査書と指導要録の写し等が参考になるが，それらの資料だけでは学習の進度や十分習得できなかった内容等を細かく把握することはできない。そのため，前籍校と具体的に情報交換するなどの連携が重要である。

2 知的障害者である児童生徒の場合（第1章第8節の2）

> 2 知的障害者である児童に対する教育を行う特別支援学校の小学部に就学する児童のうち，小学部の3段階に示す各教科又は外国語活動の内容を習得し目標を達成している者については，小学校学習指導要領第2章に示す各教科及び第4章に示す外国語活動の目標及び内容の一部を取り入れることができるものとする。
>
> また，知的障害者である生徒に対する教育を行う特別支援学校の中学部の2段階に示す各教科の内容を習得し目標を達成している者については，中学校学習指導要領第2章に示す各教科の目標及び内容並びに小学校学習指導要領第2章に示す各教科及び第4章に示す外国語活動の目標及び内容の一部を取り入れることができるものとする。

知的障害者である児童生徒に対する教育を行う特別支援学校の各教科の各段階における目標及び内容は，各教科等編の解説の第4章第1節に示されている児童生徒の知的障害の状態を想定し，卒業後の進路や生活に必要と考えられる資質・能力等を考慮して整理されている。

しかし，知的障害者である児童生徒に対する教育を行う特別支援学校において，児童生徒の知的障害の状態等は多様であり，各教科等編の解説の第4章第1節で想定した知的障害の状態よりも障害の程度や学習状況等が大きく異なる場合がある。このような児童生徒の中には，例えば，小学部の児童で，第2章第1節の第2款の第1に示す各教科の目標及び内容のうち既に3段階に示す内容を習得し，目標を達成していることも想定される。

このように知的障害者である児童に対する教育を行う特別支援学校の小学部に就学する児童のうち，小学部の3段階に示す各教科及び外国語活動の内容を既に習得し目標を達成している者については，小学校学習指導要領第2章に示す各教科及び第4章に示す外国語活動の目標及び内容の一部を取り入れることができることを示した。

また，知的障害者である生徒に対する教育を行う特別支援学校の中学部の2段階に示す各教科の内容を習得し目標を達成している者については，中学校学習指導要領第2章に示す各教科の目標及び内容並びに小学校学習指導要領第2章に示

す各教科及び第4章に示す外国語活動の目標及び内容の一部を取り入れることができることを示した。

しかしながら，いずれの場合も，教科の名称までを替えることはできないことに留意する必要がある。

なお，当該各教科及び外国語活動に相当する各教科及び外国語活動とは，原則として教科名称の同一のものを指すが，知的障害者である児童に対する教育を行う特別支援学校の小学部の「生活」に相当する小学校の教科とは，「社会」，「理科」，「家庭」，同じく中学部の「職業・家庭」に相当する中学校の教科とは，「技術・家庭」と考えてよい。

3 重複障害者の場合

重複障害者とは，当該学校に就学することになった障害以外に他の障害を併せ有する児童生徒であり，視覚障害，聴覚障害，知的障害，肢体不自由及び病弱について，原則的には学校教育法施行令第22条の3において規定している程度の障害を複数併せ有する者を指している。

しかし，教育課程を編成する上で，以下に示す規定を適用するに当たっては，指導上の必要性から，必ずしもこれに限定される必要はなく，言語障害，自閉症，情緒障害等を併せ有する場合も含めて考えてもよい。

(1) 知的障害を併せ有する児童生徒の場合（第1章第8節の3）

> 3　視覚障害者，聴覚障害者，肢体不自由者又は病弱者である児童又は生徒に対する教育を行う特別支援学校に就学する児童又は生徒のうち，知的障害を併せ有する者については，各教科の目標及び内容に関する事項の一部又は全部を，当該各教科に相当する第2章第1節第2款若しくは第2節第2款に示す知的障害者である児童又は生徒に対する教育を行う特別支援学校の各教科の目標及び内容の一部又は全部によって，替えることができるものとする。また，小学部の児童については，外国語活動の目標及び内容の一部又は全部を第4章第2款に示す知的障害者である児童に対する教育を行う特別支援学校の外国語活動の目標及び内容の一部又は全部によって，替えることができるものとする。したがって，この場合，小学部の児童については，外国語科及び総合的な学習の時間を，中学部の生徒については，外国語科を設けないことができるものとする。

この規定は，視覚障害者，聴覚障害者，肢体不自由者又は病弱者である児童生

徒に対する教育を行う特別支援学校に，知的障害を併せ有する児童生徒が就学している実情を考慮し，これらの児童生徒の実態に応じた弾力的な教育課程の編成ができることを示したものである。

今回の改訂では，小学校及び中学校の各教科の目標及び内容との連続性を確保する観点から，知的障害者である児童生徒に対する教育を行う特別支援学校の各教科においては，小学部，中学部共に，各教科において段階ごとに目標及び内容が示され，それらは，小学校及び中学校の各教科の学年ごと又は2学年にまとめて示した目標及び内容を参考として，かつ知的障害の特徴及び学習上の特性等を踏まえ設定されている。

小学部及び中学部の段階ごとの目標及び内容と小学校及び中学校等の各学年の目標及び内容との連続性の基本的な考え方については，各教科等編の解説の第4章第1節の5及び第3節に示されているので，本規定を適用する際の参考にすること。

なお，小学部の児童に，知的障害者である児童に対する教育を行う特別支援学校の外国語活動を，中学部の生徒に，知的障害者である生徒に対する教育を行う特別支援学校の外国語科を設ける場合は，児童生徒の障害の状態等を考慮して行うことが必要である。

① 各教科の目標及び内容に関する事項の一部を替える場合

　視覚障害者，聴覚障害者，肢体不自由者又は病弱者である児童に対する教育を行う特別支援学校の小学部の各教科の目標及び内容に関する事項の一部を当該教科に相当する知的障害者である児童に対する教育を行う特別支援学校の小学部の各教科の目標及び内容に関する事項の一部によって替えることができる。中学部についても同様である。なお，当該各教科に相当する各教科とは，原則として教科名称の同一のものを指すが，視覚障害者，聴覚障害者，肢体不自由者又は病弱者である児童に対する教育を行う特別支援学校の小学部の「社会」，「理科」，「家庭」に相当する知的障害者である児童に対する教育を行う特別支援学校の小学部の教科とは，「生活」，同じく中学部の「技術・家庭」に相当するのは，「職業・家庭」と考えてよい。

　なお，前述した「障害の状態により特に必要がある場合」の教育課程の取扱い（第1章総則第8節の1）と，ここで示した規定を併せて解釈すると，中学部においても，知的障害者である児童に対する教育を行う特別支援学校の小学部において示されている生活科の目標及び内容を導入することは可能である。しかしながら，教科の名称を替えることはできないことに留意する必要がある。

② 各教科を替える場合

　視覚障害者，聴覚障害者，肢体不自由者又は病弱者である児童に対する教

育を行う特別支援学校の小学部の各教科を当該教科に相当する知的障害者である児童に対する教育を行う特別支援学校の小学部の各教科によって替えることができる。中学部についても同様である。なお，教科の名称を替えることはできないことに留意するなど，各教科によって替える場合の考え方は，①と同様である。

③ 小学部の外国語科，外国語活動及び総合的な学習の時間，中学部の外国語科の取扱い

　視覚障害者，聴覚障害者，肢体不自由者又は病弱者である児童生徒に対する教育を行う特別支援学校において，学校教育法施行規則に示す各教科等については，すべての児童生徒が履修することとなっている。しかし，知的障害を併せ有する児童生徒に対して，上記の①又は②の規定を適用して教育課程を編成する場合，障害の状態によっては，知的障害者である児童生徒に対する教育を行う特別支援学校と同様の教育課程上の取扱いを必要とすることが考えられる。したがって，小学部においては，外国語科及び総合的な学習の時間を設けないこともできることとしている。また，中学部においては，外国語科を設けないこともできることとしている。

　なお，視覚障害者，聴覚障害者，肢体不自由者又は病弱者である児童に対する教育を行う特別支援学校の小学部において，知的障害を併せ有する児童に対し，小学校に準じて第3学年及び第4学年で取り扱う外国語活動を，知的障害者である児童に対する教育を行う特別支援学校の小学部の外国語活動に替えて指導を行うことは考えられる。しかしながら，知的障害者である児童に対する教育を行う特別支援学校の小学部に新設された外国語活動は，個々の児童の知的障害の状態等に応じて，小学部第3学年から第6学年までの児童を対象としていることや，第4章第2款の3の(2)のイを踏まえて国語科との関連を図ること，特に外国語を使う場面を見聞きすることに重点が置かれた内容であることに留意をしながら本規定について適用の判断をする必要がある。

(2) 重複障害者のうち，障害の状態により特に必要がある場合（第1章第8節の4）

> 4　重複障害者のうち，障害の状態により特に必要がある場合には，各教科，道徳科，外国語活動若しくは特別活動の目標及び内容に関する事項の一部又は各教科，外国語活動若しくは総合的な学習の時間に替えて，自立活動を主として指導を行うことができるものとする。

この規定は，重複障害者のうち，障害の状態により特に必要がある場合についての教育課程の取扱いを示している。

今回の改訂では，視覚障害者，聴覚障害者，肢体不自由者又は病弱者である児童生徒に対する教育を行う特別支援学校において，小学部第3学年及び第4学年に新たに導入された外国語活動，小学部第5学年及び第6学年で新たに設けられた外国語科が導入されたことに伴い，自立活動を主として指導を行う場合には，各教科に含まれている外国語科又は外国語活動の一部又は全部を自立活動に替えることができることを示している。

障害の状態により特に必要がある場合には，各教科，道徳科，外国語活動，特別活動の目標及び内容に関する事項の一部に替えて，自立活動の指導を主として行うほか，各教科や外国語活動の目標及び内容の全部又は総合的な学習の時間に替えて，主として自立活動の指導を行うこともできることを示している。

この規定を適用する際には，次のことに留意することが必要である。

重複障害者については，一人一人の障害の状態が極めて多様であり，発達の諸側面にも不均衡が大きいが，他の児童生徒と同様，第1章総則第1節「教育目標」において示したとおり，第2章以下に示す各教科，道徳科，外国語活動，総合的な学習の時間，特別活動に加えて，自立活動を取り扱うことが前提となっていることを踏まえる必要がある。その上で，次に示すとおり，各教科と自立活動の目標設定に至る手続きの違いを踏まえ，小・中学部の在学期間に学校教育として提供すべき教育の内容を卒業後の生活も考慮しながら，障害の状態により特に必要がある場合か否かを検討していくことが必要である。

① 各教科の目標設定に至る手続きの例

各教科の教育の内容は，児童生徒の発達の段階等に即して選定されたものが配列されており，それらを順に教育することとなっている。

a 小学校学習指導要領又は中学校学習指導要領の第2章各教科に示されている目標に照らし，児童生徒の学習状況が何学年相当か把握する。
- 当該学年の各教科の目標について
- 当該学年より前の各学年の各教科の目標について
- 中学部より前の各学部の各教科の目標及びねらいについて

b 上記aの学習が困難又は不可能な場合，特別支援学校小学部・中学部学習指導要領の第2章第1節第2款の第1及び第2節第2款の第1に示されている知的障害者である児童生徒を教育する特別支援学校小学部及び中学部の各教科の目標に照らし，児童生徒の学習状況が何段階相当か把握する。

c 上記a又はbを踏まえ，小学部又は中学部卒業までに育成を目指す資質・能力を検討し，在学期間に提供すべき教育の内容を十分見極める。

d 各教科の目標及び内容の系統性を踏まえ，教育課程を編成する。

② 自立活動の目標設定に至る手続きの例

　自立活動の内容は，各教科等のようにその全てを取り扱うものではなく，個々の児童生徒の実態に応じて必要な項目を選定して取り扱うものである。
- a　個々の児童生徒の実態を的確に把握する。
- b　実態把握に基づいて得られた指導すべき課題や課題相互の関連を整理する。
- c　個々の実態に即した指導目標を設定する。
- d　特別支援学校小学部・中学部学習指導要領第7章第2の内容から，個々の児童生徒の指導目標を達成させるために必要な項目を選定する。
- e　選定した項目を相互に関連付けて具体的な指導内容を設定する。

　重複障害者については，例えば，上記①の手続きを経て，知的障害者である児童に対する教育を行う特別支援学校小学部の1段階の内容を習得し目標を達成することが難しそうな児童に対し，1段階から丁寧に指導するという判断がある一方で，自立活動に替えて指導するという判断もある。特に，後者の判断をする場合には慎重になされるべきである。なぜならば，第1章総則第3節の3の(1)のアに示すとおり，第2章以下に示す各教科等に加えて，自立活動を取り扱うことが前提となっていることを踏まえる必要がある。よって，1段階の内容を習得し目標を達成するための指導に加え，上記②の手続きを経て，学習上又は生活上の困難を主体的に改善・克服するための自立活動の指導も実施するという検討も必要である。

　よって，この規定を適用する場合，障害が重複している，あるいはその障害が重度であるという理由だけで，各教科等の目標や内容を取り扱うことを全く検討しないまま，安易に自立活動を主とした指導を行うようなことのないように留意しなければならない。

　なお，道徳科及び特別活動については，その目標及び内容の全部を替えることができないことに留意する必要がある。

4　訪問教育の場合（第1章第8節の5）

> 5　障害のため通学して教育を受けることが困難な児童又は生徒に対して，教員を派遣して教育を行う場合については，上記1から4に示すところによることができるものとする。

　障害のため通学して教育を受けることが困難な児童生徒は，一般的に障害が重

度であるか又は重複しており，医療上の規制や生活上の規制を受けていたりすることがある。こうした児童生徒に教師を派遣して教育を行う場合（訪問教育）には，個々の実態に応じた指導を行うため，弾力的な教育課程を編成することが必要となる。そのため，訪問教育の際は，特別支援学校小学部・中学部学習指導要領第1章総則第8節の1から4に示す教育課程の取扱いによることができると規定している。

なお，訪問教育に関する教育課程の取扱いは，学校教育法施行規則第131条第1項にも規定されているので，この点に留意する必要がある。

5　重複障害者等に係る授業時数（第1章第8節の6）

> 6　重複障害者，療養中の児童若しくは生徒又は障害のため通学して教育を受けることが困難な児童若しくは生徒に対して教員を派遣して教育を行う場合について，特に必要があるときは，実情に応じた授業時数を適切に定めるものとする。

この規定は，重複障害者や療養中の児童生徒の場合又は訪問教育を行う場合に，児童生徒の実情に応じた授業時数を適切に定めることができることを示している。

重複障害者や医療機関に入院している児童生徒の場合又は訪問教育を行う場合，各学年の総授業時数及び各教科等の年間の授業時数は，いずれも小学校又は中学校に「準ずる」のではなく，特に必要があれば各学校で適切に定めることができる。

この場合，児童生徒の実態を的確に把握するとともに，医療上の規制や生活上の規制等も考慮して，どのような教育課程を編成することが最も望ましいかについて児童生徒の学習状況等を踏まえ，総合的に検討する必要がある。

第9節　学校教育法施行規則に規定されている教育課程等の取扱い

(1) 各教科を合わせて指導を行う場合

　学校教育法施行規則第130条第1項は，「特別支援学校の小学部，中学部又は高等部においては，特に必要がある場合は，第126条から第128条までに規定する各教科（次項において「各教科」という。）又は別表第3及び別表第5に定める各教科に属する科目の全部又は一部について，合わせて授業を行うことができる。」と定めている。その趣旨は，児童生徒の心身の発達の段階や障害の状態によっては，各教科を並列的に指導するより，各教科に含まれる教科内容を一定の中心的な題材等に有機的に統合して，総合的な指導を進める方がより効果的な学習となり得る場合を予想して設けたものである。したがって，各教科の目標，内容を踏まえながら，必要な工夫をし，授業時数も各学年の年間総授業時数の枠内で適宜配当し得るものである。

　なお，学校教育法施行規則第53条の規定（「小学校においては，必要がある場合には，一部の各教科について，これらを合わせて授業を行うことができる。」）は，特別支援学校の小学部にも準用されていること（第135条）や，小学部・中学部学習指導要領第1章総則第3節の3の(3)のアの(エ)には，小学部における合科的・関連的な指導の規定があることにも留意する必要がある。

　なお，今回の改訂では，カリキュラム・マネジメントの重要性が示されている。その趣旨を十分に踏まえ，各教科を合わせて授業を行う際には，児童生徒の障害の状態や特性及び心身の発達の段階等を考慮し，一部なのか，全部なのかについて十分検討をする必要がある。

(2) 各教科等を合わせて指導を行う場合

　学校教育法施行規則第130条第2項は，「特別支援学校の小学部，中学部又は高等部においては，知的障害者である児童若しくは生徒又は複数の種類の障害を併せ有する児童若しくは生徒を教育する場合において特に必要があるときは，各教科，道徳科，外国語活動，特別活動及び自立活動の全部又は一部について，合わせて授業を行うことができる。」と定めている。

　これは，(1)が各教科を合わせて指導を行うものであるのに対し，道徳科，外国語活動，特別活動及び自立活動をも合わせて指導を行うことができるようにしている。つまり，知的障害者である児童若しくは生徒を指導する場合には，各教科，道徳科，外国語活動，特別活動及び自立活動の一部又は全部について合わせて指導を行うことによって，一層効果の上がる授業をすることができる場合も考えられることから，こうした取扱いを設けているのである。

　また，重複障害の児童生徒を指導する場合においても，各教科を合わせて指導を行うことに限らず，各教科等を合わせて指導を行うことによって，一層効

果の上がる授業をすることができる場合も考えられることから，同様の規定を設けているのである。

今回の改訂においては，視覚障害者，聴覚障害者，肢体不自由者又は病弱者である児童に対する教育を行う特別支援学校の小学部に外国語科を示したが，外国語科についても合わせて指導を行うことによって一層効果の上がる授業を行うことができる場合も考えられることから合わせて指導を行うことができることとした。

なお，今回の改訂では，カリキュラム・マネジメントの重要性が示されている。その趣旨を十分に踏まえ，各教科等を合わせて授業を行う際には，児童生徒の障害の状態や特性及び心身の発達の段階等を考慮し，一部なのか，全部なのかについて十分検討をする必要がある。また，各教科等の目標及び内容に照らした学習評価が不可欠である。

(3) 特別の教育課程

学校教育法施行規則第131条第1項には，「特別支援学校の小学部，中学部又は高等部において，複数の種類の障害を併せ有する児童若しくは生徒を教育する場合又は教員を派遣して教育を行う場合において，特に必要があるときは，第126条から第129条までの規定にかかわらず，特別の教育課程によることができる。」と規定しており，重複障害者及び訪問教育に係る教育課程の取扱いは，この規定に基づくものである。

なお，この規定に基づく特別の教育課程を編成するに当たっては，この場合の教科用図書使用に関する定め（学校教育法施行規則第131条第2項）があることに留意する必要がある。

(4) 教育課程の改善のための研究

学校教育法施行規則第132条は，「特別支援学校の小学部，中学部又は高等部の教育課程に関し，その改善に資する研究を行うため特に必要があり，かつ，児童生徒の教育上適切な配慮がなされていると文部科学大臣が認める場合においては，文部科学大臣が別に定めるところにより，第126条から第129条までの規定によらないことができる。」と定めている。

これは，特別支援学校において教育課程の改善のための研究を行う場合，教育の配慮が適切になされると文部科学大臣が認めれば，学校教育法施行規則に定める教育課程の構成や授業時数あるいは学習指導要領によらない教育課程を編成し，実施することを認めたものである。

学習指導要領等に示している教育課程の基準は大綱的なものであり，教育課程の改善の研究も多くはこの基準の範囲内で行うことができるが，教育課程の

基準について相当大幅な改訂を行うなどの場合にその基礎資料を得る必要があることを考慮し，このような特例が設けられているのである。

(5) 特別支援学校又は地域の特色を生かした特別の教育課程の編成

平成20年3月の学校教育法施行規則の改正により，同規則第132条の2として，「文部科学大臣が，特別支援学校の小学部，中学部又は高等部において，当該特別支援学校又は当該特別支援学校が設置されている地域の実態に照らし，より効果的な教育を実施するため，当該特別支援学校又は当該地域の特色を生かした特別の教育課程を編成して教育を実施する必要があり，かつ，当該特別の教育課程について，教育基本法及び学校教育法第72条の規定等に照らして適切であり，児童生徒の教育上適切な配慮がなされているものとして文部科学大臣が定める基準を満たしていると認める場合においては，文部科学大臣が別に定めるところにより，第126条から第129条までの規定の一部又は全部によらないことができる。」との規定が置かれた。

これは，平成15年から開始された構造改革特別区域研究開発学校設置事業（いわゆる「特区研発」）について，「構造改革特別区域基本方針」（平成18年4月）を踏まえ，同様の特例措置を内閣総理大臣が認定する手続きを経なくても文部科学大臣の指定により実施することを可能にしたものである。

なお，同条を踏まえ，平成20年文部科学省告示第30号が公示され，教育基本法及び学校教育法に定める学校種ごとの教育の目標等に照らして適切であり，児童生徒の教育上適切な配慮がなされているものとして認める基準として，

① 学習指導要領において全ての児童生徒に共通して履修させる内容として定められている事項について，当該特別の教育課程において適切に取り扱われていること。ただし，異なる種類の学校間の連携により一貫した特別の教育課程を編成する場合（設置者が異なる場合には，当該設置者の協議に基づき定めるところにより教育課程を編成する場合に限る。）にあっては，当該特別の教育課程全体を通じて，適切に取り扱うものとされていること。

② ①に掲げる内容を指導するために必要となる標準的な総授業時数が確保されていること。

③ 児童生徒の発達の段階並びに各教科等の特性に応じた内容の系統性及び体系性に配慮がなされていること。

④ 義務教育段階である小学部及び中学部において特別の教育課程を編成する際には，保護者の経済的な負担への配慮を含め，義務教育における機会均等の観点からの適切な配慮がなされていること。

⑤ ①〜④に掲げるもののほか，児童生徒が転出入する際の配慮等の教育上必要な配慮がなされていること。

が定められ,前述の学校教育法施行規則の一部改正と併せて,平成20年4月1日から施行されている。

(6) 日本語指導が必要な児童生徒を対象とした特別の教育課程

平成26年の学校教育法施行規則等の改正により,同規則第132条の3により,「特別支援学校の小学部又は中学部において,日本語に通じない児童又は生徒のうち,当該児童又は生徒の日本語を理解し,使用する能力に応じた特別の指導を行う必要があるものを教育する場合には,文部科学省が別に定めるところにより,第126条,第127条及び第129条の規定にかかわらず,特別の教育課程によることができる」と規定しており,日本語の能力に応じて,通級による指導を行う教育課程の取扱いは,この規則に基づくものである。

なお,この規定に基づく特別の教育課程による場合においては,校長は,児童生徒が設置者の定めるところにより他の小学校,中学校,義務教育学校,中等教育学校の前期課程又は特別支援学校の小学部若しくは中学部において受けた授業を,当該児童生徒の在学する特別支援学校の小学部又は中学部において受けた当該特別の教育課程に係る授業とみなすことができる(学校教育法施行規則第132条の4)ことに留意する必要がある。

目標・内容の一覧〔生活〕

学部	小学部		
教科の目標			
具体的な活動や体験を通して，生活に関わる見方・考え方を生かし，自立し生活を豊かにしていくための資質・能力を次のとおり育成することを目指す。			
知識及び技能	(1) 活動や体験の過程において，自分自身，身近な人々，社会及び自然の特徴やよさ，それらの関わり等に気付くとともに，生活に必要な習慣や技能を身に付けるようにする。		
思考力，判断力，表現力等	(2) 自分自身や身の回りの生活のことや，身近な人々，社会及び自然と自分との関わりについて理解し，考えたことを表現することができるようにする。		
学びに向かう力，人間性等	(3) 自分のことに取り組んだり，身近な人々，社会及び自然に自ら働きかけ，意欲や自信をもって学んだり，生活を豊かにしようとしたりする態度を養う。		
段階の目標	1段階	2段階	3段階
知識及び技能	ア 活動や体験の過程において，自分自身，身近な人々，社会及び自然の特徴に関心をもつとともに，身の回りの生活において必要な基本的な習慣や技能を身に付けるようにする。	ア 活動や体験の過程において，自分自身，身近な人々，社会及び自然の特徴や変化に気付くとともに，身近な生活において必要な習慣や技能を身に付けるようにする。	ア 活動や体験の過程において，自分自身，身近な人々，社会及び自然の特徴やよさ，それらの関わりに気付くとともに，生活に必要な習慣や技能を身に付けるようにする。
思考力，判断力，表現力等	イ 自分自身や身の回りの生活のことや，身近な人々，社会及び自然と自分との関わりについて関心をもち，感じたことを伝えようとする。	イ 自分自身や身の回りの生活のことや，身近な人々，社会及び自然と自分との関わりについて気付き，感じたことを表現しようとする。	イ 自分自身や身の回りの生活のことや，身近な人々，社会及び自然と自分との関わりについて理解し，考えたことを表現することができるようにする。
学びに向かう力，人間性等	ウ 自分のことに取り組もうとしたり，身近な人々，社会及び自然に関心をもち，意欲をもって学んだり，生活に生かそうとしたりする態度を養う。	ウ 自分のことに取り組もうとしたり，身近な人々，社会及び自然に自ら働きかけようとしたり，意欲や自信をもって学んだり，生活に生かそうとしたりする態度を養う。	ウ 自分のことに取り組んだり，身近な人々，社会及び自然に自ら働きかけ，意欲や自信をもって学んだり，生活を豊かにしようとしたりする態度を養う。
内容	1段階	2段階	3段階
ア 基本的生活習慣	食事や用便等の生活習慣に関わる初歩的な学習活動を通して，次の事項を身に付けることができるよう指導する。	食事，用便，清潔等の基本的生活習慣に関わる学習活動を通して，次の事項を身に付けることができるよう指導する。	身の回りの整理や身なりなどの基本的生活習慣や日常生活に役立つことに関わる学習活動を通して，次の事項を身に付けることができるよう指導する。
	(ｱ) 簡単な身辺処理に気付き，教師と一緒に行おうとすること。	(ｱ) 必要な身辺処理が分かり，身近な生活に役立てようとすること。	(ｱ) 必要な身辺処理や集団での基本的生活習慣が分かり，日常生活に役立てようとすること。
	(ｲ) 簡単な身辺処理に関する初歩的な知識や技能を身に付けること。	(ｲ) 身近な生活に必要な身辺処理に関する基礎的な知識や技能を身に付けること。	(ｲ) 日常生活に必要な身辺処理等に関する知識や技能を身に付けること。
イ 安全	危ないことや危険な場所等における安全に関わる初歩的な学習活動を通して，次の事項を身に付けることができるよう指導する。	遊具や器具の使い方，避難訓練等の基本的な安全や防災に関わる学習活動を通して，次の事項を身に付けることができるよう指導する。	交通安全や避難訓練等の安全や防災に関わる学習活動を通して，次の事項を身に付けることができるよう指導する。
	(ｱ) 身の回りの安全に気付き，教師と一緒に安全な生活に取り組もうとすること。	(ｱ) 身近な生活の安全に関心をもち，教師の援助を求めながら，安全な生活に取り組もうとすること。	(ｱ) 日常生活の安全や防災に関心をもち，安全な生活をするよう心がけること。

内容	1段階	2段階	3段階
イ 安全	(イ) 安全に関わる初歩的な知識や技能を身に付けること。	(イ) 安全や防災に関わる基礎的な知識や技能を身に付けること。	(イ) 安全や防災に関わる知識や技能を身に付けること。
ウ 日課・予定	日課に沿って教師と共にする学習活動を通して，次の事項を身に付けることができるよう指導する。	絵や写真カードなどを手掛かりにして，見通しをもち主体的に取り組むことなどに関わる学習活動を通して，次の事項を身に付けることができるよう指導する。	一週間程度の予定，学校行事や家庭の予定などに関わる学習活動を通して，次の事項を身に付けることができるよう指導する。
	(ア) 身の回りの簡単な日課に気付き，教師と一緒に日課に沿って行動しようとすること。	(ア) 身近な日課・予定が分かり，教師の援助を求めながら，日課に沿って行動しようとすること。	(ア) 日常生活の日課・予定が分かり，およその予定を考えながら，見通しをもって行動しようとすること。
	(イ) 簡単な日課について，関心をもつこと。	(イ) 身近な日課・予定について知ること。	(イ) 日課や身近な予定を立てるために必要な知識や技能を身に付けること。
エ 遊び	自分で好きな遊びをすることなどに関わる学習活動を通して，次の事項を身に付けることができるよう指導する。	教師や友達と簡単な遊びをすることなどに関わる学習活動を通して，次の事項を身に付けることができるよう指導する。	日常生活の中での遊びに関わる学習活動を通して，次の事項を身に付けることができるよう指導する。
	(ア) 身の回りの遊びに気付き，教師や友達と同じ場所で遊ぼうとすること。	(ア) 身近な遊びの中で，教師や友達と簡単なきまりのある遊びをしたり，遊びを工夫しようとしたりすること。	(ア) 日常生活の遊びで，友達と関わりをもち，きまりを守ったり，遊びを工夫し発展させたりして，仲良く遊ぼうとすること。
	(イ) 身の回りの遊びや遊び方について関心をもつこと。	(イ) 簡単なきまりのある遊びについて知ること。	(イ) きまりのある遊びや友達と仲良く遊ぶことなどの知識や技能を身に付けること。
オ 人との関わり	小さな集団での学習活動を通して，次の事項を身に付けることができるよう指導する。	身近な人と接することなどに関わる学習活動を通して，次の事項を身に付けることができるよう指導する。	身近なことを教師や友達と話すことなどに関わる学習活動を通して，次の事項を身に付けることができるよう指導する。
	(ア) 教師や身の回りの人に気付き，教師と一緒に簡単な挨拶などをしようとすること。	(ア) 身近な人を知り，教師の援助を求めながら挨拶や話などをしようとすること。	(ア) 身近な人と自分との関わりが分かり，一人で簡単な応対などをしようとすること。
	(イ) 身の回りの人との関わり方に関心をもつこと。	(イ) 身近な人との接し方などについて知ること。	(イ) 身近な人との簡単な応対などをするための知識や技能を身に付けること。
カ 役割	学級等の集団における役割などに関わる学習活動を通して，次の事項を身に付けることができるよう指導する。	学級や学年，異年齢の集団等における役割に関わる学習活動を通して，次の事項を身に付けることができるよう指導する。	様々な集団や地域での役割に関わる学習活動を通して，次の事項を身に付けることができるよう指導する。
	(ア) 身の回りの集団に気付き，教師と一緒に参加しようとすること。	(ア) 身近な集団活動に参加し，簡単な係活動をしようとすること。	(ア) 様々な集団活動に進んで参加し，簡単な役割を果たそうとすること。
	(イ) 集団の中での役割に関心をもつこと。	(イ) 簡単な係活動などの役割について知ること。	(イ) 集団の中での簡単な役割を果たすための知識や技能を身に付けること。
キ 手伝い・仕事	教師と一緒に印刷物を配ることや身の回りの簡単な手伝いなどに関わる学習活動を通して，次の事項を身に付けることができるよう指導する。	人の役に立つことのできる手伝いや仕事に関わる学習活動を通して，次の事項を身に付けることができるよう指導する。	自分から調理や製作などの様々な手伝いをすることや学級の備品等の整理などに関わる学習活動を通して，次の事項を身に付けることができるよう指導する。

内容	1段階	2段階	3段階
キ 手伝い・仕事	(ア) 身の回りの簡単な手伝いや仕事を教師と一緒にしようとすること。	(ア) 教師の援助を求めながら身近で簡単な手伝いや仕事をしようとすること。	(ア) 日常生活の手伝いや仕事を進んでしようとすること。
	(イ) 簡単な手伝いや仕事に関心をもつこと。	(イ) 簡単な手伝いや仕事について知ること。	(イ) 手伝いや仕事をするための知識や技能を身に付けること。
ク 金銭の扱い	簡単な買い物や金銭を大切に扱うことなどに関わる学習活動を通して，次の事項を身に付けることができるよう指導する。	金銭の価値に気付くことや金銭を扱うことなどに関わる学習活動を通して，次の事項を身に付けることができるよう指導する。	価格に応じて必要な貨幣を組み合わせるなどの金銭に関わる学習活動を通して，次の事項を身に付けることができるよう指導する。
	(ア) 身の回りの生活の中で，教師と一緒に金銭を扱おうとすること。	(ア) 身近な生活の中で，教師に援助を求めながら買い物をし，金銭の大切さや必要性について気付くこと。	(ア) 日常生活の中で，金銭の価値が分かり扱いに慣れること。
	(イ) 金銭の扱い方などに関心をもつこと。	(イ) 金銭の扱い方などを知ること。	(イ) 金銭の扱い方などの知識や技能を身に付けること。
ケ きまり	学校生活の簡単なきまりに関わる学習活動を通して，次の事項を身に付けることができるよう指導する。	順番を守ることや信号を守って横断することなど，簡単なきまりやマナーに関わる学習活動を通して，次の事項を身に付けることができるよう指導する。	学校のきまりや公共の場でのマナー等に関わる学習活動を通して，次の事項を身に付けることができるよう指導する。
	(ア) 身の回りの簡単なきまりに従って教師と一緒に行動しようとすること。	(ア) 身近で簡単なきまりやマナーに気付き，それらを守って行動しようとすること。	(ア) 日常生活の簡単なきまりやマナーが分かり，それらを守って行動しようとすること。
	(イ) 簡単なきまりについて関心をもつこと。	(イ) 簡単なきまりやマナーについて知ること。	(イ) 簡単なきまりやマナーに関する知識や技能を身に付けること。
コ 社会の仕組みと公共施設	自分の家族や近隣に関心をもつこと及び公園等の公共施設に関わる学習活動を通して，次の事項を身に付けることができるよう指導する。	自分の住む地域のことや図書館や児童館等の公共施設に関わる学習活動を通して，次の事項を身に付けることができるよう指導する。	自分の地域や周辺の地理などの社会の様子，警察署や消防署などの公共施設に関わる学習活動を通して，次の事項を身に付けることができるよう指導する。
	(ア) 身の回りにある社会の仕組みや公共施設に気付き，それを教師と一緒にみんなに伝えようとすること。	(ア) 教師の援助を求めながら身近な社会の仕組みや公共施設に気付き，それらを表現しようとすること。	(ア) 日常生活に関わりのある社会の仕組みや公共施設が分かり，それらを表現すること。
	(イ) 身の回りの社会の仕組みや公共施設の使い方などについて関心をもつこと。	(イ) 身近な社会の仕組みや公共施設の使い方などを知ること。	(イ) 日常生活に関わりのある社会の仕組みや公共施設などを知ったり，活用したりすること。
サ 生命・自然	教師と一緒に公園や野山などの自然に触れることや生き物に興味や関心をもつことなどに関わる学習活動を通して，次の事項を身に付けることができるよう指導する。	小動物等を飼育し生き物への興味・関心をもつことや天候の変化，季節の特徴に関心をもつことなどに関わる学習活動を通して，次の事項を身に付けることができるよう指導する。	身近にいる昆虫，魚，小鳥の飼育や草花などの栽培及び四季の変化や天体の動きなどに関わる学習活動を通して，次の事項を身に付けることができるよう指導する。
	(ア) 身の回りにある生命や自然に気付き，それを教師と一緒にみんなに伝えようとすること。	(ア) 身近な生命や自然の特徴や変化が分かり，それらを表現しようとすること。	(ア) 日常生活に関わりのある生命や自然の特徴や変化が分かり，それらを表現すること。
	(イ) 身の回りの生命や自然について関心をもつこと。	(イ) 身近な生命や自然について知ること。	(イ) 日常生活に関わりのある生命や自然について関心をもって調べること。

内容	1段階	2段階	3段階
シ ものの仕組みと働き	身の回りの生活の中で，物の重さに気付くことなどに関わる学習活動を通して，次の事項を身に付けることができるよう指導する。	身近な生活の中で，ものの仕組みなどに関わる学習活動を通して，次の事項を身に付けることができるよう指導する。	日常生活の中で，ものの仕組みなどに関わる学習活動を通して，次の事項を身に付けることができるよう指導する。
	(ｱ) 身の回りにあるものの仕組みや働きに気付き，それを教師と一緒にみんなに伝えようとすること。	(ｱ) 身近にあるものの仕組みや働きが分かり，それらを表現しようとすること。	(ｱ) 日常生活の中で，ものの仕組みや働きが分かり，それらを表現すること。
	(ｲ) 身の回りにあるものの仕組みや働きについて関心をもつこと。	(ｲ) 身近にあるものの仕組みや働きについて知ること。	(ｲ) ものの仕組みや働きに関して関心をもって調べること。

目標・内容の一覧（国語）

学部	小学部		
教科の目標			
言葉による見方・考え方を働かせ，言語活動を通して，国語で理解し表現する資質・能力を次のとおり育成することを目指す。			
知識及び技能	(1) 日常生活に必要な国語について，その特質を理解し使うことができるようにする。		
思考力，判断力，表現力等	(2) 日常生活における人との関わりの中で伝え合う力を身に付け，思考力や想像力を養う。		
学びに向かう力，人間性等	(3) 言葉で伝え合うよさを感じるとともに，言語感覚を養い，国語を大切にしてその能力の向上を図る態度を養う。		
段階の目標	1段階	2段階	3段階
知識及び技能	ア 日常生活に必要な身近な言葉が分かり使うようになるとともに，いろいろな言葉や我が国の言語文化に触れることができるようにする。	ア 日常生活に必要な身近な言葉を身に付けるとともに，いろいろな言葉や我が国の言語文化に触れることができるようにする。	ア 日常生活に必要な国語の知識や技能を身に付けるとともに，我が国の言語文化に触れ，親しむことができるようにする。
思考力，判断力，表現力等	イ 言葉をイメージしたり，言葉による関わりを受け止めたりする力を養い，日常生活における人との関わりの中で伝え合い，自分の思いをもつことができるようにする。	イ 言葉が表す事柄を想起したり受け止めたりする力を養い，日常生活における人との関わりの中で伝え合い，自分の思いをもつことができるようにする。	イ 出来事の順序を思い出す力や感じたり想像したりする力を養い，日常生活における人との関わりの中で伝え合う力を身に付け，思い付いたり考えたりすることができるようにする。
学びに向かう力，人間性等	ウ 言葉で表すことやそのよさを感じるとともに，言葉を使おうとする態度を養う。	ウ 言葉がもつよさを感じるとともに，読み聞かせに親しみ，言葉でのやり取りを聞いたり伝えたりしようとする態度を養う。	ウ 言葉がもつよさを感じるとともに，図書に親しみ，思いや考えを伝えたり受け止めたりしようとする態度を養う。
内容	1段階	2段階	3段階
知識及び技能	ア 言葉の特徴や使い方に関する次の事項を身に付けることができるよう指導する。	ア 言葉の特徴や使い方に関する次の事項を身に付けることができるよう指導する。	ア 言葉の特徴や使い方に関する次の事項を身に付けることができるよう指導する。
	(ｱ) 身近な人の話し掛けに慣れ，言葉が事物の内容を表していることを感じること。	(ｱ) 身近な人の話し掛けや会話などの話し言葉に慣れ，言葉が，気持ちや要求を表していることを感じること。	(ｱ) 身近な人との会話や読み聞かせを通して，言葉には物事の内容を表す働きがあることに気付くこと。
	—	—	(ｲ) 姿勢や口形に気を付けて話すこと。
		(ｲ) 日常生活でよく使われている平仮名を読むこと。	(ｳ) 日常生活でよく使う促音，長音などが含まれた語句，平仮名，片仮名，漢字の正しい読み方を知ること。
	(ｲ) 言葉のもつ音やリズムに触れたり，言葉が表す事物やイメージに触れたりすること。	(ｳ) 身近な人との会話を通して，物の名前や動作など，いろいろな言葉の種類に触れること。	(ｴ) 言葉には，意味による語句のまとまりがあることに気付くこと。
	—	—	(ｵ) 文の中における主語と述語との関係や助詞の使い方により，意味が変わることを知ること。
	—	—	—
	—	—	(ｶ) 正しい姿勢で音読すること。

学部	中学部	
教科の目標		
言葉による見方・考え方を働かせ，言語活動を通して，国語で理解し表現する資質・能力を次のとおり育成することを目指す。		
知識及び技能	(1) 日常生活や社会生活に必要な国語について，その特質を理解し適切に使うことができるようにする。	
思考力，判断力，表現力等	(2) 日常生活や社会生活における人との関わりの中で伝え合う力を高め，思考力や想像力を養う。	
学びに向かう力，人間性等	(3) 言葉がもつよさに気付くとともに，言語感覚を養い，国語を大切にしてその能力の向上を図る態度を養う。	
段階の目標	1段階	2段階
知識及び技能	ア 日常生活や社会生活に必要な国語の知識や技能を身に付けるとともに，我が国の言語文化に親しむことができるようにする。	ア 日常生活や社会生活，職業生活に必要な国語の知識や技能を身に付けるとともに，我が国の言語文化に親しむことができるようにする。
思考力，判断力，表現力等	イ 順序立てて考える力や感じたり想像したりする力を養い，日常生活や社会生活における人との関わりの中で伝え合う力を高め，自分の思いや考えをもつことができるようにする。	イ 筋道立てて考える力や豊かに感じたり想像したりする力を養い，日常生活や社会生活における人との関わりの中で伝え合う力を高め，自分の思いや考えをまとめることができるようにする。
学びに向かう力，人間性等	ウ 言葉がもつよさに気付くとともに，図書に親しみ，国語で考えたり伝え合ったりしようとする態度を養う。	ウ 言葉がもつよさに気付くとともに，いろいろな図書に親しみ，国語を大切にして，思いや考えを伝え合おうとする態度を養う。
内容	1段階	2段階
知識及び技能	ア 言葉の特徴や使い方に関する次の事項を身に付けることができるよう指導する。	ア 言葉の特徴や使い方に関する次の事項を身に付けることができるよう指導する。
	(ｱ) 身近な大人や友達とのやり取りを通して，言葉には，事物の内容を表す働きや，経験したことを伝える働きがあることに気付くこと。	(ｱ) 日常生活の中での周りの人とのやり取りを通して，言葉には，考えたことや思ったことを表す働きがあることに気付くこと。
	(ｲ) 発音や声の大きさに気を付けて話すこと。	(ｲ) 発声や発音に気を付けたり，声の大きさを調節したりして話すこと。
	(ｳ) 長音，拗音，促音，撥音，助詞の正しい読み方や書き方を知ること。	(ｳ) 長音，拗音，促音，撥音などの表記や助詞の使い方を理解し，文や文章の中で使うこと。
	(ｴ) 言葉には，意味による語句のまとまりがあることを理解するとともに，話し方や書き方によって意味が異なる語句があることに気付くこと。	(ｴ) 理解したり表現したりするために必要な語句の量を増し，使える範囲を広げること。
	(ｵ) 主語と述語との関係や接続する語句の役割を理解すること。	(ｵ) 修飾と被修飾との関係，指示する語句の役割について理解すること。
	(ｶ) 普通の言葉との違いに気を付けて，丁寧な言葉を使うこと。	(ｶ) 敬体と常体があることを理解し，その違いに注意しながら書くこと。
	(ｷ) 語のまとまりに気を付けて音読すること。	(ｷ) 内容の大体を意識しながら音読すること。

学部	小学部		
内容	1段階	2段階	3段階
知識及び技能	―	―	イ　話や文章の中に含まれている情報の扱い方に関する次の事項を身に付けることができるよう指導する。
知識及び技能	―	―	(ｱ)　物事の始めと終わりなど，情報と情報との関係について理解すること。
知識及び技能	―	―	(ｲ)　図書を用いた調べ方を理解し使うこと。
知識及び技能	イ　我が国の言語文化に関する次の事項を身に付けることができるよう指導する。	イ　我が国の言語文化に関する次の事項を身に付けることができるよう指導する。	ウ　我が国の言語文化に関する次の事項を身に付けることができるよう指導する。
知識及び技能	(ｱ)　昔話などについて，読み聞かせを聞くなどして親しむこと。	(ｱ)　昔話や童謡の歌詞などの読み聞かせを聞いたり，言葉などを模倣したりするなどして，言葉の響きやリズムに親しむこと。	(ｱ)　昔話や神話・伝承などの読み聞かせを聞き，言葉の響きやリズムに親しむこと。
知識及び技能	(ｲ)　遊びを通して，言葉のもつ楽しさに触れること。	(ｲ)　遊びややり取りを通して，言葉による表現に親しむこと。	(ｲ)　出来事や経験したことを伝え合う体験を通して，いろいろな語句や文の表現に触れること。
知識及び技能	(ｳ)　書くことに関する次の事項を理解し使うこと。 ㋐　いろいろな筆記具に触れ，書くことを知ること。 ㋑　筆記具の持ち方や，正しい姿勢で書くことを知ること。	(ｳ)　書くことに関する次の事項を理解し使うこと。 ㋐　いろいろな筆記具を用いて，書くことに親しむこと。 ㋑　写し書きやなぞり書きなどにより，筆記具の正しい持ち方や書くときの正しい姿勢など，書写の基本を身に付けること。	(ｳ)　書くことに関する次の事項を理解し使うこと。 ㋐　目的に合った筆記具を選び，書くこと。 ㋑　姿勢や筆記具の持ち方を正しくし，平仮名や片仮名の文字の形に注意しながら丁寧に書くこと。
知識及び技能	(ｴ)　読み聞かせに注目し，いろいろな絵本などに興味をもつこと。	(ｴ)　読み聞かせに親しんだり，文字を拾い読みしたりして，いろいろな絵本や図鑑などに興味をもつこと。	(ｴ)　読み聞かせなどに親しみ，いろいろな絵本や図鑑があることを知ること。
思考力，判断力，表現力等　A　聞くこと・話すこと	聞くこと・話すことに関する次の事項を身に付けることができるよう指導する。	聞くこと・話すことに関する次の事項を身に付けることができるよう指導する。	聞くこと・話すことに関する次の事項を身に付けることができるよう指導する。
思考力，判断力，表現力等　A　聞くこと・話すこと	ア　教師の話や読み聞かせに応じ，音声を模倣したり，表情や身振り，簡単な話し言葉などで表現したりすること。	ア　身近な人の話に慣れ，簡単な事柄と語句などを結び付けたり，語句などから事柄を思い浮かべたりすること。	ア　絵本の読み聞かせなどを通して，出来事など話の大体を聞き取ること。
思考力，判断力，表現力等　A　聞くこと・話すこと	イ　身近な人からの話し掛けに注目したり，応じて答えたりすること。	イ　簡単な指示や説明を聞き，その指示等に応じた行動をすること。	―
思考力，判断力，表現力等　A　聞くこと・話すこと	ウ　伝えたいことを思い浮かべ，身振りや音声などで表すこと。	ウ　体験したことなどについて，伝えたいことを考えること。	イ　経験したことを思い浮かべ，伝えたいことを考えること。
思考力，判断力，表現力等　A　聞くこと・話すこと	―	―	ウ　見聞きしたことなどのあらましや自分の気持ちなどについて思い付いたり，考えたりすること。

学部	中学部	
内容	1段階	2段階
知識及び技能	イ 話や文章の中に含まれている情報の扱い方に関する次の事項を身に付けることができるよう指導する。	イ 話や文章の中に含まれている情報の扱い方に関する次の事項を身に付けることができるよう指導する。
	(ア) 事柄の順序など，情報と情報との関係について理解すること。	(ア) 考えとそれを支える理由など，情報と情報との関係について理解すること。
	—	(イ) 必要な語や語句の書き留め方や，比べ方などの情報の整理の仕方を理解し使うこと。
	ウ 我が国の言語文化に関する次の事項を身に付けることができるよう指導する。	ウ 我が国の言語文化に関する次の事項を身に付けることができるよう指導する。
	(ア) 自然や季節の言葉を取り入れた俳句などを聞いたり作ったりして，言葉の響きやリズムに親しむこと。	(ア) 易しい文語調の短歌や俳句を音読したり暗唱したりするなどして，言葉の響きやリズムに親しむこと。
	(イ) 挨拶状などに書かれた語句や文を読んだり書いたりし，季節に応じた表現があることを知ること。	(イ) 生活に身近なことわざなどを知り，使うことにより様々な表現に親しむこと。
	(ウ) 書くことに関する次の事項を取り扱うこと。 ㋐ 姿勢や筆記具の持ち方を正しくし，文字の形に注意しながら，丁寧に書くこと。 ㋑ 点画相互の接し方や交わり方，長短や方向などに注意して文字を書くこと。	(ウ) 書くことに関する次の事項を取り扱うこと。 ㋐ 点画の書き方や文字の形に注意しながら，筆順に従って丁寧に書くこと。 ㋑ 漢字や仮名の大きさ，配列に注意して書くこと。
	(エ) 読書に親しみ，簡単な物語や，自然や季節などの美しさを表した詩や紀行文などがあることを知ること。	(エ) 幅広く読書に親しみ，本にはいろいろな種類があることを知ること。
思考力，判断力，表現力等 A 聞くこと・話すこと	聞くこと・話すことに関する次の事項を身に付けることができるよう指導する。	聞くこと・話すことに関する次の事項を身に付けることができるよう指導する。
	ア 身近な人の話や簡単な放送などを聞き，聞いたことを書き留めたり分からないことを聞き返したりして，話の大体を捉えること。	ア 身近な人の話や放送などを聞きながら，聞いたことを簡単に書き留めたり，分からないときは聞き返したりして，内容の大体を捉えること。
	—	—
	イ 話す事柄を思い浮かべ，伝えたいことを決めること。	イ 相手や目的に応じて，自分の伝えたいことを明確にすること。
	ウ 見聞きしたことや経験したこと，自分の意見などについて，内容の大体が伝わるように伝える順序等を考えること。	ウ 見聞きしたことや経験したこと，自分の意見やその理由について，内容の大体が伝わるように伝える順序や伝え方を考えること。

学部			小学部		
内容			1段階	2段階	3段階
思考力，判断力，表現力等			―	エ 挨拶をしたり，簡単な台詞（せりふ）などを表現したりすること。	エ 挨拶や電話の受け答えなど，決まった言い方を使うこと。
			―	―	オ 相手に伝わるよう，発音や声の大きさに気を付けること。
			―	―	カ 相手の話に関心をもち，自分の思いや考えを相手に伝えたり，相手の思いや考えを受け止めたりすること。
	B 書くこと		書くことに関する次の事項を身に付けることができるよう指導する。	書くことに関する次の事項を身に付けることができるよう指導する。	書くことに関する次の事項を身に付けることができるよう指導する。
			ア 身近な人との関わりや出来事について，伝えたいことを思い浮かべたり，選んだりすること。	ア 経験したことのうち身近なことについて，写真などを手掛かりにして，伝えたいことを思い浮かべたり，選んだりすること。	ア 身近で見聞きしたり，経験したりしたことについて書きたいことを見付け，その題材に必要な事柄を集めること。
			―	―	イ 見聞きしたり，経験したりしたことから，伝えたい事柄の順序を考えること。
			イ 文字に興味をもち，書こうとすること。	イ 自分の名前や物の名前を文字で表すことができることを知り，簡単な平仮名をなぞったり，書いたりすること。	ウ 見聞きしたり，経験したりしたことについて，簡単な語句や短い文を書くこと。
			―	―	エ 書いた語句や文を読み，間違いを正すこと。
			―	―	オ 文などに対して感じたことを伝えること。
	C 読むこと		読むことに関する次の事項を身に付けることができるよう指導する。	読むことに関する次の事項を身に付けることができるよう指導する。	読むことに関する次の事項を身に付けることができるよう指導する。
			ア 教師と一緒に絵本などを見て，示された身近な事物や生き物などに気付き，注目すること。	ア 教師と一緒に絵本などを見て，登場するものや動作などを思い浮かべること。	ア 絵本や易しい読み物などを読み，挿絵と結び付けて登場人物の行動や場面の様子などを想像すること。
			イ 絵本などを見て，知っている事物や出来事などを指さしなどで表現すること。	イ 教師と一緒に絵本などを見て，時間の経過などの大体を捉えること。	イ 絵本や易しい読み物などを読み，時間的な順序など内容の大体を捉えること。
			ウ 絵や矢印などの記号で表された意味に応じ，行動すること。	ウ 日常生活でよく使われている表示などの特徴に気付き，読もうとしたり，表された意味に応じた行動をしたりすること。	ウ 日常生活で必要な語句や文，看板などを読み，必要な物を選んだり行動したりすること。
			―	―	―
			エ 絵本などを見て，次の場面を楽しみにしたり，登場人物の動きなどを模倣したりすること。	エ 絵本などを見て，好きな場面を伝えたり，言葉などを模倣したりすること。	エ 登場人物になったつもりで，音読したり演じたりすること。

学部			中学部	
内容			1段階	2段階
思考力、判断力、表現力等			エ 自己紹介や電話の受け答えなど、相手や目的に応じた話し方で話すこと。	エ 相手に伝わるように発音や声の大きさ、速さに気を付けて話したり、必要な話し方を工夫したりすること。
			―	―
			オ 相手の話に関心をもち、分かったことや感じたことを伝え合い、考えをもつこと。	オ 物事を決めるために、簡単な役割や進め方に沿って話し合い、考えをまとめること。
	B 書くこと		書くことに関する次の事項を身に付けることができるよう指導する。	書くことに関する次の事項を身に付けることができるよう指導する。
			ア 見聞きしたことや経験したことの中から、伝えたい事柄を選び、書く内容を大まかにまとめること。	ア 相手や目的を意識して、見聞きしたことや経験したことの中から書くことを選び、伝えたいことを明確にすること。
			イ 相手に伝わるように事柄の順序に沿って簡単な構成を考えること。	イ 書く内容の中心を決め、自分の考えと理由などとの関係を明確にして、文章の構成を考えること。
			ウ 文の構成、語句の使い方に気を付けて書くこと。	ウ 事実と自分の考えとの違いなどが相手に伝わるように書き表し方を工夫すること。
			エ 自分が書いたものを読み返し、間違いを正すこと。	エ 文章を読み返す習慣を身に付け、間違いを正したり、語と語との続き方を確かめたりすること。
			オ 文章に対する感想をもち、伝え合うこと。	オ 文章に対する感想を伝え合い、内容や表現のよいところを見付けること。
	C 読むこと		読むことに関する次の事項を身に付けることができるよう指導する。	読むことに関する次の事項を身に付けることができるよう指導する。
			ア 簡単な文や文章を読み、情景や場面の様子、登場人物の心情などを想像すること。	ア 様々な読み物を読み、情景や場面の様子、登場人物の心情などを想像すること。
			イ 語や語句の意味を基に時間的な順序や事柄の順序など内容の大体を捉えること。	イ 語と語や文と文との関係を基に、出来事の順序や気持ちの変化など内容の大体を捉えること。
			ウ 日常生活で必要な語句や文章などを読み、行動すること。	ウ 日常生活や社会生活、職業生活に必要な語句、文章、表示などの意味を読み取り、行動すること。
			―	エ 中心となる語句や文を明確にしながら読むこと。
			エ 文章を読んで分かったことを伝えたり、感想をもったりすること。	オ 読んで感じたことや分かったことを伝え合い、一人一人の感じ方などに違いがあることに気付くこと。

目標・内容の一覧〔社会〕

学部	中学部	
教科の目標		
\[共通\]	社会的な見方・考え方を働かせ，社会的事象について関心をもち，具体的に考えたり関連付けたりする活動を通して，自立し生活を豊かにするとともに，平和で民主的な国家及び社会の形成者に必要な公民としての資質・能力の基礎を次のとおり育成することを目指す。	
知識及び技能	(1) 地域や我が国の国土の地理的環境，現代社会の仕組みや役割，地域や我が国の歴史や伝統と文化及び外国の様子について，具体的な活動や体験を通して理解するとともに，経験したことと関連付けて，調べまとめる技能を身に付けるようにする。	
思考力，判断力，表現力等	(2) 社会的事象について，自分の生活と結び付けて具体的に考え，社会との関わりの中で，選択・判断したことを適切に表現する力を養う。	
学びに向かう力，人間性等	(3) 社会に主体的に関わろうとする態度を養い，地域社会の一員として人々と共に生きていくことの大切さについての自覚を養う。	
段階の目標	1段階	2段階
	日常生活に関わる社会的事象が分かり，地域社会の一員としての資質・能力の基礎を次のとおり育成することを目指す。	日常生活に関わる社会的事象について理解し，地域社会の一員としての資質・能力の基礎を次のとおり育成することを目指す。
知識及び技能	ア　身近な地域や市区町村の地理的環境，地域の安全を守るための諸活動，地域の産業と消費生活の様子及び身近な地域の様子の移り変わり並びに社会生活に必要なきまり，公共施設の役割及び外国の様子について，具体的な活動や体験を通して，自分との関わりが分かるとともに，調べまとめる技能を身に付けるようにする。	ア　自分たちの都道府県の地理的環境の特色，地域の人々の健康と生活環境を支える役割，自然災害から地域の安全を守るための諸活動及び地域の伝統と文化並びに社会参加するためのきまり，社会に関する基本的な制度及び外国の様子について，具体的な活動や体験を通して，人々の生活との関連を踏まえて理解するとともに，調べまとめる技能を身に付けるようにする。
思考力，判断力，表現力等	イ　社会的事象について，自分の生活や地域社会と関連付けて具体的に考えたことを表現する基礎的な力を養う。	イ　社会的事象について，自分の生活や地域社会と関連付けて具体的に考えたことを表現する力を養う。
学びに向かう力，人間性等	ウ　身近な社会に自ら関わろうとする意欲をもち，地域社会の中で生活することの大切さについての自覚を養う。	ウ　社会に自ら関わろうとする意欲をもち，地域社会の中で生活することの大切さについての自覚を養う。
内容	1段階	2段階
ア　社会参加ときまり	(ｱ) 社会参加するために必要な集団生活に関わる学習活動を通して，次の事項を身に付けることができるよう指導する。 ㋐　学級や学校の中で，自分の意見を述べたり相手の意見を聞いたりするなど，集団生活の中での役割を果たすための知識や技能を身に付けること。 ㋑　集団生活の中で何が必要かに気付き，自分の役割を考え，表現すること。 (ｲ) 社会生活に必要なきまりに関わる学習活動を通して，次の事項を身に付けることができるよう指導する。 ㋐　家庭や学校でのきまりを知り，生活の中でそれを守ることの大切さが分かること。 ㋑　社会生活ときまりとの関連を考え，表現すること。	(ｱ) 社会参加するために必要な集団生活に関わる学習活動を通して，次の事項を身に付けることができるよう指導する。 ㋐　学級や学校の中で，意見を述べ合い，助け合い，協力しながら生活する必要性を理解し，そのための知識や技能を身に付けること。 ㋑　周囲の状況を判断し，集団生活の中での自分の役割と責任について考え，表現すること。 (ｲ) 社会生活に必要なきまりに関わる学習活動を通して，次の事項を身に付けることができるよう指導する。 ㋐　家庭や学校，地域社会でのきまりは，社会生活を送るために必要であることを理解すること。 ㋑　社会生活に必要なきまりの意義について考え，表現すること。

内容	1段階	2段階
イ 公共施設と制度	(ア) 公共施設の役割に関わる学習活動を通して，次の事項を身に付けることができるよう指導する。 ㋐ 身近な公共施設や公共物の役割が分かること。 ㋑ 公共施設や公共物について調べ，それらの役割を考え，表現すること。 (イ) 制度の仕組みに関わる学習活動を通して，次の事項を身に付けることができるよう指導する。 ㋐ 身近な生活に関する制度が分かること。 ㋑ 身近な生活に関する制度について調べ，自分との関わりを考え，表現すること。	(ア) 公共施設の役割に関わる学習活動を通して，次の事項を身に付けることができるよう指導する。 ㋐ 自分の生活の中での公共施設や公共物の役割とその必要性を理解すること。 ㋑ 公共施設や公共物の役割について調べ，生活の中での利用を考え，表現すること。 (イ) 制度の仕組みに関わる学習活動を通して，次の事項を身に付けることができるよう指導する。 ㋐ 社会に関する基本的な制度について理解すること。 ㋑ 社会に関する基本的な制度について調べ，それらの意味を考え，表現すること。
ウ 地域の安全	(ア) 地域の安全に関わる学習活動を通して，次の事項を身に付けることができるよう指導する。 ㋐ 地域の安全を守るため，関係機関が地域の人々と協力していることが分かること。 ㋑ 地域における災害や事故に対する施設・設備などの配置，緊急時への備えや対応などに着目して，関係機関や地域の人々の諸活動を捉え，そこに関わる人々の働きを考え，表現すること。	(ア) 地域の安全に関わる学習活動を通して，次の事項を身に付けることができるよう指導する。 ㋐ 地域の関係機関や人々は，過去に発生した地域の自然災害や事故に対し，様々な協力をして対処してきたことや，今後想定される災害に対し，様々な備えをしていることを理解すること。 ㋑ 過去に発生した地域の自然災害や事故，関係機関の協力などに着目して，危険から人々を守る活動と働きを考え，表現すること。
エ 産業と生活	(ア) 仕事と生活に関わる学習活動を通して，次の事項を身に付けることができるよう指導する。 ㋐ 生産の仕事は，地域の人々の生活と密接な関わりをもって行われていることが分かること。 ㋑ 仕事の種類や工程などに着目して，生産に携わっている人々の仕事の様子を捉え，地域の人々の生活との関連を考え，表現すること。 (イ) 身近な産業と生活に関わる学習活動を通して，次の事項を身に付けることができるよう指導する。 ㋐ 販売の仕事は，消費者のことを考え，工夫して行われていることが分かること。 ㋑ 消費者の願いや他地域との関わりなどに着目して，販売の仕事に携わっている人々の仕事の様子を捉え，それらの仕事に見られる工夫を考え，表現すること。	(ア) 県内の特色ある地域に関わる学習活動を通して，次の事項を身に付けることができるよう指導する。 ㋐ 地域では，人々が協力し，産業の発展に努めていることを理解すること。 ㋑ 人々の活動や産業の歴史的背景などに着目して，地域の様子を捉え，それらの特色を考え，表現すること。 (イ) 生活を支える事業に関わる学習活動を通して，次の事項を身に付けることができるよう指導する。 ㋐ 水道，電気及びガスなどの生活を支える事業は，安全で安定的に供給や処理できるよう実施されていることや，地域の人々の健康な生活の維持と向上に役立っていることを理解すること。 ㋑ 供給や処理の仕組みや関係機関の協力などに着目して，水道，電気及びガスなどの生活を支える事業の様子を捉え，それらの事業が果たす役割を考え，表現すること。
オ 我が国の地理や歴史	(ア) 身近な地域や市区町村（以下第2章第2節第2款において「市」という。）の様子に関わる学習活動を通して，次の事項を身に付けることができるよう指導する。 ㋐ 身近な地域や自分たちの市の様子が分かること。 ㋑ 都道府県（以下第2章第2節第2款第1〔社会〕(2) 内容において「県」という。）内における市の位置や市の地形，土地利用などに着目して，身近な地域や市の様子を捉え，場所による違いを考え，表現すること。	(ア) 身近な地域に関わる学習活動を通して，次の事項を身に付けることができるよう指導する。 ㋐ 自分たちの県の概要を理解すること。 ㋑ 我が国における自分たちの県の位置，県全体の地形などに着目して，県の様子を捉え，地理的環境の特色を考え，表現すること。

内容	1段階	2段階
オ 我が国の地理や歴史	(イ) 身近な地域の移り変わりに関わる学習活動を通して，次の事項を身に付けることができるよう指導する。 ㋐ 身近な地域や自分たちの市の様子，人々の生活は，時間とともに移り変わってきたことを知ること。 ㋑ 交通や人口，生活の道具などの時期による違いに着目して，市や人々の生活の様子を捉え，それらの変化を考え，表現すること。	(イ) 県内の伝統や文化，先人の働きや出来事に関わる学習活動を通して，次の事項を身に付けることができるよう指導する。 ㋐ 県内の主な歴史を手掛かりに，先人の働きや出来事，文化遺産などを知ること。 ㋑ 歴史的背景や現在に至る経緯などに着目し，県内の文化財や年中行事の様子を捉え，それらの特色を考え，表現すること。
カ 外国の様子	(ア) 世界の中の日本と国際交流に関わる学習活動を通して，次の事項を身に付けることができるよう指導する。 ㋐ 文化や風習の特徴や違いを知ること。 ㋑ そこに暮らす人々の生活などに着目して，日本との違いを考え，表現すること。	(ア) 世界の中の日本と国際交流に関わる学習活動を通して，次の事項を身に付けることができるよう指導する。 ㋐ 文化や風習の特徴や違いを理解すること。 ㋑ 人々の生活や習慣などに着目して，多様な文化について考え，表現すること。 (イ) 世界の様々な地域に関わる学習活動を通して，次の事項を身に付けることができるよう指導する。 ㋐ 人々の生活の様子を大まかに理解すること。 ㋑ 世界の出来事などに着目して，それらの国の人々の生活の様子を捉え，交流することの大切さを考え，表現すること。

目標・内容の一覧〔算数〕〔数学〕

学部		小学部〔算数〕		
教科の目標				
数学的な見方・考え方を働かせ,数学的活動を通して,数学的に考える資質・能力を次のとおり育成することを目指す。				
知識及び技能		(1) 数量や図形などについての基礎的・基本的な概念や性質などに気付き理解するとともに,日常の事象を数量や図形に注目して処理する技能を身に付けるようにする。		
思考力,判断力,表現力等		(2) 日常の事象の中から数量や図形を直感的に捉える力,基礎的・基本的な数量や図形の性質などに気付き感じ取る力,数学的な表現を用いて事象を簡潔・明瞭・的確に表したり柔軟に表したりする力を養う。		
学びに向かう力,人間性等		(3) 数学的活動の楽しさに気付き,関心や興味をもち,学習したことを結び付けてよりよく問題を解決しようとする態度,算数で学んだことを学習や生活に活用しようとする態度を養う。		
	段階の目標	1段階	2段階	3段階
知識及び技能	A 数量の基礎	ア 身の回りのものに気付き,対応させたり,組み合わせたりすることなどについての技能を身に付けるようにする。	―	―
	A 数と計算 (1段階はB)	ア ものの有無や3までの数的要素に気付き,身の回りのものの数に関心をもって関わることについての技能を身に付けるようにする。	ア 10までの数の概念や表し方について分かり,数についての感覚をもつとともに,ものと数との関係に関心をもって関わることについての技能を身に付けるようにする。	ア 100までの数の概念や表し方について理解し,数に対する感覚を豊かにするとともに,加法,減法の意味について理解し,これらの簡単な計算ができるようにすることについての技能を身に付けるようにする。
	B 図形 (1段階はC)	ア 身の回りのものの上下や前後,形の違いに気付き,違いに応じて関わることについての技能を身に付けるようにする。	ア 身の回りのものの形に着目し,集めたり,分類したりすることを通して,図形の違いが分かるようにするための技能を身に付けるようにする。	ア 身の回りのものの形の観察などの活動を通して,図形についての感覚を豊かにするとともに,ものについて,その形の合同,移動,位置,機能及び角の大きさの意味に関わる基礎的な知識を理解することなどについての技能を身に付けるようにする。
	C 測定 (1段階はD)	ア 身の回りにあるものの量の大きさに気付き,量の違いについての感覚を養うとともに,量に関わることについての技能を身に付けるようにする。	ア 身の回りにある具体物の量の大きさに注目し,量の大きさの違いが分かるとともに,二つの量の大きさを比べることについての技能を身に付けるようにする。	ア 身の回りにある長さや体積などの量の単位と測定の意味について理解し,量の大きさについての感覚を豊かにするとともに,測定することなどについての技能を身に付けるようにする。
	C 変化と関係	―	―	―
	D データの活用	―	ア 身の回りのものや身近な出来事のつながりに関心をもち,それを簡単な絵や記号などを用いた表やグラフで表したり,読み取ったりする方法についての技能を身に付けるようにする。	ア 身の回りにある事象を,簡単な絵や図を用いて整理したり,記号に置き換えて表したりしながら,読み取り方について理解することについての技能を身に付けるようにする。

学部		中学部〔数学〕	
教科の目標			
数学的な見方・考え方を働かせ，数学的活動を通して，数学的に考える資質・能力を次のとおり育成することを目指す。			
知識及び技能		(1) 数量や図形などについての基礎的・基本的な概念や性質などを理解し，事象を数理的に処理する技能を身に付けるようにする。	
思考力，判断力，表現力等		(2) 日常の事象を数理的に捉え見通しをもち筋道を立てて考察する力，基礎的・基本的な数量や図形の性質などを見いだし統合的・発展的に考察する力，数学的な表現を用いて事象を簡潔・明瞭・的確に表現する力を養う。	
学びに向かう力，人間性等		(3) 数学的活動の楽しさや数学のよさに気付き，学習を振り返ってよりよく問題を解決しようとする態度，数学で学んだことを生活や学習に活用しようとする態度を養う。	
	段階の目標	1段階	2段階
知識及び技能	A 数量の基礎	—	—
	A 数と計算	ア 3位数程度の整数の概念について理解し，数に対する感覚を豊かにするとともに，加法，減法及び乗法の意味や性質について理解し，これらを計算することについての技能を身に付けるようにする。	ア 整数の概念や性質について理解を深め，数に対する感覚を豊かにするとともに，加法，減法，乗法及び除法の意味や性質について理解し，それらの計算ができるようにする。また，小数及び分数の意味や表し方について知り，数量とその関係を表したり読み取ったりすることができるようにすることについての技能を身に付けるようにする。
	B 図形	ア 三角形や四角形，箱の形などの基本的な図形について理解し，図形についての感覚を豊かにするとともに，図形を作図したり，構成したりすることなどについての技能を身に付けるようにする。	ア 二等辺三角形や正三角形などの基本的な図形や面積，角の大きさについて理解し，図形についての感覚を豊かにするとともに，図形を作図や構成したり，図形の面積や角の大きさを求めたりすることなどについての技能を身に付けるようにする。
	C 測定	ア 身の回りにある長さ，体積，重さ及び時間の単位と測定の意味について理解し，量の大きさについての感覚を豊かにするとともに，それらを測定することについての技能を身に付けるようにする。	—
	C 変化と関係	—	ア 二つの数量の関係や変化の様子を表や式，グラフで表すことについて理解するとともに，二つの数量の関係を割合によって比べることについての技能を身に付けるようにする。
	D データの活用	ア 身の回りにあるデータを分類整理して簡単な表やグラフに表したり，それらを問題解決において用いたりすることについての技能を身に付けるようにする。	ア データを表や棒グラフ，折れ線グラフで表す表し方や読み取り方を理解し，それらを問題解決における用い方についての技能を身に付けるようにする。

学部		小学部（算数）		
段階の目標		1段階	2段階	3段階
思考力，判断力，表現力等	A 数量の基礎	イ 身の回りにあるもの同士を対応させたり，組み合わせたりするなど，数量に関心をもって関わる力を養う。	―	―
	A 数と計算（1段階はB）	イ 身の回りのものの有無や数的要素に注目し，数を直感的に捉えたり，数を用いて表現したりする力を養う。	イ 日常生活の事象について，ものの数に着目し，具体物や図などを用いながら数の数え方を考え，表現する力を養う。	イ 日常の事象について，ものの数に着目し，具体物や図などを用いながら数の数え方や計算の仕方を考え，表現する力を養う。
	B 図形（1段階はC）	イ 身の回りのものの形に注目し，同じ形を捉えたり，形の違いを捉えたりする力を養う。	イ 身の回りのものの形に関心をもち，分類したり，集めたりして，形の性質に気付く力を養う。	イ 身の回りのものの形に着目し，ぴったり重なる形，移動，ものの位置及び機能的な特徴等について具体的に操作をして考える力を養う。
	C 測定（1段階はD）	イ 身の回りにあるものの大きさや長さなどの量の違いに注目し，量の大きさにより区別する力を養う。	イ 量に着目し，二つの量を比べる方法が分かり，一方を基準にして他方と比べる力を養う。	イ 身の回りにある量の単位に着目し，目的に応じて量を比較したり，量の大小及び相等関係を表現したりする力を養う。
	C 変化と関係	―	―	―
	D データの活用	―	イ 身の回りのものや身近な出来事のつながりなどの共通の要素に着目し，簡単な表やグラフで表現する力を養う。	イ 身の回りの事象を，比較のために簡単な絵や図に置き換えて簡潔に表現したり，データ数を記号で表現したりして，考える力を養う。
学びに向かう力，人間性等	A 数量の基礎	ウ 数量や図形に気付き，算数の学習に関心をもって取り組もうとする態度を養う。	―	―
	A 数と計算（1段階はB）	ウ 数量に気付き，算数の学習に関心をもって取り組もうとする態度を養う。	ウ 数量に関心をもち，算数で学んだことの楽しさやよさを感じながら興味をもって学ぶ態度を養う。	ウ 数量の違いを理解し，算数で学んだことのよさや楽しさを感じながら学習や生活に活用しようとする態度を養う。
	B 図形（1段階はC）	ウ 図形に気付き，算数の学習に関心をもって取り組もうとする態度を養う。	ウ 図形に関心をもち，算数で学んだことの楽しさやよさを感じながら興味をもって学ぶ態度を養う。	ウ 図形や数量の違いを理解し，算数で学んだことのよさや楽しさを感じながら学習や生活に活用しようとする態度を養う。
	C 測定（1段階はD）	ウ 数量や図形に気付き，算数の学習に関心をもって取り組もうとする態度を養う。	ウ 数量や図形に関心をもち，算数で学んだことの楽しさやよさを感じながら興味をもって学ぶ態度を養う。	ウ 数量や図形の違いを理解し，算数で学んだことのよさや楽しさを感じながら学習や生活に活用しようとする態度を養う。
	C 変化と関係	―	―	―
	D データの活用	―	ウ 数量や図形に関心をもち，算数で学んだことの楽しさやよさを感じながら興味をもって学ぶ態度を養う。	ウ 数量や図形の違いを理解し，算数で学んだことのよさや楽しさを感じながら学習や生活に活用しようとする態度を養う。

学部			中学部〔数学〕	
段階の目標			1段階	2段階
思考力、判断力、表現力等	A	数量の基礎	—	—
	A	数と計算	イ　数とその表現や数の関係に着目し，具体物や図などを用いて，数の表し方や計算の仕方などを筋道立てて考えたり，関連付けて考えたりする力を養う。	イ　数を構成する単位に着目して，数の表し方やその数について考えたり，扱う数の範囲を広げ，計算の仕方を見いだし，筋道立てて考えたりするとともに，日常生活の問題場面を数量に着目して捉え，処理した結果を場面をもとに振り返り，解釈及び判断する力を養う。
	B	図形	イ　三角形や四角形，箱の形などの基本的な図形を構成する要素に着目して，平面図形の特徴を捉えたり，身の回りの事象を図形の性質から関連付けて考えたりする力を養う。	イ　二等辺三角形や正三角形などの基本的な図形を構成する要素に着目して，平面図形の特徴を捉えたり，身の回りの事象を図形の性質から考察したりする力，図形を構成する要素に着目し，図形の計量について考察する力を養う。
	C	測定	イ　身の回りの事象を量に着目して捉え，量の単位を用いて的確に表現する力を養う。	—
	C	変化と関係	—	イ　伴って変わる二つの数量の関係に着目し，変化の特徴に気付き，二つの数量の関係を表や式，グラフを用いて考察したり，割合を用いて考察したりする力を養う。
	D	データの活用	イ　身の回りの事象を，データの特徴に着目して捉え，簡潔に表現したり，考察したりする力を養う。	イ　身の回りの事象について整理されたデータの特徴に着目し，事象を簡潔に表現したり，適切に判断したりする力を養う。
学びに向かう力、人間性等	A	数量の基礎	—	—
	A	数と計算	ウ　数量に進んで関わり，数学的に表現・処理するとともに，数学で学んだことのよさに気付き，そのことを生活や学習に活用しようとする態度を養う。	ウ　数量に進んで関わり，数学的に表現・処理するとともに，数学で学んだことのよさを理解し，そのことを生活や学習に活用しようとする態度を養う。
	B	図形	ウ　図形に進んで関わり，数学的に表現・処理するとともに，数学で学んだことのよさに気付き，そのことを生活や学習に活用しようとする態度を養う。	ウ　図形や数量に進んで関わり，数学的に表現・処理するとともに，数学で学んだことのよさを理解し，そのことを生活や学習に活用しようとする態度を養う。
	C	測定	ウ　数量や図形に進んで関わり，数学的に表現・処理するとともに，数学で学んだことのよさに気付き，そのことを生活や学習に活用しようとする態度を養う。	—
	C	変化と関係	—	ウ　数量に進んで関わり，数学的に表現・処理するとともに，数学で学んだことのよさを理解し，そのことを生活や学習に活用しようとする態度を養う。
	D	データの活用	ウ　データの活用に進んで関わり，数学的に表現・処理するとともに，数学で学んだことのよさに気付き，そのことを生活や学習に活用しようとする態度を養う。	ウ　データの活用に進んで関わり，数学的に表現・処理するとともに，数学で学んだことのよさを理解し，そのことを生活や学習に活用しようとする態度を養う。

学部	小学部〔算数〕		
内容	1段階	2段階	3段階
A 数量の基礎	ア 具体物に関わる数学的活動を通して，次の事項を身に付けることができるよう指導する。	―	―
	(ア) 次のような知識及び技能を身に付けること。 ㋐ 具体物に気付いて指を差したり，つかもうとしたり，目で追ったりすること。 ㋑ 目の前で隠されたものを探したり，身近にあるものや人の名を聞いて指を差したりすること。	―	―
	(イ) 次のような思考力，判断力，表現力等を身に付けること。 ㋐ 対象物に注意を向け，対象物の存在に注目し，諸感覚を協応させながら捉えること。	―	―
	イ ものとものとを対応させることに関わる数学的活動を通して，次の事項を身に付けることができるよう指導する。	―	―
	(ア) 次のような知識及び技能を身に付けること。 ㋐ ものとものとを対応させて配ること。 ㋑ 分割した絵カードを組み合わせること。 ㋒ 関連の深い絵カードを組み合わせること。	―	―
	(イ) 次のような思考力，判断力，表現力等を身に付けること。 ㋐ ものとものとを関連付けることに注意を向け，ものの属性に注目し，仲間であることを判断したり，表現したりすること。	―	―
A 数と計算 （1段階はB）	ア 数えることの基礎に関わる数学的活動を通して，次の事項を身に付けることができるよう指導する。	ア 10までの数の数え方や表し方，構成に関わる数学的活動を通して，次の事項を身に付けることができるよう指導する。	ア 100までの整数の表し方に関わる数学的活動を通して，次の事項を身に付けることができるよう指導する。
	(ア) 次のような知識及び技能を身に付けること。 ㋐ ものの有無に気付くこと。 ㋑ 目の前のものを，1個，2個，たくさんで表すこと。 ㋒ 5までの範囲で数唱をする	(ア) 次のような知識及び技能を身に付けること。 ㋐ ものとものとを対応させることによって，ものの個数を比べ，同等・多少が分かること。 ㋑ ものの集まりと対応して，	(ア) 次のような知識及び技能を身に付けること。 ㋐ 20までの数について，数詞を唱えたり，個数を数えたり書き表したり，数の大小を比べたりすること。

学部	中学部〔数学〕	
内容	1段階	2段階
A 数量の基礎	―	―
	―	―
	―	―
	―	―
	―	―
	―	―
A 数と計算	ア 整数の表し方に関わる数学的活動を通して，次の事項を身に付けることができるよう指導する。 (ア) 次のような知識及び技能を身に付けること。 ㋐ 1000までの数をいくつかの同じまとまりに分割したうえで数えたり，分類して数えたりすること。 ㋑ 3位数の表し方について理解すること。 ㋒ 数を十や百を単位としてみるなど，数の相対	ア 整数の表し方に関わる数学的活動を通して，次の事項を身に付けることができるよう指導する。 (ア) 次のような知識及び技能を身に付けること。 ㋐ 4位数までの十進位取り記数法による数の表し方及び数の大小や順序について，理解すること。 ㋑ 10倍，100倍，$\frac{1}{10}$の大きさの数及びその表し方について知ること。 ㋒ 数を千を単位としてみるなど，数の相対的な

学部	小学部〔算数〕		
内容	1段階	2段階	3段階
A 数と計算 （1段階はB）	こと。 ㋑ 3までの範囲で具体物を取ること。 ㋺ 対応させてものを配ること。 ㋩ 形や色，位置が変わっても，数は変わらないことについて気付くこと。	数詞が分かること。 ㋒ ものの集まりや数詞と対応して数字が分かること。 ㋓ 個数を正しく数えたり書き表したりすること。 ㋔ 二つの数を比べて数の大小が分かること。 ㋕ 数の系列が分かり，順序や位置を表すのに数を用いること。 ㋖ 0の意味について分かること。 ㋗ 一つの数を二つの数に分けたり，二つの数を一つの数にまとめたりして表すこと。 ㋘ 具体的な事物を加えたり，減らしたりしながら，集合数を一つの数と他の数と関係付けてみること。 ㋙ 10の補数が分かること。	㋐ 100までの数について，数詞を唱えたり，個数を数えたり書き表したり，数の系列を理解したりすること。 ㋒ 数える対象を2ずつや5ずつのまとまりで数えること。 ㋓ 数を10のまとまりとして数えたり，10のまとまりと端数に分けて数えたり書き表したりすること。 ㋔ 具体物を分配したり等分したりすること。
	(イ) 次のような思考力，判断力，表現力等を身に付けること。 ㋐ 数詞とものとの関係に注目し，数のまとまりや数え方に気付き，それらを学習や生活で生かすこと。	(イ) 次のような思考力，判断力，表現力等を身に付けること。 ㋐ 数詞と数字，ものとの関係に着目し，数の数え方や数の大きさの比べ方，表し方について考え，それらを学習や生活で興味をもって生かすこと。	(イ) 次のような思考力，判断力，表現力等を身に付けること。 ㋐ 数のまとまりに着目し，数の数え方や数の大きさの比べ方，表し方について考え，学習や生活で生かすこと。
	―	―	イ 整数の加法及び減法に関わる数学的活動を通して，次の事項を身に付けることができるよう指導する。
	―	―	(ア) 次のような知識及び技能を身に付けること。 ㋐ 加法が用いられる合併や増加等の場合について理解すること。 ㋑ 加法が用いられる場面を式に表したり，式を読み取ったりすること。 ㋒ 1位数と1位数との加法の計算ができること。 ㋓ 1位数と2位数との和が20までの加法の計算ができること。 ㋔ 減法が用いられる求残や減少等の場合について理解すること。 ㋕ 減法が用いられる場面を式に表したり，式を読み取ったりすること。 ㋖ 20までの数の範囲で減法の計算ができること。

学部	中学部〔数学〕	
内容	1段階	2段階
A 数と計算	的な大きさについて理解すること。 ㋤ 3位数の数系列，順序，大小について，数直線上の目盛りを読んで理解したり，数を表したりすること。 ㋥ 一つの数をほかの数の積としてみるなど，ほかの数と関係付けてみること。 (イ) 次のような思考力，判断力，表現力等を身に付けること。 ㋐ 数のまとまりに着目し，考察する範囲を広げながら数の大きさの比べ方や数え方を考え，日常生活で生かすこと。 イ 整数の加法及び減法に関わる数学的活動を通して，次の事項を身に付けることができるよう指導する。 (ア) 次のような知識及び技能を身に付けること。 ㋐ 2位数の加法及び減法について理解し，その計算ができること。また，それらの筆算の仕方について知ること。 ㋑ 簡単な場合について3位数の加法及び減法の計算の仕方を知ること。 ㋒ 加法及び減法に関して成り立つ性質について理解すること。 ㋓ 計算機を使って，具体的な生活場面における簡単な加法及び減法の計算ができること。	大きさについて理解を深めること。 (イ) 次のような思考力，判断力，表現力等を身に付けること。 ㋐ 数のまとまりに着目し，考察する範囲を広げながら数の大きさの比べ方や数え方を考え，日常生活で生かすこと。 イ 整数の加法及び減法に関わる数学的活動を通して，次の事項を身に付けることができるよう指導する。 (ア) 次のような知識及び技能を身に付けること。 ㋐ 3位数や4位数の加法及び減法の計算の仕方について理解し，計算ができること。また，それらの筆算についての仕方を知ること。 ㋑ 加法及び減法に関して成り立つ性質を理解すること。 ㋒ 計算機を使って，具体的な生活場面における加法及び減法の計算ができること。

学部	小学部〔算数〕		
内容	1段階	2段階	3段階
A 数と計算 （1段階はB）	―	―	(イ) 次のような思考力，判断力，表現力等を身に付けること。 ㋐ 日常の事象における数量の関係に着目し，計算の意味や計算の仕方を見付け出したり，学習や生活で生かしたりすること。
	―	―	―
	―	―	―
	―	―	―
	―	―	―
	―	―	―
	―	―	―
	―	―	―
	―	―	(イ) 次のような思考力，判断力，表現力等を身に付けること。 ㋐

学部	中学部（数学）	
内容	1段階	2段階
A 数と計算	(イ) 次のような思考力，判断力，表現力等を身に付けること。 ⑦ 数量の関係に着目し，数を適用する範囲を広げ，計算に関して成り立つ性質や計算の仕方を見いだすとともに，日常生活で生かすこと。	(イ) 次のような思考力，判断力，表現力等を身に付けること。 ⑦ 数量の関係に着目し，数の適用範囲を広げ，計算に関して成り立つ性質や計算の仕方を見いだすとともに，日常生活で生かすこと。
	ウ 整数の乗法に関わる数学的活動を通して，次の事項を身に付けることができるよう指導する。	ウ 整数の乗法に関わる数学的活動を通して，次の事項を身に付けることができるよう指導する。
	(ア) 次のような知識及び技能を身に付けること。 ⑦ 乗法が用いられる場合や意味について知ること。 ④ 乗法が用いられる場面を式に表したり，式を読み取ったりすること。 ⑨ 乗法に関して成り立つ簡単な性質について理解すること。 ㊀ 乗法九九について知り，1位数と1位数との乗法の計算ができること。	(ア) 次のような知識及び技能を身に付けること。 ⑦ 1位数と1位数との乗法の計算ができ，それを適切に用いること。 ④ 交換法則や分配法則といった乗法に関して成り立つ性質を理解すること。
	(イ) 次のような思考力，判断力，表現力等を身に付けること。 ⑦ 数量の関係に着目し，計算に関して成り立つ性質や計算の仕方を見いだすとともに，日常生活で生かすこと。	(イ) 次のような思考力，判断力，表現力等を身に付けること。 ⑦ 数量の関係に着目し，計算に関して成り立つ性質や計算の仕方を見いだすとともに，日常生活で生かすこと。
	―	エ 整数の除法に関わる数学的活動を通して，次の事項を身に付けることができるよう指導する。
	―	(ア) 次のような知識及び技能を身に付けること。 ⑦ 除法が用いられる場合や意味について理解すること。 ④ 除法が用いられる場面を式に表したり，式を読み取ったりすること。 ⑨ 除法と乗法との関係について理解すること。 ㊀ 除数と商が共に1位数である除法の計算ができること。 ㊉ 余りについて知り，余りの求め方が分かること。
	―	(イ) 次のような思考力，判断力，表現力等を身に付けること。 ⑦ 数量の関係に着目し，計算に関して成り立つ性質や計算の仕方を見いだすとともに，日常生活に生かすこと。
	―	オ 小数の表し方に関わる数学的活動を通して，次の事項を身に付けることができるよう指導する。
	―	(ア) 次のような知識及び技能を身に付けること。 ⑦ 端数部分の大きさを表すのに小数を用いることを知ること。 ④ $\frac{1}{10}$の位までの小数の仕組みや表し方について理解すること。

学部	小学部〔算数〕		
内容	1段階	2段階	3段階
A 数と計算 （1段階はB）	ー	ー	ー
	ー	ー	ー
	ー	ー	ー
	ー	ー	ー
	ー	ー	ー
	ー	ー	ー
	ー	ー	ー
B 図形 （1段階はC）	ア ものの類別や分類・整理に関わる数学的活動を通して，次の事項を身に付けることができるよう指導する。	ア ものの分類に関わる数学的活動を通して，次の事項を身に付けることができるよう指導する。	ア 身の回りにあるものの形に関わる数学的活動を通して，次の事項を身に付けることができるよう指導する。
	(ア) 次のような知識及び技能を身に付けること。 ㋐ 具体物に注目して指を差したり，つかもうとしたり，目で追ったりすること。 ㋑ 形を観点に区別すること。 ㋒ 形が同じものを選ぶこと。 ㋓ 似ている二つのものを結び付けること。 ㋔ 関連の深い一対のものや絵カードを組み合わせること。 ㋕ 同じもの同士の集合づくりをすること。	(ア) 次のような知識及び技能を身に付けること。 ㋐ 色や形，大きさに着目して分類すること。 ㋑ 身近なものを目的，用途及び機能に着目して分類すること。	(ア) 次のような知識及び技能を身に付けること。 ㋐ ものの形に着目し，身の回りにあるものの特徴を捉えること。 ㋑ 具体物を用いて形を作ったり分解したりすること。 ㋒ 前後，左右，上下など方向や位置に関する言葉を用いて，ものの位置を表すこと。

学部	中学部〔数学〕	
内容	1段階	2段階
A 数と計算	―	(イ) 次のような思考力，判断力，表現力等を身に付けること。 ㋐ 数のまとまりに着目し，数の表し方の適用範囲を広げ，日常生活に生かすこと。
	―	カ 分数の表し方に関わる数学的活動を通して，次の事項を身に付けることができるよう指導する。
	―	(ア) 次のような知識及び技能を身に付けること。 ㋐ $\frac{1}{2}$，$\frac{1}{4}$ など簡単な分数について知ること。
	―	(イ) 次のような思考力，判断力，表現力等を身に付けること。 ㋐ 数のまとまりに着目し，数の表し方の適用範囲を広げ，日常生活に生かすこと。
	―	キ 数量の関係を表す式に関わる数学的活動を通して，次の事項を身に付けることができるよう指導する。
	―	(ア) 次のような知識及び技能を身に付けること。 ㋐ 数量の関係を式に表したり，式と図を関連付けたりすること。 ㋑ □などを用いて数量の関係を式に表すことができることを知ること。 ㋒ □などに数を当てはめて調べること。
	―	(イ) 次のような思考力，判断力，表現力等を身に付けること。 ㋐ 数量の関係に着目し，事柄や関係を式や図を用いて簡潔に表したり，式と図を関連付けて式を読んだりすること。
B 図形	ア 図形に関わる数学的活動を通して，次の事項を身に付けることができるよう指導する。	ア 図形に関わる数学的活動を通して，次の事項を身に付けることができるよう指導する。
	(ア) 次のような知識及び技能を身に付けること。 ㋐ 直線について知ること。 ㋑ 三角形や四角形について知ること。 ㋒ 正方形，長方形及び直角三角形について知ること。 ㋓ 正方形や長方形で捉えられる箱の形をしたものについて理解し，それらを構成したり，分解したりすること。 ㋔ 直角，頂点，辺及び面という用語を用いて図形の性質を表現すること。 ㋕ 基本的な図形が分かり，その図形をかいたり，簡単な図表を作ったりすること。 ㋖ 正方形，長方形及び直角三角形をかいたり，作ったり，それらを使って平面に敷き詰めたりすること。	(ア) 次のような知識及び技能を身に付けること。 ㋐ 二等辺三角形，正三角形などについて知り，作図などを通してそれらの関係に着目すること。 ㋑ 二等辺三角形や正三角形を定規とコンパスなどを用いて作図すること。 ㋒ 基本的な図形と関連して角について知ること。 ㋓ 直線の平行や垂直の関係について理解すること。 ㋔ 円について，中心，半径及び直径を知ること。また，円に関連して，球についても直径などを知ること。

学部	小学部〔算数〕		
内容	1段階	2段階	3段階
B　図形 （1段階はC）	(イ) 次のような思考力，判断力，表現力等を身に付けること。 ㋐　対象物に注意を向け，対象物の存在に気付き，諸感覚を協応させながら具体物を捉えること。 ㋑　ものの属性に着目し，様々な情報から同質なものや類似したものに気付き，日常生活の中で関心をもつこと。 ㋒　ものとものとの関係に注意を向け，ものの属性に気付き，関心をもって対応しながら，表現する仕方を見つけ出し，日常生活で生かすこと。	(イ) 次のような思考力，判断力，表現力等を身に付けること。 ㋐　ものを色や形，大きさ，目的，用途及び機能に着目し，共通点や相違点について考えて，分類する方法を日常生活で生かすこと。	(イ) 次のような思考力，判断力，表現力等を身に付けること。 ㋐　身の回りにあるものから，いろいろな形を見付けたり，具体物を用いて形を作ったり分解したりすること。 ㋑　身の回りにあるものの形を図形として捉えること。 ㋒　身の回りにあるものの形の観察などをして，ものの形を認識したり，形の特徴を捉えたりすること。
	―	イ　身の回りにあるものの形に関わる数学的活動を通して，次の事項を身に付けることができるよう指導する。	イ　角の大きさに関わる数学的活動を通して，次の事項を身に付けることができるよう指導する。
	―	(ア) 次のような知識及び技能を身に付けること。 ㋐　身の回りにあるものの形に関心をもち，丸や三角，四角という名称を知ること。 ㋑　縦や横の線，十字，△や□をかくこと。 ㋒　大きさや色など属性の異なるものであっても形の属性に着目して，分類したり，集めたりすること。	(ア) 次のような知識及び技能を身に付けること。 ㋐　傾斜をつくると角ができることを理解すること。
	―	(イ) 次のような思考力，判断力，表現力等を身に付けること。 ㋐　身の回りにあるものの形に関心を向け，丸や三角，四角を考えながら分けたり，集めたりすること。	(イ) 次のような思考力，判断力，表現力等を身に付けること。 ㋐　傾斜が変化したときの斜面と底面の作り出す開き具合について，大きい・小さいと表現すること。
	―	―	―
	―	―	―
	―	―	―

学部	中学部〔数学〕	
内容	1段階	2段階
B 図形	(イ) 次のような思考力，判断力，表現力等を身に付けること。 ⑦ 図形を構成する要素に着目し，構成の仕方を考えるとともに，図形の性質を見いだし，身の回りのものの形を図形として捉えること。	(イ) 次のような思考力，判断力，表現力等を身に付けること。 ⑦ 図形を構成する要素及びそれらの位置関係に着目し，構成の仕方を考察して，図形の性質を見いだすとともに，その性質を基に既習の図形を捉え直すこと。
	―	イ 面積に関わる数学的活動を通して，次の事項を身に付けることができるよう指導する。
	―	(ア) 次のような知識及び技能を身に付けること。 ⑦ 面積の単位［平方センチメートル（cm²），平方メートル（m²），平方キロメートル（km²）］について知り，測定の意味について理解すること。 ⑦ 正方形及び長方形の面積の求め方について知ること。
	―	(イ) 次のような思考力，判断力，表現力等を身に付けること。 ⑦ 面積の単位に着目し，図形の面積について，求め方を考えたり，計算して表したりすること。
	―	ウ 角の大きさに関わる数学的活動を通して，次の事項を身に付けることができるよう指導する。
	―	(ア) 次のような知識及び技能を身に付けること。 ⑦ 角の大きさを回転の大きさとして捉えること。 ⑦ 角の大きさの単位（度（°））について知り，測定の意味について理解すること。 ⑦ 角の大きさを測定すること。
	―	(イ) 次のような思考力，判断力，表現力等を身に付けること。 ⑦ 角の大きさの単位に着目し，図形の角の大きさを的確に表現して比較したり，図形の考察に生かしたりすること。

学部	小学部〔算数〕		
内容	1段階	2段階	3段階
C 測定 （1段階はD）	ア 身の回りにある具体物のもつ大きさに関わる数学的活動を通して，次の事項を身に付けることができるよう指導する。	ア 身の回りにある具体物の量の大きさに注目し，二つの量の大きさに関わる数学的活動を通して，次の事項を身に付けることができるよう指導する。	ア 身の回りのものの量の単位と測定に関わる数学的活動を通して，次の事項を身に付けることができるよう指導する。
	(ア) 次のような知識及び技能を身に付けること。 ⑦ 大きさや長さなどを，基準に対して同じか違うかによって区別すること。 ⑦ ある・ない，大きい・小さい，多い・少ない，などの用語に注目して表現すること。	(ア) 次のような知識及び技能を身に付けること。 ⑦ 長さ，重さ，高さ及び広さなどの量の大きさが分かること。 ⑦ 二つの量の大きさについて，一方を基準にして相対的に比べること。 ⑦ 長い・短い，重い・軽い，高い・低い及び広い・狭いなどの用語が分かること。	(ア) 次のような知識及び技能を身に付けること。 ⑦ 長さ，広さ，かさなどの量を直接比べる方法について理解し，比較すること。 ⑦ 身の回りにあるものの大きさを単位として，その幾つ分かで大きさを比較すること。
	(イ) 次のような思考力，判断力，表現力等を身に付けること。 ⑦ 大小や多少等で区別することに関心をもち，量の大きさを表す用語に注目して表現すること。	(イ) 次のような思考力，判断力，表現力等を身に付けること。 ⑦ 長さ，重さ，高さ及び広さなどの量を，一方を基準にして比べることに関心をもったり，量の大きさを用語を用いて表現したりすること。	(イ) 次のような思考力，判断力，表現力等を身に付けること。 ⑦ 身の回りのものの長さ，広さ及びかさについて，その単位に着目して大小を比較したり，表現したりすること。
	―	―	イ 時刻や時間に関わる数学的活動を通して，次の事項を身に付けることができるよう指導する。
	―	―	(ア) 次のような知識及び技能を身に付けること。 ⑦ 日常生活の中で時刻を読むこと。 ⑦ 時間の単位（日，午前，午後，時，分）について知り，それらの関係を理解すること。
	―	―	(イ) 次のような思考力，判断力，表現力等を身に付けること。 ⑦ 時刻の読み方を日常生活に生かして，時刻と生活とを結び付けて表現すること。
C 変化と関係	―	―	―
	―	―	―

学部	中学部〔数学〕	
内容	1段階	2段階
C 測定	ア 量の単位と測定に関わる数学的活動を通して、次の事項を身に付けることができるよう指導する。	―
	(ｱ) 次のような知識及び技能を身に付けること。 ⑦ 目盛の原点を対象の端に当てて測定すること。 ④ 長さの単位［ミリメートル（mm），センチメートル（cm），メートル(m)，キロメートル（km）］や重さの単位［グラム(g)，キログラム（kg）］について知り，測定の意味を理解すること。 ⑦ かさの単位［ミリリットル（mL），デシリットル（dL），リットル（L）］について知り，測定の意味を理解すること。 ⑤ 長さ，重さ及びかさについて，およその見当を付け，単位を選択したり，計器を用いて測定したりすること。	―
	(ｲ) 次のような思考力，判断力，表現力等を身に付けること。 ⑦ 身の回りのものの特徴に着目し，目的に適した単位で量の大きさを表現したり，比べたりすること。	―
	イ 時刻や時間に関わる数学的活動を通して、次の事項を身に付けることができるよう指導する。	―
	(ｱ) 次のような知識及び技能を身に付けること。 ⑦ 時間の単位（秒）について知ること。 ④ 日常生活に必要な時刻や時間を求めること。	―
	(ｲ) 次のような思考力，判断力，表現力等を身に付けること。 ⑦ 時間の単位に着目し，簡単な時刻や時間の求め方を日常生活に生かすこと。	―
C 変化と関係	―	ア 伴って変わる二つの数量に関わる数学的活動を通して、次の事項を身に付けることができるよう指導する。
	―	(ｱ) 次のような知識及び技能を身に付けること。 ⑦ 変化の様子を表や式を用いて表したり，変化の特徴を読み取ったりすること。

学部	小学部〔算数〕		
内容	1段階	2段階	3段階
C 変化と関係	―	―	―
	―	―	―
	―	―	―
	―	―	―
D データの活用	―	ア ものの分類に関わる数学的活動を通して，次の事項を身に付けることができるよう指導する。	ア 身の回りにある事象を簡単な絵や図，記号に置き換えることに関わる数学的活動を通して，次の事項を身に付けることができるよう指導する。
	―	(ア) 次のような知識及び技能を身に付けること。 ㋐ 身近なものを目的，用途，機能に着目して分類すること。	(ア) 次のような知識及び技能を身に付けること。 ㋐ ものとものとの対応やものの個数について，簡単な絵や図に表して整理したり，それらを読んだりすること。 ㋑ 身の回りにあるデータを簡単な記号に置き換えて表し，比較して読み取ること。
	―	(イ) 次のような思考力，判断力，表現力等を身に付けること。 ㋐ 身近なものの色や形，大きさ，目的及び用途等に関心を向け，共通点や相違点を考えながら，興味をもって分類すること。	(イ) 次のような思考力，判断力，表現力等を身に付けること。 ㋐ 個数の把握や比較のために簡単な絵や図，記号に置き換えて簡潔に表現すること。
	―	イ 同等と多少に関わる数学的活動を通して，次の事項を身に付けることができるよう指導する。	―
	―	(ア) 次のような知識及び技能を身に付けること。 ㋐ ものとものとを対応させることによって，ものの同等や多少が分かること。	―

学部	中学部〔数学〕	
内容	1段階	2段階
C 変化と関係	―	(イ) 次のような思考力，判断力，表現力等を身に付けること。 ㋐ 伴って変わる二つの数量の関係に着目し，表や式を用いて変化の特徴を考察すること。
	―	イ 二つの数量の関係に関わる数学的活動を通して，次の事項を身に付けることができるよう指導する。
	―	(ア) 次のような知識及び技能を身に付けること。 ㋐ 簡単な場合について，ある二つの数量の関係と別の二つの数量の関係とを比べる場合に割合を用いる場合があることを知ること。
	―	(イ) 次のような思考力，判断力，表現力等を身に付けること。 ㋐ 日常生活における数量の関係に着目し，図や式を用いて，二つの数量の関係を考察すること。
D データの活用	ア 身の回りにあるデータを簡単な表やグラフで表したり，読み取ったりすることに関わる数学的活動を通して，次の事項を身に付けることができるよう指導する。	ア データを表やグラフで表したり，読み取ったりすることに関わる数学的活動を通して，次の事項を身に付けることができるよう指導する。
	(ア) 次のような知識及び技能を身に付けること。 ㋐ 身の回りにある数量を簡単な表やグラフに表したり，読み取ったりすること。	(ア) 次のような知識及び技能を身に付けること。 ㋐ データを日時や場所などの観点から分類及び整理し，表や棒グラフで表したり，読んだりすること。 ㋑ データを二つの観点から分類及び整理し，折れ線グラフで表したり，読み取ったりすること。 ㋒ 表や棒グラフ，折れ線グラフの意味やその用い方を理解すること。
	(イ) 次のような思考力，判断力，表現力等を身に付けること。 ㋐ 身の回りの事象に関するデータを整理する観点に着目し，簡単な表やグラフを用いながら読み取ったり，考察したりすること。	(イ) 次のような思考力，判断力，表現力等を身に付けること。 ㋐ 身の回りの事象に関するデータを整理する観点に着目し，表や棒グラフを用いながら，読み取ったり，考察したり，結論を表現したりすること。 ㋑ 目的に応じてデータを集めて分類及び整理し，データの特徴や傾向を見付けて，適切なグラフを用いて表現したり，考察したりすること。
	―	―
	―	―

学部	小学部〔算数〕		
内容	1段階	2段階	3段階
D データの活用	―	(イ) 次のような思考力，判断力，表現力等を身に付けること。 ㋐ 身の回りにあるものの個数に着目して絵グラフなどに表し，多少を読み取って表現すること。	―
	―	ウ ○×を用いた表に関わる数学的活動を通して，次の事項を身に付けることができるよう指導する。	―
	―	(ア) 次のような知識及び技能を身に付けること。 ㋐ 身の回りの出来事から○×を用いた簡単な表を作成すること。 ㋑ 簡単な表で使用する○×の記号の意味が分かること。	―
	―	(イ) 次のような思考力，判断力，表現力等を身に付けること。 ㋐ 身の回りの出来事を捉え，○×を用いた簡単な表で表現すること。	―
〔数学的活動〕	ア 内容の「A数量の基礎」，「B数と計算」，「C図形」及び「D測定」に示す学習については，次のような数学的活動に取り組むものとする。	ア 内容の「A数と計算」，「B図形」，「C測定」及び「Dデータの活用」に示す学習については，次のような数学的活動に取り組むものとする。	ア 内容の「A数と計算」，「B図形」，「C測定」及び「Dデータの活用」に示す学習については，次のような数学的活動に取り組むものとする。
	(ア) 身の回りの事象を観察したり，具体物を操作したりして，数量や形に関わる活動	(ア) 身の回りの事象を観察したり，具体物を操作したりする活動	(ア) 身の回りの事象を観察したり，具体物を操作したりして，算数に主体的に関わる活動
	(イ) 日常生活の問題を取り上げたり算数の問題を具体物などを用いて解決したりして，結果を確かめる活動	(イ) 日常生活の問題を具体物などを用いて解決したり結果を確かめたりする活動	(イ) 日常生活の事象から見いだした算数の問題を，具体物，絵図，式などを用いて解決し，結果を確かめる活動
	―	(ウ) 問題解決した過程や結果を，具体物などを用いて表現する活動	(ウ) 問題解決した過程や結果を，具体物や絵図，式などを用いて表現し，伝え合う活動

学部	中学部〔数学〕	
内容	1段階	2段階
D データの活用	―	―
	―	―
	―	―
	―	―
〔数学的活動〕	ア 内容の「A数と計算」,「B図形」,「C測定」及び「Dデータの活用」に示す学習については,次のような数学的活動に取り組むものとする。	ア 内容の「A数と計算」,「B図形」,「C変化と関係」及び「Dデータの活用」に示す学習については,次のような数学的活動に取り組むものとする。
	(ｱ) 日常生活の事象から見いだした数学の問題を,具体物や図,式などを用いて解決し,結果を確かめたり,日常生活に生かしたりする活動	(ｱ) 身の回りの事象を観察したり,具体物を操作したりして,数学の学習に関わる活動
	(ｲ) 問題解決した過程や結果を,具体物や図,式などを用いて表現し伝え合う活動	(ｲ) 日常の事象から見いだした数学の問題を,具体物や図,表及び式などを用いて解決し,結果を確かめたり,日常生活に生かしたりする活動
	―	(ｳ) 問題解決した過程や結果を,具体物や図,表,式などを用いて表現し伝え合う活動

目標・内容の一覧〔理科〕

学部		中学部	
教科の目標			
自然に親しみ，理科の見方・考え方を働かせ，見通しをもって，観察，実験を行うことなどを通して，自然の事物・現象についての問題を科学的に解決するために必要な資質・能力を次のとおり育成することを目指す。			
知識及び技能		(1) 自然の事物・現象についての基本的な理解を図り，観察，実験などに関する初歩的な技能を身に付けるようにする。	
思考力，判断力，表現力等		(2) 観察，実験などを行い，疑問をもつ力と予想や仮説を立てる力を養う。	
学びに向かう力，人間性等		(3) 自然を愛する心情を養うとともに，学んだことを主体的に日常生活や社会生活などに生かそうとする態度を養う。	
段階の目標		1段階	2段階
知識及び技能	A 生命	ア 身の回りの生物の様子について気付き，観察，実験などに関する初歩的な技能を身に付けるようにする。	ア 人の体のつくりと運動，動物の活動や植物の成長と環境との関わりについての理解を図り，観察，実験などに関する初歩的な技能を身に付けるようにする。
	B 地球・自然	ア 太陽と地面の様子について気付き，観察，実験などに関する初歩的な技能を身に付けるようにする。	ア 雨水の行方と地面の様子，気象現象，月や星についての理解を図り，観察，実験などに関する初歩的な技能を身に付けるようにする。
	C 物質・エネルギー	ア 物の性質，風やゴムの力の働き，光や音の性質，磁石の性質及び電気の回路について気付き，観察，実験などに関する初歩的な技能を身に付けるようにする。	ア 水や空気の性質についての理解を図り，観察，実験などに関する初歩的な技能を身に付けるようにする。
思考力，判断力，表現力等	A 生命	イ 身の回りの生物の様子から，主に差異点や共通点に気付き，疑問をもつ力を養う。	イ 人の体のつくりと運動，動物の活動や植物の成長と環境との関わりについて，疑問をもったことについて既習の内容や生活経験を基に予想する力を養う。
	B 地球・自然	イ 太陽と地面の様子から，主に差異点や共通点に気付き，疑問をもつ力を養う。	イ 雨水の行方と地面の様子，気象現象，月や星について，疑問をもったことについて既習の内容や生活経験を基に予想する力を養う。
	C 物質・エネルギー	イ 物の性質，風やゴムの力の働き，光や音の性質，磁石の性質及び電気の回路から，主に差異点や共通点に気付き，疑問をもつ力を養う。	イ 水や空気の性質について，疑問をもったことについて既習の内容や生活経験を基に予想する力を養う。
学びに向かう力，人間性等	A 生命	ウ 身の回りの生物の様子について進んで調べ，生物を愛護する態度や学んだことを日常生活などに生かそうとする態度を養う。	ウ 人の体のつくりと運動，動物の活動や植物の成長と環境の関わりについて見いだした疑問を進んで調べ，生物を愛護する態度や学んだことを日常生活や社会生活などに生かそうとする態度を養う。
	B 地球・自然	ウ 太陽と地面の様子について進んで調べ，学んだことを日常生活などに生かそうとする態度を養う。	ウ 雨水の行方と地面の様子，気象現象，月や星について見いだした疑問を進んで調べ，学んだことを日常生活や社会生活などに生かそうとする態度を養う。
	C 物質・エネルギー	ウ 物の性質，風やゴムの力の働き，光や音の性質，磁石の性質及び電気の回路について進んで調べ，学んだことを日常生活などに生かそうとする態度を養う。	ウ 水や空気の性質について見いだした疑問を進んで調べ，学んだことを日常生活や社会生活などに生かそうとする態度を養う。

内容	1段階	2段階
A 生命	ア 身の回りの生物 身の回りの生物について，探したり育てたりする中で，生物の姿に着目して，それらを比較しながら調べる活動を通して，次の事項を身に付けることができるよう指導する。 (ア) 次のことを理解するとともに，観察，実験などに関する初歩的な技能を身に付けること。 ㋐ 生物は，色，形，大きさなど，姿に違いがあること。 ㋑ 昆虫や植物の育ち方には一定の順序があること。 (イ) 身の回りの生物について調べる中で，差異点や共通点に気付き，生物の姿についての疑問をもち，表現すること。	ア 人の体のつくりと運動 人や他の動物について，骨や筋肉のつくりと働きに着目して，それらを関係付けて調べる活動を通して，次の事項を身に付けることができるよう指導する。 (ア) 次のことを理解するとともに，観察，実験などに関する初歩的な技能を身に付けること。 ㋐ 人の体には骨と筋肉があること。 ㋑ 人が体を動かすことができるのは，骨，筋肉の働きによること。 (イ) 人や他の動物の骨や筋肉のつくりと働きについて調べる中で，見いだした疑問について，既習の内容や生活経験を基に予想し，表現すること。 イ 季節と生物 　身近な動物や植物について，探したり育てたりする中で，動物の活動や植物の成長と季節の変化に着目して，それらを関係付けて調べる活動を通して，次の事項を身に付けることができるよう指導する。 (ア) 次のことを理解するとともに，観察，実験などに関する初歩的な技能を身に付けること。 ㋐ 動物の活動は，暖かい季節，寒い季節などによって違いがあること。 ㋑ 植物の成長は，暖かい季節，寒い季節などによって違いがあること。 (イ) 身近な動物の活動や植物の成長の変化について調べる中で，見いだした疑問について，既習の内容や生活経験を基に予想し，表現すること。
B 地球・自然	ア 太陽と地面の様子 太陽と地面の様子との関係について，日なたと日陰の様子に着目して，それらを比較しながら調べる活動を通して，次の事項を身に付けることができるよう指導する。 (ア) 次のことを理解するとともに，観察，実験などに関する初歩的な技能を身に付けること。 ㋐ 日陰は太陽の光を遮るとできること。 ㋑ 地面は太陽によって暖められ，日なたと日陰では地面の暖かさに違いがあること。 (イ) 日なたと日陰の様子について調べる中で，差異点や共通点に気付き，太陽と地面の様子との関係についての疑問をもち，表現すること。	ア 雨水の行方と地面の様子 雨水の行方と地面の様子について，流れ方やしみ込み方に着目して，それらと地面の傾きや土の粒の大きさとを関係付けて調べる活動を通して，次の事項を身に付けることができるよう指導する。 (ア) 次のことを理解するとともに，観察，実験などに関する初歩的な技能を身に付けること。 ㋐ 水は，高い場所から低い場所へと流れて集まること。 ㋑ 水のしみ込み方は，土の粒の大きさによって違いがあること。 (イ) 雨水の流れ方やしみ込み方と地面の傾きや土の粒の大きさとの関係について調べる中で，見いだした疑問について，既習の内容や生活経験を基に予想し，表現すること。 イ 天気の様子 天気や自然界の水の様子について，気温や水の行方に着目して，それらと天気の様子や水の状態変化とを関係付けて調べる活動を通して，次の事項を身に付けることができるよう指導する。

内容	1段階	2段階
B 地球・自然		(ｱ) 次のことを理解するとともに，観察，実験などに関する初歩的な技能を身に付けること。 ⑦ 天気によって１日の気温の変化の仕方に違いがあること。 ④ 水は，水面や地面などから蒸発し，水蒸気になって空気中に含まれていくこと。 (ｲ) 天気の様子や水の状態変化と気温や水の行方との関係について調べる中で，見いだした疑問について，既習の内容や生活経験を基に予想し，表現すること。 ウ 月と星 月や星の特徴について，位置の変化や時間の経過に着目して，それらを関係付けて調べる活動を通して，次の事項を身に付けることができるよう指導する。 (ｱ) 次のことを理解するとともに，観察，実験などに関する初歩的な技能を身に付けること。 ⑦ 月は日によって形が変わって見え，１日のうちでも時刻によって位置が変わること。 ④ 空には，明るさや色の違う星があること。 (ｲ) 月の位置の変化と時間の経過との関係について調べる中で，見いだした疑問について，既習の内容や生活経験を基に予想し，表現すること。
C 物質・エネルギー	ア 物と重さ 物の性質について，形や体積に着目して，重さを比較しながら調べる活動を通して，次の事項を身に付けることができるよう指導する。 (ｱ) 次のことを理解するとともに，観察，実験などに関する初歩的な技能を身に付けること。 ⑦ 物は，形が変わっても重さは変わらないこと。 ④ 物は，体積が同じでも重さは違うことがあること。 (ｲ) 物の形や体積と重さとの関係について調べる中で，差異点や共通点に気付き，物の性質についての疑問をもち，表現すること。 イ 風やゴムの力の働き 風やゴムの力の働きについて，力と物の動く様子に着目して，それらを比較しながら調べる活動を通して，次の事項を身に付けることができるよう指導する。 (ｱ) 次のことを理解するとともに，観察，実験などに関する初歩的な技能を身に付けること。 ⑦ 風の力は，物を動かすことができること。また，風の力の大きさを変えると，物が動く様子も変わること。 ④ ゴムの力は，物を動かすことができること。また，ゴムの力の大きさを変えると，物が動く様子も変わること。	ア 水や空気と温度 水や空気の性質について，体積や状態の変化に着目して，それらと温度の変化とを関係付けて調べる活動を通して，次の事項を身に付けることができるよう指導する。 (ｱ) 次のことを理解するとともに，観察，実験などに関する初歩的な技能を身に付けること。 ⑦ 水や空気は，温めたり冷やしたりすると，その体積が変わること。 ④ 水は，温度によって水蒸気や氷に変わること。 (ｲ) 水や空気の体積や状態の変化について調べる中で，見いだした疑問について，既習の内容や生活経験を基に予想し，表現すること。

内容	1段階	2段階
C 物質・エネルギー	(イ) 風やゴムの力で物が動く様子について調べる中で，差異点や共通点に気付き，風やゴムの力の働きについての疑問をもち，表現すること。 ウ 光や音の性質 光や音の性質について，光を当てたときの明るさや暖かさ，音を出したときの震え方に着目して，光の強さや音の大きさを変えたときの違いを比較しながら調べる活動を通して，次の事項を身に付けることができるよう指導する。 (ア) 次のことを理解するとともに，観察，実験などに関する初歩的な技能を身に付けること。 ㋐ 日光は直進すること。 ㋑ 物に日光を当てると，物の明るさや暖かさが変わること。 ㋒ 物から音が出たり伝わったりするとき，物は震えていること。 (イ) 光を当てたときの明るさや暖かさの様子，音を出したときの震え方の様子について調べる中で，差異点や共通点に気付き，光や音の性質についての疑問をもち，表現すること。 エ 磁石の性質 磁石の性質について，磁石を身の回りの物に近付けたときの様子に着目して，それらを比較しながら調べる活動を通して，次の事項を身に付けることができるよう指導する。 (ア) 次のことを理解するとともに，観察，実験などに関する初歩的な技能を身に付けること。 ㋐ 磁石に引き付けられる物と引き付けられない物があること。 ㋑ 磁石の異極は引き合い，同極は退け合うこと。 (イ) 磁石を身の回りの物に近付けたときの様子について調べる中で，差異点や共通点に気付き，磁石の性質についての疑問をもち，表現すること。 オ 電気の通り道 電気の回路について，乾電池と豆電球などのつなぎ方と，乾電池につないだ物の様子に着目して，電気を通すときと通さないときのつなぎ方を比較しながら調べる活動を通して，次の事項を身に付けることができるよう指導する。 (ア) 次のことを理解するとともに，観察，実験などに関する初歩的な技能を身に付けること。 ㋐ 電気を通すつなぎ方と通さないつなぎ方があること。 ㋑ 電気を通す物と通さない物があること。 (イ) 乾電池と豆電球などをつないだときの様子について調べる中で，差異点や共通点に気付き，電気の回路についての疑問をもち，表現すること。	

目標・内容の一覧〔音楽〕

学部	小学部		
教科の目標			
表現及び鑑賞の活動を通して，音楽的な見方・考え方を働かせ，生活の中の音や音楽に興味や関心をもって関わる資質・能力を次のとおり育成することを目指す。			
知識及び技能	(1) 曲名や曲想と音楽のつくりについて気付くとともに，感じたことを音楽表現するために必要な技能を身に付けるようにする。		
思考力，判断力，表現力等	(2) 感じたことを表現することや，曲や演奏の楽しさを見いだしながら，音や音楽の楽しさを味わって聴くことができるようにする。		
学びに向かう力，人間性等	(3) 音や音楽に楽しく関わり，協働して音楽活動をする楽しさを感じるとともに，身の回りの様々な音楽に親しむ態度を養い，豊かな情操を培う。		
段階の目標	1段階	2段階	3段階
知識及び技能	ア 音や音楽に注意を向けて気付くとともに，関心を向け，音楽表現を楽しむために必要な身体表現，器楽，歌唱，音楽づくりにつながる技能を身に付けるようにする。	ア 曲名や曲想と簡単な音楽のつくりについて気付くとともに，音楽表現を楽しむために必要な身体表現，器楽，歌唱，音楽づくりの技能を身に付けるようにする。	ア 曲名や曲想と音楽のつくりについて気付くとともに，音楽表現を楽しむために必要な身体表現，器楽，歌唱，音楽づくりの技能を身に付けるようにする。
思考力，判断力，表現力等	イ 音楽的な表現を楽しむことや，音や音楽に気付きながら関心や興味をもって聴くことができるようにする。	イ 音楽表現を工夫することや，表現することを通じて，音や音楽に興味をもって聴くことができるようにする。	イ 音楽表現に対する思いをもつことや，曲や演奏の楽しさを見いだしながら音楽を味わって聴くことができるようにする。
学びに向かう力，人間性等	ウ 音や音楽に気付いて，教師と一緒に音楽活動をする楽しさを感じるとともに，音楽経験を生かして生活を楽しいものにしようとする態度を養う。	ウ 音や音楽に関わり，教師と一緒に音楽活動をする楽しさに興味をもちながら，音楽経験を生かして生活を明るく楽しいものにしようとする態度を養う。	ウ 音や音楽に楽しく関わり，協働して音楽活動をする楽しさを感じながら，身の回りの様々な音楽に興味をもつとともに，音楽経験を生かして生活を明るく潤いのあるものにしようとする態度を養う。
内容	1段階	2段階	3段階
A 表現	ア 音楽遊びの活動を通して，次の事項を身に付けることができるよう指導する。	ア 歌唱の活動を通して，次の事項を身に付けることができるよう指導する。	ア 歌唱の活動を通して，次の事項を身に付けることができるよう指導する。
	(ｱ) 音や音楽遊びについての知識や技能を得たり生かしたりしながら，音や音楽を聴いて，自分なりに表そうとすること。	(ｱ) 歌唱表現についての知識や技能を得たり生かしたりしながら，好きな歌ややさしい旋律の一部分を自分なりに歌いたいという思いをもつこと。	(ｱ) 歌唱表現についての知識や技能を得たり生かしたりしながら，歌唱表現に対する思いをもつこと。
	(ｲ) 表現する音や音楽に気付くこと。	(ｲ) 次の㋐及び㋑について気付くこと。 ㋐ 曲の特徴的なリズムと旋律 ㋑ 曲名や歌詞に使われている特徴的な言葉	(ｲ) 次の㋐及び㋑について気付くこと。 ㋐ 曲の雰囲気と曲の速さや強弱との関わり ㋑ 曲名や歌詞に使われている言葉から受けるイメージと曲の雰囲気との関わり

学部	中学部	
教科の目標		
表現及び鑑賞の活動を通して，音楽的な見方・考え方を働かせ，生活や社会の中の音や音楽，音楽文化と豊かに興味や関心をもって関わる資質・能力を次のとおり育成することを目指す。		
知識及び技能	(1) 曲名や曲想と音楽の構造などとの関わりについて理解するとともに，表したい音楽表現をするために必要な技能を身に付けるようにする。	
思考力，判断力，表現力等	(2) 音楽表現を考えることや，曲や演奏のよさなどを見いだしながら，音や音楽を味わって聴くことができるようにする。	
学びに向かう力，人間性等	(3) 進んで音や音楽に関わり，協働して音楽活動をする楽しさを感じるとともに，様々な音楽に親しんでいく態度を養い，豊かな情操を培う。	
段階の目標	1段階	2段階
知識及び技能	ア　曲名や曲の雰囲気と音楽の構造などとの関わりについて気付くとともに，音楽表現をするために必要な歌唱，器楽，音楽づくり，身体表現の技能を身に付けるようにする。	ア　曲名や曲想と音楽の構造などとの関わりについて理解するとともに，表したい音楽表現をするために必要な歌唱，器楽，音楽づくり，身体表現の技能を身に付けるようにする。
思考力，判断力，表現力等	イ　音楽表現を考えて表したい思いや意図をもつことや，音や音楽を味わいながら聴くことができるようにする。	イ　音楽表現を考えて表したい思いや意図をもつことや，曲や演奏のよさを見いだしながら，音や音楽を味わって聴くことができるようにする。
学びに向かう力，人間性等	ウ　進んで音や音楽に関わり，協働して音楽活動をする楽しさを感じながら，様々な音楽に触れるとともに，音楽経験を生かして生活を明るく潤いのあるものにしようとする態度を養う。	ウ　主体的に楽しく音や音楽に関わり，協働して音楽活動をする楽しさを味わいながら，様々な音楽に親しむとともに，音楽経験を生かして生活を明るく潤いのあるものにしようとする態度を養う。
内容	1段階	2段階
A　表現	ア　歌唱の活動を通して，次の事項を身に付けることができるよう指導する。 (ｱ) 歌唱表現についての知識や技能を得たり生かしたりしながら，曲の雰囲気に合いそうな表現を工夫し，歌唱表現に対する思いや意図をもつこと。 (ｲ) 次の㋐及び㋑について気付くこと。 ㋐　曲名や曲の雰囲気と音楽の構造との関わり ㋑　曲想と歌詞の表す情景やイメージとの関わり	ア　歌唱の活動を通して，次の事項を身に付けることができるよう指導する。 (ｱ) 歌唱表現についての知識や技能を得たり生かしたりしながら，曲の特徴にふさわしい表現を工夫し，歌唱表現に対する思いや意図をもつこと。 (ｲ) 次の㋐及び㋑について理解すること。 ㋐　曲名や曲想と音楽の構造との関わり ㋑　曲想と歌詞の表す情景やイメージとの関わり

学部	小学部		
内容	1段階	2段階	3段階
A　表現	(ウ) 思いに合った表現をするために必要な次の㋐から㋒までの技能を身に付けること。 ㋐ 音や音楽を感じて体を動かす技能 ㋑ 音や音楽を感じて楽器の音を出す技能 ㋒ 音や音楽を感じて声を出す技能	(ウ) 思いに合った表現をするために必要な次の㋐から㋒までの技能を身に付けること。 ㋐ 範唱を聴いて，曲の一部分を模唱する技能 ㋑ 自分の歌声に注意を向けて歌う技能 ㋒ 教師や友達と一緒に歌う技能	(ウ) 思いに合った歌い方で歌うために必要な次の㋐から㋒までの技能を身に付けること。 ㋐ 範唱を聴いて歌ったり，歌詞やリズムを意識して歌ったりする技能 ㋑ 自分の歌声の大きさや発音などに気を付けて歌う技能 ㋒ 教師や友達と一緒に声を合わせて歌う技能
	―	イ 器楽の活動を通して，次の事項を身に付けることができるよう指導する。	イ 器楽の活動を通して，次の事項を身に付けることができるよう指導する。
	―	(ア) 器楽表現についての知識や技能を得たり生かしたりしながら，身近な打楽器などに親しみ音を出そうとする思いをもつこと。	(ア) 器楽表現についての知識や技能を得たり生かしたりしながら，器楽表現に対する思いをもつこと。
	―	(イ) 次の㋐及び㋑について気付くこと。 ㋐ 拍や曲の特徴的なリズム ㋑ 楽器の音色の違い	(イ) 次の㋐及び㋑について気付くこと。 ㋐ リズム，速度や強弱の違い ㋑ 演奏の仕方による楽器の音色の違い
	―	(ウ) 思いに合った表現をするために必要な次の㋐から㋒までの技能を身に付けること。 ㋐ 範奏を聴き，模倣をして演奏する技能 ㋑ 身近な打楽器を演奏する技能 ㋒ 教師や友達と一緒に演奏する技能	(ウ) 思いに合った表現をするために必要な次の㋐から㋒までの技能を身に付けること。 ㋐ 簡単な楽譜などを見てリズム演奏などをする技能 ㋑ 身近な打楽器や旋律楽器を使って演奏する技能 ㋒ 教師や友達の楽器の音を聴いて演奏する技能
	―	ウ 音楽づくりの活動を通して，次の事項を身に付けることができるよう指導する。	ウ 音楽づくりの活動を通して，次の事項を身に付けることができるよう指導する。
	―	(ア) 音楽づくりについての知識や技能を得たり生かしたりしながら，次の㋐及び㋑をできるようにすること。 ㋐ 音遊びを通して，音の面白さに気付くこと。 ㋑ 音や音楽で表現することについて思いをもつこと。	(ア) 音楽づくりについての知識や技能を得たり生かしたりしながら，次の㋐及び㋑をできるようにすること。 ㋐ 音遊びを通して，音の面白さに気付いたり，音楽づくりの発想を得たりすること。 ㋑ どのように音を音楽にしていくかについて思いをもつこと。
	―	(イ) 次の㋐及び㋑について，それらが生み出す面白さなどに触れて気付くこと。 ㋐ 声や身の回りの様々な音の特徴 ㋑ 音のつなげ方の特徴	(イ) 次の㋐及び㋑について，それらが生み出す面白さなどと関わって気付くこと。 ㋐ 声や身の回りの様々な音の特徴 ㋑ 簡単なリズム・パターンの特徴

学部	中学部	
内容	1段階	2段階
A　表現	(ウ) 思いや意図にふさわしい歌い方で歌うために必要な次の㋐から㋒までの技能を身に付けること。 ㋐ 範唱を聴いて歌ったり，歌詞を見て歌ったりする技能 ㋑ 発声の仕方に気を付けて歌う技能 ㋒ 友達の歌声や伴奏を聴いて声を合わせて歌う技能	(ウ) 思いや意図にふさわしい歌い方で歌うために必要な次の㋐から㋒までの技能を身に付けること。 ㋐ 歌詞やリズム，音の高さ等を意識して歌う技能 ㋑ 呼吸及び発音の仕方に気を付けて歌う技能 ㋒ 独唱と，斉唱及び簡単な輪唱などをする技能
	イ　器楽の活動を通して，次の事項を身に付けることができるよう指導する。	イ　器楽の活動を通して，次の事項を身に付けることができるよう指導する。
	(ア) 器楽表現についての知識や技能を得たり生かしたりしながら，曲の雰囲気に合いそうな表現を工夫し，器楽表現に対する思いや意図をもつこと。	(ア) 器楽表現についての知識や技能を得たり生かしたりしながら，曲想にふさわしい表現を工夫し，器楽表現に対する思いや意図をもつこと。
	(イ) 次の㋐及び㋑について気付くこと。 ㋐ 曲の雰囲気と音楽の構造との関わり ㋑ 楽器の音色と全体の響きとの関わり	(イ) 次の㋐及び㋑について理解すること。 ㋐ 曲想と音楽の構造との関わり ㋑ 多様な楽器の音色と全体の響きとの関わり
	(ウ) 思いや意図にふさわしい表現をするために必要な次の㋐から㋒までの技能を身に付けること。 ㋐ 簡単な楽譜を見てリズムや速度を意識して演奏する技能 ㋑ 音色や響きに気を付けて，打楽器や旋律楽器を使って演奏する技能 ㋒ 友達の楽器の音や伴奏を聴いて，音を合わせて演奏する技能	(ウ) 思いや意図にふさわしい表現をするために必要な次の㋐から㋒までの技能を身に付けること。 ㋐ 簡単な楽譜を見てリズムや速度，音色などを意識して，演奏する技能 ㋑ 打楽器や旋律楽器の基本的な扱いを意識して，音色や響きに気を付けて演奏する技能 ㋒ 友達の楽器の音や伴奏を聴いて，リズムや速度を合わせて演奏する技能
	ウ　音楽づくりの活動を通して，次の事項を身に付けることができるよう指導する。	ウ　音楽づくりの活動を通して，次の事項を身に付けることができるよう指導する。
	(ア) 音楽づくりについての知識や技能を得たり生かしたりしながら，次の㋐及び㋑をできるようにすること。 ㋐ 音遊びを通して，どのように音楽をつくるのかについて発想を得ること。 ㋑ 音を音楽へと構成することについて思いや意図をもつこと。	(ア) 音楽づくりについての知識や技能を得たり生かしたりしながら，次の㋐及び㋑をできるようにすること。 ㋐ 即興的に表現することを通して，音楽づくりの発想を得ること。 ㋑ 音を音楽へと構成することについて思いや意図をもつこと。
	(イ) 次の㋐及び㋑について，それらが生み出す面白さなどと関わらせて気付くこと。 ㋐ いろいろな音の響きの特徴 ㋑ リズム・パターンや短い旋律のつなげ方の特徴	(イ) 次の㋐及び㋑について，それらが生み出す面白さなどと関わらせて理解すること。 ㋐ いろいろな音の響きやその組み合わせの特徴 ㋑ リズム・パターンや短い旋律のつなげ方や重ね方の特徴

学部	小学部		
内容	1段階	2段階	3段階
A 表現	―	(ウ) 気付きを生かした表現や思いに合った表現をするために必要な次の㋐及び㋑の技能を身に付けること。 ㋐ 音を選んだりつなげたりして，表現する技能 ㋑ 教師や友達と一緒に簡単な音や音楽をつくる技能	(ウ) 気付きや発想を生かした表現や，思いに合った表現をするために必要な次の㋐及び㋑の技能を身に付けること。 ㋐ 音を選んだりつなげたりして表現する技能 ㋑ 教師や友達と一緒に音楽の仕組みを用いて，簡単な音楽をつくる技能
	―	エ 身体表現の活動を通して，次の事項を身に付けることができるよう指導する。	エ 身体表現の活動を通して，次の事項を身に付けることができるよう指導する。
	―	(ア) 身体表現についての知識や技能を得たり生かしたりしながら，簡単なリズムの特徴を感じ取り，体を動かすことについて思いをもつこと。	(ア) 身体表現についての知識や技能を得たり生かしたりしながら，簡単なリズムや旋律の特徴，歌詞を感じ取り，体を動かすことについて思いをもつこと。
	―	(イ) 次の㋐及び㋑について気付くこと。 ㋐ 拍や曲の特徴的なリズム ㋑ 曲名と動きとの関わり	(イ) 次の㋐及び㋑の関わりについて気付くこと。 ㋐ 曲のリズム，速度，旋律 ㋑ 曲名，拍やリズムを表す言葉やかけ声，歌詞の一部
	―	(ウ) 思いに合った動きで表現するために必要な次の㋐から㋒までの技能を身に付けること。 ㋐ 示範を見て模倣したり，拍や特徴的なリズムを意識したりして手足や身体全体を動かす技能 ㋑ 音や音楽を聴いて，手足や身体全体を自然に動かす技能 ㋒ 教師や友達と一緒に体を動かす技能	(ウ) 思いに合った体の動きで表現するために必要な次の㋐から㋒までの技能を身に付けること。 ㋐ 示範を見たり，拍やリズム，旋律を意識したりして，身体表現をする技能 ㋑ 音や音楽を聴いて，様々な体の動きで表現する技能 ㋒ 教師や友達と一緒に体を使って表現する技能
B 鑑賞	ア 音楽遊びの活動を通して，次の事項を身に付けることができるよう指導する。	ア 鑑賞の活動を通して，次の事項を身に付けることができるよう指導する。	ア 鑑賞の活動を通して，次の事項を身に付けることができるよう指導する。
	(ア) 音や音楽遊びについての知識や技能を得たり生かしたりしながら，音や音楽を聴いて，自分なりの楽しさを見付けようとすること。	(ア) 鑑賞についての知識を得たり生かしたりしながら，身近な人の演奏を見たり，体の動きで表したりしながら聴くこと。	(ア) 鑑賞についての知識を得たり生かしたりしながら，曲や演奏の楽しさを見いだして聴くこと。
	(イ) 聴こえてくる音や音楽に気付くこと。	(イ) 身近な人の演奏に触れて，好きな音色や楽器の音を見付けること。	(イ) 曲想や楽器の音色，リズムや速度，旋律の特徴に気付くこと。
〔共通事項〕	(1) 「A表現」及び「B鑑賞」の指導を通して，次の事項を身に付けることができるよう指導する。		
	ア 音楽を形づくっている要素を聴き取り，それらの働きが生み出すよさや面白さ，美しさを感じ取りながら，聴き取ったことと感じとったこととの関わりについて考えること。		
	イ 絵譜や色を用いた音符，休符，記号や用語について，音楽における働きと関わらせて，その意味に触れること。		

学部	中学部	
内容	1段階	2段階
A 表現	(ウ) 発想を生かした表現，思いや意図に合った表現をするために必要な次の㋐及び㋑の技能を身に付けること。 ㋐ 設定した条件に基づいて，音を選択したり組み合わせたりして表現する技能 ㋑ 音楽の仕組みを生かして，簡単な音楽をつくる技能	(ウ) 発想を生かした表現，思いや意図に合った表現をするために必要な次の㋐及び㋑の技能を身に付けること。 ㋐ 設定した条件に基づいて，即興的に音を選択したり組み合わせたりして表現する技能 ㋑ 音楽の仕組みを生かして，音楽をつくる技能
	エ 身体表現の活動を通して，次の事項を身に付けることができるよう指導する。	エ 身体表現の活動を通して，次の事項を身に付けることができるよう指導する。
	(ア) 身体表現についての知識や技能を得たり生かしたりしながら，リズムの特徴や曲の雰囲気を感じ取り，体を動かすことについての思いや意図をもつこと。	(ア) 身体表現についての知識や技能を得たり生かしたりしながら，リズムの特徴や曲想を感じ取り，体を動かすことについて思いや意図をもつこと。
	(イ) 次の㋐及び㋑の関わりについて気付くこと。 ㋐ 曲の雰囲気と音楽の構造との関わり ㋑ 曲名や歌詞と体の動きとの関わり	(イ) 次の㋐及び㋑の関わりについて理解すること。 ㋐ 曲想と音楽の構造との関わり ㋑ 曲名や歌詞と体の動きとの関わり
	(ウ) 思いや意図にふさわしい動きで表現するために必要な次の㋐から㋒までの技能を身に付けること。 ㋐ 示範を見て体を動かしたり，曲の速度やリズム，曲の雰囲気に合わせて身体表現したりする技能 ㋑ 音や音楽を聴いて，様々な動きを組み合わせて身体表現をする技能 ㋒ 友達と動きを合わせて表現する技能	(ウ) 思いや意図にふさわしい動きで表現するために必要な次の㋐から㋒までの技能を身に付けること。 ㋐ 示範を見て表現したり，曲の速度やリズム，曲想に合わせて表現したりする技能 ㋑ 音や音楽を聴いて，様々な動きを組み合わせてまとまりのある表現をする技能 ㋒ 友達と動きを相談して，合わせて表現する技能
B 鑑賞	ア 鑑賞の活動を通して，次の事項を身に付けることができるよう指導する。	ア 鑑賞の活動を通して，次の事項を身に付けることができるよう指導する。
	(ア) 鑑賞についての知識を得たり生かしたりしながら，曲や演奏のよさなどを見いだして聴くこと。	(ア) 鑑賞についての知識を得たり生かしたりしながら，曲や演奏のよさなどを見いだし，曲全体を味わって聴くこと。
	(イ) 曲想とリズムや速度，旋律の特徴との関わりについて分かること。	(イ) 曲想と音楽の構造等との関わりについて理解すること。
〔共通事項〕	(1) 1段階と2段階の「A表現」及び「B鑑賞」の指導を通して，次の事項を身に付けることができるよう指導する。	
	ア 音楽を形づくっている要素を聴き取り，それらの働きが生み出すよさや面白さ，美しさを感じ取りながら，聴き取ったことと感じ取ったこととの関わりについて考えること。	
	イ 音楽を形づくっている要素及びそれらに関わる音符，休符，記号や用語について，音楽における働きと関わらせて理解すること。	

目標・内容の一覧〔図画工作〕〔美術〕

学部	小学部〔図画工作〕		
教科の目標			
表現及び鑑賞の活動を通して，造形的な見方・考え方を働かせ，生活や社会の中の形や色などと豊かに関わる資質・能力を次のとおり育成することを目指す。			
知識及び技能	(1) 形や色などの造形的な視点に気付き，表したいことに合わせて材料や用具を使い，表し方を工夫してつくることができるようにする。		
思考力，判断力，表現力等	(2) 造形的なよさや美しさ，表したいことや表し方などについて考え，発想や構想をしたり，身の回りの作品などから自分の見方や感じ方を広げたりすることができるようにする。		
学びに向かう力，人間性等	(3) つくりだす喜びを味わうとともに，感性を育み，楽しく豊かな生活を創造しようとする態度を養い，豊かな情操を培う。		
段階の目標	1段階	2段階	3段階
知識及び技能	ア 形や色などに気付き，材料や用具を使おうとするようにする。	ア 形や色などの違いに気付き，表したいことを基に材料や用具を使い，表し方を工夫してつくるようにする。	ア 形や色などの造形的な視点に気付き，表したいことに合わせて材料や用具を使い，表し方を工夫してつくるようにする。
思考力，判断力，表現力等	イ 表したいことを思い付いたり，作品を見たりできるようにする。	イ 表したいことを思い付いたり，作品などの面白さや楽しさを感じ取ったりすることができるようにする。	イ 造形的なよさや美しさ，表したいことや表し方などについて考え，発想や構想をしたり，身の回りの作品などから自分の見方や感じ方を広げたりすることができるようにする。
学びに向かう力，人間性等	ウ 進んで表したり見たりする活動に取り組み，つくりだすことの楽しさに気付くとともに，形や色などに関わることにより楽しい生活を創造しようとする態度を養う。	ウ 進んで表現や鑑賞の活動に取り組み，つくりだす喜びを感じるとともに，形や色などに関わることにより楽しく豊かな生活を創造しようとする態度を養う。	ウ 進んで表現や鑑賞の活動に取り組み，つくりだす喜びを味わうとともに，感性を育み，形や色などに関わることにより楽しく豊かな生活を創造しようとする態度を養う。
内容	1段階	2段階	3段階
A 表現	ア 線を引く，絵をかくなどの活動を通して，次の事項を身に付けることができるよう指導する。	ア 身近な出来事や思ったことを基に絵をかく，粘土で形をつくるなどの活動を通して，次の事項を身に付けることができるよう指導する。	ア 日常生活の出来事や思ったことを基に絵をかいたり，作品をつくったりする活動を通して，次の事項を身に付けることができるよう指導する。
	(ｱ) 材料などから，表したいことを思い付くこと。	(ｱ) 材料や，感じたこと，想像したこと，見たことから表したいことを思い付くこと。	(ｱ) 材料や，感じたこと，想像したこと，見たこと，思ったことから表したいことを思い付くこと。
	(ｲ) 身の回りの自然物などに触れながらかく，切る，ぬる，はるなどすること。	(ｲ) 身近な材料や用具を使い，かいたり，形をつくったりすること。	(ｲ) 様々な材料や用具を使い，工夫して絵をかいたり，作品をつくったりすること。
B 鑑賞	ア 身の回りにあるものや自分たちの作品などを鑑賞する活動を通して，次の事項を身に付けることができるよう指導する。	ア 身の回りにあるものや自分たちの作品などを鑑賞する活動を通して，次の事項を身に付けることができるよう指導する。	ア 自分たちの作品や身の回りにある作品などを鑑賞する活動を通して，次の事項を身に付けることができるよう指導する。

学部	中学部（美術）	
教科の目標		
表現及び鑑賞の活動を通して，造形的な見方・考え方を働かせ，生活や社会の中の美術や美術文化と豊かに関わる資質・能力を次のとおり育成することを目指す。		
知識及び技能	(1) 造形的な視点について理解し，表したいことに合わせて材料や用具を使い，表し方を工夫する技能を身に付けるようにする。	
思考力，判断力，表現力等	(2) 造形的なよさや面白さ，美しさ，表したいことや表し方などについて考え，経験したことや材料などを基に，発想し構想するとともに，造形や作品などを鑑賞し，自分の見方や感じ方を深めることができるようにする。	
学びに向かう力，人間性等	(3) 創造活動の喜びを味わい，美術を愛好する心情を育み，感性を豊かにし，心豊かな生活を営む態度を養い，豊かな情操を培う。	
段階の目標	1段階	2段階
知識及び技能	ア 造形的な視点について気付き，材料や用具の扱い方に親しむとともに，表し方を工夫する技能を身に付けるようにする。	ア 造形的な視点について理解し，材料や用具の扱い方などを身に付けるとともに，多様な表し方を工夫する技能を身に付けるようにする。
思考力，判断力，表現力等	イ 造形的なよさや面白さ，表したいことや表し方などについて考え，経験したことや思ったこと，材料などを基に，発想し構想するとともに，身近にある造形や作品などから，自分の見方や感じ方を広げることができるようにする。	イ 造形的なよさや面白さ，美しさ，表したいことや表し方などについて考え，経験したことや想像したこと，材料などを基に，発想し構想するとともに，自分たちの作品や美術作品などに親しみ自分の見方や感じ方を深めることができるようにする。
学びに向かう力，人間性等	ウ 楽しく美術の活動に取り組み，創造活動の喜びを味わい，美術を愛好する心情を培い，心豊かな生活を営む態度を養う。	ウ 主体的に美術の活動に取り組み，創造活動の喜びを味わい，美術を愛好する心情を高め，心豊かな生活を営む態度を養う。
内容	1段階	2段階
A 表現	ア 日常生活の中で経験したことや思ったこと，材料などを基に，表したいことや表し方を考えて，描いたり，つくったり，それらを飾ったりする活動を通して，次の事項を身に付けることができるよう指導する。	ア 経験したことや想像したこと，材料などを基に，表したいことや表し方を考えて，描いたり，つくったり，それらを飾ったりする活動を通して，次の事項を身に付けることができるよう指導する。
	(ｱ) 経験したことや思ったこと，材料などを基に，表したいことや表し方を考えて，発想や構想をすること。	(ｱ) 経験したことや想像したこと，材料などを基に，表したいことや表し方を考えて，発想や構想をすること。
	(ｲ) 材料や用具の扱いに親しみ，表したいことに合わせて，表し方を工夫し，材料や用具を選んで使い表すこと。	(ｲ) 材料や用具の扱い方を身に付け，表したいことに合わせて，材料や用具の特徴を生かしたり，それらを組み合わせたりして計画的に表すこと。
B 鑑賞	ア 自分たちの作品や身近な造形品の鑑賞の活動を通して，次の事項を身に付けることができるよう指導する。	ア 自分たちの作品や美術作品などの鑑賞の活動を通して，次の事項を身に付けることができるよう指導する。

学部	小学部〔図画工作〕		
内容	1段階	2段階	3段階
B　鑑賞	(ｱ) 身の回りにあるものなどを見ること。	(ｱ) 身近にあるものなどの形や色の面白さについて感じ取り，自分の見方や感じ方を広げること。	(ｱ) 自分たちの作品や，日常生活の中にあるものなどの形や色，表し方の面白さなどについて，感じ取り，自分の見方や感じ方を広げること。
	―	―	―
〔共通事項〕	ア「A 表現」及び「B 鑑賞」の指導を通して，次の事項を身に付けることができるよう指導する。	ア「A 表現」及び「B 鑑賞」の指導を通して，次の事項を身に付けることができるよう指導する。	ア「A 表現」及び「B 鑑賞」の指導を通して，次の事項を身に付けることができるよう指導する。
	(ｱ) 自分が感じたことや行ったことを通して，形や色などについて気付くこと。	(ｱ) 自分が感じたことや行ったことを通して，形や色などの違いに気付くこと。	(ｱ) 自分の感覚や行為を通して，形や色などの感じに気付くこと。
	(ｲ) 形や色などを基に，自分のイメージをもつこと。	(ｲ) 形や色などを基に，自分のイメージをもつこと。	(ｲ) 形や色などの感じを基に，自分のイメージをもつこと。

学部	中学部（美術）	
内容	1段階	2段階
B　鑑賞	(ア) 自分たちの作品や身近な造形品の制作の過程などの鑑賞を通して，よさや面白さに気付き，自分の見方や感じ方を広げること。	(ア) 自分たちの作品や美術作品などを鑑賞して，よさや面白さ，美しさを感じ取り，自分の見方や感じ方を深めること。
	(イ) 表し方や材料による印象の違いなどに気付き，自分の見方や感じ方を広げること。	(イ) 表し方や材料による特徴の違いなどを捉え，自分の見方や感じ方を深めること。
〔共通事項〕	ア「A　表現」及び「B　鑑賞」の指導を通して，次の事項を身に付けることができるよう指導する。	ア「A　表現」及び「B　鑑賞」の指導を通して，次の事項を身に付けることができるよう指導する。
	(ア) 形や色彩，材料や光などの特徴について知ること。	(ア) 形や色彩，材料や光などの特徴について理解すること。
	(イ) 造形的な特徴などからイメージをもつこと。	(イ) 造形的な特徴などからイメージを捉えること。

目標・内容の一覧〔体育〕〔保健体育〕

学部	小学部〔体育〕		
	教科の目標		
	体育や保健の見方・考え方を働かせ，課題に気付き，その解決に向けた学習過程を通して，心と体を一体として捉え，生涯にわたって心身の健康を保持増進し，豊かなスポーツライフを実現するための資質・能力を次のとおり育成することを目指す。		
知識及び技能	(1) 遊びや基本的な運動の行い方及び身近な生活における健康について知るとともに，基本的な動きや健康な生活に必要な事柄を身に付けるようにする。		
思考力，判断力，表現力等	(2) 遊びや基本的な運動及び健康についての自分の課題に気付き，その解決に向けて自ら考え行動し，他者に伝える力を養う。		
学びに向かう力，人間性等	(3) 遊びや基本的な運動に親しむことや健康の保持増進と体力の向上を目指し，楽しく明るい生活を営む態度を養う。		
段階の目標	1段階	2段階	3段階
知識及び技能	ア 教師と一緒に，楽しく体を動かすことができるようにするとともに，健康な生活に必要な事柄ができるようにする。	ア 教師の支援を受けながら，楽しく基本的な運動ができるようにするとともに，健康な生活に必要な事柄ができるようにする。	ア 基本的な運動の楽しさを感じ，その行い方を知り，基本的な動きを身に付けるとともに，健康や身体の変化について知り，健康な生活ができるようにする。
思考力，判断力，表現力等	イ 体を動かすことの楽しさや心地よさを表現できるようにするとともに，健康な生活を営むために必要な事柄について教師に伝えることができるようにする。	イ 基本的な運動に慣れ，その楽しさや感じたことを表現できるようにするとともに，健康な生活に向け，感じたことを他者に伝える力を養う。	イ 基本的な運動の楽しみ方や健康な生活の仕方について工夫するとともに，考えたことや気付いたことなどを他者に伝える力を養う。
学びに向かう力，人間性等	ウ 簡単な合図や指示に従って，楽しく運動をしようとしたり，健康に必要な事柄をしようとしたりする態度を養う。	ウ 簡単なきまりを守り，友達とともに安全に楽しく運動をしようとしたり，健康に必要な事柄をしようとしたりする態度を養う。	ウ きまりを守り，自分から友達と仲よく楽しく運動をしたり，場や用具の安全に気を付けたりしようとするとともに，自分から健康に必要な事柄をしようとする態度を養う。
内容	1段階	2段階	3段階
A 体つくり運動遊び（1段階）体つくり運動（小2，3段階）	体つくり運動遊びについて，次の事項を身に付けることができるよう指導する。	体つくり運動について，次の事項を身に付けることができるよう指導する。	体つくり運動について，次の事項を身に付けることができるよう指導する。
	ア 教師と一緒に，手足を動かしたり，歩いたりして楽しく体を動かすこと。	ア 教師の支援を受けながら，楽しく基本的な体つくり運動をすること。	ア 基本的な体つくり運動の楽しさを感じ，その行い方を知り，基本的な動きを身に付けること。
	イ 手足を動かしたり，歩いたりして体を動かすことの楽しさや心地よさを表現すること。	イ 基本的な体つくり運動に慣れ，その楽しさや感じたことを表現すること。	イ 基本的な体つくり運動の楽しみ方を工夫するとともに，考えたことや気付いたことなどを他者に伝えること。
	ウ 簡単な合図や指示に従って，体つくり運動遊びをしようとすること。	ウ 簡単なきまりを守り，友達とともに安全に楽しく，基本的な体つくり運動をしようとすること。	ウ きまりを守り，自分から友達と仲よく楽しく基本的な体つくり運動をしたり，場や用具の安全に気を付けたりしようとすること。
B 器械・器具を使っての遊び（1段階）器械・器具を使っての運動（2，3段階）	器械・器具を使っての遊びについて，次の事項を身に付けることができるよう指導する。	器械・器具を使っての運動について，次の事項を身に付けることができるよう指導する。	器械・器具を使っての運動について，次の事項を身に付けることができるよう指導する。

学部	中学部〔保健体育〕	
教科の目標		
体育や保健の見方・考え方を働かせ，課題を見付け，その解決に向けた学習過程を通して，心と体を一体として捉え，生涯にわたって心身の健康を保持増進し，豊かなスポーツライフを実現するための資質・能力を次のとおり育成することを目指す。		
知識及び技能	(1) 各種の運動の特性に応じた技能等及び自分の生活における健康・安全について理解するとともに，基本的な技能を身に付けるようにする。	
思考力，判断力，表現力等	(2) 各種の運動や健康・安全についての自分の課題を見付け，その解決に向けて自ら思考し判断するとともに，他者に伝える力を養う。	
学びに向かう力，人間性等	(3) 生涯にわたって運動に親しむことや健康の保持増進と体力の向上を目指し，明るく豊かな生活を営む態度を養う。	
段階の目標	1段階	2段階
知識及び技能	ア 各種の運動の楽しさや喜びに触れ，その特性に応じた行い方及び体の発育・発達やけがの防止，病気の予防などの仕方が分かり，基本的な動きや技能を身に付けるようにする。	ア 各種の運動の楽しさや喜びを味わい，その特性に応じた行い方及び体の発育・発達やけがの防止，病気の予防などの仕方について理解し，基本的な技能を身に付けるようにする。
思考力，判断力，表現力等	イ 各種の運動や健康な生活における自分の課題を見付け，その解決のための活動を考えたり，工夫したりしたことを他者に伝える力を養う。	イ 各種の運動や健康な生活における自分やグループの課題を見付け，その解決のために友達と考えたり，工夫したりしたことを他者に伝える力を養う。
学びに向かう力，人間性等	ウ 各種の運動に進んで取り組み，きまりや簡単なスポーツのルールなどを守り，友達と協力したり，場や用具の安全に留意したりし，最後まで楽しく運動をする態度を養う。また，健康・安全の大切さに気付き，自己の健康の保持増進に進んで取り組む態度を養う。	ウ 各種の運動に積極的に取り組み，きまりや簡単なスポーツのルールなどを守り，友達と助け合ったり，場や用具の安全に留意したりし，自己の最善を尽くして運動をする態度を養う。また，健康・安全の大切さに気付き，自己の健康の保持増進と回復に進んで取り組む態度を養う。
内容	1段階	2段階
A 体つくり運動	体つくり運動について，次の事項を身に付けることができるよう指導する。 ア 体ほぐしの運動や体の動きを高める運動を通して，体を動かす楽しさや心地よさに触れるとともに，その行い方が分かり，友達と関わったり，動きを持続する能力などを高めたりすること。 イ 体ほぐしの運動や体の動きを高める運動についての自分の課題を見付け，その解決のための活動を考えたり，工夫したりしたことを他者に伝えること。 ウ 体ほぐしの運動や体の動きを高める運動に進んで取り組み，きまりを守り，友達と協力したり，場や用具の安全に留意したりし，最後まで楽しく運動をすること。	体つくり運動について，次の事項を身に付けることができるよう指導する。 ア 体ほぐしの運動や体の動きを高める運動を通して，体を動かす楽しさや心地よさを味わうとともに，その行い方を理解し，友達と関わったり，動きを持続する能力などを高めたりすること。 イ 体ほぐしの運動や体の動きを高める運動についての自分やグループの課題を見付け，その解決のために友達と考えたり，工夫したりしたことを他者に伝えること。 ウ 体ほぐしの運動や体の動きを高める運動に積極的に取り組み，きまりを守り，友達と助け合ったり，場や用具の安全に留意したりし，自己の力を発揮して運動をすること。
B 器械運動	器械運動について，次の事項を身に付けることができるよう指導する。	器械運動について，次の事項を身に付けることができるよう指導する。

学部	小学部〔体育〕		
内容	1段階	2段階	3段階
B 器械・器具を使っての遊び（1段階） B 器械・器具を使っての運動（2,3段階）	ア 教師と一緒に，器械・器具を使って楽しく体を動かすこと。	ア 教師の支援を受けながら，楽しく器械・器具を使っての基本的な運動をすること。	ア 器械・器具を使っての基本的な運動の楽しさを感じ，その行い方を知り，基本的な動きを身に付けること。
	イ 器械・器具を使って体を動かすことの楽しさや心地よさを表現すること。	イ 器械・器具を使っての基本的な運動に慣れ，その楽しさや感じたことを表現すること。	イ 器械・器具を使っての基本的な運動の行い方を工夫するとともに，考えたことや気付いたことなどを他者に伝えること。
	ウ 簡単な合図や指示に従って，器械・器具を使っての遊びをしようとすること。	ウ 簡単なきまりを守り，友達とともに安全に楽しく，器械・器具を使っての基本的な運動をしようとすること。	ウ きまりを守り，自分から友達と仲よく楽しく器械・器具を使っての基本的な運動をしたり，場や器械・器具の安全に気を付けたりしようとすること。
C 走・跳の運動遊び（1段階） C 走・跳の運動（2,3段階）	走・跳の運動遊びについて，次の事項を身に付けることができるよう指導する。	走・跳の運動について，次の事項を身に付けることができるよう指導する。	走・跳の運動について，次の事項を身に付けることができるよう指導する。
	ア 教師と一緒に，走ったり，跳んだりして楽しく体を動かすこと。	ア 教師の支援を受けながら，楽しく走・跳の基本的な運動をすること。	ア 走・跳の基本的な運動の楽しさを感じ，その行い方を知り，基本的な動きを身に付けること。
	イ 走ったり，跳んだりして体を動かすことの楽しさや心地よさを表現すること。	イ 走・跳の基本的な運動に慣れ，その楽しさや感じたことを表現すること。	イ 走・跳の基本的な運動の楽しみ方を工夫するとともに，考えたことや気付いたことなどを他者に伝えること。
	ウ 簡単な合図や指示に従って，走・跳の運動遊びをしようとすること。	ウ 簡単なきまりを守り，友達とともに安全に楽しく，走・跳の基本的な運動をしようとすること。	ウ きまりを守り，自分から友達と仲よく楽しく走・跳の基本的な運動をしたり，場や用具の安全に気を付けたりしようとすること。
D 水遊び（1段階） D 水の中での運動（2,3段階）	水遊びについて，次の事項を身に付けることができるよう指導する。	水の中での運動について，次の事項を身に付けることができるよう指導する。	水の中での運動について，次の事項を身に付けることができるよう指導する。
	ア 教師と一緒に，水の特性を生かした簡単な水遊びを楽しくすること。	ア 教師の支援を受けながら，楽しく水の中での基本的な運動をすること。	ア 水の中での基本的な運動の楽しさを感じ，その行い方を知り，基本的な動きを身に付けること。
	イ 水の中で体を動かすことの楽しさや心地よさを表現すること。	イ 水の中での基本的な運動に慣れ，その楽しさや感じたことを表現すること。	イ 水の中での基本的な運動の楽しみ方を工夫するとともに，考えたことや気付いたことなどを他者に伝えること。
	ウ 簡単な合図や指示に従って，水遊びをしようとすること。	ウ 簡単なきまりを守り，友達とともに安全に楽しく，水の中での基本的な運動をしようとすること。	ウ きまりを守り，自分から友達と仲よく楽しく水の中での基本的な運動をしたり，場や用具の安全に気を付けたりしようとすること。
E ボール遊び（1段階） E ボールを使った運動やゲーム（2,3段階）	ボール遊びについて，次の事項を身に付けることができるよう指導する。	ボールを使った運動やゲームについて，次の事項を身に付けることができるよう指導する。	ボールを使った運動やゲームについて，次の事項を身に付けることができるよう指導する。
	ア 教師と一緒に，ボールを使って楽しく体を動かすこと。	ア 教師の支援を受けながら，楽しくボールを使った基本的な運動やゲームをすること。	ア ボールを使った基本的な運動やゲームの楽しさを感じ，その行い方を知り，基本的な動きを身に付けること。

学部		中学部（保健体育）	
内容		1段階	2段階
B 器械運動		ア 器械・器具を使った運動の楽しさや喜びに触れ、その行い方が分かり、基本的な動きや技を身に付けること。	ア 器械運動の楽しさや喜びを味わい、その行い方を理解し、基本的な技を身に付けること。
		イ 器械・器具を使った運動についての自分の課題を見付け、その解決のための活動を考えたり、工夫したりしたことを他者に伝えること。	イ 器械運動についての自分やグループの課題を見付け、その解決のために友達と考えたり、工夫したりしたことを他者に伝えること。
		ウ 器械・器具を使った運動に進んで取り組み、きまりを守り、友達と協力したり、場や器械・器具の安全に留意したりし、最後まで楽しく運動をすること。	ウ 器械運動に積極的に取り組み、きまりを守り、友達と助け合ったり、場や器械・器具の安全に留意したりし、自己の力を発揮して運動をすること。
C 陸上運動		陸上運動について、次の事項を身に付けることができるよう指導する。	陸上運動について、次の事項を身に付けることができるよう指導する。
		ア 陸上運動の楽しさや喜びに触れ、その行い方が分かり、基本的な動きや技能を身に付けること。	ア 陸上運動の楽しさや喜びを味わい、その行い方を理解し、基本的な技能を身に付けること。
		イ 陸上運動についての自分の課題を見付け、その解決のための活動を考えたり、工夫したりしたことを他者に伝えること。	イ 陸上運動についての自分やグループの課題を見付け、その解決のために友達と考えたり、工夫したりしたことを他者に伝えること。
		ウ 陸上運動に進んで取り組み、きまりを守り、友達と協力したり、場や用具の安全に留意したりし、最後まで楽しく運動をすること。	ウ 陸上運動に積極的に取り組み、きまりを守り、友達と助け合ったり、場や用具の安全に留意したりし、自己の力を発揮して運動をすること。
D 水泳運動		水泳運動について、次の事項を身に付けることができるよう指導する。	水泳運動について、次の事項を身に付けることができるよう指導する。
		ア 初歩的な泳ぎの楽しさや喜びに触れ、その行い方が分かり、基本的な動きや技能を身に付けること。	ア 水泳運動の楽しさや喜びを味わい、その行い方を理解し、基本的な技能を身に付けること。
		イ 初歩的な泳ぎについての自分の課題を見付け、その解決のための活動を考えたり、工夫したりしたことを他者に伝えること。	イ 水泳運動についての自分やグループの課題を見付け、その解決のために友達と考えたり、工夫したりしたことを他者に伝えること。
		ウ 初歩的な泳ぎに進んで取り組み、きまりなどを守り、友達と協力したり、場や用具の安全に留意したりし、最後まで楽しく運動をすること。	ウ 水泳運動に積極的に取り組み、きまりなどを守り、友達と助け合ったり、場や用具の安全に留意したりし、自己の力を発揮して運動をすること。
E 球技		球技について、次の事項を身に付けることができるよう指導する。	球技について、次の事項を身に付けることができるよう指導する。
		ア 球技の楽しさや喜びに触れ、その行い方が分かり、基本的な動きや技能を身に付け、簡易化されたゲームを行うこと。	ア 球技の楽しさや喜びを味わい、その行い方を理解し、基本的な技能を身に付け、簡易化されたゲームを行うこと。

学部	小学部〔体育〕		
内容	1段階	2段階	3段階
E ボール遊び（1段階）ボールを使った運動やゲーム（2，3段階）	イ ボールを使って体を動かすことの楽しさや心地よさを表現すること。	イ ボールを使った基本的な運動やゲームに慣れ，その楽しさや感じたことを表現すること。	イ ボールを使った基本的な運動やゲームの楽しみ方を工夫するとともに，考えたことや気付いたことなどを他者に伝えること。
	ウ 簡単な合図や指示に従って，ボール遊びをしようとすること。	ウ 簡単なきまりを守り，友達とともに安全に楽しく，ボールを使った基本的な運動やゲームをしようとすること。	ウ きまりを守り，自分から友達と仲よく楽しくボールを使った基本的な運動やゲームをしたり，場や用具の安全に気を付けたりしようとすること。
	―	―	―
	―	―	―
	―	―	―
	―	―	―
F 表現遊び（1段階）表現運動（2，3段階）	表現遊びについて，次の事項を身に付けることができるよう指導する。	表現運動について，次の事項を身に付けることができるよう指導する。	表現運動について，次の事項を身に付けることができるよう指導する。
	ア 教師と一緒に，音楽の流れている場所で楽しく体を動かすこと。	ア 教師の支援を受けながら，音楽に合わせて楽しく表現運動をすること。	ア 基本的な表現運動の楽しさを感じ，その行い方を知り，基本的な動きを身に付け，表現したり踊ったりすること。
	イ 音楽の流れている場所で体を動かすことの楽しさや心地よさを表現すること。	イ 基本的な表現運動に慣れ，その楽しさや感じたことを表現すること。	イ 基本的な表現運動の楽しみ方を工夫するとともに，考えたことや気付いたことなどを他者に伝えること。
	ウ 簡単な合図や指示に従って，表現遊びをしようとすること。	ウ 簡単なきまりを守り，友達とともに安全に楽しく，基本的な表現運動をしようとすること。	ウ きまりを守り，自分から友達と仲よく楽しく表現運動をしたり，場や用具の安全に気を付けたりしようとすること。
G 保健	健康な生活に必要な事柄について，次の事項を身に付けることができるよう指導する。	健康な生活に必要な事柄について，次の事項を身に付けることができるよう指導する。	健康な生活に必要な事柄について，次の事項を身に付けることができるよう指導する。
	ア 教師と一緒に，うがいなどの健康な生活に必要な事柄をすること。	ア 教師の支援を受けながら，健康な生活に必要な事柄をすること。	ア 健康や身体の変化について知り，健康な生活に必要な事柄に関する基本的な知識や技能を身に付けること。
	イ 健康な生活に必要な事柄に気付き，教師に伝えること。	イ 健康な生活に必要な事柄に慣れ，感じたことを他者に伝えること。	イ 健康な生活に必要な事柄について工夫するとともに，考えたことや気付いたことなどを他者に伝えること。

学部	中学部〔保健体育〕	
内容	1段階	2段階
E 球技	イ 球技についての自分の課題を見付け，その解決のための活動を考えたり，工夫したりしたことを他者に伝えること。	イ 球技についての自分やチームの課題を見付け，その解決のために友達と考えたり，工夫したりしたことを他者に伝えること。
	ウ 球技に進んで取り組み，きまりや簡単なルールを守り，友達と協力したり，場や用具の安全に留意したりし，最後まで楽しく運動をすること。	ウ 球技に積極的に取り組み，きまりや簡単なルールを守り，友達と助け合ったり，場や用具の安全に留意したりし，自己の力を発揮して運動をすること。
F 武道	武道について，次の事項を身に付けることができるよう指導する。	武道について，次の事項を身に付けることができるよう指導する。
	ア 武道の楽しさを感じ，その行い方や伝統的な考え方が分かり，基本動作や基本となる技を用いて，簡易な攻防を展開すること。	ア 武道の楽しさや喜びに触れ，その行い方や伝統的な考え方を理解し，基本動作や基本となる技を用いて，簡易な攻防を展開すること。
	イ 武道についての自分の課題を見付け，その解決のための活動を考えたり，工夫したりしたことを他者に伝えること。	イ 武道についての自分やグループの課題を見付け，その解決のために友達と考えたり，工夫したりしたことを他者に伝えること。
	ウ 武道に進んで取り組み，きまりや伝統的な行動の仕方を守り，友達と協力したり，場や用具の安全に留意したりし，最後まで楽しく運動をすること。	ウ 武道に積極的に取り組み，きまりや伝統的な行動の仕方を守り，友達と助け合ったり，場や用具の安全に留意したりし，自己の力を発揮して運動をすること。
G ダンス	ダンスについて，次の事項を身に付けることができるよう指導する。	ダンスについて，次の事項を身に付けることができるよう指導する。
	ア ダンスの楽しさや喜びに触れ，その行い方が分かり，基本的な動きや技能を身に付け，表現したり踊ったりすること。	ア ダンスの楽しさや喜びを味わい，その行い方を理解し，基本的な技能を身に付け，表現したり踊ったりすること。
	イ ダンスについての自分の課題を見付け，その解決のための活動を考えたり，工夫したりしたことを他者に伝えること。	イ ダンスについての自分やグループの課題を見付け，その解決のために友達と考えたり，工夫したりしたことを他者に伝えること。
	ウ ダンスに進んで取り組み，友達の動きを認め協力したり，場や用具の安全に留意したりし，最後まで楽しく運動をすること。	ウ ダンスに積極的に取り組み，友達のよさを認め助け合ったり，場や用具の安全に留意したりし，自己の力を発揮して運動をすること。
H 保健	健康・安全に関する事項について，次の事項を身に付けることができるよう指導する。	健康・安全に関する事項について，次の事項を身に付けることができるよう指導する。
	ア 体の発育・発達やけがの防止，病気の予防などの仕方が分かり，基本的な知識及び技能を身に付けること。	ア 体の発育・発達やけがの防止，病気の予防などの仕方について理解し，基本的な技能を身に付けること。
	イ 自分の健康・安全についての課題を見付け，その解決のための活動を考えたり，工夫したりしたことを他者に伝えること。	イ 自分やグループの健康・安全についての課題を見付け，その解決のために友達と考えたり，工夫したりしたことを他者に伝えること。

目標・内容の一覧〔職業・家庭〕

学部	中学部	
教科の目標		
生活の営みに係る見方・考え方や職業の見方・考え方を働かせ，生活や職業に関する実践的・体験的な学習活動を通して，よりよい生活の実現に向けて工夫する資質・能力を次のとおり育成することを目指す。		
知識及び技能	(1) 生活や職業に対する関心を高め，将来の家庭生活や職業生活に係る基礎的な知識や技能を身に付けるようにする。	
思考力，判断力，表現力等	(2) 将来の家庭生活や職業生活に必要な事柄を見いだして課題を設定し，解決策を考え，実践を評価・改善し，自分の考えを表現するなどして，課題を解決する力を養う。	
学びに向かう力，人間性等	(3) よりよい家庭生活や将来の職業生活の実現に向けて，生活を工夫し考えようとする実践的な態度を養う。	
職業分野		
段階の目標	1段階	2段階
	職業に係る見方・考え方を働かせ，作業や実習に関する実践的・体験的な学習活動を通して，よりよい生活の実現に向けて工夫する資質・能力を次のとおり育成することを目指す。	職業に係る見方・考え方を働かせ，作業や実習に関する実践的・体験的な学習活動を通して，よりよい生活の実現に向けて工夫する資質・能力を次のとおり育成することを目指す。
知識及び技能	ア 職業について関心をもち，将来の職業生活に係る基礎的な知識や技能を身に付けるようにする。	ア 働くことに対する関心を高め，将来の職業生活に係る基礎的な知識や技能を身に付けるようにする。
思考力，判断力，表現力等	イ 将来の職業生活に必要な事柄について触れ，課題や解決策に気付き，実践し，学習したことを伝えるなど，課題を解決する力の基礎を養う。	イ 将来の職業生活に必要な事柄を見いだして課題を設定し，解決策を考え，実践し，学習したことを振り返り，考えたことを表現するなど，課題を解決する力を養う。
学びに向かう力，人間性等	ウ 将来の職業生活の実現に向けて，生活を工夫しようとする態度を養う。	ウ 将来の職業生活の実現に向けて，生活を工夫し考えようとする実践的な態度を養う。
内容	1段階	2段階
A 職業生活	ア 働くことの意義 働くことに関心をもち，作業や実習等に関わる学習活動を通して，次の事項を身に付けることができるよう指導する。 (ア) 働くことの目的などを知ること。 (イ) 意欲や見通しをもって取り組み，自分の役割について気付くこと。 (ウ) 作業や実習等で達成感を得ること。 イ 職業 職業に関わる事柄について，考えたり，体験したりする学習活動を通して，次の事項を身に付けることができるよう指導する。	ア 働くことの意義 働くことに対する意欲や関心を高め，他者と協力して取り組む作業や実習等に関わる学習活動を通して，次の事項を身に付けることができるよう指導する。 (ア) 働くことの目的などを理解すること。 (イ) 意欲や見通しをもって取り組み，自分と他者との関係や役割について考えること。 (ウ) 作業や実習等に達成感を得て，進んで取り組むこと。 イ 職業 職業に関わる事柄について，考えを深めたり，体験したりする学習活動を通して，次の事項を身に付けることができるよう指導する。

	職業分野	
内容	1段階	2段階
A　職業生活	(ｱ) 職業に関わる知識や技能について，次のとおりとする。 ㋐ 職業生活に必要な知識や技能について知ること。 ㋑ 職業生活を支える社会の仕組み等があることを知ること。 ㋒ 材料や育成する生物等の扱い方及び生産や生育活動等に関わる基礎的な技術について知ること。 ㋓ 作業課題が分かり，使用する道具等の扱い方に慣れること。 ㋔ 作業の持続性や巧緻性などを身に付けること。 (ｲ) 職業生活に必要な思考力，判断力，表現力等について，次のとおりとする。 ㋐ 職業に関わる事柄と作業や実習で取り組む内容との関連について気付くこと。 ㋑ 作業に当たり安全や衛生について気付き，工夫すること。 ㋒ 職業生活に必要な健康管理について気付くこと。	(ｱ) 職業に関わる知識や技能について，次のとおりとする。 ㋐ 職業生活に必要な知識や技能を理解すること。 ㋑ 職業生活を支える社会の仕組み等があることを理解すること。 ㋒ 材料や育成する生物等の特性や扱い方及び生産や生育活動等に関わる基礎的な技術について理解すること。 ㋓ 作業課題が分かり，使用する道具や機械等の扱い方を理解すること。 ㋔ 作業の確実性や持続性，巧緻性等を身に付けること。 (ｲ) 職業生活に必要な思考力，判断力，表現力等について，次のとおりとする。 ㋐ 職業に関わる事柄と作業や実習で取り組む内容との関連について，考えて，発表すること。 ㋑ 作業上の安全や衛生及び作業の効率について考えて，工夫すること。 ㋒ 職業生活に必要な健康管理について考えること。
B　情報機器の活用	職業生活で使われるコンピュータ等の情報機器に触れることなどに関わる学習活動を通して，次の事項を身に付けることができるよう指導する。 ア　コンピュータ等の情報機器の初歩的な操作の仕方を知ること。 イ　コンピュータ等の情報機器に触れ，体験したことなどを他者に伝えること。	職業生活や社会生活で使われるコンピュータ等の情報機器を扱うことに関わる学習活動を通して，次の事項を身に付けることができるよう指導する。 ア　コンピュータ等の情報機器の基礎的な操作の仕方を知り，扱いに慣れること。 イ　コンピュータ等の情報機器を扱い，体験したことや自分の考えを表現すること。
C　産業現場等における実習	実際的な学習活動を通して，次の事項を身に付けることができるよう指導する。 ア　職業や進路に関わることについて関心をもったり，調べたりすること。 イ　職業や職業生活，進路に関わることについて，気付き，他者に伝えること。	実際的な学習活動を通して，次の事項を身に付けることができるよう指導する。 ア　職業や進路に関わることについて調べて，理解すること。 イ　職業や職業生活，進路に関わることと自己の成長などについて考えて，発表すること。

	家庭分野	
段階の目標	1段階	2段階
	生活の営みに係る見方・考え方を働かせ，衣食住などに関する実践的・体験的な学習活動を通して，よりよい生活の実現に向けて工夫する資質・能力を次のとおり育成することを目指す。	生活の営みに係る見方・考え方を働かせ，衣食住などに関する実践的・体験的な学習活動を通して，よりよい生活の実現に向けて工夫する資質・能力を次のとおり育成することを目指す。
知識及び技能	ア　家庭の中の自分の役割に気付き，生活の自立に必要な家族・家庭，衣食住，消費や環境等についての基礎的な理解を図るとともに，それらに係る技能を身に付けるようにする。	ア　家族や自分の役割について理解し，生活の自立に必要な家族・家庭，衣食住，消費や環境等についての基礎的な理解を図るとともに，それらに係る技能を身に付けるようにする。
思考力，判断力，表現力等	イ　家庭生活に必要な事柄について触れ，課題や解決策に気付き，実践し，学習したことを伝えるなど，日常生活において課題を解決する力の基礎を養う。	イ　家庭生活に必要な事柄について考え，課題を設定し，解決策を考え，実践し，学習したことを振り返り，考えたことを表現するなど，日常生活において課題を解決する力を養う。
学びに向かう力，人間性等	ウ　家族や地域の人々とのやりとりを通して，よりよい生活の実現に向けて，生活を工夫しようとする態度を養う。	ウ　家族や地域の人々とのやりとりを通して，よりよい生活の実現に向けて，生活を工夫し考えようとする実践的な態度を養う。

段階の目標	家庭分野	
	1段階	2段階
A　家族・家庭生活	ア　自分の成長と家族 自分の成長に気付くことや家族のことなどに関わる学習活動を通して，次の事項を身に付けることができるよう指導する。 (ア) 自分の成長を振り返りながら，家庭生活の大切さを知ること。 (イ) 家族とのやりとりを通して，家族を大切にする気持ちを育み，よりよい関わり方について気付き，それらを他者に伝えること。 イ　家庭生活と役割 家庭の中での役割などに関わる学習活動を通して，次の事項を身に付けることができるよう指導する。 (ア) 家庭における役割や地域との関わりについて関心をもち，知ること。 (イ) 家庭生活に必要なことや自分の果たす役割に気付き，それらを他者に伝えること。 ウ　家庭生活における余暇 家庭における余暇の過ごし方などに関わる学習活動を通して，次の事項を身に付けることができるよう指導する。 (ア) 健康や様々な余暇の過ごし方について知り，実践しようとすること。 (イ) 望ましい生活環境や健康及び様々な余暇の過ごし方について気付き，工夫すること。 エ　幼児の生活と家族 幼児と接することなどに関わる学習活動を通して，次の事項を身に付けることができるよう指導する。 (ア) 幼児の特徴や過ごし方について知ること。 (イ) 幼児への適切な関わり方について気付き，それらを他者に伝えること。	ア　自分の成長と家族 自分の成長と家族や家庭生活などに関わる学習活動を通して，次の事項を身に付けることができるよう指導する。 (ア) 自分の成長を振り返り，家庭生活の大切さを理解すること。 (イ) 家族とのやりとりを通して，家族を大切にする気持ちを育み，よりよい関わり方について考え，表現すること。 イ　家庭生活と役割 家庭生活での役割などに関わる学習活動を通して，次の事項を身に付けることができるよう指導する。 (ア) 家庭における役割や地域との関わりについて調べて，理解すること。 (イ) 家庭生活に必要なことに関して，家族の一員として，自分の果たす役割を考え，表現すること。 ウ　家庭生活における余暇 家庭生活における健康や余暇に関わる学習活動を通して，次の事項を身に付けることができるよう指導する。 (ア) 健康管理や余暇の過ごし方について理解し，実践すること。 (イ) 望ましい生活環境や健康管理及び自分に合った余暇の過ごし方について考え，表現すること。 エ　家族や地域の人々との関わり 家族との触れ合いや地域の人々と接することなどに関わる学習活動を通して，次の事項を身に付けることができるよう指導する。 (ア) 地域生活や地域の活動について調べて，理解すること。 (イ) 家族との触れ合いや地域生活に関心をもち，家族や地域の人々と地域活動への関わりについて気付き，表現すること。
B　衣食住の生活	ア　食事の役割 食事の仕方や食事の大切さに気付くことなどに関わる学習活動を通して，次の事項を身に付けることができるよう指導する。 (ア) 健康な生活と食事の役割について知ること。 (イ) 適切な量の食事を楽しくとることの大切さに気付き，それらを他者に伝えること。 ― ―	ア　食事の役割 楽しく食事をするための工夫などに関わる学習活動を通して，次の事項を身に付けることができるよう指導する。 (ア) 健康な生活と食事の役割や日常の食事の大切さを理解すること。 (イ) 日常の食事の大切さや規則正しい食事の必要性を考え，表現すること。 イ　栄養を考えた食事 バランスのとれた食事について考えることに関わる学習活動を通して，次の事項を身に付けることができるよう指導する。 (ア) 身体に必要な栄養について関心をもち，理解し，実践すること。

段階の目標	家庭分野	
	1段階	2段階
B 衣食住の生活	―	(イ) バランスのとれた食事について気付き,献立などを工夫すること。
	イ 調理の基礎 必要な材料を使って食事の準備をすることなどに関わる学習活動を通して,次の事項を身に付けることができるよう指導する。	ウ 調理の基礎 食事の準備や調理の仕方などに関わる学習活動を通して,次の事項を身に付けることができるよう指導する。
	(ア) 簡単な調理の仕方や手順について知り,できるようにすること。	(ア) 調理に必要な材料の分量や手順などについて理解し,適切にできること。
	(イ) 簡単な調理計画について考えること。	(イ) 調理計画に沿って,調理の手順や仕方を工夫すること。
	ウ 衣服の着用と手入れ 衣服の着方や手入れの仕方などに関わる学習活動を通して,次の事項を身に付けることができるよう指導する。	エ 衣服の着用と手入れ 衣服の手入れや洗濯の仕方などに関わる学習活動を通して,次の事項を身に付けることができるよう指導する。
	(ア) 場面に応じた日常着の着方や手入れの仕方などについて知り,実践しようとすること。	(ア) 日常着の使い分けや手入れの仕方などについて理解し,実践すること。
	(イ) 日常着の着方や手入れの仕方に気付き,工夫すること。	(イ) 日常着の快適な着方や手入れの仕方を考え,工夫すること。
	エ 快適な住まい方 持ち物の整理や住まいの清掃などに関わる学習活動を通して,次の事項を身に付けることができるよう指導する。	オ 快適で安全な住まい方 住まいの整理・整頓や清掃などに関わる学習活動を通して,次の事項を身に付けることができるよう指導する。
	(ア) 住まいの主な働きや,整理・整頓や清掃の仕方について知り,実践しようとすること。	(ア) 快適な住まい方や,安全について理解し,実践すること。
	(イ) 季節の変化に合わせた住まい方,整理・整頓や清掃の仕方に気付き,工夫すること。	(イ) 季節の変化に合わせた快適な住まい方に気付き,工夫すること。
C 消費生活・環境	ア 身近な消費生活 買物の仕組みや必要な物の選び方などに関わる学習活動を通して,次の事項を身に付けることができるよう指導する。	ア 身近な消費生活 身近な消費生活について考えることなどに関わる学習活動を通して,次の事項を身に付けることができるよう指導する。
	(ア) 生活に必要な物の選び方,買い方,計画的な使い方などについて知り,実践しようとすること。	(ア) 生活に必要な物の選択や扱い方について理解し,実践すること。
	(イ) 生活に必要な物を選んだり,物を大切に使おうとしたりすること。	(イ) 生活に必要な物について考えて選ぶことや,物を大切に使う工夫をすること。
	イ 環境に配慮した生活 身近な生活の中で環境に配慮することに関わる学習活動を通して,次の事項を身に付けることができるよう指導する。	イ 環境に配慮した生活 自分の生活と環境との関連などに関わる学習活動を通して,次の事項を身に付けることができるよう指導する。
	(ア) 身近な生活の中で,環境に配慮した物の使い方などについて知り,実践しようとすること。	(ア) 身近な生活の中での環境との関わりや環境に配慮した物の使い方などについて理解し,実践すること。
	(イ) 身近な生活の中で,環境に配慮した物の使い方などについて考え,工夫すること。	(イ) 身近な生活の中で,環境との関わりや環境に配慮した生活について考えて,物の使い方などを工夫すること。

目標・内容の一覧〔外国語活動〕〔外国語〕

学部	小学部〔外国語活動〕	中学部〔外国語〕
目標	外国語によるコミュニケーションにおける見方・考え方を働かせ，外国語や外国の文化に触れることを通して，コミュニケーションを図る素地となる資質・能力を次のとおり育成することを目指す。	外国語によるコミュニケーションにおける見方・考え方を働かせ，外国語の音声や基本的な表現に触れる活動を通して，コミュニケーションを図る素地となる資質・能力を次のとおり育成することを目指す。
知識及び技能	(1) 外国語を用いた体験的な活動を通して，日本語と外国語の音声の違いなどに気付き，外国語の音声に慣れ親しむようにする。	(1) 外国語を用いた体験的な活動を通して，身近な生活で見聞きする外国語に興味や関心をもち，外国語の音声や基本的な表現に慣れ親しむようにする。
思考力，判断力，表現力等	(2) 身近で簡単な事柄について，外国語に触れ，自分の気持ちを伝え合う力の素地を養う。	(2) 身近で簡単な事柄について，外国語で聞いたり話したりして自分の考えや気持ちなどを伝え合う力の素地を養う。
学びに向かう力，人間性等	(3) 外国語を通して，外国の文化などに触れながら，言語への関心を高め，進んでコミュニケーションを図ろうとする態度を養う。	(3) 外国語を通して，外国語やその背景にある文化の多様性を知り，相手に配慮しながらコミュニケーションを図ろうとする態度を養う。

内容〔英語〕	小学部〔外国語活動〕	中学部〔外国語〕
知識及び技能	(1) 英語の特徴等に関する事項	(1) 英語の特徴等に関する事項
	具体的な言語の使用場面や具体的な状況における言語活動を通して，次の事項を身に付けることができるよう指導する。	実際に英語を用いた場面や状況等における言語活動を通して，次の事項を身に付けることができるよう指導する。
	ア　言語を用いてコミュニケーションを図ることの楽しさを知ること。	ア　英語の音声や基本的な表現に慣れ親しむこと
	―	(ｱ) 英語の音声を聞き，真似て声を出したり，話したりしようとすること。
	―	(ｲ) 英語の音声や文字も，事物の内容を表したり，要件を伝えたりなどの働きがあることを感じ取ること。
	―	(ｳ) 基本的な表現や語句が表す内容を知り，それらを使うことで相手に伝わることを感じ取ること。
	イ　日本と外国の言語や文化について，以下の体験を通して慣れ親しむこと。	イ　日本と外国の言語や文化に慣れ親しむこと。
	(ｱ) 英語の歌や日常生活になじみのある語などを聞き，音声やリズムに親しむこと。	(ｱ) 体験的な活動を通して，日本と外国との生活，習慣，行事などの違いを知ること。
	(ｲ) 外国の生活や行事などに触れ，日本と外国の生活や違いを知ること。	(ｲ) 対話的な活動を通して，相手の発言をよく聞こうとしたり，相づちや表情，ジェスチャーなどで応じようとしたりすること。
思考力・判断力，表現力等	(2) 自分の考えや気持ちなどを表現したり，伝えたりする力の素地に関する事項	(2) 情報を整理し，表現したり，伝え合ったりすることに関する事項
	具体的な課題等を設定し，コミュニケーションを行う目的や場面などに応じて表現することを通して，次の事項を身に付けることができるよう指導する。	具体的な課題等を設定し，コミュニケーションを行う目的や場面，状況などに応じて情報や考えなどを表現することを通して，次の事項を身に付けることができるよう指導する。
	ア　身近で簡単な事柄について，注目して見聞きしようとすること。	ア　日常生活に関する簡単な事柄について，伝えたいことを考え，簡単な語などや基本的な表現を使って伝え合うこと。
	イ　身近で簡単な事柄について，相手の働きかけに応じようとすること。	イ　日常生活に関する簡単な事柄について，自分の考えや気持ちや考えなどが伝わるよう，工夫して質問をしたり，質問に答えたりすること。
	(3) 言語活動及び言語の働きに関する事項	(3) 言語活動及び言語の働きに関する事項

内容	小学部〔外国語活動〕	中学部〔外国語〕
思考力・判断力，表現力等	① 言語活動に関する事項 (2)に示す事項については，(1)に示す事項を活用して，例えば，次のような言語活動を取り上げるようにする。	① 言語活動に関する事項 (2)に示す事項については，(1)に示す事項を活用して，例えば，次のような言語活動を通して指導する。
	ア 聞くこと (ｱ) 既に経験している活動や場面で，英語の挨拶や語などを聞き取る活動。	ア 聞くこと (ｱ) 文字の発音を聞いて文字と結び付ける活動。
	(ｲ) 既に知っている物や事柄に関する語などを聞き，それが表す内容を実物や写真などと結び付ける活動。	(ｲ) 身近で具体的な事物に関する簡単な英語を聞き，それが表す内容をイラストや写真と結び付ける活動。
	―	(ｳ) 挨拶や簡単な指示に応じる活動。
	イ 話すこと (ｱ) 既に経験している活動や場面で，実物や写真などを示しながら自分の名前や好きなものなどを簡単な語などを用いて伝える活動。	イ 話すこと [発表] (ｱ) 自分の名前，年齢，好みなどを簡単な語などや基本的な表現を用いて表現する活動。
	(ｲ) 既に知っている歌やダンス，ゲームで，簡単な語や身振りなどを使って表現する活動。	(ｲ) 身近で具体的な事物の様子や状態を簡単な語などや基本的な表現，ジェスチャーを用いて表現する活動。
	―	ウ 話すこと [やり取り] (ｱ) 簡単な挨拶をし合う活動。
	―	(ｲ) 自分のことについて，具体物などを相手に見せながら，好みや要求などの自分の考えや気持ちを伝え合う活動。
	―	(ｳ) ゆっくり話される簡単な質問に，英語の語など又は身振りや動作などで応じる活動。
	―	エ 書くこと (ｱ) 身近な事物を表す文字を書く活動。
	―	(ｲ) 例示を見ながら自分の名前を書き写す活動。
	―	オ 読むこと (ｱ) 身の回りで使われている文字や単語を見付ける活動。
	―	(ｲ) 日本の人の名前や地名の英語表記に使われている文字を読む活動。
思考力・判断力，表現力等	② 言語の働きに関する事項 言語活動を行うに当たり，主として次に示すような言語の使用場面や言語の働きを取り上げるようにする。	② 言語の働きに関する事項 言語活動を行うに当たり，主として次に示すような言語の使用場面や言語の働きを取り上げるようにする。
	ア 言語の使用場面の例 (ｱ) 児童の遊びや身近な暮らしに関わる場面 ㋐ 歌やダンスを含む遊び ㋑ 家庭での生活 ㋒ 学校での学習や活動　など	ア 言語の使用場面の例 (ｱ) 特有の表現がよく使われる場面 ㋐ 挨拶をする ㋑ 自己紹介をする ㋒ 買物をする ㋓ 食事をする　など
	(ｲ) 特有の表現がよく使われる場面 ㋐ 挨拶 ㋑ 自己紹介　など	(ｲ) 生徒の身近な暮らしに関わる場面 ㋐ ゲーム ㋑ 歌やダンス ㋒ 学校での学習や活動 ㋓ 家庭での生活　など

内容	小学部〔外国語活動〕	中学部〔外国語〕
思考力・判断力,表現力等	イ 言語の働きの例 (ア) コミュニケーションを円滑にする 　㋐ 挨拶をする	イ 言語の働きの例 (ア) コミュニケーションを円滑にする 　㋐ 挨拶をする 　㋑ 相づちを打つ
	(イ) 気持ちを伝える 　㋐ 礼を言う　など	(イ) 気持ちを伝える 　㋐ 礼を言う 　㋑ 褒める
	―	(ウ) 相手の行動を促す 　㋐ 質問する
〔その他の外国語〕	―	その他の外国語については,外国語の2の内容の〔英語〕に準じて指導を行うものとする。

付録

目次

- 付録1：参考法令
  - 教育基本法
  - 学校教育法（抄）
  - 学校教育法施行規則（抄）
  - 学校教育法施行規則の一部を改正する省令
  - 学校教育法施行規則の一部を改正する省令の一部を改正する省令
- 付録2：地方教育行政の組織及び運営に関する法律（抄）
- 付録3：特別支援学校幼稚部教育要領（総則）
- 付録4：特別支援学校小学部・中学部学習指導要領（総則）
- 付録5：幼稚園教育要領，小学校学習指導要領，中学校学習指導要領における障害のある幼児児童生徒の指導に関する規定（抜粋）

教育基本法

平成十八年十二月二十二日法律第百二十号

　我々日本国民は，たゆまぬ努力によって築いてきた民主的で文化的な国家を更に発展させるとともに，世界の平和と人類の福祉の向上に貢献することを願うものである。

　我々は，この理想を実現するため，個人の尊厳を重んじ，真理と正義を希求し，公共の精神を尊び，豊かな人間性と創造性を備えた人間の育成を期するとともに，伝統を継承し，新しい文化の創造を目指す教育を推進する。

　ここに，我々は，日本国憲法の精神にのっとり，我が国の未来を切り拓く教育の基本を確立し，その振興を図るため，この法律を制定する。

第一章　教育の目的及び理念

（教育の目的）

第一条　教育は，人格の完成を目指し，平和で民主的な国家及び社会の形成者として必要な資質を備えた心身ともに健康な国民の育成を期して行われなければならない。

（教育の目標）

第二条　教育は，その目的を実現するため，学問の自由を尊重しつつ，次に掲げる目標を達成するよう行われるものとする。

　一　幅広い知識と教養を身に付け，真理を求める態度を養い，豊かな情操と道徳心を培うとともに，健やかな身体を養うこと。

　二　個人の価値を尊重して，その能力を伸ばし，創造性を培い，自主及び自律の精神を養うとともに，職業及び生活との関連を重視し，勤労を重んずる態度を養うこと。

　三　正義と責任，男女の平等，自他の敬愛と協力を重んずるとともに，公共の精神に基づき，主体的に社会の形成に参画し，その発展に寄与する態度を養うこと。

　四　生命を尊び，自然を大切にし，環境の保全に寄与する態度を養うこと。

　五　伝統と文化を尊重し，それらをはぐくんできた我が国と郷土を愛するとともに，他国を尊重し，国際社会の平和と発展に寄与する態度を養うこと。

（生涯学習の理念）

第三条　国民一人一人が，自己の人格を磨き，豊かな人生を送ることができるよう，その生涯にわたって，あらゆる機会に，あらゆる場所において学習することができ，その成果を適切に生かすことのできる社会の実現が図られなければならない。

（教育の機会均等）

第四条　すべて国民は，ひとしく，その能力に応じた教育を受ける機会を与えられなければならず，人種，信条，性別，社会的身分，経済的地位又は門地によって，教育上差別されない。

2　国及び地方公共団体は，障害のある者が，その障害の状態に応じ，十分な教育を受けられるよう，教育上必要な支援を講じなければならない。

3　国及び地方公共団体は，能力があるにもかかわらず，経済的理由によって修学が困難な者に対して，奨学の措置を講じなければならない。

付録1

第二章　教育の実施に関する基本

（義務教育）

第五条　国民は，その保護する子に，別に法律で定めるところにより，普通教育を受けさせる義務を負う。

2　義務教育として行われる普通教育は，各個人の有する能力を伸ばしつつ社会において自立的に生きる基礎を培い，また，国家及び社会の形成者として必要とされる基本的な資質を養うことを目的として行われるものとする。

3　国及び地方公共団体は，義務教育の機会を保障し，その水準を確保するため，適切な役割分担及び相互の協力の下，その実施に責任を負う。

4　国又は地方公共団体の設置する学校における義務教育については，授業料を徴収しない。

（学校教育）

第六条　法律に定める学校は，公の性質を有するものであって，国，地方公共団体及び法律に定める法人のみが，これを設置することができる。

2　前項の学校においては，教育の目標が達成されるよう，教育を受ける者の心身の発達に応じて，体系的な教育が組織的に行われなければならない。この場合において，教育を受ける者が，学校生活を営む上で必要な規律を重んずるとともに，自ら進んで学習に取り組む意欲を高めることを重視して行われなければならない。

（大学）

第七条　大学は，学術の中心として，高い教養と専門的能力を培うとともに，深く真理を探究して新たな知見を創造し，これらの成果を広く社会に提供することにより，社会の発展に寄与するものとする。

2　大学については，自主性，自律性その他の大学における教育及び研究の特性が尊重されなければならない。

（私立学校）

第八条　私立学校の有する公の性質及び学校教育において果たす重要な役割にかんがみ，国及び地方公共団体は，その自主性を尊重しつつ，助成その他の適当な方法によって私立学校教育の振興に努めなければならない。

（教員）

第九条　法律に定める学校の教員は，自己の崇高な使命を深く自覚し，絶えず研究と修養に励み，その職責の遂行に努めなければならない。

2　前項の教員については，その使命と職責の重要性にかんがみ，その身分は尊重され，待遇の適正が期せられるとともに，養成と研修の充実が図られなければならない。

（家庭教育）

第十条　父母その他の保護者は，子の教育について第一義的責任を有するものであって，生活のために必要な習慣を身に付けさせるとともに，自立心を育成し，心身の調和のとれた発達を図るよう努めるものとする。

2　国及び地方公共団体は，家庭教育の自主性を尊重しつつ，保護者に対する学習の機会及び情報の提供その他の家庭教育を支援するために必要な施策を講ずるよう努めなければならない。

（幼児期の教育）

第十一条　幼児期の教育は，生涯にわたる人格形成の基礎を培う重要なものであることにかんがみ，国及び地方公共団体は，幼児の健やかな成長に資する良好な環境の整備その他適当な方法によって，その振興に努めなければならない。

（社会教育）
第十二条　個人の要望や社会の要請にこたえ，社会において行われる教育は，国及び地方公共団体によって奨励されなければならない。
2　国及び地方公共団体は，図書館，博物館，公民館その他の社会教育施設の設置，学校の施設の利用，学習の機会及び情報の提供その他の適当な方法によって社会教育の振興に努めなければならない。
（学校，家庭及び地域住民等の相互の連携協力）
第十三条　学校，家庭及び地域住民その他の関係者は，教育におけるそれぞれの役割と責任を自覚するとともに，相互の連携及び協力に努めるものとする。
（政治教育）
第十四条　良識ある公民として必要な政治的教養は，教育上尊重されなければならない。
2　法律に定める学校は，特定の政党を支持し，又はこれに反対するための政治教育その他政治的活動をしてはならない。
（宗教教育）
第十五条　宗教に関する寛容の態度，宗教に関する一般的な教養及び宗教の社会生活における地位は，教育上尊重されなければならない。
2　国及び地方公共団体が設置する学校は，特定の宗教のための宗教教育その他宗教的活動をしてはならない。

第三章　教育行政

（教育行政）
第十六条　教育は，不当な支配に服することなく，この法律及び他の法律の定めるところにより行われるべきものであり，教育行政は，国と地方公共団体との適切な役割分担及び相互の協力の下，公正かつ適正に行われなければならない。
2　国は，全国的な教育の機会均等と教育水準の維持向上を図るため，教育に関する施策を総合的に策定し，実施しなければならない。
3　地方公共団体は，その地域における教育の振興を図るため，その実情に応じた教育に関する施策を策定し，実施しなければならない。
4　国及び地方公共団体は，教育が円滑かつ継続的に実施されるよう，必要な財政上の措置を講じなければならない。
（教育振興基本計画）
第十七条　政府は，教育の振興に関する施策の総合的かつ計画的な推進を図るため，教育の振興に関する施策についての基本的な方針及び講ずべき施策その他必要な事項について，基本的な計画を定め，これを国会に報告するとともに，公表しなければならない。
2　地方公共団体は，前項の計画を参酌し，その地域の実情に応じ，当該地方公共団体における教育の振興のための施策に関する基本的な計画を定めるよう努めなければならない。

第四章　法令の制定

第十八条　この法律に規定する諸条項を実施するため，必要な法令が制定されなければならない。

学校教育法（抄）

昭和二十二年三月三十一日法律第二十六号

第二章　義務教育

第二十一条　義務教育として行われる普通教育は，教育基本法（平成十八年法律第百二十号）第五条第二項に規定する目的を実現するため，次に掲げる目標を達成するよう行われるものとする。
　一　学校内外における社会的活動を促進し，自主，自律及び協同の精神，規範意識，公正な判断力並びに公共の精神に基づき主体的に社会の形成に参画し，その発展に寄与する態度を養うこと。
　二　学校内外における自然体験活動を促進し，生命及び自然を尊重する精神並びに環境の保全に寄与する態度を養うこと。
　三　我が国と郷土の現状と歴史について，正しい理解に導き，伝統と文化を尊重し，それらをはぐくんできた我が国と郷土を愛する態度を養うとともに，進んで外国の文化の理解を通じて，他国を尊重し，国際社会の平和と発展に寄与する態度を養うこと。
　四　家族と家庭の役割，生活に必要な衣，食，住，情報，産業その他の事項について基礎的な理解と技能を養うこと。
　五　読書に親しませ，生活に必要な国語を正しく理解し，使用する基礎的な能力を養うこと。
　六　生活に必要な数量的な関係を正しく理解し，処理する基礎的な能力を養うこと。
　七　生活にかかわる自然現象について，観察及び実験を通じて，科学的に理解し，処理する基礎的な能力を養うこと。
　八　健康，安全で幸福な生活のために必要な習慣を養うとともに，運動を通じて体力を養い，心身の調和的発達を図ること。
　九　生活を明るく豊かにする音楽，美術，文芸その他の芸術について基礎的な理解と技能を養うこと。
　十　職業についての基礎的な知識と技能，勤労を重んずる態度及び個性に応じて将来の進路を選択する能力を養うこと。

第四章　小学校

第二十九条　小学校は，心身の発達に応じて，義務教育として行われる普通教育のうち基礎的なものを施すことを目的とする。
第三十条　小学校における教育は，前条に規定する目的を実現するために必要な程度において第二十一条各号に掲げる目標を達成するよう行われるものとする。
②　前項の場合においては，生涯にわたり学習する基盤が培われるよう，基礎的な知識及び技能を習得させるとともに，これらを活用して課題を解決するために必要な思考力，判断力，表現力その他の能力をはぐくみ，主体的に学習に取り組む態度を養うことに，特に意を用いなければならない。
第三十一条　小学校においては，前条第一項の規定による目標の達成に資するよう，教育指導を行うに当たり，児童の体験的な学習活動，特にボランティア活動など社会奉仕体験活動，自然体験活動その他の体験活動の充実に努めるものとする。この場合において，社会教育関係団体その他の関係団体及び関係機関との連携に十分配慮しなければならない。

第五章　中学校

第四十五条　中学校は，小学校における教育の基礎の上に，心身の発達に応じて，義務教育として行われる普通教育を施すことを目的とする。

第四十六条　中学校における教育は，前条に規定する目的を実現するため，第二十一条各号に掲げる目標を達成するよう行われるものとする。

第八章　特別支援教育

第七十二条　特別支援学校は，視覚障害者，聴覚障害者，知的障害者，肢体不自由者又は病弱者（身体虚弱者を含む。以下同じ。）に対して，幼稚園，小学校，中学校又は高等学校に準ずる教育を施すとともに，障害による学習上又は生活上の困難を克服し自立を図るために必要な知識技能を授けることを目的とする。

第七十四条　特別支援学校においては，第七十二条に規定する目的を実現するための教育を行うほか，幼稚園，小学校，中学校，義務教育学校，高等学校又は中等教育学校の要請に応じて，第八十一条第一項に規定する幼児，児童又は生徒の教育に関し必要な助言又は援助を行うよう努めるものとする。

第七十七条　特別支援学校の幼稚部の教育課程その他の保育内容，小学部及び中学部の教育課程又は高等部の学科及び教育課程に関する事項は，幼稚園，小学校，中学校又は高等学校に準じて，文部科学大臣が定める。

第八十一条　幼稚園，小学校，中学校，義務教育学校，高等学校及び中等教育学校においては，次項各号のいずれかに該当する幼児，児童及び生徒その他教育上特別の支援を必要とする幼児，児童及び生徒に対し，文部科学大臣の定めるところにより，障害による学習上又は生活上の困難を克服するための教育を行うものとする。

② 小学校，中学校，義務教育学校，高等学校及び中等教育学校には，次の各号のいずれかに該当する児童及び生徒のために，特別支援学級を置くことができる。
一　知的障害者
二　肢体不自由者
三　身体虚弱者
四　弱視者
五　難聴者
六　その他障害のある者で，特別支援学級において教育を行うことが適当なもの

③ 前項に規定する学校においては，疾病により療養中の児童及び生徒に対して，特別支援学級を設け，又は教員を派遣して，教育を行うことができる。

学校教育法施行規則（抄） 昭和二十二年五月二十三日文部省令第十一号

第四章　小学校

第二節　教育課程

第五十条　小学校の教育課程は，国語，社会，算数，理科，生活，音楽，図画工作，家庭及び体育の各教科（以下この節において「各教科」という。），道徳，外国語活動，総合的な学習の時間並びに特別活動によつて編成するものとする。

2　私立の小学校の教育課程を編成する場合は，前項の規定にかかわらず，宗教を加えることができる。この場合においては，宗教をもつて前項の道徳に代えることができる。

第五十一条　小学校（第五十二条の二第二項に規定する中学校連携型小学校及び第七十九条の九第二項に規定する中学校併設型小学校を除く。）の各学年における各教科，道徳，外国語活動，総合的な学習の時間及び特別活動のそれぞれの授業時数並びに各学年におけるこれらの総授業時数は，別表第一に定める授業時数を標準とする。

第五十二条　小学校の教育課程については，この節に定めるもののほか，教育課程の基準として文部科学大臣が別に公示する小学校学習指導要領によるものとする。

第五十三条　小学校においては，必要がある場合には，一部の各教科について，これらを合わせて授業を行うことができる。

第五十四条　児童が心身の状況によつて履修することが困難な各教科は，その児童の心身の状況に適合するように課さなければならない。

第五十五条　小学校の教育課程に関し，その改善に資する研究を行うため特に必要があり，かつ，児童の教育上適切な配慮がなされていると文部科学大臣が認める場合においては，文部科学大臣が別に定めるところにより，第五十条第一項，第五十一条（中学校連携型小学校にあつては第五十二条の三，第七十九条の九第二項に規定する中学校併設型小学校にあつては第七十九条の十二において準用する第七十九条の五第一項）又は第五十二条の規定によらないことができる。

第五十五条の二　文部科学大臣が，小学校において，当該小学校又は当該小学校が設置されている地域の実態に照らし，より効果的な教育を実施するため，当該小学校又は当該地域の特色を生かした特別の教育課程を編成して教育を実施する必要があり，かつ，当該特別の教育課程について，教育基本法（平成十八年法律第百二十号）及び学校教育法第三十条第一項の規定等に照らして適切であり，児童の教育上適切な配慮がなされているものとして文部科学大臣が定める基準を満たしていると認める場合においては，文部科学大臣が別に定めるところにより，第五十条第一項，第五十一条（中学校連携型小学校にあつては第五十二条の三，第七十九条の九第二項に規定する中学校併設型小学校にあつては第七十九条の十二において準用する第七十九条の五第一項）又は第五十二条の規定の全部又は一部によらないことができる。

第五十六条　小学校において，学校生活への適応が困難であるため相当の期間小学校を欠席し引き続き欠席すると認められる児童を対象として，その実態に配慮した特別の教育課程を編成して教育を実施する必要があると文部科学大臣が認める場合においては，文部科学大臣が別に定めるところにより，第五十条第一項，第五十一条（中学校連携型小学校にあつては第五十二条の三，第七十九条の九第二項に規定する中学校併設型小学校にあつては第七十九条の十二において準用する第七十九条の五第一項）又は第五十二条の規定によらないことができる。

第五十六条の二　小学校において，日本語に通じない児童のうち，当該児童の日本語を理解し，使用

付録1

する能力に応じた特別の指導を行う必要があるものを教育する場合には，文部科学大臣が別に定めるところにより，第五十条第一項，第五十一条（中学校連携型小学校にあつては第五十二条の三，第七十九条の九第二項に規定する中学校併設型小学校にあつては第七十九条の十二において準用する第七十九条の五第一項）及び第五十二条の規定にかかわらず，特別の教育課程によることができる。

第五十六条の三　前条の規定により特別の教育課程による場合においては，校長は，児童が設置者の定めるところにより他の小学校，義務教育学校の前期課程又は特別支援学校の小学部において受けた授業を，当該児童の在学する小学校において受けた当該特別の教育課程に係る授業とみなすことができる。

第五章　中学校

第七十二条　中学校の教育課程は，国語，社会，数学，理科，音楽，美術，保健体育，技術・家庭及び外国語の各教科（以下本章及び第七章中「各教科」という。），道徳，総合的な学習の時間並びに特別活動によって編成するものとする。

第七十三条　中学校（併設型中学校，第七十四条の二第二項に規定する小学校連携型中学校，第七十五条第二項に規定する連携型中学校及び第七十九条の九第二項に規定する小学校併設型中学校を除く。）の各学年における各教科，道徳，総合的な学習の時間及び特別活動のそれぞれの授業時数並びに各学年におけるこれらの総授業時数は，別表第二に定める授業時数を標準とする。

第七十四条　中学校の教育課程については，この章に定めるもののほか，教育課程の基準として文部科学大臣が別に公示する中学校学習指導要領によるものとする。

第七十九条　第四十一条から第四十九条まで，第五十条第二項，第五十四条から第六十八条までの規定は，中学校に準用する。この場合において，第四十二条中「五学級」とあるのは「二学級」と，第五十五条から第五十六条の二まで及び第五十六条の四の規定中「第五十条第一項」とあるのは「第七十二条」と，「第五十一条（中学校連携型小学校にあつては第五十二条の三，第七十九条の九第二項に規定する中学校併設型小学校にあつては第七十九条の十二において準用する第七十九条の五第一項）」とあるのは「第七十三条（併設型中学校にあつては第百十七条において準用する第百七条，小学校連携型中学校にあつては第七十四条の三，連携型中学校にあつては第七十六条，第七十九条の九第二項に規定する小学校併設型中学校にあつては第七十九条の十二において準用する第七十九条の五第二項）」と，「第五十二条」とあるのは「第七十四条」と，第五十五条の二中「第三十条第一項」とあるのは「第四十六条」と，第五十六条の三中「他の小学校，義務教育学校の前期課程又は特別支援学校の小学部」とあるのは「他の中学校，義務教育学校の後期課程，中等教育学校の前期課程又は特別支援学校の中学部」と読み替えるものとする。

第八章　特別支援学校

第百二十六条　特別支援学校の小学部の教育課程は，国語，社会，算数，理科，生活，音楽，図画工作，家庭及び体育の各教科，道徳，外国語活動，総合的な学習の時間，特別活動並びに自立活動によって編成するものとする。

2　前項の規定にかかわらず，知的障害者である児童を教育する場合は，生活，国語，算数，音楽，図画工作及び体育の各教科，道徳，特別活動並びに自立活動によって教育課程を編成するものとする。

第百二十七条　特別支援学校の中学部の教育課程は，国語，社会，数学，理科，音楽，美術，保健体育，技術・家庭及び外国語の各教科，道徳，総合的な学習の時間，特別活動並びに自立活動によつ

て編成するものとする。
2　前項の規定にかかわらず，知的障害者である生徒を教育する場合は，国語，社会，数学，理科，音楽，美術，保健体育及び職業・家庭の各教科，道徳，総合的な学習の時間，特別活動並びに自立活動によつて教育課程を編成するものとする。ただし，必要がある場合には，外国語科を加えて教育課程を編成することができる。

第百二十九条　特別支援学校の幼稚部の教育課程その他の保育内容並びに小学部，中学部及び高等部の教育課程については，この章に定めるもののほか，教育課程その他の保育内容又は教育課程の基準として文部科学大臣が別に公示する特別支援学校幼稚部教育要領，特別支援学校小学部・中学部学習指導要領及び特別支援学校高等部学習指導要領によるものとする。

第百三十条　特別支援学校の小学部，中学部又は高等部においては，特に必要がある場合は，第百二十六条から第百二十八条までに規定する各教科（次項において「各教科」という。）又は別表第三及び別表第五に定める各教科に属する科目の全部又は一部について，合わせて授業を行うことができる。
2　特別支援学校の小学部，中学部又は高等部においては，知的障害者である児童若しくは生徒又は複数の種類の障害を併せ有する児童若しくは生徒を教育する場合において特に必要があるときは，各教科，道徳，外国語活動，特別活動及び自立活動の全部又は一部について，合わせて授業を行うことができる。

第百三十一条　特別支援学校の小学部，中学部又は高等部において，複数の種類の障害を併せ有する児童若しくは生徒を教育する場合又は教員を派遣して教育を行う場合において，特に必要があるときは，第百二十六条から第百二十九条までの規定にかかわらず，特別の教育課程によることができる。
2　前項の規定により特別の教育課程による場合において，文部科学大臣の検定を経た教科用図書又は文部科学省が著作の名義を有する教科用図書を使用することが適当でないときは，当該学校の設置者の定めるところにより，他の適切な教科用図書を使用することができる。

第百三十二条　特別支援学校の小学部，中学部又は高等部の教育課程に関し，その改善に資する研究を行うため特に必要があり，かつ，児童又は生徒の教育上適切な配慮がなされていると文部科学大臣が認める場合においては，文部科学大臣が別に定めるところにより，第百二十六条から第百二十九条までの規定によらないことができる。

第百三十二条の二　文部科学大臣が，特別支援学校の小学部，中学部又は高等部において，当該特別支援学校又は当該特別支援学校が設置されている地域の実態に照らし，より効果的な教育を実施するため，当該特別支援学校又は当該地域の特色を生かした特別の教育課程を編成して教育を実施する必要があり，かつ，当該特別の教育課程について，教育基本法及び学校教育法第七十二条の規定等に照らして適切であり，児童又は生徒の教育上適切な配慮がなされているものとして文部科学大臣が定める基準を満たしていると認める場合においては，文部科学大臣が別に定めるところにより，第百二十六条から第百二十九条までの規定の一部又は全部によらないことができる。

第百三十二条の三　特別支援学校の小学部又は中学部において，日本語に通じない児童又は生徒のうち，当該児童又は生徒の日本語を理解し，使用する能力に応じた特別の指導を行う必要があるものを教育する場合には，文部科学大臣が別に定めるところにより，第百二十六条，第百二十七条及び第百二十九条の規定にかかわらず，特別の教育課程によることができる。

第百三十二条の四　前条の規定により特別の教育課程による場合においては，校長は，児童又は生徒が設置者の定めるところにより他の小学校，中学校，義務教育学校，中等教育学校の前期課程又は特別支援学校の小学部若しくは中学部において受けた授業を，当該児童又は生徒の在学する特別支援学校の小学部又は中学部において受けた当該特別の教育課程に係る授業とみなすことができる。

第百三十八条　小学校，中学校若しくは義務教育学校又は中等教育学校の前期課程における特別支

学級に係る教育課程については,特に必要がある場合は,第五十条第一項(第七十九条の六第一項において準用する場合を含む。),第五十一条,第五十二条(第七十九条の六第一項において準用する場合を含む。),第五十二条の三,第七十二条(第七十九条の六第二項及び第百八条第一項において準用する場合を含む。),第七十三条,第七十四条(第七十九条の六第二項及び第百八条第一項において準用する場合を含む。),第七十四条の三,第七十六条,第七十九条の五(第七十九条の十二において準用する場合を含む。)及び第百七条(第百十七条において準用する場合を含む。)の規定にかかわらず,特別の教育課程によることができる。

第百四十条 小学校,中学校若しくは義務教育学校又は中等教育学校の前期課程において,次の各号のいずれかに該当する児童又は生徒(特別支援学級の児童及び生徒を除く。)のうち当該障害に応じた特別の指導を行う必要があるものを教育する場合には,文部科学大臣が別に定めるところにより,第五十条第一項(第七十九条の六第一項において準用する場合を含む。),第五十一条,第五十二条(第七十九条の六第一項において準用する場合を含む。),第五十二条の三,第七十二条(第七十九条の六第二項及び第百八条第一項において準用する場合を含む。),第七十三条,第七十四条(第七十九条の六第二項及び第百八条第一項において準用する場合を含む。),第七十四条の三,第七十六条,第七十九条の五(第七十九条の十二において準用する場合を含む。)及び第百七条(第百十七条において準用する場合を含む。)の規定にかかわらず,特別の教育課程によることができる。
　一 言語障害者
　二 自閉症者
　三 情緒障害者
　四 弱視者
　五 難聴者
　六 学習障害者
　七 注意欠陥多動性障害者
　八 その他障害のある者で,この条の規定により特別の教育課程による教育を行うことが適当なもの

第百四十一条 前条の規定により特別の教育課程による場合においては,校長は,児童又は生徒が,当該小学校,中学校,義務教育学校又は中等教育学校の設置者の定めるところにより他の小学校,中学校,義務教育学校,中等教育学校の前期課程又は特別支援学校の小学部若しくは中学部において受けた授業を,当該小学校,中学校若しくは義務教育学校又は中等教育学校の前期課程において受けた当該特別の教育課程に係る授業とみなすことができる。

学校教育法施行規則の一部を改正する省令

平成二十七年三月二十七日
文部科学省令第十一号

　学校教育法施行規則（昭和二十二年文部省令第十一号）の一部を次のように改正する。
　第五十条，第五十一条，第七十二条，第七十三条，第七十六条，第百七条，第百二十六条及び第百二十七条中「道徳」を「特別の教科である道徳」に改める。
　第百二十八条第二項中「，道徳」を「及び道徳」に改める。
　第百三十条第二項中「道徳」を「特別の教科である道徳（特別支援学校の高等部にあつては，前条に規定する特別支援学校高等部学習指導要領で定める道徳）」に改める。
　別表第一，別表第二及び別表第四中「道徳」を「特別の教科である道徳」に改める。

附　則

（施行期日）
1　この省令の規定は，次の各号に掲げる区分に応じ，それぞれ当該各号に定める日から施行する。
　一　第五十条，第五十一条，第百二十六条及び別表第一の改正規定並びに次項の規定平成三十年四月一日
　二　第七十二条，第七十三条，第七十六条，第百七条，第百二十七条，第百二十八条第二項，第百三十条第二項，別表第二及び別表第四の改正規定　平成三十一年四月一日
（経過措置）
2　平成三十年四月一日から平成三十一年三月三十一日までの間における学校教育法施行規則第百三十条第二項の適用については，同項中「道徳」とあるのは「道徳（特別支援学校の小学部にあつては，特別の教科である道徳）」とする。

付録1

学校教育法施行規則の一部を改正する省令(抄)

平成二十九年三月三十一日
文部科学省令第二十号

学校教育法施行規則(昭和二十二年文部省令第十一号)の一部を次のように改正する。
第五十条第一項中「及び体育」を「，体育及び外国語」に改める。
別表第一を次のように改める。

別表第一（第五十一条関係）

区分		第1学年	第2学年	第3学年	第4学年	第5学年	第6学年
各教科の授業時数	国語	306	315	245	245	175	175
	社会			70	90	100	105
	算数	136	175	175	175	175	175
	理科			90	105	105	105
	生活	102	105				
	音楽	68	70	60	60	50	50
	図画工作	68	70	60	60	50	50
	家庭					60	55
	体育	102	105	105	105	90	90
	外国語					70	70
特別の教科である道徳の授業時数		34	35	35	35	35	35
外国語活動の授業時数				35	35		
総合的な学習の時間の授業時数				70	70	70	70
特別活動の授業時数		34	35	35	35	35	35
総授業時数		850	910	980	1015	1015	1015

備考
一　この表の授業時数の一単位時間は，四十五分とする。
二　特別活動の授業時数は，小学校学習指導要領で定める学級活動（学校給食に係るものを除く。）に充てるものとする。
三　第五十条第二項の場合において，特別の教科である道徳のほかに宗教を加えるときは，宗教の授業時数をもってこの表の特別の教科である道徳の授業時数の一部に代えることができる。（別表第二から別表第二の三まで及び別表第四の場合においても同様とする。）

附　則

この省令は，平成三十二年四月一日から施行する。

学校教育法施行規則の一部を改正する省令

平成二十九年四月二十八日
文部科学省令第二十七号

　学校教育法施行規則（昭和二十二年文部省令第十一号）の一部を次のように改正する。
　第百二十六条第一項中「及び体育」を「，体育及び外国語」に改め，同条第二項に次のただし書を加える。
　ただし，必要がある場合には，外国語活動を加えて教育課程を編成することができる。

附　則

　この省令は，平成三十二年四月一日から施行する。

学校教育法施行規則の一部を改正する省令の一部を改正する省令

平成二十九年七月七日文部科学省令第二十九号

　学校教育法施行規則の一部を改正する省令（平成二十九年文部科学省令第二十号）の一部を次のように改正する。

　附則に次のただし書を加える。

　ただし，次項及び附則第三項の規定は平成三十年四月一日から施行する。

　附則を附則第一項とし，附則に次の二項を加える。

2　平成三十年四月一日から平成三十二年三月三十一日までの間，小学校の各学年における外国語活動の授業時数及び総授業時数は，学校教育法施行規則別表第一の規定にかかわらず，附則別表第一に定める外国語活動の授業時数及び総授業時数を標準とする。ただし，同表に定める外国語活動の授業時数の授業の実施のために特に必要がある場合には，総合的な学習の時間の授業時数及び総授業時数から十五を超えない範囲内の授業時数を減じることができることとする。

3　（略）

附　則

　この省令は，公布の日から施行する。

附則別表第一（附則第二項関係）

区分	第1学年	第2学年	第3学年	第4学年	第5学年	第6学年
外国語活動の授業時数	／	／	15	15	50	50
総授業時数	850	910	960	995	995	995

　備考　この表の授業時数の一単位時間は，四十五分とする。

附則別表第二（附則第三項関係）

　（略）

　備考

　　一　この表の授業時数の一単位時間は，四十五分とする。

　　二　（略）

学校教育法施行規則の一部を改正する省令の一部を改正する省令
平成二十九年十二月二十七日文部科学省令第四十二号

　学校教育法施行規則の一部を改正する省令（平成二十九年文部科学省令第二十七号）の一部を次のように改める。

　附則に次のただし書を加える。

　ただし，第百二十六条第二項の改正規定については，平成三十年四月一日から施行する。

附　則

　この省令は，公布の日から施行する。

地方教育行政の組織及び運営に関する法律（抄）

地方教育行政の組織及び運営に関する法律（抄）
昭和三十一年六月三十日法律第百六十二号

第三章　教育委員会及び地方公共団体の長の職務権限

（教育委員会の職務権限）

第二十一条　教育委員会は，当該地方公共団体が処理する教育に関する事務で，次に掲げるものを管理し，及び執行する。

一　教育委員会の所管に属する第三十条に規定する学校その他の教育機関（以下「学校その他の教育機関」という。）の設置，管理及び廃止に関すること。

二　教育委員会の所管に属する学校その他の教育機関の用に供する財産（以下「教育財産」という。）の管理に関すること。

三　教育委員会及び教育委員会の所管に属する学校その他の教育機関の職員の任免その他の人事に関すること。

四　学齢生徒及び学齢児童の就学並びに生徒，児童及び幼児の入学，転学及び退学に関すること。

五　教育委員会の所管に属する学校の組織編制，教育課程，学習指導，生徒指導及び職業指導に関すること。

六　教科書その他の教材の取扱いに関すること。

七　校舎その他の施設及び教具その他の設備の整備に関すること。

八　校長，教員その他の教育関係職員の研修に関すること。

九　校長，教員その他の教育関係職員並びに生徒，児童及び幼児の保健，安全，厚生及び福利に関すること。

十　教育委員会の所管に属する学校その他の教育機関の環境衛生に関すること。

十一　学校給食に関すること。

十二　青少年教育，女性教育及び公民館の事業その他社会教育に関すること。

十三　スポーツに関すること。

十四　文化財の保護に関すること。

十五　ユネスコ活動に関すること。

十六　教育に関する法人に関すること。

十七　教育に係る調査及び基幹統計その他の統計に関すること。

十八　所掌事務に係る広報及び所掌事務に係る教育行政に関する相談に関すること。

十九　前各号に掲げるもののほか，当該地方公共団体の区域内における教育に関する事務に関すること。

（私立学校に関する事務に係る都道府県委員会の助言又は援助）

第二十七条の五　都道府県知事は，第二十二条第三号に掲げる私立学校に関する事務を管理し，及び執行するに当たり，必要と認めるときは，当該都道府県委員会に対し，学校教育に関する専門的事項について助言又は援助を求めることができる。

第四章　教育機関

第一節　通則

（学校等の管理）

第三十三条　教育委員会は，法令又は条例に違反しない限度において，その所管に属する学校その他の教育機関の施設，設備，組織編制，教育課程，教材の取扱その他学校その他の教育機関の管理運営の基本的事項について，必要な教育委員会規則を定めるものとする。この場合において，当該教育委員会規則で定めようとする事項のうち，その実施のためには新たに予算を伴うこととなるものについては，教育委員会は，あらかじめ当該地方公共団体の長に協議しなければならない。

2　前項の場合において，教育委員会は，学校における教科書以外の教材の使用について，あらかじめ，教育委員会に届け出させ，又は教育委員会の承認を受けさせることとする定を設けるものとする。

第四節　学校運営協議会

第四十七条の六　教育委員会は，教育委員会規則で定めるところにより，その所管に属する学校ごとに，当該学校の運営及び当該運営への必要な支援に関して協議する機関として，学校運営協議会を置くように努めなければならない。ただし，二以上の学校の運営に関し相互に密接な連携を図る必要がある場合として文部科学省令で定める場合には，二以上の学校について一の学校運営協議会を置くことができる。

2　学校運営協議会の委員は，次に掲げる者について，教育委員会が任命する。
　一　対象学校（当該学校運営協議会が，その運営及び当該運営への必要な支援に関して協議する学校をいう。以下この条において同じ。）の所在する地域の住民
　二　対象学校に在籍する生徒，児童又は幼児の保護者
　三　社会教育法（昭和二十四年法律第二百七号）第九条の七第一項に規定する地域学校協働活動推進員その他の対象学校の運営に資する活動を行う者
　四　その他当該教育委員会が必要と認める者

3　対象学校の校長は，前項の委員の任命に関する意見を教育委員会に申し出ることができる。

4　対象学校の校長は，当該対象学校の運営に関して，教育課程の編成その他教育委員会規則で定める事項について基本的な方針を作成し，当該対象学校の学校運営協議会の承認を得なければならない。

5　学校運営協議会は，前項に規定する基本的な方針に基づく対象学校の運営及び当該運営への必要な支援に関し，対象学校の所在する地域の住民，対象学校に在籍する生徒，児童又は幼児の保護者その他の関係者の理解を深めるとともに，対象学校とこれらの者との連携及び協力の推進に資するため，対象学校の運営及び当該運営への必要な支援に関する協議の結果に関する情報を積極的に提供するよう努めるものとする。

6　学校運営協議会は，対象学校の運営に関する事項（次項に規定する事項を除く。）について，教育委員会又は校長に対して，意見を述べることができる。

7　学校運営協議会は，対象学校の職員の採用その他の任用に関して教育委員会規則で定める事項について，当該職員の任命権者に対して意見を述べることができる。この場合において，当該職員が県費負担教職員（第五十五条第一項又は第六十一条第一項の規定により市町村委員会がその任用に関する事務を行う職員を除く。）であるときは，市町村委員会を経由するものとする。

8　対象学校の職員の任命権者は，当該職員の任用に当たつては，前項の規定により述べられた意見

を尊重するものとする。
9 教育委員会は，学校運営協議会の運営が適正を欠くことにより，対象学校の運営に現に支障が生じ，又は生ずるおそれがあると認められる場合においては，当該学校運営協議会の適正な運営を確保するために必要な措置を講じなければならない。
10 学校運営協議会の委員の任免の手続及び任期，学校運営協議会の議事の手続その他学校運営協議会の運営に関し必要な事項については，教育委員会規則で定める。

第五章　文部科学大臣及び教育委員会相互間の関係等

（文部科学大臣又は都道府県委員会の指導，助言及び援助）
第四十八条　地方自治法第二百四十五条の四第一項の規定によるほか，文部科学大臣は都道府県又は市町村に対し，都道府県委員会は市町村に対し，都道府県又は市町村の教育に関する事務の適正な処理を図るため，必要な指導，助言又は援助を行うことができる。
2　前項の指導，助言又は援助を例示すると，おおむね次のとおりである。
　一　学校その他の教育機関の設置及び管理並びに整備に関し，指導及び助言を与えること。
　二　学校の組織編制，教育課程，学習指導，生徒指導，職業指導，教科書その他の教材の取扱いその他学校運営に関し，指導及び助言を与えること。
　三　学校における保健及び安全並びに学校給食に関し，指導及び助言を与えること。
　四　教育委員会の委員及び校長，教員その他の教育関係職員の研究集会，講習会その他研修に関し，指導及び助言を与え，又はこれらを主催すること。
　五　生徒及び児童の就学に関する事務に関し，指導及び助言を与えること。
　六　青少年教育，女性教育及び公民館の事業その他社会教育の振興並びに芸術の普及及び向上に関し，指導及び助言を与えること。
　七　スポーツの振興に関し，指導及び助言を与えること。
　八　指導主事，社会教育主事その他の職員を派遣すること。
　九　教育及び教育行政に関する資料，手引書等を作成し，利用に供すること。
　十　教育に係る調査及び統計並びに広報及び教育行政に関する相談に関し，指導及び助言を与えること。
　十一　教育委員会の組織及び運営に関し，指導及び助言を与えること。
3　文部科学大臣は，都道府県委員会に対し，第一項の規定による市町村に対する指導，助言又は援助に関し，必要な指示をすることができる。
4　地方自治法第二百四十五条の四第三項の規定によるほか，都道府県知事又は都道府県委員会は文部科学大臣に対し，市町村長又は市町村委員会は文部科学大臣又は都道府県委員会に対し，教育に関する事務の処理について必要な指導，助言又は援助を求めることができる。
（是正の要求の方式）
第四十九条　文部科学大臣は，都道府県委員会又は市町村委員会の教育に関する事務の管理及び執行が法令の規定に違反するものがある場合又は当該事務の管理及び執行を怠るものがある場合において，児童，生徒等の教育を受ける機会が妨げられていることその他の教育を受ける権利が侵害されていることが明らかであるとして地方自治法第二百四十五条の五第一項若しくは第四項の規定による求め又は同条第二項の指示を行うときは，当該教育委員会が講ずべき措置の内容を示して行うものとする。

別支援学校幼稚部教育要領　第1章　総則

第1　幼稚部における教育の基本

　幼児期の教育は，生涯にわたる人格形成の基礎を培う重要なものであり，幼稚部における教育は，学校教育法第72条に規定する目的を達成するため，幼児期の特性を踏まえ，環境を通して行うものであることを基本とする。
　このため教師は，幼児との信頼関係を十分に築き，幼児が身近な環境に主体的に関わり，環境との関わり方や意味に気付き，これらを取り込もうとして，試行錯誤したり，考えたりするようになる幼児期の教育における見方・考え方を生かし，幼児と共によりよい教育環境を創造するように努めるものとする。これらを踏まえ，次に示す事項を重視して教育を行わなければならない。

1　幼児は安定した情緒の下で自己を十分に発揮することにより発達に必要な体験を得ていくものであることを考慮して，幼児の主体的な活動を促し，幼児期にふさわしい生活が展開されるようにすること。
2　幼児の自発的な活動としての遊びは，心身の調和のとれた発達の基礎を培う重要な学習であることを考慮して，遊びを通しての指導を中心として第2章に示すねらいが総合的に達成されるようにすること。
3　幼児の発達は，心身の諸側面が相互に関連し合い，多様な経過をたどって成し遂げられていくものであること，また，幼児の生活経験がそれぞれ異なることなどを考慮して，幼児一人一人の特性に応じ，発達の課題に即した指導を行うようにすること。

　その際，教師は，幼児の主体的な活動が確保されるよう幼児一人一人の行動の理解と予想に基づき，計画的に環境を構成しなければならない。この場合において，教師は，幼児と人やものとの関わりが重要であることを踏まえ，教材を工夫し，物的・空間的環境を構成しなければならない。また，幼児一人一人の活動の場面に応じて，様々な役割を果たし，その活動を豊かにしなければならない。

第2　幼稚部における教育の目標

　幼稚部では，家庭との連携を図りながら，幼児の障害の状態や特性及び発達の程度等を考慮し，この章の第1に示す幼稚部における教育の基本に基づいて展開される学校生活を通して，生きる力の基礎を育成するよう次の目標の達成に努めなければならない。

1　学校教育法第23条に規定する幼稚園教育の目標
2　障害による学習上又は生活上の困難を改善・克服し自立を図るために必要な態度や習慣などを育て，心身の調和的発達の基盤を培うようにすること

第3　幼稚部における教育において育みたい資質・能力及び「幼児期の終わりまでに育ってほしい姿」

1　幼稚部においては，生きる力の基礎を育むため，この章の第1に示す幼稚部における教育の基本を踏まえ，次に掲げる資質・能力を一体的に育むよう努めるものとする。
　(1) 豊かな体験を通じて，感じたり，気付いたり，分かったり，できるようになったりする「知識及び技能の基礎」
　(2) 気付いたことや，できるようになったことなどを使い，考えたり，試したり，工夫したり，

付録3

表現したりする「思考力，判断力，表現力等の基礎」
(3) 心情，意欲，態度が育つ中で，よりよい生活を営もうとする「学びに向かう力，人間性等」
2　1に示す資質・能力は，第2章に示すねらい及び内容に基づく活動全体によって育むものである。
3　次に示す「幼児期の終わりまでに育ってほしい姿」は，第2章に示すねらい及び内容に基づく活動全体を通して資質・能力が育まれている幼児の幼稚部修了時の具体的な姿であり，幼児の障害の状態や特性及び発達の程度等に応じて，教師が指導を行う際に考慮するものである。

(1) 健康な心と体

幼稚部における生活の中で，充実感をもって自分のやりたいことに向かって心と体を十分に働かせ，見通しをもって行動し，自ら健康で安全な生活をつくり出すようになる。

(2) 自立心

身近な環境に主体的に関わり様々な活動を楽しむ中で，しなければならないことを自覚し，自分の力で行うために考えたり，工夫したりしながら，諦めずにやり遂げることで達成感を味わい，自信をもって行動するようになる。

(3) 協同性

友達と関わる中で，互いの思いや考えなどを共有し，共通の目的の実現に向けて，考えたり，工夫したり，協力したりし，充実感をもってやり遂げるようになる。

(4) 道徳性・規範意識の芽生え

友達と様々な体験を重ねる中で，してよいことや悪いことが分かり，自分の行動を振り返ったり，友達の気持ちに共感したりし，相手の立場に立って行動するようになる。また，きまりを守る必要性が分かり，自分の気持ちを調整し，友達と折り合いを付けながら，きまりをつくったり，守ったりするようになる。

(5) 社会生活との関わり

家族を大切にしようとする気持ちをもつとともに，地域の身近な人と触れ合う中で，人との様々な関わり方に気付き，相手の気持ちを考えて関わり，自分が役に立つ喜びを感じ，地域に親しみをもつようになる。また，学校内外の様々な環境に関わる中で，遊びや生活に必要な情報を取り入れ，情報に基づき判断したり，情報を伝え合ったり，活用したりするなど，情報を役立てながら活動するようになるとともに，公共の施設を大切に利用するなどして，社会とのつながりなどを意識するようになる。

(6) 思考力の芽生え

身近な事象に積極的に関わる中で，物の性質や仕組みなどを感じ取ったり，気付いたりし，考えたり，予想したり，工夫したりするなど，多様な関わりを楽しむようになる。また，友達の様々な考えに触れる中で，自分と異なる考えがあることに気付き，自ら判断したり，考え直したりするなど，新しい考えを生み出す喜びを味わいながら，自分の考えをよりよいものにするようになる。

(7) 自然との関わり・生命尊重

自然に触れて感動する体験を通して，自然の変化などを感じ取り，好奇心や探究心をもって考え言葉などで表現しながら，身近な事象への関心が高まるとともに，自然への愛情や畏敬の念をもつようになる。また，身近な動植物に心を動かされる中で，生命の不思議さや尊さに気付き，身近な動植物への接し方を考え，命あるものとしていたわり，大切にする気持ちをもって関わるようになる。

(8) 数量や図形，標識や文字などへの関心・感覚

遊びや生活の中で，数量や図形，標識や文字などに親しむ体験を重ねたり，標識や文字の役割に気付いたりし，自らの必要感に基づきこれらを活用し，興味や関心，感覚をもつよう

付録3

になる。
(9) 言葉による伝え合い
　　先生や友達と心を通わせる中で，絵本や物語などに親しみながら，豊かな言葉や表現を身に付け，経験したことや考えたことなどを言葉で伝えたり，相手の話を注意して聞いたりし，言葉による伝え合いを楽しむようになる。
(10) 豊かな感性と表現
　　心を動かす出来事などに触れ感性を働かせる中で，様々な素材の特徴や表現の仕方などに気付き，感じたことや考えたことを自分で表現したり，友達同士で表現する過程を楽しんだりし，表現する喜びを味わい，意欲をもつようになる。

第4　教育課程の役割と編成等

1　教育課程の役割
　　各学校においては，教育基本法及び学校教育法その他の法令並びにこの特別支援学校幼稚部教育要領の示すところに従い，創意工夫を生かし，幼児の障害の状態や特性及び発達の程度等並びに学校や地域の実態に即応した適切な教育課程を編成するものとする。
　　また，各学校においては，6に示す全体的な計画にも留意しながら，「幼児期の終わりまでに育ってほしい姿」を踏まえ教育課程を編成すること，教育課程の実施状況を評価してその改善を図っていくこと，教育課程の実施に必要な人的又は物的な体制を確保するとともにその改善を図っていくことなどを通して，教育課程に基づき組織的かつ計画的に各幼稚部における教育活動の質の向上を図っていくこと（以下「カリキュラム・マネジメント」という。）に努めるものとする。
　　その際，幼児に何が身に付いたかという学習の成果を的確に捉え，第1章の第5の1に示す個別の指導計画の実施状況の評価と改善を，教育課程の評価と改善につなげていくよう工夫すること。
2　各学校における教育目標と教育課程の編成
　　教育課程の編成に当たっては，幼稚部における教育において育みたい資質・能力を踏まえつつ，各学校の教育目標を明確にするとともに，教育課程の編成についての基本的な方針が家庭や地域とも共有されるよう努めるものとする。
3　教育課程の編成上の基本事項
(1) 幼稚部における生活の全体を通して第2章に示すねらいが総合的に達成されるよう，教育課程に係る教育期間や幼児の生活経験や発達の過程などを考慮して具体的なねらいと内容を組織するものとする。この場合においては，特に，自我が芽生え，他者の存在を意識し，自己を抑制しようとする気持ちが生まれる幼児期の発達の特性を踏まえ，入学から修了に至るまでの長期的な視野をもって充実した生活が展開できるように配慮するものとする。
(2) 幼稚部の毎学年の教育課程に係る教育週数は，39週を標準とし，幼児の障害の状態や特性及び発達の程度等を考慮して適切に定めるものとする。
(3) 幼稚部の1日の教育課程に係る教育時間は，4時間を標準とする。ただし，幼児の障害の状態や特性及び発達の程度等や季節などに適切に配慮するものとする。
4　教育課程の編成上の留意事項
　　教育課程の編成に当たっては，次の事項に留意するものとする。
(1) 幼児の生活は，入学当初の一人一人の遊びや教師との触れ合いを通して幼稚部における生活に親しみ，安定していく時期から，他の幼児との関わりの中で幼児の主体的な活動が深まり，幼児が互いに必要な存在であることを認識するようになり，やがて幼児同士や学級全体

付録3

で目的をもって協同して幼稚部における生活を展開し，深めていく時期などに至るまでの過程を様々に経ながら広げられていくものであることを考慮し，活動がそれぞれの時期にふさわしく展開されるようにすること。
　(2) 入学当初，特に，3歳児の入学については，家庭との連携を緊密にし，生活のリズムや安全面に十分配慮すること。また，満3歳児については，学年の途中から入学することを考慮し，幼児が安心して幼稚部における生活を過ごすことができるよう配慮すること。
　(3) 幼稚部における生活が幼児にとって安全なものとなるよう，教職員による協力体制の下，幼児の主体的な活動を大切にしつつ，校庭や校舎などの環境の配慮や指導の工夫を行うこと。
5　小学部における教育又は小学校教育との接続に当たっての留意事項
　(1) 学校においては，幼稚部における教育が，小学部又は小学校以降の生活や学習の基盤の育成につながることに配慮し，幼児期にふさわしい生活を通して，創造的な思考や主体的な生活態度などの基礎を培うようにするものとする。
　(2) 幼稚部における教育において育まれた資質・能力を踏まえ，小学部における教育又は小学校教育が円滑に行われるよう，小学部又は小学校の教師との意見交換や合同の研究の機会などを設け，「幼児期の終わりまでに育ってほしい姿」を共有するなど連携を図り，幼稚部における教育と小学部における教育又は小学校教育との円滑な接続を図るよう努めるものとする。
6　全体的な計画の作成
　　各学校においては，教育課程と，学校保健計画，学校安全計画などとを関連させ，一体的に教育活動が展開されるよう全体的な計画を作成するものとする。

● 第5　指導計画の作成と幼児理解に基づいた評価

1　指導計画の考え方
　　幼稚部における教育は，幼児が自ら意欲をもって環境と関わることによりつくり出される具体的な活動を通して，その目標の達成を図るものである。
　　学校においてはこのことを踏まえ，幼児期にふさわしい生活が展開され，適切な指導が行われるよう，それぞれの学校の教育課程に基づき，調和のとれた組織的，発展的な指導計画を作成し，幼児の活動に沿った柔軟な指導を行わなければならない。
　　その際，幼児の障害の状態や特性及び発達の程度等に応じた効果的な指導を行うため，一人一人の幼児の実態を的確に把握し，個別の指導計画を作成するとともに，個別の指導計画に基づいて行われた活動の状況や結果を適切に評価し，指導の改善に努めること。
2　指導計画の作成上の基本的事項
　(1) 指導計画は，幼児の発達に即して一人一人の幼児が幼児期にふさわしい生活を展開し，必要な体験を得られるようにするために，具体的に作成するものとする。
　(2) 指導計画の作成に当たっては，次に示すところにより，具体的なねらい及び内容を明確に設定し，適切な環境を構成することなどにより活動が選択・展開されるようにするものとする。
　　ア　具体的なねらい及び内容は，幼稚部における生活において，幼児の発達の過程を見通し，幼児の生活の連続性，季節の変化などを考慮して，幼児の障害の状態や特性及び発達の程度等や，経験の程度，興味や関心などに応じて設定すること。
　　イ　環境は，具体的なねらいを達成するために適切なものとなるように構成し，幼児が自らその環境に関わることにより様々な活動を展開しつつ必要な体験を得られるようにすること。その際，幼児の生活する姿や発想を大切にし，常にその環境が適切なものとなるよう

にすること。
　　ウ　幼児の行う具体的な活動は，生活の流れの中で様々に変化するものであることに留意し，幼児が望ましい方向に向かって自ら活動を展開していくことができるよう必要な援助をすること。

　　その際，幼児の実態及び幼児を取り巻く状況の変化などに即して指導の過程についての評価を適切に行い，常に指導計画の改善を図るものとする。
3　指導計画の作成上の留意事項
　　指導計画の作成に当たっては，次の事項に留意するものとする。
(1) 長期的に発達を見通した年，学期，月などにわたる長期の指導計画やこれとの関連を保ちながらより具体的な幼児の生活に即した週，日などの短期の指導計画を作成し，適切な指導が行われるようにすること。特に，週，日などの短期の指導計画については，幼児の生活のリズムに配慮し，幼児の意識や興味の連続性のある活動が相互に関連して幼稚部における生活の自然な流れの中に組み込まれるようにすること。
(2) 幼児が様々な人やものとの関わりを通して，多様な体験をし，心身の調和のとれた発達を促すようにしていくこと。その際，幼児の発達に即して主体的・対話的で深い学びが実現するようにするとともに，心を動かされる体験が次の活動を生み出すことを考慮し，一つ一つの体験が相互に結び付き，幼稚部における生活が充実するようにすること。
(3) 言語に関する能力の発達と思考力等の発達が関連していることを踏まえ，幼稚部における生活全体を通して，幼児の障害の状態や特性及び発達の程度等や，経験の程度を踏まえた言語環境を整え，言語活動の充実を図ること。
(4) 幼児が次の活動への期待や意欲をもつことができるよう，幼児の障害の状態や特性及び発達の程度等を踏まえながら，教師や他の幼児と共に遊びや生活の中で見通しをもったり，振り返ったりするよう工夫すること。
(5) 行事の指導に当たっては，幼稚部における生活の自然の流れの中で生活に変化や潤いを与え，幼児が主体的に楽しく活動できるようにすること。なお，それぞれの行事についてはその教育的価値を十分検討し，適切なものを精選し，幼児の負担にならないようにすること。
(6) 幼児期は直接的な体験が重要であることを踏まえ，視聴覚教材やコンピュータなど情報機器を活用する際には，幼稚部における生活では得難い体験を補完するなど，幼児の体験との関連を考慮すること。
(7) 幼児の主体的な活動を促すためには，教師が多様な関わりをもつことが重要であることを踏まえ，教師は，理解者，共同作業者など様々な役割を果たし，幼児の発達に必要な豊かな体験が得られるよう，活動の場面に応じて，適切な指導を行うようにすること。
(8) 幼児の行う活動は，個人，グループ，学級全体などで多様に展開されるものであることを踏まえ，学校全体の教師による協力体制を作りながら，一人一人の幼児が興味や欲求を十分に満足させるよう適切な援助を行うようにすること。
4　幼児理解に基づいた評価の実施
　　幼児一人一人の発達の理解に基づいた評価の実施に当たっては，次の事項に配慮するものとする。
(1) 指導の過程を振り返りながら幼児の理解を進め，幼児一人一人のよさや可能性などを把握し，指導の改善に生かすようにすること。その際，他の幼児との比較や一定の基準に対する達成度についての評定によって捉えるものではないことに留意すること。
(2) 評価の妥当性や信頼性が高められるよう創意工夫を行い，組織的かつ計画的な取組を推進するとともに，次年度又は小学部若しくは小学校等にその内容が適切に引き継がれるようにすること。

付録3

第6 特に留意する事項

1 幼児の指導に当たっては，その障害の状態や特性及び発達の程度等に応じて具体的な指導内容の設定を工夫すること。
2 複数の種類の障害を併せ有するなどの幼児の指導に当たっては，専門的な知識や技能を有する教師間の協力の下に指導を行ったり，必要に応じて専門の医師及びその他の専門家の指導・助言を求めたりするなどして，全人的な発達を促すようにすること。
3 家庭及び地域並びに医療，福祉，保健等の業務を行う関係機関との連携を図り，長期的な視点で幼児への教育的支援を行うために，個別の教育支援計画を作成し，活用すること。
4 幼児の障害の状態や特性及び発達の程度等に応じた適切な指導を行うため，次の事項に留意すること。
 (1) 視覚障害者である幼児に対する教育を行う特別支援学校においては，早期からの教育相談との関連を図り，幼児が聴覚，触覚及び保有する視覚などを十分に活用して周囲の状況を把握できるように配慮することで，安心して活発な活動が展開できるようにすること。また，身の回りの具体的な事物・事象及び動作と言葉とを結び付けて基礎的な概念の形成を図るようにすること。
 (2) 聴覚障害者である幼児に対する教育を行う特別支援学校においては，早期からの教育相談との関連を図り，保有する聴覚や視覚的な情報などを十分に活用して言葉の習得と概念の形成を図る指導を進めること。また，言葉を用いて人との関わりを深めたり，日常生活に必要な知識を広げたりする態度や習慣を育てること。
 (3) 知的障害者である幼児に対する教育を行う特別支援学校においては，幼児の活動内容や環境の設定を創意工夫し，活動への主体的な意欲を高めて，発達を促すようにすること。また，ゆとりや見通しをもって活動に取り組めるよう配慮するとともに，周囲の状況に応じて安全に行動できるようにすること。
 (4) 肢体不自由者である幼児に対する教育を行う特別支援学校においては，幼児の姿勢保持や上下肢の動き等に応じ，進んで身体を動かそうとしたり，活動に参加しようとしたりする態度や習慣を身に付け，集団への参加ができるようにすること。また，体験的な活動を通して，基礎的な概念の形成を図るようにすること。
 (5) 病弱者である幼児に対する教育を行う特別支援学校においては，幼児の病気の状態等を十分に考慮し，負担過重にならない範囲で，様々な活動が展開できるようにすること。また，健康状態の維持・改善に必要な生活習慣を身に付けることができるようにすること。
5 海外から帰国した幼児や生活に必要な日本語の習得に困難のある幼児の学校生活への適応
　海外から帰国した幼児や生活に必要な日本語の習得に困難のある幼児については，安心して自己を発揮できるよう配慮するなど個々の幼児の実態に応じ，指導内容や指導方法の工夫を組織的かつ計画的に行うものとする。

第7 幼稚部に係る学校運営上の留意事項

1 各学校においては，校長の方針の下に，校務分掌に基づき教職員が適切に役割を分担しつつ，相互に連携しながら，教育課程や指導の改善を図るものとする。また，各学校が行う学校評価については，教育課程の編成，実施，改善が教育活動や学校運営の中核となることを踏まえ，カリキュラム・マネジメントと関連付けながら実施するよう留意するものとする。
2 幼児の生活は，家庭を基盤として地域社会を通じて次第に広がりをもつものであることに留

意し，家庭との連携を十分に図るなど，幼稚部における生活が家庭や地域社会と連続性を保ちつつ展開されるようにするものとする。その際，地域の自然，高齢者や異年齢の子供などを含む人材，行事や公共施設などの地域の資源を積極的に活用し，幼児が豊かな生活体験を得られるように工夫するものとする。また，家庭との連携に当たっては，保護者との情報交換の機会を設けたり，保護者と幼児との活動の機会を設けたりなどすることを通じて，保護者の幼児期の教育に関する理解が深まるよう配慮するものとする。

3　学校医等との連絡を密にし，幼児の障害の状態や特性及び発達の程度等に応じた保健及び安全に十分留意するものとする。

4　学校や地域の実態等により，特別支援学校間に加え，保育所，幼保連携型認定こども園，幼稚園，小学校，中学校及び高等学校などとの間の連携や交流を図るものとする。特に，幼稚部における教育と小学部における教育又は小学校教育の円滑な接続のため，幼稚部の幼児と小学部又は小学校の児童との交流の機会を積極的に設けるようにするものとする。また，障害のない幼児児童生徒との交流及び共同学習の機会を設け，組織的かつ計画的に行うものとし，共に尊重し合いながら協働して生活していく態度を育むよう努めるものとする。

5　幼稚部の運営に当たっては，幼稚園等の要請により，障害のある幼児又は当該幼児の教育を担当する教師等に対して必要な助言又は援助を行ったり，地域の実態や家庭の要請等により障害のある乳幼児又はその保護者に対して早期からの教育相談を行ったりするなど，各学校の教師の専門性や施設・設備を生かした地域における特別支援教育のセンターとしての役割を果たすよう努めること。その際，学校として組織的に取り組むよう校内体制を整備するとともに，他の特別支援学校や地域の幼稚園等との連携を図ること。

● 第8　教育課程に係る教育時間終了後等に行う教育活動など

　各学校は，教育課程に係る教育時間の終了後等に行う教育活動について，学校教育法に規定する目的並びにこの章の第1に示す幼稚部における教育の基本及び第2に示す幼稚部における教育の目標を踏まえ，全体的な計画を作成して実施するものとする。その際，幼児の心身の負担に配慮したり，家庭との緊密な連携を図ることに留意したりし，適切な責任体制と指導体制を整備した上で行うようにするものとする。また，幼稚部における教育の目標の達成に資するため，幼児の生活全体が豊かなものとなるよう家庭や地域における幼児期の教育の支援に努めるものとする。

付録3

特別支援学校小学部・中学部学習指導要領　第1章　総則

第1節　教育目標

　　小学部及び中学部における教育については，学校教育法第72条に定める目的を実現するために，児童及び生徒の障害の状態や特性及び心身の発達の段階等を十分考慮して，次に掲げる目標の達成に努めなければならない。
1　小学部においては，学校教育法第30条第1項に規定する小学校教育の目標
2　中学部においては，学校教育法第46条に規定する中学校教育の目標
3　小学部及び中学部を通じ，児童及び生徒の障害による学習上又は生活上の困難を改善・克服し自立を図るために必要な知識，技能，態度及び習慣を養うこと。

第2節　小学部及び中学部における教育の基本と教育課程の役割

1　各学校においては，教育基本法及び学校教育法その他の法令並びにこの章以下に示すところに従い，児童又は生徒の人間として調和のとれた育成を目指し，児童又は生徒の障害の状態や特性及び心身の発達の段階等並びに学校や地域の実態を十分考慮して，適切な教育課程を編成するものとし，これらに掲げる目標を達成するよう教育を行うものとする。
2　学校の教育活動を進めるに当たっては，各学校において，第4節の1に示す主体的・対話的で深い学びの実現に向けた授業改善を通して，創意工夫を生かした特色ある教育活動を展開する中で，次の(1)から(4)までに掲げる事項の実現を図り，児童又は生徒に生きる力を育むことを目指すものとする。
(1) 基礎的・基本的な知識及び技能を確実に習得させ，これらを活用して課題を解決するために必要な思考力，判断力，表現力等を育むとともに，主体的に学習に取り組む態度を養い，個性を生かし多様な人々との協働を促す教育の充実に努めること。その際，児童又は生徒の発達の段階を考慮して，児童又は生徒の言語活動など，学習の基盤をつくる活動を充実するとともに，家庭との連携を図りながら，児童又は生徒の学習習慣が確立するよう配慮すること。
(2) 道徳教育や体験活動，多様な表現や鑑賞の活動等を通して，豊かな心や創造性の涵養を目指した教育の充実に努めること。

　　学校における道徳教育は，特別の教科である道徳（以下「道徳科」という。）を要として学校の教育活動全体を通じて行うものであり，道徳科はもとより，各教科，外国語活動，総合的な学習の時間，特別活動及び自立活動のそれぞれの特質に応じて，児童又は生徒の発達の段階を考慮して，適切な指導を行うこと。

　　道徳教育は，教育基本法及び学校教育法に定められた教育の根本精神に基づき，小学部においては，自己の生き方を考え，中学部においては，人間としての生き方を考え，主体的な判断の下に行動し，自立した人間として他者と共によりよく生きるための基盤となる道徳性を養うことを目標とすること。

　　道徳教育を進めるに当たっては，人間尊重の精神と生命に対する畏敬の念を家庭，学校，その他社会における具体的な生活の中に生かし，豊かな心をもち，伝統と文化を尊重し，それらを育んできた我が国と郷土を愛し，個性豊かな文化の創造を図るとともに，平和で民主的な国家及び社会の形成者として，公共の精神を尊び，社会及び国家の発展に努め，他国を

尊重し，国際社会の平和と発展や環境の保全に貢献し未来を拓く主体性のある日本人の育成に資することとなるよう特に留意すること。
  (3) 学校における体育・健康に関する指導を，児童又は生徒の発達の段階を考慮して，学校の教育活動全体を通じて適切に行うことにより，健康で安全な生活と豊かなスポーツライフの実現を目指した教育の充実に努めること。特に，学校における食育の推進並びに体力の向上に関する指導，安全に関する指導及び心身の健康の保持増進に関する指導については，小学部の体育科や家庭科（知的障害者である児童に対する教育を行う特別支援学校においては生活科），中学部の保健体育科や技術・家庭科（知的障害者である生徒に対する教育を行う特別支援学校においては職業・家庭科）及び特別活動の時間はもとより，各教科，道徳科，外国語活動，総合的な学習の時間及び自立活動などにおいてもそれぞれの特質に応じて適切に行うよう努めること。また，それらの指導を通して，家庭や地域社会との連携を図りながら，日常生活において適切な体育・健康に関する活動の実践を促し，生涯を通じて健康・安全で活力ある生活を送るための基礎が培われるよう配慮すること。
  (4) 学校における自立活動の指導は，障害による学習上又は生活上の困難を改善・克服し，自立し社会参加する資質を養うため，自立活動の時間はもとより，学校の教育活動全体を通じて適切に行うものとする。特に，自立活動の時間における指導は，各教科，道徳科，外国語活動，総合的な学習の時間及び特別活動と密接な関連を保ち，個々の児童又は生徒の障害の状態や特性及び心身の発達の段階等を的確に把握して，適切な指導計画の下に行うよう配慮すること。
3 2の(1)から(4)までに掲げる事項の実現を図り，豊かな創造性を備え持続可能な社会の創り手となることが期待される児童又は生徒に，生きる力を育むことを目指すに当たっては，学校教育全体並びに各教科，道徳科，外国語活動，総合的な学習の時間，特別活動（ただし，第3節の3の(2)のイ及びカにおいて，特別活動については学級活動（学校給食に係るものを除く。）に限る。）及び自立活動の指導を通してどのような資質・能力の育成を目指すのかを明確にしながら，教育活動の充実を図るものとする。その際，児童又は生徒の障害の状態や特性及び心身の発達の段階等を踏まえつつ，次に掲げることが偏りなく実現できるようにするものとする。
  (1) 知識及び技能が習得されるようにすること。
  (2) 思考力，判断力，表現力等を育成すること。
  (3) 学びに向かう力，人間性等を涵養すること。
4 各学校においては，児童又は生徒や学校，地域の実態を適切に把握し，教育の目的や目標の実現に必要な教育の内容等を教科等横断的な視点で組み立てていくこと，教育課程の実施状況を評価してその改善を図っていくこと，教育課程の実施に必要な人的又は物的な体制を確保するとともにその改善を図っていくことなどを通して，教育課程に基づき組織的かつ計画的に各学校の教育活動の質の向上を図っていくこと（以下「カリキュラム・マネジメント」という。）に努めるものとする。その際，児童又は生徒に何が身に付いたかという学習の成果を的確に捉え，第3節の3の(3)のイに示す個別の指導計画の実施状況の評価と改善を，教育課程の評価と改善につなげていくよう工夫すること。

第3節　教育課程の編成

1 各学校の教育目標と教育課程の編成
    教育課程の編成に当たっては，学校教育全体や各教科等における指導を通して育成を目指す資質・能力を踏まえつつ，各学校の教育目標を明確にするとともに，教育課程の編成について

付録4

の基本的な方針が家庭や地域とも共有されるよう努めるものとする。その際，小学部は小学校学習指導要領の第5章総合的な学習の時間の第2の1，中学部は中学校学習指導要領の第4章総合的な学習の時間の第2の1に基づき定められる目標との関連を図るものとする。

2 教科等横断的な視点に立った資質・能力の育成
(1) 各学校においては，児童又は生徒の障害の状態や特性及び心身の発達の段階等を考慮し，言語能力，情報活用能力（情報モラルを含む。），問題発見・解決能力等の学習の基盤となる資質・能力を育成していくことができるよう，各教科等の特質を生かし，教科等横断的な視点から教育課程の編成を図るものとする。
(2) 各学校においては，児童又は生徒や学校，地域の実態並びに児童又は生徒の障害の状態や特性及び心身の発達の段階等を考慮し，豊かな人生の実現や災害等を乗り越えて次代の社会を形成することに向けた現代的な諸課題に対応して求められる資質・能力を，教科等横断的な視点で育成していくことができるよう，各学校の特色を生かした教育課程の編成を図るものとする。

3 教育課程の編成における共通的事項
(1) 内容等の取扱い
ア 第2章以下に示す各教科，道徳科，外国語活動，特別活動及び自立活動の内容に関する事項は，特に示す場合を除き，いずれの学校においても取り扱わなければならない。
イ 学校において特に必要がある場合には，第2章以下に示していない内容を加えて指導することができる。また，第2章以下に示す内容の取扱いのうち内容の範囲や程度等を示す事項は，全ての児童又は生徒に対して指導するものとする内容の範囲や程度等を示したものであり，学校において特に必要がある場合には，この事項にかかわらず加えて指導することができる。ただし，これらの場合には，第2章以下に示す各教科，道徳科，外国語活動，特別活動及び自立活動の目標や内容並びに各学年や各段階，各分野又は各言語の目標や内容（知的障害者である児童又は生徒に対する教育を行う特別支援学校においては，外国語科及び外国語活動の各言語の内容）の趣旨を逸脱したり，児童又は生徒の負担過重となったりすることのないようにしなければならない。
ウ 第2章以下に示す各教科，道徳科，外国語活動，特別活動及び自立活動の内容並びに各学年，各段階，各分野又は各言語の内容に掲げる事項の順序は，特に示す場合を除き，指導の順序を示すものではないので，学校においては，その取扱いについて適切な工夫を加えるものとする。
エ 視覚障害者，聴覚障害者，肢体不自由者又は病弱者である児童に対する教育を行う特別支援学校の小学部において，学年の内容を2学年まとめて示した教科及び外国語活動の内容は，2学年間かけて指導する事項を示したものである。各学校においては，これらの事項を児童や学校，地域の実態に応じ，2学年間を見通して計画的に指導することとし，特に示す場合を除き，いずれかの学年に分けて，又はいずれの学年においても指導するものとする。
オ 視覚障害者，聴覚障害者，肢体不自由者又は病弱者である生徒に対する教育を行う特別支援学校の中学部においては，生徒や学校，地域の実態を考慮して，生徒の特性等に応じた多様な学習活動が行えるよう，第2章に示す各教科や，特に必要な教科を，選択教科として開設し生徒に履修させることができる。その場合にあっては，全ての生徒に指導すべき内容との関連を図りつつ，選択教科の授業時数及び内容を適切に定め選択教科の指導計画を作成し，生徒の負担過重となることのないようにしなければならない。また，特に必要な教科の名称，目標，内容などについては，各学校が適切に定めるものとする。
カ 知的障害者である児童に対する教育を行う特別支援学校の小学部においては，生活，国

語，算数，音楽，図画工作及び体育の各教科，道徳科，特別活動並びに自立活動については，特に示す場合を除き，全ての児童に履修させるものとする。また，外国語活動については，児童や学校の実態を考慮し，必要に応じて設けることができる。

キ　知的障害者である生徒に対する教育を行う特別支援学校の中学部においては，国語，社会，数学，理科，音楽，美術，保健体育及び職業・家庭の各教科，道徳科，総合的な学習の時間，特別活動並びに自立活動については，特に示す場合を除き，全ての生徒に履修させるものとする。また，外国語科については，生徒や学校の実態を考慮し，必要に応じて設けることができる。

ク　知的障害者である児童又は生徒に対する教育を行う特別支援学校において，各教科の指導に当たっては，各教科の段階に示す内容を基に，児童又は生徒の知的障害の状態や経験等に応じて，具体的に指導内容を設定するものとする。その際，小学部は6年間，中学部は3年間を見通して計画的に指導するものとする。

ケ　知的障害者である生徒に対する教育を行う特別支援学校の中学部においては，生徒や学校，地域の実態を考慮して，特に必要がある場合には，その他特に必要な教科を選択教科として設けることができる。その他特に必要な教科の名称，目標，内容などについては，各学校が適切に定めるものとする。その際，第2章第2節第2款の第2に示す事項に配慮するとともに，生徒の負担過重となることのないようにしなければならない。

コ　道徳科を要として学校の教育活動全体を通じて行う道徳教育の内容は，小学部においては第3章特別の教科道徳において準ずるものとしている小学校学習指導要領第3章特別の教科道徳の第2に示す内容，中学部においては第3章特別の教科道徳において準ずるものとしている中学校学習指導要領第3章特別の教科道徳の第2に示す内容とし，その実施に当たっては，第7節に示す道徳教育に関する配慮事項を踏まえるものとする。

(2) 授業時数等の取扱い

ア　小学部又は中学部の各学年における第2章以下に示す各教科（知的障害者である生徒に対する教育を行う特別支援学校の中学部において，外国語科を設ける場合を含む。以下同じ。），道徳科，外国語活動（知的障害者である児童に対する教育を行う特別支援学校の小学部において，外国語活動を設ける場合を含む。以下同じ。），総合的な学習の時間，特別活動（学級活動（学校給食に係る時間を除く。）に限る。以下，この項，イ及びカにおいて同じ。）及び自立活動（以下「各教科等」という。）の総授業時数は，小学校又は中学校の各学年における総授業時数に準ずるものとする。この場合，各教科等の目標及び内容を考慮し，それぞれの年間の授業時数を適切に定めるものとする。

イ　小学部又は中学部の各教科等の授業は，年間35週（小学部第1学年については34週）以上にわたって行うよう計画し，週当たりの授業時数が児童又は生徒の負担過重にならないようにするものとする。ただし，各教科等（中学部においては，特別活動を除く。）や学習活動の特質に応じ効果的な場合には，夏季，冬季，学年末等の休業日の期間に授業日を設定する場合を含め，これらの授業を特定の期間に行うことができる。

ウ　小学部又は中学部の各学年の総合的な学習の時間に充てる授業時数は，児童又は生徒の障害の状態や特性及び心身の発達の段階等を考慮して，視覚障害者，聴覚障害者，肢体不自由者又は病弱者である児童又は生徒に対する教育を行う特別支援学校については，小学部第3学年以上及び中学部の各学年において，知的障害者である生徒に対する教育を行う特別支援学校については，中学部の各学年において，それぞれ適切に定めるものとする。

エ　特別活動の授業のうち，小学部の児童会活動，クラブ活動及び学校行事並びに中学部の生徒会活動及び学校行事については，それらの内容に応じ，年間，学期ごと，月ごとなどに適切な授業時数を充てるものとする。

付録4

オ 小学部又は中学部の各学年の自立活動の時間に充てる授業時数は,児童又は生徒の障害の状態や特性及び心身の発達の段階等に応じて,適切に定めるものとする。

カ 各学校の時間割については,次の事項を踏まえ適切に編成するものとする。

(ア) 小学部又は中学部の各教科等のそれぞれの授業の1単位時間は,各学校において,各教科等の年間授業時数を確保しつつ,児童又は生徒の障害の状態や特性及び心身の発達の段階等並びに各教科等や学習活動の特質を考慮して適切に定めること。

(イ) 各教科等の特質に応じ,10分から15分程度の短い時間を活用して特定の教科等の指導を行う場合において,当該教科等を担当する教師が,単元や題材など内容や時間のまとまりを見通した中で,その指導内容の決定や指導の成果の把握と活用等を責任をもって行う体制が整備されているときは,その時間を当該教科等の年間授業時数に含めることができること。

(ウ) 給食,休憩などの時間については,各学校において工夫を加え,適切に定めること。

(エ) 各学校において,児童又は生徒や学校,地域の実態及び各教科等や学習活動の特質等に応じて,創意工夫を生かした時間割を弾力的に編成できること。

キ 総合的な学習の時間における学習活動により,特別活動の学校行事に掲げる各行事の実施と同様の成果が期待できる場合においては,総合的な学習の時間における学習活動をもって相当する特別活動の学校行事に掲げる各行事の実施に替えることができる。

(3) 指導計画の作成等に当たっての配慮事項

ア 各学校においては,次の事項に配慮しながら,学校の創意工夫を生かし,全体として,調和のとれた具体的な指導計画を作成するものとする。

(ア) 各教科等の各学年,各段階,各分野又は各言語の指導内容については,(1)のアを踏まえつつ,単元や題材など内容や時間のまとまりを見通しながら,そのまとめ方や重点の置き方に適切な工夫を加え,第4節の1に示す主体的・対話的で深い学びの実現に向けた授業改善を通して資質・能力を育む効果的な指導ができるようにすること。

(イ) 各教科等及び各学年相互間の関連を図り,系統的,発展的な指導ができるようにすること。

(ウ) 視覚障害者,聴覚障害者,肢体不自由者又は病弱者である児童に対する教育を行う特別支援学校の小学部において,学年の内容を2学年まとめて示した教科及び外国語活動については,当該学年間を見通して,児童や学校,地域の実態に応じ,児童の障害の状態や特性及び心身の発達の段階等を考慮しつつ,効果的,段階的に指導するようにすること。

(エ) 小学部においては,児童の実態等を考慮し,指導の効果を高めるため,児童の障害の状態や特性及び心身の発達の段階等並びに指導内容の関連性等を踏まえつつ,合科的・関連的な指導を進めること。

(オ) 知的障害者である児童又は生徒に対する教育を行う特別支援学校において,各教科,道徳科,外国語活動,特別活動及び自立活動の一部又は全部を合わせて指導を行う場合,各教科,道徳科,外国語活動,特別活動及び自立活動に示す内容を基に,児童又は生徒の知的障害の状態や経験等に応じて,具体的に指導内容を設定するものとする。また,各教科等の内容の一部又は全部を合わせて指導を行う場合には,授業時数を適切に定めること。

イ 各教科等の指導に当たっては,個々の児童又は生徒の実態を的確に把握し,次の事項に配慮しながら,個別の指導計画を作成すること。

(ア) 児童又は生徒の障害の状態や特性及び心身の発達の段階等並びに学習の進度等を考慮して,基礎的・基本的な事項に重点を置くこと。

(イ) 児童又は生徒が，基礎的・基本的な知識及び技能の習得も含め，学習内容を確実に身に付けることができるよう，それぞれの児童又は生徒に作成した個別の指導計画や学校の実態に応じて，指導方法や指導体制の工夫改善に努めること。その際，児童又は生徒の障害の状態や特性及び心身の発達の段階等並びに学習の進度等を考慮して，個別指導を重視するとともに，グループ別指導，繰り返し指導，学習内容の習熟の程度に応じた学習，児童又は生徒の興味・関心等に応じた課題学習，補充的な学習や発展的な学習などの学習活動を取り入れることや，教師間の協力による指導体制を確保することなど，指導方法や指導体制の工夫改善により，個に応じた指導の充実を図ること。その際，第4節の1の(3)に示す情報手段や教材・教具の活用を図ること。

4 学部段階間及び学校段階等間の接続

教育課程の編成に当たっては，次の事項に配慮しながら，学部段階間及び学校段階等間の接続を図るものとする。

(1) 小学部においては，幼児期の終わりまでに育ってほしい姿を踏まえた指導を工夫することにより，特別支援学校幼稚部教育要領及び幼稚園教育要領等に基づく幼児期の教育を通して育まれた資質・能力を踏まえて教育活動を実施し，児童が主体的に自己を発揮しながら学びに向かうことが可能となるようにすること。

また，低学年における教育全体において，例えば生活科において育成する自立し生活を豊かにしていくための資質・能力が，他教科等の学習においても生かされるようにするなど，教科等間の関連を積極的に図り，幼児期の教育及び中学年以降の教育との円滑な接続が図られるよう工夫すること。特に，小学部入学当初においては，幼児期において自発的な活動としての遊びを通して育まれてきたことが，各教科等における学習に円滑に接続されるよう，生活科を中心に，合科的・関連的な指導や弾力的な時間割の設定など，指導の工夫や指導計画の作成を行うこと。

(2) 小学部においては，特別支援学校小学部・中学部学習指導要領又は中学校学習指導要領及び特別支援学校高等部学習指導要領又は高等学校学習指導要領を踏まえ，中学部における教育又は中学校教育及びその後の教育との円滑な接続が図られるよう工夫すること。

(3) 中学部においては，特別支援学校小学部・中学部学習指導要領又は小学校学習指導要領を踏まえ，小学部における教育又は小学校教育までの学習の成果が中学部における教育に円滑に接続され，義務教育段階の終わりまでに育成することを目指す資質・能力を，生徒が確実に身に付けることができるよう工夫すること。

(4) 中学部においては，特別支援学校高等部学習指導要領又は高等学校学習指導要領を踏まえ，高等部における教育又は高等学校教育及びその後の教育との円滑な接続が図られるよう工夫すること。

第4節　教育課程の実施と学習評価

1 主体的・対話的で深い学びの実現に向けた授業改善

各教科等の指導に当たっては，次の事項に配慮するものとする。

(1) 第2節の3の(1)から(3)までに示すことが偏りなく実現されるよう，単元や題材など内容や時間のまとまりを見通しながら，児童又は生徒の主体的・対話的で深い学びの実現に向けた授業改善を行うこと。

特に，各教科等において身に付けた知識及び技能を活用したり，思考力，判断力，表現力等や学びに向かう力，人間性等を発揮させたりして，学習の対象となる物事を捉え思考する

ことにより，各教科等の特質に応じた物事を捉える視点や考え方（以下「見方・考え方」という。）が鍛えられていくことに留意し，児童又は生徒が各教科等の特質に応じた見方・考え方を働かせながら，知識を相互に関連付けてより深く理解したり，情報を精査して考えを形成したり，問題を見いだして解決策を考えたり，思いや考えを基に創造したりすることに向かう過程を重視した学習の充実を図ること。
(2) 第3節の2の(1)に示す言語能力の育成を図るため，各学校において必要な言語環境を整えるとともに，国語科を要としつつ各教科等の特質に応じて，児童又は生徒の言語活動を充実すること。あわせて，(7)に示すとおり読書活動を充実すること。
(3) 第3節の2の(1)に示す情報活用能力の育成を図るため，各学校において，コンピュータや情報通信ネットワークなどの情報手段を活用するために必要な環境を整え，これらを適切に活用した学習活動の充実を図ること。また，各種の統計資料や新聞，視聴覚教材や教育機器などの教材・教具の適切な活用を図ること。

あわせて，小学部においては，各教科等の特質に応じて，次の学習活動を計画的に実施すること。

ア 児童がコンピュータで文字を入力するなどの学習の基盤として必要となる情報手段の基本的な操作を習得するための学習活動

イ 児童がプログラミングを体験しながら，コンピュータに意図した処理を行わせるために必要な論理的思考力を身に付けるための学習活動

(4) 児童又は生徒が学習の見通しを立てたり学習したことを振り返ったりする活動を，計画的に取り入れるよう工夫すること。
(5) 児童又は生徒が生命の有限性や自然の大切さ，主体的に挑戦してみることや多様な他者と協働することの重要性などを実感しながら理解することができるよう，各教科等の特質に応じた体験活動を重視し，家庭や地域社会と連携しつつ体系的・継続的に実施できるよう工夫すること。
(6) 児童又は生徒が自ら学習課題や学習活動を選択する機会を設けるなど，児童又は生徒の興味・関心を生かした自主的，自発的な学習が促されるよう工夫すること。
(7) 学校図書館を計画的に利用しその機能の活用を図り，児童又は生徒の主体的・対話的で深い学びの実現に向けた授業改善に生かすとともに，児童又は生徒の自主的，自発的な学習活動や読書活動を充実すること。また，地域の図書館や博物館，美術館，劇場，音楽堂等の施設の活用を積極的に図り，資料を活用した情報の収集や鑑賞等の学習活動を充実すること。

2 障害のため通学して教育を受けることが困難な児童又は生徒に対して，教員を派遣して教育を行う場合については，障害の状態や学習環境等に応じて，指導方法や指導体制を工夫し，学習活動が効果的に行われるようにすること。

3 学習評価の充実

学習評価の実施に当たっては，次の事項に配慮するものとする。

(1) 児童又は生徒のよい点や可能性，進歩の状況などを積極的に評価し，学習したことの意義や価値を実感できるようにすること。また，各教科等の目標の実現に向けた学習状況を把握する観点から，単元や題材など内容や時間のまとまりを見通しながら評価の場面や方法を工夫して，学習の過程や成果を評価し，指導の改善や学習意欲の向上を図り，資質・能力の育成に生かすようにすること。

(2) 各教科等の指導に当たっては，個別の指導計画に基づいて行われた学習状況や結果を適切に評価し，指導目標や指導内容，指導方法の改善に努め，より効果的な指導ができるようにすること。

(3) 創意工夫の中で学習評価の妥当性や信頼性が高められるよう，組織的かつ計画的な取組を

推進するとともに，学年や学校段階を越えて児童又は生徒の学習の成果が円滑に接続されるよう工夫すること。

第5節 児童又は生徒の調和的な発達の支援

1 児童又は生徒の調和的な発達を支える指導の充実
   教育課程の編成及び実施に当たっては，次の事項に配慮するものとする。
 (1) 学習や生活の基盤として，教師と児童又は生徒との信頼関係及び児童又は生徒相互のよりよい人間関係を育てるため，日頃から学級経営の充実を図ること。また，主に集団の場面で必要な指導や援助を行うガイダンスと，個々の児童又は生徒の多様な実態を踏まえ，一人一人が抱える課題に個別に対応した指導を行うカウンセリングの双方により，児童又は生徒の発達を支援すること。
   あわせて，小学部の低学年，中学年，高学年の学年の時期の特長を生かした指導の工夫を行うこと。
 (2) 児童又は生徒が，自己の存在感を実感しながら，よりよい人間関係を形成し，有意義で充実した学校生活を送る中で，現在及び将来における自己実現を図っていくことができるよう，児童理解又は生徒理解を深め，学習指導と関連付けながら，生徒指導の充実を図ること。
 (3) 児童又は生徒が，学ぶことと自己の将来とのつながりを見通しながら，社会的・職業的自立に向けて必要な基盤となる資質・能力を身に付けていくことができるよう，特別活動を要としつつ各教科等の特質に応じて，キャリア教育の充実を図ること。その中で，中学部においては，生徒が自らの生き方を考え主体的に進路を選択することができるよう，学校の教育活動全体を通じ，組織的かつ計画的な進路指導を行うこと。
 (4) 児童又は生徒が，学校教育を通じて身に付けた知識及び技能を活用し，もてる能力を最大限伸ばすことができるよう，生涯学習への意欲を高めるとともに，社会教育その他様々な学習機会に関する情報の提供に努めること。また，生涯を通じてスポーツや芸術文化活動に親しみ，豊かな生活を営むことができるよう，地域のスポーツ団体，文化芸術団体及び障害者福祉団体等と連携し，多様なスポーツや文化芸術活動を体験することができるよう配慮すること。
 (5) 家庭及び地域並びに医療，福祉，保健，労働等の業務を行う関係機関との連携を図り，長期的な視点で児童又は生徒への教育的支援を行うために，個別の教育支援計画を作成すること。
 (6) 複数の種類の障害を併せ有する児童又は生徒（以下「重複障害者」という。）については，専門的な知識，技能を有する教師や特別支援学校間の協力の下に指導を行ったり，必要に応じて専門の医師やその他の専門家の指導・助言を求めたりするなどして，学習効果を一層高めるようにすること。
 (7) 学校医等との連絡を密にし，児童又は生徒の障害の状態等に応じた保健及び安全に十分留意すること。
2 海外から帰国した児童又は生徒などの学校生活への適応や，日本語の習得に困難のある児童又は生徒に対する日本語指導
 (1) 海外から帰国した児童又は生徒などについては，学校生活への適応を図るとともに，外国における生活経験を生かすなどの適切な指導を行うものとする。
 (2) 日本語の習得に困難のある児童又は生徒については，個々の児童又は生徒の実態に応じた指導内容や指導方法の工夫を組織的かつ計画的に行うものとする。特に，通級による日本語

付録4

指導については，教師間の連携に努め，指導についての計画を個別に作成することなどにより，効果的な指導に努めるものとする。
3 学齢を経過した者への配慮
(1) 中学部において，夜間その他の特別の時間に授業を行う課程において学齢を経過した者を対象として特別の教育課程を編成する場合には，学齢を経過した者の年齢，経験又は勤労状況その他の実情を踏まえ，中学部における教育の目的及び目標並びに第2章第2節以下に示す各教科等の目標に照らして，中学部における教育を通じて育成を目指す資質・能力を身に付けることができるようにするものとする。
(2) 学齢を経過した者を教育する場合には，個別学習やグループ別学習など指導方法や指導体制の工夫改善に努めるものとする。

第6節　学校運営上の留意事項

1 教育課程の改善と学校評価等，教育課程外の活動との連携等
(1) 各学校においては，校長の方針の下に，校務分掌に基づき教職員が適切に役割を分担しつつ，相互に連携しながら，各学校の特色を生かしたカリキュラム・マネジメントを行うよう努めるものとする。また，各学校が行う学校評価については，教育課程の編成，実施，改善が教育活動や学校運営の中核となることを踏まえ，カリキュラム・マネジメントと関連付けながら実施するよう留意するものとする。
(2) 教育課程の編成及び実施に当たっては，学校保健計画，学校安全計画，食に関する指導の全体計画，いじめの防止等のための対策に関する基本的な方針など，各分野における学校の全体計画等と関連付けながら，効果的な指導が行われるよう留意するものとする。
(3) 中学部において，教育課程外の学校教育活動と教育課程との関連が図られるよう留意するものとする。特に，生徒の自主的，自発的な参加により行われる部活動については，スポーツや文化，科学等に親しませ，学習意欲の向上や責任感，連帯感の涵養等，学校教育が目指す資質・能力の育成に資するものであり，学校教育の一環として，教育課程との関連が図られるよう留意すること。その際，学校や地域の実態に応じ，地域の人々の協力，社会教育施設や社会教育関係団体等の各種団体との連携などの運営上の工夫を行い，持続可能な運営体制が整えられるようにするものとする。
2 家庭や地域社会との連携及び協働と学校間の連携
教育課程の編成及び実施に当たっては，次の事項に配慮するものとする。
(1) 学校がその目的を達成するため，学校や地域の実態等に応じ，教育活動の実施に必要な人的又は物的な体制を家庭や地域の人々の協力を得ながら整えるなど，家庭や地域社会との連携及び協働を深めること。また，高齢者や異年齢の子供など，地域における世代を越えた交流の機会を設けること。
(2) 他の特別支援学校や，幼稚園，認定こども園，保育所，小学校，中学校，高等学校などとの間の連携や交流を図るとともに，障害のない幼児児童生徒との交流及び共同学習の機会を設け，共に尊重し合いながら協働して生活していく態度を育むようにすること。
　特に，小学部の児童又は中学部の生徒の経験を広げて積極的な態度を養い，社会性や豊かな人間性を育むために，学校の教育活動全体を通じて，小学校の児童又は中学校の生徒などと交流及び共同学習を計画的，組織的に行うとともに，地域の人々などと活動を共にする機会を積極的に設けること。
3 小学校又は中学校等の要請により，障害のある児童若しくは生徒又は当該児童若しくは生

徒の教育を担当する教師等に対して必要な助言又は援助を行ったり，地域の実態や家庭の要請等により保護者等に対して教育相談を行ったりするなど，各学校の教師の専門性や施設・設備を生かした地域における特別支援教育のセンターとしての役割を果たすよう努めること。その際，学校として組織的に取り組むことができるよう校内体制を整備するとともに，他の特別支援学校や地域の小学校又は中学校等との連携を図ること。

第7節　道徳教育に関する配慮事項

道徳教育を進めるに当たっては，道徳教育の特質を踏まえ，前項までに示す事項に加え，次の事項に配慮するものとする。

1　各学校においては，第2節の2の(2)に示す道徳教育の目標を踏まえ，道徳教育の全体計画を作成し，校長の方針の下に，道徳教育の推進を主に担当する教師（以下「道徳教育推進教師」という。）を中心に，全教師が協力して道徳教育を展開すること。なお，道徳教育の全体計画の作成に当たっては，児童又は生徒や学校，地域の実態を考慮して，学校の道徳教育の重点目標を設定するとともに，道徳科の指導方針，第3章特別の教科道徳に示す内容との関連を踏まえた各教科，外国語活動，総合的な学習の時間，特別活動及び自立活動における指導の内容及び時期並びに家庭や地域社会との連携の方法を示すこと。
2　小学部においては，児童の障害の状態や特性及び心身の発達の段階等を踏まえ，指導内容の重点化を図ること。その際，各学年を通じて，自立心や自律性，生命を尊重する心や他者を思いやる心を育てることに留意すること。また，各学年段階においては，次の事項に留意すること。
　(1)　第1学年及び第2学年においては，挨拶などの基本的な生活習慣を身に付けること，善悪を判断し，してはならないことをしないこと，社会生活上のきまりを守ること。
　(2)　第3学年及び第4学年においては，善悪を判断し，正しいと判断したことを行うこと，身近な人々と協力し助け合うこと，集団や社会のきまりを守ること。
　(3)　第5学年及び第6学年においては，相手の考え方や立場を理解して支え合うこと，法やきまりの意義を理解して進んで守ること，集団生活の充実に努めること，伝統と文化を尊重し，それらを育んできた我が国と郷土を愛するとともに，他国を尊重すること。
3　小学部においては，学校や学級内の人間関係や環境を整えるとともに，集団宿泊活動やボランティア活動，自然体験活動，地域の行事への参加などの豊かな体験を充実すること。また，道徳教育の指導内容が，児童の日常生活に生かされるようにすること。その際，いじめの防止や安全の確保等にも資することとなるよう留意すること。
4　中学部においては，生徒の障害の状態や特性及び心身の発達の段階等を踏まえ，指導内容の重点化を図ること。その際，小学部における道徳教育の指導内容を更に発展させ，自立心や自律性を高め，規律ある生活をすること，生命を尊重する心や自らの弱さを克服して気高く生きようとする心を育てること，法やきまりの意義に関する理解を深めること，自らの将来の生き方を考え主体的に社会の形成に参画する意欲と態度を養うこと，伝統と文化を尊重し，それらを育んできた我が国と郷土を愛するとともに，他国を尊重すること，国際社会に生きる日本人としての自覚を身に付けることに留意すること。
5　中学部においては，学校や学級内の人間関係や環境を整えるとともに，職場体験活動やボランティア活動，自然体験活動，地域の行事への参加などの豊かな体験を充実すること。また，道徳教育の指導内容が，生徒の日常生活に生かされるようにすること。その際，いじめの防止や安全の確保等にも資することとなるよう留意すること。

付録4

6 学校の道徳教育の全体計画や道徳教育に関する諸活動などの情報を積極的に公表したり，道徳教育の充実のために家庭や地域の人々の積極的な参加や協力を得たりするなど，家庭や地域社会との共通理解を深め，相互の連携を図ること。

第8節　重複障害者等に関する教育課程の取扱い

1　児童又は生徒の障害の状態により特に必要がある場合には，次に示すところによるものとする。その際，各教科，道徳科，外国語活動及び特別活動の当該各学年より後の各学年（知的障害者である児童又は生徒に対する教育を行う特別支援学校においては，各教科の当該各段階より後の各段階）又は当該各学部より後の各学部の目標の系統性や内容の関連に留意しなければならない。
   (1) 各教科及び外国語活動の目標及び内容に関する事項の一部を取り扱わないことができること。
   (2) 各教科の各学年の目標及び内容の一部又は全部を，当該各学年より前の各学年の目標及び内容の一部又は全部によって，替えることができること。また，道徳科の各学年の内容の一部又は全部を，当該各学年より前の学年の内容の一部又は全部によって，替えることができること。
   (3) 視覚障害者，聴覚障害者，肢体不自由者又は病弱者である児童に対する教育を行う特別支援学校の小学部の外国語科については，外国語活動の目標及び内容の一部を取り入れることができること。
   (4) 中学部の各教科及び道徳科の目標及び内容に関する事項の一部又は全部を，当該各教科に相当する小学部の各教科及び道徳科の目標及び内容に関する事項の一部又は全部によって，替えることができること。
   (5) 中学部の外国語科については，小学部の外国語活動の目標及び内容の一部を取り入れることができること。
   (6) 幼稚部教育要領に示す各領域のねらい及び内容の一部を取り入れることができること。
2　知的障害者である児童に対する教育を行う特別支援学校の小学部に就学する児童のうち，小学部の3段階に示す各教科又は外国語活動の内容を習得し目標を達成している者については，小学校学習指導要領第2章に示す各教科及び第4章に示す外国語活動の目標及び内容の一部を取り入れることができるものとする。

　　また，知的障害者である生徒に対する教育を行う特別支援学校の中学部の2段階に示す各教科の内容を習得し目標を達成している者については，中学校学習指導要領第2章に示す各教科の目標及び内容並びに小学校学習指導要領第2章に示す各教科及び第4章に示す外国語活動の目標及び内容の一部を取り入れることができるものとする。
3　視覚障害者，聴覚障害者，肢体不自由者又は病弱者である児童又は生徒に対する教育を行う特別支援学校に就学する児童又は生徒のうち，知的障害を併せ有する者については，各教科の目標及び内容に関する事項の一部又は全部を，当該各教科に相当する第2章第1節第2款若しくは第2節第2款に示す知的障害者である児童又は生徒に対する教育を行う特別支援学校の各教科の目標及び内容の一部又は全部によって，替えることができるものとする。また，小学部の児童については，外国語活動の目標及び内容の一部又は全部を第4章第2款に示す知的障害者である児童に対する教育を行う特別支援学校の外国語活動の目標及び内容の一部又は全部によって，替えることができるものとする。したがって，この場合，小学部の児童については，外国語科及び総合的な学習の時間を，中学部の生徒については，外国語科を設けないことがで

きるものとする。
4 重複障害者のうち,障害の状態により特に必要がある場合には,各教科,道徳科,外国語活動若しくは特別活動の目標及び内容に関する事項の一部又は各教科,外国語活動若しくは総合的な学習の時間に替えて,自立活動を主として指導を行うことができるものとする。
5 障害のため通学して教育を受けることが困難な児童又は生徒に対して,教員を派遣して教育を行う場合については,上記1から4に示すところによることができるものとする。
6 重複障害者,療養中の児童若しくは生徒又は障害のため通学して教育を受けることが困難な児童若しくは生徒に対して教員を派遣して教育を行う場合について,特に必要があるときは,実情に応じた授業時数を適切に定めるものとする。

幼稚園教育要領，小学校学習指導要領，中学校学習指導要領における障害のある幼児児童生徒の指導に関する規定（抜粋）

●幼稚園教育要領解説の抜粋

第1章　総説
第5節　特別な配慮を必要とする幼児への指導
1　障害のある幼児などへの指導

> 障害のある幼児などの指導に当たっては，集団の中で生活することを通して全体的な発達を促していくことに配慮し，特別支援学校などの助言又は援助を活用しつつ，個々の幼児の障害の状態などに応じた指導内容や指導方法の工夫を組織的かつ計画的に行うものとする。また，家庭，地域及び医療や福祉，保健等の業務を行う関係機関との連携を図り，長期的な視点で幼児への教育的支援を行うために，個別の教育支援計画を作成し活用することに努めるとともに，個々の幼児の実態を的確に把握し，個別の指導計画を作成し活用することに努めるものとする。

(1) 障害のある幼児などへの指導

学校教育法第81条第1項では，幼稚園，小学校，中学校，高等学校等において，障害のある児童生徒等に対し，障害による学習上又は生活上の困難を克服するための教育を行うことが規定されている。

また，我が国においては，「障害者の権利に関する条約」に掲げられている教育の理念の実現に向けて，障害のある子供の就学先決定の仕組みの改正なども踏まえ，各幼稚園では，障害のある幼児のみならず，教育上特別の支援を必要とする幼児が在籍している可能性があることを前提に，全ての教職員が特別支援教育の目的や意義について十分に理解することが不可欠である。

幼稚園は，適切な環境の下で幼児が教師や多くの幼児と集団で生活することを通して，幼児一人一人に応じた指導を行うことにより，将来にわたる生きる力の基礎を培う経験を積み重ねていく場である。友達をはじめ様々な人々との出会いを通して，家庭では味わうことのできない多様な体験をする場でもある。

これらを踏まえ，幼稚園において障害のある幼児を指導する場合には，幼稚園教育の機能を十分生かして，幼稚園生活の場の特性と人間関係を大切にし，その幼児の障害の状態や特性および発達の程度等（以下，「障害の状態等」という。）に応じて，発達を全体的に促していくことが大切である。

障害のある幼児などには，視覚障害，聴覚障害，知的障害，肢体不自由，病弱・身体虚弱，言語障害，情緒障害，自閉症，ADHD（注意欠陥多動性障害）などのほか，行動面などにおいて困難のある幼児で発達障害の可能性のある者も含まれている。このような障害の種類や程度を的確に把握した上で，障害のある幼児などの「困難さ」に対する「指導上の工夫の意図」を理解し，個に応じた様々な「手立て」を検討し，指導に当たっていく必要がある。その際に，幼稚園教育要領のほか，文部科学省が作成する「教育支援資料」（平成25年10月　文部科学省初等中等教育局特別支援教育課）などを参考にしながら，全ての教師が障害に関する知識や配慮等についての正しい理解と認識を深め，障害のある幼児などに対する組織的な対応ができるようにしていくことが重要である。

例えば，弱視の幼児がぬり絵をするときには輪郭を太くするなどの工夫をしたり，難聴の幼児に絵本を読むときには教師が近くに座るようにして声がよく聞こえるようにしたり，肢体不自由の幼児が興味や関心をもって進んで体を動かそうとする気持ちがもてるように工夫したりするなど，その幼児の障害の種類や程度に応じた配慮をする必要がある。

このように障害の種類や程度を十分理解して指導方法の工夫を行うことが大切である。

一方，障害の種類や程度によって一律に指導内容や指導方法が決まるわけではない。特別支援教育において大切な視点は，一人一人の障害の状態等により，生活上などの困難が異なることに十分留意

し，個々の幼児の障害の状態等に応じた指導内容や指導方法の工夫を検討し，適切な指導を行うことであるといえる。

そこで，園長は，特別支援教育実施の責任者として，園内委員会を設置して，特別支援教育コーディネーターを指名し，園務分掌に明確に位置付けるなど，園全体の特別支援教育の体制を充実させ，効果的な幼稚園運営に努める必要がある。その際，各幼稚園において，幼児の障害の状態等に応じた指導を充実させるためには，特別支援学校等に対し専門的な助言又は援助を要請するなどして，計画的，組織的に取り組むことが重要である。

こうした点を踏まえ，指導計画に基づく内容や方法を見通した上で，個に応じた指導内容や指導方法を計画的に検討し実施することが大切である。

例えば，幼稚園における個に応じた指導内容や指導方法については次のようなものが考えられる。

- 自分の身体各部位を意識して動かすことが難しい場合，様々な遊びに安心して取り組むことができるよう，当該幼児が容易に取り組める遊具を活用した遊びで，より基本的な動きから徐々に複雑な動きを体験できるよう活動内容を用意し，成功体験が積み重ねられるようにするなどの配慮をする。
- 幼稚園における生活の見通しがもちにくく，気持ちや行動が安定しにくい場合，自ら見通しをもって安心して行動ができるよう，当該幼児が理解できる情報（具体物，写真，絵，文字など）を用いたり，教師や仲の良い友達をモデルにして行動を促したりするなどの配慮をする。
- 集団の中でざわざわした声などを不快に感じ，集団活動に参加することが難しい場合，集団での活動に慣れるよう，最初から全ての時間に参加させるのではなく，短い時間から始め，徐々に時間を延ばして参加させたり，イヤーマフなどで音を遮断して活動に参加させたりするなどの配慮をする。

さらに，障害のある幼児などの指導に当たっては，全教職員において，個々の幼児に対する配慮等の必要性を共通理解するとともに，全教職員の連携に努める必要がある。その際，教師は，障害のある幼児などのありのままの姿を受け止め，幼児が安心して，ゆとりをもって周囲の環境と十分に関わり，発達していくようにすることが大切である。また，障害のある幼児など一人一人の特性等に応じた必要な配慮等を行う際は，教師の理解の在り方や指導の姿勢が，他の幼児に大きく影響することに十分留意し，学級内において温かい人間関係づくりに努めながら，幼児が互いを認め合う肯定的な関係をつくっていくことが大切である。

付録5

(2) 個別の教育支援計画，個別の指導計画の作成・活用

個別の教育支援計画及び個別の指導計画は，障害のある幼児など一人一人に対するきめ細やかな指導や支援を組織的・継続的かつ計画的に行うために重要な役割を担っている。

今回の改訂では，障害のある幼児などの指導に当たっては，個別の教育支援計画及び個別の指導計画を作成し，活用に努めることとした。

そこで，個別の教育支援計画及び個別の指導計画について，それぞれの意義，位置付け及び作成や活用上の留意点などについて示す。

① 個別の教育支援計画

平成15年度から実施された障害者基本計画においては，教育，医療，福祉，労働等の関係機関が連携・協力を図り，障害のある子供の生涯にわたる継続的な支援体制を整え，それぞれの年代における子供の望ましい成長を促すため，個別の支援計画を作成することが示された。この個別の支援計画のうち，幼児児童生徒に対して，教育機関が中心となって作成するものを，個別の教育支援計画という。

障害のある幼児などは，学校生活だけでなく家庭生活や地域での生活を含め，長期的な視点で幼児期から学校卒業後までの一貫した支援を行うことが重要である。このため，教育関係者のみならず，

家庭や医療，福祉などの関係機関と連携するため，それぞれの側面からの取組を示した個別の教育支援計画を作成し活用していくことが考えられる。具体的には，障害のある幼児などが生活の中で遭遇する制約や困難を改善・克服するために，本人及び保護者の願いや将来の希望などを踏まえ，在籍園のみならず，例えば，家庭，医療機関における療育事業及び福祉機関における児童発達支援事業において，実際にどのような支援が必要で可能であるか，支援の目標を立て，それぞれが提供する支援の内容を具体的に記述し，支援の内容を整理したり，関連付けたりするなど関係機関の役割を明確にすることとなる。

このように，個別の教育支援計画の作成を通して，幼児に対する支援の目標を長期的な視点から設定することは，幼稚園が教育課程の編成の基本的な方針を明らかにする際，全教職員が共通理解をすべき大切な情報となる。また，在籍園において提供される教育的支援の内容については，個々の幼児の障害の状態等に応じた指導内容や指導方法の工夫を検討する際の情報として個別の指導計画に生かしていくことが重要である。

個別の教育支援計画の活用に当たっては，例えば，適切な支援の目的や教育的支援の内容を設定したり，就学先である小学校に在園中の支援の目的や教育的支援の内容を伝えたりするなど，切れ目ない支援に生かすことが大切である。その際，個別の教育支援計画には，多くの関係者が関与することから，保護者の同意を事前に得るなど個人情報の適切な取扱いと保護に十分留意することが必要である。

② 個別の指導計画

個別の指導計画は，個々の幼児の実態に応じて適切な指導を行うために学校で作成されるものである。個別の指導計画は，教育課程を具体化し，障害のある幼児など一人一人の指導目標，指導内容及び指導方法を明確にして，きめ細やかに指導するために作成するものである。

そのため，障害のある幼児などの指導に当たっては，適切かつ具体的な個別の指導計画の作成に努める必要がある。

各幼稚園においては，個別の教育支援計画と個別の指導計画を作成する目的や活用の仕方に違いがあることに留意し，二つの計画の位置付けや作成の手続きなどを整理し，共通理解を図ることが必要である。また，個別の教育支援計画及び個別の指導計画については，実施状況を適宜評価し改善を図っていくことも不可欠である。

こうした個別の教育支援計画と個別の指導計画の作成・活用システムを幼稚園内で構築していくためには，障害のある幼児などを担任する教師や特別支援教育コーディネーターだけに任せるのではなく，全ての教師の理解と協力が必要である。園の運営上の特別支援教育の位置付けを明確にし，園の組織の中で担任が孤立することのないよう留意する必要がある。このためには，園長のリーダーシップの下，幼稚園の教職員全体の協力体制づくりを進めたり，二つの計画についての正しい理解と認識を深めたりして，全教職員の連携に努めていく必要がある。

また，障害のある幼児の発達の状態は，家庭での生活とも深く関わっている。そのため，保護者との密接な連携の下に指導を行うことが重要である。幼稚園においては，保護者が，来園しやすく相談できるような雰囲気や場所を用意したり，教師は，幼児への指導と併せて，保護者が我が子の障害を理解できるようにしたり，将来の見通しについての不安を取り除くようにしたり，自然な形で幼児との関わりができるようにしたりするなど，保護者の思いを受け止めて精神的な援助や養育に対する支援を適切に行うように努めることが大切である。

●小学校学習指導要領解説総則編の抜粋

第3章　教育課程の編成及び実施
第4節　児童の発達の支援
 2　特別な配慮を必要とする児童への指導
　(1) 障害のある児童などへの指導
　　① 児童の障害の状態等に応じた指導の工夫（第1章第4の2の(1)のア）

> ア　障害のある児童などについては，特別支援学校等の助言又は援助を活用しつつ，個々の児童の障害の状態等に応じた指導内容や指導方法の工夫を組織的かつ計画的に行うものとする。

　学校教育法第81条第1項では，幼稚園，小学校，中学校，高等学校等において，障害のある児童生徒等に対し，障害による学習上又は生活上の困難を克服するための教育を行うことが規定されている。

　また，我が国においては，「障害者の権利に関する条約」に掲げられている教育の理念の実現に向けて，障害のある児童の就学先決定の仕組みの改正なども踏まえ，通常の学級にも，障害のある児童のみならず，教育上特別の支援を必要とする児童が在籍している可能性があることを前提に，全ての教職員が特別支援教育の目的や意義について十分に理解することが不可欠である。

　そこで，今回の改訂では，特別支援教育に関する教育課程編成の基本的な考え方や個に応じた指導を充実させるための教育課程実施上の留意事項などが一体的に分かるよう，学習指導要領の示し方について充実を図ることとした。

　障害のある児童などには，視覚障害，聴覚障害，知的障害，肢体不自由，病弱・身体虚弱，言語障害，情緒障害，自閉症，ＬＤ（学習障害），ＡＤＨＤ（注意欠陥多動性障害）などのほか，学習面又は行動面において困難のある児童で発達障害の可能性のある者も含まれている。このような障害の種類や程度を的確に把握した上で，障害のある児童などの「困難さ」に対する「指導上の工夫の意図」を理解し，個に応じた様々な「手立て」を検討し，指導に当たっていく必要がある。また，このような考え方は学習状況の評価に当たって児童一人一人の状況をきめ細かに見取っていく際にも参考となる。その際に，小学校学習指導要領解説の各教科等編のほか，文部科学省が作成する「教育支援資料」などを参考にしながら，全ての教師が障害に関する知識や配慮等についての正しい理解と認識を深め，障害のある児童などに対する組織的な対応ができるようにしていくことが重要である。

　例えば，弱視の児童についての体育科におけるボール運動の指導や理科における観察・実験の指導，難聴や言語障害の児童についての国語科における音読の指導や音楽科における歌唱の指導，肢体不自由の児童についての体育科における実技の指導や家庭科における実習の指導，病弱・身体虚弱の児童についての図画工作科や体育科におけるアレルギー等に配慮した指導など，児童の障害の状態や特性及び心身の発達の段階等（以下，「障害の状態等」という。）に応じて個別的に特別な配慮が必要である。また，読み書きや計算などに困難があるＬＤ（学習障害）の児童についての国語科における書き取りや，算数科における筆算や暗算の指導などの際に，活動の手順を示したシートを手元に配付するなどの配慮により対応することが必要である。さらに，ＡＤＨＤ（注意欠陥多動性障害）や自閉症の児童に対して，話して伝えるだけでなく，メモや絵などを付加する指導などの配慮も必要である。

　このように障害の種類や程度を十分に理解して指導方法の工夫を行うことが大切である。

　一方，障害の種類や程度によって一律に指導内容や指導方法が決まるわけではない。特別支援教育において大切な視点は，児童一人一人の障害の状態や特性及び心身の発達の段階等（以下，「障害の状態等」という。）により，学習上又は生活上の困難が異なることに十分留意し，個々の児童の障害の状態等に応じた指導内容や指導方法の工夫を検討し，適切な指導を行うことであると言える。

付録5

そこで，校長は，特別支援教育実施の責任者として，校内委員会を設置して，特別支援教育コーディネーターを指名し，校務分掌に明確に位置付けるなど，学校全体の特別支援教育の体制を充実させ，効果的な学校運営に努める必要がある。その際，各学校において，児童の障害の状態等に応じた指導を充実させるためには，特別支援学校等に対し専門的な助言又は援助を要請するなどして，計画的，組織的に取り組むことが重要である。

こうした点を踏まえ，各教科等の指導計画に基づく内容や方法を見通した上で，個に応じた指導内容や指導方法を計画的に検討し実施することが大切である。

さらに，障害のある児童などの指導に当たっては，担任を含む全ての教師間において，個々の児童に対する配慮等の必要性を共通理解するとともに，教師間の連携に努める必要がある。また，集団指導において，障害のある児童など一人一人の特性等に応じた必要な配慮等を行う際は，教師の理解の在り方や指導の姿勢が，学級内の児童に大きく影響することに十分留意し，学級内において温かい人間関係づくりに努めながら，「特別な支援の必要性」の理解を進め，互いの特徴を認め合い，支え合う関係を築いていくことが大切である。

なお，今回の改訂では，総則のほか，各教科等においても，「第3　指導計画の作成と内容の取扱い」に当該教科等の指導における障害のある児童などに対する学習活動を行う場合に生じる困難さに応じた指導内容や指導方法の工夫を計画的，組織的に行うことが規定されたことに留意する必要がある。

② 特別支援学級における特別の教育課程（第1章第4の2の(1)のイ）

> イ　特別支援学級において実施する特別の教育課程については，次のとおり編成するものとする。
> (ア) 障害による学習上又は生活上の困難を克服し自立を図るため，特別支援学校小学部・中学部学習指導要領第7章に示す自立活動を取り入れること。
> (イ) 児童の障害の程度や学級の実態等を考慮の上，各教科の目標や内容を下学年の教科の目標や内容に替えたり，各教科を，知的障害者である児童に対する教育を行う特別支援学校の各教科に替えたりするなどして，実態に応じた教育課程を編成すること。

特別支援学級は，学校教育法第81条第2項の規定による，知的障害者，肢体不自由者，身体虚弱者，弱視者，難聴者，その他障害のある者で，特別支援学級において教育を行うことが適当なものである児童を対象とする学級であるとともに，小学校の学級の一つであり，学校教育法に定める小学校の目的及び目標を達成するものでなければならない。

ただし，対象となる児童の障害の種類や程度等によっては，障害のない児童に対する教育課程をそのまま適用することが必ずしも適当でない場合があることから，学校教育法施行規則第138条では，「小学校，中学校若しくは義務教育学校又は中等教育学校の前期課程における特別支援学級に係る教育課程については，特に必要がある場合は，第50条第1項，第51条，第52条，第52条の3，第72条，第73条，第74条，第74条の3，第76条，第79条の5及び第107条の規定にかかわらず，特別の教育課程によることができる。」と規定している。

今回の改訂では，特別支援学級において実施する特別の教育課程の編成に係る基本的な考え方について新たに示した。

(ア)では，児童が自立を目指し，障害による学習上又は生活上の困難を主体的に改善・克服するために必要な知識及び技能，態度及び習慣を養い，もって心身の調和的発達の基盤を培うことをねらいとした，特別支援学校小学部・中学部学習指導要領第7章に示す自立活動を取り入れることを規定している。特別支援学校小学部・中学部学習指導要領では，自立活動の内容として，「健康の保持」，「心理的な安定」，「人間関係の形成」，「環境の把握」，「身体の動き」及び「コミュニケーション」の六つの区分の下に27項目を設けている。自立活動の内容は，各教科等のようにその全てを取り扱うものではなく，個々の児童の障害の状態等の的確な把握に基づき，障害による学習上又は生活上の困難を

主体的に改善・克服するために必要な項目を選定して取り扱うものである。よって，児童一人一人に個別の指導計画を作成し，それに基づいて指導を展開する必要がある。

個別の指導計画の作成の手順や様式は，それぞれの学校が児童の障害の状態，発達や経験の程度，興味・関心，生活や学習環境などの実態を的確に把握し，自立活動の指導の効果が最もあがるように考えるべきものである。したがって，ここでは，手順の一例を示すこととする。

（手順の一例）
a 個々の児童の実態を的確に把握する。
b 実態把握に基づいて得られた指導すべき課題や課題相互の関連を整理する。
c 個々の実態に即した指導目標を設定する。
d 特別支援学校小学部・中学部学習指導要領第7章第2の内容から，個々の児童の指導目標を達成させるために必要な項目を選定する。
e 選定した項目を相互に関連付けて具体的な指導内容を設定する。

今回の改訂を踏まえ，自立活動における個別の指導計画の作成について更に理解を促すため，「特別支援学校学習指導要領解説 自立活動編」においては，上記の各過程において，どのような観点で整理していくか，発達障害を含む多様な障害に対する児童等の例を充実し解説しているので参照することも大切である。

（イ）では，学級の実態や児童の障害の状態等を考慮の上，特別支援学校小学部・中学部学習指導要領第1章の第8節「重複障害者等に関する教育課程の取扱い」を参考にし，各教科の目標や内容を下学年の教科の目標に替えたり，学校教育法施行規則第126条の2を参考にし，各教科を，知的障害者である児童に対する教育を行う特別支援学校の各教科に替えたりするなどして，実態に応じた教育課程を編成することを規定した。

これらの特別の教育課程に関する規定を参考にする際には，特別支援学級は，小学校の学級の一つであり，通常の学級と同様，第1章総則第1の1の目標を達成するために，第2章以下に示す各教科，道徳科，外国語活動及び特別活動の内容に関する事項は，特に示す場合を除き，いずれの学校においても取り扱うことが前提となっていることを踏まえる必要がある。その上で，なぜ，その規定を参考にするということを選択したのか，保護者等に対する説明責任を果たしたり，指導の継続性を担保したりする観点から，理由を明らかにしながら教育課程の編成を工夫することが大切であり，教育課程を評価し改善する上でも重要である。ここでは，知的障害者である児童の実態に応じた各教科の目標を設定するための手続きの例を示すこととする。

（各教科の目標設定に至る手続きの例）
a 小学校学習指導要領の第2章各教科に示されている目標及び内容について，次の手順で児童の習得状況や既習事項を確認する。
・当該学年の各教科の目標及び内容について
・当該学年より前の各学年の各教科の目標及び内容について
b aの学習が困難又は不可能な場合，特別支援学校小学部・中学部学習指導要領の第2章第2款第1に示されている知的障害者である児童を教育する特別支援学校小学部の各教科の目標及び内容についての取扱いを検討する。
c 児童の習得状況や既習事項を踏まえ，小学校卒業までに育成を目指す資質・能力を検討し，在学期間に提供すべき教育内容を十分見極める。
d 各教科の目標及び内容の系統性を踏まえ，教育課程を編成する。

なお，特別支援学級について，特別の教育課程を編成する場合であって，文部科学大臣の検定を経た教科用図書を使用することが適当でない場合には，当該特別支援学級を置く学校の設置者の定める

付録5

ところにより，他の適切な教科用図書を使用することができるようになっている（学校教育法施行規則第139条）。

③ 通級による指導における特別の教育課程（第1章第4の2の(1)のウ）

> ウ　障害のある児童に対して，通級による指導を行い，特別の教育課程を編成する場合には，特別支援学校小学部・中学部学習指導要領第7章に示す自立活動の内容を参考とし，具体的な目標や内容を定め，指導を行うものとする。その際，効果的な指導が行われるよう，各教科等と通級による指導との関連を図るなど，教師間の連携に努めるものとする。

　通級による指導は，小学校の通常の学級に在籍している障害のある児童に対して，各教科等の大部分の授業を通常の学級で行いながら，一部の授業について当該児童の障害に応じた特別の指導を特別の指導の場（通級指導教室）で行う教育形態である。

　通級による指導の対象となる者は，学校教育法施行規則第140条各号の一に該当する児童（特別支援学級の児童を除く。）で，具体的には，言語障害者，自閉症者，情緒障害者，弱視者，難聴者，学習障害者，注意欠陥多動性障害者，肢体不自由者，病弱者及び身体虚弱者である。

　通級による指導を行う場合には，学校教育法施行規則第50条第1項（第79条の6第1項において準用する場合を含む。），第51条，第52条（第79条の6第1項において準用する場合を含む。），第52条の3，第72条（第79条の6第2項及び第108条第1項において準用する場合を含む。），第73条，第74条（第79条の6第2項及び第108条第1項において準用する場合を含む。），第74条の3，第76条，第79条の5（第79条の12において準用する場合を含む。），第83条及び第84条（第108条第2項において準用する場合を含む。）並びに第107条（第117条において準用する場合を含む。）の規定にかかわらず，特別の教育課程によることができ，障害による特別の指導を，小学校の教育課程に加え，又は，その一部に替えることができる（学校教育法施行規則第140条，平成5年文部省告示第7号，平成18年文部科学省告示第54号，平成19年文部科学省告示第146号，平成28年文部科学省告示第176号）。

　今回の改訂では，通級による指導を行い，特別の教育課程を編成する場合について，「特別支援学校小学部・中学部学習指導要領第7章に示す自立活動の内容を参考とし，具体的な目標や内容を定め，指導を行うものとする。」という規定が新たに加わった。したがって，指導に当たっては，特別支援学校小学部・中学部学習指導要領第7章に示す自立活動の6区分27項目の内容を参考とし，上記本解説第3章第4節の2(1)②で述べたとおり，児童一人一人に，障害の状態等の的確な把握に基づいた自立活動における個別の指導計画を作成し，具体的な指導目標や指導内容を定め，それに基づいて指導を展開する必要がある。

　なお，「学校教育法施行規則第140条の規定による特別の教育課程について定める件の一部を改正する告示」（平成28年文部科学省告示第176条）において，それまで「特に必要があるときは，障害の状態に応じて各教科の内容を補充するための特別の指導を含むものとする。」と規定されていた趣旨が，単に各教科の学習の遅れを取り戻すための指導など，通級による指導とは異なる目的で指導を行うことができると解釈されることのないよう「特に必要があるときは，障害の状態に応じて各教科の内容を取り扱いながら行うことができる」と改正された。つまり，通級による指導の内容について，各教科の内容を取り扱う場合であっても，障害による学習上又は生活上の困難の改善又は克服を目的とする指導であるとの位置付けが明確化されたところである。

　通級による指導に係る授業時数は，年間35単位時間から280単位時間までを標準としているほか，学習障害者及び注意欠陥多動性障害者については，年間10単位時間から280単位時間までを標準としている。

　また，「その際，効果的な指導が行われるよう，各教科等と通級による指導との関連を図るなど，

教師間の連携に努めるものとする。」とは，児童が在籍する通常の学級の担任と通級による指導の担当教師とが随時，学習の進捗状況等について情報交換を行うとともに，通級による指導の効果が，通常の学級においても波及することを目指していくことが重要である。

児童が在籍校以外の小学校又は特別支援学校の小学部において特別の指導を受ける場合には，当該児童が在籍する小学校の校長は，これら他校で受けた指導を，特別の教育課程に係る授業とみなすことができる（学校教育法施行規則第141条）。このように児童が他校において指導を受ける場合には，当該児童が在籍する小学校の校長は，当該特別の指導を行う学校の校長と十分協議の上で，教育課程を編成するとともに，定期的に情報交換を行うなど，学校間及び担当教師間の連携を密に教育課程の編成，実施，評価，改善を行っていく必要がある。

なお，公立義務教育諸学校の学級編制及び教職員定数の標準に関する法律の一部改正（平成29年3月）により，通級による指導のための基礎定数が新設され，指導体制の充実が図られている。

④ 個別の教育支援計画や個別の指導計画の作成と活用（第1章第4の2の(1)のエ）

> エ 障害のある児童などについては，家庭，地域及び医療や福祉，保健，労働等の業務を行う関係機関との連携を図り，長期的な視点で児童への教育的支援を行うために，個別の教育支援計画を作成し活用することに努めるとともに，各教科等の指導に当たって，個々の児童の実態を的確に把握し，個別の指導計画を作成し活用することに努めるものとする。特に，特別支援学級に在籍する児童や通級による指導を受ける児童については，個々の児童の実態を的確に把握し，個別の教育支援計画や個別の指導計画を作成し，効果的に活用するものとする。

個別の教育支援計画及び個別の指導計画は，障害のある児童など一人一人に対するきめ細やかな指導や支援を組織的・継続的かつ計画的に行うために重要な役割を担っている。

今回の改訂では，特別支援学級に在籍する児童や通級による指導を受ける児童に対する二つの計画の作成と活用について，これまでの実績を踏まえ，全員について作成することとした。

また，通常の学級においては障害のある児童などが在籍している。このため，通級による指導を受けていない障害のある児童などの指導に当たっては，個別の教育支援計画及び個別の指導計画を作成し，活用に努めることとした。

そこで，個別の教育支援計画及び個別の指導計画について，それぞれの意義，位置付け及び作成や活用上の留意点などについて示す。

① 個別の教育支援計画

平成15年度から実施された障害者基本計画においては，教育，医療，福祉，労働等の関係機関が連携・協力を図り，障害のある児童の生涯にわたる継続的な支援体制を整え，それぞれの年代における児童の望ましい成長を促すため，個別の支援計画を作成することが示された。この個別の支援計画のうち，幼児児童生徒に対して，教育機関が中心となって作成するものを，個別の教育支援計画という。

障害のある児童などは，学校生活だけでなく家庭生活や地域での生活を含め，長期的な視点で幼児期から学校卒業後までの一貫した支援を行うことが重要である。このため，教育関係者のみならず，家庭や医療，福祉などの関係機関と連携するため，それぞれの側面からの取組を示した個別の教育支援計画を作成し活用していくことが考えられる。具体的には，障害のある児童などが生活の中で遭遇する制約や困難を改善・克服するために，本人及び保護者の意向や将来の希望などを踏まえ，在籍校のみならず，例えば，家庭，医療機関における療育事業及び福祉機関における児童発達支援事業において，実際にどのような支援が必要で可能であるか，支援の目標を立て，それぞれが提供する支援の内容を具体的に記述し，支援の内容を整理したり，関連付けたりするなど関係機関

付録5

の役割を明確にすることとなる。

このように，個別の教育支援計画の作成を通して，児童に対する支援の目標を長期的な視点から設定することは，学校が教育課程の編成の基本的な方針を明らかにする際，全教職員が共通理解をすべき大切な情報となる。また，在籍校において提供される教育的支援の内容については，教科等横断的な視点から個々の児童の障害の状態等に応じた指導内容や指導方法の工夫を検討する際の情報として個別の指導計画に生かしていくことが重要である。

個別の教育支援計画の活用に当たっては，例えば，就学前に作成される個別の支援計画を引き継ぎ，適切な支援の目的や教育的支援の内容を設定したり，進路先に在学中の支援の目的や教育的支援の内容を伝えたりするなど，就学前から就学時，そして進学先まで，切れ目ない支援に生かすことが大切である。その際，個別の教育支援計画には，多くの関係者が関与することから，保護者の同意を事前に得るなど個人情報の適切な取扱いに十分留意することが必要である。

② 個別の指導計画

個別の指導計画は，個々の児童の実態に応じて適切な指導を行うために学校で作成されるものである。個別の指導計画は，教育課程を具体化し，障害のある児童など一人一人の指導目標，指導内容及び指導方法を明確にして，きめ細やかに指導するために作成するものである。

今回の改訂では，総則のほか，各教科等の指導において，「第3　指導計画の作成と内容の取扱い」として，当該教科等の指導における障害のある児童などに対する学習活動を行う場合に生じる困難さに応じた指導内容や指導方法の工夫を計画的，組織的に行うことが規定された。このことを踏まえ，通常の学級に在籍する障害のある児童等の各教科等の指導に当たっては，適切かつ具体的な個別の指導計画の作成に努める必要がある。

特別支援学級における各教科等の指導に当たっては，適切かつ具体的な個別の指導計画を作成するものとする。また，各教科の一部又は全部を，知的障害者である児童に対する教育を行う特別支援学校の各教科に替えた場合，知的障害者である児童に対する教育を行う特別支援学校の各教科の各段階の目標及び内容を基にして，個別の指導計画に基づき，一人一人の実態等に応じた具体的な指導目標及び指導内容を設定することが必要である。

なお，通級による指導において，特に，他校において通級による指導を受ける場合には，学校間及び担当教師間の連携の在り方を工夫し，個別の指導計画に基づく評価や情報交換等が円滑に行われるよう配慮する必要がある。

各学校においては，個別の教育支援計画と個別の指導計画を作成する目的や活用の仕方に違いがあることに留意し，二つの計画の位置付けや作成の手続きなどを整理し，共通理解を図ることが必要である。また，個別の教育支援計画及び個別の指導計画については，実施状況を適宜評価し改善を図っていくことも不可欠である。

こうした個別の教育支援計画と個別の指導計画の作成・活用システムを校内で構築していくためには，障害のある児童などを担任する教師や特別支援教育コーディネーターだけに任せるのではなく，全ての教師の理解と協力が必要である。学校運営上の特別支援教育の位置付けを明確にし，学校組織の中で担任する教師が孤立することのないよう留意する必要がある。このためには，校長のリーダーシップのもと，学校全体の協力体制づくりを進めたり，全ての教師が二つの計画についての正しい理解と認識を深めたりして，教師間の連携に努めていく必要がある。

● 中学校学習指導要領解説総則編の抜粋

第3章　教育課程の編成及び実施
第4節　生徒の発達の支援
　2　特別な配慮を必要とする生徒への指導
　　(1) 障害のある生徒などへの指導
　　　① 生徒の障害の状態等に応じた指導の工夫（第1章第4の2の(1)のア）

> ア　障害のある生徒などについては，特別支援学校等の助言又は援助を活用しつつ，個々の生徒の障害の状態等に応じた指導内容や指導方法の工夫を組織的かつ計画的に行うものとする。

　学校教育法第81条第1項では，幼稚園，小学校，中学校，高等学校等において，障害のある生徒等に対し，障害による学習上又は生活上の困難を克服するための教育を行うことが規定されている。
　また，我が国においては，「障害者の権利に関する条約」に掲げられている教育の理念の実現に向けて，障害のある生徒の就学先決定の仕組みの改正なども踏まえ，通常の学級にも，障害のある生徒のみならず，教育上特別の支援を必要とする生徒が在籍している可能性があることを前提に，全ての教職員が特別支援教育の目的や意義について十分に理解することが不可欠である。
　そこで，今回の改訂では，特別支援教育に関する教育課程編成の基本的な考え方や個に応じた指導を充実させるための教育課程実施上の留意事項などが一体的に分かるよう，学習指導要領の示し方について充実を図ることとした。
　障害のある生徒などには，視覚障害，聴覚障害，知的障害，肢体不自由，病弱・身体虚弱，言語障害，情緒障害，自閉症，ＬＤ（学習障害），ＡＤＨＤ（注意欠陥多動性障害）などのほか，学習面又は行動面において困難のある生徒で発達障害の可能性のある者も含まれている。このような障害の種類や程度を的確に把握した上で，障害のある生徒などの「困難さ」に対する「指導上の工夫の意図」を理解し，個に応じた様々な「手立て」を検討し，指導に当たっていく必要がある。また，このような考え方は学習状況の評価に当たって生徒一人一人の状況をきめ細かに見取っていく際にも参考となる。その際に，中学校学習指導要領解説の各教科等編のほか，文部科学省が作成する「教育支援資料」などを参考にしながら，全ての教師が障害に関する知識や配慮等についての正しい理解と認識を深め，障害のある生徒などに対する組織的な対応ができるようにしていくことが重要である。
　例えば，弱視の生徒についての保健体育科におけるボール運動の指導や理科における観察・実験の指導，難聴や言語障害の生徒についての国語科における音読の指導や音楽科における歌唱の指導，肢体不自由の生徒についての保健体育科における実技の指導や家庭科における実習の指導，病弱・身体虚弱の生徒についての美術科や保健体育科におけるアレルギー等に配慮した指導など，生徒の障害の状態や特性及び心身の発達の段階等（以下「障害の状態等」という。）に応じて個別的に特別な配慮が必要である。また，読み書きや計算などに困難があるＬＤ（学習障害）の生徒についての国語科における書くことに関する指導や，数学科における計算の指導など，教師の適切な配慮により対応することが必要である。さらに，ＡＤＨＤ（注意欠陥多動性障害）や自閉症の生徒に対して，話して伝えるだけでなく，メモや絵などを付加する指導などの配慮も必要である。
　このように障害の種類や程度を十分に理解して指導方法の工夫を行うことが大切である。
　一方，障害の種類や程度によって一律に指導内容や指導方法が決まるわけではない。特別支援教育において大切な視点は，生徒一人一人の障害の状態等により，学習上又は生活上の困難が異なることに十分留意し，個々の生徒の障害の状態等に応じた指導内容や指導方法の工夫を検討し，適切な指導を行うことであると言える。
　そこで，校長は，特別支援教育実施の責任者として，校内委員会を設置して，特別支援教育コーディ

付録5

ネーターを指名し，校務分掌に明確に位置付けるなど，学校全体の特別支援教育の体制を充実させ，効果的な学校運営に努める必要がある。その際，各学校において，生徒の障害の状態等に応じた指導を充実させるためには，特別支援学校等に対し専門的な助言又は援助を要請するなどして，計画的，組織的に取り組むことが重要である。

こうした点を踏まえ，各教科等の指導計画に基づく内容や方法を見通した上で，個に応じた指導内容や指導方法を計画的に検討し実施することが大切である。

さらに，障害のある生徒などの指導に当たっては，担任を含む全ての教師間において，個々の生徒に対する配慮等の必要性を共通理解するとともに，教師間の連携に努める必要がある。また，集団指導において，障害のある生徒など一人一人の特性等に応じた必要な配慮等を行う際は，教師の理解の在り方や指導の姿勢が，学級内の生徒に大きく影響することに十分留意し，学級内において温かい人間関係づくりに努めながら，全ての生徒に「特別な支援の必要性」の理解を進め，互いの特徴を認め合い，支え合う関係を築いていくことが大切である。

なお，今回の改訂では，総則のほか，各教科等においても，「第3　指導計画の作成と内容の取扱い」に当該教科等の指導における障害のある生徒などに対する学習活動を行う場合に生じる困難さに応じた指導内容や指導方法の工夫を計画的，組織的に行うことが規定されたことに留意する必要がある。

② 特別支援学級における特別の教育課程（第1章第4の2の(1)のイ）

> イ　特別支援学級において実施する特別の教育課程については，次のとおり編成するものとする。
> (ｱ)　障害による学習上又は生活上の困難を克服し自立を図るため，特別支援学校小学部・中学部学習指導要領第7章に示す自立活動を取り入れること。
> (ｲ)　生徒の障害の程度や学級の実態等を考慮の上，各教科の目標や内容を下学年の教科の目標や内容に替えたり，各教科を，知的障害者である生徒に対する教育を行う特別支援学校の各教科に替えたりするなどして，実態に応じた教育課程を編成すること。

特別支援学級は，学校教育法第81条第2項の規定による，知的障害者，肢体不自由者，身体虚弱者，弱視者，難聴者，その他障害のある者で，特別支援学級において教育を行うことが適当なものである生徒を対象とする学級であるとともに，中学校の学級の一つであり，学校教育法に定める中学校の目的及び目標を達成するものでなければならない。

ただし，対象となる生徒の障害の種類や程度等によっては，障害のない生徒に対する教育課程をそのまま適用することが必ずしも適当でない場合があることから，学校教育法施行規則第138条では，「小学校，中学校若しくは義務教育学校又は中等教育学校の前期課程における特別支援学級に係る教育課程については，特に必要がある場合は，第50条第1項，第51条，第52条，第52条の3，第72条，第73条，第74条，第74条の3，第76条，第79条の5及び第107条の規定にかかわらず，特別の教育課程によることができる。」と規定している。

今回の改訂では，特別支援学級において実施する特別の教育課程の編成に係る基本的な考え方について新たに示した。

(ｱ)では，生徒が自立を目指し，障害による学習上又は生活上の困難を主体的に改善・克服するために必要な知識及び技能，態度及び習慣を養い，もって心身の調和的発達の基盤を培うことをねらいとした，特別支援学校小学部・中学部学習指導要領第7章に示す自立活動を取り入れることを規定している。特別支援学校小学部・中学部学習指導要領では，自立活動の内容として，「健康の保持」，「心理的な安定」，「人間関係の形成」，「環境の把握」，「身体の動き」及び「コミュニケーション」の六つの区分の下に27項目を設けている。自立活動の内容は，各教科等のようにその全てを取り扱うものではなく，個々の生徒の障害の状態等の的確な把握に基づき，障害による学習上又は生活上の困難を

主体的に改善・克服するために必要な項目を選定して取り扱うものである。よって，生徒一人一人に個別の指導計画を作成し，それに基づいて指導を展開する必要がある。

個別の指導計画の作成の手順や様式は，それぞれの学校が生徒の障害の状態，発達や経験の程度，興味・関心，生活や学習環境などの実態を的確に把握し，自立活動の指導の効果が最もあがるように考えるべきものである。したがって，ここでは，手順の一例を示すこととする。

> （手順の一例）
> a 個々の生徒の実態を的確に把握する。
> b 実態把握に基づいて得られた指導すべき課題や課題相互の関連を整理する。
> c 個々の実態に即した指導目標を設定する。
> d 特別支援学校小学部・中学部学習指導要領第7章第2の内容から，個々の生徒の指導目標を達成させるために必要な項目を選定する。
> e 選定した項目を相互に関連付けて具体的な指導内容を設定する。

今回の改訂を踏まえ，自立活動における個別の指導計画の作成について更に理解を促すため，「特別支援学校学習指導要領解説　自立活動編」においては，上記の各過程において，どのような観点で整理していくか，発達障害を含む多様な障害に対する生徒等の例を充実し解説しているので参照することも大切である。

（イ）では，学級の実態や生徒の障害の状態等を考慮の上，特別支援学校小学部・中学部学習指導要領第1章の第8節「重複障害者等に関する教育課程の取扱い」を参考にし，各教科の目標や内容を下学年の教科の目標に替えたり，学校教育法施行規則第126条の2を参考にし，各教科を，知的障害者である生徒に対する教育を行う特別支援学校の各教科に替えたりするなどして，実態に応じた教育課程を編成することを規定した。

これらの特別の教育課程に関する規定を参考にする際には，特別支援学級は，中学校の学級の一つであり，通常の学級と同様，第1章総則第1の1の目標を達成するために，第2章以下に示す各教科，道徳科及び特別活動の内容に関する事項は，特に示す場合を除き，いずれの学校においても取り扱うことが前提となっていることを踏まえる必要がある。その上で，なぜ，その規定を参考にするということを選択したのか，保護者等に対する説明責任を果たしたり，指導の継続性を担保したりする観点から，理由を明らかにしながら教育課程の編成を工夫することが大切であり，教育課程を評価し改善する上でも重要である。ここでは，知的障害者である生徒の実態に応じた各教科の目標を設定するための手続きの例を示すこととする。

> （各教科の目標設定に至る手続きの例）
> a 中学校学習指導要領の第2章各教科に示されている目標及び内容について，次の手順で生徒の習得状況や既習事項を確認する。
>   ・当該学年の各教科の目標及び内容について
>   ・当該学年より前の各学年の各教科の目標及び内容について
> b aの学習が困難又は不可能な場合，特別支援学校小学部・中学部学習指導要領の第2章第2節第2款第1に示されている知的障害者である生徒を教育する特別支援学校中学部の各教科の目標及び内容についての取扱いを検討する。
> c 生徒の習得状況や既習事項を踏まえ，中学校卒業までに育成を目指す資質・能力を検討し，在学期間に提供すべき教育内容を十分見極める。
> d 各教科の目標及び内容の系統性を踏まえ，教育課程を編成する。

なお，特別支援学級について，特別の教育課程を編成する場合であって，文部科学大臣の検定を経た教科用図書を使用することが適当でない場合には，当該特別支援学級を置く学校の設置者の定める

付録5

ところにより，他の適切な教科用図書を使用することができるようになっている（学校教育法施行規則第139条）。

③ 通級による指導における特別の教育課程（第1章第4の2の(1)のウ）

> ウ 障害のある生徒に対して，通級による指導を行い，特別の教育課程を編成する場合には，特別支援学校小学部・中学部学習指導要領第7章に示す自立活動の内容を参考とし，具体的な目標や内容を定め，指導を行うものとする。その際，効果的な指導が行われるよう，各教科等と通級による指導との関連を図るなど，教師間の連携に努めるものとする。

通級による指導は，中学校の通常の学級に在籍している障害のある生徒に対して，各教科等の大部分の授業を通常の学級で行いながら，一部の授業について当該生徒の障害に応じた特別の指導を特別の指導の場（通級指導教室）で行う教育形態である。

通級による指導の対象となる者は，学校教育法施行規則第140条各号の一に該当する生徒（特別支援学級の生徒を除く。）で，具体的には，言語障害者，自閉症者，情緒障害者，弱視者，難聴者，学習障害者，注意欠陥多動性障害者，肢体不自由者，病弱者及び身体虚弱者である。

通級による指導を行う場合には，学校教育法施行規則第50条第1項（第79条の6第1項において準用する場合を含む。），第51条，第52条（第79条の6第1項において準用する場合を含む。），第52条の3，第72条（第79条の6第2項及び第108条第1項において準用する場合を含む。），第73条，第74条（第79条の6第2項及び第108条第1項において準用する場合を含む。），第74条の3，第76条，第79条の5（第79条の12において準用する場合を含む。），第83条及び第84条（第108条第2項において準用する場合を含む。）並びに第107条（第117条において準用する場合を含む。）の規定にかかわらず，特別の教育課程によることができ，障害による特別の指導を，中学校の教育課程に加え，又は，その一部に替えることができる（学校教育法施行規則第140条，平成5年文部省告示第7号，平成18年文部科学省告示第54号，平成19年文部科学省告示第146号，平成28年文部科学省告示第176号）。

付録5

今回の改訂では，通級による指導を行い，特別の教育課程を編成する場合について，「特別支援学校小学部・中学部学習指導要領第7章に示す自立活動の内容を参考とし，具体的な目標や内容を定め，指導を行うものとする。」という規定が新たに加わった。したがって，指導に当たっては，特別支援学校小学部・中学部学習指導要領第7章に示す自立活動の6区分27項目の内容を参考とし，本解説第3章第4節の2(1)②で述べたとおり，生徒一人一人に，障害の状態等の的確な把握に基づいた自立活動における個別の指導計画を作成し，具体的な指導目標や指導内容を定め，それに基づいて指導を展開する必要がある。

なお，「学校教育法施行規則第140条の規定による特別の教育課程について定める件の一部を改正する告示」（平成28年文部科学省告示第176号）において，それまで「特に必要があるときは，障害の状態に応じて各教科の内容を補充するための特別の指導を含むものとする。」と規定されていた趣旨が，障害による学習上又は生活上の困難の克服とは直接関係のない単なる各教科の補充指導が行えるとの誤解を招いているという指摘がなされていたことから，当該規定を削除した。そして，「特に必要があるときは，障害の状態に応じて各教科の内容を取り扱いながら行うことができる」と改正された。つまり，通級による指導の内容について，各教科の内容を取り扱う場合であっても，障害による学習上又は生活上の困難の改善又は克服を目的とする指導であるとの位置付けが明確化されたところである。

通級による指導に係る授業時数は，年間35単位時間から280単位時間までを標準としているほか，学習障害者及び注意欠陥多動性障害者については，年間10単位時間から280単位時間までを標準としている。

また,「その際,効果的な指導が行われるよう,各教科等と通級による指導との関連を図るなど,教師間の連携に努めるものとする。」とは,生徒が在籍する通常の学級の担任と通級による指導の担当教師とが随時,学習の進捗状況等について情報交換を行うとともに,通級による指導の効果が,通常の学級においても波及することを目指していくことが重要である。

　生徒が在籍校以外の中学校又は特別支援学校の中学部において特別の指導を受ける場合には,当該生徒が在籍する中学校の校長は,これら他校で受けた指導を,特別の教育課程に係る授業とみなすことができる(学校教育法施行規則第141条)。このように生徒が他校において指導を受ける場合には,当該生徒が在籍する中学校の校長は,当該特別の指導を行う学校の校長と十分協議の上で,教育課程を編成するとともに,定期的に情報交換を行うなど,学校間及び担当教師間の連携を密に教育課程の編成,実施,評価,改善を行っていく必要がある。

　なお,公立義務教育諸学校の学級編制及び教職員定数の標準に関する法律の一部改正(平成29年3月)により,通級による指導のための基礎定数が新設され,指導体制の充実が図られている。

　④　個別の教育支援計画や個別の指導計画の作成と活用(第1章第4の2の(1)のエ)

> エ　障害のある生徒などについては,家庭,地域及び医療や福祉,保健,労働等の業務を行う関係機関との連携を図り,長期的な視点で生徒への教育的支援を行うために,個別の教育支援計画を作成し活用することに努めるとともに,各教科等の指導に当たって,個々の生徒の実態を的確に把握し,個別の指導計画を作成し活用することに努めるものとする。特に,特別支援学級に在籍する生徒や通級による指導を受ける生徒については,個々の生徒の実態を的確に把握し,個別の教育支援計画や個別の指導計画を作成し,効果的に活用するものとする。

　個別の教育支援計画及び個別の指導計画は,障害のある生徒など一人一人に対するきめ細やかな指導や支援を組織的・継続的かつ計画的に行うために重要な役割を担っている。

　今回の改訂では,特別支援学級に在籍する生徒や通級による指導を受ける生徒に対する二つの計画の作成と活用について,これまでの実績を踏まえ,全員作成することとした。

　また,通常の学級においては障害のある生徒などが在籍している。このため,通級による指導を受けていない障害のある生徒などの指導に当たっては,個別の教育支援計画及び個別の指導計画を作成し,活用に努めることとした。

　そこで,個別の教育支援計画及び個別の指導計画について,それぞれの意義,位置付け及び作成や活用上の留意点などについて示す。

　①　個別の教育支援計画

　平成15年度から実施された障害者基本計画においては,教育,医療,福祉,労働等の関係機関が連携・協力を図り,障害のある生徒の生涯にわたる継続的な支援体制を整え,それぞれの年代における生徒の望ましい成長を促すため,個別の支援計画を作成することが示された。この個別の支援計画のうち,幼児児童生徒に対して,教育機関が中心となって作成するものを,個別の教育支援計画という。

　障害のある生徒などは,学校生活だけでなく家庭生活や地域での生活を含め,長期的な視点で幼児期から学校卒業後までの一貫した支援を行うことが重要である。このため,教育関係者のみならず,家庭や医療,福祉などの関係機関と連携するため,それぞれの側面からの取組を示した個別の教育支援計画を作成し活用していくことが考えられる。具体的には,障害のある生徒などが生活の中で遭遇する制約や困難を改善・克服するために,本人及び保護者の願いや将来の希望などを踏まえ,在籍校のみならず,例えば,家庭,医療機関における療育事業及び福祉機関における生徒発達支援事業において,実際にどのような支援が必要で可能であるか,支援の目標を立て,それぞれが提供する支援の

内容を具体的に記述し，支援の内容を整理したり，関連付けたりするなど関係機関の役割を明確にすることとなる。

このように，個別の教育支援計画の作成を通して，生徒に対する支援の目標を長期的な視点から設定することは，学校が教育課程の編成の基本的な方針を明らかにする際，全教職員が共通理解をすべき大切な情報となる。また，在籍校において提供される教育的支援の内容については，教科等横断的な視点から個々の生徒の障害の状態等に応じた指導内容や指導方法の工夫を検討する際の情報として個別の指導計画に生かしていくことが重要である。

個別の教育支援計画の活用に当たっては，例えば，就学前に作成される個別の支援計画を引き継ぎ，適切な支援の目的や教育的支援の内容を設定したり，進路先に在学中の支援の目的や教育的支援の内容を伝えたりするなど，就学前から就学時，そして進学先まで，切れ目ない支援に生かすことが大切である。その際，個別の教育支援計画には，多くの関係者が関与することから，保護者の同意を事前に得るなど個人情報の適切な取扱いと保護に十分留意することが必要である。

② 個別の指導計画

個別の指導計画は，個々の生徒の実態に応じて適切な指導を行うために学校で作成されるものである。個別の指導計画は，教育課程を具体化し，障害のある生徒など一人一人の指導目標，指導内容及び指導方法を明確にして，きめ細やかに指導するために作成するものである。

今回の改訂では，総則のほか，各教科等の指導において，「第3 指導計画の作成と内容の取扱い」として，当該教科等の指導における障害のある生徒などに対する学習活動を行う場合に生じる困難さに応じた指導内容や指導方法の工夫を計画的，組織的に行うことが規定された。このことを踏まえ，通常の学級に在籍する障害のある生徒等の各教科等の指導に当たっては，適切かつ具体的な個別の指導計画の作成に努める必要がある。

特別支援学級における各教科等の指導に当たっては，適切かつ具体的な個別の指導計画を作成するものとする。また，各教科の一部又は全部を，知的障害者である生徒に対する教育を行う特別支援学校の各教科に替えた場合，知的障害者である生徒に対する教育を行う特別支援学校の各教科の各段階の目標及び内容を基にして，個別の指導計画に基づき，一人一人の実態等に応じた具体的な指導目標及び指導内容を設定することが必要である。

なお，通級による指導において，特に，他校において通級による指導を受ける場合には，学校間及び担当教師間の連携の在り方を工夫し，個別の指導計画に基づく評価や情報交換等が円滑に行われるよう配慮する必要がある。

各学校においては，個別の教育支援計画と個別の指導計画を作成する目的や活用の仕方に違いがあることに留意し，二つの計画の位置付けや作成の手続きなどを整理し，共通理解を図ることが必要である。また，個別の教育支援計画及び個別の指導計画については，実施状況を適宜評価し改善を図っていくことも不可欠である。

こうした個別の教育支援計画と個別の指導計画の作成・活用システムを校内で構築していくためには，障害のある生徒などを担任する教師や特別支援教育コーディネーターだけに任せるのではなく，全ての教師の理解と協力が必要である。学校運営上の特別支援教育の位置付けを明確にし，学校組織の中で担任する教師が孤立することのないよう留意する必要がある。このためには，校長のリーダーシップのもと，学校全体の協力体制づくりを進めたり，全ての教師が二つの計画についての正しい理解と認識を深めたりして，教師間の連携に努めていく必要がある。

学習指導要領等の改善に係る検討に必要な専門的作業等協力者
(敬称略・五十音順)

※職名は平成30年1月現在

(総括)
宍戸　和成　　独立行政法人国立特別支援教育総合研究所理事長
古川　勝也　　西九州大学教授

(幼稚部教育要領)
安部　博志　　筑波大学附属大塚特別支援学校主幹教諭
藤岡　久美　　兵庫県立神戸聴覚特別支援学校主幹教諭

(小学部・中学部学習指導要領の総則等)
飯野　　明　　山形県教育庁企画専門員
一木　　薫　　福岡教育大学教授
松見　和樹　　千葉県教育庁指導主事

(知的障害者である児童生徒に対する教育を行う特別支援学校の各教科)
(生活)
北井　美智代　奈良県立教育研究所指導主事
田中　秀明　　鳥取県立白兎養護学校教諭
福永　　顕　　東京都立青山特別支援学校主幹教諭
村上　直也　　岡山県教育庁指導主事

(国語)
上仮屋　祐介　鹿児島大学教育学部附属特別支援学校教諭
田丸　秋穂　　筑波大学附属桐が丘特別支援学校教諭
林　麻佐美　　神奈川県立足柄高等学校教頭
樋口　普美子　埼玉県和光市教育委員会学校教育課課長補佐

(算数・数学)
相坂　　潤　　青森県総合学校教育センター指導主事
有澤　直人　　東京都江戸川区立本一色小学校指導教諭
髙橋　　玲　　群馬県教育委員会特別支援教育課補佐
堀内　厚子　　千葉県総合教育センター研究指導主事

(社会)
尾高　邦生　　東京学芸大学附属特別支援学校教諭
黒川　利香　　仙台市教育センター指導主事
増田　謙太郎　東京都北区教育委員会指導主事

(理科)
齋藤　　豊　　筑波大学附属桐が丘特別支援学校中学部主事
原島　広樹　　東京都教育庁統括指導主事
茂原　伸也　　千葉県立桜が丘特別支援学校教諭

(音楽)
尾﨑　美惠子　千葉県総合教育センター研究指導主事
工藤　傑史　　筑波大学附属大塚特別支援学校教諭
永島　崇子　　東京都立光明学園副校長

(図画工作・美術)

大　磯　美　保　　神奈川県立津久井養護学校教頭
小　倉　京　子　　千葉県教育庁指導主事
三　上　宗　佑　　東京都立城東特別支援学校主任教諭

(体育・保健体育)

鈴　木　英　資　　神奈川県立高津養護学校副校長
増　田　知　洋　　東京都立江東特別支援学校指導教諭
松　浦　孝　明　　筑波大学附属桐が丘特別支援学校主幹教諭

(職業・家庭)

伊　丹　由　紀　　京都市立呉竹総合支援学校教頭
大　澤　和　俊　　静岡県立浜名特別支援学校教諭
佐　藤　圭　吾　　秋田県教育庁指導主事
畠　山　和　也　　埼玉県立所沢おおぞら特別支援学校教諭

(外国語活動・外国語)

日　下　奈緒美　　千葉県立松戸特別支援学校教頭
中　野　嘉　樹　　横浜市立若葉台特別支援学校主幹教諭
渡　邉　万　里　　福島県立郡山支援学校教諭

(発達段階等)

徳　永　　　豊　　福岡大学教授
米　田　宏　樹　　筑波大学准教授

(自立活動)

飯　田　幸　雄　　三重県立かがやき特別支援学校校長
井　上　昌　士　　千葉県立船橋夏見特別支援学校教頭
内　田　俊　行　　広島県教育委員会指導主事
小　林　秀　之　　筑波大学准教授
櫻　澤　浩　人　　東京都稲城市立向陽台小学校主任教諭
谷　本　忠　明　　広島大学准教授
樋　口　一　宗　　東北福祉大学教授
宮　尾　尚　樹　　長崎県立諫早特別支援学校主幹教諭

(視覚障害)

小　林　秀　之　　筑波大学准教授
山　田　秀　代　　岐阜県立岐阜盲学校小学部主事
吉　田　道　広　　熊本県教育庁審議員

(聴覚障害)

武　居　　　渡　　金沢大学教授
谷　本　忠　明　　広島大学准教授
山　崎　友吏子　　静岡県立静岡聴覚特別支援学校教諭

(知的障害)

井　上　昌　士　　千葉県立船橋夏見特別支援学校教頭
菊　地　一　文　　植草学園大学准教授

(肢体不自由)

菅　野　和　彦　　福島県教育庁いわき教育事務所指導主事
西　垣　昌　欣　　筑波大学附属桐が丘特別支援学校副校長
宮　尾　尚　樹　　長崎県立諫早特別支援学校主幹教諭

（病弱・身体虚弱）
　飯　田　幸　雄　　三重県立かがやき特別支援学校校長
　丹　羽　　　登　　関西学院大学教授
　古　野　芳　毅　　新潟県立柏崎特別支援学校教諭
（言語障害）
　今　井　昭　子　　神奈川県葉山町立葉山小学校総括教諭
　櫻　澤　浩　人　　東京都稲城市立向陽台小学校主任教諭
（情緒障害・自閉症等）
　内　田　俊　行　　広島県教育委員会指導主事
　中　村　大　介　　東京都立志村学園副校長
　宮　本　　　剛　　やまぐち総合教育支援センター研究指導主事
（LD・ADHD等）
　板　倉　伸　夫　　埼玉県熊谷市教育委員会指導主事
　樋　口　一　宗　　東北福祉大学教授
　吉　成　千　夏　　東京都豊島区立池袋本町小学校主幹教諭

なお、文部科学省においては、次の者が本書の編集に当たった。
　中　村　信　一　　初等中等教育局特別支援教育課長
　丸　山　洋　司　　高等教育局私学部私学助成課長
　　　　　　　　　　（前初等中等教育局特別支援教育課長）
　森　下　　　平　　初等中等教育局特別支援教育課特別支援教育企画官
　丹　野　哲　也　　初等中等教育局視学官（併）特別支援教育課特別支援教育調査官
　青　木　隆　一　　初等中等教育局特別支援教育課特別支援教育調査官
　庄　司　美千代　　初等中等教育局特別支援教育課特別支援教育調査官
　分　藤　賢　之　　初等中等教育局特別支援教育課特別支援教育調査官（命）
　　　　　　　　　　インクルーシブ教育システム連絡調整担当
　萩　庭　圭　子　　初等中等教育局特別支援教育課特別支援教育調査官
　田　中　裕　一　　初等中等教育局特別支援教育課特別支援教育調査官
　山　下　直　也　　初等中等教育局特別支援教育課課長補佐
　太　田　知　啓　　愛知教育大学学務部長
　　　　　　　　　　（前初等中等教育局特別支援教育課課長補佐）

特別支援学校教育要領・学習指導要領解説
　　　総則編（幼稚部・小学部・中学部）

MEXT 1-1731

平成30年3月30日	初版発行
令和4年6月1日	再版4刷発行

著作権所有　　　　　文部科学省

発　行　者
東京都文京区向丘1-13-1
開隆堂出版株式会社
代表者　岩 塚 太 郎

印　刷　者
東京都千代田区西神田3-2-1
住友不動産千代田ファーストビル南館14階
三松堂印刷株式会社

発　行　所
東京都文京区向丘1-13-1
開隆堂出版株式会社
電　話　　03-5684-6118

定価　377円（本体343円）